7년 연속 전체 수석

관세사·공무원
신은미 회계학
1차 | 문제집

신은미 편저

동영상강의 www.pmg.co.kr

박문각

박문각 감정평가사

감정평가사 회계학은 객관식 시험으로 출제되기 때문에 주어진 시간 내에 빠르게 문제를 해결하기 위한 능력이 무엇보다 중요하다. 이에 따라 객관식 교재를 작업하면서 가장 중점을 두었던 부분은 다양한 유형과 많은 수의 문제들을 담는 것이었다.

지금까지 강의를 해오면서 부족하다고 생각했던 이론의 요약부분과 문제 수 등을 고려하여 교재를 구성하였기 때문에 여러 교재를 학습하기보다는 본 교재 한 권만으로도 시험에 대비할 수 있도록 노력하였다.

본 교재의 특징을 정리하면 다음과 같다.

첫째, 금융상품 기준서와 고객과의 계약에서 생기는 수익, 리스 기준서는 기준서 개정 내용을 반영하여 수록하였다. 기준서 개정 전 출제된 기출문제는 수정 후 보완하였고, 삭제가 필요한 기출문제들은 삭제하였다.

둘째, 각 절마다 핵심요약 내용을 수록하였다. 문제 풀이 이전에 이론과정을 통해 학습했던 부분들을 환기시킬 수 있도록 각 절마다 핵심요약 파트를 수록하여 문제 풀이와 연결될 수 있도록 하였다.

셋째, 감정평가사 시험의 문제 유형과 난이도가 비슷한 관세사 시험문제들을 충분히 수록하였고, 세무사, 회계사 시험에서도 문제를 선별하였기 때문에 회계학에서 출제될 수 있는 다양한 유형의 문제들을 경험할 수 있도록 구성하였다.

본 교재는 감정평가사 시험을 준비하는 수험생들이 실전 경험을 통해 문제에서 묻고자 하는 요지가 무엇인지 빠르게 파악할 수 있도록 경험을 확대하고자 출간되었다. 그러므로 시험 전까지 본 교재의 문제와 해설을 충분히 숙지한다면 누구나 원하는 결과를 얻을 수 있을 것이다. 본 교재를 선택한 모든 수험생들이 합격할 수 있기를 기원한다.

끝으로 본 교재의 출간에 힘써주신 편집부 직원분들에게도 깊은 감사의 말씀을 드린다.

– 세무사 신은미 –

감정평가사란?

감정평가란 토지 등의 경제적 가치를 판정하여 그 결과를 가액으로 표시하는 것을 말한다. 감정평가사(Certified Appraiser)는 부동산·동산을 포함하여 토지, 건물 등의 유무형의 재산에 대한 경제적 가치를 판정하여 그 결과를 가액으로 표시하는 전문직업인으로 국토교통부에서 주관, 산업인력관리공단에서 시행하는 감정평가사시험에 합격한 사람으로 일정기간의 수습과정을 거친 후 공인되는 직업이다.

시험과목 및 시험시간

가. 시험과목(감정평가 및 감정평가사에 관한 법률 시행령 제9조)

시험구분	시험과목
제1차 시험	❶ 「민법」 중 총칙, 물권에 관한 규정 ❷ 경제학원론 ❸ 부동산학원론 ❹ 감정평가관계법규(「국토의 계획 및 이용에 관한 법률」, 「건축법」, 「공간정보의 구축 및 관리 등에 관한 법률」 중 지적에 관한 규정, 「국유재산법」, 「도시 및 주거환경정비법」, 「부동산등기법」, 「감정평가 및 감정평가사에 관한 법률」, 「부동산 가격공시에 관한 법률」 및 「동산·채권 등의 담보에 관한 법률」) ❺ 회계학 ❻ 영어(영어시험성적 제출로 대체)
제2차 시험	❶ 감정평가실무 ❷ 감정평가이론 ❸ 감정평가 및 보상법규(「감정평가 및 감정평가사에 관한 법률」, 「공익사업을 위한 토지 등의 취득 및 보상에 관한 법률」, 「부동산 가격공시에 관한 법률」)

나. 과목별 시험시간

시험구분	교시	시험과목	입실완료	시험시간	시험방법
제1차 시험	1교시	❶ 민법(총칙, 물권) ❷ 경제학원론 ❸ 부동산학원론	09:00	09:30~11:30(120분)	객관식 5지 택일형
	2교시	❹ 감정평가관계법규 ❺ 회계학	11:50	12:00~13:20(80분)	

제2차 시험	1교시	❶ 감정평가실무	09:00	09:30~11:10(100분)	과목별 4문항 (주관식)
	중식시간 11:10 ~ 12:10(60분)				
	2교시	❷ 감정평가이론	12:10	12:30~14:10(100분)	
	휴식시간 14:10 ~ 14:30(20분)				
	3교시	❸ 감정평가 및 보상법규	14:30	14:40~16:20(100분)	

※ 시험과 관련하여 법률·회계처리기준 등을 적용하여 정답을 구하여야 하는 문제는 시험시행일 현재 시행 중인 법률·회계처리기준 등을 적용하여 그 정답을 구하여야 함

※ 회계학 과목의 경우 한국채택국제회계기준(K-IFRS)만 적용하여 출제

다. 출제영역 : 큐넷 감정평가사 홈페이지(www.Q-net.or.kr/site/value) 자료실 게재

 응시자격 및 결격사유

가. 응시자격 : 없음

※ 단, 최종 합격자 발표일 기준, 감정평가 및 감정평가사에 관한 법률 제12조의 결격사유에 해당하는 사람 또는 같은 법 제16조 제1항에 따른 처분을 받은 날부터 5년이 지나지 아니한 사람은 시험에 응시할 수 없음

나. 결격사유(감정평가 및 감정평가사에 관한 법률 제12조, 2023.8.10. 시행)

다음 각 호의 어느 하나에 해당하는 사람

1. 파산선고를 받은 사람으로서 복권되지 아니한 사람

2. 금고 이상의 실형을 선고받고 그 집행이 종료(집행이 종료된 것으로 보는 경우를 포함한다)되거나 그 집행이 면제된 날부터 3년이 지나지 아니한 사람

3. 금고 이상의 형의 집행유예를 받고 그 유예기간이 만료된 날부터 1년이 지나지 아니한 사람

4. 금고 이상의 형의 선고유예를 받고 그 선고유예기간 중에 있는 사람

5. 제13조에 따라 감정평가사 자격이 취소된 후 3년이 지나지 아니한 사람. 다만 제6호에 해당하는 사람은 제외한다.

6. 제39조 제1항 제11호 및 제12호에 따라 자격이 취소된 후 5년이 지나지 아니한 사람

CONTENTS
이 책의 차례

CONTENTS
이 책의 차례

PREFACE   GUIDE

CONTENTS
이 책의 차례

재무회계
빠른 정답 보기

CHAPTER 01 개념체계

01	④	02	⑤	03	①	04	①	05	④	06	③	07	②	08	③	09	⑤	10	⑤
11	③	12	②	13	①	14	⑤	15	①	16	②	17	①	18	③	19	③	20	③
21	④	22	⑤	23	④	24	①	25	①	26	③	27	④	28	③	29	②	30	②
31	③	32	①	33	①	34	③	35	③	36	①	37	①	38	④	39	③	40	①

CHAPTER 02 재무제표 표시

01	①	02	⑤	03	①	04	①	05	①	06	④	07	②	08	②	09	⑤	10	⑤
11	⑤	12	③	13	⑤	14	①	15	⑤	16	④	17	④	18	④	19	①	20	④
21	②	22	①	23	②	24	①	25	④	26	②	27	⑤	28	⑤	29	⑤	30	⑤
31	②	32	③	33	③														

CHAPTER 03 재고자산

01	①	02	③	03	①	04	②	05	①	06	②	07	⑤	08	③	09	④	10	③
11	①	12	①	13	②	14	②	15	①	16	④	17	⑤	18	①	19	③	20	②
21	④	22	②	23	⑤	24	③	25	①	26	③	27	③	28	③	29	①	30	③
31	③	32	②	33	⑤	34	②	35	③	36	①	37	①	38	②	39	⑤	40	②
41	⑤	42	③	43	④	44	①	45	④	46	③	47	④	48	⑤	49	③	50	⑤
51	③	52	④	53	⑤	54	②	55	③	56	③	57	②	58	②	59	④	60	③
61	④	62	⑤	63	④	64	③	65	②	66	②	67	①	68	⑤	69	①	70	①
71	③	72	②	73	④	74	②	75	④	76	④	77	④	78	②				

CHAPTER 04 유형자산

01	①	02	②	03	②	04	③	05	①	06	②	07	⑤	08	②	09	①	10	②
11	③	12	④	13	④	14	③	15	③	16	④	17	②	18	③	19	④	20	②
21	④	22	③	23	④	24	②	25	④	26	②	27	④	28	③	29	②	30	④
31	②	32	③	33	③	34	④	35	⑤	36	③	37	③	38	③	39	①	40	④
41	③	42	①	43	④	44	⑤	45	①	46	③	47	④	48	③	49	④	50	③
51	②	52	④	53	②	54	③	55	④	56	④	57	②	58	③	59	④	60	④
61	⑤	62	⑤	63	③	64	④	65	④	66	③	67	②	68	②	69	③	70	①
71	④	72	②	73	③	74	②	75	⑤	76	②	77	②	78	④	79	①	80	④
81	④	82	④	83	②	84	⑤	85	②	86	④	87	⑤	88	④	89	②	90	④
91	①	92	⑤	93	⑤	94	①	95	⑤	96	④	97	⑤	98	④	99	④	100	④
101	⑤	102	④	103	①	104	②	105	④	106	⑤	107	②	108	②	109	③	110	③
111	⑤	112	②	113	④	114	③	115	①										

CHAPTER 05 무형자산

01	①	02	①	03	①	04	②	05	⑤	06	④	07	⑤	08	④	09	②	10	①
11	①	12	①	13	③	14	⑤	15	⑤	16	②	17	④	18	④	19	①	20	①
21	③	22	④	23	④	24	③	25	④	26	③	27	⑤	28	③	29	①	30	③
31	①	32	②	33	③																

CHAPTER 06 투자부동산

01	②	02	②	03	④	04	①	05	①	06	④	07	⑤	08	④	09	①	10	①
11	②	12	④	13	④	14	①	15	⑤	16	②	17	①	18	①	19	③	20	③
21	⑤	22	②	23	②	24	②	25	⑤	26	③	27	②	28	①				

CHAPTER 07 금융자산

01	⑤	02	⑤	03	①	04	④	05	②	06	②	07	④	08	①	09	④	10	④
11	②	12	⑤	13	④	14	②	15	⑤	16	⑤	17	②	18	⑤	19	②	20	⑤
21	①	22	⑤	23	④	24	③	25	⑤	26	⑤	27	③	28	⑤	29	③	30	①
31	①	32	①	33	②	34	④	35	②	36	①	37	⑤	38	④	39	③	40	③
41	③	42	③	43	②	44	③	45	③	46	①	47	②	48	④	49	③	50	①
51	④	52	③	53	⑤	54	③	55	③										

CHAPTER 08 금융부채

01	②	02	⑤	03	③	04	④	05	②	06	③	07	③	08	④	09	③	10	②
11	⑤	12	②	13	③	14	④	15	①	16	⑤	17	③	18	④	19	①	20	④
21	⑤	22	③	23	①	24	④	25	③	26	④	27	②	28	④	29	①	30	③
31	④	32	⑤	33	③	34	④	35	⑤	36	⑤								

CHAPTER 09 충당부채, 우발부채

01	①	02	⑤	03	④	04	②	05	①	06	⑤	07	⑤	08	⑤	09	①	10	④
11	⑤	12	③	13	③	14	①	15	⑤	16	②	17	②	18	②	19	④	20	②
21	④	22	⑤	23	②														

CHAPTER 10 자본

01	⑤	02	④	03	④	04	④	05	②	06	③	07	③	08	①	09	④	10	③
11	④	12	③	13	①	14	①	15	④	16	⑤	17	⑤	18	③	19	②	20	④
21	②	22	⑤	23	②	24	⑤	25	③	26	⑤	27	②	28	⑤	29	④	30	③
31	④	32	⑤	33	④	34	①	35	④	36	④	37	②						

CHAPTER 11 복합금융상품

01	⑤	02	②	03	⑤	04	①	05	②	06	②	07	④	08	①	09	①	10	④
11	①	12	③	13	⑤	14	⑤	15	③	16	④	17	④	18	④	19	③	20	③
21	⑤	22	②	23	④	24	②	25	④	26	④	27	②						

CHAPTER 12 고객과의 계약에서 생기는 수익

01	①	02	③	03	③	04	④	05	②	06	⑤	07	③	08	②	09	②	10	③
11	⑤	12	⑤	13	②	14	①	15	⑤	16	③	17	①	18	⑤	19	④	20	①
21	①	22	②	23	③	24	②	25	④	26	⑤	27	④	28	②	29	③	30	①
31	⑤	32	②	33	②	34	②	35	①	36	③	37	①	38	①	39	②		

CHAPTER 13 건설계약

01	⑤	02	③	03	③	04	②	05	①	06	③	07	②	08	④	09	④	10	②
11	②	12	①	13	③	14	⑤	15	②	16	③	17	④	18	③				

CHAPTER 14 종업원급여

01	④	02	⑤	03	⑤	04	④	05	②	06	④	07	⑤	08	③	09	④	10	②
11	⑤	12	②	13	②	14	④	15	②	16	④	17	④	18	⑤	19	⑤	20	③
21	⑤	22	①	23	②	24	⑤												

CHAPTER 15 주식기준보상

01	①	02	⑤	03	②	04	③	05	③	06	③	07	②	08	②	09	④	10	⑤
11	④	12	①	13	①	14	④	15	②	16	③	17	④	18	④	19	②	20	①

CHAPTER 16 리스

01	③	02	①	03	③	04	②	05	④	06	④	07	⑤	08	②	09	①	10	③
11	⑤	12	③	13	①	14	④	15	⑤	16	⑤	17	④	18	③	19	①	20	⑤
21	②	22	①	23	②	24	②	25	⑤	26	①								

CHAPTER 17 법인세회계

01	⑤	02	⑤	03	⑤	04	①	05	①	06	③	07	①	08	①	09	③	10	①
11	④	12	②	13	②	14	③	15	②	16	③	17	⑤	18	③	19	①	20	③
21	③	22	③																

CHAPTER 18 주당이익

01	⑤	02	⑤	03	②	04	⑤	05	②	06	①	07	③	08	③	09	③	10	④
11	④	12	②	13	①	14	④	15	②	16	④	17	④	18	⑤	19	③	20	④
21	①	22	④	23	①	24	②	25	④	26	②	27	③	28	①	29	④		

CHAPTER 19 회계변경 및 오류수정

01	②	02	②	03	③	04	③	05	⑤	06	③	07	②	08	②	09	①	10	③
11	①	12	④	13	⑤	14	④	15	①	16	②	17	②	18	③	19	①	20	⑤
21	②	22	④	23	③	24	④												

CHAPTER 20 현금흐름표

01	⑤	02	①	03	①	04	②	05	④	06	②	07	⑤	08	③	09	①	10	③
11	③	12	②	13	②	14	③	15	②	16	①	17	①	18	③	19	⑤	20	①
21	④	22	②	23	③	24	④	25	④	26	②	27	②	28	④	29	①	30	②
31	①	32	③	33	③	34	②	35	⑤	36	①	37	①	38	④				

CHAPTER 21 재무제표 분석

01	⑤	02	③	03	①	04	⑤	05	⑤	06	③	07	③	08	①	09	②	10	②
11	③	12	①	13	②	14	⑤	15	①	16	①	17	④						

CHAPTER 22 관계기업투자주식

01	⑤	02	④	03	③	04	④	05	②	06	③	07	①	08	④	09	③	10	①
11	②																		

CHAPTER 23 보고기간 후 사건, 환율변동효과

01	④	02	①	03	④	04	①	05	④	06	④	07	③	08	①	09	①	10	④
11	③	12	①	13	③	14	⑤	15	④	16	①	17	①						

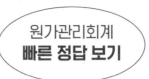

원가관리회계
빠른 정답 보기

CHAPTER 01 제조기업의 원가흐름

01	④	02	①	03	④	04	⑤	05	④	06	②	07	④	08	④	09	①	10	③
11	②	12	⑤	13	②	14	③	15	③	16	③	17	②						

CHAPTER 02 개별원가계산

01	⑤	02	③	03	①	04	⑤	05	④	06	①	07	①	08	①	09	③	10	⑤
11	②	12	④	13	⑤	14	①	15	③	16	①	17	②	18	④	19	⑤	20	①
21	⑤	22	⑤	23	③	24	③	25	④	26	⑤	27	②						

CHAPTER 03 보조부문의 원가배부

01	④	02	③	03	②	04	④	05	④	06	⑤	07	①	08	③	09	⑤	10	①
11	⑤	12	①	13	①	14	③	15	①	16	③	17	④	18	⑤	19	③		

CHAPTER 04 활동기준원가계산

01	⑤	02	④	03	④	04	⑤	05	③	06	④	07	②	08	①	09	①	10	⑤
11	②	12	②	13	③	14	①	15	⑤	16	④	17	③						

CHAPTER 05 종합원가계산

01	③	02	⑤	03	④	04	②	05	①	06	②	07	②	08	⑤	09	③	10	①
11	⑤	12	③	13	③	14	③	15	④	16	①	17	①	18	⑤	19	⑤	20	④
21	③	22	②	23	②	24	①	25	③	26	②	27	①	28	②	29	②	30	②

CHAPTER 06 결합원가계산

01	③	02	①	03	③	04	④	05	③	06	④	07	③	08	②	09	⑤	10	⑤
11	⑤	12	②	13	④	14	②	15	②	16	④	17	②	18	⑤	19	③	20	④
21	②																		

CHAPTER 07 전부원가계산, 변동원가계산

01	①	02	②	03	⑤	04	⑤	05	①	06	③	07	①	08	④	09	①	10	③
11	②	12	④	13	⑤	14	④	15	③	16	③	17	①	18	②	19	③	20	②
21	⑤	22	①	23	④	24	③	25	②	26	④	27	④	28	①					

CHAPTER 08 원가함수의 추정

01	⑤	02	①	03	③	04	⑤	05	④	06	④	07	③	08	④	09	④	10	④
11	③	12	④																

CHAPTER 09 원가-조업도-이익 분석(CVP분석)

01	④	02	⑤	03	②	04	③	05	⑤	06	⑤	07	④	08	④	09	①	10	④
11	⑤	12	⑤	13	②	14	③	15	④	16	①	17	②	18	⑤	19	①	20	⑤
21	②	22	⑤	23	①	24	②	25	③	26	⑤	27	③	28	⑤	29	④	30	②
31	④	32	②	33	⑤	34	④	35	②										

CHAPTER 10 표준원가계산

01	③	02	④	03	③	04	④	05	⑤	06	④	07	②	08	③	09	⑤	10	③
11	④	12	④	13	④	14	②	15	②	16	④	17	④	18	③	19	④	20	④
21	①	22	①	23	③	24	③	25	①	26	②	27	③						

CHAPTER 11 관련원가와 의사결정

01	③	02	②	03	②	04	④	05	③	06	⑤	07	①	08	③	09	③	10	①
11	①	12	③	13	④	14	②	15	④	16	②	17	①	18	③	19	③	20	③
21	②	22	⑤	23	③	24	①	25	⑤	26	②	27	⑤	28	③	29	③	30	③

CHAPTER 12 대체가격결정

01	③	02	④	03	⑤	04	③	05	①	06	③	07	④	08	③	09	②		

CHAPTER 13 종합예산

01	④	02	③	03	③	04	①	05	③	06	③	07	①	08	①	09	④	10	③
11	②	12	③	13	④	14	⑤	15	②	16	②	17	②	18	④	19	③		

CHAPTER 14 투자중심점 성과평가

01	⑤	02	①	03	②	04	⑤	05	②	06	④	07	②	08	①				

CHAPTER 15 최신 원가관리회계

01	⑤	02	④	03	⑤	04	⑤	05	②	06	③	07	④	08	①	09	④	10	②
11	①	12	②																

PART

01

재무회계

개념체계

개념체계란? 외부이용자를 위한 재무제표의 작성과 표시에 있어 기초가 되는 개념을 정립한다.

1절 목적

① 한국회계기준위원회가 일관된 개념에 기반하여 한국채택국제회계기준을 제·개정하는 데 도움을 준다.
② 특정 거래나 다른 사건에 적용할 회계기준이 없거나 회계기준에서 회계정책을 선택하는 것을 허용하는 경우에 재무제표 작성자가 일관된 회계정책을 개발하는 데 도움을 준다.
③ 모든 이해관계자가 회계기준을 이해하고 해석하는 데 도움을 준다.

2절 개념체계와 기준서

개념체계는 한국채택국제회계기준이 아니다. 따라서 이 개념체계의 어떠한 내용도 회계기준이나 그 요구사항에 우선하지 않는다. 개념체계는 회계기준위원회가 관련 업무를 통해 축적한 경험을 토대로 수시로 개정될 수 있다. 개념체계가 개정되었다고 자동으로 회계기준이 개정되는 것은 아니다.

3절 일반목적재무보고

1. **목적** : 현재 및 잠재적 투자자, 대여자 및 기타 채권자(주요 이용자)가 기업에 자원을 제공하는 것과 관련된 의사결정을 할 때 유용한 재무정보를 제공하는 것이다.
   ① 경제적 의사결정에 유용한 정보를 제공한다는 목적으로 작성되는 재무제표는 대부분의 정보이용자의 공통적인 수요(모두 ×)를 충족시킨다.

② 어떤 정보를 유용하다고 여기는가?
- 미래 순현금유입의 전망을 평가하는 데 도움을 주는 정보
- 경영진의 수탁책임의 이행 여부를 평가할 수 있는 정보

2. 일반목적재무보고의 한계점

① 일반목적재무보고서는 주요이용자가 필요로 하는 모든 정보를 제공하지도 않으며 제공할 수도 없다.

② 일반목적재무보고서는 보고기업의 가치를 보여주기 위해 고안된 것은 아니지만, 현재 및 잠재적 투자자, 대여자와 그 밖의 채권자가 보고기업의 가치를 추정하는 데 도움이 되는 정보를 제공한다.

③ 회계기준위원회는 재무보고기준을 제정할 때 주요 이용자 최대 다수의 수요를 충족하는 정보를 제공하기 위해 노력할 것이다. 그러나 공통된 정보 수요에 초점을 맞춘다고 해서 보고기업으로 하여금 주요 이용자의 특정한 일부에게 가장 유용한 추가적인 정보를 포함하지 못하게 하는 것은 아니다.

④ 보고기업의 경영진도 해당 기업에 대한 재무정보에 관심이 있다. 그러나 경영진은 그들이 필요로 하는 재무정보를 내부에서 구할 수 있기 때문에 일반목적재무보고서에 의존할 필요가 없다.

⑤ 재무보고서는 정확한 서술보다는 상당 부분 추정, 판단 및 모형에 근거한다.

3. 일반목적재무보고서가 제공하는 정보

① 경제적자원과 청구권(재무상태표)
정보이용자가 보고기업의 재무적 강점과 약점을 식별하는 데 도움을 준다.

② 경제적자원 및 청구권의 변동(포괄손익계산서, 자본변동표, 현금흐름표)
정보이용자는 재무성과와 그 이외의 사건에 따른 변동을 구별함으로써 미래 현금흐름을 보다 정확하게 평가할 수 있다.

③ 발생기준 회계가 반영된 재무성과
발생기준 회계가 현금기준 회계보다 기업의 과거 및 미래성과를 평가하는 데 더 나은 근거를 제공한다.

④ 과거 현금흐름이 반영된 재무성과
- 어느 한 기간의 보고기업의 현금흐름에 대한 정보도 정보이용자가 기업의 미래 순현금 유입 창출 능력을 평가하는 데에 도움이 된다.
- 현금흐름표 보고 : 영업활동, 투자활동, 재무활동을 구분하여 표시한다.

⑤ 재무성과에 기인하지 않은 경제적자원 및 청구권의 변동(자본변동표, 현금흐름표)
보고기업의 경제적자원과 청구권이 변동된 이유와 그 변동이 미래 재무성과에 주는 의미를 정보이용자가 완전히 이해하는 데 필요하다.

4절   유용한 재무정보의 질적 특성

- 근본적 질적 특성 : 목적적합성, 표현충실성
- 보강적 질적 특성 : 비교가능성, 검증가능성, 적시성, 이해가능성

1. 근본적 질적 특성

① 목적적합성

  ㉠ 목적적합한 재무정보는 정보이용자의 의사결정에 차이가 나도록 할 수 있다.

  ㉡ 재무정보에 예측가치, 확인가치 또는 이 둘 모두가 있다면 의사결정에 차이가 나도록 할 수 있다. 재무정보의 예측가치와 확인가치는 상호 연관되어 있다.

  ㉢ 재무정보가 기업의 미래현금흐름이나 손익을 예측하는 데 도움을 준다면 그러한 정보는 예측가치를 갖는다. 단, 재무정보가 예측가치를 갖기 위해서 그 자체가 예측치 또는 예상치일 필요는 없다. 이용자들이 미래 결과를 예측하기 위해 사용하는 절차의 투입요소로 재무정보를 사용할 수 있다면 그 재무정보는 예측가치를 갖는다.

  ㉣ 재무정보가 과거 평가에 대해 피드백을 제공한다면(과거 평가를 확인하거나 변경시킨다면) 확인가치를 갖는다.

  > ■ 중요성(목적적합성의 하부속성)
  >   특정 보고기업에 대한 재무정보를 제공하는 일반목적재무보고서에 정보를 누락하거나 잘못 기재하거나 불분명하게 하여, 이를 기초로 내리는 주요 이용자들의 의사결정에 영향을 줄 것으로 합리적으로 예상할 수 있다면 그 정보는 중요한 것이다.
  >   ✔ 중요성 : 개별기업 재무보고서 관점에서 해당 정보와 관련된 항목의 성격이나 규모 또는 이 둘 모두에 근거하여 해당 기업에 특유한 측면의 목적적합성이다.
  >   ✔ 회계기준위원회는 중요성에 대한 획일적인 계량임계치를 정하거나 특정한 상황에서 무엇이 중요한 것인지를 미리 결정할 수 없다.

② 표현충실성

  ㉠ 완벽한 표현충실성을 위해서 서술은 완전하고, 중립적이며, 오류가 없어야 한다.

  ㉡ 완전한 서술이란? (빠짐없이) 필요한 기술과 설명을 포함하여 이용자가 서술되는 현상을 이해하는 데 필요한 모든 정보를 포함하는 것이다.

  ㉢ 중립적 서술(의도 없이)은 재무정보의 선택이나 표시에 편의가 없는 것이다.

  중립적 정보는 목적이 없거나 행동에 대한 영향력이 없는 정보를 의미하지 않는다.

중립성은 신중을 기함으로써 뒷받침된다. 신중성은 불확실한 상황에서 판단할 때 주의를 기울이는 것을 말한다.

ㄹ 오류가 없는 서술이란 현상의 기술에 오류나 누락이 없고, 보고 정보를 생산하는 데 사용되는 절차의 선택과 적용 시 절차상 오류가 없음을 의미하는 것이지, 서술의 모든 면이 완벽하게 정확하다는 것을 의미하는 것은 아니다.

ㅁ 재무정보를 작성하는 과정에서 합리적인 추정치의 사용은 필수적이다. 따라서 측정 불확실성이 있더라도 추정이 명확하고 정확하게 기술되고 설명되는 한 정보의 유용성을 저해하지 않는다.

ㅂ 충실한 표현 그 자체가 반드시 유용한 정보를 만들어내는 것은 아니다.

2. 보강적 질적 특성

① 비교가능성

ㄱ 비교가능성은 항목 간의 유사점과 차이점을 식별하고 이해할 수 있게 하는 질적 특성으로 최소한 두 항목이 필요하다.

ㄴ 같은 것은 같게 다른 것은 다르게 보이는 것이지 통일성을 의미하는 것은 아니다.

ㄷ 일관성은 한 보고기업 내에서 기간 간 또는 같은 기간 동안에 기업 간, 동일한 항목에 대해 동일한 방법을 적용하는 것으로서 비교가능성과 관련은 되어 있지만 동일하지는 않다. 비교가능성은 목표이고, 일관성은 이를 달성하는 데 도움을 준다.

ㄹ 동일한 경제적 현상에 대해 대체적인 회계처리방법을 허용하면 비교가능성이 감소한다.

② 검증가능성

ㄱ 합리적인 판단력이 있고 독립적인 서로 다른 관찰자가 어떤 서술이 표현충실성에 있어, 비록 반드시 완전히 일치하지는 않더라도, 합의에 이를 수 있다는 것을 의미한다.

ㄴ 계량화된 정보가 검증가능하기 위해서 단일 점추정치여야 할 필요는 없다. 가능한 금액의 범위 및 관련된 확률도 검증될 수 있다. 또한 검증은 직접적으로 또는 간접적으로 이루어질 수 있다.

③ 적시성

ㄱ 적시성은 의사결정자가 정보를 제때에 이용가능하게 하는 것을 의미한다.

ㄴ 일반적으로 정보는 오래될수록 유용성이 낮아지지만 일부 정보는 추세 등을 식별할 수 있다면 오랫동안 적시성이 있을 수 있다.

④ 이해가능성

ㄱ 이해가능성은 경제활동에 대해 합리적인 지식이 있고, 부지런히 정보를 검토하고 분석하는 정보이용자가 이해할 수 있도록 재무보고서가 작성되어야 함을 전제로 한다.

ⓛ 정보가 유용하기 위해서는 이용자가 이해 가능해야 하며, 정보를 명확하고 간결하게 분류하고, 특징지으며, 표시하면 이해 가능하게 된다.

> ■ 보강적 질적 특성의 적용(적용순서가 없음)
> - 보강적 질적 특성은 정보가 목적적합하지 않거나 나타내고자 하는 바를 충실하게 표현하지 않으면, 개별적으로든 집단적으로든 그 정보를 유용하게 할 수 없다.
> - 보강적 질적 특성을 적용하는 것은 어떤 규정된 순서를 따르지 않는 반복적인 과정이다. 때로는 하나의 보강적 질적 특성이 다른 질적 특성의 극대화를 위해서 감소되어야 할 수도 있다(질적 특성 간의 상충관계).

3. 유용한 재무보고에 대한 원가 제약(원가 < 효익)

✔ 원가는 재무보고로 제공될 수 있는 정보에 대한 포괄적 제약요인이다. 유용한 정보라고 하더라도 정보로 얻을 수 있는 효익보다 원가가 크다면 해당 정보는 제공하기 어렵다.

✔ 원가는 제공자(작성원가)뿐만 아니라 이용자(이용원가)도 발생한다.

✔ 정보의 효익은 양적 정보뿐만 아니라 질적 정보도 고려한다.

5절 | 계속기업가정, 보고기업

1. 계속기업가정

① 재무제표는 일반적으로 기업이 계속기업이며, 예상가능한 기간 동안 영업을 계속할 것이라는 가정하에 작성한다. 따라서 기업을 청산하거나 거래를 중단하려는 의도가 없으며, 그럴 필요도 없다고 가정한다.

> 계속기업가정과 관련된 항목 : 취득원가, 감가상각, 유동·비유동 구분표시

② 만약, 그러한 의도나 필요가 있다면, 재무제표는 계속기업과는 다른 기준에 따라 작성되어야 하며, 사용된 기준을 재무제표에 기술한다.

2. 보고기업

보고기업은 재무제표를 작성해야 하거나 작성하기로 선택한 기업을 말한다. 보고기업은 단일의 실체이거나 어떤 실체의 일부일 수 있으며, 둘 이상의 실체로 구성될 수도 있다. 보고기업이 반드시 법적 실체일 필요는 없다.

① **연결재무제표** : 보고기업이 지배기업과 종속기업을 합친 실체
② **비연결재무제표** : 보고기업이 지배기업 단독인 경우
③ **결합재무제표** : 지배와 종속 관계로 모두 연결되어 있지는 않은 둘 이상의 실체

6절 재무제표의 요소

1. 자산

① 과거사건의 결과로 기업이 통제하는 현재의 경제적자원이다. 즉, 과거사건의 결과로 경제적효익을 창출할 잠재력을 지닌 권리를 기업이 통제한다면 그 권리는 자산의 정의에 부합한다.

② 개념체계에서의 자산은 경제적자원 그 자체이지 경제적자원이 창출할 수 있는 경제적효익의 궁극적인 유입이 아니다.

③ 권리는 다른 당사자의 의무에 해당하는 권리일 수도 다른 당사자의 의무에 해당하지 않는 권리일 수도 있다.

④ 기업의 모든 권리가 자산이 되는 것은 아니다.

⑤ 기업은 기업 스스로부터 경제적효익을 획득하는 권리를 가질 수 없다(예 자기주식).

⑥ 경제적효익을 창출할 잠재력이 있기 위해서는 권리가 경제적효익을 창출할 것이라고 확신할 필요는 없다. 경제적효익을 창출할 가능성이 낮더라도 권리가 경제적자원의 정의를 충족하면 자산이 될 수 있다.

⑦ 지출의 발생과 자산의 취득은 밀접하게 관련되어 있으나, 양자가 반드시 일치하는 것은 아니다. 예를 들어, 자산은 정부가 기업에게 무상으로 부여한 권리 또는 기업이 다른 당사자로부터 증여받은 권리를 포함할 수 있다.

2. 부채

① 부채란? 과거사건의 결과로 기업이 경제적자원을 이전해야 하는 현재의무이다.

② 의무는 항상 다른 당사자에게 이행해야 한다. 다른 당사자는 사람이나 다른 기업, 사람들 또는 기업들의 집단, 사회 전반이 될 수 있으나 다른 당사자의 신원을 알 필요는 없다.

③ 많은 의무가 계약, 법률, 유사한 수단에 의해 성립되지만, 기업의 실무관행, 공개한 경영방침, 특정 성명(서)과 상충되는 방식으로 행동할 실제 능력이 없는 경우 기업의 그러한 실무 관행 등에서 의무가 발생할 수 있다. 이러한 의무를 의제의무라고 한다.

④ 새로운 법률이 제정되는 경우 그 법률의 적용으로 경제적효익을 얻게 되거나 조치를 취한 결과로, 기업이 이전하지 않아도 되었을 경제적자원을 이전해야 하거나 이전하게 될 수도 있는 경우에만 현재의무가 발생한다.

3. 자본

자본은 기업의 자산에서 모든 부채를 차감한 잔여지분이다. 자본은 순자산, 주주지분, 소유주지분이라고도 하며, 시가총액과 일치하지 않는다.

4. 수익

① 수익은 자산의 유입이나 증가 또는 부채의 감소에 따라 자본의 증가를 초래하는 특정 회계기간 동안에 발생한 경제적효익의 증가로서 지분참여자에 의한 출연과 관련된 것은 제외한다.

② 광의의 수익(income)에는 차익(gain)도 포함한다.

5. 비용

① 자산의 유출이나 소멸 또는 부채의 증가에 따라 자본의 감소를 초래하는 특정 회계기간 동안에 발생한 경제적효익의 감소로서 지분참여자에 대한 분배와 관련된 것은 제외한다.

② 광의의 비용에는 차손(losses)도 포함한다.

7절 　인식과 제거

1. 인식이란?

재무제표 요소 중 정의를 충족하는 항목을 재무상태표나 재무성과표에 포함하기 위하여 포착하는 과정을 말한다.

> ■ 인식기준
> 자산이나 부채를 인식하고 이에 따른 결과로 수익, 비용 또는 자본변동을 인식하는 것이 목적적합하고 충실하게 표현한 정보를 제공하는 경우에만 자산과 부채를 인식하도록 규정하고 있다.

2. 제거란?

기업의 재무상태표에서 인식된 자산이나 부채의 전부 또는 일부를 삭제하는 것이다. 일반적으로 해당 항목이 더 이상 자산 또는 부채의 정의를 충족하지 못할 때 발생한다.

8절 　측정

구분		자산	부채
역사적원가		취득 또는 창출을 위하여 지급한 대가 + 거래원가	부채를 발생시키거나 인수하면서 수취한 대가 - 거래원가
현행가치	공정가치	측정일에 시장참여자 사이의 정상거래에서 자산을 매도할 때 받게 될 가격 (거래원가로 인해 증가하지 않는다.)	측정일에 시장참여자 사이의 정상거래에서 부채를 이전할 때 지급하게 될 가격 (거래원가로 인해 감소하지 않는다.)
	사용가치 (이행가치)	자산의 사용과 궁극적인 처분으로 얻을 것으로 기대하는 현금흐름 또는 그 밖의 경제적효익의 현재가치	부채를 이행할 때 이전해야 하는 현금이나 그 밖의 경제적자원의 현재가치
	현행원가	측정일에 동등한 자산의 원가로서 측정일에 지급할 대가 + 그 날에 발생할 거래원가	측정일에 동등한 부채에 대해 수취할 수 있는 대가 - 그 날에 발생할 거래원가

1. 역사적원가

① 역사적원가는 현행가치와 달리 자산의 손상이나 손실부담에 따른 부채와 관련되는 경우를 제외하고는 가치의 변동을 반영하지 않는다.

② 역사적원가는 자산의 손상이나 부채의 손실부담이 아니더라도 시간의 경과에 따라 갱신되어야 한다(예 감가상각 또는 상각, 상각후원가).

③ 시장 조건에 따른 거래가 아닌 사건의 결과로 자산을 취득하거나 창출할 때 또는 부채를 발생시키거나 인수할 때, 역사적원가로 측정하는 것이 거래나 그 밖의 사건에서 발생하는 자산과 부채 및 수익이나 비용을 충실하게 표현하지 못할 수도 있다. 이러한 경우에는 자산이나 부채의 현행가치를 최초 인식시점의 간주원가로 사용한다.

2. 공정가치

① 공정가치는 자산이나 부채를 발생시킨 거래나 그 밖의 사건의 가격으로부터 부분적으로라도 도출되지 않기 때문에, 공정가치는 자산을 취득할 때 발생한 거래원가로 인해 증가하지 않으며 부채를 발생시키거나 인수할 때 발생한 거래원가로 인해 감소하지 않는다.

② 공정가치는 자산의 궁극적인 처분이나 부채의 이전 또는 결제에서 발생할 거래원가도 반영하지 않는다.

3. 사용가치와 이행가치

① 사용가치와 이행가치는 시장참여자의 가정보다는 기업 특유의 가정을 반영한다는 점에서 공정가치와 다르다.

② 사용가치와 이행가치는 미래현금흐름에 기초하기 때문에 자산을 취득하거나 부채를 인수할 때 발생했던 거래원가는 포함하지 않는다. 그러나 기업이 미래에 자산을 궁극적으로 처분하거나 부채를 이행할 때 발생할 것으로 기대되는 거래원가의 현재가치는 사용가치와 이행가치에 포함된다.

③ 사용가치와 이행가치는 직접 관측될 수 없으며 현금흐름기준 측정기법으로 결정된다.

4. 현행원가

① 현행원가는 역사적원가와 마찬가지로 유입가치이다. 현행원가는 유출가치인 공정가치, 사용가치 또는 이행가치와 다르다.

② 현행원가는 역사적원가와 달리 측정일의 조건을 반영한다.

9절 공정가치

1. 공정가치란? : 측정일에 시장참여자 사이의 정상거래에서 자산을 매도하면서 수취하거나 부채를 이전하면서 지급하게 될 가격(객관적 가치, 기업 특유의 측정치✕), 즉 공정가치는 유출가격으로 정의된다.

(1) 자산 또는 부채

① 공정가치 측정은 특정 자산이나 부채에 대한 것이다.

② 공정가치를 측정할 때에는 시장참여자가 측정일에 그 자산이나 부채의 가격을 결정할 때 고려하는 그 자산이나 부채의 특성을 고려한다.

③ 부채의 공정가치는 불이행위험의 효과를 반영한다.

④ 불이행위험은 기업 자신의 신용위험을 포함하지만 이것만으로 한정되는 것은 아니다. 불이행위험은 부채의 이전 전후에 동일한 것으로 가정한다.

(2) 거래

① 공정가치측정은 자산이나 부채가 측정일에 현행 시장 상황에서 자산을 매도하거나 부채를 이전하는 시장참여자 사이의 정상거래에서 교환되는 것을 가정한다.

② 공정가치측정은 자산을 매도하거나 부채를 이전하는 거래가 다음 중 어느 하나의 시장에서 이루어지는 것으로 가정한다.

   ㉠ 자산이나 부채의 주된 시장(해당 자산이나 부채에 대한 거래의 규모와 빈도가 가장 큰 시장)

   ㉡ 자산이나 부채의 주된 시장이 없는 경우에는 가장 유리한 시장(거래원가나 운송원가를 고려했을 때 자산을 매도하면서 수취하는 금액을 최대화하거나 부채를 이전하면서 지급하는 금액을 최소화하는 시장)

   1. 자산이나 부채에 대한 주된 시장이 있는 경우에는 다른 시장의 가격이 측정일에 잠재적으로 더 유리하다고 하더라도, 공정가치 측정치는 주된 시장의 가격을 나타내도록 한다.

   2. 주된 시장은 기업의 관점에서 고려되며 이에 따라 다른 활동을 하는 기업 간의 차이는 허용된다.

(3) 시장참여자

① 서로 독립적이다.

② 합리적인 판단력이 있다.

③ 자산이나 부채에 대한 거래를 체결할 수 있다(능력).

④ 자산이나 부채에 대한 거래를 체결할 의사가 있다. 즉, 거래할 동기가 있으나 거래하도록 강제되거나 강요받지는 않는다.

(4) 가격

① 거래원가는 조정하지 않는다.

② 거래원가는 운송원가를 포함하지 않으므로 운송원가(현재의 위치에서 주된 시장으로 자산을 운송하는 데 발생하는 원가)는 공정가치 측정에서 조정한다.

2. 투입변수란? : 위험에 대한 가정을 포함하여 자산이나 부채의 가격을 결정할 때 시장참여자가 사용하게 될 가정을 말한다.

① 관련된 관측가능한 투입변수의 사용을 최대화하고 관측가능하지 않은 투입변수의 사용을 최소화하여 공정가치를 측정한다.

② 상황에 적합하며 관련된 관측가능한 투입변수의 사용을 최대화하고 관측가능하지 않은 투입변수의 사용을 최소화하면서 공정가치를 측정하는 데 충분한 자료가 이용가능한 가치평가기법을 사용한다.

수준 1 투입변수	측정일에 동일한 자산이나 부채에 대한 접근가능한 활성시장의 (조정되지 않은) 공시가격	관측가능한 투입변수
수준 2 투입변수	수준 1의 공시가격 이외에 자산이나 부채에 대해 직접적으로 또는 간접적으로 관측가능한 투입변수	
수준 3 투입변수	자산이나 부채에 대한 관측가능하지 않은 투입변수	

10절 자본과 자본유지개념

1. 재무자본유지

① 해당 기간 동안 소유주에게 배분하거나 소유주가 출연한 부분을 제외하고 기말 순자산의 재무적 측정금액(화폐금액)이 기초 순자산의 재무적 측정금액(화폐금액)을 초과하는 경우에 이익이 발생한다.

② 특정한 측정기준의 적용을 요구하지 않는다.

구분	명목화폐단위	불변구매력단위
일반물가수준 변동분	이익에 포함	자본유지조정(자본)

2. 실물자본유지

① 해당 기간 동안 소유주에게 배분하거나 소유주가 출연한 부분을 제외하고 기업의 기말 실물생산능력이나 조업능력(또는 그러한 생산능력을 갖추기 위해 필요한 자원이나 기금)이 기초 실물생산능력을 초과하는 경우 이익이 발생한다.

② 특정 측정기준의 적용이 요구됨 : 현행원가기준

③ 재무제표 이용자의 주된 관심은 기업의 조업능력유지에 있다.

CHAPTER 01 객관식 문제

01 재무보고를 위한 개념체계에 관한 설명으로 옳지 않은 것은?　▸23년 기출

① 개념체계는 특정 거래나 다른 사건에 적용할 회계기준이 없는 경우에 재무제표 작성자가 일관된 회계정책을 개발하는 데 도움을 준다.
② 개념체계의 어떠한 내용도 회계기준이나 회계기준의 요구사항에 우선하지 아니한다.
③ 일반목적재무보고의 목적을 달성하기 위해 회계기준위원회는 개념체계의 관점에서 벗어난 요구사항을 정하는 경우가 있을 수 있다.
④ 개념체계는 수시로 개정될 수 있으며, 개념체계가 개정되면 자동으로 회계기준이 개정된다.
⑤ 개념체계에 기반한 회계기준은 경영진의 책임을 묻기 위한 필요한 정보를 제공한다.

02 다음은 재무보고를 위한 개념체계 중 일반목적재무보고의 목적에 관한 설명이다. 다음 중 옳지 않은 것은?　▸CPA 16

① 현재 및 잠재적 투자자, 대여자 및 기타 채권자는 일반목적재무보고서가 대상으로 하는 주요 이용자이다.
② 일반목적재무보고서는 주요 이용자가 필요로 하는 모든 정보를 제공하지는 않으며 제공할 수도 없다.
③ 일반목적재무보고서는 주요 이용자가 보고기업의 가치를 추정하는 데 도움이 되는 정보를 제공한다.
④ 회계기준위원회는 재무보고기준을 제정할 때 주요 이용자 최대 다수의 수요를 충족하는 정보를 제공하기 위해 노력할 것이다.
⑤ 보고기업의 경영진도 해당 기업에 대한 재무정보에 관심이 있기 때문에 일반목적재무보고서에 의존할 필요가 있다.

03 일반목적재무보고의 목적에 관한 설명으로 옳지 않은 것은? ▸관세사 19

① 현재 및 잠재적 투자자, 대여자 및 기타 채권자가 필요로 하는 모든 정보를 제공하여야 한다.
② 보고기업의 재무상태에 관한 정보, 즉 기업의 경제적자원과 보고기업에 대한 청구권에 관한 정보를 제공한다.
③ 경영진의 책임 이행에 대한 정보는 경영진의 행동에 대해 의결권을 가지거나 다른 방법으로 영향력을 행사하는 현재 투자자, 대여자 및 기타 채권자의 의사결정에 유용하다.
④ 경영진은 그들이 필요로 하는 재무정보를 내부에서 구할 수 있기 때문에 일반목적재무보고서에 의존할 필요가 없다.
⑤ 현재 및 잠재적 투자자, 대여자 및 기타 채권자가 기업에 자원을 제공하는 것에 대한 의사결정을 할 때 유용한 보고기업 재무정보를 제공한다.

04 일반목적재무보고에 관한 설명으로 옳지 않은 것은? ▸CTA 19

① 현재 및 잠재적 투자자, 대여자 및 기타채권자에 해당하지 않는 기타 당사자들(예를 들어, 감독당국)이 일반목적재무보고서가 유용하다고 여긴다면 이들도 일반목적재무보고의 주요 대상에 포함된다.
② 일반목적재무보고서는 현재 및 잠재적 투자자, 대여자 및 기타 채권자가 필요로 하는 모든 정보를 제공하지는 않으며 제공할 수도 없다. 그 정보이용자들은, 예를 들어, 일반 경제적 상황 및 기대, 정치적 사건과 정치 풍토, 산업 및 기업 전망과 같은 다른 원천에서 입수한 관련 정보를 고려할 필요가 있다.
③ 재무보고서는 정확한 서술보다는 상당 부분 추정, 판단 및 모형에 근거한다.
④ 일반목적재무보고서는 보고기업의 가치를 보여주기 위해 고안된 것이 아니다. 그러나 그것은 현재 및 잠재적 투자자, 대여자 및 기타 채권자가 보고기업의 가치를 추정하는 데 도움이 되는 정보를 제공한다.
⑤ 일반목적재무보고의 목적은 현재 및 잠재적 투자자, 대여자 및 기타 채권자가 기업에 자원을 제공하는 것에 대한 의사결정을 할 때 유용한 보고기업 재무정보를 제공하는 것이다. 그 의사결정은 지분상품 및 채무상품을 매수, 매도 또는 보유하는 것과 대여 및 기타 형태의 신용을 제공 또는 결제하는 것을 포함한다.

05 일반목적재무보고에 관한 설명으로 옳지 않은 것은? ▸CTA 24

① 일반목적재무보고의 목적은 현재 및 잠재적 투자자, 대여자와 그 밖의 채권자가 기업에 자원을 제공하는 것과 관련된 의사결정을 할 때 유용한 보고기업 재무정보를 제공하는 것이다.

② 일반목적재무보고서는 보고기업의 가치를 보여주기 위해 고안된 것이 아니지만 현재 및 잠재적 투자자, 대여자와 그 밖의 채권자가 보고기업의 가치를 추정하는 데 도움이 되는 정보를 제공한다.

③ 한 기간의 보고기업의 재무성과에 투자자와 채권자에게서 직접 추가 자원을 획득한 것이 아닌 경제적자원 및 청구권의 변동이 반영된 정보는 기업의 과거 및 미래 순현금유입 창출 능력을 평가하는 데 유용하다.

④ 많은 현재 및 잠재적 투자자, 대여자 및 그 밖의 채권자는 정보를 제공하도록 보고기업에 직접 요구하고, 그들이 필요로 하는 재무정보의 많은 부분을 일반목적재무보고서에 의존하는 것은 아니다.

⑤ 재무보고서는 정확한 서술보다는 상당 부분 추정, 판단 및 모형에 근거한다.

06 일반목적재무보고서가 제공하는 정보에 관한 설명으로 옳지 않은 것은? ▸CTA 21

① 보고기업의 경제적자원 및 청구권의 성격 및 금액에 대한 정보는 이용자들이 기업의 경제적자원에 대한 경영진의 수탁책임을 평가하는 데 도움이 될 수 있다.

② 보고기업의 재무성과에 대한 정보는 그 기업의 경제적자원에서 해당 기업이 창출한 수익을 이용자들이 이해하는 데 도움을 준다.

③ 보고기업의 경제적자원 및 청구권은 그 기업의 재무성과 그리고 채무상품이나 지분상품의 발행과 같은 그 밖의 사건이나 거래에서 발생한다.

④ 보고기업의 과거 재무성과와 그 경영진이 수탁책임을 어떻게 이행했는지에 대한 정보는 기업의 경제적자원에서 발생하는 미래 수익을 예측하는 데 일반적으로 도움이 된다.

⑤ 한 기간의 보고기업의 재무성과에 투자자와 채권자에게서 직접 추가 자원을 획득한 것이 아닌 경제적자원 및 청구권의 변동이 반영된 정보는 기업의 과거 및 미래 순현금유입 창출능력을 평가하는 데 유용하다.

07 유용한 재무정보의 질적 특성에 관한 설명으로 옳은 것은? ▸21년 기출

① 근본적 질적 특성은 목적적합성과 검증가능성이다.

② 목적적합한 재무정보는 이용자들의 의사결정에 차이가 나도록 할 수 있다.

③ 보고기간이 지난 정보는 더 이상 적시성을 갖지 않는다.

④ 정보가 비교가능하기 위해서는 비슷한 것은 다르게 보여야 하고 다른 것은 비슷하게 보여야 한다.

⑤ 표현충실성에서 오류가 없다는 것은 모든 면에서 완벽하게 정확하다는 것을 의미한다.

08 유용한 재무정보의 질적 특성에 관한 설명으로 옳지 않은 것은? ▸CTA 22

① 재무보고서는 경제적 현상을 글과 숫자로 나타내는 것이다.

② 재무정보가 과거 평가에 대해 피드백을 제공한다면(과거 평가를 확인하거나 변경시킨다면) 확인가치를 갖는다.

③ 중립적 정보는 목적이 없거나 행동에 대한 영향력이 없는 정보를 의미한다.

④ 회계기준위원회는 중요성에 대한 획일적인 계량 임계치를 정하거나 특정한 상황에서 무엇이 중요한 것인지를 미리 결정할 수 없다.

⑤ 합리적인 추정치의 사용은 재무정보의 작성에 필수적인 부분이며, 추정이 명확하고 정확하게 기술되고 설명되는 한 정보의 유용성을 저해하지 않는다.

09 재무정보의 질적 특성에 관한 설명으로 옳지 않은 것은? ▸CTA 14

① 중요성은 개별기업 재무보고서 관점에서 해당 정보와 관련된 항목의 성격이나 규모 또는 이 둘 모두에 근거하여 해당 기업에 특유한 측면의 목적적합성을 의미한다.

② 충실한 표현을 하기 위해서는 서술이 완전하고, 중립적이며, 오류가 없어야 한다.

③ 보강적 질적 특성은 만일 어떤 두 가지 방법이 현상을 동일하게 목적적합하고 충실하게 표현하는 것이라면 이 두 가지 방법 가운데 어느 방법을 현상의 서술에 사용해야 할지를 결정하는 데에도 도움을 줄 수 있다.

④ 단 하나의 경제적 현상을 충실하게 표현하는 데 여러 방법이 있을 수 있으나 동일한 경제적 현상에 대해 대체적인 회계처리방법을 허용하면 비교가능성이 감소한다.

⑤ 일관성은 한 보고기업 내에서 기간 간 또는 같은 기간 동안에 기업 간, 동일한 항목에 대해 동일한 방법을 적용하는 것을 의미하므로 비교가능성과 동일한 의미로 사용된다.

10 재무보고를 위한 개념체계에 대한 다음의 설명 중 옳지 않은 것은? ▸ CPA 15

① 일반목적 재무보고서는 보고기업의 가치를 보여주기 위해 고안된 것이 아니다. 그러나 일반목적 재무보고서는 현재 및 잠재적 투자자, 대여자 및 기타 채권자가 보고기업의 가치를 추정하는 데 도움이 되는 정보를 제공한다.

② 보강적 질적 특성은 가능한 한 극대화되어야 한다. 그러나 보강적 질적 특성은 정보가 목적적합하지 않거나 충실하게 표현되지 않으면, 개별적으로든 집단적으로든 그 정보를 유용하게 할 수 없다.

③ 재무정보의 예측가치와 확인가치는 상호 연관되어 있어, 예측가치를 갖는 정보는 확인가치도 갖는 경우가 많다.

④ 재무보고서는 사업활동과 경제활동에 대해 합리적인 지식이 있고, 부지런히 정보를 검토하고 분석하는 정보이용자를 위해 작성된다.

⑤ 통일성은 한 보고기업 내에서 기간 간 또는 같은 기간 동안에 기업 간, 동일한 항목에 대해 동일한 방법을 적용하는 것을 말한다.

11 재무정보의 질적 특성에 관한 설명으로 옳지 않은 것은? ▸ CTA 17

① 유용한 재무정보의 근본적 질적 특성은 목적적합성과 표현충실성이다. 유용한 재무정보의 질적 특성은 재무제표에서 제공되는 재무정보에도 적용되며, 그 밖의 방법으로 제공되는 재무정보에도 적용된다.

② 비교가능성, 검증가능성, 적시성 및 이해가능성은 목적적합하고 충실하게 표현된 정보의 유용성을 보강시키는 질적 특성이다. 보강적 질적 특성을 적용하는 것은 어떤 규정된 순서를 따르지 않는 반복적인 과정이다. 때로는 하나의 보강적 질적 특성이 다른 질적 특성의 극대화를 위해 감소되어야 할 수도 있다.

③ 검증가능성은 합리적인 판단력이 있고 독립적인 서로 다른 관찰자가 어떤 서술이 표현충실성이라는 데, 비록 반드시 완전히 일치하지는 못하더라도, 의견이 일치할 수 있다는 것을 의미한다. 계량화된 정보가 검증가능하기 위해서 단일 점추정치이어야 한다.

④ 표현충실성은 모든 면에서 정확한 것을 의미하지는 않는다. 오류가 없다는 것은 현상의 기술에 오류나 누락이 없고, 보고 정보를 생산하는 데 사용되는 절차의 선택과 적용 시 절차 상 오류가 없음을 의미한다. 이 맥락에서 오류가 없다는 것은 모든 면에서 완벽하게 정확하다는 것을 의미하지는 않는다.

⑤ 목적적합한 재무정보는 정보이용자의 의사결정에 차이가 나도록 할 수 있다. 재무정보에 예측가치, 확인가치 또는 이 둘 모두가 있다면 그 재무정보는 의사결정에 차이가 나도록 할 수 있다.

12 재무정보의 질적 특성에 관한 설명으로 옳지 않은 것을 모두 고른 것은? ▸23년 기출

> ㄱ. 오류가 없다는 것은 현상의 기술에 오류나 누락이 없고, 보고 정보를 생산하는 데 사용되는 절차의 선택과 적용 시 절차 상 완벽하게 정확하다는 것을 의미한다.
> ㄴ. 재무정보가 과거 평가에 대해 피드백을 제공한다면 확인가치를 갖는다.
> ㄷ. 회계기준위원회는 중요성에 대한 획일적인 계량 임계치를 정하거나 특정한 상황에서 무엇이 중요한 것인지를 미리 결정할 수 있다.
> ㄹ. 목적적합하고 충실하게 표현된 정보의 유용성을 보강시키는 질적 특성으로는 비교가능성, 검증가능성, 적시성 및 이해가능성이 있다.

① ㄱ, ㄴ   ② ㄱ, ㄷ
③ ㄱ, ㄹ   ④ ㄴ, ㄷ
⑤ ㄷ, ㄹ

13 유용한 재무정보의 질적 특성에 관한 설명으로 옳지 않은 것은? ▸관세사 19

① 목적적합성과 표현충실성이 없는 재무정보가 더 비교가능하거나, 검증가능하거나, 적시성이 있거나, 이해가능하다면 유용한 정보이다.
② 보고기업에 대한 정보는 다른 기업에 대한 유사한 정보 및 해당 기업에 대한 다른 기간이나 다른 일자의 유사한 정보와 비교할 수 있다면 더욱 유용하다.
③ 재무정보가 예측가치를 갖기 위해서 그 자체가 예측치 또는 예상치일 필요는 없으며, 예측가치를 갖는 재무정보는 정보이용자가 예측하는 데 사용된다.
④ 정보가 누락되거나 잘못 기재된 경우 특정 보고기업의 재무정보에 근거한 정보이용자의 의사결정에 영향을 줄 수 있다면 그 정보는 중요한 것이다.
⑤ 목적적합하고 충실하게 표현된 재무정보는 보강적 질적 특성이 없더라도 유용할 수 있다.

14 유용한 재무정보의 질적 특성에 관한 설명으로 옳지 않은 것은? ▸CTA 20

① 재무정보가 예측가치를 갖기 위해서 그 자체가 예측치 또는 예상치일 필요는 없다.
② 하나의 경제적 현상은 여러 가지 방법으로 충실하게 표현될 수 있으나, 동일한 경제적 현상에 대해 대체적인 회계처리방법을 허용하면 비교가능성이 감소한다.
③ 목적적합하지 않은 현상에 대한 표현충실성과 목적적합한 현상에 대한 충실하지 못한 표현 모두 이용자들이 좋은 결정을 내리는 데 도움이 되지 않는다.
④ 회계기준위원회는 중요성에 대한 획일적인 계량 임계치를 정하거나 특정한 상황에서 무엇이 중요한 것인지를 미리 결정할 수 없다.
⑤ 보강적 질적 특성은 정보가 목적적합하지 않거나 나타내고자 하는 바를 충실하게 표현하지 않더라도 그 정보를 유용하게 만들 수 있다.

15 재무보고를 위한 개념체계에서 유용한 재무정보의 질적 특성에 관한 설명으로 옳은 것은?

▸18년 기출

① 재무정보가 예측가치를 갖기 위해서 그 자체가 예측치 또는 예상치일 필요는 없다.
② 계량화된 정보가 검증가능하기 위해서 단일 점추정치이어야 한다.
③ 완벽하게 표현충실성을 위해서는 서술은 완전하고, 검증가능하며, 오류가 없어야 한다.
④ 재무정보에 예측가치가 있다면 그 재무정보는 나타내고자 하는 현상을 충실하게 표현한다.
⑤ 재고자산평가손실의 인식은 보수주의 원칙이 적용된 것이며, 보수주의는 표현충실성의 한 측면으로 포함할 수 있다.

16 재무보고를 위한 개념체계 중 재무정보의 질적 특성에 관한 설명으로 옳지 않은 것은?

▸20년 기출

① 유용한 재무정보의 질적 특성은 그 밖의 방법으로 제공되는 재무정보뿐만 아니라 재무제표에서 제공되는 재무정보에도 적용된다.
② 중요성은 기업 특유 관점의 목적적합성을 의미하므로 회계기준위원회는 중요성에 대한 획일적인 계량 임계치를 정하거나 특정한 상황에서 무엇이 중요한 것인지를 미리 결정하여야 한다.
③ 재무정보의 예측가치와 확인가치는 상호 연관되어 있다. 예측가치를 갖는 정보는 확인가치도 갖는 경우가 많다.
④ 재무보고의 목적을 달성하기 위해 근본적 질적 특성 간 절충('trade-off')이 필요할 수도 있다.
⑤ 근본적 질적 특성을 충족하면 어느 정도의 비교가능성은 달성될 수 있다.

17 '재무보고를 위한 개념체계'에 대한 다음 설명 중 옳지 않은 것은? ▸ CPA 24

① 보고기업이 지배−종속관계로 모두 연결되어 있지는 않은 둘 이상 실체들로 구성된다면 그 보고기업의 재무제표를 '비연결재무제표'라고 부른다.

② 일반목적재무보고서의 대상이 되는 주요이용자는 필요한 재무정보의 많은 부분을 일반목적재무제표에 의존해야 하는 현재 및 잠재적 투자자, 대여자와 그 밖의 채권자를 말한다.

③ 만일 어떤 두 가지 방법이 모두 현상에 대하여 동일하게 목적적합한 정보이고 동일하게 충실한 표현을 제공하는 것이라면, 보강적 질적특성은 이 두 가지 방법 가운데 어느 방법을 그 현상의 서술에 사용해야 할지를 결정하는 데 도움을 줄 수 있다.

④ 일반적으로 재무제표는 계속기업 가정하에 작성되나, 기업이 청산을 하거나 거래를 중단하려는 의도가 있다면 계속기업과는 다른 기준에 따라 작성되어야 하고 사용한 기준을 재무제표에 기술한다.

⑤ 일반목적재무보고의 목적을 달성하기 위해 회계기준위원회는 '개념체계'의 관점에서 벗어난 요구사항을 정하는 경우가 있을 수 있다.

18 재무보고를 위한 개념체계에서 재무제표 요소에 관한 설명으로 옳지 않은 것은? ▸ 18년 기출

① 자산이 갖는 미래경제적효익은 대체적인 제조과정의 도입으로 생산원가가 절감되는 경우와 같이 현금유출을 감소시키는 능력일 수도 있다.

② 자산의 존재를 판단하기 위해서 물리적 형태가 필수적인 것은 아니다.

③ 경제적효익에 대한 통제력은 법률적 권리의 결과이므로 법률적 통제가 있어야 자산의 정의를 충족시킬 수 있다.

④ 기업은 일반적으로 구매나 생산을 통하여 자산을 획득하지만 다른 거래나 사건도 자산을 창출할 수 있다.

⑤ 보증기간이 명백히 경과한 후에 발생하는 제품하자에 대해서도 수리해 주기로 방침을 정한 경우에 이미 판매된 제품과 관련하여 지출될 것으로 예상되는 금액은 부채이다.

19 재무제표 요소에 관한 설명으로 옳지 않은 것은? ▸ 관세사 21

① 자산은 과거사건의 결과로 기업이 통제하는 현재의 경제적자원이다.

② 자본은 기업의 자산에서 모든 부채를 차감한 후의 잔여지분이다.

③ 수익과 비용은 자본청구권 보유자에 대한 출자 및 분배와 관련된 것을 포함한다.

④ 부채는 과거사건의 결과로 기업이 경제적자원을 이전해야 하는 현재의무이다.

⑤ 경제적효익을 창출할 가능성이 낮더라도 권리가 경제적자원의 정의를 충족할 수 있다면 자산이 될 수 있다.

20 재무제표 요소에 관한 설명으로 옳지 않은 것은? ▶ 22년 기출

① 자산은 과거사건의 결과로 기업이 통제하는 현재의 경제적자원이다.

② 부채는 과거사건의 결과로 기업이 경제적자원을 이전해야 하는 현재의무이다.

③ 수익은 자본청구권 보유자로부터의 출자를 포함하며, 자본청구권 보유자에 대한 분배는 비용으로 인식한다.

④ 기업이 발행한 후 재매입하여 보유하고 있는 채무상품이나 지분상품은 기업의 경제적 자원이 아니다.

⑤ 자본청구권은 기업의 자산에서 모든 부채를 차감한 후의 잔여지분에 대한 청구권이다.

21 재무보고를 위한 개념체계에 대한 다음 설명 중 옳지 않은 것은? ▶ CPA 19

① 재무보고서는 정확한 서술보다는 상당 부분 추정, 판단 및 모형에 근거하며, '개념체계' 는 그 추정, 판단 및 모형의 기초가 되는 개념을 정한다.

② 원가는 재무보고로 제공될 수 있는 정보에 대한 포괄적 제약요인이다. 재무정보의 보고에 는 원가가 소요되고, 해당 정보 보고의 효익이 그 원가를 정당화한다는 것이 중요하다.

③ 실물자본유지개념을 사용하기 위해서는 현행원가기준에 따라 측정해야 한다. 그러나 재 무자본유지개념은 특정한 측정기준의 적용을 요구하지 아니하며, 재무자본유지개념하에 서 측정기준의 선택은 기업이 유지하려는 재무자본의 유형과 관련이 있다.

④ 근본적 질적 특성을 적용하는 것은 어떤 규정된 순서를 따르지 않는 반복적인 과정이다.

⑤ 중요성은 개별기업 재무보고서 관점에서 해당 정보와 관련된 항목의 성격이나 규모 또는 이 둘 모두에 근거하여 해당 기업에 특유한 측면의 목적적합성을 의미한다.

22 자산의 인식과 측정에 관한 설명으로 옳지 않은 것은? ▶ CTA 20

① 자산의 정의를 충족하는 항목만이 재무상태표에 자산으로 인식된다.

② 합리적인 추정의 사용은 재무정보 작성의 필수적인 부분이며 추정치를 명확하고 정확하 게 기술하고 설명한다면 정보의 유용성을 훼손하지 않는다.

③ 사용가치는 기업이 자산의 사용과 궁극적인 처분으로 얻을 것으로 기대하는 현금흐름 또는 그 밖의 경제적효익의 현재가치이다.

④ 공정가치는 자산을 취득할 때 발생한 거래원가로 인해 증가하지 않는다.

⑤ 경제적효익의 유입가능성이 낮으면 자산으로 인식해서는 안 된다.

23 개념체계의 부채 정의에 대한 다음의 설명 중 옳지 않은 것은?

① 의무에는 기업이 경제적자원을 다른 당사자에게 이전하도록 요구받게 될 잠재력이 있어야 하는데, 그러한 잠재력이 존재하기 위해서 기업이 경제적자원의 이전을 요구받을 것이 확실하거나 그 가능성이 높아야 하는 것은 아니다.

② 새로운 법률이 제정되는 경우, 법률제정 그 자체만으로는 기업에 현재의무를 부여하기에 충분하지 않다.

③ 경제적자원을 이전하는 기업의 책무나 책임은 기업 스스로 취할 수 있는 미래의 특정 행동을 조건으로 발생하기도 한다.

④ 기업의 실무관행, 공개된 경영방침 등과 상충되는 방식으로 행동할 실제 능력이 있는 경우 기업의 실무관행 등에서 의무가 발생할 수 있다.

⑤ 부채란 다른 당사자에게 이행해야 하는 의무인데, 다른 당사자의 신원을 알 필요는 없다.

24 측정기준에 관한 설명으로 옳지 않은 것은?   ▶ 관세사 21

① 현행가치는 자산의 손상이나 손실부담에 따른 부채와 관련되는 변동을 제외하고는 가치의 변동을 반영하지 않는다.

② 부채의 현행원가는 측정일 현재 동등한 부채에 대해 수취할 수 있는 대가에서 그 날에 발생할 거래원가를 차감한다.

③ 사용가치와 이행가치는 미래현금흐름에 기초하기 때문에 자산을 취득하거나 부채를 인수할 때 발생하는 거래원가는 포함하지 않는다.

④ 자산의 현행원가는 측정일 현재 동등한 자산의 원가로서 측정일에 지급할 대가와 그 날에 발생할 거래원가를 포함하여 측정한다.

⑤ 이행가치는 기업이 부채를 이행할 때 이전해야 하는 현금이나 그 밖의 경제적자원의 현재가치이다.

25 개념체계에서 측정에 대한 설명으로 옳지 않은 것은?

① 개념체계는 측정기준을 크게 역사적원가와 현행가치로 구분하고, 현행가치에 공정가치, 사용가치와 이행가치, 현재가치가 포함되는 것으로 설명한다.

② 자산을 취득하거나 창출할 때의 역사적원가는 자산의 취득 또는 창출에 발생한 원가의 가치로서, 자산의 취득 또는 창출을 위하여 지급한 대가와 거래원가를 포함한다.

③ 자산이나 부채의 현행가치는 자산이나 부채를 발생시킨 거래나 그 밖의 사건의 가격으로부터 부분적으로라도 도출되지 않는다.

④ 공정가치는 활성시장에서 관측되는 가격으로 직접 결정되는 경우도 있고, 현금흐름기준 측정기법을 사용하여 간접적으로 결정되기도 한다.

⑤ 공정가치는 자산의 궁극적인 처분이나 부채의 이전 또는 결제에서 발생할 거래원가를 반영하지 않는다.

26 역사적원가의 측정기준에 대한 다음의 설명 중 옳지 않은 것은?

① 자산의 손상이나 부채의 손실부담이 아니더라도 자산과 부채의 역사적원가는 필요하다면 시간의 경과에 따라 갱신되어야 한다.

② 금융자산과 금융부채의 상각후원가는 이자의 발생, 금융자산의 손상 및 수취 또는 지급과 같은 후속 변동을 반영하기 위해 시간의 경과에 따라 갱신되며, 이와 같은 특성 때문에 상각후원가를 역사적원가로 분류한다.

③ 부채가 발생하거나 인수할 때의 역사적원가는 발생시키거나 인수하면서 수취한 대가에 거래원가를 포함한다.

④ 시장 조건에 따른 거래가 아닌 사건의 경과로 자산을 취득할 경우 역사적원가로 측정하는 것이 자산과 부채 및 수익이나 비용을 충실하게 표현하지 못할 수 있는데, 이러한 경우에는 자산의 현행가치를 최초 인식시점의 간주원가로 사용한다.

⑤ 현행가치와는 달리 역사적원가는 자산의 손상이나 손실부담에 따른 부채와 관련되는 경우를 제외하고는 가치의 변동을 반영하지 않는다.

27 측정기준에 관한 설명으로 옳지 않은 것은? ▸ CTA 21

① 자산을 취득하거나 창출할 때의 역사적원가는 자산의 취득 또는 창출에 발생한 원가의 가치로서, 자산을 취득 또는 창출하기 위하여 지급한 대가와 거래원가를 포함한다.

② 부채가 발생하거나 인수할 때의 역사적원가는 발생시키거나 인수하면서 수취한 대가에서 거래원가를 차감한 가치이다.

③ 공정가치는 측정일에 시장참여자 사이의 정상거래에서 자산을 매도할 때 받거나 부채를 이전할 때 지급하게 될 가격이다.

④ 사용가치와 이행가치는 자산을 취득하거나 부채를 인수할 때 발생하는 거래원가를 포함한다.

⑤ 자산의 현행원가는 측정일 현재 동등한 자산의 원가로서 측정일에 지급할 대가와 그 날에 발생할 거래원가를 포함한다.

28 재무제표 요소의 측정기준에 관한 설명으로 옳은 것은? ▸ 22년 기출

① 공정가치는 측정일 현재 동등한 자산의 원가로서 측정일에 지급할 대가와 그 날에 발생할 거래원가를 포함한다.

② 현행원가는 자산을 취득 또는 창출할 때 발생한 원가의 가치로서 자산을 취득 또는 창출하기 위하여 지급한 대가와 거래원가를 포함한다.

③ 사용가치는 기업이 자산의 사용과 궁극적인 처분으로 얻을 것으로 기대하는 현금흐름 또는 그 밖의 경제적효익의 현재가치이다.

④ 이행가치는 측정일에 시장참여자 사이의 정상거래에서 부채를 이전할 때 지급하게 될 가격이다.

⑤ 역사적원가는 측정일 현재 자산의 취득 또는 창출을 위해 이전해야 하는 현금이나 그 밖의 경제적자원의 가치이다.

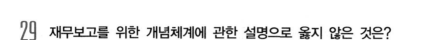

29 재무보고를 위한 개념체계에 관한 설명으로 옳지 않은 것은? ▸24년 기출

① 경제적효익의 유입가능성이나 유출가능성이 낮더라도 자산이나 부채가 존재할 수 있다.

② 부채가 발생하거나 인수할 때의 역사적 원가는 발생시키거나 인수하면서 수취한 대가에서 거래원가를 가산한 가치이다.

③ 매각이나 소비되는 자산의 원가에 대한 정보와 수취한 대가에 대한 정보는 예측가치를 가질 수 있다.

④ 가격 변동이 유의적일 경우, 현행원가를 기반으로 한 이익은 역사적 원가를 기반으로 한 이익보다 미래 이익을 예측하는데 더 유용할 수 있다.

⑤ 합리적인 추정의 사용은 재무정보 작성의 필수적인 부분이며 추정치를 명확하고 정확하게 기술하고 설명한다면 정보의 유용성을 훼손하지 않는다.

30 (주)세무는 20×1년 초 ₩100,000을 지급하고 토지를 취득하였다. 취득당시 거래원가 ₩20,000이 추가로 발생하였다. 20×1년 말 현재 동 토지와 동등한 토지를 취득하기 위해서는 ₩110,000을 지급하여야 하며, 추가로 취득관련 거래원가 ₩5,000을 지급하여야 한다. 한편 (주)세무는 20×1년 말 현재 시장참여자 사이의 정상거래에서 동 토지를 매도할 경우 거래원가 ₩20,000을 차감하고 ₩98,000을 수취할 수 있다. 20×1년 말 현재 토지의 역사적원가, 공정가치, 현행원가를 금액이 큰 순으로 옳게 나열한 것은? ▸CTA 23

① 역사적원가 > 현행원가 > 공정가치 ② 역사적원가 > 공정가치 > 현행원가

③ 현행원가 > 공정가치 > 역사적원가 ④ 현행원가 > 역사적원가 > 공정가치

⑤ 공정가치 > 역사적원가 > 현행원가

31 공정가치 측정에 관한 설명으로 옳지 않은 것은? ▸16년 기출

① 공정가치 측정은 자산을 매도하거나 부채를 이전하는 거래가 주된 시장이나 가장 유리한 시장(주된 시장이 없는 경우)에서 이루어지는 것으로 가정한다.

② 부채의 공정가치는 불이행위험의 효과를 반영한다.

③ 자산이나 부채의 공정가치를 측정하기 위하여 사용되는 주된 시장의 가격에서 거래원가는 조정한다.

④ 요구불 특성을 가진 금융부채(⑩ 요구불예금)의 공정가치는 요구하면 지급요구가 가능한 최초일부터 할인한 금액 이상이어야 한다.

⑤ 자산이나 부채의 공정가치는 자산을 매도하면서 수취하거나 부채를 이전하면서 지급하게 될 가격(유출가격)이다.

32 공정가치에 대한 다음의 설명 중 공정가치측정과 관련된 기준서의 규정과 일치하지 않는 것은?

① 공정가치는 측정일에 시장참여자 사이의 정상거래에서 자산을 취득하면서 지급하거나 부채를 인수하면서 수취하게 될 가격으로 정의한다.

② 자산이나 부채의 공정가치를 측정하기 위하여 사용되는 주된 또는 가장 유리한 시장의 가격에서 거래원가는 조정하지 않는다.

③ 자산이나 부채에 대한 주된 시장이 있는 경우 다른 시장의 가격이 측정일에 잠재적으로 더 유리하다고 하더라도 공정가치측정치는 주된 시장의 가격을 나타내도록 한다.

④ 동일한 자산이나 부채에 대한 주된 또는 가장 유리한 시장은 기업별로 다를 수 있다.

⑤ 시장참여자가 특정 자산의 상태와 위치를 고려하여 가격을 결정한다면 특정 자산의 공정가치를 측정할 때에도 자산의 상태와 위치를 고려한다.

33 자산 또는 부채의 측정에 관한 설명으로 옳지 않은 것은? ▸CTA 16

① 거래원가가 존재하는 경우 자산이나 부채의 공정가치를 측정하기 위해서는 주된 시장의 가격에서 동 거래원가를 조정해야 한다. 이때 거래원가는 운송원가를 포함하지 않는다.

② 부채의 현행원가는 측정일에 동등한 부채에 대해 수취할 수 있는 대가에서 거래원가를 차감한다.

③ 자산의 역사적원가는 취득 당시 지급한 대가에 거래원가를 포함한다.

④ 자산이나 부채의 교환 거래에서 자산을 취득하거나 부채를 인수하는 경우에, 거래가격은 자산을 취득하면서 지급하거나 부채를 인수하면서 받는 가격이다.

⑤ 동일한 자산이나 부채의 가격이 관측가능하지 않을 경우 관련된 관측가능한 투입변수의 사용을 최대화하고 관측가능하지 않은 투입변수의 사용을 최소화하는 다른 가치평가기법을 이용하여 공정가치를 측정한다.

34 공정가치에 대한 설명으로 옳지 않은 것은?

▸ 관세사 12

① 공정가치는 시장에 근거한 측정치이며 기업 특유의 측정치가 아니다.

② 자산이나 부채의 공정가치는 자산을 매도하면서 수취하거나 부채를 이전하면서 지급하게 될 유출가격이다.

③ 자산이나 부채의 공정가치를 측정하기 위하여 사용되는 주된 시장의 가격에서 거래원가를 조정한다.

④ 동일한 자산이나 부채의 가격이 관측가능하지 않을 경우 관련된 관측가능한 투입변수의 사용을 최대화하고 관측가능하지 않은 투입변수의 사용을 최소화하는 다른 가치평가기법을 이용하여 공정가치를 측정한다.

⑤ 가치평가기법에의 투입변수에 대한 공정가치 서열체계 중, 수준 1 투입변수는 측정일에 동일한 자산이나 부채에 대한 접근 가능한 활성시장의 (조정되지 않은) 공시가격이다.

35 공정가치 측정에 관한 설명으로 옳지 않은 것은?

▸ 21년 기출

① 공정가치란 측정일에 시장참여자 사이의 정상거래에서 자산을 매도할 때 받거나 부채를 이전할 때 지급하게 될 가격이다.

② 공정가치는 시장에 근거한 측정치이며 기업 특유의 측정치가 아니다.

③ 공정가치를 측정하기 위해 사용하는 가치평가기법은 관측할 수 있는 투입변수를 최소한으로 사용하고 관측할 수 없는 투입변수를 최대한으로 사용한다.

④ 기업은 시장참여자가 경제적으로 최선의 행동을 한다는 가정하에, 시장참여자가 자산이나 부채의 가격을 결정할 때 사용할 가정에 근거하여 자산이나 부채의 공정가치를 측정하여야 한다.

⑤ 비금융자산의 공정가치를 측정할 때는 자신이 그 자산을 최고 최선으로 사용하거나 최고 최선으로 사용할 다른 시장참여자에게 그 자산을 매도함으로써 경제적효익을 창출할 수 있는 시장참여자의 능력을 고려한다.

36 공정가치측정에 관한 설명으로 옳지 않은 것은?   ▸관세사 24

① 공정가치는 측정일에 정상적 미래 수익창출활동을 통해 받게 될 유입가격으로 정의한다.
② 측정일 현재의 시장 상황에서 자산을 매도하거나 부채를 이전하는 시장참여자 사이의
  정상거래에서 자산이나 부채가 교환되는 것으로 가정하여 공정가치를 측정한다.
③ 공정가치측정은 자산을 매도하거나 부채를 이전하는 거래가 자산이나 부채의 주된(또는
  가장 유리한) 시장에서 이루어지는 것으로 가정한다.
④ 공정가치를 측정하기 위해 사용하는 가치평가기법은 관련된 관측할 수 있는 투입변수를
  최대한으로 사용하고 관측할 수 없는 투입변수를 최소한으로 사용한다.
⑤ 비금융자산의 공정가치측정은 다른 기준서에서 특정하는 회계단위(개별 자산일 수도 있
  다)와 일관되게 자산을 매도하는 것을 가정한다.

37 자본유지개념과 이익의 결정에 관한 설명으로 옳지 않은 것은?   ▸관세사 18

① 재무자본유지개념을 사용하기 위해서는 현행원가기준에 따라 측정해야 한다.
② 자본유지개념은 기업의 자본에 대한 투자수익과 투자회수를 구분하기 위한 필수 요건이다.
③ 자본유지개념 중 재무자본유지는 명목화폐단위 또는 불변구매력단위를 이용하여 측정할
  수 있다.
④ 재무자본유지개념과 실물자본유지개념의 주된 차이는 기업의 자산과 부채에 대한 가격
  변동 영향의 처리방법에 있다.
⑤ 자본유지개념은 이익이 측정되는 준거기준을 제공함으로써 자본개념과 이익개념 사이의
  연결고리를 제공한다.

38 다음 자료를 이용하여 실물자본유지관점에서 (주)한국의 당기순손익을 계산하면 얼마인가?
                                                                          ▸관세사 13

> • (주)한국은 기초에 현금 ₩1,000으로 영업을 시작하였다.
> • 기초에 상품A를 단위당 ₩200에 5개를 현금구입하고, 기중에 5개를 단위당 ₩400에 현
>   금판매하였다.
> • 당기 일반물가인상율은 10%이다.
> • 기말 상품A의 구입가격은 ₩300으로 인상되었다.
> • 기말 현금 보유액은 ₩2,000이다.

① ₩1,000 손실   ② ₩500 손실
③ ₩0   ④ ₩500 이익
⑤ ₩1,000 이익

39 ㈜감평은 20×1년 초 현금 ₩2,000을 출자받아 설립되었으며, 이 금액은 ㈜감평이 판매할 재고자산 200개를 구입할 수 있는 금액이다. 20×1년 말 자본은 ₩3,000이고 20×1년도 자본거래는 없었다. 20×1년 말 ㈜감평이 판매하는 재고자산의 개당 구입가격은 ₩120이고, 20×1년 말 물가지수는 20×1년 초 100에 비하여 10% 상승하였다. 실물자본유지개념을 적용할 경우 20×1년도 이익은?

▸ 22년 기출

① ₩200
② ₩400
③ ₩600
④ ₩800
⑤ ₩1,000

40 20×1년 초 도소매업으로 영업을 개시한 ㈜세무는 현금 ₩1,800을 투자하여 상품 2개를 단위당 ₩600에 구입하고, 구입한 상품을 단위당 ₩800에 판매하여 20×1년 말 현금은 ₩2,200이 되었다. 20×1년 중 물가상승률은 10%이며, 20×1년 기말 상품의 단위당 구입가격은 ₩700이다. 실물자본유지개념을 적용하여 산출한 20×1년 말에 인식할 이익과 자본유지조정 금액은?

▸ CTA 20

① 이익 ₩100, 자본유지조정 ₩300
② 이익 ₩180, 자본유지조정 ₩220
③ 이익 ₩220, 자본유지조정 ₩180
④ 이익 ₩300, 자본유지조정 ₩100
⑤ 이익 ₩400, 자본유지조정 ₩0

재무제표 표시

1. 전체 재무제표(모두 포함, 다른 명칭을 사용할 수 있음)

기말 재무상태표, 기간 포괄손익계산서, 기간 자본변동표, 기간 현금흐름표, 주석(유의적인 회계정책의 요약 및 그 밖의 설명으로 구성), 회계정책을 소급하여 적용하거나 재무제표의 항목을 소급하여 재작성 또는 재분류하는 경우 가장 이른 비교기간의 기초 재무상태표

2. 일반사항

구분	내용
① 공정한 표시와 한국채택국제 회계기준의 준수	㉠ 한국채택국제회계기준에 따라 작성된 재무제표는 공정하게 표시된 재무제표로 본다. 한국채택국제회계기준을 준수하여 재무제표를 작성하는 기업은 그러한 준수 사실을 주석에 명시적이고 제한 없이 기재한다. ㉡ 부적절한 회계정책은 이에 대하여 공시나 주석 또는 보충자료를 통해 설명하더라도 정당화될 수 없다.
② 계속기업	㉠ 경영진이 기업을 청산하거나 경영활동을 중단할 의도를 가지고 있지 않거나, 청산 또는 경영활동의 중단 외에 다른 현실적 대안이 없는 경우가 아니면 계속기업을 전제로 재무제표를 작성한다. ㉡ 계속기업으로서의 존속능력에 유의적인 의문이 제기될 수 있는 사건이나 상황과 관련된 중요한 불확실성을 알게 된 경우, 경영진은 그러한 불확실성을 공시하여야 한다. ㉢ 경영진은 적어도 보고기간 말로부터 향후 12개월 기간에 대하여 계속기업의 가정에 대한 적절성 여부를 평가한다.
③ 발생기준 회계	기업은 현금흐름에 관한 정보를 제외하고는 발생기준 회계를 사용하여 재무제표를 작성한다.
④ 중요성과 통합표시	㉠ 유사한 항목은 중요성 분류에 따라 재무제표에 구분하여 표시한다. ㉡ 상이한 성격이나 기능을 가진 항목은 구분하여 표시한다. ㉢ 다만, 중요하지 않은 항목은 성격이나 기능이 유사한 항목과 통합하여 표시할 수 있다. 중요하지 않은 정보일 경우 한국채택국제회계기준에서 요구하는 특정 공시를 제공할 필요가 없다. ㉣ 재무제표와 주석에 적용하는 중요성 기준은 다를 수 있다.

⑤ 상계	㉠ 한국채택국제회계기준에서 요구하거나 허용하지 않는 한 자산과 부채, 수익과 비용은 상계하지 않는다.
	㉡ 다만, 동일 거래에서 발생하는 수익과 비용의 상계표시가 거래의 실질을 반영한다면 상계표시한다.
	  ⓐ 비유동자산처분손익(처분비용을 처분손익에서 차감)
	  ⓑ 충당부채와 관련된 비용 중 제3자와의 계약관계에 따라 보전받는 금액
	  ⓒ 외환손익 또는 단기매매금융상품에서 발생하는 손익. 단, 중요한 경우에는 구분표시한다.
	㉢ 재고자산에 대한 재고자산평가충당금과 매출채권에 대한 손실충당금과 같은 평가충당금을 차감하여 관련 자산을 순액으로 측정하는 것은 상계표시에 해당하지 아니한다.

⑥ 보고빈도	전체 재무제표(비교정보 포함)는 적어도 1년마다 작성한다. 보고기간 종료일의 변경으로 보고기간이 1년 초과 또는 미달되는 경우 그 이유와 재무제표에 표시된 금액이 완전하게 비교가능하지 않다는 사실을 추가 공시한다.
⑦ 비교정보	㉠ 한국채택국제회계기준에서 달리 허용하거나 요구하는 경우를 제외하고는 당기 재무제표에 보고되는 모든 금액에 대해 전기 비교정보를 공시한다. ㉡ 서술형 정보의 경우에도 목적적합하다면 비교정보를 포함한다. ㉢ 재무제표 항목의 표시나 분류를 변경하는 경우 실무적으로 적용할 수 없는 것이 아니라면 비교금액도 재분류한다.
⑧ 표시의 계속성	다음의 경우를 제외하고는 재무제표 항목의 표시와 분류는 매기 동일하게 적용한다. ㉠ 사업내용의 유의적인 변화나 재무제표를 검토한 결과 다른 표시나 분류방법이 더 적절한 것이 명백한 경우 ㉡ 한국채택국제회계기준에서 표시방법의 변경을 요구하는 경우

3. 재무제표에서 구분, 식별되어야 할 정보

① 보고기업의 명칭 또는 그 밖의 식별수단
② 재무제표가 개별기업에 대한 것인지 연결실체에 대한 것인지 여부
③ 재무제표나 주석의 작성대상이 되는 보고기간종료일 또는 보고기간
④ 표시통화
⑤ 재무제표의 금액 표시를 위하여 사용한 금액 단위
※ 재무제표의 표시통화를 천 단위나 백만 단위로 표시할 때 더욱 이해가능성이 제고될 수 있다. 이러한 표시는 금액 단위를 공시하고 중요한 정보가 누락되지 않는 경우에 허용될 수 있다.

2절 재무상태표

1. 표시방법

① 유동·비유동 구분표시

㉠ 자산(부채)을 유동자산(부채)과 비유동자산(부채)으로 구분표시

㉡ 유동·비유동 구분표시를 적용할 경우 이연법인세자산(부채)은 유동자산(부채)으로 분류하지 않는다.

유동자산	유동부채
① 기업의 정상영업주기 내에 실현될 것으로 예상하거나, 정상영업주기 내에 판매하거나 소비할 의도가 있다. ② 주로 단기매매 목적으로 보유 ③ 보고기간 후 12개월 이내에 실현될 것으로 예상 ④ 현금이나 현금성자산으로서, 교환이나 부채 상환 목적으로의 사용에 대한 제한 기간이 보고기간 후 12개월 이상이 아니다.	① 정상영업주기 내에 결제될 것으로 예상 ② 주로 단기매매 목적으로 보유 ③ 보고기간 후 12개월 이내에 결제 예정 ④ 보고기간 후 12개월 이상 부채의 결제를 연기할 수 있는 무조건의 권리를 가지고 있지 않음

㉢ 유동자산은 보고기간 후 12개월 이내에 실현될 것으로 예상되지 않는 경우에도 재고자산 및 매출채권과 같이 정상영업주기의 일부로서 판매, 소비 또는 실현되는 자산을 포함한다.

㉣ 매입채무 그리고 종업원 및 그 밖의 영업원가에 대한 미지급비용과 같은 유동부채는 기업의 정상영업주기 내에 사용되는 운전자본의 일부이므로 이러한 항목은 보고기간 후 12개월 후에 결제일이 도래한다 하더라도 유동부채로 분류한다.

② 유동성 배열법

㉠ 유동성 순서에 따른 표시방법이 신뢰성 있고 더욱 목적적합한 정보를 제공하는 경우 유동성배열법으로 표시할 수 있다.

㉡ 금융회사 등의 경우 오름차순이나 내림차순의 유동성 순서에 따른 표시방법으로 자산, 부채를 표시하는 것이 유동성/비유동성 구분법보다 신뢰성 있고 더욱 목적적합한 정보를 제공한다.

㉢ 유동성 배열법으로 표시하는 경우 모든 자산과 부채를 유동성 순서로 표시한다.

③ 혼합법

신뢰성 있고 더욱 목적적합한 정보를 제공한다면 자산과 부채의 일부는 유동성/비유동성 구분법으로, 나머지는 유동성 순서에 따른 표시방법으로 표시할 수 있다.

2. 차입금 등의 분류

사례	분류
① 보고기간 후 재무제표 발행승인일 전에 장기로 차환하는 약정 또는 지급기일을 장기로 재조정하는 약정이 체결된 경우	유동부채
② 보고기간 말 이전에 장기차입약정을 위반했을 때 대여자가 즉시 상환을 요구할 수 있는 경우 : 보고기간 후 재무제표 발행승인일 전에 대여자가 약정위반을 이유로 상환을 요구하지 않기로 합의	유동부채
③ 기존의 대출계약조건에 따라 보고기간 후 적어도 12개월 이상 부채를 연장할 권리가 있는 경우 : 보고기간 후 12개월 이내 만기가 도래하더라도 비유동부채로 분류 (만약, 권리가 없다면 차환가능성을 고려하지 않고 유동부채로 분류)	비유동부채
④ 대여자가 보고기간 말 이전에 보고기간 후 적어도 12개월 이상의 유예기간을 주는데 합의하여 그 유예기간 내에 기업이 위반사항을 해소할 수 있고, 또 그 유예기간 동안에는 대여자가 즉시 상환을 요구할 수 없는 경우	비유동부채

3절 포괄손익계산서

1. 구분손익의 표시

구분	표시방법
영업이익	매출액－매출원가－판매비와 관리비
계속영업이익	세전금액과 법인세를 구분표시
중단영업이익	세후단일금액으로 표시
기타포괄이익	후속적으로 당기손익 재분류 여부에 따른 구분표시

㉠ 영업이익 산출에 포함된 주요항목과 그 금액을 포괄손익계산서 본문에 표시하거나 주석으로 공시한다.

㉡ 특별손익 : 어느 항목도 포괄손익계산서나 주석에 특별손익 항목으로 표시 불가

㉢ 영업손익에는 포함되지 않았지만, 기업의 영업성과를 반영하는 그 밖의 수익 또는 비용항목이 있다면, 이러한 항목을 가감한 금액을 조정영업손익 등의 명칭을 사용하여 주석으로 공시할 수 있다.

2. 기타포괄손익

후속적으로 당기손익으로 재분류	후속적으로 당기손익으로 재분류되지 않음
① 표시통화 재무제표 환산 시 발생하는 외환차이 ② 기타포괄손익－공정가치 측정 금융자산의 공정가치평가손익 ③ 현금흐름 위험회피 파생상품평가손익 중 위험회피에 효과적인 부분	① 유·무형자산의 재평가잉여금 ② 확정급여제도의 재측정요소 ③ 기타포괄손익－공정가치 선택 금융자산의 공정가치평가손익 ④ FVPL 지정 금융부채의 신용위험 변동에 따른 공정가치평가손익

㉠ 후속적으로 당기손익으로 재분류되지 않는 항목과 당기손익으로 재분류되는 항목을 구분표시한다.

㉡ 기타포괄손익과 관련되는 법인세효과는 다음의 한 가지 방법으로 표시한다.

ⓐ 관련 법인세 효과를 차감한 순액으로 표시(주석공시)

ⓑ 기타포괄손익의 항목과 관련된 법인세 효과 반영 전 금액으로 표시하고, 각 항목들에 관련된 법인세 효과는 단일금액으로 합산하여 표시

3. 비용의 분류

성격별 분류	기능별 분류
① 비용의 발생원천별로 분류 ② 성격별(감가상각비, 원재료의 구입, 운송비, 광고비 등)로 분류하는 경우 기능별로 재분류하지 않음 ③ 성격별 정보가 미래현금흐름 예측에는 더 유용한 정보를 제공	① 매출원가법이라고도 함 ② 비용을 역할에 따라 분류 ③ 기능별 분류가 성격별 분류보다 더욱 목적 적합한 정보를 제공할 수 있으나 기능별 배분과정에 자의적 배분과 상당한 정도의 판단이 개입될 가능성이 있음 ④ 기능별로 분류할 경우 비용의 성격에 대한 추가 정보 공시

CHAPTER 02 객관식 문제

01 기업회계기준서상 재무제표의 작성과 표시의 일반원칙에 대한 다음의 설명 중 옳지 않은 것은? ▸CTA 15

① 중요하지 않은 항목을 유사항목으로 통합표시하고자 할 때 재무제표 본문과 주석에 적용하는 중요성 판단기준은 동일해야 한다.

② 전기 재무제표상의 비계량정보가 당기 재무제표를 이해하는 데 필요한 경우에는 당기 정보와 비교하여 주석에 기재한다.

③ 재무제표 항목의 표시나 분류방법이 변경되는 경우에는 당기와 비교하기 위하여 전기의 항목을 재분류하여야 한다.

④ 기업회계기준에서 구체적으로 정하지 않은 거래나 사건에 대한 회계정책은 개념체계 등을 고려하여 결정할 수 있다.

⑤ 재무제표 이용자에게 오해를 줄 염려가 없다고 인정되는 경우에는 재무제표의 금액 단위를 천원 또는 백만원 등으로 표시할 수 있다.

02 다음은 '재무제표 표시' 기준서에 대한 설명이다. 옳지 않은 것은? ▸CTA 17

① 한국채택국제회계기준에 따라 작성된 재무제표는 공정하게 표시된 재무제표로 본다.

② 부적절한 회계정책은 이에 대하여 공시나 주석 또는 보충 자료를 통해 설명하더라도 정당화될 수 없다.

③ 재무제표에는 중요하지 않아 구분하여 표시하지 않은 항목이더라도 주석에서는 구분 표시해야 할 만큼 충분히 중요할 수 있다.

④ 한국채택국제회계기준에서 요구하거나 허용하지 않는 한 자산과 부채 그리고 수익과 비용은 상계하지 아니한다.

⑤ 외환손익 또는 단기매매금융상품에서 발생하는 손익과 같이 유사한 거래의 집합에서 발생하는 차익과 차손은 그 금액이 중요한 경우에도 순액으로 표시한다.

03 재무제표 표시에 관한 설명으로 옳은 것은? ▶ CTA 21

① 재무제표는 동일한 문서에 포함되어 함께 공표되는 그 밖의 정보와 명확하게 구분되고 식별되어야 한다.

② 각각의 재무제표는 전체 재무제표에서 중요성에 따라 상이한 비중으로 표시한다.

③ 상이한 성격이나 기능을 가진 항목은 구분하여 표시하므로 중요하지 않은 항목이라도 성격이나 기능이 유사한 항목과 통합하여 표시할 수 없다.

④ 동일 거래에서 발생하는 수익과 관련비용의 상계표시가 거래나 그 밖의 사건의 실질을 반영하더라도 그러한 거래의 결과는 상계하여 표시하지 않는다.

⑤ 공시나 주석 또는 보충 자료를 통해 충분히 설명한다면 부적절한 회계정책도 정당화될 수 있다.

04 재무제표 표시의 일반사항에 관한 설명으로 옳지 않은 것은? ▶ 관세사 22

① 재고자산평가충당금과 대손(손실)충당금과 같은 평가충당금을 차감하여 관련 자산을 순액으로 측정하는 것은 상계표시에 해당한다.

② 한국채택국제회계기준을 준수하여 작성된 재무제표는 국제회계기준을 준수하여 작성된 재무제표임을 주석으로 공시할 수 있다.

③ 기업은 현금흐름 정보를 제외하고는 발생기준 회계를 사용하여 재무제표를 작성한다.

④ 부적절한 회계정책은 이에 대하여 공시나 주석 또는 보충 자료를 통해 설명하더라도 정당화될 수 없다.

⑤ 한국채택국제회계기준이 달리 허용하거나 요구하는 경우를 제외하고는 당기 재무제표에 보고되는 모든 금액에 대해 전기 비교정보를 표시한다.

05 재무제표 표시에 관한 설명으로 옳지 않은 것은?   ▶ CTA 14

① 재고자산에 대한 재고자산평가충당금과 매출채권에 대한 손실충당금과 같은 평가충당금을 차감하여 관련 자산을 순액으로 측정하는 것은 상계표시에 해당한다.

② 중요하지 않은 정보일 경우 한국채택국제회계기준에서 요구하는 특정 공시를 제공할 필요는 없다.

③ 상이한 성격이나 기능을 가진 항목을 구분하여 표시하되, 중요하지 않은 항목은 성격이나 기능이 유사한 항목과 통합하여 표시할 수 있다.

④ 투자자산 및 영업용자산을 포함한 비유동자산의 처분손익은 처분대금에서 그 자산의 장부금액과 관련처분비용을 차감하여 표시한다.

⑤ 외환손익 또는 단기매매금융상품에서 발생하는 손익과 같이 유사한 거래의 집합에서 발생하는 차익과 차손은 순액으로 표시하되, 그러한 차익과 차손이 중요한 경우에는 구분하여 표시한다.

06 다음은 '재무제표 표시' 기준서에 관한 설명이다. 옳지 않은 것은?

① 기업이 기존의 대출계약조건에 따라 보고기간 후 적어도 12개월 이상 부채를 차환하거나 연장할 것으로 기대하고 있고, 그런 재량권이 있다면, 보고기간 후 12개월 이내에 만기가 도래한다 하더라도 비유동부채로 분류한다.

② 보고기간 후 재무제표 발행승인일 전에 장기로 차환하는 약정 또는 지급기일을 장기로 재조정하는 약정이 체결된 경우라 하더라도 금융부채가 보고기간 후 12개월 이내에 결제일이 도래하면 이를 유동부채로 분류한다.

③ 보고기간 말 이전에 장기차입약정을 위반했을 때 대여자가 즉시 상환을 요구할 수 있는 채무는 보고기간 후 재무제표 발행승인일 전에 대여자가 약정위반을 이유로 상환을 요구하지 않기로 합의하더라도 유동부채로 분류한다.

④ 대여자가 보고기간 말 이전에 보고기간 후 적어도 12개월 이상의 유예기간을 주는 데 합의하여 그 유예기간 내에 기업이 위반사항을 해소할 수 있고, 또 그 유예기간 동안에는 대여자가 즉시 상환을 요구할 수 있다면 그 부채는 비유동부채로 분류한다.

⑤ 유동부채로 분류된 차입금의 경우 장기로 차환하는 등의 사건이 보고기간 말과 재무제표 발행승인일 사이에 발생하면 그러한 사건은 보고기간 후 사건에 따라 수정을 요하지 않는 사건으로 주석에 공시한다.

07 재무제표 표시에 관한 설명으로 옳은 것은? ▸24년 기출

① 기업이 재무상태표에 유동자산과 비유동자산, 그리고 유동부채와 비유동부채로 구분하여 표시하는 경우, 이연법인세자산은 유동자산으로 분류한다.

② 한국채택국제회계기준을 준수하여 작성된 재무제표는 국제회계기준을 준수하여 작성된 재무제표임을 주석으로 공시할 수 있다.

③ 환경 요인이 유의적인 산업에 속해 있는 경우나 종업원이 재무제표이용자인 경우 재무제표 이외에 환경보고서나 부가가치보고서도 한국채택국제회계기준을 적용하여 작성한다.

④ 부적절한 회계정책은 이에 대하여 공시나 주석 또는 보충자료를 통해 설명하여 정당화될 수 있다.

⑤ 당기손익과 기타포괄손익은 별개의 손익계산서가 아닌 단일의 포괄손익계산서로 작성되어야 한다.

08 '재무제표 표시'에 관한 내용으로 옳지 않은 것은? ▸CTA 11

① 한국채택국제회계기준을 준수하여 작성된 재무제표는 국제회계기준을 준수하여 작성된 재무제표임을 주석으로 공시할 수 있다.

② 보고기간 말 이전에 장기차입약정을 위반했을 때 대여자가 즉시 상환을 요구할 수 있는 채무는 보고기간 후 재무제표 발행승인일 전에 채권자가 약정위반을 이유로 상환을 요구하지 않기로 합의한다면 비유동부채로 분류한다.

③ 비용을 기능별로 분류하는 기업은 감가상각비, 기타 상각비와 종업원급여비용을 포함하여 비용의 성격에 대한 추가 정보를 공시한다.

④ 정상영업주기 내에 사용되는 운전자본의 일부인 매입채무 그리고 종업원 및 그 밖의 영업원가에 대한 미지급비용은 보고기간 후 12개월 후에 결제일이 도래한다 하더라도 유동부채로 분류한다.

⑤ 재고자산에 대한 재고자산평가충당금과 매출채권에 대한 손실충당금과 같은 평가충당금을 차감하여 관련 자산을 순액으로 측정하는 것은 상계표시에 해당하지 아니한다.

09 재무제표 표시에 관한 설명으로 옳지 않은 것은? ▶ 관세사 24

① 경영진은 재무제표를 작성할 때 계속기업으로서의 존속가능성을 평가해야 한다.

② 한국채택국제회계기준에서 요구하거나 허용하지 않는 한 자산과 부채 그리고 수익과 비용은 상계하지 아니한다.

③ 기업이 명확히 식별 가능한 영업주기 내에서 재화나 용역을 제공하는 경우, 재무상태표에 유동자산과 비유동자산 및 유동부채와 비유동부채를 구분하여 표시한다.

④ 자산과 부채의 실현 예정일에 대한 정보는 기업의 유동성과 부채 상환능력을 평가하는 데 유용하다.

⑤ 대여자가 즉시 상환을 요구할 수 있는 채무는 보고기간 후 재무제표 발행승인일 전에 상환을 요구하지 않기로 합의하면 비유동부채로 분류한다.

10 다음 중 재무제표의 작성과 표시에 대한 설명으로 타당하지 않은 것은 어느 것인가?

▶ CPA 11

① 해당 기간에 인식한 모든 수익과 비용 항목은 (1) 별개의 손익계산서와 당기순손익에서 시작하여 기타포괄손익의 구성요소를 표시하는 보고서 또는 (2) 단일 포괄손익계산서 중 한 가지 방법으로 표시한다.

② 유동성 순서에 따른 표시방법을 적용할 경우에는 모든 자산과 부채를 유동성의 순서에 따라 표시한다.

③ 영업활동을 위한 자산의 취득시점부터 그 자산이 현금이나 현금성자산으로 실현되는 시점까지 소요되는 기간이 영업주기이다.

④ 매입채무 그리고 종업원 및 그 밖의 영업원가에 대한 미지급비용과 같은 기업의 정상영업주기 내에 사용되는 운전자본 항목은 보고기간 후 12개월 후에 결제일이 도래한다 하더라도 유동부채로 분류한다.

⑤ 비용의 기능에 대한 정보가 미래현금흐름을 예측하는 데 유용하기 때문에, 비용을 성격별로 분류하는 경우에는 비용의 기능에 대한 추가 정보를 공시하는 것이 필요하다.

11 **재무상태표와 포괄손익계산서에 관한 설명으로 옳지 않은 것은?** ▸ CTA 14

① 자산항목을 재무상태표에서 구분표시하기 위해서는 금액의 크기, 성격, 기능 및 유동성을 고려한다.
② 기업이 재무상태표에 유동자산과 비유동자산, 그리고 유동부채와 비유동부채로 구분하여 표시하는 경우, 이연법인세자산(부채)은 유동자산(부채)으로 분류하지 아니한다.
③ 당기손익으로 인식한 비용항목은 기능별 또는 성격별로 분류하여 표시할 수 있다.
④ 수익과 비용의 어느 항목도 포괄손익계산서 또는 주석에 특별손익항목으로 표시할 수 없다.
⑤ 과거기간에 발생한 중요한 오류를 해당 기간에는 발견하지 못하고 당기에 발견하는 경우, 그 수정효과는 당기손익으로 인식한다.

12 **재무제표 표시에 관한 설명으로 옳지 않은 것은?** ▸ CTA 22

① 비용을 기능별로 분류하는 기업은 감가상각비, 기타 상각비와 종업원급여비용을 포함하여 비용의 성격에 대한 추가 정보를 공시한다.
② 수익과 비용의 어느 항목도 당기손익과 기타포괄손익을 표시하는 보고서 또는 주석에 특별손익 항목으로 표시할 수 없다.
③ 비용의 기능별 분류 정보가 비용의 성격에 대한 정보보다 미래현금흐름을 예측하는데 유용하다.
④ 동일 거래에서 발생하는 수익과 관련비용의 상계표시가 거래나 그 밖의 사건의 실질을 반영한다면 그러한 거래의 결과는 상계하여 표시한다.
⑤ 기업이 재무상태표에 유동자산과 비유동자산, 그리고 유동부채와 비유동부채로 구분하여 표시하는 경우, 이연법인세자산(부채)은 유동자산(부채)으로 분류하지 아니한다.

13 **재무제표 표시에 관한 설명으로 옳은 것은?** ▸ 20년 기출

① 비용을 성격별로 분류하는 경우에는 적어도 매출원가를 다른 비용과 분리하여 공시해야 한다.
② 기타포괄손익의 항목(재분류조정 포함)과 관련한 법인세비용 금액은 포괄손익계산서에 직접 표시해야 하며 주석을 통한 공시는 허용하지 않는다.
③ 유동자산과 비유동자산을 구분하여 표시하는 경우라면 이연법인세자산을 유동자산으로 분류할 수 있다.
④ 한국채택국제회계기준에서 별도로 허용하지 않는 한, 중요하지 않은 항목이라도 유사항목과 통합하여 표시해서는 안 된다.
⑤ 경영진은 재무제표를 작성할 때 계속기업으로서의 존속가능성을 평가해야 한다.

14 재무제표 표시에 관한 일반사항으로 옳지 않은 것은? ▸23년 기출

① 서술형 정보는 당기 재무제표를 이해하는 데 목적적합하더라도 비교정보를 표시하지 아니한다.

② 재무제표가 계속기업 기준으로 작성되지 않을 경우, 그 사실과 함께 재무제표 작성기준과 계속기업으로 보지 않는 이유를 공시하여야 한다.

③ 기업은 현금흐름 정보를 제외하고는 발생기준 회계를 사용하여 재무제표를 작성한다.

④ 중요하지 않은 항목은 성격이나 기능이 유사한 항목과 통합하여 표시할 수 있다.

⑤ 한국채택국제회계기준을 준수하여 작성된 재무제표는 공정하게 표시된 재무제표로 본다.

15 재무제표 표시에 관한 설명으로 옳은 것은? ▸14년 기출

① 부적절한 회계정책은 이에 대하여 공시나 주석 또는 보충 자료를 통해 설명함으로써 정당화될 수 있다.

② 비유동자산의 처분손익을 처분대금에서 그 자산의 장부금액과 관련처분비용을 차감하여 표시하는 것은 총액주의에 위배되므로 허용되지 아니한다.

③ 재무제표 항목의 표시와 분류는 한국채택국제회계기준에서 표시방법의 변경을 요구하는 경우 이외에는 매기 동일하여야 한다.

④ 기업이 기존의 대출계약조건에 따라 보고기간 후 적어도 12개월 이상 부채를 차환하거나 연장할 것으로 기대하고 있고, 그런 재량권이 있다 하더라도, 보고기간 후 12개월 이내에 만기가 도래한다면 유동부채로 분류한다.

⑤ 단기매매금융상품에서 발생하는 손익과 같이 유사한 거래의 집합에서 발생하는 차익과 차손은 순액으로 표시한다. 그러나 그러한 차익과 차손이 중요한 경우에는 구분하여 표시한다.

16 재무제표 표시에 관한 설명으로 옳지 않은 것은? ▸ 16년 기출

① 계속기업의 가정이 적절한지의 여부를 평가할 때 경영진은 적어도 보고기간 말로부터 향후 12개월 기간에 대하여 이용가능한 모든 정보를 고려한다.

② 기업이 재무상태표에 유동자산과 비유동자산, 그리고 유동부채와 비유동부채로 구분하여 표시하는 경우, 이연법인세자산(부채)은 유동자산(부채)으로 분류하지 아니한다.

③ 매입채무 그리고 종업원 및 그 밖의 영업원가에 대한 미지급비용과 같은 유동부채는 기업의 정상영업주기 내에 사용되는 운전자본의 일부이다. 이러한 항목은 보고기간 후 12개월 후에 결제일이 도래한다 하더라도 유동부채로 분류한다.

④ 보고기간 후 12개월 이내에 만기가 도래하는 경우에는, 기업이 기존의 대출계약 조건에 따라 보고기간 후 적어도 12개월 이상 부채를 차환하거나 연장할 수 있는 권리가 있다고 하더라도, 유동부채로 분류한다.

⑤ 비용을 기능별로 분류하는 기업은 감가상각비, 기타 상각비와 종업원급여비용을 포함하여 비용의 성격에 대한 추가 정보를 공시한다.

17 재무제표 표시에 관한 설명으로 옳은 것은? ▸ 17년 기출

① 비용을 기능별로 분류하는 것이 성격별 분리보다 더욱 목적적합한 정보를 제공하므로, 비용은 기능별로 분류한다.

② 재무상태표에 표시되는 자산과 부채는 반드시 유동자산과 비유동자산, 유동부채와 비유동부채로 구분하여 표시하여야 한다.

③ 영업이익에 포함되지 않은 항목 중 기업의 영업성과를 반영하는 그 밖의 수익 항목이 있다면 조정영업이익으로 포괄손익계산서 본문에 표시하여야 한다.

④ 재무제표에는 중요하지 않아 구분하여 표시하지 않은 항목이라도 주석에서는 구분 표시해야 할 만큼 충분히 중요할 수 있다.

⑤ 부적절한 회계정책은 이에 대하여 공시나 주석 또는 보충자료를 통해 설명할 수 있다면 정당화될 수 있다.

18 재무제표의 표시에 관한 설명으로 옳지 않은 것은? ▸21년 기출

① 재무제표가 한국채택국제회계기준의 요구사항을 모두 충족한 경우가 아니라면 한국채택국제회계기준을 준수하여 작성되었다고 기재하여서는 안 된다.

② 기업이 재무상태표에 유동자산과 비유동자산으로 구분하여 표시하는 경우, 이연법인세자산은 유동자산으로 분류하지 아니한다.

③ 비용을 기능별로 분류하는 기업은 감가상각비, 기타 상각비와 종업원급여비용을 포함하여 비용의 성격에 대한 추가 정보를 공시한다.

④ 수익과 비용의 어느 항목은 포괄손익계산서 또는 주석에 특별손익항목으로 별도 표시한다.

⑤ 매출채권에 대한 대손충당금을 차감하여 관련 자산을 순액으로 측정하는 것은 상계표시에 해당하지 아니한다.

19 재무제표 표시에 대한 다음의 설명 중 옳지 않은 것은? ▸CPA 13

① 한국채택국제회계기준에서 요구하거나 허용하지 않는 경우 자산과 부채 그리고 수익과 비용은 상계하지 않는다. 따라서 재고자산평가충당금을 차감하여 재고자산을 순액으로 표시할 수 없다.

② 기타포괄손익의 항목은 이와 관련된 법인세효과 반영 전 금액으로 표시하고 각 항목들에 대한 법인세효과는 단일금액으로 합산하여 표시할 수 있다.

③ 회계정책을 적용하는 과정에서 추정에 관련된 공시와는 별도로, 재무제표에 인식되는 금액에 유의적인 영향을 미친 경영진이 내린 판단을 유의적인 회계정책의 요약 또는 기타 주석 사항으로 공시한다.

④ 영업손익을 포괄손익계산서 본문에 구분하여 표시하여야 한다. 이 경우 영업손익은 영업의 특수성을 고려할 필요가 있는 경우나 비용을 성격별로 분류하는 경우를 제외하고는 수익에서 매출원가 및 판매비와 관리비를 차감하여 산출한다.

⑤ 수익과 비용의 어떠한 항목도 포괄손익계산서, 별개의 손익계산서(표시하는 경우) 또는 주석에 특별손익 항목으로 표시할 수 없다.

20 영업이익 공시에 관한 설명으로 옳지 않은 것은? ▸CTA 13

① 한국채택국제회계기준은 포괄손익계산서의 본문에 영업이익을 구분하여 표시하도록 요구하고 있다.

② 비용을 기능별로 분류하는 기업은 수익에서 매출원가 및 판매비와 관리비(물류원가 등을 포함)를 차감하여 영업이익을 측정한다.

③ 금융회사와 같이 영업의 특수성으로 인해 매출원가를 구분하기 어려운 경우 영업수익에서 영업비용을 차감하는 방식으로 영업이익을 측정할 수 있다.

④ 영업이익에는 포함되지 않았지만, 기업의 영업성과를 반영하는 그 밖의 수익 또는 비용 항목이 있다면 영업이익에 이러한 항목을 가감한 금액을 조정영업이익 등의 명칭으로 포괄손익계산서 본문에 보고한다.

⑤ 영업이익 산출에 포함된 주요항목과 그 금액을 포괄손익계산서 본문에 표시하거나 주석으로 공시한다.

21 ㈜대한의 20×3년 말 회계자료는 다음과 같다.

• 매출액	₩300,000	• 매출원가	₩128,000
• 대손상각비(매출채권)	4,000	• 급여	30,000
• 사채이자비용	2,000	• 감가상각비	3,000
• 임차료	20,000	• 유형자산처분이익	2,800
• 상각후원가측정금융자산처분이익	5,000		

㈜대한이 20×3년도 기능별 포괄손익계산서에 보고할 영업이익은 얼마인가? ▸CTA 14

① ₩113,000 ② ₩115,000

③ ₩117,800 ④ ₩120,000

⑤ ₩120,800

22 재무제표의 표시에 관한 설명으로 옳지 않은 것은? ▸관세사 18

① 매출채권에 대한 손실충당금과 같은 평가충당금을 차감하여 관련 자산을 순액으로 측정하는 것은 상계표시에 해당한다.

② 총포괄손익은 당기순손익과 기타포괄손익의 모든 구성요소를 포함한다.

③ 계속기업의 가정이 적절한지의 여부를 평가할 때 경영진은 적어도 보고기간 말로부터 향후 12개월 기간에 대하여 이용가능한 모든 정보를 고려한다.

④ 재분류조정은 당기나 과거 기간에 기타포괄손익으로 인식되었으나 당기손익으로 재분류된 금액을 말한다.

⑤ 주석은 재무상태표, 포괄손익계산서, 자본변동표 및 현금흐름표에 표시하는 정보에 추가하여 제공된 정보를 말한다.

23 포괄손익계산서와 재무상태표에 관한 설명으로 옳지 않은 것은? ▸관세사 18

① 수익과 비용의 어느 항목도 당기손익과 기타포괄손익을 표시하는 보고서 또는 주석에 특별손익 항목으로 표시할 수 없다.

② 비용의 성격별 분류방법은 기능별 분류방법보다 자의적인 배분과 상당한 정도의 판단이 더 개입될 수 있다.

③ 해당 기간에 인식한 모든 수익과 비용의 항목은 단일 포괄손익계산서 또는 두 개의 보고서(당기손익 부분을 표시하는 별개의 손익계산서와 포괄손익을 표시하는 보고서) 중 한 가지 방법으로 표시한다.

④ 영업주기는 영업활동을 위한 자산의 취득시점부터 그 자산이 현금이나 현금성자산으로 실현되는 시점까지 소요되는 기간이다.

⑤ 기업의 정상영업주기가 명확하게 식별되지 않는 경우 그 주기는 12개월인 것으로 가정한다.

24 재무제표 표시에 관한 설명으로 옳은 것은? ▸CTA 23

① 포괄손익계산서에 기타포괄손익의 항목은 관련 법인세 효과를 차감한 순액으로 표시할 수 있다.

② 한국채택국제회계기준은 재무제표 이외에도 연차보고서 및 감독기구 제출서류에 반드시 적용한다.

③ 서술형 정보의 경우에는 당기 재무제표를 이해하는 데 목적적합하더라도 비교정보를 포함하지 않는다.

④ 재무상태표에 자산과 부채는 유동자산과 비유동자산, 그리고 유동부채와 비유동부채로 구분하여 표시하며, 유동성순서에 따른 표시방법은 허용하지 않는다.

⑤ 한국채택국제회계기준의 요구에 따라 공시되는 정보가 중요하지 않더라도 그 공시를 제공하여야 한다.

25 재무제표 표시에 관한 설명으로 옳지 않은 것은? ▸CTA 17

① 기업은 비용의 성격별 또는 기능별 분류방법 중에서 신뢰성 있고 더욱 목적적합한 정보를 제공할 수 있는 방법을 적용하여 당기손익으로 인식한 비용의 분석내용을 표시한다.

② 상법 등 관련 법규에서 이익잉여금처분계산서의 작성을 요구하는 경우에는 재무상태표의 이익잉여금에 대한 보충정보로서 이익잉여금처분계산서를 주석으로 공시한다.

③ 영업이익에 포함되지 않은 항목 중 기업의 영업성과를 반영하는 그 밖의 수익 또는 비용 항목이 있다면 이러한 항목을 추가하여 조정영업이익 등의 명칭을 사용하여 주석으로 공시할 수 있다.

④ 이익의 분배에 대해 서로 다른 권리를 가지는 보통주 종류별로 이에 대한 기본주당이익과 희석주당이익을 포괄손익계산서에 표시한다. 그러나 기본주당이익과 희석주당이익이 부의 금액(즉, 주당손실)인 경우에는 표시하지 않는다.

⑤ 기업이 상당 기간 계속 사업이익을 보고하였고, 보고기간 말 현재 경영에 필요한 재무자원을 확보하고 있는 경우에는 자세한 분석이 없이도 계속기업을 전제로 한 회계처리가 적절하다는 결론을 내릴 수 있다.

26 포괄손익계산서의 구조와 내용에 대한 설명 중 옳지 않은 것은? ▸ 관세사 12

① 포괄손익계산서에 영업손익이 표시되지 않은 경우 영업손익을 주석으로 공시한다.

② 수익과 비용의 어느 항목도 포괄손익계산서에 특별손익으로 구분하여 표시할 수 없으나, 주석으로는 표시할 수 있다.

③ 비용의 성격별 또는 기능별 분류방법 중에서 신뢰성 있고 더욱 목적적합한 정보를 제공할 수 있는 방법을 적용하여 당기손익으로 인식한 비용의 분석내용을 표시한다.

④ 기타포괄손익의 구성요소와 관련한 법인세비용 금액은 포괄손익계산서나 주석에 공시한다.

⑤ 비용을 기능별로 분류하는 경우 감가상각비, 기타 상각비와 종업원급여비용을 포함하여 비용의 성격에 대한 추가 정보를 공시한다.

27 포괄손익계산서에 관한 설명으로 옳은 것은? ▸ 관세사 13

① 수익에서 매출원가 및 판매비와 관리비를 차감한 영업이익은 포괄손익계산서 본문이 아닌 주석으로 공시한다.

② 기업의 현금 및 현금성자산 창출능력과 기업의 현금흐름 사용 필요성에 대한 평가의 기초를 재무제표이용자에게 제공한다.

③ 비용의 기능에 대한 정보가 미래현금흐름을 예측하는 데 유용하기 때문에, 비용을 성격별로 분류하는 경우에는 추가 공시가 필요하다.

④ 기업이 정보이용자에게 필요하다고 판단할 경우에는 특별손익을 따로 표시할 수 있다.

⑤ 기타포괄손익의 구성요소(재분류조정 포함)와 관련한 법인세비용 금액은 포괄손익계산서나 주석에 공시한다.

28 포괄손익계산서에 관한 설명으로 옳지 않은 것은? ▸관세사 21

① 기타포괄손익의 항목과 관련한 법인세비용 금액은 포괄손익계산서나 주석에 공시한다.

② 수익과 비용의 어느 항목도 당기손익과 기타포괄손익을 표시하는 보고서 또는 주석에 특별손익 항목으로 표시할 수 없다.

③ 비용을 기능별로 분류하는 기업은 감가상각비, 기타 상각비와 종업원급여비용을 포함하여 비용의 성격에 대한 추가 정보를 공시한다.

④ 재분류조정은 해외사업장을 매각할 때와 위험회피예상거래가 당기손익에 영향을 미칠 때 발생한다.

⑤ 기타포괄손익으로 인식한 재평가잉여금의 변동은 후속 기간에 재분류하지 않으며, 자산이 제거될 때 이익잉여금으로 대체될 수 없다.

29 당기순손익과 총포괄손익 간의 차이를 발생시키는 항목으로 옳은 것을 모두 고른 것은?

▸19년 기출

ㄱ. 감자차익	ㄴ. 주식선택권
ㄷ. 확정급여제도의 재측정요소	ㄹ. 이익준비금
ㅁ. 해외사업장의 재무제표 환산으로 인한 손익	

① ㄱ, ㄴ ② ㄱ, ㅁ

③ ㄴ, ㄷ ④ ㄴ, ㄹ

⑤ ㄷ, ㅁ

30 다음 기타포괄손익 항목 중 후속적으로 재분류조정이 가능한 것을 모두 고른 것은? ▸관세사 19

ㄱ. 확정급여제도의 재측정요소

ㄴ. 자산재평가잉여금

ㄷ. 해외사업장환산외환차이

ㄹ. 기타포괄손익-공정가치 측정 금융자산(채무상품) 평가손익

① ㄱ, ㄴ ② ㄱ, ㄷ

③ ㄴ, ㄷ ④ ㄴ, ㄹ

⑤ ㄷ, ㄹ

31 재무제표 표시에 관한 설명으로 옳은 것은? ▸ 관세사 19

① 기업은 재무제표, 연차보고서, 감독기구 제출서류 또는 다른 문서에 표시되는 그 밖의 정보 등 외부에 공시되는 모든 재무적 및 비재무적 정보에 한국채택국제회계기준을 적용하여야 한다.

② 투자자산 및 영업용자산을 포함한 비유동자산의 처분손익은 처분대가에서 그 자산의 장부금액과 관련처분비용을 차감하여 상계표시한다.

③ 경영진이 기업을 청산하거나 경영활동을 중단할 의도를 가지고 있거나 청산 또는 경영활동의 중단의도가 있을 경우에도 계속기업을 전제로 재무제표를 작성한다.

④ 한국채택국제회계기준의 요구사항을 모두 충족하지 않더라도 일부만 준수하여 재무제표를 작성한 기업은 그러한 준수 사실을 주석에 명시적이고 제한 없이 기재한다.

⑤ 변경된 표시방법의 지속가능성이 낮아 비교가능성을 저해하더라도 재무제표이용자에게 신뢰성 있고 더욱 목적적합한 정보를 제공한다고 판단할 때에는 재무제표의 표시방법을 변경한다.

32 중간재무보고에 관한 내용으로 옳은 것은? ▸ CTA 20

① 한국채택국제회계기준에 따라 중간재무보고서를 작성한 경우, 그 사실을 공시할 필요는 없다.

② 중간재무보고서상의 재무상태표는 당해 중간보고기간 말과 직전연도 동일 기간 말을 비교하는 형식으로 작성한다.

③ 중간재무보고서상의 포괄손익계산서는 당해 중간기간과 당해 회계연도 누적기간을 직전 회계연도의 동일기간과 비교하는 형식으로 작성한다.

④ 중간재무보고서를 작성할 때 인식, 측정, 분류 및 공시와 관련된 중요성의 판단은 직전 회계연도의 재무자료에 근거하여 이루어져야 한다.

⑤ 중간재무보고서상의 재무제표는 연차재무제표보다 더 많은 정보를 제공하므로 신뢰성은 높고, 적시성은 낮다.

33 기업회계기준서 제1034호 '중간재무보고'에 대한 다음 설명 중 옳지 않은 것은? ▶ CPA 22

① 중간재무보고서는 최소한 요약재무상태표, 요약된 하나 또는 그 이상의 포괄손익계산서, 요약자본변동표, 요약현금흐름표 그리고 선별적 주석을 포함하여야 한다.

② 중간재무보고서에는 직전 연차보고기간 말 후 발생한 재무상태와 경영성과의 변동을 이해하는 데 유의적인 거래나 사건에 대한 설명을 포함한다.

③ 특정 중간기간에 보고된 추정금액이 최종 중간기간에 중요하게 변동하였지만 최종 중간기간에 대하여 별도의 재무보고를 하지 않는 경우에는, 추정의 변동 성격과 금액을 해당 회계연도의 연차재무제표에 주석으로 공시하지 않는다.

④ 중간재무보고서를 작성할 때 인식, 측정, 분류 및 공시와 관련된 중요성의 판단은 해당 중간기간의 재무자료에 근거하여 이루어져야 한다.

⑤ 중간재무제표는 연차재무제표에 적용하는 회계정책과 동일한 회계정책을 적용하여 작성한다. 다만 직전 연차보고기간 말 후에 회계정책을 변경하여 그 후의 연차재무제표에 반영하는 경우에는 변경된 회계정책을 적용한다.

재고자산

Chapter
03

1절 재고자산의 최초측정

재고자산이란? 다음의 자산을 말한다.

(1) 통상적인 영업과정에서 판매를 위하여 보유 중인 자산
(2) 통상적인 영업과정에서 판매를 위하여 생산 중인 자산
(3) 생산이나 용역제공에 사용될 원재료나 소모품

1. **취득원가** : 매입원가, 전환원가 및 재고자산을 현재의 장소에 현재의 상태로 이르게 하는 데 발생한 기타원가를 모두 포함한다.

① **매입원가** : 매입가격, 수입관세와 제세금(과세당국으로부터 추후 환급받을 수 있는 금액 제외), 매입운임, 하역료 그리고 완제품, 원재료 및 용역의 취득과정에 직접 관련된 기타 원가는 가산하며, 매입할인, 리베이트 및 기타 유사한 항목은 차감한다.

매입환출	하자를 원인으로 재고자산을 반품함
매입에누리	하자를 원인으로 대금을 일부분 감액함
매입할인	대금을 조기결제함에 따른 일정 금액을 감액함 ＊ 매입할인 조건 : 2/10, n/30 : 원래의 대금지급기간은 30일이나, 10일 이내에 조기결제한다면 2%의 할인을 제공한다는 의미이다.
취득 관련 제세금	취득세, 등록비용, 관세 등 보유와 관련된 세금 : 재산세, 자동차세, 종합부동산세 등은 비용으로 인식한다.
운임	매입운임은 취득부대비용으로 매입액에 가산한다. 판매운임은 발생시점의 비용(판매비와 관리비)으로 인식한다.
보관원가	보관원가는 발생한 시점의 비용으로 인식한다. 단, 원재료처럼, 후속생산단계에 투입하기 위해 보관이 필수적인 경우 원가에 가산한다.

② **전환원가** : 전환원가는 직접노무원가 등 생산량과 직접 관련된 원가와 고정 및 변동제조간접원가의 체계적인 배부액을 포함한다. 고정제조간접원가는 정상조업도에 기초하여 배부하되, 실제조업도가 정상조업도와 유사한 경우에 실제조업도를 사용할 수 있다.

③ **기타원가** : 재고자산을 현재의 장소에 현재의 상태로 이르게 하는 데 발생한 범위 내에서만 취득원가에 포함된다.

■ 발생기간의 비용으로 인식(취득원가에 포함 X)
 ㉠ 재료원가, 노무원가 및 기타 제조원가 중 비정상적으로 낭비된 부분
 ㉡ 후속 생산단계에 투입하기 전에 보관이 필요한 경우 이외의 보관원가
 ㉢ 재고자산을 현재의 장소에 현재의 상태에 이르게 하는 데 기여하지 않은 관리간접원가
 ㉣ 판매원가

④ 장기간 제조나 생산되는 재고자산 : 적격자산에 해당하므로 직접 관련되는 차입원가가 있다면 이를 자본화한다.
⑤ 후불조건으로 취득 : 취득원가는 현금가격상당액으로 하고, 해당 계약이 실질적으로 금융요소를 포함하고 있다면 금융요소는 금융이 이루어지는 기간 동안 이자비용으로 인식한다.

2. 생물자산 및 농림어업 수확물의 취득원가
① 생물자산 : 순공정가치로 최초 측정한다. 단, 공정가치를 신뢰성 있게 측정할 수 없는 경우 감가상각하고 발생한 손상을 인식한다.
② 수확물 : 순공정가치로 측정하여 수확시점에서 최초로 인식하고, 그 금액을 재고자산의 취득원가로 한다.

3. 원가측정방법
① 재고자산의 취득원가는 역사적원가에 기초한다.
② 단, 실제원가와 유사하다면 편의상 표준원가법이나 소매재고법 등의 원가측정방법도 사용할 수 있다.

2절 기말재고금액

기말재고금액 = 기말재고수량 × 단위당 원가

1. 기말재고수량의 결정

① 계속기록법과 실지재고조사법

구분	계속기록법	실지재고조사법
기중 회계처리	① 매입 시 　(차) 상품 ×× 　　(대) 현금 ×× ② 매출 시 　(차) 현금 ×× 　　(대) 매출 ×× 　매출원가 ×× 　　　상품 ××	① 매입 시 　(차) 매입 ×× 　　(대) 현금 ×× ② 매출 시 　(차) 현금 ×× 　　(대) 매출 ××
결산 회계처리	결산회계처리 없음	③ 결산 시 　(차) 기말재고 ×× (대) 기초재고 ×× 　매출원가 ×× 　　매입 ××
장점	정확한 매출원가	정확한 기말재고(실사)
단점	기말재고의 과대계상 가능성	매출원가의 과대계상 가능성

2. 재고자산 단위원가의 결정(원가흐름의 가정) : 개별법, 선입선출법(FIFO), 평균법

① 개별법 : 통상적으로 상호 교환될 수 없는 재고자산항목의 원가와 특정 프로젝트별로 생산되고 분리되는 재화 또는 용역의 원가 결정에 사용한다.

② 선입선출법(FIFO) : 먼저 구입한 재고부터 판매했다고 가정하는 방법으로 실제 물량흐름에 순응하는 방법이다. 선입선출법 적용 시 재고자산은 가장 최근에 구입한 원가가 남게 되며, 인플레이션을 가정할 경우 기말재고가 가장 크고, 매출원가는 가장 작게 기록되어 매출총이익이 과대계상될 수 있다.

> 선입선출법은 감모손실이 발생하지 않는 경우 계속기록법, 실지재고조사법 모두 기말재고자산과 매출원가의 결과값이 동일하다.

③ 평균법 : 기초재고와 당기매입을 구분하지 않고 골고루 팔렸다고 가정한다.

총평균법	실지재고조사법으로 수량을 파악하는 경우의 평균법 ㉠ 총평균단가 = $\dfrac{\text{총판매가능한 재고원가}}{\text{총판매가능수량}}$ ㉡ 기말재고금액 = 기말재고수량 × 총평균단가
이동평균법	계속기록법으로 수량을 파악하는 경우의 평균법 계속기록법은 매출 시 매출원가를 기록하므로 재고자산을 매입할 때마다 이동평균단가를 산출한다. ㉠ 이동평균단가 = $\dfrac{\text{직전재고금액 + 당기매입액}}{\text{직전재고수량 + 당기매입수량}}$ ㉡ 기말재고금액 = 기말재고수량 × 이동평균단가

④ 기업은 성격과 용도 면에서 유사한 재고자산에 동일한 단위원가 결정방법을 적용하여야 하며, 성격이나 용도 면에서 차이가 있는 재고자산에는 서로 다른 단위원가 결정방법을 적용할 수 있다.

⑤ 그러나 재고자산의 지역별 위치나 과세방식이 다르다는 이유만으로 동일한 재고자산에 다른 단위원가 결정방법을 적용하는 것은 정당화될 수 없다.

3절 재고자산의 인식시점

구분		재고 포함 여부
미착품 (운송 중인 상품)	선적지 인도조건	구매자의 기말재고에 포함
	도착지 인도조건	판매자의 기말재고에 포함
위탁판매 (적송품)	수탁자 보관분	위탁자의 재고에 포함
	수탁자 판매분	위탁자의 재고에 포함하지 않음
시용판매		매입자가 구매의사를 표시하기 전까지는 판매자의 재고에 포함
저당상품		담보제공자의 재고자산에 포함
할부판매상품		판매자의 재고에서 제외

4절 기말재고금액의 추정

1. 소매재고법(매출가격환원법)

■ 소매재고법을 이용하여 기말재고금액을 추정할 수 있는 요건
① 이익률이 유사
② 품종변화가 심한 다품종 상품을 취급
③ 유통업

① 기말재고(판매가) = 기초재고(매가) + 당기매입(매가) + 순인상 − 순인하 − 비정상파손
　− 매출액 − 종업원할인 − 정상파손

② 원가율의 산정방법

원가율	원가율 계산방법
평균법	$\dfrac{\text{(원가)기초재고액 + 당기매입액 − 비정상파손}}{\text{(매가)기초재고액 + 당기매입액 + 순인상 − 순인하 − 비정상파손}}$
저가주의 평균법	$\dfrac{\text{(원가)기초재고액 + 당기매입액 − 비정상파손}}{\text{(매가)기초재고액 + 당기매입액 + 순인상 − 비정상파손}}$
선입선출법	$\dfrac{\text{(원가)당기매입액 − 비정상파손}}{\text{(매가)당기매입액 + 순인상 − 순인하 − 비정상파손}}$
저가기준 선입선출법	$\dfrac{\text{(원가)당기매입액 − 비정상파손}}{\text{(매가)당기매입액 + 순인상 − 비정상파손}}$

③ 기말재고(원가) = 기말재고(매가) × 원가율
④ 매출원가 = 기초재고(원가) + 당기매입(원가) − 기말재고(원가)

2. 매출총이익(률)법

① 재해 발생일의 재고자산(추정)

기초재고	× × ×
+ 당기순매입액	× × ×
− 매출원가(추정)	(× × ×)
기말재고(추정)	× × ×

② 재해손실 = 재해발생일의 재고자산 − 손상된 재고의 처분가치 − 손상되지 않은 재고의
가치 − 타처보관재고 − 미착품

매출원가 추정	계산방법
매출총이익률	매출원가 = 매출액 × (1−매출총이익률)
원가 가산 이익률	매출원가 = 매출액 × 1/(1+매출총이익률)

• 매출액 = 현금매출액 + 외상매출액
• 매입액 = 현금매입액 + 외상매입액

외상매출액과 외상매입액은 매출채권 및 매입채무의 계정과목으로 산출할 수 있다.

■ 매출채권과 매입채무 계정과목

매출채권		매입채무	
기초잔액	당기회수액	당기지급액	기초잔액
외상매출액	대손(손상)발생		외상매입액
	기말잔액	기말잔액	

3. 활동성비율

① 매출채권 회전율 = 매출액 ÷ 평균매출채권
② 매출채권 회수(전)기간 = 365일 ÷ 매출채권 회전율
③ 재고자산 회전율 = 매출원가 ÷ 평균재고자산
④ 재고자산 회수(전)기간 = 365일 ÷ 재고자산 회전율
⑤ 정상영업주기 = 매출채권 회수기간 + 재고자산 회수기간

5절 감모손실과 평가손실

1. 재고자산 감모손실

① 장부재고 = 장부수량 × 취득원가

② 실사재고 = 실사수량 × 취득원가

→ ①과 ②의 금액 차이가 재고자산 감모손실(당기비용)

2. 재고자산 평가손실

② 실사재고 = 실사수량 × 취득원가

③ 저가재고 = 실사수량 × min[취득원가, 순실현가능가치]

→ ②와 ③의 금액 차이가 재고자산 평가손실(당기비용)

■ 재고자산 저가법의 시가

보유목적	종류	시가	비고
판매목적	상품, 제품, 재공품	순실현가능가치 = 예상판매금액 − 예상판매비용 − 추가가공원가(재공품)	
사용목적	원재료, 기타소모품	현행대체원가	완성될 제품이 원가 이상으로 판매되면 원재료 및 기타소모품은 감액하지 않음
확정판매계약		계약가격에 기초	확정판매계약이 맺어진 수량만 계약가격을 시가로 사용(예상판매비용은 문제에서 확인하나 특별한 언급이 없으면 동일하게 발생)

④ 재고자산의 저가법은 항목별(종목별)로 적용한다. 유사하거나 관련 있는 항목들을 통합하여 적용은 가능(조별)하나 총계적용은 불가능하다.

⑤ 순실현가능가치는 매 보고기간 말 재검토한다. 재검토 결과 순실현가능가치의 감액을 초래했던 상황이 회복되는 경우 최초의 장부금액을 초과하지 않는 범위 내에서 평가손실을 환입한다.

6절 농림어업

1. 농림어업의 적용 범위

① 수확시점 후 수확물의 가공과정은 농림어업활동에 포함되지 않는다.

② 관리하지 않은 자원을 수확하는 것(예 원양어업, 천연림 벌채 등)은 농림어업활동에 해당하지 않는다(농림어업은 변화할 수 있는 능력, 변화의 관리 및 변화의 측정에 있다).

2. 인식과 측정

생물자산	생물자산에서 수확한 수확물
① 최초인식시점과 매 보고기간 말에 순공정가치로 평가한다. 　ⓐ 순공정가치를 신뢰성 있게 측정할 수 없는 경우 : 원가 – 감가상각누계액 – 손상차손누계액 　ⓑ 매각예정분류기준을 충족하는 생물자산은 공정가치를 신뢰성 있게 측정할 수 있다고 본다.	예 포도나무에서 수확한 포도 수확시점에서만 순공정가치로 측정한다. 이 금액이 재고자산 등의 다른 한국채택국제회계기준을 적용하는 시점의 원가가 된다.

① 생물자산의 순공정가치를 산정할 때 추정매각부대원가를 차감하기 때문에 매각부대원가가 발생하면 최초 인식시점에서 평가손실이 발생할 수 있다.

② 생물자산을 최초인식시점에 순공정가치로 인식하여 발생하는 평가손익과 생물자산의 순공정가치 변동으로 발생하는 평가손익은 발생한 기간의 당기손익에 반영한다.

③ 수확물을 순공정가치로 최초인식하는 시점에 발생하는 평가손익은 발생한 기간의 당기손익에 반영한다.

3. 정부보조금

구분	회계처리
순공정가치로 측정하는 생물자산과 관련된 정부보조금에 다른 조건이 없는 경우	이를 수취할 수 있게 되는 시점에만 당기손익으로 인식
순공정가치로 측정하는 생물자산과 관련된 정부보조금에 부수되는 조건이 있는 경우	그 조건을 충족하는 시점에만 당기손익으로 인식

CHAPTER 03 객관식 문제

01 ㈜감평의 20×1년도 상품 매입과 관련된 자료이다. 20×1년도 상품 매입원가는? (단, ㈜감평은 부가가치세 과세사업자이며, 부가가치세는 환급대상에 속하는 매입세액이다.) ▸21년 기출

항목	금액	비고
당기매입	₩110,000	부가가치세 ₩10,000 포함
매입운임	10,000	
하역료	5,000	
매입할인	5,000	
리베이트	2,000	
보관료	3,000	후속 생산단계에 투입하기 전에 보관이 필요한 경우가 아님
관세납부금	500	

① ₩108,500
② ₩110,300
③ ₩110,500
④ ₩113,500
⑤ ₩123,500

02 재고자산의 취득원가에 포함하는 것은?
▸관세사 21

① 재료원가, 노무원가 및 기타 제조원가 중 비정상적으로 낭비된 부분
② 후속 생산단계에 투입하기 전에 보관이 필요한 경우 이외의 보관원가
③ 적격자산에 해당하는 재고자산의 제조에 직접 관련된 차입원가
④ 취득과정에 직접 관련되어 있으며 과세당국으로부터 추후 환급받을 수 있는 제세금
⑤ 재고자산을 현재의 장소에 현재의 상태로 이르게 하는 데 기여하지 않은 관리간접원가

03 재고자산의 측정에 관한 설명으로 옳지 않은 것은? ▸13년 기출
① 표준원가법으로 평가한 결과가 실제원가와 유사하지 않은 경우에는 편의상 표준원가법을 사용할 수 있다.
② 개별법은 통상적으로 상호 교환될 수 없는 항목이나 특정 프로젝트별로 생산되고 분리되는 재화 또는 용역에 적용하는 방법이다.
③ 생물자산에서 수확한 농림어업 수확물로 구성된 재고자산은 순공정가치로 측정하여 수확시점에 최초로 인식한다.
④ 소매재고법은 이익률이 유사하고 품종변화가 심한 다품종 상품을 취급하는 유통업에서 실무적으로 다른 원가측정법을 사용할 수 없는 경우에 흔히 사용한다.
⑤ 후입선출법은 대부분의 경우 실제물량흐름과 반대라는 점, 재고층의 청산 시 수익·비용 대응구조의 왜곡 등 여러 가지 비판으로 한국채택국제회계기준에서는 인정되지 않고 있다.

04 재고자산에 대한 설명으로 옳은 것은? ▸14년 기출
① 후속 생산단계에 투입하기 전에 보관이 필요한 경우 이외의 보관원가는 재고자산의 취득원가에 포함될 수 있다.
② 확정판매계약을 이행하기 위하여 보유하는 재고자산의 순실현가능가치는 계약가격에 기초하며, 확정판매계약의 이행에 필요한 수량을 초과하는 경우에는 일반 판매가격에 기초한다.
③ 재고자산의 지역별 위치나 과세방식이 다른 경우 동일한 재고자산에 다른 단위원가 결정방법을 적용할 수 있다.
④ 가중평균법의 경우 재고자산 원가의 평균은 기업의 상황에 따라 주기적으로 계산하거나 매입 또는 생산할 때마다 계산하여서는 아니 된다.
⑤ 완성될 제품이 원가 이상으로 판매될 것으로 예상하는 경우에는 해당 원재료를 순실현가능가치로 감액한다.

05 **재고자산 회계처리에 관한 설명으로 옳지 않은 것은?** ▸CTA 16

① 완성될 제품이 원가 이상으로 판매될 것으로 예상되더라도 생산에 투입하기 위해 보유한 원재료 가격이 현행대체원가보다 하락한다면 평가손실을 인식한다.

② 후속 생산단계에 투입하기 전에 보관이 필요한 경우 이외의 보관원가는 재고자산의 취득 원가에 포함할 수 없으며 발생기간의 비용으로 인식한다.

③ 재고자산을 후불조건으로 취득하는 경우 계약이 실질적으로 금융요소를 포함하고 있다 면, 해당 금융요소는 금융이 이루어지는 기간 동안 이자비용으로 인식한다.

④ 재고자산을 순실현가능가치로 감액한 평가손실과 모든 감모손실은 감액이나 감모가 발 생한 기간에 비용으로 인식한다.

⑤ 당기에 비용으로 인식하는 재고자산 금액은 일반적으로 매출원가로 불리며, 판매된 재고 자산의 원가와 배분되지 않은 제조간접원가 및 제조원가 중 비정상적인 부분의 금액으로 구성된다.

06 **재고자산 회계처리에 관한 설명으로 옳지 않은 것은?** ▸CTA 10

① 재고자산의 단위원가 결정방법으로 후입선출법은 허용되지 않는다.

② 재고자산에 대한 단위원가 결정방법의 적용은 동일한 용도나 성격을 지닌 재고자산에 대해서는 동일하게 적용해야 하나, 지역별로 분포된 사업장이나 과세방식이 다른 사업장 간에는 동일한 재고자산이라도 원칙적으로 다른 방법을 적용한다.

③ 재고자산은 서로 유사하거나 관련 있는 항목들을 통합하여 적용하는 것이 적절하지 않는 한 항목별로 순실현가능가치로 감액하는 저가법을 적용한다.

④ 완성될 제품이 원가이상으로 판매될 것으로 예상하는 경우에는 그 제품의 생산에 투입하 기 위해 보유하는 원재료는 감액하지 아니한다.

⑤ 재고자산의 감액을 초래했던 상황이 해소되거나 경제상황의 변동으로 순실현가능가치가 상승한 명백한 증거가 있는 경우에는 최초의 장부금액을 초과하지 않는 범위 내에서 평 가손실을 환입한다.

07 재고자산 회계처리에 관한 설명으로 옳은 것은? ▶ CTA 24

① 재고자산의 매입원가는 매입가격에 수입관세와 제세금, 매입운임, 하역료 그리고 완제품, 원재료 및 용역의 취득과정에 직접 관련된 기타 원가, 리베이트 및 기타 유사한 항목을 가산한 금액이다.

② 재고자산을 후불조건으로 취득할 때 그 계약이 실질적인 금융요소를 포함하고 있다면, 정상신용조건의 매입가격과 실제 지급액 간의 차이는 재고자산의 취득원가에 가산한다.

③ 확정판매계약 또는 용역계약만을 이행하기 위하여 보유하는 재고자산의 순실현가능가치는 일반 판매가격에 기초하여 추정한다.

④ 원재료 가격이 하락하여 원재료 원가가 순실현가능가치를 초과할 것으로 예상된다면 완성될 제품이 원가 이상으로 판매되더라도 해당 원재료를 현행대체원가로 측정된 순실현가능가치로 감액한다.

⑤ 재고자산의 감액을 초래했던 상황이 해소되거나 경제상황의 변동으로 순실현가능가치가 상승한 명백한 증거가 있는 경우 최초의 장부금액을 초과하지 않는 범위 내에서 평가손실을 환입한다.

08 재고자산의 회계처리에 관한 설명으로 옳지 않은 것은? ▶ CTA 23

① 재료원가, 노무원가 및 기타 제조원가 중 비정상적으로 낭비된 부분은 재고자산의 취득원가에 포함할 수 없다.

② 성격과 용도 면에서 유사한 재고자산에는 동일한 단위원가 결정방법을 적용하여야 하며, 성격이나 용도 면에서 차이가 있는 재고자산에는 서로 다른 단위원가 결정방법을 적용할 수 있다.

③ 순실현가능가치를 추정할 때 재고자산의 보유 목적은 고려하지 않는다.

④ 자가건설한 유형자산의 구성요소로 사용되는 재고자산처럼 재고자산의 원가를 다른 자산계정에 배분하는 경우, 다른 자산에 배분된 재고자산 원가는 해당 자산의 내용연수 동안 비용으로 인식한다.

⑤ 통상적으로 상호 교환될 수 없는 재고자산항목의 원가와 특정 프로젝트별로 생산되고 분리되는 재화 또는 용역의 원가는 개별법을 사용하여 결정한다.

09 재고자산에 관한 설명으로 옳지 않은 것은? ▶ 관세사 19

① 재고자산은 취득원가와 순실현가능가치 중 낮은 금액으로 측정한다.

② 재고자산의 취득원가는 매입원가, 전환원가 및 재고자산을 현재의 장소에 현재의 상태로 이르게 하는 데 발생한 기타 원가 모두를 포함한다.

③ 재료원가, 노무원가 및 기타 제조원가 중 비정상적으로 낭비된 부분은 재고자산의 취득 원가에 포함할 수 없으며 발생기간의 비용으로 인식하여야 한다.

④ 표준원가법에 의한 원가측정방법은 그러한 방법으로 평가한 결과가 실제 원가와 유사한 경우에도 사용할 수 없다.

⑤ 매입할인, 리베이트 및 기타 유사한 항목은 재고자산의 매입원가를 결정할 때 차감한다.

10 재고자산에 관한 설명으로 옳지 않은 것은? ▶ CTA 21

① 재고자산의 취득원가는 매입원가, 전환원가 및 재고자산을 현재의 장소에 현재의 상태로 이르게 하는 데 발생한 기타 원가 모두를 포함한다.

② 완성될 제품이 원가 이상으로 판매될 것으로 예상하는 경우에는 그 생산에 투입하기 위 해 보유하는 원재료 및 기타 소모품을 감액하지 아니한다.

③ 후속 생산단계에 투입하기 전에 보관이 필요한 경우 이외의 보관원가는 재고자산의 취득 원가에 포함한다.

④ 통상적으로 상호 교환 가능한 대량의 재고자산 항목에 개별법을 적용하는 것은 적절하지 아니하다.

⑤ 성격과 용도 면에서 유사한 재고자산에는 동일한 단위원가 결정방법을 적용하여야 하며, 성격이나 용도 면에서 차이가 있는 재고자산에는 서로 다른 단위원가 결정방법을 적용할 수 있다.

11 기업회계기준서 제1002호 '재고자산'에 관한 다음의 설명 중 옳지 않은 것은? ▸CPA 21

① 재고자산의 지역별 위치나 과세방식이 다르다는 이유만으로 동일한 재고자산에 다른 단위원가 결정방법을 적용하는 것은 정당화된다.

② 통상적으로 상호 교환될 수 없는 재고자산항목의 원가와 특정 프로젝트별로 생산되고 분리되는 재화 또는 용역의 원가는 개별법을 사용하여 결정한다.

③ 재고자산의 전환원가는 원재료를 완제품으로 전환하는 데 드는 고정 및 변동 제조간접원가의 체계적인 배부액도 포함한다.

④ 보유하고 있는 재고자산의 수량이 확정판매계약의 이행에 필요한 수량을 초과하는 경우에는 그 초과 수량의 순실현가능가치는 일반 판매가격에 기초한다.

⑤ 원재료 가격이 하락하여 제품의 원가가 순실현가능가치를 초과할 것으로 예상된다면 해당 원재료를 순실현가능가치로 감액한다.

12 재고자산 회계처리에 관한 설명으로 옳지 않은 것은? ▸22년 기출

① 생산에 투입하기 위해 보유하는 원재료 및 기타 소모품은 제품의 원가가 순실현가능가치를 초과할 것으로 예상되더라도 감액하지 아니한다.

② 생물자산에서 수확한 농림어업 수확물로 구성된 재고자산은 공정가치에서 처분부대원가를 뺀 금액으로 수확시점에 최초 인식한다.

③ 재고자산을 현재의 장소에 현재의 상태로 이르게 하는데 기여하지 않은 관리간접원가는 재고자산의 취득원가에 포함할 수 없다.

④ 매입할인이나 매입금액에 대해 수령한 리베이트는 매입원가에서 차감한다.

⑤ 개별법이 적용되지 않는 재고자산의 단위원가는 선입선출법이나 가중평균법을 사용하여 결정한다.

13 기업회계기준서 제1002호 '재고자산'에 대한 다음 설명 중 옳지 않은 것은? ▸ CPA 23

① 공정가치에서 처분부대원가를 뺀 금액으로 측정한 일반상품 중개기업의 재고자산에 대해서는 저가법을 적용하지 않는다.

② 순실현가능가치는 재고자산의 주된 (또는 가장 유리한) 시장에서 시장참여자 사이에 일어날 수 있는 정상거래의 가격에서 처분부대원가를 뺀 금액으로 측정하기 때문에 기업특유의 가치가 아니다.

③ 생물자산에서 수확한 농림어업 수확물로 구성된 재고자산은 공정가치에서 처분부대원가를 뺀 금액으로 측정하여 수확시점에 최초로 인식한다.

④ 재고자산의 감액을 초래했던 상황이 해소되거나 경제상황의 변동으로 순실현가능가치가 상승한 명백한 증거가 있는 경우에는 최초의 장부금액을 초과하지 않는 범위 내에서 평가손실을 환입한다.

⑤ 성격과 용도 면에서 유사한 재고자산에는 동일한 단위원가 결정방법을 적용하여야 하며, 성격이나 용도 면에서 차이가 있는 재고자산에는 서로 다른 단위원가 결정방법을 적용할 수 있다.

14 (주)관세의 20×1년 말 재고자산 관련 자료가 다음과 같을 때 기초상품재고액은? (단, 재고자산감모손실과 평가손실은 없다.) ▸ 관세사 24

• 총매입액	₩3,750	• 매입리베이트	₩250
• 기말상품재고액	375	• 총매출액	6,000
• 매출에누리	500	• 매출총이익	1,125

① ₩1,000
② ₩1,250
③ ₩1,500
④ ₩1,750
⑤ ₩2,000

15 (주)관세는 스마트폰을 매입하여 판매하는 기업으로 한 가지 모델만을 취급하고 있다. (주)관세는 계속기록법으로 재고자산을 회계처리하고 있으며 단가는 가중평균법으로 계산하고 있다. 3월 초 보유 중인 스마트폰은 10개이고 단가는 ₩50이며, 3월 한 달간 스마트폰의 매입과 매출에 관한 기록은 다음과 같다. 3월 말 재고자산은 얼마인가? ▶ 관세사 15

> • 3월 5일 : 스마트폰 20개를 개당 ₩80에 매입하다.
> • 3월 12일 : 스마트폰 10개를 개당 ₩120에 판매하다.
> • 3월 18일 : 스마트폰 10개를 개당 ₩100에 매입하다.
> • 3월 25일 : 스마트폰 15개를 개당 ₩140에 판매하다.

① ₩1,050   ② ₩1,163
③ ₩1,200   ④ ₩1,252
⑤ ₩1,500

16 ㈜관세는 재고자산에 대해 계속기록법과 가중평균법을 적용한다. 다음 자료를 이용하여 계산한 ㈜관세의 매출원가는? ▶ 관세사 21

일자	내역	수량	단가
1월 1일	기초재고	150개	₩10
2월 1일	매입	150개	₩12
3월 1일	매출	100개	
6월 1일	매입	200개	₩15
9월 1일	매출	300개	
12월 31일	기말재고	100개	

① ₩3,670   ② ₩4,000
③ ₩4,670   ④ ₩5,000
⑤ ₩5,670

17 다음은 (주)감평의 20×1년도 재고자산 거래와 관련된 자료이다. 다음 설명 중 옳지 않은 것은?

▸ 18년 기출

일자	적요	수량	단가
1월 1일	기초재고	100개	₩90
3월 9일	매입	200개	150
5월 16일	매출	150개	–
8월 20일	매입	50개	200
10월 25일	매입	50개	220
11월 28일	매출	200개	–

① 실지재고조사법을 적용하여 선입선출법을 사용할 경우 기말재고자산 금액은 ₩11,000이다.

② 실지재고조사법을 적용하여 가중평균법을 사용할 경우 매출원가는 ₩52,500이다.

③ 선입선출법을 사용할 경우보다 가중평균법을 사용할 때 당기순이익이 더 작다.

④ 가중평균법을 사용할 경우, 실지재고조사법을 적용하였을 때보다 계속기록법을 적용하였을 때 당기순이익이 더 크다.

⑤ 선입선출법을 사용할 경우, 계속기록법을 적용하였을 때보다 실지재고조사법을 적용하였을 때 매출원가가 더 크다.

18 (주)관세는 소매업을 영위하고 있으며, 20×1년 재고자산과 관련된 정보는 다음과 같다. 기초재고자산은 ₩2,000(단가 ₩20, 수량 100개)이다. 다음 설명 중 옳지 않은 것은? (단, 재고자산감모손실은 없다.)

▸ 관세사 20

일자	매입		판매
	수량(개)	단가(₩)	수량(개)
1.5	200	30	
4.3	100	40	
4.20			300
5.19	100	50	
5.20			100

① 계속기록법을 사용하는 경우 이동평균법에 의한 기말재고자산은 ₩3,400이다.

② 실지재고조사법을 사용하는 경우 가중평균법에 의한 매출원가는 ₩13,600이다.

③ 실지재고조사법을 사용하는 경우 선입선출법에 의한 기말재고자산은 ₩5,000이다.

④ 판매가능원가는 ₩17,000이다.

⑤ 계속기록법을 사용하는 경우 선입선출법에 의한 매출원가는 ₩12,000이다.

19 (주)관세의 20×1년 재고자산 관련 자료는 다음과 같다. 선입선출법과 평균법 간의 기말재고자산 금액 차이는? (단, 실지재고조사법을 적용하고, 재고자산감모손실과 평가손실은 없다.)

▶ 관세사 22

일자	내역	수량	매입단가
1월 1일	기초재고	300개	₩150
3월 3일	매입	450	165
5월 6일	매출	600	
9월 3일	매입	300	180
12월 5일	매출	300	

① ₩0   ② ₩1,125
③ ₩2,250   ④ ₩3,375
⑤ ₩4,500

20 ㈜대한은 선입선출법을 적용하여 재고자산을 평가하고 있다. 20×1년 기초재고는 ₩30,000이며 기말재고는 ₩45,000이다. 만일 평균법을 적용하였다면 기초재고는 ₩25,000, 기말재고는 ₩38,000이다. 선입선출법 적용 시 ㈜대한의 20×1년 매출총이익이 ₩55,000이라면 평균법 적용 시 ㈜대한의 20×1년 매출총이익은?

▶ 13년 기출

① ₩43,000   ② ₩53,000
③ ₩55,000   ④ ₩57,000
⑤ ₩67,000

21 다음은 ㈜한국의 20×1년도 회계자료의 일부이다. ㈜한국의 20×1년도 매입과 매출은 모두 외상으로 거래되었다.

• 기초 매출채권	₩500,000	• 기말 매출채권	₩900,000
• 기초 매입채무	₩350,000	• 기말 매입채무	₩480,000
• 매출채권 현금회수액	₩1,300,000	• 매입채무 현금지급액	₩1,100,000
• 기초재고자산	₩180,000	• 기말재고자산	₩250,000

㈜한국의 20×1년도 포괄손익계산서에 보고될 매출총이익은?

① ₩544,000   ② ₩543,000
③ ₩538,000   ④ ₩540,000
⑤ ₩539,000

22 다음 자료를 이용하여 계산한 기말매입채무 잔액은? (단, 매입은 모두 외상으로 한다.)

▸ 12년 기출

• 기초매입채무	₩8,000	• 매입채무상환	35,000
• 기초상품재고	12,000	• 기말상품재고	11,000
• 당기매출	50,000	• 매출총이익	10,000

① ₩11,000   ② ₩12,000

③ ₩13,000   ④ ₩14,000

⑤ ₩15,000

23 ㈜대한은 20×1년도 말에 재고자산이 ₩20,000 증가하였고, 매입채무는 ₩15,000 감소되었으며, 매출채권은 ₩22,000 증가되었다. 20×1년도 매출채권 현금회수액이 ₩139,500이고, 매입채무 현금지급액이 ₩118,000일 때 20×1년도 매출총이익은? (단, 현금매입 및 현금매출은 없다고 가정한다.)

▸ 13년 기출

① ₩38,500   ② ₩44,000

③ ₩48,500   ④ ₩58,500

⑤ ₩78,500

24 다음 자료를 이용하여 계산한 (주)관세의 기말 매출채권 잔액은?

▸ 관세사 18

- 기초 매출채권은 ₩10,000이고, 당기 매출채권 현금회수액은 ₩40,000이며, 당기 현금 매출액은 ₩7,000이다.
- 기초와 기말의 상품재고액은 각각 ₩16,000과 ₩22,000이며, 당기상품 매입액은 ₩32,000 이다.
- 당기 매출총이익은 ₩13,000이다.

① ₩0   ② ₩1,000

③ ₩2,000   ④ ₩22,000

⑤ ₩35,000

25 ㈜감평의 기말재고자산에 포함시켜야 할 항목을 모두 고른 것은? ▸21년 기출

> ㄱ. 창고가 작아 기말 현재 외부에 보관 중인 ㈜감평의 원재료
> ㄴ. ㈜감평이 FOB 선적지 인도조건으로 판매하였으나 기말 현재 도착하지 않은 상품
> ㄷ. ㈜감평이 고객에게 인도하고 기말 현재 고객이 사용의사를 표시한 시용품
> ㄹ. ㈜감평이 FOB 도착지 인도조건으로 매입하였으나 기말 현재 도착하지 않은 상품

① ㄱ   ② ㄷ
③ ㄱ, ㄴ   ④ ㄴ, ㄹ
⑤ ㄷ, ㄹ

26 (주)세무의 20×1년 재고자산 관련 현황이 다음과 같을 때, 20×1년 말 재무상태표의 재고자산은? ▸CTA 17

> • 20×1년 말 재고실사를 한 결과 (주)세무의 창고에 보관 중인 재고자산의 원가는 ₩100,000 이다.
> • 20×1년도 중 고객에게 원가 ₩80,000 상당의 시송품을 인도하였으나, 기말 현재까지 매입의사를 표시하지 않았다.
> • 20×1년도 중 운영자금 차입목적으로 은행에 원가 ₩80,000의 재고자산을 담보로 인도하였으며, 해당 재고자산은 재고실사 목록에 포함되지 않았다.
> • (주)한국과 위탁판매계약을 체결하고 20×1년도 중 원가 ₩100,000 상당의 재고자산을 (주)한국으로 운송하였으며, 이 중 기말 현재 미판매되어 (주)한국이 보유하고 있는 재고자산의 원가는 ₩40,000이다.
> • (주)대한으로부터 원가 ₩65,000의 재고자산을 도착지인도조건으로 매입하였으나 20×1년 말 현재 운송중이다.

① ₩220,000   ② ₩260,000
③ ₩300,000   ④ ₩320,000
⑤ ₩365,000

27 20×1년 말 현재 (주)감평의 외부감사 전 재무상태표상 재고자산은 ₩1,000,000이다. (주)감평은 실지재고조사법을 사용하여 창고에 있는 상품만을 기말재고로 보고하였다. 회계감사 중 공인회계사는 (주)감평의 기말 재고자산과 관련하여 다음 사항을 알게 되었다.

> • 20×1년 12월 27일 FOB 선적지 조건으로 (주)한국에게 판매한 상품(원가 ₩300,000)이 20×1년 말 현재 운송 중에 있다.
> • 수탁자에게 20×1년 중에 적송한 상품(원가 ₩100,000) 중 40%가 20×1년 말 현재 판매완료되었다.
> • 고객에게 20×1년 중에 인도한 시송품의 원가는 ₩200,000이며, 이 중 20×1년 말까지 매입의사표시를 해 온 금액이 ₩130,000이다.
> • 20×1년 12월 29일 FOB 도착지 조건으로 (주)민국으로부터 매입한 상품(원가 ₩200,000)이 20×1년 말 현재 운송 중에 있다.

위의 내용을 반영하여 작성된 20×1년 말 재무상태표상 재고자산은? ▸18년 기출

① ₩1,010,000 ② ₩1,110,000
③ ₩1,130,000 ④ ₩1,330,000
⑤ ₩1,430,000

28 (주)관세는 재고자산과 관련하여 실지재고조사법을 사용하고 있으며, (주)관세의 창고에 실물로 보관되어 있는 재고자산에 대한 20×1년 12월 31일 현재 실사금액은 ₩1,000,000(2,000개, 단위당 ₩500)이다. 다음 자료를 고려할 경우 (주)관세가 20×1년 12월 31일 재무상태표에 보고할 재고자산은? ▸관세사 18

> • (주)관세가 FOB 선적지 인도조건으로 20×1년 12월 25일에 (주)한국으로 출하한 상품(원가 ₩100,000)이 20×1년 12월 31일 현재 운송 중에 있다.
> • (주)관세가 위탁판매하기 위해 (주)민국에 20×1년 12월 10일에 적송한 상품(원가 ₩300,000) 중 30%가 20×1년 12월 31일 현재 외부고객에게 판매되었다.
> • (주)관세가 FOB 도착지 인도조건으로 20×1년 12월 26일에 (주)우주로부터 외상으로 주문한 상품(원가 ₩150,000)이 20×1년 12월 31일 현재 운송 중에 있다.
> • (주)관세가 20×1년 12월 15일에 외부고객에게 발송한 시송품(원가 ₩200,000) 중 40%가 20×1년 12월 31일 현재 외부고객으로부터 매입의사를 통보받지 못한 상태이다.

① ₩1,080,000 ② ₩1,210,000
③ ₩1,290,000 ④ ₩1,350,000
⑤ ₩1,440,000

29 ㈜감평의 창고에 보관 중인 20×1년 말 상품 재고실사 금액은 ₩2,840이다. 다음자료를 반영한 이후 20×1년 말 재무상태표에 표시할 기말상품 금액은? ▶ 23년 기출

- 기말 현재 일부 상품(원가 ₩100)을 물류회사에 보관 중이며, 보관료 ₩20을 지급하기로 하였다.
- 수탁회사에 적송한 상품(원가 ₩600) 중 20%는 기말까지 판매되지 않았다.
- 고객에게 발송한 시송품(원가 ₩500) 중 기말 현재 고객으로부터 매입의사표시를 통보받지 못한 상품이 ₩200이다.
- 20×1년 12월 28일에 도착지 인도조건으로 거래처에서 매입한 상품(원가 ₩250)이 기말 현재 운송 중에 있다.

① ₩3,260
② ₩3,510
③ ₩3,560
④ ₩3,740
⑤ ₩3,810

30 ㈜대한이 재고자산을 실사한 결과 20×1년 12월 31일 현재 창고에 보관 중인 상품의 실사금액은 ₩2,000,000인 것으로 확인되었다. 추가자료 내용은 다음과 같다.

(1) ㈜대한이 20×1년 12월 21일 ㈜서울로부터 선적지인도조건(F.O.B. shipping point)으로 매입한 원가 ₩250,000의 상품이 20×1년 12월 31일 현재 운송 중에 있다. 이 상품은 20×2년 1월 5일 도착예정이며, 매입 시 발생한 운임은 없다.

(2) ㈜대한은 20×1년 10월 1일에 ㈜부산으로부터 원가 ₩150,000의 상품에 대해 판매를 수탁받았으며 이 중 원가 ₩40,000의 상품을 20×1년 11월 15일에 판매하였다. 나머지 상품은 20×1년 12월 31일 현재 ㈜대한의 창고에 보관 중이며 기말 상품의 실사금액에 포함되었다. 수탁 시 발생한 운임은 없다.

(3) ㈜대한은 20×1년 12월 19일에 ㈜대전에게 원가 ₩80,000의 상품을 ₩120,000에 판매 즉시 인도하고 2개월 후 ₩130,000에 재구매하기로 약정을 체결하였다.

(4) 20×1년 11월 10일에 ㈜대한은 ㈜강릉과 위탁판매계약을 체결하고 원가 ₩500,000의 상품을 적송하였으며, ㈜강릉은 20×1년 12월 31일 현재까지 이 중 80%의 상품을 판매하였다. 적송 시 발생한 운임은 없다.

(5) ㈜대한은 단위당 원가 ₩50,000의 신상품 10개를 20×1년 10월 15일에 ㈜광주에게 전달하고 20×2년 2월 15일까지 단위당 ₩80,000에 매입할 의사를 통보해 줄 것을 요청하였다. 20×1년 12월 31일 현 ㈜대한은 ㈜광주로부터 6개의 상품을 매입하겠다는 의사를 전달받았다.

위의 추가자료 내용을 반영한 이후 ㈜대한의 20×1년 12월 31일 재무상태표에 표시될 기말 상품재고액은 얼마인가? (단, 재고자산감모손실 및 재고자산평가손실은 없다고 가정한다.)

▶ CPA 19

① ₩2,330,000
② ₩2,430,000
③ ₩2,520,000
④ ₩2,530,000
⑤ ₩2,740,000

31 ㈜대한이 재고자산을 실사한 결과 20×1년 12월 31일 현재 창고에 보관 중인 상품의 실사 금액은 ₩1,500,000인 것으로 확인되었다. 재고자산과 관련된 추가자료는 다음과 같다.

- ㈜대한은 20×1년 9월 1일에 ㈜강원으로부터 원가 ₩100,000의 상품에 대해 판매를 수탁받았으며, 이 중 원가 ₩20,000의 상품을 20×1년 10월 1일에 판매하였다. 나머지 상품은 20×1년 12월 31일 현재 ㈜대한의 창고에 보관 중이며, 창고보관상품의 실사금액에 이미 포함되었다.
- ㈜대한은 20×1년 11월 1일 ㈜경북에 원가 ₩400,000의 상품을 인도하고, 판매대금은 11월 말부터 매월 말일에 3개월에 걸쳐 ₩150,000씩 할부로 수령하기로 하였다.
- ㈜대한은 20×1년 11월 5일에 ㈜충남과 위탁판매계약을 체결하고 원가 ₩200,000의 상품을 적송하였으며, ㈜충남은 20×1년 12월 31일 현재까지 이 중 60%의 상품을 판매하였다.
- ㈜대한이 20×1년 12월 23일에 ㈜민국으로부터 선적지인도조건으로 매입한 원가 ₩100,000의 상품이 20×1년 12월 31일 현재 운송 중에 있다. 이 상품은 20×2년 1월 10일 도착예정이다.
- ㈜대한은 20×1년 12월 24일에 ㈜충북에게 원가 ₩50,000의 상품을 ₩80,000에 판매 즉시 인도하고 2개월 후 ₩100,000에 재구매하기로 약정하였다.

위의 추가자료를 반영한 후 ㈜대한의 20×1년 말 재무상태표에 표시될 기말상품재고액은 얼마인가? (단, 재고자산감모손실 및 재고자산평가손실은 없다. ㈜대한의 위탁(수탁)판매계약은 기업회계기준서 제1115호 '고객과의 계약에서 생기는 수익'의 위탁(수탁)약정에 해당한다.)

▶ CPA 22

① ₩1,570,000
② ₩1,600,000
③ ₩1,650,000
④ ₩1,730,000
⑤ ₩1,800,000

32 (주)세무의 20×1년도 및 20×2년도 상품 관련 자료는 다음과 같다.

- 20×1년도 기말재고자산 : ₩4,000,000(단위당 원가 ₩1,000)
- 20×2년도 매입액 : ₩11,500,000(단위당 원가 ₩1,250)
- 20×2년도 매출액 : ₩15,000,000

20×2년 말 장부상 상품수량은 4,000개였으나, 실지재고조사 결과 기말수량은 3,500개로 확인되었다. 20×2년 말 현재 보유하고 있는 상품의 예상 판매가격은 단위당 ₩1,500이며, 단위당 ₩300의 판매비용이 예상된다. (주)세무가 선입선출법을 적용할 때, 20×2년도에 인식할 당기손익은? ▸CTA 17

① ₩3,000,000 이익 ② ₩3,700,000 이익
③ ₩3,875,000 이익 ④ ₩4,300,000 이익
⑤ ₩4,500,000 이익

33 ㈜대한의 20×1년도 재고자산(상품 A)와 관련된 자료가 다음과 같을 때, 20×1년도 매출원가, 감모손실, 평가손실로 인식할 비용의 합계액은? ▸CTA 13

(1) 기초재고 : ₩700,000(재고자산평가충당금 ₩0)
(2) 매입액 : ₩6,000,000
(3) 매출액 : ₩8,000,000
(4) 기말재고 : 장부수량 3,000개, 개당 취득원가 ₩200
　　　　　　　실사수량 2,500개, 개당 순실현가능가치 ₩240
　　　　　　　재고자산 감모분 중 50%는 정상적인 것으로 판단되었다.

① ₩6,000,000 ② ₩6,050,000
③ ₩6,100,000 ④ ₩6,150,000
⑤ ₩6,200,000

34 상품매매기업인 (주)감평은 계속기록법과 실지재고조사법을 병행하고 있다. (주)감평의 20×1년 기초재고는 ₩10,000(단가 ₩100)이고, 당기매입액은 ₩30,000(단가 ₩100), 20×1년 말 현재 장부상 재고수량은 70개이다. (주)감평이 보유하고 있는 재고자산은 진부화로 인해 단위당 순실현가능가치가 ₩80으로 하락하였다. (주)감평이 포괄손익계산서에 매출원가로 ₩36,000을 인식하였다면, ㈜감평의 20×1년 말 현재 실제재고수량은? (단, 재고자산감모손실과 재고자산평가손실은 모두 매출원가에 포함한다.) ▸ 20년 기출

① 40개
② 50개
③ 65개
④ 70개
⑤ 80개

35 다음은 20×1년 설립된 (주)감평의 재고자산(상품) 관련 자료이다.

| • 당기매입액 : ₩2,000,000 |
| • 취득원가로 파악한 장부상 기말재고액 : ₩250,000 |

기말상품	실지재고	단위당 원가	단위당 순실현가능가치
A	800개	₩100	₩120
B	250개	180	150
C	400개	250	200

(주)감평의 20×1년 재고자산감모손실은? (단, 재고자산평가손실과 재고자산감모손실은 매출원가에 포함한다.) ▸ 20년 기출

① ₩0
② ₩9,000
③ ₩25,000
④ ₩27,500
⑤ ₩52,500

36 ㈜대한은 재고자산을 관리하기 위하여 계속기록법과 평균법을 적용하고 있으며, 기말재고자산의 장부수량과 실지재고수량은 일치한다. 다음은 ㈜대한의 20×1년 매입과 매출에 관한 자료이다.

일자	적요	수량(개)	매입단가(₩)
1월 1일	기초재고	100	300
5월 1일	매입	200	400
6월 1일	매입	200	300
9월 1일	매입	100	200
12월 15일	매입	100	200

일자	적요	수량(개)	매출단가(₩)
8월 1일	매출	200	600
10월 1일	매출	200	500

20×1년 기말재고자산의 단위당 순실현가능가치가 ₩200인 경우 ㈜대한이 20×1년 말에 인식할 재고자산평가손실액은 얼마인가? (단, 기초재고자산과 관련된 평가충당금은 없다.)

▶ CPA 22

① ₩21,000
② ₩24,000
③ ₩27,000
④ ₩30,000
⑤ ₩33,000

37 ㈜감평의 20×1년 기말 재고자산 자료가 다음과 같다.

종목	실사수량	단위당 취득원가	단위당 예상판매가격
상품 A	100개	₩300	₩350
상품 B	100개	200	250
상품 C	200개	100	120

• 단위당 예상판매비용 : ₩30(모든 상품에서 발생)

상품 B의 70%는 확정판매계약(취소불능계약)을 이행하기 위하여 보유하고 있으며, 상품 B의 단위당 확정판매계약가격은 ₩220이다. 재고자산 평가와 관련하여 20×1년 인식할 당기손익은? (단, 재고자산의 감모는 발생하지 않았으며, 기초 재고자산평가충당금은 없다.) ▶ 22년 기출

① 손실 ₩2,700
② 손실 ₩700
③ ₩0
④ 이익 ₩2,200
⑤ 이익 ₩3,200

38 영업 첫 해인 20×1년 말 현재 ㈜대한이 보유하고 있는 재고자산에 관한 자료는 다음과 같다.

구분	수량	단위당 원가	단위당 현행대체원가 혹은 순실현가능가치
원재료	1,000단위	₩500	₩350
제품	2,000단위	2,700	3,000
상품	1,500단위	2,500	2,350

㈜대한은 원재료를 사용하여 제품을 직접 생산·판매하며, 상품의 경우 다른 제조업자로부터 취득하여 적절한 이윤을 덧붙여 판매하고 있다. 20×1년도 ㈜대한이 인식해야 할 재고자산평가손실은?

▸ 13년 기출

① ₩0
② ₩225,000
③ ₩275,000
④ ₩325,000
⑤ ₩375,000

39 (주)관세의 기말 재고자산 현황은 다음과 같다. 품목별 저가법을 적용할 경우 기말 재고자산 금액은 얼마인가? (단, 원재료 A를 투입하여 제품 A가 생산되고, 원재료 B를 투입하여 제품 B가 생산된다.)

▸ 관세사 14

품목	취득원가	순실현가능가치
원재료 A	₩100,000	₩80,000
제품 A	₩130,000	₩120,000
원재료 B	₩80,000	₩70,000
제품 B	₩110,000	₩120,000

① ₩370,000
② ₩375,000
③ ₩380,000
④ ₩385,000
⑤ ₩390,000

40 다음은 20×1년 초에 설립하여 단일 품목의 상품을 판매하는 (주)관세의 20×1년 말 상품재고에 관한 자료이다.

장부상재고	실지재고	단위당 취득원가	단위당 확정판매계약가격	단위당 예상판매가격
100단위	100단위	₩700	₩690	₩750

위 상품 중 40단위는 취소불능의 확정판매계약을 이행하기 위하여 보유 중인 재고자산이다. 확정판매계약을 맺은 상품의 경우에는 판매비용이 발생하지 않으나, 나머지 상품의 경우에는 단위당 ₩80의 판매비용이 발생할 것으로 예상된다. (주)관세가 동 상품과 관련하여 20×1년도에 인식할 재고자산평가손실은?

▸ 관세사 18

① ₩1,800　　　　　　　　② ₩2,200

③ ₩2,800　　　　　　　　④ ₩3,600

⑤ ₩5,400

41 유통업을 영위하고 있는 ㈜대한은 확정판매계약(취소불능계약)에 따른 판매와 시장을 통한 일반 판매를 동시에 수행하고 있다. ㈜대한이 20×1년 말 보유하고 있는 상품재고 관련 자료는 다음과 같다.

> **• 기말재고 내역**
>
> | 항목 | 수량 | 단위당 취득원가 | 단위당 일반판매가격 | 단위당 확정판매계약가격 |
> |---|---|---|---|---|
> | 상품 A | 300개 | ₩500 | ₩600 | – |
> | 상품 B | 200개 | ₩300 | ₩350 | ₩280 |
> | 상품 C | 160개 | ₩200 | ₩250 | ₩180 |
> | 상품 D | 150개 | ₩250 | ₩300 | – |
> | 상품 E | 50개 | ₩300 | ₩350 | ₩290 |
>
> • 재고자산 각 항목은 성격과 용도가 유사하지 않으며, ㈜대한은 저가법을 사용하고 있고, 저가법 적용 시 항목기준을 사용한다.
> • 확정판매계약(취소불능계약)에 따른 판매 시에는 단위당 추정 판매비용이 발생하지 않을 것으로 예상되며, 일반 판매 시에는 단위당 ₩20의 추정 판매비용이 발생할 것으로 예상된다.
> • 재고자산 중 상품 B, 상품 C, 상품 E는 모두 확정판매계약(취소 불능계약) 이행을 위해 보유 중이다.
> • 모든 상품에 대해 재고자산 감모는 발생하지 않았으며, 기초의 재고자산평가충당금은 없다.

㈜대한의 재고자산 평가와 관련된 회계처리가 20×1년도 포괄손익계산서의 당기순이익에 미치는 영향은 얼마인가?

▶ CPA 20

① ₩11,800 감소　　　　　　② ₩10,800 감소

③ ₩9,700 감소　　　　　　④ ₩8,700 감소

⑤ ₩7,700 감소

42 20×1년 초에 설립한 (주)관세의 기말 상품과 원재료에 대한 자료는 다음과 같다.

재고자산 품목	단위당 취득원가	단위당 일반판매가	단위당 확정판매가	단위당 현행대체원가
상품(50개)	₩20,000	₩17,000	₩18,000	–
원재료(50kg)	1,000	–	–	₩900

상품 중 40개는 확정판매계약이 체결되어 보관 중이다. 일반판매 시에는 판매가격의 10%에 해당하는 판매비용이 소요될 것으로 예상되며, 원재료를 이용하여 생산하는 제품은 원가 이상으로 판매될 것으로 예상된다. (주)관세가 상품과 원재료에 대하여 인식할 재고자산평가손실은? ▸ 관세사 23

① ₩110,000
② ₩115,000
③ ₩127,000
④ ₩132,000
⑤ ₩199,000

43 ㈜감평의 20×1년 기말재고자산에 대한 자료가 다음과 같다.

항목	원가	확정판매계약가격	일반판매가격	현행대체원가
제품 A	₩1,000	₩900	₩950	
제품 B	1,200	–	1,250	–
원재료 A	1,100	–	–	₩1,000
원재료 B	1,000	–	–	900

- 제품 A는 모두 확정판매계약을 이행하기 위하여 보유하고 있으며, 제품 A와 제품 B는 판매 시 계약가격 또는 일반판매가격의 10%에 해당하는 판매비용이 소요될 것으로 예상된다.
- 원재료 A를 이용하여 생산하는 제품은 원가 이상으로 판매될 것으로 예상된다.
- 원재료 B를 이용하여 생산하는 제품의 원가는 순실현가능가치를 초과할 것으로 예상된다.

모든 재고자산에 대해 항목별기준을 적용할 때 20×1년도에 인식할 재고자산평가손실은? (단, 재고자산 감모는 발생하지 않았으며, 기초재고자산평가충당금은 없다.) ▸ 24년 기출

① ₩300
② ₩335
③ ₩350
④ ₩365
⑤ ₩380

44 (주)감평은 상품에 관한 단위원가 결정방법으로 선입선출법을 이용하고 있으며 20×1년도 상품 관련 자료는 다음과 같다. 20×1년 말 재고실사결과 3개였으며 감모는 모두 정상적이다. 기말 현재 상품의 단위당 순실현가능가치가 ₩100일 때 (주)감평의 20×1년도 매출총이익은? (단, 정상적인 재고자산감모손실과 재고자산평가손실은 모두 매출원가에 포함한다.)

▸ 16년 기출

항목	수량	단위당 취득원가	단위당 판매가격	금액
기초재고(1월 1일)	20개	₩120	–	₩2,400
매입(4월 8일)	30개	180	–	5,400
매출(5월 3일)	46개	–	₩300	13,800

① ₩6,300
② ₩6,780
③ ₩7,020
④ ₩7,260
⑤ ₩7,500

45 (주)감평의 20×1년도 상품관련 자료는 다음과 같다. 기말상품 실사수량은 30개이며, 수량 감소분 중 40%는 정상감모손실이다. ㈜감평의 20×1년의 매출원가는? (단, 정상감모손실과 평가손실은 매출원가에 포함한다.)

▸ 23년 기출

	수량	단위당 취득원가	단위당 판매가격	단위당 순실현가능가치
기초재고	70개	₩60	–	–
매입	100개	₩60	–	–
매출	120개	–	₩80	–
기말재고	50개	–	–	₩50

① ₩7,200
② ₩7,500
③ ₩7,680
④ ₩7,980
⑤ ₩8,700

46 20×1년 초에 설립한 ㈜세무는 유사성이 없는 두 종류의 상품 A와 상품 B를 판매하고 있다. ㈜세무는 20×1년 중 상품 A 200단위(단위당 취득원가 ₩1,000)와 상품 B 200단위(단위당 취득원가 ₩2,000)를 매입하였으며, 20×1년 말 상품재고와 관련된 자료는 다음과 같다.

구분	장부수량	실제수량	단위당 취득원가	단위당 예상 판매가격
상품 A	50	30	₩1,000	₩1,300
상품 B	100	70	2,000	2,200

상품 A의 재고 중 20단위는 ㈜대한에 단위당 ₩900에 판매하기로 한 확정판매계약을 이행하기 위해 보유 중이다. 확정판매계약에 의한 판매 시에는 판매비용이 발생하지 않으나, 일반판매의 경우에는 상품 A와 상품 B 모두 단위당 ₩300의 판매비용이 발생할 것으로 예상된다. ㈜세무가 20×1년도에 인식할 매출원가는? (단, 정상감모손실과 재고자산평가손실은 매출원가에 가산하며, 상품 A와 상품 B 모두 감모의 70%는 정상감모이다.) ▸ CTA 21

① ₩410,000   ② ₩413,000
③ ₩415,000   ④ ₩423,000
⑤ ₩439,000

47 20×1년 초 설립된 (주)세무는 단일상품만 판매하고 있으며, 재고자산에 대하여 가중평균법(실지재고조사법)을 적용하고 있고, 기말 장부상재고와 실제재고를 함께 확인한다. (주)세무의 20×1년도 재고자산에 관한 자료는 다음과 같다.

일자	적요	수량	단위당 원가
1월 10일	매입	300개	₩100
3월 20일	매출	200	–
6월 15일	매입	300	120
10월 16일	매입	400	130
12월 7일	매출	400	–

20×1년 말 재고자산의 단위당 순실현가능가치는 ₩110이며, 20×1년도 재고자산평가손실은 ₩2,960일 때, (주)세무가 20×1년도 재무제표에 보고할 매출원가는? (단, 감모의 80%는 정상감모이며, 정상감모손실과 재고자산평가손실은 매출원가에 반영하고, 비정상감모손실은 기타비용으로 처리한다.) ▸ CTA 24

① ₩70,800   ② ₩71,508
③ ₩73,632   ④ ₩76,592
⑤ ₩77,300

48 ㈜감평은 재고상품에 대해 선입선출법을 적용하여 단위원가를 결정하며, 20×1년 기초상품은 ₩30,000(단위당 원가 ₩1,000), 당기상품매입액은 ₩84,000(단위당 원가 ₩1,200)이다. 기말상품의 감모손실과 평가손실에 관한 자료는 다음과 같다.

장부수량	실제수량	단위당 예상판매가격	단위당 예상판매비용
20개	16개	₩1,250	₩80

㈜감평이 기말 재고자산감모손실은 장부에 반영하였으나 재고자산평가손실을 반영하지 않았을 경우 옳은 것은? ▸ 22년 기출

① 20×1년 당기순이익 ₩1,000 과대   ② 20×1년 기말재고자산 ₩600 과대
③ 20×1년 기말자본총계 ₩480 과소   ④ 20×2년 기초재고자산 ₩600 과소
⑤ 20×2년 당기순이익 ₩480 과소

49 ㈜관세의 20×1년 기초재고자산은 ₩3,000, 기말재고자산은 ₩4,200, 매출액은 ₩40,000이다. 당기 재고자산회전율이 6회라면 매출총이익은? (단, 재고자산회전율 계산 시 매출원가와 평균재고자산을 이용한다.) ▸ 관세사 22

① ₩14,800   ② ₩18,000
③ ₩18,400   ④ ₩20,000
⑤ ₩22,000

50 상품매매기업인 ㈜감평의 정상영업주기는 상품 매입시점부터 판매대금 회수시점까지 기간으로 정의된다. 20×1년 정상영업주기는 42일이며, 매출이 ₩1,000,000, 평균매출채권이 ₩50,000, 평균재고자산이 ₩40,000이라면 ㈜감평의 20×1년 매출원가는? (단, 매출은 전액 외상매출이고, 1년은 360일로 가정한다.) ▸ 15년 기출

① ₩520,000   ② ₩540,000
③ ₩560,000   ④ ₩580,000
⑤ ₩600,000

51 다음은 (주)감평의 20×2년도 비교재무상태표의 일부분이다. (주)감평의 20×2년도 매출채권평균회수기간이 73일이고 재고자산회전율이 3회일 때 20×2년도 매출총이익은? (단, 재고자산회전율 계산 시 매출원가를 사용하고, 평균재고자산과 평균매출채권은 기초와 기말의 평균값을 이용하며, 1년은 365일로 계산한다.) ▸16년 기출

계정과목	20×2년 12월 31일	20×1년 12월 31일
매출채권	₩240,000	₩200,000
재고자산	180,000	140,000

① ₩460,000 ② ₩580,000
③ ₩620,000 ④ ₩660,000
⑤ ₩780,000

52 (주)감평의 20×1년 초 상품재고는 ₩30,000이며, 당기매출액과 당기상품매입액은 각각 ₩100,000과 ₩84,000이다. (주)감평의 원가에 대한 이익률이 25%인 경우, 20×1년 재고자산회전율은? (단, 재고자산회전율 계산 시 평균상품재고와 매출원가를 사용한다.) ▸17년 기출

① 0.4회 ② 1.5회
③ 2.0회 ④ 2.5회
⑤ 3.0회

53 다음은 (주)한국의 부분 재무상태표이며, 제시된 금액은 장부금액을 의미한다.

구분	20×0년 12월 31일	20×1년 12월 31일
매출채권	₩120,000	₩130,000
재고자산	₩140,000	₩160,000

20×1년도 (주)한국의 매출채권회전율이 6회, 재고자산회전율이 4회일 때, (주)한국의 20×1년도 매출총이익은 얼마인가? (단, 매출채권회전율과 재고자산회전율 계산 시 재무상태표 계정은 기초와 기말의 평균값을 이용한다.) ▸관세사 13

① ₩50,000 ② ₩75,000
③ ₩100,000 ④ ₩125,000
⑤ ₩150,000

54 ㈜감평은 재고자산의 원가를 평균원가법에 의한 소매재고법으로 측정한다. 20×1년 재고자산 자료가 다음과 같을 때, 매출원가는? (단, 평가손실과 감모손실은 발생하지 않았다.)
▸22년 기출

항목	원가	판매가
기초재고액	₩10,000	₩13,000
당기매입액	83,500	91,000
매가인상액		9,000
인상취소액		3,000
당기매출액		90,000

① ₩73,500   ② ₩76,500
③ ₩77,000   ④ ₩78,200
⑤ ₩80,620

55 ㈜한국의 20×1년 상품과 관련된 내용은 다음과 같다.

구분	기초재고	당기매입
원가	₩14,000	₩51,000
판매가	15,000	85,000

20×1년도 매출(판매가)은 ₩74,000이고, 20×1년 말 상품의 순실현가능가치는 ₩16,000 이다. ㈜한국은 상품의 원가측정방법으로 소매재고법을 선택하였다. 원가흐름에 대한 가정으로 평균법을 적용하는 경우와 선입선출법을 적용하는 경우 각각의 평가방법에 따른 상품 평가손실액의 차이는? (단, 평가손실충당금의 기초잔액은 없는 것으로 한다.) ▸13년 기출

① ₩400   ② ₩600
③ ₩900   ④ ₩1,000
⑤ ₩1,300

56 유통업을 영위하고 있는 (주)세무는 저가기준으로 가중평균 소매재고법을 적용하고 있다. (주)세무의 재고자산과 관련된 자료가 다음과 같을 때, 매출총이익은? (단, 정상파손은 매출원가로 처리하고, 비정상파손은 기타비용으로 처리한다.) ▸ CTA 23

구분	원가	판매가
기초재고	₩80,000	₩100,000
총매입액	806,000	1,000,000
매입할인	50,000	–
총매출액	–	1,050,000
매출환입	–	24,000
순인상액	–	95,000
순인하액	–	50,000
정상파손	–	50,000
비정상파손	10,000	15,000

① ₩221,000
② ₩227,800
③ ₩237,800
④ ₩245,000
⑤ ₩261,800

57 ㈜관세의 20×1년 재고자산 관련 자료는 다음과 같다. 원가기준 평균원가소매재고법에 따른 기말재고자산원가는? (단, 원가율 계산 시 소수점 둘째자리에서 반올림한다.) ▸ 관세사 22

구분	원가	판매가
기초재고액	₩44,500	₩70,000
당기순매입액	105,000	140,000
순인상액		7,000
순인하액		3,500
당기순매출액		112,000
정상적 파손		1,500
비정상적 파손	350	500

① ₩64,750
② ₩69,650
③ ₩70,000
④ ₩70,700
⑤ ₩71,050

58 ㈜감평은 재고자산을 원가기준 선입선출소매재고법으로 측정한다. 20×1년 재고자산 자료가 다음과 같을 때, 매출원가는? (단, 평가손실과 감모손실은 발생하지 않았다.) ▸24년 기출

항목	원가	판매가
기초재고액	₩1,000	₩1,500
당기매입액	9,000	11,500
인상액	–	1,400
인상취소액	–	800
인하액	–	700
인하취소액	–	600
당기매출액	–	9,500

① ₩6,800
② ₩7,000
③ ₩7,160
④ ₩7,315
⑤ ₩7,375

59 (주)감평은 선입선출법에 의한 저가기준을 적용하여 소매재고법으로 재고자산을 평가하고 있다. 20×8년도 상품재고 거래와 관련된 자료가 다음과 같은 경우 (주)감평의 20×8년도 매출원가는? ▸18년 기출

구분	원가	매가
기초재고자산	₩162,000	₩183,400
당기매입액	1,220,000	1,265,000
인상액	–	260,000
인하액	–	101,000
인하취소액	–	11,000
당기매출액	–	960,000

① ₩526,720
② ₩532,600
③ ₩849,390
④ ₩855,280
⑤ ₩952,400

60 (주)감평은 재고자산 평가방법으로 소매재고법을 적용하고 있다. 20×1년도 재고자산 관련 자료가 다음과 같은 경우, 평균원가법에 의한 20×1년 말 재고자산은? ▸17년 기출

항목	원가	판매가
기초재고액	₩143,000	₩169,000
당기매입액	1,138,800	1,586,000
매가인상액		390,000
인상취소액		150,000
매가인하액		110,000
당기매출액		1,430,000

① ₩211,000
② ₩237,000
③ ₩309,400
④ ₩455,000
⑤ ₩485,400

61 (주)관세의 재고자산 관련 자료는 다음과 같다.

구분	원가	매가
기초재고액	₩1,400,000	₩2,100,000
당기매입액	6,000,000	9,800,000
매입운임	200,000	
매입할인	400,000	
당기매출액		10,000,000
종업원할인		500,000
순인상액		200,000
순인하액		100,000

(주)관세가 선입선출법에 의한 저가기준 소매재고법을 이용하여 재고자산을 평가하고 있을 때 매출원가는? ▸관세사 19

① ₩6,300,000
② ₩6,307,500
③ ₩6,321,150
④ ₩6,330,000
⑤ ₩6,337,500

62 ㈜세무는 저가기준으로 선입선출 소매재고법을 적용하고 있다. 재고자산과 관련된 자료가 다음과 같을 때, 매출원가는? (단, 원가율은 소수점 이하 셋째자리에서 반올림한다.) ▶ CTA 20

구분	원가	판매가
기초재고	₩12,000	₩14,000
매입	649,700	999,500
매입운임	300	–
매출	–	1,000,000
매출환입	–	500
순인상	–	500
순인하	–	300
정상파손	–	200

① ₩652,670
② ₩652,770
③ ₩652,800
④ ₩652,870
⑤ ₩652,900

63 ㈜관세는 재고자산 평가방법으로 저가기준 선입선출소매재고법을 사용하고 있다. 재고자산과 관련된 자료가 다음과 같을 때, 기말재고자산원가와 매출원가는? ▶ 관세사 20

구분	원가	판매가
기초재고액	₩7,000	₩10,000
당기매입액	20,000	40,000
순인상액		200
순인하액		300
당기매출액		30,000
정상파손		100
비정상파손	100	400

	기말재고자산원가	매출원가		기말재고자산원가	매출원가
①	₩8,560	₩18,440	②	₩9,500	₩16,800
③	₩9,500	₩16,900	④	₩9,700	₩17,200
⑤	₩9,700	₩17,300			

64 12월 말 결산법인인 ㈜한국은 20×1년 12월 29일에 창고의 화재로 인하여 재고자산 전부와 회계장부의 일부가 소실되었다. 재고자산에 관한 회계기록은 다음과 같다.

• 기초 재고자산	₩160,000	• 당기순매입액	₩800,000
• 당기순매출액	₩900,000		

과거 3년간의 평균매출총이익률이 25%라면, 화재 직전 창고에 남아 있던 재고자산은 얼마인가?

① ₩195,000   ② ₩240,000

③ ₩285,000   ④ ₩330,000

⑤ ₩675,000

65 (주)감평의 당기 매출총이익률은 30%이고, 기초재고자산원가는 ₩2,000,000, 당기순매입원가는 ₩6,000,000, 순매출액은 ₩10,000,000일 때, 기말재고자산원가는?   ▶ 19년 기출

① ₩500,000   ② ₩1,000,000

③ ₩3,000,000   ④ ₩5,000,000

⑤ ₩7,000,000

66 (주)관세의 20×1년 총매출액은 ₩450,000, 매출에누리는 ₩50,000, 기초재고원가는 ₩150,000, 총매입액은 ₩250,000, 매입에누리는 ₩30,000이다. 20×1년 매출총이익률이 25%라면 (주)관세가 20×1년 12월 31일 재무상태표에 보고할 재고자산 금액은? ▶ 관세사 19

① ₩50,000   ② ₩70,000

③ ₩90,000   ④ ₩100,000

⑤ ₩270,000

67 ㈜한국의 20×6년도 총매출액은 ₩900,000, 매출환입 및 에누리는 ₩100,000, 기초재고
원가는 ₩300,000, 총매입액은 ₩500,000, 매입환출 및 에누리는 ₩50,000이다. 원가 대
비 매출총이익률은 25%이다. ㈜한국의 20×6년 기말재고원가는 얼마인가?　▸ CPA 05

① ₩110,000　　　　　　　　　② ₩150,000

③ ₩190,000　　　　　　　　　④ ₩230,000

⑤ ₩270,000

68 20×1년 말 화재로 인하여 ㈜관세의 재고자산이 모두 소실되었다. 다음 자료를 이용하여 기
말 재고자산의 장부금액을 추정하면 얼마인가? (단, 화재 이외의 원인으로 인한 재고자산평가
손실과 감모손실은 없고, 총자산회전율은 기초 총자산을 기준으로 계산된 것이다.)　▸ 관세사 14

• 기초 재고자산	₩400,000	• 당기매입액	₩3,700,000
• 기초 총자산	₩2,000,000	• 총자산회전율	2회
• 매출총이익률	20%		

① ₩500,000　　　　　　　　　② ₩600,000

③ ₩700,000　　　　　　　　　④ ₩800,000

⑤ ₩900,000

69 ㈜세무는 20×1년 12월 31일 독립 사업부로 운영되는 A공장에 화재가 발생하여 재고자산
전부와 장부가 소실되었다. 화재로 인한 재고자산 손실을 확인하기 위하여 A공장의 매출처
및 매입처, 그리고 외부감사인으로부터 다음과 같은 자료를 수집하였다.

• 매출 : ₩1,000,000
• 기초재고 : ₩100,000
• 20×1년 재무비율 – 매출총이익률 : 15%
– 재고자산회전율 : 680%

㈜세무가 추정한 재고자산 손실 금액은? (단, 매출총이익률과 재고자산회전율은 매년 동일
하며, 재고자산회전율은 매출원가와 평균재고자산을 이용한다.)　▸ CTA 20

① ₩150,000　　　　　　　　　② ₩150,500

③ ₩151,000　　　　　　　　　④ ₩151,500

⑤ ₩152,000

70 ㈜대한은 20×2년도 결산을 앞둔 시점에 화재가 발생하여 장부와 창고에 보관 중이던 재고자산 전부를 잃게 되었다. ㈜대한은 재고자산 손실액을 파악할 목적으로 외부감사인, 매입처 및 매출처 등으로부터 다음과 같은 자료를 수집하였다.

> • 외부감사인으로부터 수집한 20×1년도 재무자료
> - 20×1년도 매출총이익률 : 25%
> - 20×1년도 기초 재고자산 : ₩700,000
> - 20×1년도 매출원가 : ₩5,000,000
> - 20×1년도 재고자산평균보유기간 : 72일
> • 매입처 및 매출처로부터 수집한 20×2년도 재무자료
> - 20×2년도 매입액 : ₩7,500,000
> - 20×2년도 매출액 : ₩9,000,000

㈜대한의 20×2년도 매출총이익률이 20×1년도와 동일하다고 가정할 때, 화재와 관련된 재고자산 손실액은? (단, 재고자산회전율 계산 시 평균재고자산을 사용하며, 1년은 360일로 가정한다.)

▸ CTA 13

① ₩2,050,000
② ₩2,150,000
③ ₩2,250,000
④ ₩2,350,000
⑤ ₩2,450,000

71 ㈜서울농장은 20×1년 1월 1일에 1년 된 돼지 10마리를 보유하고 있다. ㈜서울농장은 20×1년 7월 1일에 1.5년 된 돼지 5마리를 한 마리당 ₩100,000에 매입하였고, 20×1년 7월 1일에 돼지 6마리가 태어났다. 돼지의 일자별 한 마리당 순공정가치가 다음과 같을 때 ㈜서울농장이 동 생물자산과 관련하여 20×1년도 포괄손익계산서의 당기손익에 반영할 평가이익은? (단, 20×1년 중 매각되거나 폐사된 돼지는 없다고 가정함)

▸ 11년 기출

일자	내용	한 마리당 순공정가치
20×1.1.1.	1년 된 돼지	₩80,000
20×1.7.1.	1.5년 된 돼지	100,000
20×1.7.1.	새로 태어난 돼지	50,000
20×1.12.31.	0.5년 된 돼지	70,000
20×1.12.31.	2년 된 돼지	130,000

① ₩300,000
② ₩650,000
③ ₩1,070,000
④ ₩1,430,000
⑤ ₩1,950,000

72 ㈜신성축산은 20×1년 1월 초에 수익용으로 젖소를 ₩1,500,000에 매입하였는데, 그 젖소는 농림어업자산의 인식요건을 충족한다. 20×1년 12월 31일 젖소의 공정가치는 ₩2,250,000 이며 사육에 소요된 비용은 ₩450,000이다. 20×1년 12월 말에 젖소로부터 원유를 생산하기 시작하였으며, 생산된 원유를 공정가치 ₩300,000에 판매하였다. 판매를 위해 ₩50,000의 비용이 발생되었다면, 20×1년도 ㈜신성축산의 당기순이익은? ▶14년 기출

① ₩300,000
② ₩550,000
③ ₩600,000
④ ₩1,000,000
⑤ ₩1,050,000

73 20×1년 초 설립된 ㈜감평은 우유생산을 위하여 20×1년 2월 1일 어미 젖소 2마리(1마리 당 순공정가치 ₩1,500)를 1마리당 ₩1,500에 취득하였으며, 관련 자료는 다음과 같다.

- 20×1년 12월 27일 처음으로 우유 100리터(ℓ)를 생산하였으며, 동 일자에 생산된 우유 1리터(ℓ)당 순공정가치는 ₩10이다.
- 20×1년 12월 28일 ㈜감평은 생산된 우유 100리터(ℓ) 전부를 거래처인 ㈜대한에 1리터 (ℓ)당 ₩12에 판매하였다.
- 20×1년 12월 29일 송아지 1마리가 태어났다. 이 시점의 송아지 순공정가치는 1마리당 ₩300이다.
- 20×1년 말 어미 젖소와 송아지의 수량 변화는 없으며, 기말 현재 어미 젖소의 순공정가 치는 1마리당 ₩1,600이고 송아지의 순공정가치는 1마리당 ₩250이다.

㈜감평의 20×1년도 포괄손익계산서상 당기순이익 증가액은? ▶24년 기출

① ₩1,000
② ₩1,350
③ ₩1,500
④ ₩1,650
⑤ ₩2,000

74 낙농업을 영위하는 ㈜대한목장은 20×1년 1월 1일에 우유 생산이 가능한 젖소 10마리를 보유하고 있다. ㈜대한목장은 우유의 생산 확대를 위하여 20×1년 6월 젖소 10마리를 1마리당 ₩100,000에 추가로 취득하였으며, 취득시점의 1마리당 순공정가치는 ₩95,000이다. 한편 ㈜대한목장은 20×1년에 100리터(ℓ)의 우유를 생산하였으며, 생산시점(착유시점) 우유의 1리터(ℓ)당 순공정가치는 ₩3,000이다. ㈜대한목장은 생산된 우유 전부를 20×1년에 거래처인 ㈜민국유업에 1리터(ℓ)당 ₩5,000에 판매하였다. 20×1년 말 현재 ㈜대한목장이 보유 중인 젖소 1마리당 순공정가치는 ₩100,000이다. 위 거래로 인한 ㈜대한목장의 20×1년 포괄손익계산서상 당기순이익의 증가액은 얼마인가? (단, 20×0년 말 젖소의 1마리당 순공정가치는 ₩105,000이다.) ▶ CPA 21

① ₩340,000 ② ₩450,000
③ ₩560,000 ④ ₩630,000
⑤ ₩750,000

75 농림어업에 관한 회계처리로 옳지 않은 것은? ▶ 15년 기출

① 생물자산은 최초 인식시점과 매 보고기간 말에 공정가치에서 추정 매각부대원가를 차감한 금액(순공정가치)으로 측정하여야 한다. 다만, 공정가치를 신뢰성 있게 측정할 수 없는 경우는 제외한다.

② 생물자산에서 수확된 수확물은 수확시점에 순공정가치로 측정하여야 한다.

③ 생물자산을 최초 인식시점에 순공정가치로 인식하여 발생하는 평가손익과 생물자산의 순공정가치 변동으로 발생하는 평가손익은 발생한 기간의 당기손익에 반영한다.

④ 수확물을 최초 인식시점에 순공정가치로 인식하여 발생하는 평가손익은 발생한 기간의 기타포괄손익에 반영한다.

⑤ 순공정가치로 측정하는 생물자산과 관련된 정부보조금에 다른 조건이 없는 경우에는 이를 수취할 수 있게 되는 시점에만 당기손익으로 인식한다.

76 생물자산, 수확물 및 가공품 등 농림어업에 관한 설명으로 옳지 않은 것은? ▸ 관세사 12

① 생물자산, 수확물 및 수확 후 가공품의 예시로 포도나무 – 포도 – 포도주를 들 수 있다.
② 수확물은 생물자산에서 수확한 생산물로 과거사건의 결과로 통제되며, 관련된 미래경제
적효익의 유입가능성이 높고 공정가치나 원가를 신뢰성 있게 측정할 수 있는 경우에 한
하여 자산으로 인식된다.
③ 생물자산을 최초로 인식하는 시점에 시장공시가격을 구할 수 없고, 대체적인 공정가치
측정치가 명백히 신뢰성 없게 결정되는 경우, 생물자산은 원가에서 감가상각누계액과 손
상차손누계액을 차감한 금액으로 측정한다.
④ 수확물을 최초인식시점에 순공정가치로 인식하여 발생하는 평가손익은 발생한 기간의
기타포괄손익에 반영한다.
⑤ 순공정가치로 측정하는 생물자산과 관련된 정부보조금에 다른 조건이 없는 경우에는 이
를 수취할 수 있게 되는 시점에만 당기손익으로 인식한다.

77 생물자산에 관한 설명으로 옳지 않은 것은? ▸ 18년 기출

① 생물자산의 순공정가치를 산정할 때에 추정 매각부대원가를 차감하기 때문에 생물자산
의 최초 인식시점에 손실이 발생할 수 있다.
② 수확시점의 수확물은 어떠한 경우에도 순공정가치로 측정한다.
③ 최초 인식 후 생물자산의 순공정가치 변동으로 발생하는 평가손익은 발생한 기간의 당기
손익에 반영한다.
④ 순공정가치로 측정하는 생물자산과 관련된 정부보조금에 다른 조건이 없는 경우에는 이
를 수취할 수 있게 되는 시점에 기타포괄손익으로 인식한다.
⑤ 생물자산을 최초로 인식하는 시점에 시장 공시가격을 구할 수 없고, 대체적인 공정가치
측정치가 명백히 신뢰성 없게 결정되는 경우에는 원가에서 감가상각누계액과 손상
차손누계액을 차감한 금액으로 측정한다.

78 생물자산에 관한 설명으로 옳지 않은 것은?

▶ 24년 기출

① 어떠한 경우에도 수확시점의 수확물은 공정가치에서 처분부대원가를 뺀 금액으로 측정한다.

② 수확 후 조림지에 나무를 다시 심는 원가는 생물자산의 원가에 포함된다.

③ 최초의 원가 발생 이후에 생물적 변환이 거의 일어나지 않는 경우 원가가 공정가치의 근사치가 될 수 있다.

④ 생물자산이나 수확물을 미래 일정시점에 판매하는 계약을 체결할 때, 공정가치는 시장에 참여하는 구매자와 판매자가 거래하게 될 현행시장의 상황을 반영하기 때문에 계약가격이 공정가치의 측정에 반드시 목적적합한 것은 아니다.

⑤ 생물자산이나 수확물을 유의적인 특성에 따라 분류하면 해당 자산의 공정가치 측정이 용이할 수 있을 것이다.

유형자산

유형자산의 인식 및 최초측정

1. 유형자산의 정의 및 인식요건

① 정의 : 유형자산은 기업이 재화나 용역의 생산이나 제공, 타인에 대한 임대 또는 관리활동에 사용할 목적으로 보유하는 물리적 형태가 있는 자산으로서 한 회계기간을 초과하여 사용할 것이 예상되는 자산이다.

② 인식요건(모두충족)

> ㉠ 자산으로부터 발생하는 미래경제적효익이 기업에 유입될 가능성이 높다.
> ㉡ 자산의 원가를 신뢰성 있게 측정할 수 있다.

2. 유형자산의 최초측정 : 원가

[1] 원가의 구성요소

> (1) 관세 및 환급불가능한 취득 관련 세금을 가산하고 매입할인과 리베이트 등을 차감한 구입가격
> (2) 경영진이 의도하는 방식으로 유형자산을 가동하는 데 필요한 장소와 상태에 이르게 하는 데 직접 관련되는 원가
> ① 유형자산의 매입 또는 건설과 직접적으로 관련되어 발생한 종업원급여
> ② 설치장소 준비 원가
> ③ 최초의 운송 및 취급 관련 원가
> ④ 설치원가 및 조립원가
> ⑤ 유형자산이 정상적으로 작동되는지 여부를 시험하는 과정에서 발생하는 원가
> ⑥ 전문가에게 지급하는 수수료

■ 유형자산 원가에 포함시키지 않는 항목
  ① 새로운 시설을 개설하는 데 소요되는 원가
  ② 새로운 상품과 서비스를 소개하는 데 소요되는 원가(예 광고선전비)
  ③ 새로운 지역에서 또는 새로운 고객층을 대상으로 영업을 하는 데 소요되는 원가
  ④ 관리 및 기타 일반간접원가
■ 유형자산 장부금액에 포함시키지 않는 항목
  유형자산을 사용하거나 이전하는 과정에서 발생하는 다음의 원가
  ① 유형자산이 경영진이 의도하는 방식으로 가동될 수 있으나, 아직 실제로 사용되지는 않고 있는 경우 또는 가동수준이 완전조업도 수준에 미치지 못하는 경우에 발생하는 원가
  ② 유형자산과 관련된 산출물에 대한 수요가 형성되는 과정에서 발생하는 가동손실과 같은 초기 가동손실
  ③ 기업의 영업 전부 또는 일부를 재배치하거나 재편성하는 과정에서 발생하는 원가

[2] 다양한 유형자산의 취득

① 일괄 구입 시 : 취득일의 상대적 공정가치에 비례하여 취득원가를 배분
② 토지 구입 시 고려 사항

  ✔ 토지원가 가산 : 중개수수료, 취득세, 등록비용, 토지정지비용, 구획정리비용
  ✔ 유형자산 구입 시 불가피하게 취득한 국공채 : 취득부대비용의 일종으로 국공채의 매입가액과 공정가치의 차액을 원가에 가산
  ✔ 토지와 건물을 함께 취득 후 건물을 즉시 철거 시 : **즉시철거비**는 토지의 원가에 가산(단, 폐자재처분대가는 토지원가에서 차감)
  ✔ 토지와 관련한 배수공사, 상하수도 공사비 등 …

토지 관련 지출		회계처리
조경공사비용 배수공사비용	내용연수가 영구적	토지의 원가에 가산
	내용연수가 한정	구축물 등으로 인식
진입도로공사비 상하수도공사비	지자체가 유지관리	토지의 원가에 가산
	회사가 유지관리	구축물 등으로 인식

  ✔ 토지 취득 후 일정기간 주차장 용도로 사용 시 : 별도로 영업외손익 처리

③ 교환취득

구분		회계처리
상업적 실질이 있을 때	제공한 자산의 공정가치가 더 명백한 경우	교환취득자산의 원가 = 제공한 자산의 공정가치 ± 현금수수액
	취득한 자산의 공정가치가 더 명백한 경우	교환취득자산의 원가 = 취득한 자산의 공정가치(현금의 수수는 고려하지 않음)
상업적 실질이 없을 때 또는 모두의 공정가치를 알 수 없을 때		교환취득자산의 원가 = 제공한 자산의 장부금액 ± 현금수수액

※ 상업적 실질이 없거나 제공한 자산 및 취득한 자산의 공정가치를 신뢰성 있게 측정할 수 없는 경우 교환과정에서 손익을 인식하지 않는다.

• 교환 회계처리

(차) (신)유형자산	×××	(대) (구)유형자산	×××(장부금액)
현금(수령 시)	×××	현금(지급 시)	×××
유형자산처분손실	×××	유형자산처분이익	×××

* 제공한 자산의 공정가치가 더 명백하고 상업적 실질이 있는 교환거래의 경우 교환과정에서의 손익은 제공한 자산의 공정가치와 제공한 자산의 장부금액 차이로 결정된다.

④ 자가건설 유형자산의 원가 : 외부에서 취득한 것과 동일한 기준을 적용한다. 따라서 자가건설에 따른 내부이익과 자가건설 과정에서 원재료, 인력 및 기타 자원의 낭비로 인한 비정상적인 원가는 자산의 원가에 포함하지 않는다.

⑤ 정부보조금을 수령한 취득

　㉠ 자산관련보조금

　　ⓐ 자산차감법

　　　• 표시 : 유형자산　　　　　×××
　　　　　감가상각누계액　　　(×××)
　　　　　정부보조금　　　　　(×××)　　×××

　　　• 회계처리 : 정부보조금은 자산의 내용연수에 걸쳐 감가상각비를 줄인다.
　　　　* 감가상각비를 감소시키는 정부보조금
　　　　　= 감가상각비 × (정부보조금/감가상각대상금액)

　　　• 정부보조금 상환 시
　　　　(차) 정부보조금　　　×××　　　(대) 현금　　　　　×××
　　　　　감가상각비　　　　×××

ⓑ 이연수익법
- 표시 : 재무상태표 부채에 이연정부보조금수익으로 기록
- 회계처리 : 이연정부보조금수익은 자산의 내용연수에 걸쳐 당기손익으로 인식
- 정부보조금 상환 시

(차) 이연정부보조금수익　×××　　　(대) 현금　　　　　×××
　　　정부보조금상환손실　×××

⑥ 복구의무 있는 취득 : 유형자산을 취득할 때 또는 사용하는 과정에서 해체, 제거 및 복구 의무를 부담하게 되는 경우 미래 복구비용 추정액의 현재가치만큼 복구충당부채를 인식하고 이를 유형자산의 원가에 포함한다.

　　㉠ 유형자산 취득 시 현재가치로 인식한 복구충당부채는 유효이자율법을 적용하여 매년 복구충당부채를 증액 조정하면서 이자비용으로 인식한다.

　　㉡ 기업이 실제 복구의무를 이행할 때 복구충당부채를 제거하는데, 이때 실제 소요 금액과 복구충당부채 장부금액의 차이가 발생할 경우 복구공사손익(당기손익)으로 인식한다.

⑦ 장기할부취득 : 유형자산의 취득대금 지급이 일반적인 신용기간을 초과하여 이연되는 경우 유형자산의 원가는 현금가격상당액으로 한다. 현금가격상당액과 실제 총지급액과의 차액은 자본화하지 않는 한 신용기간에 걸쳐 이자비용으로 회계처리한다.

2절 유형자산의 후속지출

유형자산의 후속지출은 지출이 발생한 시점에 인식기준의 충족여부에 따라 판단한다.
① 일상적인 수선유지 : 발생시점에 당기비용으로 처리
② 유형자산의 인식기준을 모두 충족한 지출(자본적 지출) : 장부금액에 포함하여 인식
　(예 내용연수를 증가시키는 지출, 산출물의 양과 질이 개선되는 지출 등)

3절 유형자산의 후속측정

1. 원가모형

① 감가상각

감가상각의 3요소	내용
감가상각대상금액	취득원가 - 잔존가치(내용연수 종료시점의 순처분가치)
내용연수	Min[법적내용연수, 경제적내용연수]
감가상각방법	감가상각대상금액 : 정액법, 연수합계법, 비례법
	기초장부금액 : 정률법, 이중체감법

ⓐ 감가상각의 개시시점 : 사용가능한 때

ⓑ 감가상각의 중단시점 : 매각예정자산으로 분류되는 날과 제거되는 날 중 이른 날
※ 유형자산이 운휴 중이거나 적극적인 사용상태가 아니어도 감가상각이 완전히 이루어지기 전까지는 감가상각을 중단하지 않는다.

ⓒ 잔존가치, 내용연수, 감가상각방법은 매 보고기간 말 재검토하고, 회계추정의 변경(전진적용)으로 회계처리한다.

> ■ 감가상각액을 인식하지 않는 예
> ① 잔존가치가 장부금액을 초과하는 자산
> ② 매각예정으로 분류되는 자산
> ③ 사용정도에 따라 감가상각하는 경우 생산활동이 없는 자산
> ④ 공정가치로 측정되는 투자부동산

② 감가상각자산의 구분

ⓐ 유형자산을 구성하는 일부의 원가가 해당 유형자산의 전체원가에 비교하여 유의적인 경우 그 부분은 별도로 구분하여 감가상각한다.

ⓑ 유형자산의 전체원가에 비교하여 해당 원가가 유의적이지 않은 부분도 별도로 분리하여 감가상각할 수 있다.

2. 재평가모형

① 재평가

ⓐ 재평가의 빈도 : 재평가되는 유형자산의 공정가치 변동에 따라 달라진다. 경우에 따라 매년 재평가가 필요할 수도 있고 3년이나 5년마다 재평가하는 것으로 충분한 경우도 있다. 특정 유형자산을 재평가할 때 당해 자산이 포함되는 유형자산 분류 전체를 재평가한다.

ⓛ 재평가회계처리

비상각자산(예 토지)	감가상각자산(예 건물)
(1) 공정가치 > 장부금액 　　재평가증가액을 기타포괄손익(재평가잉여금)으로 인식한다. 단, 동일 자산에 대하여 이전에 당기손익(재평가손실)으로 인식한 재평가감소액이 있다면 그 금액만큼 재평가증가액을 당기손익(재평가이익)으로 인식하고, 잔여액이 있다면 기타포괄손익(재평가잉여금)의 증가로 인식한다. (2) 공정가치 < 장부금액 　　재평가감소액을 당기손익(재평가손실)으로 인식한다. 단, 동일 자산에 대한 기타포괄손익(재평가잉여금)의 잔액이 있다면 그 금액만큼 재평가감소액을 기타포괄손익(재평가잉여금)의 감소로 인식하고, 잔여액이 있다면 당기손익(재평가손실)으로 인식한다.	감가상각액 인식 후 감가상각누계액 회계처리는 다음과 같다. (1) 비례수정 　　재평가 후 자산의 장부금액이 재평가금액과 일치하도록 감가상각누계액과 총장부금액을 비례적으로 수정하는 방법 (2) 총제거법(감가상각누계액제거법) 　　총장부금액에서 기존의 감가상각누계액을 제거하여 자산의 순장부금액이 재평가금액이 되도록 수정하는 방법

② 재평가 이후의 회계처리
　ⓛ 감가상각비 : 재평가된 장부금액을 취득원가로 하여 감가상각(전진적용)한다.
　ⓛ 재평가잉여금의 이익잉여금 대체(선택)
　　　ⓐ 관련 유형자산을 처분 시 : 재평가잉여금의 잔액을 전액 대체
　　　ⓑ 관련 유형자산을 사용하는 중 대체 시 : 재평가 후 감가상각비와 재평가 전 감가상각비의 차액에 대해 일부 대체 가능

4절　유형자산의 손상

1. 유형자산의 손상

유형자산의 손상 징후를 매년 검토하고, 검토 결과 손상이 발생하였다는 객관적인 증거를 확인하는 경우 손상검사(회수가능액을 추정)를 수행한다.

■ 자산손상을 시사하는 징후와 관계없이 매년 손상검사를 하는 자산
① 내용연수가 비한정인 무형자산
② 아직 사용할 수 없는 무형자산
③ 사업결합으로 취득한 영업권

① 회수가능액의 추정

$$회수가능액 = MAX[순공정가치, 사용가치]$$

   ⓐ 순공정가치 = 공정가치 – 매각부대원가
   ⓑ **사용가치** = 자산의 계속적 사용과 궁극적인 처분으로 인한 유입액의 현재가치
② 손상의 인식 및 손상의 회복

$$손상차손 = 유형자산의 장부금액(감가상각 후) - 회수가능액$$

   ⓐ 손상차손은 발생한 당기의 비용으로 인식한다.
   ⓑ **손상차손환입(당기손익)** = 회수가능액 – 유형자산의 감가상각 후 장부금액
   ⓒ 손상의 회복은 객관적 사유로 확인된 경우에 한한다.

2. 원가모형의 손상

  ⓐ **자산의 손상 시 (원가모형)**
    (차) 손상차손(당기비용)   ×××   (대) 손상차손누계액   ×××
  ⓑ **재무상태표 표시**
    유형자산   ×××
    감가상각누계액   (×××)
    <u>손상차손누계액   (×××)</u>
    = 장부금액   ×××
  ⓒ **손상의 회복 시**
    (차) 손상차손누계액   ×××   (대) 손상차손환입(당기손익)   ×××

단, 원가모형의 손상차손 환입은 손상을 인식하기 전 장부금액의 감가상각 후 금액을 초과할 수 없다.

3. 재평가모형의 손상

처분부대원가가 미미하지 않은 경우, 재평가된 자산의 처분부대원가를 차감한 공정가치는 항상 그 자산의 공정가치보다 작다. 따라서 이 경우 해당 자산의 사용가치가 재평가금액보다 작다면 재평가된 자산은 손상된 것이다.

- 재평가 후 공정가치 < 회수가능액 : 손상은 발생하지 않음
- 재평가 후 공정가치 > 회수가능액 : 손상 발생

구분	손상	회복
순서	① 장부금액(감가상각) ② 재평가(공정가치) ③ 회수가능액(재평가잉여금과 우선 상계한 후 잔액은 손상차손으로 인식)	[손상회복의 증거가 있을 때] ① 장부금액(감가상각) ② 재평가 ③ 손상차손의 환입 [손상회복의 증거가 없을 때] ① 장부금액(감가상각) ② 재평가

㉠ 자산의 손상 시(재평가모형)

  (차) 재평가잉여금(잔액이 있을 때)   ×××   (대) 손상차손누계액   ×××
        유형자산 손상차손   ×××

5절   차입원가 자본화

적격자산의 취득, 건설 또는 제조와 직접 관련된 차입원가는 해당 자산 원가의 일부로 자본화하여야 한다. 기타 차입원가는 발생기간에 비용으로 인식한다.

1. 적격자산

  ① 적격자산이란? : 의도된 용도로 사용하거나 판매가능한 상태에 이르게 하는 데 상당한 기간을 필요로 하는 자산(유형자산, 무형자산, 투자부동산, 재고자산 등). 다만, 금융자산, 단기간 내에 제조판매되는 재고자산은 제외한다.

  ② 차입원가
    ㉠ 유효이자율법을 사용하여 계산된 이자비용
    ㉡ 금융리스 관련 금융원가
    ㉢ 외화차입금과 관련되는 외화차이 중 이자원가의 조정으로 볼 수 있는 부분

2. 자본화의 개시, 중단, 종료

  ① 자본화의 개시 : 최초로 다음 조건을 모두 충족시키는 날에 개시한다.
    ㉠ 적격자산에 대하여 지출하고 있다.
    ㉡ 차입원가를 발생시키고 있다.
    ㉢ 적격자산을 의도된 용도로 사용하거나 판매 가능한 상태에 이르게 하는 데 필요한 활동을 수행하고 있다.

  ② 자본화의 중단
    적극적인 개발활동을 중단한 기간에는 차입원가 자본화를 중단한다.

단, 상당한 기술 및 관리활동을 진행하고 있는 기간, 자산을 의도된 용도로 사용가능하거나 판매 가능한 상태에 이르기 위한 과정에 있어 일시적인 지연이 필수적인 경우에는 차입원가 자본화를 중단하지 않는다.

③ **자본화 종료 : 자산취득시점**
적격자산을 의도된 용도로 사용하거나 판매 가능한 상태에 이르게 하는 데 필요한 거의 모든 활동이 완료된 시점에 차입원가의 자본화를 종료한다.

6절　차입원가 자본화의 순서

1. 적격자산의 연평균지출액

> 연평균지출액 = 지출액 × (지출일부터 자본화종료시점까지의 기간/12)

① 적격자산 건설을 위해 정부로부터 수령한 보조금은 연평균지출액에서 차감한다.
② 자본화기간이 두 회계기간에 걸쳐 있는 경우 : 전기 이전에 지출한 금액은 지출시점에 관계없이 기초에 지출한 것으로 본다.

2. 특정차입금

① 자본화할 차입원가

> 특정차입금의 차입원가 자본화 = 자본화기간 중 발생한 차입원가 - 일시투자수익

② 특정차입금은 차입원가 자본화의 한도가 없다.
③ 특정차입금은 자본화기간의 제약을 받는다.

3. 일반차입금

① 자본화할 차입원가
　㉠ **일반차입금 자본화금액** = (연평균지출액 - 특정차입금 연평균 지출액) × 자본화이자율
　㉡ **자본화이자율** = 일반차입금에 대한 회계기간 중 이자비용 / 일반차입금의 연평균차입액
② 일반차입금은 실제 발생한 이자비용을 한도로 자본화한다.
③ 일반차입금은 일시투자수익을 차감하지 않는다.

CHAPTER 04 객관식 문제

01 유형자산의 취득원가에 포함되지 않는 것은?   ▸12년 기출

① 유형자산과 관련된 산출물에 대한 수요가 형성되는 과정에서 발생하는 가동손실과 같은 초기 가동 손실
② 설치장소 준비 원가
③ 유형자산이 정상적으로 작동되는지 여부를 시험하는 과정에서 발생하는 원가
④ 최초의 운송 및 취급관련 원가
⑤ 설치원가 및 조립원가

02 유형자산의 취득원가에 관한 설명으로 옳은 것은?   ▸관세사 14

① 새로운 상품과 서비스를 소개하는 데 소요되는 원가는 취득원가에 포함한다.
② 기업의 영업 전부 또는 일부를 재배치하거나 재편성하는 과정에서 발생하는 원가는 유형자산의 장부금액에 포함하지 않는다.
③ 유형자산 취득 과정에서 전문가에게 지급한 수수료는 취득원가에 포함하지 않는다.
④ 유형자산이 정상적으로 작동되는지 여부를 시험하는 과정에서 발생하는 원가는 전액 비용처리한다.
⑤ 유형자산의 매입 또는 건설과 직접 관련되어 발생한 종업원급여는 취득원가에 포함하지 않는다.

03 유형자산의 장부금액에 가산하지 않는 항목을 모두 고른 것은?   ▸15년 기출

> ㄱ. 시험과정에서 생산된 재화의 순매각금액
> ㄴ. 유형자산의 매입 또는 건설과 직접적으로 관련되어 발생한 종업원급여
> ㄷ. 기업의 영업 전부 또는 일부를 재배치하거나 재편성하는 과정에서 발생하는 원가
> ㄹ. 설치장소 준비 원가
> ㅁ. 정기적인 종합검사과정에서 발생하는 원가가 인식기준을 충족하는 경우

① ㄱ   ② ㄱ, ㄷ
③ ㄴ, ㄹ   ④ ㄴ, ㄷ, ㅁ
⑤ ㄷ, ㄹ, ㅁ

04 유형자산에 관한 설명으로 옳은 것은? ▶14년 기출

① 유형자산은 다른 자산의 미래경제적효익을 얻기 위해 필요하더라도, 그 자체로의 직접적인 미래경제적효익을 얻을 수 없다면 인식할 수 없다.

② 유형자산이 경영진이 의도하는 방식으로 가동될 수 있으나 가동수준이 완전조업도 수준에 미치지 못하는 경우에 발생하는 원가는 유형자산의 원가에 포함한다.

③ 유형자산의 원가는 경영진이 의도하는 방식으로 자산을 가동하는 데 필요한 장소와 상태에 이르게 하는 데 직접 관련되는 원가를 포함한다.

④ 건설이 시작되기 전에 건설용지를 주차장 용도로 사용함에 따라 획득한 수익은 유형자산의 원가에서 차감한다.

⑤ 교환거래에 상업적 실질이 있는지 여부를 결정할 때 교환거래의 영향을 받는 영업 부문의 기업특유가치는 세전현금흐름을 반영하여야 한다.

05 유형자산의 원가와 관련된 회계처리 중 옳은 것은? ▶CTA 15

① 안전 또는 환경상의 이유로 취득하는 유형자산은 해당 유형자산을 취득하지 않았을 경우보다 관련 자산으로부터 미래경제적효익을 더 많이 얻을 수 있게 해주기 때문에 자산으로 인식할 수 있다.

② 특정기간 동안 재고자산을 생산하기 위해 유형자산을 사용한 결과로 동 기간에 발생한 그 유형자산을 해체, 제거하거나 부지를 복구할 의무의 원가는 유형자산의 원가에 포함한다.

③ 유형자산을 사용하거나 이전하는 과정에서 발생하는 원가는 해당 유형자산의 장부금액에 포함하여 인식한다.

④ 자가건설에 따른 내부이익과 자가건설 과정에서 원재료, 인력 및 기타 자원의 낭비로 인한 비정상적인 원가는 자산의 원가에 포함한다.

⑤ 대금지급이 일반적인 신용기간을 초과하여 이연되는 경우, 현금가격상당액과 실제 총지급액과의 차액은 자본화하지 않아도 유형자산의 원가에 포함한다.

06 **토지의 취득원가에 포함해야 할 항목을 모두 고른 것은?**   ▸20년 기출

> ㄱ. 토지 중개수수료 및 취득세
> ㄴ. 직전 소유자의 체납재산세를 대납한 경우, 체납재산세
> ㄷ. 회사가 유지·관리하는 상하수도 공사비
> ㄹ. 내용연수가 영구적이지 않은 배수공사비용 및 조경공사비용
> ㅁ. 토지의 개발이익에 대한 개발부담금

① ㄱ, ㄴ, ㄷ   ② ㄱ, ㄴ, ㅁ
③ ㄱ, ㄷ, ㄹ   ④ ㄱ, ㄷ, ㅁ
⑤ ㄴ, ㄹ, ㅁ

07 **유형자산에 관한 설명으로 옳지 않은 것은?**   ▸관세사 18

① 건설시작 전에 건설용지를 주차장으로 사용함에 따라 획득한 수익은 건설원가에 포함하지 아니한다.
② 재평가는 보고기간 말 장부금액이 공정가치와 중요하게 차이가 나지 않도록 주기적으로 수행한다.
③ 유형자산에 내재된 미래경제적효익이 다른 자산의 생산에 사용된다면 감가상각액은 해당 자산 원가의 일부가 된다.
④ 항공기를 감가상각할 경우 동체와 엔진을 별도로 구분하여 감가상각하는 것이 적절할 수 있다.
⑤ 자산에 내재된 미래경제적효익의 예상 소비형태가 유의적으로 달라졌다면 감가상각방법을 변경하고 회계정책 변경으로 처리한다.

08 유형자산에 관한 설명으로 옳은 것을 모두 고른 것은?　　　　　　　　　　▶ 관세사 23

> ㄱ. 자가사용 부동산의 경우 그 부동산에서 창출된 현금흐름이 생산이나 공급과정을 통해
>   다른 자산에도 귀속되는 속성이 있으므로 유형자산으로 분류한다.
> ㄴ. 유형자산의 교환거래로서 상업적 실질이 결여된 경우라면 취득한 자산의 원가는 제공한
>   자산의 공정가치로 인식한다.
> ㄷ. 유형자산의 사용 후 원상복구 의무를 부담하는 경우에 예상되는 복구원가는 조건 없이
>   해당 유형자산의 원가에 가산한다.
> ㄹ. 감가상각자산의 취득과 관련하여 정부보조금(상환의무 없음)을 수령한 경우 그 보조금
>   은 해당 자산이 감가상각되는 기간과 비율에 따라 당기손익으로 인식한다.

① ㄱ, ㄴ　　　　　　　　　　　　② ㄱ, ㄹ
③ ㄴ, ㄷ　　　　　　　　　　　　④ ㄴ, ㄹ
⑤ ㄷ, ㄹ

09 ㈜서울은 영업활동에 필요한 유형자산 취득과 관련하여 다음의 항목을 지출하였다. 토지의
취득원가는? (단, 관련 시설의 유지 및 보수는 ㈜서울의 책임임)　　　　　　▶ 11년 기출

항목	금액
토지 구입대금	₩1,000,000
토지 취득관련 중개수수료	50,000
토지 취득 및 등록세	80,000
신축공장 건축허가비	5,000
신축공장 건물설계비	60,000
토지의 정지 및 측량비	35,000
건물공사원가	1,500,000
건물 완공 후 조경공사비(내용연수 : 영구적)	25,000
배수시설 공사비(내용연수 : 영구적)	12,000
울타리와 주차장 공사비(내용연수 : 3년)	14,000

① ₩1,202,000　　　　　　　　　② ₩1,216,000
③ ₩1,322,000　　　　　　　　　④ ₩1,350,000
⑤ ₩1,364,000

10 (주)감평은 본사 사옥을 신축하기 위하여 토지를 취득하였는데 이 토지에는 철거예정인 창고가 있었다. 다음 자료를 고려할 때, 토지의 취득원가는?　▸18년 기출

• 토지 구입대금	₩1,000,000
• 사옥 신축 개시 이전까지 토지 임대를 통한 수익	25,000
• 토지 취득세 및 등기수수료	70,000
• 창고 철거비	10,000
• 창고 철거 시 발생한 폐자재 처분 수입	5,000
• 본사 사옥 설계비	30,000
• 본사 사옥 공사대금	800,000

① ₩1,050,000
② ₩1,075,000
③ ₩1,080,000
④ ₩1,100,000
⑤ ₩1,105,000

11 (주)국제는 해당 연도 초에 설립한 후 유형자산과 관련하여 다음과 같은 지출을 하였다.

• 건물이 있는 토지 구입대금	₩2,000,000
• 토지취득 중개수수료	80,000
• 토지 취득세	160,000
• 공장건축허가비	10,000
• 신축공장건물 설계비	50,000
• 기존건물 철거비	150,000
• 기존건물 철거 중 수거한 폐건축자재 판매대금	100,000
• 토지 정지비	30,000
• 건물신축을 위한 토지굴착비용	50,000
• 건물 신축원가	3,000,000
• 건물 신축용 차입금의 차입원가(전액 자본화기간에 발생)	10,000

위 자료를 이용할 때 토지와 건물 각각의 취득원가는? (단, 건물은 당기 중 완성되었다.)

▸14년 기출

	토지	건물		토지	건물
①	₩2,220,000	₩3,020,000	②	₩2,320,000	₩3,110,000
③	₩2,320,000	₩3,120,000	④	₩2,420,000	₩3,120,000
⑤	₩2,420,000	₩3,220,000			

12 유형자산과 관련된 다음 자료를 이용하여 계산된 유형자산 금액은? (단, 각 항목들은 상호 독립적이다.)

▶ 관세사 18

• 구입한 토지 위에 있는 구건물 철거비용	₩1,500,000
• 토지의 취득세	600,000
• 토지의 재산세	600,000
• 공장설비 설치 시 발생한 시운전비	2,000,000
• 구축물의 내용연수 종료 후 발생할 복구원가의 현재가치	300,000
• 신축건물 특정차입금의 자본화 차입원가	200,000
• 지금까지 본사건물로 사용해 오던 건물의 철거비용	1,000,000
• 철거당시 본사건물의 미상각장부금액	5,000,000
• 중고자동차 취득 시 정상적 운행을 위해 지출한 수리비용	300,000

① ₩2,900,000 ② ₩3,400,000
③ ₩4,600,000 ④ ₩4,900,000
⑤ ₩5,500,000

13 ㈜강북은 20×1년 1월 1일 건물(매입가격 ₩10,000,000, 매입부대비용 ₩150,000)을 취득하는 과정에서 공채(액면금액 ₩100,000, 이자율 7%, 만기 3년, 매년 말 이자지급 조건)를 불가피하게 액면금액에 인수하였다. 공채 취득시점의 ㈜강북에 적용될 시장이자율은 10%였고, 건물대금과 공채대금은 모두 현금으로 지급하였다. 취득한 공채는 상각후원가측정금융자산으로 분류되었고, 건물은 정액법으로 감가상각(내용연수 5년, 잔존가치 없음)한다. 이의 회계처리에 관한 설명으로 옳은 것은? (단, 계산금액은 소수점 첫째자리에서 반올림한다. 기간 말 단일금액의 현가계수(3기간, 10%)는 0.7513, 정상연금의 현가계수(3기간, 10%)는 2.4868이다.)

▶ 12년 기출

① 20×1년 12월 31일 인식할 건물의 감가상각비는 ₩2,030,000이다.
② 20×1년 1월 1일 상각후원가측정금융자산의 장부금액은 ₩93,500이다.
③ 20×1년 12월 31일 인식될 이자수익은 ₩7,000이다.
④ 20×1년 1월 1일 건물의 취득원가는 ₩10,157,462이다.
⑤ 20×1년 12월 31일 상각후원가측정금융자산의 장부금액은 ₩95,000이다.

14 상품매매기업인 (주)감평은 20×1년 초 건물(취득원가 ₩10,000,000, 내용연수 10년, 잔존가치 ₩0, 정액법 상각)을 취득하면서 다음과 같은 조건의 공채를 액면금액으로 부수 취득하였다.

- 액면금액: ₩2,000,000
- 발행일: 20×1년 1월 1일, 만기 3년
- 액면이자율: 연 4%(매년 말 이자지급)
- 유효이자율: 연 8%
- 현재가치계수 : 3기간, 8%, 현가계수 0.7938, 3기간, 8%, 연금현가계수 2.5771

(주)감평이 동 채권을 상각후원가 측정(AC) 금융자산으로 분류할 경우, 건물과 상각후원가 측정(AC) 금융자산 관련 거래가 20×1년 당기순이익에 미치는 영향은? (단, 건물에 대해 원가모형을 적용하고, 계산금액은 소수점 첫째자리에서 반올림하며, 단수차이로 인한 오차가 있으면 가장 근사치를 선택한다.)
▶ 20년 기출

① ₩143,501 증가
② ₩856,499 감소
③ ₩877,122 감소
④ ₩920,000 감소
⑤ ₩940,623 감소

15 12월 말 결산법인인 한 회사는 20×6년 초에 만기 2년의 무이자부 어음(액면가액 ₩2,000,000)을 발행하여 지방자치단체가 소유하고 있는 부지 상의 건물을 취득하였다. 동 어음은 20×6년 말부터 매년 말 ₩1,000,000씩 2회에 걸쳐 상환하는 조건으로 발행되었다. 또한 한 회사는 동 건물의 등록을 위해 5년 후 상환조건인 현재가치 ₩80,000의 무이자부 공채를 액면가액 ₩100,000에 현금 취득하였는데, 한 회사는 동 공채를 기타포괄손익-공정가치 측정 금융자산으로 분류하기로 하였다. 한 회사의 어음 발행 시 적용되는 시장이자율은 10%이고, 단일금액 ₩1의 현가계수(기간 1년, 연 이자율 10%)는 0.9091이며, 단일금액 ₩1의 현가계수(기간 2년, 연 이자율 10%)는 0.8264이다. 한 회사가 20×6년 초에 구입한 건물의 취득원가는 얼마인가?
▶ CTA 06

① ₩1,255,500
② ₩1,735,500
③ ₩1,755,500
④ ₩2,020,000
⑤ ₩2,040,000

16 ㈜감평은 20×1년 초 기계장치(내용연수 3년, 잔존가치 ₩0, 정액법 상각)를 구입과 동시에 무이자부 약속어음(액면금액 ₩300,000, 3년 만기, 매년 말 ₩100,000 균등상환)을 발행하여 지급하였다. 이 거래 당시 ㈜감평이 발행한 어음의 유효이자율은 연 12%이다. 기계장치에 대해 원가모형을 적용하고, 당해 차입원가는 자본화대상에 해당하지 않는다. 20×1년 ㈜감평이 인식할 비용은? (단, 12%, 3기간의 연금현가계수는 2.40183이고, 계산금액은 소수점 첫째자리에서 반올림하며, 단수차이로 인한 오차가 있으면 가장 근사치를 선택한다.)

▸ 21년 기출

① ₩59,817   ② ₩80,061

③ ₩88,639   ④ ₩108,883

⑤ ₩128,822

17 ㈜서울은 ㈜감평과 협의하여 사용하던 기계장치(취득원가 ₩8,000,000, 감가상각누계액 ₩3,000,000, 공정가치 ₩4,500,000)를 제공하는 조건으로 차량운반구를 취득하였다. 차량운반구의 판매가격은 ₩8,000,000이며, ㈜감평은 이 기계장치의 가치를 ₩5,000,000으로 인정하기로 하였으며, ㈜서울은 차액 ₩3,000,000을 현금으로 지급하였다. 이 교환거래는 상업적 실질이 있고, 공정가치는 합리적으로 측정한 금액이다. 차량운반구의 취득원가는?

▸ 12년 기출

① ₩7,000,000   ② ₩7,500,000

③ ₩8,000,000   ④ ₩8,500,000

⑤ ₩9,000,000

18 ㈜서울은 20×1년 초에 기계장치(취득원가 ₩100,000, 감가상각누계액 ₩20,000)를 다음과 같은 조건(ㄱ, ㄴ, ㄷ) 가운데 하나로 ㈜한국의 유형자산과 교환하였다. ㈜서울의 입장에서 유형자산처분이익이 높은 순서대로 배열된 것은? (단, 각 거래는 독립적인 상황으로 가정함)

▶ 11년 기출

> ㄱ. ㈜서울의 기계장치 공정가치는 ₩85,000이며, ㈜한국의 건물과 교환하였다. ㈜서울은 교환 시 현금 ₩15,000을 지급하였다. 단, 이 거래는 상업적 실질이 존재하는 거래이다.
> ㄴ. ㈜서울의 기계장치 공정가치는 ₩90,000이며, ㈜한국의 토지와 교환하였다. ㈜서울은 교환 시 현금 ₩20,000을 수령하였다. 단, 이 거래는 상업적 실질이 존재하는 거래이다.
> ㄷ. ㈜서울의 기계장치 공정가치는 ₩90,000이며, ㈜한국의 동종 기계장치와 교환하였다. ㈜서울은 교환 시 현금 ₩25,000을 수령하였다. 단, 이 거래는 상업적 실질이 존재하지 않는 거래이다.

① ㄱ > ㄴ > ㄷ   ② ㄱ > ㄷ > ㄴ
③ ㄴ > ㄱ > ㄷ   ④ ㄴ > ㄷ > ㄱ
⑤ ㄷ > ㄴ > ㄱ

19 ㈜대한은 자사가 소유하고 있는 기계장치를 ㈜세종이 소유하고 있는 차량운반구와 교환하였다. 두 기업의 유형자산에 관한 정보와 세부 거래 내용은 다음과 같다.

> • 이 교환은 상업적 실질이 있는 거래이다.
> • ㈜대한의 기계장치 공정가치가 더 명백하다.
> • ㈜세종은 ㈜대한에게 공정가치의 차이인 ₩5,000을 지급하였다.

구분	㈜대한 기계장치	㈜세종 차량운반구
취득원가	₩50,000	₩50,000
감가상각누계액	30,000	20,000
공정가치	30,000	25,000
현금지급액	0	5,000
현금수취액	5,000	0

이 거래와 관련한 설명 중 옳은 것은?

▶ 14년 기출

① ㈜대한은 이 교환거래와 관련하여 유형자산처분이익 ₩5,000을 인식해야 한다.
② ㈜대한이 새로 취득한 차량운반구의 취득원가는 ₩30,000이다.
③ ㈜세종은 이 교환거래와 관련하여 유형자산처분이익 ₩5,000을 인식해야 한다.
④ ㈜세종이 새로 취득한 기계장치의 취득원가는 ₩30,000이다.
⑤ ㈜대한과 ㈜세종 모두 유형자산처분손익을 인식하지 않는다.

20 (주)감평은 (주)한국과 다음과 같은 기계장치를 상호 교환하였다.

구분	㈜감평	㈜한국
취득원가	₩800,000	₩600,000
감가상각누계액	340,000	100,000
공정가치	450,000	480,000

교환과정에서 (주)감평은 (주)한국에게 현금을 지급하고, 기계장치 취득원가 ₩470,000, 처분손실 ₩10,000을 인식하였다. 교환과정에서 (주)감평이 지급한 현금은? (단, 교환거래에 상업적 실질이 있고 각 기계장치의 공정가치는 신뢰성 있게 측정된다.) ▸ 20년 기출

① ₩10,000
② ₩20,000
③ ₩30,000
④ ₩40,000
⑤ ₩50,000

21 (주)감평은 기계장치를 (주)대한의 기계장치와 교환하였다. 교환시점에 두 회사가 소유하고 있던 기계장치의 장부금액과 공정가치는 다음과 같다.

구분	㈜감평	㈜대한
취득원가	₩1,000,000	₩1,200,000
감가상각누계액	300,000	600,000
공정가치	600,000	–

이 기계장치의 교환과 관련하여 (주)감평은 (주)대한으로부터 현금 ₩50,000을 추가로 수령하였다. (주)감평이 교환거래로 인식해야할 처분손익은? (단, 교환거래는 상업적 실질이 있다.) ▸ 16년 기출

① 처분이익 ₩50,000
② 처분손실 ₩50,000
③ 처분이익 ₩100,000
④ 처분손실 ₩100,000
⑤ 처분손실 ₩150,000

22 ㈜감평은 기계장치(장부금액 ₩2,000, 공정가치 ₩3,500)를 제공하고, ㈜한국의 건물과 현금 ₩700을 취득하는 교환거래를 하였다. 건물의 공정가치는 ₩2,500으로 기계장치의 공정가치보다 더 명백하며, 이 교환거래는 상업적 실질이 있다고 할 때, ㈜감평이 인식할 유형자산처분손익은? ▸ 23년 기출

① 유형자산처분손익 ₩0
② 유형자산처분손실 ₩1,200
③ 유형자산처분이익 ₩1,200
④ 유형자산처분손실 ₩2,200
⑤ 유형자산처분이익 ₩2,200

23 ㈜감평과 ㈜한국은 사용 중인 유형자산을 상호 교환하여 취득하였다. 동 교환거래에서 ㈜한국의 유형자산 공정가치가 ㈜감평의 유형자산 공정가치보다 더 명백하며, ㈜감평은 ㈜한국으로부터 추가로 현금 ₩3,000을 수취하였다. 두 회사가 보유하고 있는 유형자산의 장부금액과 공정가치가 다음과 같을 때, ㈜감평과 ㈜한국이 인식할 유형자산처분손익은? (단, 두 자산의 공정가치는 신뢰성 있게 측정할 수 있으며, 상업적 실질이 있다.) ▸ 24년 기출

구분	㈜감평	㈜한국
장부금액(순액)	₩10,000	₩8,000
공정가치	9,800	7,900

	(주)감평	(주)한국		(주)감평	(주)한국
①	손실 ₩200	손실 ₩100	②	손실 ₩200	손실 ₩1,200
③	이익 ₩200	이익 ₩900	④	이익 ₩900	손실 ₩100
⑤	이익 ₩900	손실 ₩1,200			

24 유형자산의 교환거래 시 취득원가에 관한 설명으로 옳지 않은 것은? ▸17년 기출

① 교환거래의 상업적 실질이 결여된 경우에는 제공한 자산의 장부금액을 취득원가로 인식한다.

② 취득한 자산과 제공한 자산의 공정가치를 모두 신뢰성 있게 측정할 수 없는 경우에는 취득한 자산의 장부금액을 취득원가로 인식한다.

③ 유형자산을 다른 비화폐성자산과 교환하여 취득하는 경우 제공한 자산의 공정가치를 신뢰성 있게 측정할 수 있다면 취득한 자산의 공정가치가 더 명백한 경우를 제외하고는 취득원가는 제공한 자산의 공정가치로 측정한다.

④ 취득한 자산의 공정가치가 제공한 자산의 공정가치보다 더 명백하다면 취득한 자산의 공정가치를 취득원가로 한다.

⑤ 제공한 자산의 공정가치를 취득원가로 인식하는 경우 현금을 수령하였다면 이를 취득원가에서 차감하고, 현금을 지급하였다면 취득원가에 가산한다.

25 (주)감평과 (주)한국은 사용 중인 유형자산을 상호 교환하여 취득하였다. 두 회사가 보유하고 있는 유형자산에 대한 자료는 다음과 같으며, 교환 시 (주)감평이 (주)한국에 추가로 현금 ₩200,000을 지급하였다. 이들 자산간 교환취득을 상업적 실질이 있다고 가정할 경우, (주)감평이 인식할 유형자산 취득원가(A)와 (주)한국이 인식할 유형자산처분이익(B)은? (단, 두 자산의 공정가치는 신뢰성 있게 측정할 수 있으며, 각 회사의 입장에서 취득한 자산의 공정가치가 더 명백하다는 증거는 없다.) ▸19년 기출

구분	(주)감평	(주)한국
취득원가	₩2,250,000	₩1,500,000
감가상각누계액	1,250,000	600,000
공정가치	950,000	1,150,000

① A : ₩950,000   B : ₩250,000
② A : ₩950,000   B : ₩450,000
③ A : ₩1,050,000 B : ₩450,000
④ A : ₩1,150,000 B : ₩250,000
⑤ A : ₩1,150,000 B : ₩450,000

26 ㈜대한은 20×1년 1월 1일에 장부금액이 ₩700,000인 기계장치를 ㈜민국의 기계장치(장부금액: ₩800,000, 공정가치: ₩900,000)와 교환하면서 현금 ₩50,000을 추가로 지급하였으며, 유형자산처분손실로 ₩100,000을 인식하였다. ㈜대한은 교환으로 취득한 기계장치와 관련하여 설치장소 준비원가 ₩50,000과 설치원가 ₩50,000을 20×1년 1월 1일에 지출하고 즉시 사용하였다. 한편, ㈜대한은 취득한 기계장치의 잔존가치와 내용연수를 각각 ₩50,000과 5년으로 추정하였으며, 정액법으로 감가상각한다. ㈜대한이 동 기계장치와 관련하여 20×1년 감가상각비로 인식할 금액은 얼마인가? (단, 동 자산의 교환은 상업적 실질이 있으며, ㈜대한의 기계장치 공정가치는 신뢰성 있게 측정가능하고 ㈜민국의 기계장치 공정가치보다 명백하다고 가정한다.) ▸ CPA 21

① ₩130,000
② ₩140,000
③ ₩160,000
④ ₩212,500
⑤ ₩250,000

27 (주)세무는 20×1년 7월 1일에 순장부금액이 ₩7,000인 기계장치를 (주)국세의 기계장치(순장부금액 ₩8,000, 공정가치 ₩9,000)와 교환하면서 현금 ₩500을 추가로 지급하였으며, 유형자산처분손실로 ₩1,000을 인식하였다. (주)세무는 20×1년 7월 1일에 교환으로 취득한 기계장치와 관련하여 설치장소 준비원가 ₩500과 설치원가 ₩500을 지출하고 즉시 사용하였다. 한편, (주)세무는 취득한 기계장치의 잔존가치와 내용연수를 각각 ₩500과 3년으로 추정하였으며, 연수합계법으로 감가상각하고 원가모형을 적용한다. (주)세무의 20×2년도 기계장치 감가상각비는? (단, 동 자산의 교환은 상업적 실질이 있으며, (주)세무의 기계장치 공정가치는 신뢰성 있게 측정가능하고 ㈜국세의 기계장치 공정가치보다 명백하다고 가정한다. 감가상각은 월할 계산한다.) ▸ CTA 24

① ₩1,750
② ₩2,000
③ ₩2,333
④ ₩2,917
⑤ ₩3,500

28 (주)관세는 20×1년 초 ₩2,000,000의 해상구조물(내용연수 4년, 잔존가치 ₩200,000, 정액법 상각)을 설치하였다. 동 해상구조물은 내용연수 종료 후 이전상태로 원상복구의무가 있으며, 이는 충당부채의 인식요건을 충족한다. 내용연수 종료시점의 복구원가는 ₩200,000으로 예상되며, 복구충당부채의 산정 시 적용할 유효이자율은 연 10%이다. (주)관세가 동 해상구조물과 관련하여 20×1년도 포괄손익계산서에 인식할 총 비용은? (단, 단일금액 ₩1의 현재가치는 0.6830(4기간, 10%)이다.) ▸관세사 24

① ₩136,600
② ₩484,150
③ ₩497,810
④ ₩499,176
⑤ ₩534,165

29 ㈜대한은 내용연수가 종료되면 원상복구를 해야 하는 구축물을 20×1년 1월 1일에 취득하였다. 구축물의 취득원가는 ₩4,000,000이고, 감가상각은 정액법(내용연수는 5년, 잔존가치는 ₩200,000)을 사용하기로 하였다. 복구원가와 관련된 예상현금흐름의 현재가치는 ₩376,000(할인율 8%)으로 추정되었다. 복구공사시점인 20×6년 1월 1일에 실제복구비가 ₩600,000 소요된 경우 복구공사손실은? (단, 계산금액은 소수점 첫째자리에서 반올림한다. 기간 말 단일금액의 미래가치계수(5기간, 8%)는 1.4693이다.) ▸12년 기출

① ₩30,080
② ₩47,543
③ ₩150,400
④ ₩224,000
⑤ ₩552,456

30 ㈜감평은 20×1년 초에 해양구조물을 ₩4,000,000(내용연수 5년, 잔존가치 없음, 정액법 상각)에 취득하여 사용하고 있다. 동 해양구조물은 사용기간 종료시점에 원상복구해야 할 의무가 있으며, 종료시점의 원상복구예상금액은 ₩500,000으로 추정되었다. 원가모형을 적용할 경우 ㈜감평이 동 해양구조물의 회계처리와 관련하여 20×1년도 포괄손익계산서에 비용으로 처리할 총 금액은? (단, 유효이자율은 연 10%이며 단일금액 ₩1의 현가계수(5년, 10%)는 0.6209이다.) ▸16년 기출

① ₩800,000
② ₩831,046
③ ₩862,092
④ ₩893,135
⑤ ₩900,000

31 ㈜감평은 20×1년 초에 하수처리장치를 ₩20,000,000에 구입하여 즉시 가동하였으며, 하수처리장치의 내용연수는 3년이고 잔존가치는 없으며 정액법으로 감가상각한다. 하수처리장치는 내용연수 종료 직후 주변 환경을 원상회복하는 조건으로 허가받아 취득한 것이며, 내용연수 종료시점의 원상회복비용은 ₩1,000,000으로 추정된다. ㈜감평의 내재이자율 및 복구충당부채의 할인율이 연 8%일 때, 20×1년도 감가상각비는? (단, 계산결과는 가장 근사치를 선택한다.)

▸18년 기출

기간	단일금액 ₩1의 현재가치	정상연금 ₩1의 현재가치
	8%	8%
3	0.79383	2.57710

① ₩6,666,666   ② ₩6,931,277

③ ₩7,000,000   ④ ₩7,460,497

⑤ ₩7,525,700

32 ㈜관세는 20×1년 초 내용연수 종료시점에 복구조건이 있는 구축물을 취득(취득원가 ₩1,000,000, 잔존가치 ₩0, 내용연수 5년, 정액법 상각)하였다. 내용연수 종료시점의 복구비용은 ₩200,000으로 추정되었으나, 실제 복구비용은 ₩230,000이 지출되었다. 복구비용에 적용되는 할인율은 연 8%(5기간 단일금액 ₩1의 미래가치 1.4693, 현재가치 0.6806)이며, 이 할인율은 변동되지 않는다. 동 구축물의 복구비용은 충당부채 인식요건을 충족하고 원가모형을 적용하였을 경우, 다음 중 옳은 것은?

▸관세사 19

① 20×1년 초 복구충당부채는 ₩156,538이다.

② 20×1년 초 취득원가는 ₩863,880이다.

③ 20×1년 말 감가상각비는 ₩227,224이다.

④ 20×1년 말 복구충당부채에 대한 차입원가(이자비용)는 ₩23,509이다.

⑤ 내용연수 종료시점에서 복구공사손익은 발생되지 않는다.

33 ㈜감평은 20×1년 초 유류저장고(취득원가 ₩13,000, 내용연수 5년, 잔존가치 ₩1,000, 정액법 상각)를 취득하고 원가모형을 적용하였다. 동 설비는 내용연수가 종료되면 원상 복구해야 할 의무가 있으며, 복구시점에 ₩3,000이 소요될 것으로 예상된다. 이는 충당부채의 인식요건을 충족하며, 복구원가에 적용할 할인율이 연 7%일 경우 동 유류저장고와 관련하여 20×1년도 포괄손익계산서에 인식할 비용은? (단, 단일금액 ₩1의 현가계수(5년, 7%)는 0.7130이며, 화폐금액은 소수점 첫째자리에서 반올림하고 단수차이로 인한 오차는 가장 근사치를 선택한다.) ▶ 24년 기출

① ₩2,139
② ₩2,828
③ ₩2,978
④ ₩4,208
⑤ ₩6,608

34 ㈜대한은 20×1년 7월 1일 폐기물처리장을 신축하여 사용하기 시작하였으며, 해당 공사에 대한 대금으로 ₩4,000,000을 지급하였다. 이 폐기물처리장은 내용연수 4년, 잔존가치는 ₩46,400, 원가모형을 적용 하며 감가상각방법으로는 정액법을 사용한다. ㈜대한은 해당 폐기물 처리장에 대해 내용연수 종료시점에 원상복구의무가 있으며, 내용연수 종료시점의 복구비용(충당부채의 인식요건을 충족)은 ₩800,000으로 예상된다. ㈜대한의 복구충당부채에 대한 할인율은 연 10%이며, 폐기물처리장 관련 금융원가 및 감가상각비는 자본화하지 않는다. ㈜대한의 동 폐기물처리장 관련 회계처리가 20×1년도 포괄손익계산서의 당기순이익에 미치는 영향은 얼마인가? (단, 금융원가 및 감가상각비는 월할 계산하며, 단수차이로 인해 오차가 있다면 가장 근사치를 선택한다.) ▶ CPA 20

할인율	10%
기간	단일금액 ₩1의 현재가치
3년	0.7513
4년	0.6830

① ₩1,652,320 감소
② ₩1,179,640 감소
③ ₩894,144 감소
④ ₩589,820 감소
⑤ ₩374,144 감소

35 (주)감평은 20×1년 초 환경설비(취득원가 ₩5,000,000, 내용연수 5년, 잔존가치 ₩0, 정액법 상각)를 취득하였다. 동 환경설비는 관계법령에 의하여 내용연수가 종료되면 원상복구해야 하며, 이러한 복구의무는 충당부채의 인식요건을 충족한다. (주)감평은 취득시점에 내용연수 종료 후 복구원가로 지출될 금액을 ₩200,000으로 추정하였으며, 현재가치계산에 사용될 적절한 할인율은 연 10%로 내용연수 종료시점까지 변동이 없을 것으로 예상하였다. 하지만 (주)감평은 20×2년 초 환경설비의 내용연수 종료 후 복구원가로 지출될 금액이 ₩200,000에서 ₩300,000으로 증가할 것으로 예상하였으며, 현재가치계산에 사용될 할인율도 연 10%에서 연 12%로 수정하였다. (주)감평이 환경설비와 관련된 비용을 자본화하지 않는다고 할 때, 동 환경설비와 관련하여 20×2년도 포괄손익계산서에 인식할 비용은? (단, (주)감평은 모든 유형자산에 대하여 원가모형을 적용하고 있으며, 계산금액은 소수점 첫째자리에서 반올림하고, 단수차이로 인한 오차가 있으면 가장 근사치를 선택한다.) ▸20년 기출

기간	단일금액 ₩1의 현재가치 (할인율 = 10%)	단일금액 ₩1의 현재가치 (할인율 = 12%)
4	0.6830	0.6355
5	0.6209	0.5674

① ₩1,024,837   ② ₩1,037,254

③ ₩1,038,350   ④ ₩1,047,716

⑤ ₩1,061,227

36 (주)감평은 20×1년 초에 폐기물처리시설(내용연수 5년, 잔존가치 ₩0, 정액법 월할상각)을 ₩1,000,000에 취득하였다. 주변민원으로 20×1년 10월 초부터 3개월간 가동이 일시 중단되었다. 20×2년 초에 사용종료(4년 후) 시 환경복구(지출 추정금액 ₩300,000, 현재가치 계산에 적용할 할인율 연 6%)를 조건으로 시설을 재가동하였다. 20×2년도 동 폐기물처리시설의 감가상각비는? (단, 금액은 소수점 첫째자리에서 반올림하여 계산한다.) ▸23년 기출

기간	단일금액 ₩1의 현재가치(할인율 = 6%)
4	0.7921
5	0.7473

① ₩244,838   ② ₩247,526

③ ₩259,408   ④ ₩268,548

⑤ ₩271,908

37 ㈜남부는 20×1년 1월 1일 설비자산을 ₩2,000,000에 취득하면서 구입자금의 일부인 ₩600,000을 정부로부터 보조받았다. 설비자산의 내용연수는 5년, 잔존가치는 없으며, 감가 상각방법은 정액법으로 한다. 정부보조금에 부수되는 조건은 이미 충족되었고 상환의무는 없다. ㈜남부가 정부보조금을 이연수익으로 처리하는 경우 20×3년 12월 31일 재무상태표에 보고할 정부보조금과 관련된 이연수익은? ▸ 12년 기출

① ₩120,000 ② ₩220,000
③ ₩240,000 ④ ₩360,000
⑤ ₩440,000

38 ㈜대한은 20×1년 초 정부보조금 ₩3,000,000을 지원받아 기계장치(내용연수 3년, 잔존가 치 ₩1,000,000)를 ₩10,000,000에 취득하였다. ㈜대한은 기계장치에 대해 원가모형을 적용하며, 연수합계법으로 감가상각한다. ㈜대한이 정부보조금을 기계장치의 차감항목으로 회계처리하였다면, 20×2년 말 기계장치의 장부금액은? ▸ 13년 기출

① ₩1,000,000 ② ₩1,500,000
③ ₩2,000,000 ④ ₩2,500,000
⑤ ₩3,000,000

39 ㈜관세는 20×1년 1월 1일에 생산에 필요한 기계장치를 ₩1,000,000에 취득하면서 정부로부터 ₩100,000의 보조금을 받았다. 정부보조금은 기계장치를 1년 이상 사용한다면 정부에 상환할 의무가 없다. 취득한 기계장치의 추정내용연수는 5년이며, 잔존가치는 없고, 정액법으로 감가상각한다. ㈜관세의 20×3년 12월 31일 재무상태표에 표시될 기계장치의 장부금액은? (단, ㈜관세는 기계장치의 장부금액을 계산할 때, 정부보조금을 차감하여 표시한다.) ▸ 관세사 16

① ₩360,000 ② ₩400,000
③ ₩540,000 ④ ₩720,000
⑤ ₩1,000,000

40 정부보조금의 회계처리에 관한 설명으로 옳지 않은 것은?   ▸15년 기출

① 정부보조금은 정부보조금에 부수되는 조건의 준수와 보조금 수취에 대한 합리적인 확신이 있을 경우에만 정부보조금을 인식한다.

② 정부보조금으로 보전하려 하는 관련원가를 비용으로 인식하는 기간에 걸쳐 체계적인 기준에 따라 정부보조금을 당기손익으로 인식한다.

③ 이미 발생한 비용이나 손실에 대한 보전 또는 향후의 관련원가 없이 기업에 제공되는 즉각적인 금융지원으로 수취하는 정부보조금은 정부보조금을 수취할 권리가 발생하는 기간에 당기손익으로 인식한다.

④ 정부보조금은 비화폐성자산을 기업이 사용하도록 이전하는 형식을 취할 수 있다. 이러한 상황에서는 비화폐성자산을 공정가치로 회계처리할 수 없다.

⑤ 자산관련 정부보조금은 재무상태표에 이연수익으로 표시하거나 자산의 장부금액을 결정할 때 차감하여 표시한다.

41 ㈜감평은 20×1년 초 지방자치단체로부터 무이자조건의 자금 ₩100,000을 차입(20×4년 말 전액 일시상환)하여 기계장치(취득원가 ₩100,000, 내용연수 4년, 잔존가치 ₩0, 정액법 상각)를 취득하는 데 전부 사용하였다. 20×1년 말 기계장치 장부금액은? (단, ㈜감평이 20×1년 초 금전대차 거래에서 부담할 시장이자율은 연 8%이고, 정부보조금을 자산의 취득원가에서 차감하는 원가(자산)차감법을 사용한다.)   ▸20년 기출

기간	단일금액 ₩1의 현재가치(할인율 = 8%)
4	0.7350

① ₩48,500

② ₩54,380

③ ₩55,125

④ ₩75,000

⑤ ₩81,625

42 도소매업을 영위하는 (주)세무는 20×1년 1월 1일 지방자치단체로부터 자금을 전액 차입하여 기계장치를 ₩50,000에 구입하였다. 지방자치단체로부터 수령한 차입금은 20×5년 12월 31일에 상환해야 하며, 매년 말에 연 1% 이자율로 계산한 액면이자를 지급하는 조건이다. (주)세무가 구입한 기계장치에 원가모형을 적용하고, 추정내용연수는 5년, 잔존가치는 ₩0이며 정액법으로 감가상각한다. 20×1년 1월 1일 구입 당시의 시장이자율은 10%이다. (주)세무가 20×3년도 포괄손익계산서에 당기비용으로 인식할 금액은? (단, 현재가치 계산 시 다음에 제시된 현가계수표를 이용한다. 정부보조금은 전액 기계장치의 구입에만 사용하여야 하며, 자산의 취득원가에서 차감하는 원가(자산)차감법을 사용하여 표시한다.) ▸CTA 24

기간	단일금액 ₩1의 현재가치 (할인율 = 10%)	정상연금 ₩1의 현재가치 (할인율 = 10%)
5	0.6209	3.7908

① ₩10,469
② ₩10,607
③ ₩11,194
④ ₩12,807
⑤ ₩13,294

43 '유형자산의 감가상각방법'에 관한 설명으로 옳지 않은 것은? ▸관세사 11

① 감가상각방법은 자산의 미래경제적효익이 소비되는 형태를 반영한다.
② 감가상각방법은 변경될 수 있으며, 이러한 변경은 회계추정의 변경으로 회계처리한다.
③ 감가상각방법에는 정액법, 체감잔액법 및 생산량비례법이 있다.
④ 경제적효익이 소비되는 형태를 신뢰성 있게 결정할 수 없는 경우에는 정액법을 사용해야 한다.
⑤ 감가상각방법은 적어도 매 회계연도 말에 재검토한다.

44 유형자산의 감가상각에 관한 설명으로 옳지 않은 것은? ▸12년 기출

① 유형자산을 구성하는 일부의 원가가 해당 유형자산의 전체원가에 비교하여 유의적이라면, 해당 유형자산을 감가상각할 때 그 부분은 별도로 구분하여 감가상각한다.
② 유형자산의 전체원가에 비교하여 해당 원가가 유의적이지 않은 부분도 별도로 분리하여 감가상각할 수 있다.
③ 각 기간의 감가상각액은 다른 자산의 장부금액에 포함되는 경우가 아니라면 당기손익으로 인식한다.
④ 유형자산의 잔존가치와 내용연수는 적어도 매 회계연도 말에 재검토한다.
⑤ 감가상각방법은 해당 자산의 공정가치 감소형태에 따라 선택한다.

45 유형자산의 감가상각에 관한 설명으로 옳지 않은 것은? ▶ 17년 기출

① 건물이 위치한 토지의 가치가 증가할 경우 건물의 감가상각대상금액이 증가한다.
② 유형자산을 수선하고 유지하는 활동을 하더라도 감가상각의 필요성이 부인되는 것은 아니다.
③ 유형자산의 사용정도에 따라 감가상각을 하는 경우에는 생산활동이 이루어지지 않을 때 감가상각액을 인식하지 않을 수 있다.
④ 유형자산의 잔존가치는 해당 자산의 장부금액과 같거나 큰 금액으로 증가할 수도 있다.
⑤ 유형자산의 공정가치가 장부금액을 초과하더라도 잔존가치가 장부금액을 초과하지 않는 한 감가상각액을 계속 인식한다.

46 유형자산의 감가상각에 관한 설명으로 옳지 않은 것은? ▶ 관세사 16

① 잔존가치와 내용연수는 적어도 매 회계기간 말에 재검토한다.
② 채석장이나 매립지 등을 제외하고 토지의 내용연수는 무한하므로 감가상각을 하지 아니한다.
③ 유형자산이 운휴 중이거나 적극적인 사용상태가 아닐 경우 감가상각을 중단해야 한다.
④ 감가상각방법은 적어도 매 회계연도 말에 재검토한다.
⑤ 감가상각방법은 자산의 미래경제적효익이 소비될 것으로 예상되는 형태를 반영한다.

47 유형자산의 감가상각에 관한 설명으로 옳은 것은? ▶ CTA 21

① 감가상각이 완전히 이루어지기 전이라도 유형자산이 운휴 중이거나 적극적인 사용상태가 아니라면 상각방법과 관계없이 감가상각을 중단해야 한다.
② 유형자산의 잔존가치와 내용연수는 매 3년이나 5년마다 재검토하는 것으로 충분하다.
③ 유형자산의 전체원가에 비교하여 해당 원가가 유의적이지 않은 부분은 별도로 분리하여 감가상각할 수 없다.
④ 자산의 사용을 포함하는 활동에서 창출되는 수익에 기초한 감가상각방법은 적절하지 않다.
⑤ 유형자산의 공정가치가 장부금액을 초과하는 상황이 발생하면 감가상각액을 인식할 수 없다.

48 (주)관세는 20×1년 7월 1일에 기계설비를 취득(취득원가: ₩1,000,000, 내용연수: 4년, 잔존가치: 취득원가의 10%)하고, 원가모형을 적용한다. 정률법(ㄱ)과 연수합계법(ㄴ)에 따른 20×2년도의 감가상각비는? (단, 정률상각률은 0.5로 적용하고, 감가상각은 월할 계산한다.) ▸ 관세사 23

① ㄱ: ₩250,000, ㄴ: ₩180,000   ② ㄱ: ₩375,000, ㄴ: ₩270,000

③ ㄱ: ₩375,000, ㄴ: ₩315,000   ④ ㄱ: ₩625,000, ㄴ: ₩450,000

⑤ ㄱ: ₩625,000, ㄴ: ₩495,000

49 (주)세무는 20×1년 7월 1일에 본사사옥으로 사용하기 위하여 토지와 건물을 ₩14,000,000에 일괄취득하고, 공통으로 발생한 취득 관련 직접원가 ₩1,000,000을 지출하였다. 취득 당시 토지와 건물의 공정가치는 각각 ₩9,600,000과 ₩6,400,000이었다. 건물의 내용연수는 4년, 잔존가치는 ₩1,000,000, 연수합계법으로 감가상각한다. 건물과 관련하여 (주)세무가 20×2년도에 인식할 감가상각비는? (단, 감가상각은 월할 계산하고 건물에 대해 원가모형을 적용한다.) ▸ CTA 23

① ₩1,380,000   ② ₩1,500,000

③ ₩1,610,000   ④ ₩1,750,000

⑤ ₩1,890,000

50 ㈜감평은 20×1년 초에 차량운반구를 ₩10,000,000에 취득하였다. 취득 시에 차량운반구의 내용연수는 5년, 잔존가치는 ₩1,000,000, 감가상각방법은 연수합계법이다. 20×4년 초에 ㈜감평은 차량운반구의 내용연수를 당초 5년에서 7년으로, 잔존가치는 ₩500,000으로 변경하였다. ㈜감평이 20×4년에 인식할 차량운반구에 대한 감가상각비는? ▸ 14년 기출

① ₩575,000   ② ₩700,000

③ ₩920,000   ④ ₩990,000

⑤ ₩1,120,000

51 ㈜감평은 20×1년 초 기계장치(취득원가 ₩1,000,000, 내용연수 5년, 잔존가치 ₩50,000, 정액법 상각)를 구입하고, 원가모형을 적용하였다. 20×4년 초 ㈜감평은 기계장치의 내용연수를 당초 5년에서 7년으로, 잔존가치도 변경하였다. ㈜감평이 20×4년에 인식한 감가상각비가 ₩100,000인 경우, 기계장치의 변경된 잔존가치는? ▸21년 기출

① ₩20,000
② ₩30,000
③ ₩50,000
④ ₩70,000
⑤ ₩130,000

52 (주)세무는 20×1년 초 정부보조금으로 ₩500,000을 수취하여 기계설비(취득원가 ₩2,000,000, 내용연수 5년, 잔존가치 ₩0, 정액법 상각, 원가모형 적용)를 취득하였다. 20×2년 초 (주)세무는 동 기계설비에 자산의 인식요건을 충족하는 ₩1,000,000의 지출을 하였으며, 이로 인하여 기계설비의 잔존가치는 ₩100,000 증가하고, 내용연수는 1년 연장되었다. 기계설비와 관련하여 (주)세무가 20×2년도에 인식할 감가상각비는? (단, 정부보조금은 자산에서 차감하는 방법으로 회계처리한다.) ▸CTA 23

① ₩360,000
② ₩380,000
③ ₩400,000
④ ₩420,000
⑤ ₩440,000

53 ㈜관세는 20×1년 1월 1일 기계장치를 취득(취득원가 ₩620,000, 내용연수 5년, 잔존가치 ₩20,000)하고 이를 정액법으로 감가상각하였다. 20×3년 1월 1일 감가상각방법을 정액법에서 연수합계법으로 변경하였으나, 내용연수와 잔존가치는 변함이 없다. 20×3년 감가상각비는? ▸관세사 21

① ₩176,000
② ₩180,000
③ ₩186,000
④ ₩190,000
⑤ ₩196,000

54 (주)관세는 20×1년 1월 초 기계장치(취득원가 ₩5,100, 잔존가치 ₩100, 내용연수 5년, 정액법 상각)를 취득하였다. 20×3년 1월 초 ₩1,500을 지출하여 성능개선을 한 결과, 내용연수가 2년 더 연장되었으며, 잔존가치는 ₩50으로 추정되었다. 20×3년 12월 말 (주)관세가 기계장치에 대해 인식할 감가상각비는? ▸관세사 20

① ₩610
② ₩890
③ ₩910
④ ₩1,000
⑤ ₩1,010

55 (주)관세는 20×1년 초 기계장치(취득원가 ₩10,000, 잔존가치 ₩0, 내용연수 5년, 정액법 상각)를 취득하였다. 20×3년 초 ₩3,000의 자본적 지출로 내용연수가 2년 연장되었으며, 감가상각방법을 연수합계법으로 변경하였다. 20×3년 말 ㈜관세가 기계장치에 대해 인식할 감가상각비는? ▸관세사 24

① ₩1,800
② ₩2,000
③ ₩2,600
④ ₩3,000
⑤ ₩4,333

56 (주)한국은 20×1년 1월 1일 내용연수 5년인 업무용 차량A를 ₩1,000,000에 취득하여 잔존가치 없이 정액법으로 감가상각을 하였다. 20×4년 1월 1일 차량A의 핵심부품을 교환하기 위해 추가로 지출하였다. 이로 인해 차량A의 내용연수가 20×8년 12월 31일까지 연장되었으며, 감가상각방법은 연수합계법으로 변경되었다. 차량A의 20×4년도 감가상각비가 ₩250,000이라면, 차량A의 핵심부품을 교환하기 위해 지출한 금액은 얼마인가? (단, 차량A에 대하여 원가모형을 적용하고 있으며, 손상은 발생하지 않았다.) ▸관세사 12

① ₩200,000
② ₩250,000
③ ₩300,000
④ ₩350,000
⑤ ₩400,000

57 (주)감평은 20×1년 초 업무용 건물을 ₩2,000,000에 취득하였다. 구입 당시에 동 건물의 내용연수는 5년이고 잔존가치는 ₩200,000으로 추정되었다. (주)감평은 감가상각방법으로 서 연수합계법을 사용하여 왔으나 20×3년 초에 정액법으로 변경하고, 동일 시점에 잔존가 치를 ₩20,000으로 변경하였다. 20×3년도 포괄손익계산서상 감가상각비는? ▸ 18년 기출

① ₩144,000   ② ₩300,000
③ ₩360,000   ④ ₩396,000
⑤ ₩400,000

58 (주)관세는 20×1년 초에 토지를 ₩150,000에 취득하였으며, 매년 말 재평가모형에 따라 회계처리하고 있다. 토지의 공정가치는 20×1년 말 ₩180,000, 20×2년 말 ₩160,000, 20×3년 말 ₩120,000이다. 토지의 재평가가 20×2년과 20×3년의 당기순이익에 미치는 영향은? ▸ 관세사 15

	20×2년	20×3년		20×2년	20×3년
①	₩20,000 감소	불변	②	₩20,000 감소	₩40,000 감소
③	불변	₩30,000 감소	④	₩10,000 증가	₩40,000 감소
⑤	₩10,000 증가	₩30,000 감소			

59 20×1년 초에 설립된 (주)감평은 사옥 건설을 위하여 현금 ₩95,000을 지급하고 건물(공정 가치 ₩10,000)이 있는 토지(공정가치 ₩90,000)를 구입하였다. 건물을 철거하면서 철거비 용 ₩16,000을 지불하였다. 20×1년 말과 20×2년 말 토지의 공정가치는 각각 ₩120,000 과 ₩85,000이고, 재평가모형을 적용하고 있다. 20×2년 포괄손익계산서에 당기비용으로 인식할 토지재평가손실은? ▸ 16년 기출

① ₩2,500   ② ₩18,000
③ ₩21,000   ④ ₩26,000
⑤ ₩35,000

60 (주)세무는 20×1년 초 토지를 ₩1,000,000에 취득하여 영업활동에 사용해 오던 중 20×4년 초에 동 토지를 ₩1,150,000에 처분하였다. 취득 후 각 보고기간 말 토지의 공정가치가 다음과 같을 때, 토지의 처분과 관련하여 20×4년도 포괄손익계산서에 인식해야 할 당기손익과 기타포괄손익은? (단, (주)세무는 취득시점부터 동 토지에 대해 재평가모형을 매년 적용하고 있으며, 토지와 관련하여 자본에 계상된 재평가잉여금은 토지를 제거할 때 이익잉여금으로 대체하는 회계처리를 한다.) ▸CTA 17

20×1년 말	20×2년 말	20×3년 말
₩1,100,000	₩900,000	₩1,200,000

	당기손익	기타포괄손익		당기손익	기타포괄손익
①	₩50,000 이익	₩0	②	₩50,000 이익	₩200,000 손실
③	₩0	₩150,000 손실	④	₩50,000 손실	₩0
⑤	₩50,000 손실	₩200,000 손실			

61 (주)대한은 20×1년 1월 2일에 토지를 ₩500,000에 취득하여 재평가모형을 적용하고 있다. 토지의 공정가치가 20×1년 말과 20×2년 말에 각각 ₩460,000과 ₩550,000일 때, 20×2년 말 토지 재평가 결과가 20×2년도 포괄손익계산서에 미치는 영향은? ▸CPA 11

	당기순이익	기타포괄이익
①	증가 ₩50,000	증가 ₩40,000
②	₩0	증가 ₩90,000
③	감소 ₩40,000	증가 ₩50,000
④	증가 ₩90,000	₩0
⑤	증가 ₩40,000	증가 ₩50,000

62 ㈜감평은 20×1년 초 토지 A(취득원가 ₩1,000)와 토지 B(취득원가 ₩2,000)를 각각 취득하고, 재평가모형을 적용하였다. 동 2건의 토지에 대하여 공정가치가 다음과 같을 때, 각 연도별 당기순이익 또는 기타포괄이익에 미치는 영향으로 옳은 것은? (단, 토지에 대한 재평가잉여금의 일부를 이익잉여금으로 대체하지 않는다.)

▶ 24년 기출

	20×1년 말	20×2년 말	20×3년 말
토지 A	₩1,100	₩950	₩920
토지 B	1,700	2,000	2,100

① 20×1년 말 토지 A로부터 당기순이익 ₩100이 증가한다.
② 20×2년 말 토지 A로부터 당기순이익 ₩150이 감소한다.
③ 20×2년 말 토지 B로부터 기타포괄이익 ₩300이 증가한다.
④ 20×3년 말 토지 A로부터 기타포괄이익 ₩30이 감소한다.
⑤ 20×3년 말 토지 B로부터 기타포괄이익 ₩100이 증가한다.

63 (주)관세는 20×1년 초 기계장치(취득원가 ₩10,000, 내용연수 10년, 잔존가치 ₩0, 정액법 상각)를 취득한 후 재평가모형을 적용하고 있다. 20×1년 말과 20×2년 말 공정가치가 각각 ₩12,600, ₩6,000인 경우, 동 기계장치의 재평가가 20×2년도 포괄손익계산서의 당기순이익에 미치는 영향은? (단, 취득 후 동 기계장치에 대한 손상은 발생하지 않았으며, (주)관세는 재평가잉여금의 일부를 이익잉여금으로 대체하는 정책은 채택하지 않고 있다.)

▶ 관세사 24

① ₩1,400 감소　　　　　　　　② ₩1,600 감소
③ ₩3,000 감소　　　　　　　　④ ₩5,000 감소
⑤ ₩5,200 감소

64 재평가모형을 적용하고 있는 ㈜한국은 20×1년 1월 1일 건물을 ₩10,000,000에 구입하였는데, 내용연수는 5년, 잔존가치는 ₩2,000,000이고 정액법으로 감가상각하고 있다. ㈜한국은 20×1년 말과 20×2년 말 재평가한 결과, 건물의 공정가치는 각각 ₩7,000,000과 ₩6,000,000으로 판단되었다. 한편 20×2년 1월 1일 건물을 점검한 결과 연수합계법이 보다 체계적이고 합리적인 것으로 추정되어 감가상각방법을 변경하였고, 잔존가치는 ₩0으로 추정되었다. 20×2년 말 재평가와 관련하여 재무제표에 인식되는 내용으로 옳은 것은? (단, 매년 말 감가상각 후 재평가한다.) ▸ 13년 기출

① 재평가이익(당기이익)   ₩1,800,000
② 재평가잉여금(기타포괄이익)   ₩1,800,000
③ 재평가이익(당기이익)   ₩800,000
　 재평가잉여금(기타포괄이익)   ₩1,000,000
④ 재평가이익(당기이익)   ₩1,400,000
　 재평가잉여금(기타포괄이익)   ₩400,000
⑤ 재평가손실(당기손실)   ₩1,800,000

65 ㈜서울은 20×1년 1월 1일 ₩1,000,000에 기계장치를 취득하여 사용하기 시작하였다. 기계장치의 내용연수는 5년이고 잔존가치 없이 정액법으로 상각하며 원가모형을 적용한다. ㈜서울은 20×2년부터 기계장치에 대해서 재평가모형을 최초 적용하기로 하였다. 또한 내용연수를 재검토한 결과 당초 내용연수를 5년이 아니라 6년으로 재추정하였다. 20×2년 12월 31일 기계장치의 공정가치는 ₩700,000이다. ㈜서울이 20×2년에 인식할 기계장치의 감가상각비와 20×2년 12월 31일 재평가잉여금의 잔액은? ▸ 12년 기출

① 감가상각비 ₩133,333   재평가잉여금 ₩33,333
② 감가상각비 ₩133,333   재평가잉여금 ₩0
③ 감가상각비 ₩166,667   재평가잉여금 ₩66,667
④ 감가상각비 ₩160,000   재평가잉여금 ₩60,000
⑤ 감가상각비 ₩160,000   재평가잉여금 ₩0

66 ㈜감평은 20×4년 초 ₩5,000,000(잔존가치 ₩1,000,000, 내용연수 5년, 정액법 감가상각)에 건물을 취득하였다. ㈜감평은 20×4년 말 건물을 공정가치 ₩6,300,000으로 재평가하고 자산의 장부금액이 재평가금액과 일치하도록 감가상각누계액과 총장부금액을 비례적으로 수정하였다. ㈜감평이 20×4년 말 재무상태표에 보고할 건물의 감가상각누계액은? ▸ 15년 기출

① ₩600,000
② ₩800,000
③ ₩1,200,000
④ ₩1,300,000
⑤ ₩2,100,000

67 ㈜대한은 제조업을 영위하고 있으며, 20×1년 초에 재화의 생산에 사용할 목적으로 기계장치를 ₩5,000,000에 취득하였다(내용연수: 9년, 잔존가치: ₩500,000, 감가상각방법: 정액법). ㈜대한은 매년 말 해당 기계장치에 대해서 재평가모형을 선택하여 사용하고 있다. ㈜대한의 각 연도 말 기계장치에 대한 공정가치는 다음과 같다.

구분	20×1년 말	20×2년 말
기계장치의 공정가치	₩4,750,000	₩3,900,750

㈜대한의 기계장치 관련 회계처리가 20×2년도 포괄손익계산서의 당기순이익에 미치는 영향은 얼마인가? (단, ㈜대한은 기계장치를 사용하는 기간 동안 재평가잉여금을 이익잉여금으로 대체하지 않으며, 감가상각비 중 자본화한 금액은 없다.) ▸ CPA 20

① ₩589,250 감소
② ₩599,250 감소
③ ₩600,250 감소
④ ₩601,250 감소
⑤ ₩602,250 감소

68 ㈜세무는 토지와 건물에 대하여 재평가모형을 적용하고 있다. ㈜세무는 20×1년 초 토지와 영업용 건물을 각각 ₩100,000과 ₩10,000에 취득하였다. ㈜세무는 건물에 대하여 정액법 (내용연수 4년, 잔존가치 ₩0)으로 감가상각하고 있으며, 20×2년 초 건물에 대하여 자산인식 기준을 충족하는 후속원가 ₩2,000을 지출하였다. ㈜세무는 유형자산이 제거되기 전까지는 재평가잉여금을 이익잉여금으로 대체하지 않는다. 토지와 건물의 공정가치는 다음과 같다.

구분	토지	건물
20×1년 말	₩95,000	₩7,000
20×2년 말	120,000	6,500

동 거래가 ㈜세무의 20×2년 당기순이익에 미치는 영향은? ▸ CTA 20

① ₩2,000 증가   ② ₩2,500 증가
③ ₩4,500 증가   ④ ₩22,000 증가
⑤ ₩22,500 증가

69 ㈜세무는 20×1년 1월 1일 본사사옥으로 사용할 목적으로 건물(취득원가 ₩1,000,000, 잔존가치 ₩200,000, 내용연수 5년, 정액법 상각)을 취득하였다. ㈜세무는 건물에 대해 재평가모형을 적용하고 있으며, 자산의 총장부금액에서 감가상각누계액을 제거하는 방법으로 재평가 회계처리를 한다. 동 건물의 각 연도 말 공정가치는 다음과 같다.

20×1.12.31.	20×2.12.31.
₩700,000	₩800,000

동 건물과 관련된 회계처리가 ㈜세무의 20×2년도 당기순이익에 미치는 영향은? (단, 재평가잉여금은 이익잉여금으로 대체하지 않는다.) ▸ CTA 21

① ₩25,000 감소   ② ₩20,000 감소
③ ₩15,000 증가   ④ ₩35,000 증가
⑤ ₩85,000 증가

70 ㈜대한은 20×1년 1월 1일에 기계장치(내용연수 5년, 잔존가치 ₩100,000, 정액법 사용)를 ₩1,500,000에 취득하였다. 해당 기계장치에 대해 매년 말 감가상각 후 재평가를 실시하고 있으며, 재평가모형 적용 시 감가상각누계액을 모두 제거하는 방법으로 장부금액을 조정하고 있다. ㈜대한은 20×2년 1월 1일에 기계장치의 성능향상을 위해 ₩300,000을 지출하였으며, 이로 인하여 잔존가치는 ₩20,000 증가하였고 잔존내용연수는 2년 연장되었다. 동 기계장치의 매년 말 공정가치는 다음과 같다.

구분	20×1년 말	20×2년 말
공정가치	₩1,020,000	₩1,350,000

㈜대한의 기계장치에 대한 회계처리가 20×1년도와 20×2년도 당기순이익에 미치는 영향은 얼마인가? 단, 재평가잉여금을 이익잉여금으로 대체하지 않으며, 손상차손은 고려하지 않는다.

▶ CPA 23

	20×1년도	20×2년도
①	₩480,000 감소	₩0 (영향 없음)
②	₩480,000 감소	₩30,000 감소
③	₩480,000 감소	₩200,000 감소
④	₩280,000 감소	₩30,000 감소
⑤	₩280,000 감소	₩200,000 감소

71 ㈜대한은 제조기업이며, 20×1년 초에 제품의 생산을 위해 기계장치를 취득하였다(취득원가 : ₩6,000,000, 내용연수 : 10년, 잔존가치 : ₩500,000, 감가상각방법 : 정액법). ㈜대한은 기계장치에 대하여 재평가모형을 적용하기로 하였으며, 기계장치의 각 연도 말 공정가치는 다음과 같다.

20×1년 말	20×2년 말	20×3년 말
₩5,000,000	₩5,500,000	₩3,500,000

㈜대한은 20×3년 초에 기계장치의 잔존내용연수를 5년, 잔존가치는 ₩600,000으로 추정을 변경하였다. ㈜대한의 기계장치 관련 회계처리가 20×3년도 당기순이익에 미치는 영향은 얼마인가? 단, ㈜대한은 기계장치를 사용하는 기간 동안 재평가잉여금을 이익잉여금으로 대체하지 않으며, 손상차손은 고려하지 않는다.

▶ CPA 24

① ₩980,000 감소　　　　　　② ₩1,020,000 감소

③ ₩1,300,000 감소　　　　　④ ₩1,450,000 감소

⑤ ₩2,000,000 감소

72 20×1년 1월 1일 설립된 (주)대한은 유형자산에 대해 재평가모형을 사용하여 공정가치로 후속측정을 하고 있다. 20×1년 1월 1일 취득한 토지와 기계장치(내용연수: 5년, 잔존가치: ₩0, 정액법 상각)의 공정가치 변동내역은 아래와 같다. (주)대한의 토지 및 기계장치의 감가 상각과 재평가와 관련된 회계처리가 20×2년도의 당기순이익에 미치는 영향은 얼마인가? (단, 유형자산에 대한 손상은 발생하지 않았으며, 재평가잉여금을 사용함에 따라 이익잉여금에 대체하지 않는다.) ▸ 관세사 12

구분	20×1년 1월 1일	20×1년 12월 31일	20×2년 12월 31일
토지	₩5,000,000	₩5,500,000	₩4,800,000
기계장치	₩3,000,000	₩2,000,000	₩2,100,000

① ₩600,000 감소 ② ₩300,000 감소
③ ₩100,000 감소 ④ ₩100,000 증가
⑤ ₩200,000 증가

73 (주)감평은 20×1년 1월 1일 미국에 있는 건물(취득원가 $5,000, 내용연수 5년, 잔존가치 $0, 정액법 상각)을 취득하였다. (주)감평은 건물에 대하여 재평가모형을 적용하고 있으며, 20×1년 12월 31일 현재 동 건물의 공정가치는 $6,000로 장부금액과의 차이는 중요하다. (주)감평의 기능통화는 원화이며, 20×1년 1월 1일과 20×1년 12월 31일의 환율은 각각 ₩1,800/$과 ₩1,500/$이고, 20×1년의 평균환율은 ₩1,650/$이다. (주)감평이 20×1년 말 재무상태표에 인식해야 할 건물에 대한 재평가잉여금은? ▸ 20년 기출

① ₩1,500,000 ② ₩1,650,000
③ ₩1,800,000 ④ ₩3,000,000
⑤ ₩3,300,000

74 (주)감평은 20×7년 초 기계장치를 ₩5,000(내용연수 5년, 잔존가치 ₩0, 정액법 상각)에 취득하였다. 20×7년 말과 20×8년 말 기계장치에 대한 공정가치는 각각 ₩7,000과 ₩5,000이다. (주)감평은 동 기계장치에 대해 공정가치로 재평가하고 있으며, 기계장치를 사용함에 따라 재평가잉여금 중 실현된 부분을 이익잉여금으로 직접 대체하는 정책을 채택하고 있다. 20×8년에 재평가잉여금 중 이익잉여금으로 대체되는 금액은? ▸ 18년 기출

① ₩500 ② ₩750
③ ₩1,500 ④ ₩1,750
⑤ ₩2,500

75 ㈜감평은 20×1년 1월 1일 사용목적으로 ₩5,000에 건물(내용연수 5년, 잔존가치 ₩0, 정액법 감가상각)을 취득하고 재평가모형을 적용하고 있다. 건물을 사용함에 따라 재평가잉여금 중 일부를 이익잉여금으로 대체하고, 건물 처분 시 재평가잉여금 잔액을 모두 이익잉여금으로 대체하는 정책을 채택하고 있다. 20×2년 말 건물에 대한 공정가치는 ₩6,000이다. ㈜감평이 20×5년 1월 1일 동 건물을 처분할 때, 재평가잉여금 중 이익잉여금으로 대체되는 금액은?

▸ 22년 기출

① ₩0
② ₩400
③ ₩500
④ ₩800
⑤ ₩1,000

76 광명(주)는 방위산업체로서 20×1년 7월 1일에 방위산업설비를 취득하는 과정에서 설비자금의 일부를 국고에서 보조받았다. 관련 정보가 다음과 같은 경우, 20×5년 1월 1일에 방위산업설비 처분 시 유형자산처분이익은 얼마인가? (단, 유형자산은 원가모형을 적용하며, 감가상각은 월할계산한다.)

▸ 관세사 11

- 방위산업설비 : 취득원가 ₩4,000,000
  (정액법 상각, 내용연수 5년, 잔존가치 ₩400,000)
- 국고보조금 ₩1,500,000을 20×1년 7월 1일에 전액 수령
- 방위산업설비를 20×5년 1월 1일에 ₩1,300,000에 처분

① ₩170,000
② ₩270,000
③ ₩370,000
④ ₩470,000
⑤ ₩570,000

77 (주)관세는 20×1년 7월 1일 기계장치(내용연수 5년, 잔존가치 ₩200,000)를 ₩2,000,000에 취득하여 연수합계법으로 상각하였다. (주)관세는 20×3년 1월 1일 감가상각방법을 정액법으로 변경하였으며, 잔존가치는 ₩0, 잔여내용연수는 4년으로 추정하였다. 이러한 변경은 모두 정당한 회계변경이다. 20×4년 1월 1일 (주)관세가 기계장치를 ₩1,000,000에 처분할 경우 인식할 손익은?

▸ 관세사 17

① 처분이익 ₩100,000
② 처분이익 ₩130,000
③ 처분이익 ₩200,000
④ 처분손실 ₩120,000
⑤ 처분손실 ₩160,000

78 (주)관세는 20×1년 초 건물을 ₩480,000에 취득(정액법 상각, 내용연수 4년, 잔존가치 없음)하여 사용하던 중 20×4년 9월 말 ₩130,000에 처분하였다. (주)관세는 20×3년 초에 동 건물의 내용연수에 대한 추정을 변경하여 내용연수를 당초보다 1년 연장하였으나, 감가상각방법과 잔존가치에 대한 변경은 없었다. (주)관세가 20×4년 9월 말 상기 건물의 처분시점에 인식할 유형자산 처분이익은? (단, 감가상각비는 월할 계산한다.) ▸관세사 18

① ₩0
② ₩18,000
③ ₩24,000
④ ₩30,000
⑤ ₩50,000

79 20×6년 1월 1일 ㈜서울은 산업합리화 정책의 일환으로 설비자금의 일부를 정부에서 지원받았다. 설비의 취득원가는 ₩500,000이고 정부보조금은 ₩200,000으로 설비취득일에 전액 수령하였다. 동 설비의 내용연수는 5년, 잔존가액은 ₩20,000이며 정액법으로 감가상각한다. ㈜서울이 동 설비를 20×9년 1월 1일 ₩150,000에 처분하였을 경우 유형자산처분손익은? (단, 동 설비에 대하여 원가모형을 적용하고 있음, 위의 정부보조금은 상환의무가 없으며 관련자산을 차감하는 방법으로 회계처리함) ▸11년 기출

① ₩18,000 이익
② ₩18,000 손실
③ ₩62,000 이익
④ ₩62,000 손실
⑤ ₩92,000 이익

80 (주)감평은 20×1년 초 기계장치(취득원가 ₩1,000,000, 내용연수 5년, 잔존가치 ₩0, 정액법 상각)를 취득하여 원가모형을 적용하고 있다. 20×2년 초 ㈜감평은 동 기계장치에 대해 자산인식기준을 충족하는 후속원가 ₩325,000을 지출하였다. 이로 인해 내용연수가 2년 연장(20×2년 초 기준 잔존내용연수 6년)되고 잔존가치는 ₩75,000 증가할 것으로 추정하였으며, 감가상각방법은 이중체감법(상각률은 정액법 상각률의 2배)으로 변경하였다. (주)감평은 동 기계장치를 20×3년 초 현금을 받고 처분하였으며, 처분이익은 ₩10,000이다. 기계장치 처분 시 수취한 현금은? ▸20년 기출

① ₩610,000
② ₩628,750
③ ₩676,667
④ ₩760,000
⑤ ₩785,000

81 (주)세무는 20×1년 1월 1일에 기계장치(취득원가 ₩1,000,000, 잔존가치 ₩0, 내용연수 4년, 정액법으로 감가상각)를 취득하여 원가모형을 적용하고 있다. 20×3년 1월 1일에 (주)세무는 동 기계장치에 대하여 자산인식기준을 충족하는 후속원가 ₩500,000을 지출하였다. 이로 인해 내용연수가 2년 연장되고 잔존가치는 ₩100,000 증가할 것으로 추정하였으며, 감가상각방법은 연수합계법으로 변경하였다. (주)세무는 동 기계장치를 20×4년 1월 1일에 현금을 수령하고 처분하였으며, 처분손실은 ₩60,000이다. 기계장치 처분 시 수령한 현금은 얼마인가? ▸ CTA 19

① ₩190,000
② ₩480,000
③ ₩540,000
④ ₩580,000
⑤ ₩700,000

82 (주)감평은 20×1년 초 기계장치(취득원가 ₩50,000, 내용연수 4년, 잔존가치 ₩0)를 취득하여 연수합계법으로 감가상각하고 있다. (주)감평은 20×1년 말 동 자산에 손상징후가 존재하여 회수가능액을 추정하였다. 그 결과 기계장치의 처분공정가치는 ₩25,000, 처분부대원가는 ₩3,000, 그리고 사용가치는 ₩23,000으로 확인되었다. (주)감평이 원가모형을 채택할 때, 동 기계장치와 관련하여 20×1년도에 인식할 손상차손은? ▸ 19년 기출

① ₩4,000
② ₩5,000
③ ₩6,000
④ ₩7,000
⑤ ₩8,000

83 ㈜감평이 사용하는 기계장치의 20×1년 말 장부금액은 ₩3,500(취득원가 ₩6,000, 감가상각누계액 ₩2,500, 원가모형 적용)이다. 20×1년 말 동 기계장치의 진부화로 가치가 감소하여 순공정가치는 ₩1,200, 사용가치는 ₩1,800으로 추정되었다. ㈜감평이 20×1년 인식할 기계장치 손상차손은? ▸ 21년 기출

① ₩1,200
② ₩1,700
③ ₩1,800
④ ₩2,000
⑤ ₩2,300

84 ㈜감평은 20×1년 초 영업에 사용할 목적으로 특수장비(내용연수 5년, 잔존가치 ₩0, 정액법 감가상각, 원가모형 적용)를 ₩30,000에 취득하여 사용하다가, 20×2년 중 동 특수장비에 심각한 손상이 발생하였다. 특수장비의 회수가능액은 20×2년 말 ₩15,000으로 추정되었다. ㈜감평의 20×2년 말 특수장비와 관련된 회계처리가 당기순이익에 미치는 영향은?

▸ 23년 기출

① ₩3,000 증가　　　　　　　　② ₩3,000 감소

③ ₩6,000 증가　　　　　　　　④ ₩6,000 감소

⑤ ₩9,000 감소

85 20×6년 1월 1일 (주)감평은 건물과 토지를 ₩2,000,000에 일괄구입하였다. 구입 당시 건물과 토지의 공정가치는 각각 ₩960,000과 ₩1,440,000이었다. 건물의 내용연수는 7년, 잔존가치는 ₩100,000으로 추정하였으며 정액법으로 감가상각한다. 20×6년 12월 31일 건물과 토지에 관한 순공정가치와 사용가치는 다음과 같으며 회수가능액과 장부금액의 차이는 중요하고 손상징후가 있다고 판단된다.

구분	순공정가치	사용가치
건물	₩600,000	₩670,000
토지	1,150,000	1,000,000

(주)감평이 20×6년도에 인식해야 할 손상차손은?

▸ 16년 기출

① ₩0　　　　　　　　　　　② ₩80,000

③ ₩130,000　　　　　　　　④ ₩230,000

⑤ ₩300,000

86 (주)관세는 보유 중인 유형자산에 대해 원가모형을 적용하고 있다. 20×1년 초 ₩100,000에 취득한 건물에 대해서 정액법(내용연수 10년, 잔존가치 ₩0)으로 감가상각하고 있다. 이 건물의 사용가치, 공정가치, 처분부대원가에 관한 자료가 다음과 같을 때, 건물에 대한 20×2년 감가상각비와 20×2년 말 장부금액은 각각 얼마인가?

▸ 관세사 15

구분	사용가치	공정가치	처분부대원가
20×1년 말	₩81,000	₩85,000	₩10,000
20×2년 말	₩64,000	₩75,000	₩3,000

	감가상각비	장부금액		감가상각비	장부금액
①	₩10,000	₩72,000	②	₩10,000	₩80,000
③	₩9,000	₩64,000	④	₩9,000	₩72,000
⑤	₩9,000	₩81,000			

87 (주)세무는 20×1년 초 내용연수 5년, 잔존가치 ₩0인 기계를 ₩4,500,000에 매입하였으며, 설치장소를 준비하는 데 ₩500,000을 지출하였다. 동 기계는 원가모형을 적용하고, 정액법으로 감가상각한다. 매 회계연도 말 기계에 대한 회수가능액은 다음과 같으며, 회수가능액 변동은 기계의 손상 또는 그 회복에 따른 것이라고 할 때, 회계처리로 옳지 않은 것은?

▸ CTA 17

구분	20×1년 말	20×2년 말
순공정가치	₩2,000,000	₩3,500,000
사용가치	1,800,000	2,500,000

① 20×1년도에 인식할 감가상각비는 ₩1,000,000이다.
② 20×1년도에 인식할 손상차손은 ₩2,000,000이다.
③ 20×2년도에 인식할 손상차손 환입액은 ₩1,500,000이다.
④ 20×2년도에 인식할 감가상각비는 ₩500,000이다.
⑤ 20×2년 말 기계의 장부금액은 ₩3,500,000이다.

88 ㈜대한은 20×1년 1월 1일에 기계장치(내용연수 5년, 잔존가치 ₩200,000, 정액법 사용)를 ₩2,000,000에 취득하였으며, 원가모형을 적용하고 있다. ㈜대한은 기계장치의 손상에 대해 다음과 같이 판단하였다.

20×1년도	20×2년도	20×3년도
손상 없음	손상차손 발생	손상차손환입 발생

20×2년 말 동 기계장치의 순공정가치는 ₩770,000이고 사용가치는 ₩700,000이며, 20×3년 말 회수가능액은 ₩780,000이다. ㈜대한의 기계장치에 대한 회계처리가 20×3년도 당기순이익에 미치는 영향은 얼마인가? ▸ CPA 23

① ₩20,000 감소   ② ₩10,000 감소
③ ₩0 (영향 없음)   ④ ₩10,000 증가
⑤ ₩20,000 증가

89 ㈜세무는 20×1년 1월 1일 사용목적으로 건물(취득원가 ₩2,000,000, 내용연수 10년, 잔존가치 ₩400,000, 정액법 감가상각)을 취득하고 원가모형을 적용하고 있다. 20×2년 말과 20×4년 말 동 건물의 순공정가치와 사용가치가 다음과 같을 때, 20×4년도 손상차손환입액은? ▸ CTA 20

구분	20×2년 말	20×4년 말
순공정가치	₩1,200,000	₩1,500,000
사용가치	1,400,000	1,300,000

① ₩200,000   ② ₩210,000
③ ₩300,000   ④ ₩310,000
⑤ ₩350,000

90 (주)감평은 20×1년 초 기계장치(취득원가 ₩1,600,000, 내용연수 4년, 잔존가치 ₩0, 정액법 상각)를 취득하였다. (주)감평은 기계장치에 대해 원가모형을 적용한다. 20×1년 말 동 기계장치에 손상징후가 존재하여 회수가능액을 결정하기 위해 다음과 같은 정보를 수집하였다.

- 20×1년 말 현재 기계장치를 처분할 경우, 처분금액은 ₩760,000이며 처분관련 부대원가는 ₩70,000이 발생할 것으로 추정된다.
- (주)감평이 동 기계장치를 계속하여 사용할 경우, 20×2년 말부터 내용연수 종료시점까지 매년 말 ₩300,000의 순현금유입과, 내용연수 종료시점에 ₩20,000의 기계 철거 관련 지출이 발생할 것으로 예상된다.
- 현재가치 측정에 사용할 할인율은 연 12%이다.

기간	단일금액 ₩1의 현재가치 (할인율 = 12%)	정상연금 ₩1의 현재가치 (할인율 = 12%)
3	0.7118	2.4018

(주)감평이 20×1년 유형자산(기계장치) 손상차손으로 인식할 금액은? (단, 계산금액은 소수점 첫째자리에서 반올림하며, 단수차이로 인한 오차가 있으면 가장 근사치를 선택한다.)

▶ 20년 기출

① ₩465,194
② ₩470,000
③ ₩479,460
④ ₩493,696
⑤ ₩510,000

91 ㈜감평은 20×1년 초 유형자산인 기계장치를 ₩50,000에 취득(내용연수 5년, 잔존가치 ₩0, 정액법 상각)하여 사용하고 있다. 20×2년 중 자산손상의 징후를 발견하고 손상차손을 인식하였으나 20×3년 말 손상이 회복되었다고 판단하였다. 동 기계장치의 순공정가치와 사용가치가 다음과 같을 때, 20×2년 말 인식할 손상차손(A)과 20×3년 말 인식할 손상차손환입액(B)은? (단, 동 기계장치는 원가모형을 적용한다.)

▶ 24년 기출

구분	순공정가치	사용가치
20×2년 말	₩15,000	₩18,000
20×3년 말	21,000	17,000

	A	B		A	B
①	₩12,000	₩8,000	②	₩12,000	₩9,000
③	₩15,000	₩8,000	④	₩15,000	₩9,000
⑤	₩15,000	₩12,000			

92 (주)감평은 20×3년 초 건물을 ₩41,500에 취득(내용연수 10년, 잔존가치 ₩1,500, 정액법 상각)하여 사용하고 있으며, 20×5년 중 손상이 발생하여 20×5년 말 회수가능액은 ₩22,500으로 추정되었다. 20×6년 말 건물의 회수가능액은 ₩26,000인 것으로 추정되었다. 동 건물에 대해 원가모형을 적용하는 경우 다음 설명 중 옳지 않은 것은?　▸ 18년 기출

① 20×5년 말 손상을 인식하기 전의 건물의 장부금액은 ₩29,500이다.

② 20×5년 건물의 손상차손은 ₩7,000이다.

③ 20×6년 건물의 감가상각비는 ₩3,000이다.

④ 20×6년 말 손상이 회복된 이후 건물의 장부금액은 ₩25,500이다.

⑤ 20×6년 건물의 손상차손환입액은 ₩6,500이다.

93 ㈜관세는 20×1년 초 기계장치를 취득(취득원가 ₩3,600, 잔존가치 ₩0, 내용연수 5년, 정액법 상각)하고 원가모형을 적용하였다. 20×1년 말 동 기계장치에 손상징후를 검토한 결과, 사용가치와 순공정가치가 각각 ₩1,500, ₩1,600으로 추정되어 손상차손을 인식하였으며, 20×2년 말 회수가능액이 ₩2,200으로 회복되었다. 동 자산에 대한 회계처리 중 옳지 않은 것은?　▸ 관세사 21

① 20×1년도 감가상각비는 ₩720이다.

② 20×1년 말 회수가능액은 ₩1,600이다.

③ 20×1년도 손상차손은 ₩1,280이다.

④ 20×2년도 감가상각비는 ₩400이다.

⑤ 20×2년도 손상차손환입액은 ₩1,000이다.

94 ㈜대한은 건물(유형자산)에 대해서 원가모형을 선택하여 회계처리하고 있고 관련 자료는 다음과 같다.

- ㈜대한은 20×1년 초에 본사 건물(유형자산)을 ₩600,000에 취득하였으며, 내용연수는 6년, 잔존가치는 없고, 감가상각방법은 정액법을 사용한다.
- ㈜대한은 20×1년 말 보유 중인 건물에 대해서 손상징후를 검토한 결과 손상징후가 존재하여 이를 회수가능액으로 감액하고 해당 건물에 대해서 손상차손을 인식하였다.
- 20×1년 말 건물을 처분하는 경우 처분금액은 ₩370,000, 처분 부대원가는 ₩10,000이 발생할 것으로 추정되었다. 20×1년 말 건물을 계속 사용하는 경우 20×2년 말부터 내용연수 종료 시점까지 매년 말 ₩80,000의 순현금유입이 있을 것으로 예상되며, 잔존가치는 없을 것으로 예상된다. 미래 순현금유입액의 현재가치 측정에 사용될 할인율은 연 8%이다.
- 20×2년 초 건물의 일상적인 수선 및 유지비용(수익적지출)과 관련하여 ₩20,000이 발생하였다.
- 20×2년 말 건물이 손상회복의 징후가 있는 것으로 판단되었고, 회수가능액은 ₩450,000으로 추정되고 있다.

할인율	8%	
기간	단일금액 ₩1의 현재가치	정상연금 ₩1의 현재가치
4년	0.7350	3.3121
5년	0.6806	3.9927

㈜대한의 건물 관련 회계처리가 20×2년도 포괄손익계산서의 당기순이익에 미치는 영향은 얼마인가? (단, 단수차이로 인해 오차가 있다면 가장 근사치를 선택한다.) ▸ CPA 20

① ₩20,000 증가
② ₩40,000 증가
③ ₩80,000 증가
④ ₩92,000 증가
⑤ ₩100,000 증가

95 ㈜세무는 20×1년 1월 1일 영업부서에서 사용할 차량운반구를 취득(내용연수 5년, 잔존가치 ₩100,000, 정액법 상각)하였다. 동 차량운반구의 20×1년 말 장부금액은 ₩560,000이며, 동 차량운반구와 관련하여 20×1년도 포괄손익계산서에 인식한 비용은 감가상각비 ₩120,000과 손상차손 ₩20,000이다. ㈜세무가 20×2년도 포괄손익계산서에 동 차량운반구와 관련하여 손상차손과 감가상각비로 총 ₩130,000을 인식하였다면, 20×2년 말 동 차량운반구의 회수가능액은? (단, ㈜세무는 차량운반구 취득 후 차량운반구에 대해 추가적인 지출을 하지 않았으며, 차량운반구에 대해 원가모형을 적용하고 있다.) ▸ CTA 21

① ₩410,000
② ₩415,000
③ ₩420,000
④ ₩425,000
⑤ ₩430,000

96 (주)세무는 20×1년 초 영업부에서 사용할 차량운반구(취득원가 ₩2,000,000, 내용연수 3년, 잔존가치 ₩200,000, 정액법 상각, 재평가모형 적용)를 취득하였으며, 자산의 총장부금액에서 감가상각누계액을 제거하는 방법으로 재평가회계처리를 한다. 차량운반구와 관련하여 20×2년 말에 손상이 발생하였으며, 차량운반구의 20×1년과 20×2년 말 공정가치와 회수가능액은 다음과 같다. 차량운반구 관련 회계처리가 (주)세무의 20×2년도 당기순이익에 미치는 영향은? (단, 재평가잉여금은 이익잉여금으로 대체하지 아니하며, 처분부대원가는 무시할 수 없는 수준이다.)

▶ CTA 23

구분	20×1년 말	20×2년 말
공정가치	₩1,600,000	₩500,000
회수가능액	1,600,000	300,000

① ₩400,000 감소
② ₩600,000 감소
③ ₩900,000 감소
④ ₩1,100,000 감소
⑤ ₩1,300,000 감소

97 (주)감평은 20×1년 초 기계장치를 ₩100,000에 취득하고 재평가모형을 적용하기로 하였다. 기계장치의 내용연수는 5년, 잔존가치는 ₩0이며 정액법으로 감가상각한다. 다음은 연도별 기계장치의 공정가치와 회수가능액이다.

구분	20×1년 말	20×2년 말
공정가치	₩88,000	₩60,000
회수가능액	90,000	48,000

(주)감평은 20×2년 말에 기계장치에 대해서 손상이 발생하였다고 판단하였다. 기계장치와 관련하여 20×2년도 포괄손익계산서상 당기순이익과 기타포괄이익에 미치는 영향은 각각 얼마인가? (단, 기계장치를 사용함에 따라 재평가잉여금의 일부를 이익잉여금으로 대체하지 않는다.)

▶ 18년 기출

	당기순이익에 미치는 영향	기타포괄이익에 미치는 영향
①	₩10,000 감소	₩2,000 증가
②	₩10,000 감소	₩8,000 감소
③	₩32,000 감소	₩2,000 감소
④	₩32,000 감소	₩2,000 증가
⑤	₩32,000 감소	₩8,000 감소

98 (주)감평은 20×1년 1월 1일 기계장치(내용연수 5년, 잔존가치 ₩0, 정액법 상각)를 ₩1,000,000
에 취득하여 사용개시하였다. (주)감평은 동 기계장치에 재평가모형을 적용하며 20×2년 말
손상차손 ₩12,500을 인식하였다. 다음은 기계장치에 대한 재평가 및 손상 관련 자료이다.

구분	공정가치	순공정가치	사용가치
20×1년 말	₩850,000	₩800,000	₩900,000
20×2년 말	₩610,000	₩568,000	?

20×2년 말 기계장치의 사용가치는? ▸20년 기출

① ₩522,500   ② ₩550,000

③ ₩568,000   ④ ₩575,000

⑤ ₩597,500

99 차량운반구에 대해 재평가모형을 적용하고 있는 ㈜대한은 20×1년 1월 1일에 영업용으로
사용할 차량운반구를 ₩2,000,000(잔존가치: ₩200,000, 내용연수: 5년, 정액법 상각)에
취득하였다. 동 차량운반구의 20×1년 말 공정가치와 회수가능액은 각각 ₩1,800,000으로
동일하였으나, 20×2년 말 공정가치는 ₩1,300,000이고 회수가능액은 ₩1,100,000으로
자산손상이 발생하였다. 동 차량운반구와 관련하여 ㈜대한이 20×2년 포괄손익계산서에 당
기비용으로 인식할 총 금액은 얼마인가? (단, 차량운반구의 사용기간 동안 재평가잉여금을
이익잉여금으로 대체하지 않는다.) ▸ CPA 21

① ₩200,000   ② ₩360,000

③ ₩400,000   ④ ₩540,000

⑤ ₩600,000

100 도소매업을 영위하는 (주)세무는 20×1년 1월 1일 기계장치를 ₩2,000(잔존가치 ₩200, 내용연수 5년, 정액법 상각)에 취득하고 재평가모형을 적용한다. 기계장치의 20×1년 말 공정가치와 회수가능액은 각각 ₩1,800으로 동일하였으나, 20×2년 말 공정가치는 ₩1,300이고 회수가능액은 ₩1,100으로 자산손상이 발생하였다. 동 기계장치와 관련하여 (주)세무가 20×2년도 포괄손익계산서에 당기비용으로 인식할 금액은? (단, 재평가잉여금은 이익잉여금으로 대체하지 아니하며, 처분부대원가는 무시할 수 없는 수준이다.) ▸ CTA 24

① ₩360
② ₩420
③ ₩460
④ ₩540
⑤ ₩640

101 차입원가의 회계처리와 관련하여 적격자산에 관한 설명으로 옳지 않은 것은? ▸ 관세사 19

① 적격자산의 취득, 건설 또는 생산과 직접 관련된 차입원가는 해당 적격자산과 관련된 지출이 발생하지 아니하였다면 부담하지 않았을 차입원가이다.

② 금융자산과 단기간 내에 제조되거나 다른 방법으로 생산되는 재고자산은 적격자산에 해당하지 아니한다.

③ 적격자산을 의도된 용도로 사용(또는 판매) 가능하게 하는 데 필요한 활동은 해당 자산의 물리적인 제작뿐만 아니라 그 이전단계에서 이루어진 기술 및 관리상의 활동도 포함한다.

④ 적격자산에 대한 적극적인 개발활동을 중단한 기간에는 차입원가의 자본화를 중단한다.

⑤ 적격자산을 취득하기 위한 목적으로 특정하여 차입한 자금에 한하여, 회계기간 동안 그 차입금으로부터 실제 발생한 차입원가에서 해당 차입금의 일시적 운용에서 생긴 투자수익을 가산한 금액을 자본화가능차입원가로 결정한다.

102 ㈜강남은 사옥을 건설하기 위하여 20×2년 1월 1일에 ㈜대한과 건설계약을 체결하였다. ㈜강남의 사옥은 20×3년 6월 30일에 준공될 예정이고, ㈜강남은 사옥건설을 위해 다음과 같이 지출하였다.

일자	20×2.1.1.	20×2.7.1.	20×2.10.1.	20×3.1.1.
금액	₩50,000	₩50,000	₩60,000	₩70,000

㈜강남의 차입금은 다음과 같다.

차입금	차입일	차입금액	상환일	이자율	이자지급조건
K은행	20×2.1.1.	₩50,000	20×3.6.30.	12%	단리/매년말지급
A은행	20×1.1.1.	₩30,000	20×3.6.30.	10%	단리/매년말지급
B은행	20×1.1.1.	₩50,000	20×4.12.31.	12%	단리/매년말지급

이들 차입금 중 K은행에서의 차입금은 ㈜강남의 사옥건설을 위한 특정차입금이며, A은행 차입금과 B은행 차입금은 일반차입금이다. ㈜강남의 건설 중인 사옥은 차입원가 자본화의 적격자산에 해당된다. 이에 대하여 ㈜강남이 20×2년 자본화할 차입원가의 금액은? ▶ 12년 기출

① ₩4,500
② ₩6,000
③ ₩9,000
④ ₩10,500
⑤ ₩13,500

103 ㈜감평은 20×1년 1월 1일에 공장건물을 신축하여 20×2년 9월 30일에 완공하였다. 공장건물 신축 관련 자료가 다음과 같을 때, ㈜감평이 20×1년도에 자본화할 차입원가는? ▶ 17년 기출

(1) 공사비 지출

일자	금액
20×1.1.1.	₩600,000
20×1.7.1.	500,000
20×2.3.1.	500,000

(2) 차입금 현황

종류	차입금액	차입기간	연이자율
특정차입금	₩300,000	20×1.4.1. – 20×1.12.31.	3%
일반차입금 A	500,000	20×1.7.1. – 20×2.12.31.	4%
일반차입금 B	1,000,000	20×1.10.1. – 20×3.12.31.	5%

① ₩29,250
② ₩31,500
③ ₩34,875
④ ₩37,125
⑤ ₩40,125

104 ㈜감평은 20×1년 1월 초에 본사건물을 착공하여 20×2년 11월 말 완공하였다. 본사건물 신축 관련 자료가 다음과 같을 때, ㈜감평이 20×1년도에 자본화할 차입원가는? (단, 기간은 월할 계산한다.) ▸23년 기출

(1) 공사비 지출

일자	금액
20×1.1.1.	₩2,000,000
20×1.7.1.	400,000

(2) 차입금 현황

구분	차입금액	차입기간	연이자율
특정차입금	₩2,000,000	20×1.7.1. ~ 20×1.12.31.	3%
일반차입금	100,000	20×1.1.1. ~ 20×2.6.30.	5%

① ₩30,000   ② ₩35,000
③ ₩50,000   ④ ₩65,000
⑤ ₩90,000

105 20×1년 1월 1일에 (주)서울은 (주)한국과 총 공사도급금액 ₩200,000의 건물 신축 계약을 체결하고 20×1년 1월 1일에 ₩100,000, 9월 1일에 ₩30,000, 그리고 20×2년 7월 1일에 ₩70,000을 지출하였다. 동 건물은 20×2년 9월 30일에 완공되었으며, 차입원가 자본화의 적격자산에 해당한다. (주)서울의 차입금 내역은 다음과 같다. 이 중 A차입금만 동 건물의 건설을 위한 특정차입금이며, 나머지는 일반목적으로 차입된 것이다. 이자는 매년 말 혹은 상환일에 지급한다면 20×1년도에 자본화해야 할 차입원가는 얼마인가? (단, 차입원가 자본화는 월할계산에 의한다.) ▸관세사 13

차입금	A(특정차입금)	B(일반차입금)	C(일반차입금)
	₩30,000	₩50,000	₩100,000
차입일	20×1년 1월 1일	20×0년 12월 31일	20×1년 7월 1일
상환일	20×2년 9월 30일	20×2년 12월 31일	20×3년 6월 30일
이자율	연 9%	연 10%	연 6%

① ₩5,800   ② ₩6,400
③ ₩8,800   ④ ₩9,100
⑤ ₩10,700

106 (주)관세는 20×1년 1월 1일 공장 신축을 위하여 (주)한국건설과 건설계약을 체결하였으며, 건설기간은 20×1년 1월 1일부터 20×3년 6월 30일까지이다. (주)관세는 동 공장 신축과 관련하여 20×1년 1월 1일에 ₩6,000,000을 지출하였다. (주)관세가 일반적인 목적으로 자금을 차입하여 동 공장 신축에 사용하는 일반차입금과 관련된 내역은 다음과 같다.

차입금액	차입일	상환일	연 이자율 및 이자지급조건
₩5,000,000	20×0년 1월 1일	20×2년 12월 31일	10%, 매년 말 지급

한편 (주)관세는 20×1년 1월 1일 금융기관으로부터 동 공장 신축을 위한 목적으로 특정하여 3년 만기 조건(연 이자율 10%, 매년 말 지급)의 자금을 차입(특정차입금)하고 동 일자에 동 공장 신축에 전액 지출하였다. (주)관세가 20×1년도에 일반차입금과 관련하여 자본화한 차입원가가 ₩400,000이라면, (주)관세가 20×1년 1월 1일에 금융기관으로부터 차입한 특정차입금은?

▶ 관세사 18

① ₩1,200,000　　　　　　　② ₩1,400,000
③ ₩1,600,000　　　　　　　④ ₩1,800,000
⑤ ₩2,000,000

107 ㈜관세는 20×1년 1월 1일에 사옥 건설(20×2년 6월 30일에 완공 예정)을 시작하면서, 20×1년 1월 1일에 ₩60,000과 20×1년 7월 1일에 ₩90,000을 지출하였다. 한편, ㈜관세의 차입금 내역은 다음과 같으며, 모든 차입금에 대한 이자는 단리로 계산되고 상환일에 지급된다. ㈜관세가 20×1년에 자본화할 차입원가는? (단, 평균지출액과 이자는 월할 계산한다.)

▶ 관세사 16

차입일	차입금액	상환일	연 이자율	비고
20×0년 1월 1일	₩150,000	20×1년 6월 30일	7%	일반차입금
20×1년 1월 1일	₩75,000	20×1년 12월 31일	8%	일반차입금
20×1년 7월 1일	₩90,000	20×2년 12월 31일	9%	사옥건설을 위한 특정차입금

① ₩6,750　　　　　　　② ₩8,550
③ ₩8,850　　　　　　　④ ₩9,225
⑤ ₩10,500

108 (주)관세는 공장을 신축하기로 하고 (주)한국과 도급계약을 체결하였다. 공사는 20×6년 1월 1일 착공하여 20×7년 9월 30일에 완공될 예정이다. (주)관세는 공장건설을 위해 20×6년 1월 1일에 ₩50,000,000과 7월 1일에 ₩100,000,000을 각각 지출하였다. (주)관세의 차입금 내역은 다음과 같다.

항목	특정차입금 A	일반차입금 B	일반차입금 C
차입액	₩20,000,000	₩30,000,000	₩60,000,000
차입일	20×6.1.1.	20×5.8.1.	20×6.9.1.
상환일	20×7.12.31.	20×7.6.31.	20×8.10.31.
연이자율	9%	9%	10%

특정차입금 A ₩20,000,000 중 ₩3,000,000을 20×6년에 4개월 동안 연 2% 투자수익률로 투자하였다. (주)관세가 건설 중인 신축공사에 대하여 20×6년도에 자본화할 차입원가는? (단, 계산 시 월할로 하며 이자율은 모두 단리이다.) ▸ 관세사 17

① ₩4,700,000
② ₩6,480,000
③ ₩6,500,000
④ ₩7,614,000
⑤ ₩9,414,000

109 (주)감평은 20×1년 초 공장건물을 신축하기 시작하여 20×1년 말에 완공하였다. 다음은 공장건물의 신축을 위한 (주)감평의 지출액과 특정차입금 및 일반차입금에 대한 자료이다.

구분	연평균금액	이자비용
공장건물에 대한 지출액	₩320,000	
특정차입금	160,000	₩18,400
일반차입금	100,000	12,000

20×1년 공장건물과 관련하여 자본화할 차입원가는? (단, 이자비용은 20×1년 중에 발생한 금액이며, 공장건물은 차입원가를 자본화하는 적격자산에 해당된다.) ▸ 18년 기출

① ₩12,000
② ₩18,400
③ ₩30,400
④ ₩31,200
⑤ ₩37,600

110 ㈜세무는 20×1년 4월 1일에 공장건물 신축을 시작하여 20×2년 9월 30일에 공사를 완료하였다. 동 공장건물은 차입원가를 자본화하는 적격자산이며, 공장건물 신축 관련 공사비 지출 내역은 다음과 같다.

구분	20×1년 4월 1일	20×1년 6월 1일	20×2년 2월 1일
공사대금 지출액	₩2,000,000	₩4,800,000	₩900,000

모든 차입금은 매년 말 이자지급 조건이며, 특정차입금과 일반차입금에서 발생한 일시적 투자수익은 없다. ㈜세무의 차입금 내역은 다음과 같다.

차입금	차입일	차입금액	상환일	연 이자율
특정차입금	20×1.4.1.	₩1,000,000	20×2.9.30.	5%
일반차입금	20×1.1.1.	₩1,500,000	20×3.12.31.	8%
일반차입금	20×1.3.1.	₩1,800,000	20×2.12.31.	12%

20×1년 공장건물과 관련하여 자본화할 차입원가는? (단, 연평균지출액과 이자비용은 월할 계산한다.) ▸ CTA 19

① ₩300,000
② ₩325,000
③ ₩337,500
④ ₩380,000
⑤ ₩550,000

111 ㈜대한은 공장건물을 신축하기로 하고 ㈜청주건설과 도급계약을 체결하였다. 공장건물 건설공사는 20×1년 1월 1일에 시작하여 20×2년 6월 30일에 완료될 예정이다. 동 공장건물은 차입원가를 자본화하는 적격자산에 해당한다. ㈜대한은 공장건물 건설공사를 위해 20×1년 1월 1일에 ₩3,000,000, 20×1년 7월 1일에 ₩5,000,000, 20×1년 10월 1일에 ₩4,000,000을 각각 지출하였다. ㈜대한의 차입금 내역은 다음과 같다.

차입금	차입금액	차입일	상환일	연 이자율	이자지급조건
A	₩4,000,000	20×1.1.1.	20×2.9.30.	8%	단리/매년말 지급
B	₩6,000,000	20×0.9.1.	20×2.12.31.	10%	단리/매년말 지급
C	₩8,000,000	20×1.4.1.	20×3.6.30.	6%	단리/매년말 지급

이들 차입금 중에서 차입금A는 동 공장건물의 건설공사를 위한 특정차입금이며, 차입금B와 차입금C는 일반차입금이다. 특정차입금 중 ₩1,000,000은 20×1년 1월 1일부터 20×1년 6월 30일까지 연 이자율 5%의 정기예금에 예치하였다. ㈜대한이 20×1년에 자본화할 차입원가는 얼마인가? (단, 연평균지출액, 이자비용, 이자수익은 월할로 계산한다.) ▸ CPA 19

① ₩320,000 ② ₩470,000

③ ₩495,000 ④ ₩520,000

⑤ ₩535,000

112 ㈜세무는 20×1년 7월 1일에 영업지점 건물 신축을 시작하여 20×2년 12월 31일에 공사를 완료하였다. 동 건물은 차입원가를 자본화하는 적격자산이며, 20×1년도 영업지점 건물 신축 관련 공사비 지출 내역은 다음과 같다. 20×1년 10월 1일 지출액 중 ₩240,000은 당일에 정부로부터 수령한 보조금으로 지출되었다.

구분	20×1.7.1.	20×1.10.1.	20×1.12.1.
공사대금 지출액	₩300,000	₩960,000	₩1,200,000

㈜세무의 차입금 내역은 다음과 같으며, 모든 차입금은 매년 말 이자지급 조건이다. 특정차입금 중 ₩200,000은 20×1년 7월 1일부터 20×1년 9월 30일까지 3개월 간 연 10%의 수익률을 제공하는 금융상품에 투자하여 일시적 운용수익을 획득하였다.

차입금	차입일	차입금액	상환일	연 이자율
특정차입금	20×1.7.1.	₩500,000	20×2.6.30.	8%
일반차입금 A	20×1.1.1.	500,000	20×2.12.31.	8%
일반차입금 B	20×1.7.1.	1,000,000	20×3.6.30.	6%

신축 중인 영업지점 건물과 관련하여 ㈜세무가 20×1년도에 자본화할 차입원가는? (단, 연평균지출액과 이자비용은 월할 계산하며, 정부보조금은 해당 자산의 장부금액에서 차감하는 방법으로 처리한다.)

▸ CTA 21

① ₩15,000 ② ₩31,100

③ ₩49,300 ④ ₩62,300

⑤ ₩85,000

113 ㈜대한은 20×1년 7월 1일에 차입원가 자본화 적격자산에 해당하는 본사 사옥 신축공사를 시작하였으며, 본 공사는 20×2년 9월 말에 완료될 것으로 예상된다. 동 공사와 관련하여 20×1년에 지출한 공사비는 다음과 같다.

일자	20×1.7.1.	20×1.10.1.	20×1.12.1.
지출액	₩500,000	₩600,000	₩1,200,000

㈜대한의 차입금 내역은 다음과 같다.

구분	차입금액	차입일	상환일	연 이자율
특정차입금	₩800,000	20×1.7.1.	20×3.6.30.	5%
일반차입금	1,000,000	20×1.1.1.	20×3.12.31.	?

모든 차입금은 매년 말 이자 지급조건이며, 특정차입금 중 50%는 20×1년 9월 말까지 3개월 간 연 3% 수익률을 제공하는 투자처에 일시적으로 투자하였다. ㈜대한이 동 공사와 관련하여 20×1년 말에 건설 중인 자산(유형자산)으로 ₩2,333,000을 보고하였다면, 일반차입금의 연 이자율은 몇 퍼센트(%)인가? (단, 연평균지출액, 이자수익 및 이자비용은 월할로 계산한다.) ▸CPA 21

① 1.6% ② 3%
③ 5% ④ 8%
⑤ 10.5%

114 ㈜대한은 20×1년 3월 1일부터 공장건물 신축공사를 실시하여 20×2년 10월 31일에 해당 공사를 완료하였다. 동 공장건물은 차입원가를 자본화하는 적격자산이다. ㈜대한의 신축공사와 관련된 자료는 다음과 같다.

구분	20×1.3.1.	20×1.10.1.	20×2.1.1.	20×2.10.1.
공사대금 지출액	₩200,000	₩400,000	₩300,000	₩120,000

종류	차입금액	차입기간	연 이자율
특정차입금 A	₩240,000	20×1.3.1. ~ 20×2.10.31.	4%
일반차입금 B	₩240,000	20×1.3.1. ~ 20×2.6.30.	4%
일반차입금 C	₩60,000	20×1.6.1. ~ 20×2.12.31.	10%

㈜대한이 20×2년에 자본화할 차입원가는 얼마인가? (단, 전기 이전에 자본화한 차입원가는 연평균 지출액 계산 시 포함하지 아니하며, 연평균 지출액, 이자비용은 월할 계산한다.) ▸CPA 20

① ₩16,800 ② ₩17,000
③ ₩18,800 ④ ₩20,000
⑤ ₩20,800

115 ㈜감평은 특정차입금 없이 일반차입금을 사용하여 건물을 신축하였다. 건물은 차입원가 자본화 대상인 적격자산이다. 신축 건물과 관련한 자료가 다음과 같을 경우, 20×1년도에 자본화할 차입원가(A)와 20×2년도에 자본화할 차입원가(B)는? (단, 계산 시 월할 계산하며, 전기에 자본화한 차입원가는 적격자산의 연평균 지출액 계산 시 포함하지 않는다.) ▸ 22년 기출

- 공사기간 : 20×1년 5월 1일 ~ 20×2년 6월 30일
- 공사비 지출 :

20×1년 5월 1일	20×1년 10월 1일	20×2년 4월 1일
₩300,000	₩200,000	₩100,000

- 일반차입금 자본화 연이자율

20×1년	20×2년
10%	8%

- 실제 발생한 이자비용

20×1년	20×2년
₩20,000	₩24,200

	(A)	(B)		(A)	(B)
①	₩20,000	₩22,000	②	₩20,000	₩24,200
③	₩20,000	₩25,000	④	₩25,000	₩22,000
⑤	₩25,000	₩24,200			

Chapter

05 무형자산

1절 무형자산의 정의 및 인식과 측정

1. 무형자산의 정의

무형자산은 물리적 실체는 없지만 식별가능한 비화폐성자산을 말한다.

2. 무형자산으로 정의되기 위한 요건(모두 충족)

① 식별가능성(분리가능 또는 법/계약으로부터의 권리)

② 자원에 대한 통제

③ 미래경제적효익의 존재

> ✔ 자원에 대한 통제 : 종업원의 숙련된 기술, 고객구성, 시장점유율, 고객관계와 고객
> 충성도는 무형자산을 충족하기에 충분한 통제를 가지고 있지 않음

3. 무형자산의 인식요건(모두 충족)

① 자산으로부터 발생하는 미래경제적효익이 기업에 유입될 가능성이 높다.

② 자산의 원가를 신뢰성 있게 측정할 수 있다.

4. 최초측정

무형자산을 최초로 인식할 때는 원가로 측정한다. 무형자산의 인식요건을 충족하지 못할 경우 취득 또는 창출하는 데 소요되는 지출이 발생했을 때 비용으로 인식한다.

① **개별취득** : 매입원가에 취득부대비용을 가산한 가격으로 원가를 산정한다.

② **사업결합으로 인한 취득**

사업결합으로 취득하는 무형자산의 취득원가는 취득일의 공정가치로 한다. 사업결합에 따라 자산의 공정가치를 신뢰성 있게 측정할 수 있다면 사업결합 전에 그 자산을 피취득자가 인식하였는지 여부와 관계없이 취득자는 취득일에 무형자산을 영업권과 분리하여 인식한다.

5. 내부적으로 창출한 영업권

무형자산으로 인식하지 않는다.

6. 내부적으로 창출한 무형자산

무형자산을 창출하는 과정을 연구단계와 개발단계로 구분하여 인식한다. 무형자산을 창출하기 위한 내부 프로젝트를 연구단계와 개발단계로 구분할 수 없는 경우에는 발생한 지출을 모두 연구단계에서 발생한 것으로 본다. 내부적으로 창출한 브랜드, 제호, 출판표제, 고객목록과 이와 실질이 유사한 항목은 사업을 전체적으로 개발하는 데 발생한 원가와 구별할 수 없으므로 무형자산으로 인식하지 않는다.

구분	내용
연구단계	내부 프로젝트의 연구단계에서 발생한 지출은 연구비의 과목으로 발생시점의 비용으로 인식한다. ㉠ 새로운 지식을 얻고자 하는 활동 ㉡ 연구결과나 기타 지식을 탐색, 평가, 최종 선택, 응용하는 활동 ㉢ 재료, 장치, 제품, 공정, 시스템이나 용역에 대한 여러 가지 대체안을 탐색하는 활동 ㉣ 새롭거나 개선된 재료, 장치, 제품, 공정, 시스템이나 용역에 대한 여러 가지 대체안을 제안, 설계, 평가, 최종 선택하는 활동
개발단계	개발단계에서 발생한 지출은 자산인식요건을 모두 충족한 경우 이후의 지출분에 대하여 개발비의 과목으로 무형자산으로 인식하며, 해당 경우 이외에는 경상개발비로 비용으로 인식한다. ㉠ 생산이나 사용 전의 시제품과 모형을 설계, 제작, 시험하는 활동 ㉡ 새로운 기술과 관련된 공구, 지그, 주형, 금형 등을 설계하는 활동 ㉢ 상업적 생산 목적으로 실현가능한 경제적 규모가 아닌 시험공장을 설계, 건설, 가동하는 활동 ㉣ 신규 또는 개선된 재료, 장치, 제품, 공정, 시스템이나 용역에 대하여 최종적으로 선정된 안을 설계, 제작, 시험하는 활동

무형자산에 대한 지출로서 최초에 비용으로 인식한 지출은 그 이후에 무형자산의 원가로 인식할 수 없다.

7. 무형자산의 후속측정

무형자산에 대하여 회계정책으로 원가모형이나 재평가모형을 선택할 수 있다. 다만, 재평가모형은 활성시장이 존재하는 경우에만 가능하다.

2절 무형자산의 상각

1. 내용연수

구분	내용
내용연수가 한정(유한)	미래경제적효익의 소비형태를 반영한 방법으로 내용연수 동안 체계적으로 상각한다.
내용연수가 비한정	상각하지 않는다. 내용연수가 비한정인 무형자산은 매년 또는 손상을 시사하는 징후가 있을 때마다 손상검사를 수행한다. 손상검사는 연중 어느 때라도 할 수 있으며 매년 같은 시기에 실시한다. 내용연수가 비한정이 무한을 의미하는 것은 아니며 내용연수는 매년 말 재검토한다. 재검토 결과 내용연수가 한정이 되면 손상의 징후로 보아 손상을 인식한 뒤 남은 내용연수에 걸쳐 상각한다 (회계추정치의 변경).

2. 상각기간

① 개시 : 사용가능한 때
② 중지 : 매각예정으로 분류되는 날과 제거되는 날 중 이른 날

3. 상각방법

무형자산의 상각방법은 자산의 경제적효익이 소비되는 형태를 반영한 방법이어야 한다. 무형자산의 상각대상금액을 내용연수 동안 체계적으로 배분하기 위해 다양한 방법을 사용할 수 있다. 상각방법에는 정액법, 체감잔액법, 생산량비례법 등이 있다. 그러나 소비되는 형태를 신뢰성 있게 결정할 수 없는 경우에는 정액법을 사용한다. 제조과정에서 사용된 무형자산의 상각액은 자산의 장부금액에 포함한다.

4. 잔존가치

내용연수 종료시점에 제3자가 자산을 구입하기로 약정하거나 활성시장이 존재하고 거래되는 가격을 확인할 수 있는 경우를 제외하고는 원칙적으로 영(0)으로 본다. 무형자산의 잔존가치는 매 회계연도 말 재검토한다. 무형자산의 잔존가치는 해당 자산의 장부금액과 같거나 큰 금액으로 증가할 수 있다. 이 경우 잔존가치가 장부금액보다 작은 금액으로 감소될 때까지 무형자산의 상각액은 영(0)이 된다.

5. 내용연수

무형자산의 내용연수는 법적 내용연수를 초과할 수 없지만 경제적 요인에 의해 더 짧을 수는 있다. 내용연수, 잔존가치, 상각방법 등은 매년 말 재검토하며 이를 변경하는 경우에는 회계추정치의 변경으로 보고 전진적으로 회계처리한다.

3절 무형자산의 제거와 손상

1. 무형자산의 제거

무형자산을 처분하는 때 또는 사용이나 처분으로부터 미래경제적효익이 기대되지 않을 때에 재무상태표에서 제거한다. 무형자산의 제거로 인하여 발생하는 손익은 자산을 제거할 때 당기손익으로 인식한다.

2. 무형자산의 손상

매 보고기간 말마다 무형자산 손상을 시사하는 징후가 있는지를 검토한다. 만약 그러한 징후가 있다면 해당 무형자산의 회수가능액을 추정하여 손상검사를 한다. 다만, 내용연수가 비한정인 무형자산 또는 아직 사용할 수 없는 무형자산에 대해서는 자산손상을 시사하는 징후가 있는지에 관계없이 매년 회수가능액을 추정하여 손상검사를 한다.

4절 영업권

영업권은 이전대가에서 매수일 현재 피투자회사로부터 식별 가능한 순자산의 공정가치를 차감하여 구한다. 취득일 현재 이전대가보다 식별가능한 순자산의 공정가치가 큰 경우 염가매수차익이 발생할 수도 있다. 염가매수차익은 당기손익으로 인식한다.

1. 영업권 계산 시 고려사항

① 식별가능한 무형자산은 공정가치를 측정할 수 있는 경우 영업권과 분리하여 인식한다.
② 피투자회사는 우발부채로 주석으로 공시하더라도 금액을 신뢰성 있게 추정할 수 있다면 합병 시 충당부채로 부채를 인식한다.
③ 합병 시 수수료는 영업권 금액에 영향을 주지 않는다.

2. 영업권의 상각

영업권은 내용연수가 비한정인 것으로 보아 상각하지 아니한다. 영업권은 매년 또는 손상을 시사하는 징후가 있을 때마다 손상검사를 수행한다.

3. 영업권 손상

영업권의 장부금액이 회수가능액에 미달하는 경우 손상차손으로 하여 당기손익으로 인식한다. 그러나 손상차손을 인식한 후 회수가능액이 장부금액을 초과하는 경우에도 손상차손환입을 인식하지 않는다.

CHAPTER 05 객관식 문제

01 무형자산에 관한 설명으로 옳지 않은 것은?　　　　　　　　　　　▸13년 기출

① 무형자산을 최초로 인식할 때에는 공정가치로 측정한다.

② 최초에 비용으로 인식한 무형자산에 대한 지출은 그 이후에 무형자산의 원가로 인식할 수 없다.

③ 자산에서 발생하는 미래경제적효익이 기업에 유입될 가능성이 높고 자산의 원가를 신뢰성 있게 측정할 수 있을 때에만 무형자산을 인식한다.

④ 자산을 사용가능한 상태로 만드는 데 직접적으로 발생하는 종업원급여와 같은 직접 관련되는 원가는 무형자산의 원가에 포함한다.

⑤ 새로운 지역에서 또는 새로운 계층의 고객을 대상으로 사업을 수행하는 데서 발생하는 원가 등은 무형자산 원가에 포함하지 않는다.

02 무형자산의 인식과 측정에 대한 다음 설명 중 옳지 않은 것은?　　　　▸CPA 23

① 개별 취득하는 무형자산과 사업결합으로 취득하는 무형자산은 무형자산 인식조건 중 자산에서 발생하는 미래경제적효익이 기업에 유입될 가능성이 높다는 조건을 항상 충족하는 것은 아니다.

② 무형자산을 최초로 인식할 때에는 원가로 측정하며, 사업결합으로 취득하는 무형자산의 원가는 취득일 공정가치로 한다.

③ 사업결합으로 취득하는 자산이 분리가능하거나 계약상 또는 기타 법적 권리에서 발생한다면, 그 자산의 공정가치를 신뢰성 있게 측정하기에 충분한 정보가 존재한다.

④ 내부적으로 창출한 영업권과 내부 프로젝트의 연구단계에서 발생한 지출은 자산으로 인식하지 않는다.

⑤ 내부적으로 창출한 무형자산의 원가는 그 자산의 창출, 제조 및 경영자가 의도하는 방식으로 운영될 수 있게 준비하는데 필요한 직접 관련된 모든 원가를 포함한다.

03 무형자산의 인식 및 측정에 관한 설명으로 옳은 것은? ▸CTA 13

① 개별 취득하는 무형자산은 자산에서 발생하는 미래경제적효익이 기업에 유입될 가능성이 높다는 발생가능성 인식기준을 항상 충족하는 것으로 본다.

② 새로운 지역에서 또는 새로운 계층의 고객을 대상으로 사업을 수행하는 데서 발생하는 원가는 무형자산 원가에 포함한다.

③ 내부적으로 창출한 브랜드, 제호, 출판표제, 고객 목록은 개발하는 데 발생한 원가를 전체 사업과 구별할 수 없더라도 무형자산으로 인식한다.

④ 무형자산에 대한 대금지급기간이 일반적인 신용기간보다 긴 경우 무형자산의 원가는 실제 총지급액이 된다.

⑤ 새롭거나 개선된 재료, 장치, 제품, 공정, 시스템이나 용역에 대한 여러 가지 대체안을 최종 선택하는 활동은 개발활동의 예로서 해당 지출은 무형자산으로 인식한다.

04 무형자산과 관련된 다음의 설명 중 옳지 않은 것은? ▸CPA 14

① 무형자산을 최초로 인식할 때에는 원가로 측정한다.

② 최초에 비용으로 인식한 무형자산에 대한 지출은 그 이후에 무형자산의 인식요건을 만족하게 된 경우에 한하여 무형자산의 원가로 다시 인식할 수 있다.

③ 무형자산을 창출하기 위한 내부 프로젝트를 연구단계와 개발단계로 구분할 수 없는 경우에는 그 프로젝트에서 발생한 지출은 모두 연구단계에서 발생한 것으로 본다.

④ 내부적으로 창출한 브랜드, 제호, 출판표제, 고객 목록과 이와 실질이 유사한 항목은 무형자산으로 인식하지 않는다.

⑤ 계약상 권리 또는 기타 법적 권리로부터 발생하는 무형자산의 내용연수는 그러한 계약상 권리 또는 기타 법적 권리의 기간을 초과할 수는 없지만, 자산의 예상사용기간에 따라 더 짧을 수는 있다.

05 무형자산에 관한 설명으로 옳지 않은 것은? ▸16년 기출

① 내부적으로 창출한 영업권은 자산으로 인식하지 않는다.

② 사업결합으로 인식하는 영업권은 사업결합에서 획득하였지만 개별적으로 식별하여 별도로 인식하는 것이 불가능한 그 밖의 자산에서 발생하는 미래경제적효익을 나타내는 자산이다.

③ 무형자산을 창출하기 위한 내부 프로젝트를 연구단계와 개발단계로 구분할 수 없는 경우에는 그 프로젝트에서 발생한 지출은 모두 연구단계에서 발생한 것으로 본다.

④ 자산에서 발생하는 미래경제적효익이 기업에 유입될 가능성이 높고 자산의 원가를 신뢰성 있게 측정할 수 있는 경우에만 무형자산을 인식한다.

⑤ 경영자가 의도하는 방식으로 운용될 수 있으나 아직 사용하지 않고 있는 기간에 발생한 원가는 무형자산의 장부금액에 포함한다.

06 기업회계기준서 제1038호 '무형자산'에서 "내부적으로 창출한 무형자산의 원가는 그 자산의 창출, 제조 및 경영자가 의도하는 방식으로 운영될 수 있게 준비하는 데 필요한 직접 관련된 모든 원가를 포함한다"고 설명하고 있다. 다음 중 내부적으로 창출한 무형자산의 원가에 포함하지 않는 것은 무엇인가? ▸CPA 19

① 무형자산의 창출에 사용되었거나 소비된 재료원가, 용역원가

② 무형자산에 대한 법적 권리를 등록하기 위한 수수료

③ 무형자산의 창출을 위하여 발생한 종업원급여

④ 무형자산을 운용하는 직원의 교육훈련과 관련된 지출

⑤ 무형자산의 창출에 사용된 특허권과 라이선스의 상각비

07 무형자산의 회계처리에 관한 설명으로 옳은 것을 모두 고른 것은? ▸24년 기출

> ㄱ. 경영자가 의도하는 방식으로 운용될 수 있으나 아직 사용하지 않고 있는 기간에 발생한 원가는 무형자산의 장부금액에 포함한다.
> ㄴ. 자산을 사용가능한 상태로 만드는데 직접적으로 발생하는 종업원 급여와 같은 직접 관련되는 원가는 무형자산의 원가에 포함한다.
> ㄷ. 최초에 비용으로 인식한 무형항목에 대한 지출은 그 이후에 무형자산의 원가를 신뢰성 있게 측정할 수 있다면 무형자산으로 인식할 수 있다.
> ㄹ. 새로운 지역에서 또는 새로운 계층의 고객을 대상으로 사업을 수행하는 데서 발생하는 원가 등은 무형자산 원가에 포함하지 않는다.

① ㄱ, ㄴ ② ㄱ, ㄷ
③ ㄱ, ㄹ ④ ㄴ, ㄷ
⑤ ㄴ, ㄹ

08 무형자산에 관한 설명으로 옳지 않은 것은? ▸관세사 15

① 내용연수가 비한정인 무형자산은 상각하지 아니한다.
② 내용연수가 유한한 무형자산의 상각대상금액은 내용연수 동안 체계적인 방법으로 배분하여야 한다.
③ 무형자산의 종류로는 물리적 실체는 없지만 식별 가능한 비화폐성자산과 사업결합으로 인해 발생하는 영업권이 있다.
④ 최초에 비용으로 인식한 무형항목에 대한 지출은 그 이후에 기업의 회계정책변경의 경우에 한하여 무형자산의 원가로 인식할 수 있다.
⑤ 개별 취득하는 무형자산과 사업결합으로 취득하는 무형자산은 인식 조건 중 미래경제적 효익의 유입가능성은 항상 충족되는 것으로 본다.

09 무형자산에 관한 설명으로 옳지 않은 것은?   ▸ 관세사 18

① 무형자산을 최초로 인식할 때에는 원가로 측정한다.

② 최초에 비용으로 인식한 무형항목에 대한 지출은 그 이후에 무형자산의 원가로 인식할 수 있다.

③ 무형자산에 대한 대금지급기간이 일반적 신용기간보다 긴 경우 무형자산 원가는 현금가격상당액이 된다.

④ 제조과정에서 무형자산을 사용하면 수익을 증가시킬 수도 있지만 제조원가를 감소시킬 수도 있다.

⑤ 특정 소프트웨어가 없으면 기계장치의 가동이 불가능한 경우 그 소프트웨어는 기계장치의 일부로 회계처리한다.

10 기업회계기준서 제1038호 '무형자산'에 관한 다음 설명 중 옳지 않은 것은?   ▸ CPA 21

① 개별 취득하는 무형자산의 원가는 그 자산을 경영자가 의도하는 방식으로 운용될 수 있는 상태에 이를 때까지 인식하므로 무형자산을 사용하거나 재배치하는 데 발생하는 원가도 자산의 장부금액에 포함한다.

② 미래경제적효익이 기업에 유입될 가능성은 무형자산의 내용연수 동안의 경제적 상황에 대한 경영자의 최선의 추정치를 반영하는 합리적이고 객관적인 가정에 근거하여 평가하여야 한다.

③ 자산의 사용에서 발생하는 미래경제적효익의 유입에 대한 확실성 정도에 대한 평가는 무형자산을 최초로 인식하는 시점에서 이용가능한 증거에 근거하며, 외부 증거에 비중을 더 크게 둔다.

④ 무형자산의 미래경제적효익은 제품의 매출, 용역수익, 원가절감 또는 자산의 사용에 따른 기타 효익의 형태로 발생할 수 있다.

⑤ 내부적으로 창출한 영업권은 원가를 신뢰성 있게 측정할 수 없고 기업이 통제하고 있는 식별가능한 자원이 아니기 때문에 자산으로 인식하지 아니한다.

11 다음 중 개발활동과 관련된 지출에 해당하는 것은? ▸관세사 13

① 생산이나 사용 전의 시제품과 모형을 설계, 제작 및 시험하는 활동과 관련된 지출
② 새롭거나 개선된 재료, 장치, 제품, 공정, 시스템, 용역 등에 대한 여러 가지 대체안을 제안, 설계, 평가하는 활동과 관련된 지출
③ 새로운 지식을 얻고자 하는 활동과 관련된 지출
④ 재료, 장치, 제품, 공정, 시스템, 용역 등에 대한 여러 가지 대체안을 탐색하는 활동과 관련된 지출
⑤ 연구결과 또는 기타지식을 탐색, 평가하는 활동과 관련된 지출

12 다음은 ㈜감평의 20×1년 연구 및 개발활동 지출에 관한 자료이다. ㈜감평이 20×1년에 연구 활동으로 분류해야 하는 금액은? ▸15년 기출

- 새로운 지식을 얻고자 하는 활동 : ₩100,000
- 연구결과나 기타 지식을 최종 선택하는 활동 : ₩200,000
- 생산이나 사용 전의 시제품과 모형을 제작 하는 활동 : ₩350,000
- 상업적 생산 목적으로 실현가능한 경제적 규모가 아닌 시험공장을 건설하는 활동 : ₩400,000

① ₩300,000   ② ₩450,000
③ ₩500,000   ④ ₩550,000
⑤ ₩600,000

13 무형자산의 회계처리에 관한 설명으로 옳지 않은 것은? ▶ CTA 19

① 사업결합 과정에서 피취득자가 진행하고 있는 연구, 개발 프로젝트가 무형자산의 정의를 충족한다면 사업결합 전에 그 자산을 피취득자가 인식하였는지 여부에 관계없이, 취득자는 취득일에 피취득자의 무형자산을 영업권과 분리하여 인식한다.

② 무형자산의 인식기준을 충족하지 못하여 비용으로 인식한 지출은 그 이후에 무형자산의 원가로 인식할 수 없다.

③ 내용연수가 비한정인 무형자산을 유한 내용연수로 재평가하는 것은 그 자산의 손상을 시사하는 징후에 해당하지 않으므로 손상차손을 인식하지 않는다.

④ 상각하지 않는 무형자산에 대하여 사건과 상황이 그 자산의 내용연수가 비한정이라는 평가를 계속하여 정당화하는지를 매 회계기간에 검토하며, 사건과 상황이 그러한 평가를 정당화하지 않는 경우에 비한정 내용연수를 유한 내용연수로 변경하는 것은 회계추정의 변경으로 회계처리한다.

⑤ 내부적으로 창출한 브랜드, 제호, 출판표제, 고객 목록과 이와 실질이 유사한 항목은 무형자산으로 인식하지 않는다.

14 무형자산의 회계처리에 관한 설명으로 옳은 것을 모두 고른 것은? ▶ 19년 기출

ㄱ. 내용연수가 비한정적인 무형자산은 상각하지 않고, 무형자산의 손상을 시사하는 징후가 있을 경우에 한하여 손상검사를 수행해야 한다.

ㄴ. 무형자산을 창출하기 위한 내부 프로젝트를 연구단계와 개발단계로 구분할 수 없는 경우에는 그 프로젝트에서 발생한 지출은 모두 연구단계에서 발생한 것으로 본다.

ㄷ. 브랜드, 제호, 출판표제, 고객목록 및 이와 실질이 유사한 항목은 그것을 외부에서 창출하였는지 또는 내부적으로 창출하였는지에 관계없이 취득이나 완성 후의 지출은 발생 시점에 무형자산의 원가로 인식한다.

ㄹ. 내용연수가 유한한 무형자산의 잔존가치는 적어도 매 회계연도 말에는 검토하고, 잔존가치의 변동은 회계추정의 변경으로 처리한다.

ㅁ. 무형자산은 처분하는 때 또는 사용이나 처분으로부터 미래경제적효익이 기대되지 않을 때 재무상태표에서 제거한다.

① ㄱ, ㄴ, ㄷ   ② ㄱ, ㄷ, ㄹ
③ ㄱ, ㄹ, ㅁ   ④ ㄴ, ㄷ, ㅁ
⑤ ㄴ, ㄹ, ㅁ

15 무형자산의 회계처리에 관한 설명으로 옳지 않은 것은? ▸CTA 24

① 무형자산의 미래경제적효익은 제품의 매출, 용역수익, 원가절감 또는 자산의 사용에 따른 기타 효익의 형태로 발생할 수 있다.

② 내부적으로 창출한 영업권은 원가를 신뢰성 있게 측정할 수 없고 기업이 통제하고 있는 식별가능한 자원이 아니기 때문에 자산으로 인식하지 아니한다.

③ 자산의 사용에서 발생하는 미래경제적효익의 유입에 대한 확실성 정도에 대한 평가는 무형자산을 최초로 인식하는 시점에서 이용 가능한 증거에 근거하며, 외부 증거에 비중을 더 크게 둔다.

④ 계약상 권리 또는 기타 법적 권리로부터 발생하는 무형자산의 내용연수는 그러한 계약상 권리 또는 기타 법적 권리의 기간을 초과할 수는 없지만, 자산의 예상사용기간에 따라 더 짧을 수는 있다.

⑤ 개별 취득하는 무형자산의 원가는 그 자산을 경영자가 의도하는 방식으로 운용될 수 있는 상태에 이를 때까지 인식하므로 무형자산을 사용하거나 재배치하는 데 발생하는 원가도 자산의 취득원가에 포함한다.

16 무형자산의 상각 및 손상회계에 관한 설명으로 옳지 않은 것은? ▸관세사 12

① 내용연수가 비한정인 무형자산의 내용연수를 유한으로 변경하는 것은 회계추정의 변경으로 회계처리한다.

② 내용연수가 비한정인 무형자산은 상각하지 아니하며, 자산손상을 시사하는 징후가 있을 때에 한하여 손상검사를 수행한다.

③ 내용연수가 유한한 무형자산의 상각은 자산이 사용가능한 때부터 시작하며, 상각기간과 상각방법은 적어도 매 회계연도 말에 검토한다.

④ 무형자산의 잔존가치는 해당 자산의 장부금액과 같거나 큰 금액으로 증가할 수도 있다.

⑤ 계약상 권리 또는 기타 법적 권리로부터 발생하는 무형자산의 내용연수는 그러한 계약상 권리 또는 기타 법적 권리의 기간을 초과할 수 없지만, 자산의 예상사용기간에 따라 더 짧을 수는 있다.

17 무형자산의 회계처리에 관한 설명으로 옳지 않은 것은?   ▶ 22년 기출

① 무형자산의 잔존가치는 해당 자산의 장부금액과 같거나 큰 금액으로 증가할 수도 있다.

② 브랜드, 제호, 출판표제, 고객목록, 그리고 이와 실질이 유사한 항목(외부에서 취득하였는지 또는 내부적으로 창출하였는지에 관계없이)에 대한 취득이나 완성 후의 지출은 발생시점에 항상 당기손익으로 인식한다.

③ 무형자산의 상각방법은 자산의 경제적효익이 소비될 것으로 예상되는 형태를 반영한 방법이어야 하지만, 그 형태를 신뢰성 있게 결정할 수 없는 경우에는 정액법을 사용한다.

④ 내용연수가 비한정인 무형자산은 상각하지 않고, 무형자산의 손상을 시사하는 징후가 있을 경우에 한하여 손상검사를 수행한다.

⑤ 내부적으로 창출한 브랜드, 제호, 출판표제, 고객목록과 이와 실질이 유사한 항목은 무형자산으로 인식하지 아니한다.

18 무형자산 회계처리에 관한 설명으로 옳은 것은?   ▶ CTA 22

① 내용연수가 비한정인 무형자산의 비한정 내용연수를 유한 내용연수로 변경하는 것은 회계정책의 변경이다.

② 자산을 운용하는 직원의 교육훈련과 관련된 지출은 내부적으로 창출한 내용연수가 비한정인 무형자산의 원가에 포함한다.

③ 내부적으로 창출한 브랜드, 제호, 출판표제, 고객 목록과 이와 실질이 유사한 항목은 내용연수가 비한정인 무형자산으로 인식한다.

④ 내용연수가 유한한 무형자산을 내용연수 종료 시점에 제3자가 구입하기로 약정한 경우, 잔존가치는 영(0)으로 보지 않는다.

⑤ 경제적효익이 소비될 것으로 예상되는 형태를 신뢰성 있게 결정할 수 없는 내용연수가 비한정인 무형자산은 정액법을 적용하여 상각한다.

19 무형자산에 관한 설명으로 옳지 않은 것은? ▸23년 기출

① 무형자산은 손상의 징후가 있거나 그 자산을 사용하지 않을 때에 상각을 중지한다.

② 무형자산의 인식기준을 충족하지 못해 비용으로 인식한 지출은 그 이후에 무형자산의 원가로 인식할 수 없다.

③ 내부적으로 창출한 영업권은 자산으로 인식하지 아니한다.

④ 개별취득 무형자산은 자산에서 발생하는 미래경제적효익의 유입가능성이 높다는 인식기준을 항상 충족한다.

⑤ 무형자산으로 정의되려면 식별가능성, 자원에 대한 통제와 미래경제적효익의 존재를 충족하여야 한다.

20 (주)감평은 신약개발을 위해 20×1년 중에 연구활동관련 ₩500,000, 개발활동관련 ₩800,000을 지출하였다. 개발활동에 소요된 ₩800,000 중 ₩300,000은 20×1년 3월 1일부터 동년 9월 30일까지 지출되었으며 나머지 금액은 10월 1일 이후에 지출되었다. (주)감평의 개발활동이 무형자산 인식기준을 충족한 것은 20×1년 10월 1일부터이며, (주)감평은 20×2년 초부터 20×2년 말까지 ₩400,000을 추가 지출하고 신약개발을 완료하였다. 무형자산으로 인식한 개발비는 20×3년 1월 1일부터 사용이 가능하며, 내용연수 4년, 잔존가치 ₩0, 정액법으로 상각하고, 원가모형을 적용한다. (주)감평의 20×3년 개발비 상각액은? ▸20년 기출

① ₩225,000　　　　　　　　② ₩250,000

③ ₩300,000　　　　　　　　④ ₩325,000

⑤ ₩350,000

21 ㈜세무는 신제품 개발활동으로 연구개발비가 다음과 같이 발생하였다. 차입원가는 연구개발 활동과 관련된 특정차입금에서 발생한 이자비용이다. 20×1년은 연구단계이고, 20×2년은 개발단계(무형자산의 인식요건을 충족함)에 속하는데, 20×2년 7월 1일에 프로젝트가 완료 되어 제품생산에 사용되었다. 무형자산(개발비)은 내용연수 5년, 잔존가치 ₩0, 정액법 상각 (월할상각)하며, 원가모형을 적용한다. 20×2년 12월 31일 무형자산(개발비)의 장부금액은?

▸ CTA 16

내역	20×1년 1월 1일 ~ 20×1년 12월 31일	20×2년 1월 1일 ~ 20×2년 6월 30일
연구원 급여	₩40,000	₩30,000
시험용 원재료 사용액	25,000	20,000
시험용 기계장치 감가상각비	10,000	5,000
차입원가	5,000	5,000

① ₩49,500
② ₩50,000
③ ₩54,000
④ ₩55,000
⑤ ₩60,000

22 ㈜감평은 20×1년 중 연구개발비를 다음과 같이 지출하였다.

지출시기	구분	금액	비고
1월 초 ~ 6월 말	연구단계	₩50,000	
7월 초 ~ 9월 말	개발단계	100,000	자산인식 요건 미충족함
10월 초 ~ 12월 말	개발단계	50,000	자산인식 요건 충족함

㈜감평은 20×2년 말까지 ₩100,000을 추가 지출하고 개발을 완료하였다. 무형자산으로 인식한 개발비(내용연수 10년, 잔존가치 ₩0, 정액법 상각)는 20×3년 1월 1일부터 사용이 가능하며, 원가모형을 적용한다. 20×3년 말 현재 개발비가 손상징후를 보였으며 회수가능 액은 ₩80,000이다. 20×3년 인식할 개발비 손상차손은?

▸ 21년 기출

① ₩50,000
② ₩50,500
③ ₩53,750
④ ₩55,000
⑤ ₩70,000

23 상품매매기업인 (주)감평은 20×1년 1월 1일 특허권(내용연수 5년, 잔존가치 ₩0)과 상표권(비한정적 내용연수, 잔존가치 ₩0)을 각각 ₩100,000과 ₩200,000에 취득하였다. (주)감평은 무형자산에 대해 원가모형을 적용하며, 정액법에 의한 월할상각을 한다. 특허권과 상표권 회수가능액 자료가 다음과 같을 때, 20×2년도 포괄손익계산서에 인식할 당기비용은? (단, 20×2년 말 모든 무형자산의 회수가능액 감소는 손상징후에 해당된다.) ▸17년 기출

구분	특허권	상표권
20×1년 말 회수가능액	₩90,000	₩200,000
20×2년 말 회수가능액	35,000	120,000

① ₩45,000
② ₩105,000
③ ₩120,000
④ ₩125,000
⑤ ₩145,000

24 (주)관세는 20×1년 1월 1일에 무형자산인 산업재산권(내용연수 5년, 잔존가치 ₩0, 정액법 상각)을 ₩100,000에 취득하고 사용을 시작하였다. (주)관세는 산업재산권에 대하여 매 회계연도 말 공정가치로 재평가한다. 20×1년도 말과 20×2년도 말 산업재산권의 공정가치는 각각 ₩88,000과 ₩52,800이다. 산업재산권과 관련하여 20×2년도 당기손익에 반영할 재평가손실은? ▸관세사 17

① ₩2,600
② ₩3,400
③ ₩5,200
④ ₩7,200
⑤ ₩13,200

25 다음은 ㈜대한의 무형자산과 관련된 자료이다.

- ㈜대한은 탄소배출량을 혁신적으로 감소시킬 수 있는 신기술에 대해서 연구 및 개발활동을 수행하고 있다. ㈜대한의 20×1년과 20×2년의 연구 및 개발활동에서 발생한 지출내역을 요약하면 다음과 같다.

구분	20×1년	20×2년
연구활동	₩900,000	₩300,000
개발활동	–	3,500,000

- ㈜대한의 개발활동과 관련된 지출은 모두 무형자산의 인식요건을 충족한다.
- ㈜대한의 탄소배출량 감소와 관련된 신기술은 20×2년 중에 개발이 완료되었으며, 20×2년 10월 1일부터 사용가능하게 되었다.
- ㈜대한은 신기술 관련 무형자산에 대해서 원가모형을 적용하며 추정내용연수 20년, 잔존가치 ₩0, 정액법으로 상각한다.
- 20×3년 말 상기 신기술의 사업성이 매우 낮은 것으로 판명되었고, 신기술의 회수가능가액은 ₩2,000,000으로 평가되었다.

동 신기술 관련 무형자산 회계처리가 ㈜대한의 20×3년도 포괄손익계산서상 당기순이익에 미치는 영향은 얼마인가?

▸ CPA 22

① ₩1,496,250 감소
② ₩1,486,250 감소
③ ₩1,480,250 감소
④ ₩1,456,250 감소
⑤ ₩1,281,250 감소

26 다음의 특징을 모두 가지고 있는 자산은?

▸ 21년 기출

- 개별적으로 식별하여 별도로 인식할 수 없다.
- 손상징후와 관계없이 매년 손상검사를 실시한다.
- 손상차손환입을 인식할 수 없다.
- 사업결합 시 이전대가가 피취득자 순자산의 공정가치를 초과한 금액이다.

① 특허권
② 회원권
③ 영업권
④ 라이선스
⑤ 가상화폐

27 (주)관세는 (주)세관을 인수하면서 (주)세관의 발행주식 중 50%를 ₩3,000에 매입하였다. (주)세관에 관한 재무정보와 실사결과가 다음과 같다면 (주)관세가 인식할 영업권은 얼마인가?

▸ 관세사 15

• 자산의 장부금액	₩7,000(공정가치 ₩6,000)
• 부채의 장부금액	₩3,000(공정가치 ₩4,000)
• 자본금	₩1,000
• 자본잉여금	₩1,000
• 이익잉여금	₩2,000

① (−)₩1,000   ② ₩0
③ ₩1,000   ④ ₩1,500
⑤ ₩2,000

28 ㈜관세는 20×1년 초 ㈜한국을 합병하면서 이전대가로 공정가치 ₩30,000의 주식(액면금액 ₩20,000)을 발행·교부하였다. 합병 당시 ㈜한국의 식별가능한 순자산 장부금액은 ₩25,000, 공정가치는 ₩31,000이었다. ㈜관세가 동 합병으로 인식할 영업권 또는 염가매수차익은?

▸ 관세사 22

① 영업권 ₩1,000   ② 영업권 ₩5,000
③ 염가매수차익 ₩1,000   ④ 염가매수차익 ₩5,000
⑤ 염가매수차익 ₩11,000

29 ㈜관세는 20×1년 초 ㈜대한을 흡수합병하였으며, 합병일 현재 ㈜대한의 식별가능한 순자산 장부금액과 공정가치는 아래와 같다. 합병 시 ㈜관세가 흡수합병의 이전대가로 ㈜관세의 보통주 10,000주(주당 액면금액 ₩500, 주당 공정가치 ₩3,000)를 발행하여 지급하였다면, 합병으로 인해 ㈜관세가 인식할 영업권 혹은 염가매수차익은? ▸ 관세사 16

			재무상태표		
㈜대한			20×1년 합병일 현재		(단위 : 원)
구분	장부금액	공정가치	구분	장부금액	공정가치
현금	7,000,000	7,000,000	부채	5,000,000	7,000,000
재고자산	6,000,000	9,000,000	자본금	10,000,000	
유형자산	15,000,000	18,000,000	자본잉여금	20,000,000	
무형자산	8,500,000	6,500,000	이익잉여금	1,500,000	
자산총계	36,500,000		부채,자본총계	36,500,000	

① 염가매수차익 ₩3,500,000 ② 염가매수차익 ₩1,500,000
③ 영업권 ₩3,500,000 ④ 영업권 ₩10,500,000
⑤ 영업권 ₩28,500,000

30 (주)관세가 20×1년 초에 이전대가로 주식(액면금액 ₩100,000, 공정가치 ₩400,000)을 발행·교부하여 (주)한국을 합병하였다. 합병 직전 (주)한국의 순자산 장부금액은 ₩200,000 이었고 유형자산의 공정가치가 장부금액보다 ₩70,000 더 높았다. 그 외 자산과 부채의 장부금액과 공정가치는 일치하였다. 합병 당시 (주)한국이 수행 중인 연구개발프로젝트와 관련하여 신뢰성 있게 측정된 공정가치 ₩50,000의 무형자산이 추가로 식별되었다. 합병일에 (주)관세가 인식할 영업권은? ▸ 관세사 17

① ₩50,000 ② ₩70,000
③ ₩80,000 ④ ₩100,000
⑤ ₩200,000

31 20×1년 초 ㈜세무는 ㈜대한의 주주들에게 현금 ₩700,000을 지급하고 ㈜대한을 흡수합병하였다. 합병 당시 ㈜대한의 자산과 부채의 장부금액과 공정가치는 다음과 같다.

구분	장부금액	공정가치
자산	₩3,000,000	₩3,200,000
부채	2,700,000	2,800,000

한편, 합병일 현재 ㈜세무는 ㈜대한이 자산으로 인식하지 않았으나, 자산의 정의를 충족하고 식별가능한 진행 중인 연구개발프로젝트를 확인하였다. 또한, 해당 프로젝트의 공정가치를 ₩50,000으로 신뢰성 있게 측정하였다. 20×1년 초 ㈜세무가 합병 시 인식할 영업권은?

▸ CTA 21

① ₩250,000
② ₩300,000
③ ₩350,000
④ ₩400,000
⑤ ₩450,000

32 ㈜대한은 20×1년 12월 31일에 현금 ₩120,000을 지불하고 ㈜민국을 합병하였다. 취득일 현재 ㈜민국의 식별 가능한 순자산 장부금액과 공정가치는 다음과 같다.

구분	장부금액	공정가치
기타자산	₩20,000	₩24,000
유형자산	60,000	108,000
부채	40,000	40,000
자본	40,000	

> **(추가사항)**
> ㈜민국은 자원유출가능성은 높지 않아 장부에 반영하지 않았던 우발부채가 있으며, 우발부채의 취득일 현재 신뢰성 있는 공정가치 측정치는 ₩8,000이었다.

취득일에 합병과 관련하여 ㈜대한이 인식할 영업권은?

▸ 13년 기출

① ₩28,000
② ₩36,000
③ ₩40,000
④ ₩72,000
⑤ ₩80,000

33 (주)감평은 20×1년 초 (주)대한을 합병하면서 이전대가로 현금 ₩1,500,000과 (주)감평이 보유한 토지(장부금액 ₩200,000, 공정가치 ₩150,000)를 (주)대한의 주주에게 지급하였다. 합병일 현재 (주)대한의 식별가능한 자산의 공정가치는 ₩3,000,000, 부채의 공정가치는 ₩1,500,000이며, 주석으로 공시한 우발부채는 현재의무이며 신뢰성 있는 공정가치는 ₩100,000이다. 합병 시 (주)감평이 인식할 영업권은? ▶ 18년 기출

① ₩150,000   ② ₩200,000
③ ₩250,000   ④ ₩350,000
⑤ ₩400,000

투자부동산

1절 투자부동산의 의의

투자부동산이란? 임대수익이나 시세차익 또는 이 둘 모두를 얻기 위하여 소유자나 금융리스의 이용자가 보유하고 있는 부동산을 말한다.

1. 투자부동산의 예

① 장기 시세차익을 얻기 위하여 보유하고 있는 토지
② 장래 사용목적을 결정하지 못한 채로 보유하고 있는 토지
③ 직접 소유 또는 금융리스를 통해 보유하고 운용리스로 제공하고 있는 건물
④ 운용리스로 제공하기 위하여 보유하고 있는 건물
⑤ 미래에 투자부동산으로 사용하기 위하여 건설 또는 개발 중인 부동산

2. 투자부동산이 아닌 예

① 정상적인 영업과정에서 판매하기 위한 부동산이나 이를 위하여 건설 또는 개발 중인 부동산
② 제3자를 위하여 건설 또는 개발 중인 부동산
③ 자가사용부동산
④ 금융리스로 제공한 부동산

3. 투자부동산의 구분

구분		내용
일부만 투자부동산	분리하여 매각 가능	각 부분을 분리하여 회계처리
	분리매각 불가능	자가사용부분이 경미한 경우에만 해당 부동산을 투자부동산으로 분류
부동산 소유자가 부수적 용역을 제공	제공하는 용역이 경미	투자부동산으로 분류
	제공하는 용역이 유의적	자가사용부동산으로 분류
지배기업과 종속기업	종속기업에게 운용리스 방식으로 제공	연결재무제표에서는 투자부동산으로 분류할 수 없고 자가사용부동산으로 분류

2절   투자부동산의 최초측정

1. **최초 측정** : 최초 인식시점에서 원가로 측정(거래원가 포함)한다.

   ✔ 후불조건으로 취득하는 경우는 현금가격상당액을 취득원가로 하며 총지급액과 현금
   가격상당액의 차이는 자본화하지 않는 한 신용기간에 걸쳐 이자비용으로 인식한다.

2. 교환취득 시는 유형자산과 동일하다.

3절   투자부동산의 후속측정

1. 원가모형과 공정가치모형

원가모형이나 공정가치모형 중 하나를 선택하여 모든 투자부동산에 적용한다.

원가모형	공정가치모형
경제적 내용연수 동안 감가상각한다. → 공정가치를 신뢰성 있게 결정하기 어려운 경우에는 원가모형을 적용한다.	감가상각하지 않고, 매년 말 공정가치로 평가하며 평가과정에서 발생한 평가손익은 당기손익으로 인식한다.

4절   투자부동산의 계정대체

다음과 같이 사용목적 변경이 확인된 시점에 계정대체를 진행한다.
• 자가사용을 개시한 경우에는 투자부동산을 자가사용부동산으로 대체한다.
• 정상적인 영업과정에서 판매를 위한 개발이 시작된 경우에는 투자부동산을 재고자산으로 대체한다.
• 자가사용이 종료된 경우에는 자가사용부동산을 투자부동산으로 대체한다.

1. **투자부동산(원가) → 재고자산, 자가사용부동산(원가)** : 장부금액을 승계한다.

2. **투자부동산(공정가치모형) → 재고자산 또는 자가사용부동산**

   사용목적 변경시점의 공정가치를 재고자산 또는 자가사용부동산의 원가로 측정하고 계정대체 시점의 공정가치의 차이분은 **당기손익**으로 회계처리한다.

3. **자가사용부동산 → 투자부동산(공정가치모형)**

   사용목적 변경 시점의 공정가치가 투자부동산의 원가로 간주한다.

   → 자가사용부동산의 장부금액과 대체시점의 공정가치의 차액을 유형자산 재평가 회계처리와 동일하게 처리한다.

4. **재고자산 → 투자부동산(공정가치모형)**

   사용목적 변경 시점의 공정가치가 투자부동산의 원가로 간주한다.

   → 재고자산의 장부금액과 대체시점의 공정가치의 차액을 당기손익으로 인식한다.

5. **건설 중인 자산 → 투자부동산으로 계정 대체 시**

   > ✔ 건설 중인 자산(원가집계) → 투자부동산(원가모형) : 장부금액을 그대로 승계한다.
   > ✔ 건설 중인 자산(원가집계) → 투자부동산(공정가치모형)
   >   : 계정대체 시점의 공정가치가 투자부동산의 원가로 간주한다.
   >   → 원가와 공정가치금액과의 차액을 당기손익으로 인식한다.

CHAPTER 06 객관식 문제

01 투자부동산에 해당하지 않는 것은?
▶ 14년 기출

① 장기 시세차익을 얻기 위하여 보유하고 있는 토지(단, 정상적인 영업과정에서 단기간에 판매하기 위하여 보유하는 토지는 제외)
② 미래에 개발 후 자가사용할 부동산
③ 미래에 투자부동산으로 사용하기 위하여 건설 또는 개발 중인 부동산
④ 직접 소유(또는 금융리스를 통해 보유)하고 운용리스로 제공하고 있는 건물
⑤ 장래 사용목적을 결정하지 못한 채로 보유하고 있는 토지

02 투자부동산에 해당되는 항목을 모두 고른 것은?
▶ 15년 기출

> ㄱ. 장래 사용목적을 결정하지 못한 채로 보유하고 있는 토지
> ㄴ. 직접 소유 또는(금융리스를 통해 보유)하고 운용리스로 제공하고 있는 건물
> ㄷ. 제3자를 위하여 건설 또는 개발 중인 부동산
> ㄹ. 자가사용부동산
> ㅁ. 처분예정인 자가사용부동산
> ㅂ. 금융리스로 제공한 부동산
> ㅅ. 운용리스로 제공하기 위하여 보유하고 있는 미사용 건물
> ㅇ. 미래에 투자부동산으로 사용하기 위하여 건설 또는 개발 중인 부동산

① ㄱ, ㄴ, ㄹ   ② ㄱ, ㄴ, ㅅ, ㅇ
③ ㄱ, ㄷ, ㅁ, ㅂ   ④ ㄴ, ㄷ, ㅂ, ㅇ
⑤ ㄱ, ㄴ, ㄷ, ㅁ, ㅅ, ㅇ

03 다음 중 투자부동산에 해당되지 않는 것은?
▶ 관세사 13

① 운용리스로 제공하기 위하여 보유하고 있는 미사용 건물
② 장기 시세차익을 얻기 위하여 보유하고 있는 토지
③ 직접소유하고 운용리스로 제공하고 있는 건물
④ 처분예정인 자가사용부동산
⑤ 미래에 투자부동산으로 사용하기 위하여 건설 또는 개발 중인 부동산

04 다음 항목과 계정 분류를 연결한 것으로 옳지 않은 것은? ▶21년 기출

① 직접 소유 또는 금융리스를 통해 보유하고 운용리스로 제공하고 있는 건물 – 재고자산
② 소유 자가사용부동산 – 유형자산
③ 처분예정인 자가사용부동산 – 매각예정비유동자산
④ 통상적인 영업과정에서 판매하기 위한 부동산이나 이를 위하여 건설 또는 개발 중인 부동산 – 재고자산
⑤ 장래 용도를 결정하지 못한 채로 보유하고 있는 토지 – 투자부동산

05 투자부동산의 회계처리에 관한 설명으로 옳지 않은 것은? ▶CTA 10

① 부동산 중 일부는 시세차익을 얻기 위하여 보유하고, 일부분은 재화의 생산에 사용하기 위하여 보유하고 있으나, 이를 부분별로 나누어 매각할 수 없다면, 재화의 생산에 사용하기 위하여 보유하는 부분이 중요하다고 하더라도 전체 부동산을 투자부동산으로 분류한다.
② 금융리스를 통해 보유하게 된 건물을 운용리스로 제공하고 있다면 해당 건물은 투자부동산으로 분류한다.
③ 사무실 건물의 소유자가 그 건물을 사용하는 리스이용자에게 경미한 보안과 관리용역을 제공하는 경우 해당 부동산은 투자부동산으로 분류한다.
④ 운용리스로 제공하기 위하여 직접 소유하고 있는 미사용 건물은 투자부동산에 해당된다.
⑤ 지배기업이 보유하고 있는 건물을 종속기업에게 리스하여 종속기업의 본사 건물로 사용하는 경우 그 건물은 지배기업의 연결재무제표상에서 투자부동산으로 분류할 수 없다.

06 투자부동산의 분류에 관한 설명으로 옳은 것은? ▶CTA 22

① 통상적인 영업과정에서 가까운 장래에 개발하여 판매하기 위해 취득한 부동산은 투자부동산으로 분류한다.
② 토지를 자가사용할지 통상적인 영업과정에서 단기간에 판매할지를 결정하지 못한 경우 자가사용부동산으로 분류한다.
③ 호텔을 소유하고 직접 경영하는 경우 투숙객에게 제공하는 용역이 전체 계약에서 유의적인 비중을 차지하므로 투자부동산으로 분류한다.
④ 지배기업 또는 다른 종속기업에게 부동산을 리스하는 경우 당해 부동산을 연결재무제표에 투자부동산으로 분류할 수 없고 자가사용부동산으로 분류한다.
⑤ 사무실 건물의 소유자가 그 건물을 사용하는 리스이용자에게 경미한 비중의 보안과 관리용역을 제공하는 경우 부동산 보유자는 당해 부동산을 자가사용부동산으로 분류한다.

07 투자부동산의 분류에 관한 설명으로 옳지 않은 것은?   ▶ 23년 기출

① 미사용부동산을 운용리스로 제공한 경우에는 투자부동산으로 분류한다.
② 리스계약에 따라 이전받은 부동산을 다시 제3자에게 임대한다면 리스이용자는 해당 사용권자산을 투자부동산으로 분류한다.
③ 지배기업이 다른 종속기업에게 자가사용 건물을 리스하는 경우 당해 건물은 연결재무제표에 투자부동산으로 분류할 수 없다.
④ 건물 소유자가 그 건물의 사용자에게 제공하는 부수적 용역의 비중이 경미하면 해당 건물을 투자부동산으로 분류한다.
⑤ 처분예정인 자가사용부동산은 투자부동산으로 분류한다.

08 투자부동산의 회계처리에 관한 설명으로 옳지 않은 것은?   ▶ CTA 24

① 투자부동산의 손상, 멸실 또는 포기로 제3자에게서 받는 보상은 받을 수 있게 되는 시점에 당기손익으로 인식한다.
② 투자부동산을 후불조건으로 취득하는 경우의 원가는 취득시점의 현금가격상당액으로 하고, 현금가격상당액과 실제 총지급액의 차액은 신용기간 동안의 이자비용으로 인식한다.
③ 지배기업이 보유하고 있는 건물을 종속기업에게 리스하여 종속기업의 본사 건물로 사용하는 경우 그 건물은 지배기업의 연결재무제표상에서 투자부동산으로 분류할 수 없다.
④ 부동산 중 일부는 시세차익을 얻기 위하여 보유하고, 일부분은 재화의 생산에 사용하기 위하여 보유하고 있으나, 이를 부분별로 나누어 매각할 수 없다면, 재화의 생산에 사용하기 위하여 보유하는 부분이 중요하다고 하더라도 전체 부동산을 투자부동산으로 분류한다.
⑤ 투자부동산을 공정가치로 측정해 온 경우라면 비교할만한 시장의 거래가 줄어들거나 시장가격 정보를 쉽게 얻을 수 없게 되더라도, 당해 부동산을 처분할 때까지 또는 자가사용부동산으로 대체하거나 통상적인 영업과정에서 판매하기 위하여 개발을 시작하기 전까지는 계속하여 공정가치로 측정한다.

09 **투자부동산의 회계처리에 관한 설명으로 옳지 않은 것은?** ▸ CTA 23

① 지배기업 또는 다른 종속기업에게 부동산을 리스하는 경우, 이러한 부동산은 연결재무제표에 투자부동산으로 분류한다.

② 부동산의 용도가 변경되는 경우에만 다른 자산에서 투자부동산으로 또는 투자부동산에서 다른 자산으로 대체한다.

③ 투자부동산의 손상, 멸실 또는 포기로 제3자에게서 받는 보상은 받을 수 있게 되는 시점에 당기손익으로 인식한다.

④ 재고자산을 공정가치로 평가하는 투자부동산으로 대체하는 경우, 재고자산의 장부금액과 대체시점의 공정가치의 차액은 당기손익으로 인식한다.

⑤ 부동산 보유자가 부동산 사용자에게 부수적인 용역을 제공하는 경우, 전체 계약에서 그러한 용역의 비중이 경미하다면 부동산 보유자는 당해 부동산을 투자부동산으로 분류한다.

10 **투자부동산에 관한 설명으로 옳지 않은 것은?** ▸ 관세사 20

① 소유 투자부동산은 최초 인식시점에서 원가로 측정한다. 이때 발생한 거래원가는 당기비용으로 처리한다.

② 투자부동산에 대하여 공정가치모형을 선택한 경우에는 최초 인식 후 모든 투자부동산을 공정가치로 측정한다.

③ 투자부동산의 폐기나 처분으로 생기는 손익은 순처분금액과 장부금액의 차액이며 폐기하거나 처분한 기간에 당기손익으로 인식한다.

④ 투자부동산을 포함한 특정 자산군의 공정가치와 연동하는 수익 또는 그 자산군에서 얻는 수익으로 상환하는 부채와 연계되어 있는 모든 투자부동산은 공정가치모형 또는 원가모형을 선택하여 평가한다.

⑤ 투자부동산을 후불조건으로 취득하는 경우의 원가는 취득시점의 현금가격상당액으로 하며 현금가격상당액과 실제 총지급액의 차액은 신용기간 동안의 이자비용으로 인식한다.

11 기업회계기준서 제1040호 '투자부동산'에 대한 다음 설명 중 옳지 않은 것은? ▸CPA 20

① 소유 투자부동산은 최초 인식시점에 원가로 측정하며, 거래원가는 최초 측정치에 포함한다.

② 계획된 사용수준에 도달하기 전에 발생하는 부동산의 운영 손실은 투자부동산의 원가에 포함한다.

③ 투자부동산을 후불조건으로 취득하는 경우의 원가는 취득시점의 현금가격상당액으로 하고, 현금가격상당액과 실제 총지급액의 차액은 신용기간 동안의 이자비용으로 인식한다.

④ 투자부동산을 공정가치로 측정해 온 경우라면 비교할만한 시장의 거래가 줄어들거나 시장가격 정보를 쉽게 얻을 수 없게 되더라도, 당해 부동산을 처분할 때까지 또는 자가사용부동산으로 대체하거나 통상적인 영업과정에서 판매하기 위하여 개발을 시작하기 전까지는 계속하여 공정가치로 측정한다.

⑤ 공정가치모형을 적용하는 경우 투자부동산의 공정가치 변동으로 발생하는 손익은 발생한 기간의 당기손익에 반영한다.

12 투자부동산에 관한 설명으로 옳지 않은 것은? ▸19년 기출

① 미래에 투자부동산으로 사용하기 위하여 건설 또는 개발 중인 부동산은 투자부동산에 해당한다.

② 소유 투자부동산은 최초 인식시점에 원가로 측정하며, 거래원가는 최초 측정치에 포함한다.

③ 통상적인 영업과정에서 판매하기 위한 부동산이나 이를 위하여 건설 또는 개발 중인 부동산은 투자부동산에 해당하지 않는다.

④ 투자부동산을 개발하지 않고 처분하기로 결정하는 경우에는 재고자산으로 재분류한다.

⑤ 투자부동산에 대하여 공정가치모형을 선택한 경우, 투자부동산의 공정가치 변동으로 발생하는 손익은 발생한 기간의 당기손익에 반영한다.

13 투자부동산에 관한 설명으로 옳지 않은 것은? ▸21년 기출

① 소유 투자부동산은 최초 인식시점에 원가로 측정한다.

② 투자부동산을 후불조건으로 취득하는 경우의 원가는 취득시점의 현금가격상당액으로 한다.

③ 투자부동산의 평가방법으로 공정가치모형을 선택한 경우, 감가상각을 수행하지 아니한다.

④ 공정가치로 평가하게 될 자가건설 투자부동산의 건설이나 개발이 완료되면 해당일의 공정가치와 기존 장부금액의 차액은 기타포괄손익으로 인식한다.

⑤ 재고자산을 공정가치로 평가하는 투자부동산으로 대체하는 경우, 재고자산의 장부금액과 대체시점의 공정가치의 차액은 당기손익으로 인식한다.

14 (주)관세는 20×1년 초 건물을 취득(취득원가 ₩1,050,000, 잔존가치 ₩50,000, 내용연수 10년, 정액법 상각)하고, 이를 투자부동산으로 분류하였다. 동 건물의 공정가치를 신뢰성 있게 측정가능하여 공정가치모형을 적용하였으며, 20×1년 말 공정가치는 ₩1,080,000이다. 20×1년에 인식할 감가상각비와 공정가치 변동에 따른 당기이익은? (단, 동 건물은 투자부동산 분류요건을 만족하고, 손상차손은 없다.) ▸관세사 19

① 감가상각비 ₩0 　　　　당기이익 ₩30,000
② 감가상각비 ₩0 　　　　당기이익 ₩130,000
③ 감가상각비 ₩100,000 당기이익 ₩0
④ 감가상각비 ₩100,000 당기이익 ₩30,000
⑤ 감가상각비 ₩100,000 당기이익 ₩130,000

15 (주)관세는 20×1년 초 임대수익 목적으로 건물을 취득(취득원가 ₩100,000, 내용연수 10년, 잔존가치 ₩0, 정액법 상각)하고, 이를 투자부동산으로 분류하여 공정가치모형을 적용하였다. 20×1년 말 건물의 공정가치가 ₩120,000일 때, 동 건물과 관련하여 20×1년도 인식할 당기손익은? ▸관세사 21

① ₩20,000 손실 　　　　　② ₩10,000 손실
③ ₩0 　　　　　　　　　　④ ₩10,000 이익
⑤ ₩20,000 이익

16 (주)감평은 20×1년 초 투자 목적으로 건물을 ₩2,000,000에 취득하여 공정가치 모형을 적용하였다. 건물의 공정가치 변동이 다음과 같을 때, ㈜감평의 20×2년도 당기순이익에 미치는 영향은? (단, 필요할 경우 건물에 대해 내용연수 8년, 잔존가치 ₩0, 정액법으로 감가상각 한다.) ▸ 18년 기출

구분	20×1년 말	20×2년 말
공정가치	₩1,900,000	₩1,800,000

① 영향 없음
② ₩100,000 감소
③ ₩200,000 감소
④ ₩350,000 감소
⑤ ₩450,000 감소

17 (주)감평은 20×1년 초 임대수익을 얻고자 건물(취득원가 ₩1,000,000, 내용연수 5년, 잔존가치 ₩100,000, 정액법 상각)을 취득하고, 이를 투자부동산으로 분류하였다. 한편, 부동산 경기의 불황으로 20×1년 말 동 건물의 공정가치는 ₩800,000으로 하락하였다. 동 건물에 대하여 공정가치모형을 적용할 경우에 비해 원가모형을 적용할 경우 (주)감평의 20×1년도 당기순이익은 얼마나 증가 혹은 감소하는가? (단, 동 건물은 투자부동산의 분류요건을 충족하며, (주)감평은 동 건물을 향후 5년 이내 매각할 생각이 없다.) ▸ 20년 기출

① ₩20,000 증가
② ₩20,000 감소
③ ₩0
④ ₩180,000 증가
⑤ ₩180,000 감소

18 ㈜감평은 20×1년 초 임대목적으로 건물(취득원가 ₩1,000, 내용연수 10년, 잔존가치 ₩0, 정액법 감가상각)을 취득하여 이를 투자부동산으로 분류하였다. 20×1년 말 건물의 공정가치가 ₩930일 때 (A)공정가치모형과 (B)원가모형을 각각 적용할 경우 ㈜감평의 20×1년도 당기순이익에 미치는 영향은? (단, 해당 건물은 매각예정으로 분류되어 있지 않다.) ▸ 22년 기출

	(A)	(B)		(A)	(B)
①	₩70 감소	₩100 감소	②	₩70 감소	₩70 감소
③	₩30 감소	₩100 감소	④	₩30 증가	₩70 감소
⑤	₩30 증가	₩30 증가			

19 도소매업을 영위하는 ㈜감평은 20×1년 초 건물을 취득(취득원가 ₩10,000, 내용연수 5년, 잔존가치 ₩0, 정액법 상각)하였다. 공정가치가 다음과 같을 때, ㈜감평이 동 건물을 유형자산으로 분류하고 재평가모형을 적용하였을 경우(A)와 투자부동산으로 분류하고 공정가치모형을 적용한 경우(B), 20×2년 당기순이익에 미치는 영향은? ▸24년 기출

구분	20×1년 말	20×2년 말
공정가치	₩9,000	₩11,000

	A	B			A	B
①	영향 없음	₩1,000 증가		②	₩2,250 감소	₩1,000 증가
③	₩2,250 감소	₩2,000 증가		④	₩2,000 감소	₩2,000 증가
⑤	₩2,000 증가	영향 없음				

20 투자부동산의 계정대체와 평가에 관한 설명으로 옳지 않은 것은? ▸16년 기출

① 투자부동산을 원가모형으로 평가하는 경우에는 투자부동산, 자가사용부동산, 재고자산 사이에 대체가 발생할 때에 대체 전 자산의 장부금액을 승계한다.

② 자가사용부동산을 공정가치로 평가하는 투자부동산으로 대체하는 경우, 사용목적 변경시점까지 그 부동산을 감가상각하고 발생한 손상차손을 인식한다.

③ 재고자산을 공정가치로 평가하는 투자부동산으로 대체하는 경우, 재고자산의 장부금액과 대체시점의 공정가치의 차액은 기타포괄손익으로 인식한다.

④ 공정가치로 평가하게 될 자가건설 투자부동산의 건설이나 개발이 완료되면 해당 일의 공정가치와 기존 장부금액의 차액은 당기손익으로 인식한다.

⑤ 공정가치로 평가한 투자부동산을 자가사용부동산이나 재고자산으로 대체하는 경우, 후속적인 회계를 위한 간주원가는 사용목적 변경시점의 공정가치가 된다.

21 투자부동산의 계정대체에 관한 설명으로 옳은 것은? ▸ 관세사 14

① 공정가치로 평가하게 될 자가건설 투자부동산의 건설이나 개발이 완료되면 해당일의 공정가치와 기존 장부금액의 차액은 기타포괄손익으로 인식한다.

② 투자부동산을 원가모형으로 평가하는 경우에는 투자부동산, 자가사용부동산, 재고자산 사이에 대체가 발생할 때에 대체 전 자산의 공정가치를 승계한다.

③ 자가사용부동산을 공정가치로 평가하는 투자부동산으로 대체하는 시점까지 그 부동산을 감가상각하고, 발생한 손상차손은 인식하지 않는다.

④ 자가사용부동산을 제3자에게 운용리스로 제공하는 경우에는 해당 부동산을 재고자산으로 대체한다.

⑤ 재고자산을 공정가치모형 적용 투자부동산으로 계정대체 시, 재고자산의 장부금액과 대체시점의 공정가치 차액을 당기손익으로 인식한다.

22 ㈜한국은 20×1년 1월 1일에 투자목적으로 건물(취득원가 ₩2,000,000, 잔존가치 ₩0, 내용연수 4년, 공정가치모형 적용)을 구입하였다. 20×2년 7월 1일부터 ㈜한국은 동 건물을 업무용으로 전환하여 사용하고 있다. ㈜한국은 동 건물을 잔여내용연수 동안 정액법으로 감가상각(잔존가치 ₩0)하며, 재평가모형을 적용한다. 공정가치의 변동내역이 다음과 같을 때, 동 거래가 20×2년 ㈜한국의 당기순이익에 미치는 영향은? (단, 감가상각은 월할상각한다.)

구분	20×1년 말	20×2년 7월 1일	20×2년 말
공정가치	₩2,200,000	₩2,400,000	₩2,500,000

① ₩480,000 감소   ② ₩280,000 감소
③ ₩200,000 증가   ④ ₩300,000 증가
⑤ ₩580,000 증가

23 ㈜세무는 20×1년 말에 취득한 건물(취득원가 ₩1,000,000, 내용연수 12년, 잔존가치 ₩0)을 투자부동산으로 분류하고 공정가치모형을 적용하였다. 20×2년 7월 1일부터 동 건물 전부를 본사사옥으로 전환하여 사용하고 있다. 20×2년 7월 1일 현재 동 건물의 잔존내용연수를 10년, 잔존가치를 ₩0으로 추정하였으며, 정액법으로 감가상각하기로 결정하였다. 아래 표는 동 건물의 공정가치 변동 현황이다.

구분	20×1.12.31.	20×2.7.1.	20×2.12.31.
공정가치	₩1,000,000	₩1,200,000	₩1,000,000

20×2년 12월 31일 동 건물을 원가모형에 따라 회계처리하였을 경우 20×2년 당기순이익은 ₩750,000이다. 재평가모형을 적용하였을 경우 ㈜세무의 20×2년 당기순이익은?

▶ CTA 19

① ₩550,000
② ₩610,000
③ ₩670,000
④ ₩750,000
⑤ ₩916,667

24 제조업을 영위하는 ㈜세무는 20×1년 4월 1일 시세차익을 위하여 건물을 ₩2,000,000에 취득하였다. 그러나 ㈜세무는 20×2년 4월 1일 동 건물을 자가사용으로 용도를 전환하고 동 일자에 영업지점으로 사용하기 시작하였다. 20×2년 4월 1일 현재 동 건물의 잔존내용연수는 5년, 잔존가치는 ₩200,000이며, 정액법으로 감가상각(월할 상각)한다. 동 건물의 일자별 공정가치는 다음과 같다.

20×1.12.31.	20×2.4.1.	20×2.12.31.
₩2,400,000	₩2,600,000	₩2,200,000

동 건물관련 회계처리가 ㈜세무의 20×2년도 당기순이익에 미치는 영향은? (단, ㈜세무는 투자부동산에 대해서는 공정가치모형을 적용하고 있으며, 유형자산에 대해서는 원가모형을 적용하고 있다.)

▶ CTA 21

① ₩70,000 감소
② ₩160,000 감소
③ ₩200,000 감소
④ ₩40,000 증가
⑤ ₩240,000 증가

25 ㈜감평은 20×1년 초 임대수익을 목적으로 건물을 ₩320,000에 취득하고 공정가치 모형을 적용하였다. ㈜감평은 20×2년 9월 1일 동 건물을 자가사용건물로 대체하였으며, 정액법(내용연수 10년, 잔존가치 ₩0)으로 상각(월할상각)하고 재평가모형을 적용하였다. 시점별 건물의 공정가치는 다음과 같다.

20×1년 말	20×2년 9월 1일	20×2년 말
₩340,000	₩330,000	₩305,000

동 건물 관련 회계처리가 20×2년 당기순이익에 미치는 영향은? ▸ 23년 기출

① ₩14,000 감소
② ₩21,000 감소
③ ₩24,000 감소
④ ₩25,000 감소
⑤ ₩35,000 감소

26 상품매매기업인 (주)감평은 20×0년 말 취득한 건물(취득원가 ₩2,400,000, 내용연수 10년, 잔존가치 ₩0, 정액법 상각)을 유형자산으로 분류하여 즉시 사용개시하고, 동 건물에 대해 재평가모형을 적용하기로 하였다. 20×1년 10월 1일 (주)감평은 동 건물을 투자부동산으로 계정 대체하고 공정가치모형을 적용하기로 하였다. 시점별 건물의 공정가치는 다음과 같다.

20×0년 말	20×1년 10월 1일	20×1년 말
₩2,400,000	₩2,300,000	₩2,050,000

동 건물 관련 회계처리가 20×1년 당기순이익과 기타포괄이익에 미치는 영향은 각각 얼마인가? (단, 재평가잉여금은 이익잉여금으로 대체하지 않으며, 감가상각은 월할계산한다.) ▸ 20년 기출

	당기순이익	기타포괄이익		당기순이익	기타포괄이익
①	₩180,000 감소	₩80,000 증가	②	₩180,000 감소	₩350,000 증가
③	₩430,000 감소	₩80,000 증가	④	₩430,000 감소	₩350,000 증가
⑤	₩430,000 감소	₩430,000 감소			

27 ㈜대한은 20×1년 1월 1일에 취득하여 본사 사옥으로 사용하고 있던 건물(취득원가 ₩2,000,000, 내용연수 20년, 잔존가치 ₩200,000, 정액법 상각)을 20×3년 7월 1일에 ㈜민국에게 운용리스 목적으로 제공하였다. ㈜대한은 투자부동산에 대해서 공정가치모형을 적용하고 있으며, 유형자산에 대해서는 원가모형을 적용하고 있다. 건물의 공정가치는 다음과 같다.

20×2년 말	20×3년 7월 1일	20×3년 말
₩2,000,000	₩2,500,000	₩3,000,000

㈜대한의 건물에 대한 회계처리가 20×3년도 당기순이익에 미치는 영향은 얼마인가? (단, 감가상각비는 월할로 계산한다.) ▸ CPA 23

① ₩45,000 감소
② ₩455,000 증가
③ ₩500,000 증가
④ ₩600,000 증가
⑤ ₩1,180,000 증가

28 다음 설명 중 옳은 것을 모두 고른 것은? ▸ 18년 기출

> ㄱ. 특정 유형자산을 재평가할 때, 해당 자산이 포함되는 유형자산 분류 전체를 재평가한다.
> ㄴ. 자가사용부동산을 공정가치로 평가하는 투자부동산으로 대체하는 시점까지 그 부동산을 감가상각하고, 발생한 손상차손을 인식한다.
> ㄷ. 무형자산으로 인식되기 위해서는 식별가능성, 자원에 대한 통제 및 미래경제적효익의 존재 중 최소 하나 이상의 조건을 충족하여야 한다.
> ㄹ. 무형자산을 창출하기 위한 내부 프로젝트를 연구단계와 개발단계로 구분할 수 없는 경우에는 그 프로젝트에서 발생한 지출은 모두 개발단계에서 발생한 것으로 본다.

① ㄱ, ㄴ
② ㄱ, ㄷ
③ ㄴ, ㄹ
④ ㄷ, ㄹ
⑤ ㄱ, ㄴ, ㄷ

금융자산

1절 금융상품

금융상품은 거래당사자 일방에게 금융자산을 발생시키고 동시에 거래상대방에게 금융부채나 지분상품을 발생시키는 모든 계약을 말한다.

1. 금융상품의 분류

금융자산	현금 및 현금성자산, 매출채권, 받을어음, 대여금, 미수금, 투자지분상품, 투자채무상품 등
금융부채	매입채무, 지급어음, 차입금, 미지급금, 사채 등

2. 비금융상품

비금융자산	유형자산, 무형자산, 투자부동산, 재고자산, 생물자산, 리스자산, 선급금, 선급비용, 이연법인세자산 등
비금융부채	선수금, 선수수익, 미지급법인세, 충당부채, 소득세예수금, 이연법인세부채 등

2절 현금 및 현금성자산

1. 개념

현금 및 현금성자산은 기업의 유동성 판단에 중요한 정보이므로 관련 항목들을 통합하여 재무제표에 표시한다.

2. 현금 및 현금성자산의 범위

통화 통화대용증권	타인발행당좌수표, 자기앞수표, 가계수표, 송금수표, 여행자수표, 우편환증서, 송금환증서, 배당금지급통지표, 만기가 도래한 국공채이자표, 일람출급어음, 만기가 도래한 어음, 지점전도금, 소액현금 등
요구불예금	사용제한이 없는 보통예금, 당좌예금
현금성자산	취득일로부터 만기가 3개월 이내인 가치변동이 경미한 단기금융상품

3. 현금에 해당하지 않는 사례

선일자수표, 부도수표, 당좌개설보증금, 임차보증금, 우표, 수입인지, 차용증서, 만기 전 약속어음, 당좌차월(단기차입금), 직원가불금 등

3절　매출채권과 매입채무

1. 매출채권과 매입채무 계정

매출채권	
기초잔액	당기회수액
외상매출	손상확정
	기말잔액

매입채무	
당기지급액	기초잔액
	외상매입
기말잔액	

2. 매출채권과 손실충당금 계정

매출채권	
기초잔액	당기회수액
외상매출	손상확정
	기말잔액

손실충당금	
손상확정	기초잔액
	손상채권 회수
기말잔액	추가설정 (손상차손)

4절　기타금융자산

1. 기타금융자산의 분류

금융자산은 계약상 현금흐름 특성과 사업모형(보유목적)에 따라 상각후원가측정 금융자산, 기타포괄손익–공정가치측정 금융자산, 당기손익–공정가치측정 금융자산으로 분류한다.

상각후원가측정 금융자산	금융자산을 보유하는 기간 동안 원리금 지급만으로 구성되어 있는 현금흐름이 발생하며, 계약상 현금흐름을 수취하는 것을 목적으로 하는 사업모형하에서 금융자산을 보유하는 경우 상각후원가 측정 금융자산으로 분류한다.
기타포괄손익– 공정가치측정 금융자산	금융자산을 보유하는 기간 동안 원리금 지급만으로 구성되어 있는 현금흐름이 발생하며, 계약상 현금흐름을 수취하면서 동시에 매도하는 것을 목적으로 하는 사업모형하에서 해당 금융자산을 보유하는 경우 기타포괄손익–공정가치 측정 금융자산으로 분류한다.
당기손익–공정가치 측정 금융자산	금융자산을 보유하는 기간 동안 원리금 지급으로 구성되어 있는 현금흐름이 발생하며, 기타 목적으로 보유하는 경우 또는 계약상현금흐름이 발생하지 않는 경우 당기손익–공정가치 측정 금융자산으로 분류한다.

2. 금융상품별 분류

구분	채무상품	지분상품
상각후원가측정 금융자산	사업모형 : 수취	–
기타포괄손익–공정가치 측정	사업모형 : 수취 + 매도	최초 인식시점에 선택
당기손익–공정가치 측정	사업모형 : 기타 및 계약상 현금흐름 특성을 미충족	원칙

수취목적의 사업모형의 경우에는 금융상품을 만기까지 반드시 보유할 필요는 없다.

5절   투자지분상품

1. 투자지분상품의 분류

투자목적으로 취득한 지분상품은 모두 당기손익–공정가치측정 금융자산으로 분류하는 것이 원칙이다. 다만, 단기매매 이외의 목적으로 취득한 지분상품 중 후속적인 공정가치변동분을 기타포괄손익으로 인식하기로 선택한 경우에는 기타포괄손익–공정가치측정 지분상품으로 분류할 수 있다. 이러한 선택은 최초 인식시점에만 가능하며 이후에 취소할 수 없다.

2. 당기손익–공정가치측정 지분상품

최초 인식	당기손익–공정가치측정 금융자산은 최초 인식 시 공정가치로 평가한다. 취득 시 발생하는 거래원가는 당기비용으로 인식한다.
평가	당기손익–공정가치측정 금융자산은 매 보고기간 말 공정가치로 평가하며, 평가에 따른 미실현보유손익은 포괄손익계산서에 당기손익으로 인식한다. 당기손익–공정가치측정 금융자산의 평가손익은 매 기말 공정가치에서 평가 직전의 장부금액과의 차이다.
제거 (처분)	당기손익–공정가치측정 금융자산의 양도가 금융자산의 제거조건을 만족하는 경우에는 수취한 대가와 해당 금융자산의 장부금액의 차이를 당기손익으로 인식한다.

3. 기타포괄손익–공정가치측정 선택 지분상품

최초 인식	기타포괄손익–공정가치측정 금융자산으로 선택한 지분상품은 최초 인식시점에 공정가치로 평가한다. 취득 시 발생한 거래원가는 최초 인식 공정가치에 가산한다.

평가	기타포괄손익-공정가치측정을 선택한 지분상품은 매 보고기간 말 공정가치로 평가하여 평가에 다른 미실현보유손익을 포괄손익계산서상에 기타포괄손익으로 인식한다. 포괄손익계산서상에 인식된 기타포괄손익은 과거에 평가한 평가손익과 통산하여 자본항목인 기타포괄손익누계액에 누적액으로 인식한다. • 포괄손익계산서상 기타포괄손익-공정가치 측정 금융자산평가손익 　= 평가 시점의 공정가치 − 평가 직전 장부금액 • 재무상태표상 보고기간 말 기타포괄손익누계액 　= 평가 시점의 공정가치 − 최초 취득원가
제거 (처분)	기타포괄손익-공정가치측정 금융자산의 양도가 금융자산의 제거요건을 만족한 경우에는 수취한 대가와 해당 금융자산의 장부금액의 차이를 기타포괄손익으로 인식한다. 이 경우 기타포괄손익누계액은 해당 금융자산을 제거하는 시점에 이익잉여금으로 대체할 수 있다. (재분류 금지) 당기에 포괄손익계산서에 인식되는 처분손익은 없다.

4. 지분상품 보유기간 중 배당수익

현금배당을 수령하는 경우 배당금수익(당기손익)으로 인식한다. 단, 주식배당으로 인해 수령하는 주식에 대해서는 수익으로 계상하지 않고(회계처리 없음) 주식 수는 증가하고 장부단가는 감소한다.

6절　투자채무상품

1. 투자채무상품의 분류

투자목적으로 취득한 채무상품은 계약상 현금흐름이 원금과 이자로 구성되어 있으며, 원리금을 수취할 목적으로 채무상품을 취득하는 경우 상각후원가측정 금융자산으로 분류한다. 그러나 계약상 현금흐름이 원금과 이자로 구성되어 있으면서, 원리금을 수취함과 동시에 해당 채무상품을 매도할 목적으로 취득하는 경우에는 기타포괄손익-공정가치측정 금융자산으로 분류한다. 그 외 나머지는 모든 채무상품은 당기손익-공정가치측정 금융자산으로 분류한다.

구분		상각후원가측정	기타포괄손익- 공정가치측정	당기손익-공정 가치측정
사업모형	원리금 수취	○		○(지정)
	원리금 수취 + 매도	−	○	○(지정)
	기타(매도 등)	−		○

2. 상각후원가측정 금융자산

최초 인식	상각후원가측정 금융자산으로 분류되는 채무상품은 최초 인식 시 공정가치로 인식한다. 취득 시 발생하는 거래원가는 최초 인식시점에 공정가치에 가산한다.
평가	상각후원가측정 금융자산은 공정가치로 평가하지 않는다.
제거(처분)	수취한 순매각금액과 해당 금융자산의 상각후원가와의 차액을 처분손익(당기손익)으로 인식한다.

7절 금융자산의 손상과 재분류

1. 손상

금융자산은 상각후원가측정 금융자산과 기타포괄손익-공정가치측정 금융자산(채무상품)의 경우에만 손상차손을 인식한다. 당기손익-공정가치측정 금융자산의 경우 손상의 효과가 이미 해당 금융자산의 평가손실로 당기손익에 반영되어 있으므로 손상차손 회계처리의 대상이 아니다. 또한 금융자산 중 지분상품의 경우에는 신용손실위험이 없으므로 손상차손 회계처리 대상이 아니다.

① 기대신용손실의 추정기간
   ㉠ 최초 인식 후 금융상품의 신용위험이 유의적으로 증가하지 않은 경우 : 12개월
   ㉡ 최초 인식 후 금융상품의 신용위험이 유의적으로 증가한 경우, 보고기간 말에 신용이 손상된 금융자산, 취득 시 신용이 손상되어 있는 금융자산, 간편법을 적용하는 매출채권 등의 추정기간 : 전체기간

② FVOCI 금융자산에 대해서도 손상차손, 손상차손환입액은 당기손익에 반영한다. 단, 손상차손은 손실충당금으로 인식하지 않고 기타포괄손익에서 조정한다.

구분	금융자산의 종류	손상차손 인식 여부
채무 상품	상각후원가측정	신용손실위험을 손상차손(당기비용) 인식
	기타포괄손익-공정가치 측정	신용손실위험을 손상차손(당기비용) 인식
	당기손익-공정가치 측정	손상을 인식하지 않음
지분 상품	당기손익-공정가치 측정	손상을 인식하지 않음
	기타포괄손익-공정가치 선택	손상을 인식하지 않음

2. 재분류

금융자산은 사업모형을 변경하는 경우에만 영향을 받는 모든 금융자산을 재분류한다. 재분류는 전진적으로 적용한다. 사업모형을 선택할 수 없는 지분상품은 재분류가 불가능하다.

재분류 전	재분류 후	재분류 시 회계처리
AC 금융자산	FVPL 금융자산	재분류일의 공정가치로 측정하고, 재분류 전 상각후원가와 공정가치의 차이를 당기손익으로 인식한다.
	FVOCI 금융자산	재분류일의 공정가치로 측정하고, 재분류 전 상각후원가와 공정가치의 차이를 기타포괄손익으로 인식. 재분류에 따라 유효이자율과 기대신용손실 측정치는 조정하지 않는다.
FVOCI 금융자산	AC 금융자산	재분류일의 공정가치로 측정하고, 재분류 전에 인식한 기타포괄손익누계액은 자본에서 제거하고 재분류일의 금융자산의 공정가치에서 조정. 재분류에 따라 유효이자율과 기대신용손실 측정치는 조정하지 않는다.
	FVPL 금융자산	계속 공정가치로 측정. 재분류 전에 인식한 기타포괄손익누계액은 재분류일에 재분류조정으로 자본에서 당기손익으로 재분류한다.
FVPL 금융자산	AC 금융자산	재분류일의 공정가치가 새로운 총장부금액이 되며, 이를 기초로 유효이자율을 재계산한다.
	FVOCI 금융자산	계속 공정가치로 측정하고, 재분류일의 공정가치에 기초하여 유효이자율을 재계산한다.

8절   받을어음의 할인

1. **받을어음과 관련된 위험과 보상의 대부분을 이전 : 금융자산 제거요건 충족**
   ① 만기금액 = 액면금액 + 액면금액 × 표시이자율 × 만기까지의 기간
   ② 할인액 = 만기금액 × 할인율 × 할인일부터 만기까지의 기간
   ③ 현금수령액 = ① - ②
   ④ 매출채권처분손실 = 현금수령액 - 할인일의 어음가치

2. **받을어음과 관련된 위험과 보상의 대부분을 보유 : 금융자산 제거요건 미충족**
   받을어음을 담보로 금액을 차입한 것으로 보아 금융부채(단기차입금)를 인식한다.

CHAPTER 07 객관식 문제

01 ㈜관세의 20×1년 말 재무상태표의 금융자산은 ₩3,000이고, 금융부채는 ₩500이다. 다음 자료를 이용할 때 20×1년 말 ㈜관세의 매출채권(A)와 매입채무(B)는? ▸관세사 21

자산			
• 매출채권	(A)	• 대여금	₩500
• 선급비용	₩500	• 투자사채	₩1,000
부채			
• 매입채무	(B)	• 선수수익	₩100
• 차입금	₩100	• 사채	₩200

	(A)	(B)		(A)	(B)
①	₩1,000	₩100	②	₩1,000	₩200
③	₩1,000	₩300	④	₩1,500	₩100
⑤	₩1,500	₩200			

02 현금 및 현금성자산으로 재무상태표에 표시될 수 없는 것을 모두 고른 것은? (단, 지분상품은 현금으로 전환이 용이하다.) ▸21년 기출

> ㄱ. 부채상환을 위해 12개월 이상 사용이 제한된 요구불예금
> ㄴ. 사용을 위해 구입한 수입인지와 우표
> ㄷ. 상환일이 정해져 있고 취득일로부터 상환일까지 기간이 2년인 회사채
> ㄹ. 취득일로부터 1개월 내에 처분할 예정인 상장기업의 보통주
> ㅁ. 재취득한 자기지분상품

① ㄱ, ㄴ, ㄹ ② ㄱ, ㄷ, ㄹ
③ ㄴ, ㄷ, ㅁ ④ ㄱ, ㄴ, ㄷ, ㅁ
⑤ ㄱ, ㄴ, ㄷ, ㄹ, ㅁ

03 (주)대전의 20×1년 말 재무상태표상의 현금 및 현금성자산 금액은 ₩7,000이다. 다음 자료를 이용할 때 20×1년 말 (주)대전의 당좌예금 잔액은 얼마인가? (단, 자료에 제시되지 않은 현금 및 현금성자산 항목은 없으며, 20×1년 말 기준환율은 €1 = ₩1,500, $1 = ₩1,000이다.)

▸ 관세사 13

> • 국내통화   ₩100　　　• 외국환 통화   €2　　　• 외국환 통화 $1
> • 보통예금   ₩200　　　• 수입인지   ₩300　　　• 우편환   ₩400
> • 양도성예금증서(취득: 20×1년 12월1일, 만기: 20×2년 1월31일)   ₩500
> • 당좌예금 (?)

① ₩1,800　　　　　　　　　② ₩2,200

③ ₩2,300　　　　　　　　　④ ₩2,700

⑤ ₩4,800

04 (주)관세가 20×1년 말 다음과 같은 항목들을 보유하고 있을 때 재무상태표에 현금 및 현금성자산계정으로 보고할 금액은? (단, 20×1년 말 환율은 €1 = ₩1,300, $1 = ₩1,200이다.)

▸ 관세사 19

> • 국내통화   ₩1,200　　• 외국환 통화   €1　　• 외국환 통화 $1
> • 보통예금   ₩1,800　　• 수입인지   ₩100　　• 우편환   ₩200
> • 선일자수표   ₩200　　• 급여가불증   ₩250
> • 20×1년 10월 초 가입한 1년 만기 정기예금   ₩150
> • 20×1년 12월 초 취득한 2개월 만기 환매채   ₩400
> • 20×1년 12월 초 취득한 2개월 만기 양도성예금증서 ₩300 (단, 사용이 제한됨)

① ₩3,600　　　　　　　　　② ₩3,850

③ ₩4,000　　　　　　　　　④ ₩6,100

⑤ ₩6,300

05 ㈜관세의 20×1년 말 재무상태표의 현금 및 현금성자산은 ₩30,000이다. 다음 자료를 이용할 때 20×1년 말 ㈜관세의 외국환통화($)는? (단, 20×1년 말 기준환율은 $1 = ₩1,100 이다.)

▶ 관세사 21

• 지점전도금	₩500	• 우편환	₩3,000
• 당좌예금	₩400	• 선일자수표	₩1,000
• 만기가 도래한 국채 이자표	₩500	• 외국환통화	(?)
• 배당금지급통지표	₩7,500	• 차용증서	₩1,000
• 양도성예금증서(취득 : 20×1년 12월 1일, 만기 : 20×2년 1월 31일) ₩500			

① $10 ② $16
③ $20 ④ $26
⑤ $30

06 20×1년 말 ㈜세무와 관련된 자료는 다음과 같다. 20×1년 말 ㈜세무의 재무상태표에 표시해야 하는 현금 및 현금성자산은? (단, 사용이 제한된 것은 없다.)

▶ CTA 16

(1) ㈜세무의 실사 및 조회자료
- 소액현금 : ₩100,000
- 지급기일이 도래한 공채이자표 : ₩200,000
- 수입인지 : ₩100,000
- 양도성예금증서(만기 20×2년 5월 31일) : ₩200,000
- 타인발행당좌수표 : ₩100,000
- 우표 : ₩100,000
- 차용증서 : ₩300,000
- 은행이 발급한 당좌예금잔액증명서 금액 : ₩700,000

(2) ㈜세무와 은행 간 당좌예금잔액 차이 원인
- 은행이 ㈜세무에 통보하지 않은 매출채권 추심액 : ₩50,000
- 은행이 ㈜세무에 통보하지 않은 은행수수료 : ₩100,000
- ㈜세무가 해당 연도 발행했지만 은행에서 미인출된 수표 : ₩200,000
- 마감시간 후 입금으로 인한 은행미기입예금 : ₩300,000

① ₩1,050,000 ② ₩1,200,000
③ ₩1,300,000 ④ ₩1,350,000
⑤ ₩1,400,000

07 ㈜감평이 총계정원장 상 당좌예금 잔액과 은행 측 당좌예금잔액증명서의 불일치 원인을 조사한 결과 다음과 같은 사항을 발견하였다. 이때 ㈜감평이 장부에 반영해야 할 항목을 모두 고른 것은? ▸ 22년 기출

> ㄱ. 매출대금으로 받아 예입한 수표가 부도 처리되었으나, ㈜감평의 장부에 기록되지 않았다.
> ㄴ. 대금지급을 위해 발행한 수표 중 일부가 미인출수표로 남아 있다.
> ㄷ. 매입채무를 지급하기 위해 발행한 수표 금액이 장부에 잘못 기록되었다.
> ㄹ. 받을어음이 추심되어 ㈜감평의 당좌예금 계좌로 입금되었으나, ㈜감평에 아직 통보되지 않았다.

① ㄴ   ② ㄱ, ㄴ
③ ㄴ, ㄷ   ④ ㄱ, ㄷ, ㄹ
⑤ ㄴ, ㄷ, ㄹ

08 20×1년 말 ㈜감평의 올바른 당좌예금 금액을 구하기 위한 자료는 다음과 같다. ㈜감평의 입장에서 수정 전 당좌예금계정 잔액에 가산 또는 차감해야 할 금액은? ▸ 23년 기출

> (1) 수정 전 잔액
>   은행의 당좌예금잔액증명서상 금액 : ₩4,000
>   ㈜감평의 당좌예금 계정원장상 금액 : ₩2,100
>
> (2) 은행과 ㈜감평의 당좌예금 수정 전 잔액 차이 원인
>   • 20×1년 말 현재 ㈜감평이 발행·기록한 수표 중 은행에서 미결제된 금액
>   : ₩1,200
>   • 20×1년도 은행이 기록한 수수료 미통지 금액 : ₩100
>   • 20×1년 말 받을어음 추심으로 당좌예금 계좌에 기록되었으나, ㈜감평에 미통지된
>   금액 : ₩1,000
>   • 20×1년 중 거래처로부터 받아 기록하고 추심 의뢰한 수표 중 은행으로부터 부도
>   통지 받은 금액 : ₩200

	가산할 금액	차감할 금액		가산할 금액	차감할 금액
①	₩1,000	₩300	②	₩1,100	₩200
③	₩1,300	₩1,400	④	₩1,400	₩100
⑤	₩2,200	₩300			

09 20×1년 말 ㈜관세의 장부상 당좌예금계정 잔액은 ₩18,000으로 은행 측 당좌예금 거래명세서 잔액과 불일치하였다. 다음의 불일치 원인을 조정하기 전 20×1년말 은행 측 당좌예금 거래명세서 잔액은?

▸ 관세사 22

- 기중 발행되었으나 미인출된 수표 ₩2,000이 있다.
- 기중 당좌거래 관련 은행수수료 ₩800이 차감되었으나 ㈜관세의 장부에는 반영되지 않았다.
- 기중 거래처에 대한 어음상 매출채권 ₩6,000이 추심·입금되었으나 ㈜관세는 통지받지 못하였다.
- 기중 당좌예입한 수표 ₩1,500이 부도 처리되었으나 ㈜관세는 통지받지 못하였다.

① ₩18,700
② ₩21,700
③ ₩22,500
④ ₩23,700
⑤ ₩24,500

10 ㈜한국은 20×1년 12월 31일 직원이 회사자금을 횡령한 사실을 확인하였다. 12월 31일 현재 회사 장부상 당좌예금 잔액은 ₩65,000이었으며, 거래은행으로부터 확인한 당좌예금 잔액은 ₩56,000이다. 회사 측 잔액과 은행 측 잔액이 차이가 나는 이유가 다음과 같을 때, 직원이 회사에서 횡령한 것으로 추정되는 금액은?

▸ 관세사 19

- 은행 미기입 예금   ₩4,500
- 기발행 미인출 수표   ₩5,200
- 회사에 미통지된 입금액   ₩2,200
- 은행으로부터 통보받지 못한 은행수수료   ₩1,500
- 발행한 수표 ₩2,000을 회사장부에 ₩2,500으로 기록하였음을 확인함

① ₩9,000
② ₩9,700
③ ₩10,400
④ ₩10,900
⑤ ₩31,700

11 금융상품에 관한 설명으로 옳은 것은? ▸19년 기출

① 당기손익－공정가치로 측정되는 '지분상품에 대한 특정 투자'에 대해서는 후속적인 공정가치 변동은 최초 인식시점이라 하더라도 기타포괄손익으로 표시하도록 선택할 수 없다.

② 측정이나 인식의 불일치, 즉 회계불일치의 상황이 아닌 경우 금융자산은 금융자산의 관리를 위한 사업모형과 금융자산의 계약상 현금흐름의 특성 모두에 근거하여 상각후원가, 기타포괄손익－공정가치, 당기손익－공정가치로 측정되도록 분류한다.

③ 금융자산 전체나 일부의 회수를 합리적으로 예상할 수 없는 경우에도 해당 금융자산의 총장부금액을 직접 줄일 수는 없다.

④ 기타포괄손익－공정가치 측정 금융자산의 기대신용손실을 조정하기 위한 기대신용손실액(손상차손)은 당기손실로 인식하고, 기대신용손실환입액(손상차손환입)은 기타포괄손익으로 인식한다.

⑤ 금융자산을 상각후원가 측정범주에서 기타포괄손익－공정가치 측정 범주로 재분류하는 경우 재분류일의 공정가치로 측정하며, 재분류 전 상각후원가와 공정가치 차이에 따른 손익은 당기손익으로 인식한다.

12 금융상품에 관한 설명으로 옳지 않은 것은? ▸22년 기출

① 금융자산의 정형화된 매입 또는 매도는 매매일이나 결제일에 인식하거나 제거한다.

② 당기손익－공정가치 측정 금융자산이 아닌 경우 해당 금융자산의 취득과 직접 관련되는 거래원가는 최초 인식시점의 공정가치에 가산한다.

③ 금융자산의 계약상 현금흐름이 재협상되거나 변경되었으나 그 금융자산이 제거되지 아니하는 경우에는 해당 금융자산의 총 장부금액을 재계산하고 변경손익을 당기손익으로 인식한다.

④ 금융자산 양도의 결과로 금융자산 전체를 제거하는 경우에는 금융자산의 장부금액과 수취한 대가의 차액을 당기손익으로 인식한다.

⑤ 최초 발생시점이나 매입할 때 신용이 손상되어 있는 상각후원가 측정 금융자산의 이자수익은 최초 인식시점부터 총 장부금액에 유효이자율을 적용하여 계산한다.

13 금융상품에 관한 설명으로 옳지 않은 것은? ▸23년 기출

① 종류별로 금융상품을 공시하는 경우에는 공시하는 정보의 특성에 맞게, 금융상품의 특성을 고려하여 금융상품을 종류별로 분류하여야 한다.

② 기타포괄손익–공정가치로 측정하는 금융자산의 장부금액은 손실충당금에 의해 감소되지 않는다.

③ 당기손익–공정가치로 측정되는 지분상품은 후속적 공정가치 변동을 기타포괄손익으로 표시하도록 최초 인식시점에 선택할 수 있다.

④ 금융자산과 금융부채를 상계하면 손익이 발생할 수 있다.

⑤ 금융자산의 회수를 합리적으로 예상할 수 없는 경우에는 해당 금융자산의 총 장부금액을 직접 줄인다.

14 ㈜서울은 20×1년 중에 ₩10,100을 지급하고 지분상품을 취득하였는데, 지급액 중 ₩100은 매매수수료이다. 20×1년 말 현재 지분상품의 공정가치는 ₩11,000이며, ㈜서울은 20×2년 초에 지분상품 전체를 ₩11,200에 처분하였다. ㈜서울이 이 지분상품을 당기손익 금융자산으로 인식할 경우, 이에 대한 회계처리가 20×1년과 20×2년 당기순이익에 미치는 영향은? ▸12년 기출 수정

① 20×1년 ₩100 감소, 20×2년 ₩1,200 증가
② 20×1년 ₩900 증가, 20×2년 ₩200 증가
③ 20×1년 ₩900 증가, 20×2년 ₩900 증가
④ 20×1년 ₩1,000 증가, 20×2년 ₩200 증가
⑤ 20×1년 ₩1,000 증가, 20×2년 ₩1,200 증가

15 ㈜대전은 20×1년 중에 단기적인 자금운용을 목적으로 유가증권거래소에서 A주식 10주, 20주, 30주를 각각 주당 ₩500, ₩300, ₩100에 순차적으로 취득하였다. 20×1년 말 A주식의 공정가치는 주당 ₩200이었다. 한편, 20×2년 중 ㈜대전은 보유하고 있던 A주식 20주를 주당 ₩350에 매각하였다. 동 매각거래로 인하여 20×2년도 포괄손익계산서에 인식되는 처분손익은 얼마인가? (단, 거래비용은 없다.) ▸관세사 13

① ₩2,500 손실   ② ₩1,500 손실
③ ₩1,000 손실   ④ ₩1,500 이익
⑤ ₩3,000 이익

16 ㈜관세는 20×1년 10월 31일 상장회사인 ㈜대한의 주식을 단기간 내에 매각할 목적으로 ₩6,000에 취득하면서 거래수수료 ₩100을 추가로 지출하였다. ㈜관세는 20×1년 12월 20일 보유 중인 ㈜대한의 주식 중 50%를 ₩3,200에 처분하였으며, 20×1년 말 현재 ㈜관세가 보유 중인 ㈜대한의 주식의 공정가치는 ₩3,600이다. 동 주식과 관련된 거래가 ㈜관세의 20×1년도 포괄손익계산서의 당기순이익에 미치는 효과는? ▸관세사 16

① ₩100 감소 ② ₩0
③ ₩200 증가 ④ ₩600 증가
⑤ ₩700 증가

17 ㈜관세의 20×1년 당기손익-공정가치 측정 금융자산 관련 자료는 다음과 같다. 동 금융자산과 관련하여 ㈜관세가 20×1년 인식할 당기손익은? ▸관세사 22

- 4월 1일 : (주)한국의 주식 50주를 거래원가 ₩1,500을 포함하여 ₩41,500에 취득
- 6월 9일 : 4월 1일 취득한 주식 중 30주를 주당 ₩900에 처분(처분 시 거래원가는 없음)
- 12월 31일 : (주)한국의 주당 공정가치는 ₩700임

① ₩1,000 손실 ② ₩500 손실
③ ₩0 ④ ₩1,000 이익
⑤ ₩3,000 이익

18 ㈜감평은 20×1년 초 A사 주식 10주(보통주, @₩100)를 수수료 ₩100을 포함한 ₩1,100에 취득하여 당기손익-공정가치측정 금융자산으로 분류하였다. ㈜감평은 20×2년 7월 1일 A사 주식 5주를 1주당 ₩120에 매각하고, 거래수수료로 매각대금의 3%와 거래세로 매각대금의 2%를 각각 지급하였다. A사 주식의 1주당 공정가치는 20×1년 말 ₩900이고, 20×2년 말 ₩110일 때, ㈜감평의 20×2년도 포괄손익계산서의 당기순이익 증가액은? ▸24년 기출

① ₩0 ② ₩100
③ ₩140 ④ ₩180
⑤ ₩220

19 다음의 거래가 전부 동일한 회계기간 중에 발생한 것이라면, 이로 인하여 포괄손익계산서에
미치는 영향은 얼마인가?   ▶ CTA 00

> (1) 보유 중인 장부금액 ₩6,600,000의 A주식(1,000주 @₩5,000)에 대하여 10%의 배당
> 을 현금으로 수취하였다. A주식은 FVPL 금융자산으로 분류하였다.
> (2) 상기의 A주식에 대하여 주식배당을 수취하였다. 수취한 주식수는 보유 중인 A주식
> 의 10%이며, 동 주식에 부여되는 모든 권리는 기존주식에 대한 것과 같다.
> (3) A주식의 50%를 주당 ₩7,000에 현금처분하였다.

① ₩1,030,000   ② ₩1,050,000
③ ₩1,190,000   ④ ₩1,201,000
⑤ ₩1,210,000

20 (주)관세는 20×1년 초 (주)한국의 지분상품을 취득(매매수수료 ₩1,000을 포함하여 총
₩11,000을 지급)하고 당기손익 – 공정가치 측정 금융자산으로 분류하였다. 20×1년 말 동
지분상품의 공정가치는 ₩9,000이다. (주)관세는 20×2년 4월 초 동 지분상품을 공정가치
인 ₩11,000에 처분하였다. (주)관세가 동 지분상품과 관련하여 20×2년도에 인식할 당기
손익은?   ▶ 관세사 23

① 손실 ₩1,000   ② 손실 ₩2,000
③ ₩0   ④ 이익 ₩1,000
⑤ 이익 ₩2,000

21 ㈜감평은 20×1년 초 주당 액면금액이 ₩150인 ㈜한국의 보통주 20주를 주당 ₩180에 취
득하였고, 총거래원가 ₩150을 지급하였다. ㈜감평은 동 주식을 기타포괄손익–공정가치 측
정 금융자산으로 분류하였고 20×1년 말 동 주식의 공정가치는 주당 ₩240이다. 동 금융자
산과 관련하여 20×1년 인식할 기타포괄이익은?   ▶ 21년 기출

① ₩1,050   ② ₩1,200
③ ₩1,350   ④ ₩1,600
⑤ ₩1,950

22 (주)하늘은 20×1년 초에 지분상품 ₩10,000을 취득하여 기타포괄손익–공정가치 선택 금융
자산으로 분류하였다. 해당 지분상품의 공정가치는 20×1년 말에 ₩14,000, 20×2년 말에
₩8,000이었다. 20×2년도 포괄손익계산서상 기타포괄손익과 20×2년 말 재무상태표상의
기타포괄손익누계액은 각각 얼마인가? (단, 손상발생의 객관적인 증거는 없다.) ▶관세사 11

	기타포괄손익	기타포괄손익누계액		기타포괄손익	기타포괄손익누계액
①	₩0	₩0	②	(–)₩2,000	(–)₩2,000
③	(–)₩6,000	(–)₩6,000	④	(–)₩2,000	(–)₩6,000
⑤	(–)₩6,000	(–)₩2,000			

23 (주)관세는 20×1년 초 지분상품을 거래원가 ₩2,000을 포함하여 ₩52,000에 구입하였고,
이 지분상품의 20×1년 말 공정가치는 ₩49,000이다. (주)관세는 20×2년 4월 초 공정가치
인 ₩51,000에 지분상품을 처분하였다. 이 지분상품을 (A)당기손익–공정가치 측정 금융자
산으로 인식했을 때와 (B)기타포괄손익–공정가치 측정 금융자산으로 최초 선택하여 인식했
을 때 처분으로 인한 당기손익은? (단, 처분 시 거래원가는 발생하지 않았다.) ▶관세사 19

	(A)	(B)		(A)	(B)
①	₩0	손실 ₩1,000	②	₩0	₩0
③	₩0	이익 ₩2,000	④	이익 ₩2,000	₩0
⑤	이익 ₩2,000	이익 ₩1,000			

24 (주)관세는 20×1년 중 (주)대한의 보통주 100주, 200주, 400주를 각각 1주당 ₩100, ₩200,
₩500에 순차적으로 취득하고, 기타포괄손익–공정가치 측정 금융자산으로 선택하여 분류하
였다. 20×1년 말 (주)대한의 보통주 1주당 공정가치는 ₩400이다. (주)관세가 20×2년 중 보유
하고 있던 (주)대한의 보통주 100주를 1주당 ₩300(공정가치)에 매각하였을 때 처분손익은?
  ▶관세사 21

① ₩20,000 손실
② ₩10,000 손실
③ ₩0
④ ₩10,000 이익
⑤ ₩20,000 이익

25 ㈜한국은 A주식을 20×1년 초 ₩1,000에 구입하고 취득수수료 ₩20을 별도로 지급하였으며, 기타포괄손익-공정가치 측정 금융자산으로 선택하여 분류하였다. A주식의 20×1년 말 공정가치는 ₩900, 20×2년 말 공정가치는 ₩1,200이고, 20×3년 2월 1일 A주식 모두를 공정가치 ₩1,100에 처분하였다. A주식에 관한 회계처리 결과로 옳지 않은 것은?

① A주식 취득원가는 ₩1,020이다.
② 20×1년 총포괄이익이 ₩120 감소한다.
③ 20×2년 총포괄이익이 ₩300 증가한다.
④ 20×2년 말 재무상태표상 금융자산평가이익(기타포괄손익누계액)은 ₩180이다.
⑤ 20×3년 당기순이익이 ₩100 감소한다.

26 ㈜세무는 ㈜대한의 주식 A를 취득하고, 이를 기타포괄손익-공정가치측정 금융자산으로 '선택'(이하 'FVOCI') 지정분류하였다. 동 주식 A의 거래와 관련된 자료가 다음과 같고, 다른 거래가 없을 경우 설명으로 옳은 것은? (단, 동 FVOCI 취득과 처분은 공정가치로 한다.)

▶ CTA 20

구분	20×1년 기중	20×1년 기말	20×2년 기말	20×3년 기중
회계처리	취득	후속평가	후속평가	처분
공정가치	₩100,000	₩110,000	₩98,000	₩99,000
거래원가	500	–	–	200

① 20×1년 기중 FVOCI 취득원가는 ₩100,000이다.
② 20×1년 기말 FVOCI 평가이익은 ₩10,000이다.
③ 20×2년 기말 FVOCI 평가손실이 ₩3,000 발생된다.
④ 20×3년 처분 직전 FVOCI 평가손실 잔액은 ₩2,000이다.
⑤ 20×3년 처분 시 당기손실 ₩200이 발생된다.

27 ㈜관세는 20×1년 초 사채(액면금액 ₩100,000, 4년 만기, 표시이자율 연 7%, 이자는 매년 말 지급)를 ₩90,490에 취득하고 상각후원가 측정 금융자산으로 분류하였다. 취득 당시 사채의 유효이자율은 연 10%이다. 20×1년 말 동 사채의 공정가치가 ₩92,000일 때, 20×1년 말 상각후원가 측정 금융자산의 장부금액은? (단, 금융자산 손상은 없다.) ▶ 관세사 22

① ₩89,951
② ₩92,000
③ ₩92,539
④ ₩94,049
⑤ ₩97,490

28 ㈜한국은 20×1년 초 회사채(액면금액 ₩100,000, 표시이자율 5%, 이자는 매년 말 후급, 만기 20×3년 말)를 ₩87,566에 구입하고, 상각후원가 측정 금융자산으로 분류하였다. 20×1년 이자수익이 ₩8,757일 때, 20×2년과 20×3년에 인식할 이자수익의 합은? (단, 단수차이가 발생할 경우 가장 근사치를 선택한다.)

① ₩10,000

② ₩17,514

③ ₩17,677

④ ₩18,514

⑤ ₩18,677

29 (주)관세는 20×1년 1월 1일에 채무상품(액면금액 ₩1,000,000, 표시이자율 연 5%, 매년 말 이자 지급, 만기 3년)을 ₩915,000에 취득하고 이를 상각후원가측정금융자산(상각후원가로 측정하는 금융자산)으로 분류하였다. 20×1년 12월 31일 상각후원가금융자산의 장부금액이 ₩938,200인 경우 ㈜관세가 채무상품 취득 시 적용한 연간 유효이자율은? ▸ 관세사 17

① 6%

② 7%

③ 8%

④ 9%

⑤ 10%

30 (주)감평은 20×1년 1월 1일 (주)한국이 동 일자에 발행한 액면금액 ₩1,000,000, 표시이자율 연 10%(이자는 매년 말 지급)의 3년 만기의 사채를 ₩951,963에 취득하였다. 동 사채의 취득 시 유효이자율은 연 12%이었으며, (주)감평은 동 사채를 상각후원가로 측정하는 금융자산으로 분류하였다. 동 사채의 20×1년 12월 31일 공정가치는 ₩975,123이었으며, (주)감평은 20×2년 7월 31일에 경과이자를 포함하여 ₩980,000에 전부 처분하였다. 동 사채관련 회계처리가 (주)감평의 20×2년도 당기순이익에 미치는 영향은? (단, 단수차이로 인한 오차가 있으면 가장 근사치를 선택한다.) ▸ 18년 기출

① ₩13,801 증가

② ₩14,842 감소

③ ₩4,877 증가

④ ₩34,508 감소

⑤ ₩48,310 증가

31 (주)관세는 20×1년 1월 1일 (주)한국이 발행한 사채(액면금액 ₩50,000, 만기 5년, 표시이자율 연 5% 매년 말 지급)를 ₩45,900에 취득하고, 이를 기타포괄손익 – 공정가치 측정 금융자산으로 분류하였다. 사채의 20×1년 말 공정가치는 ₩47,000이고, 20×2년 말 공정가치는 ₩48,000이다. (주)관세가 동 금융자산과 관련하여 20×2년도에 인식할 이자수익은? (단, 취득 당시 유효이자율은 연 7%이며, 계산 시 화폐금액은 소수점 첫째자리에서 반올림한다.)

▸ 관세사 20

① ₩3,263   ② ₩3,290

③ ₩3,360   ④ ₩3,649

⑤ ₩3,886

32 (주)관세는 20×1년 1월 1일에 갑회사가 발행한 사채(액면금액 : ₩100,000, 표시이자 : 연 8% 매년 말 지급, 만기 : 3년)를 20×1년 6월 1일에 장기투자목적으로 취득하여 기타포괄손익 – 공정가치 측정 금융자산으로 분류하였다. 동 사채의 취득 당시 유효이자율은 연 6%이고, 20×1년도 말 현재 공정가치는 ₩95,000이며, 공정가치의 하락은 일시적인 것으로 판단된다. (주)관세가 20×1년도 말 인식해야 할 기타포괄금융자산평가손익은 얼마인가? (단, 다음의 현가계수를 이용하며 단수차이로 인한 오차가 있으면 가장 근사치를 선택한다.)

▸ 관세사 13

기간	단일금액 ₩1의 현가계수		연금 ₩1의 현가계수	
	6%	8%	6%	8%
1	0.9434	0.9259	0.9434	0.9259
2	0.8900	0.8573	1.8334	1.7833
3	0.8396	0.7938	2.6730	2.5771

① ₩8,665 손실   ② ₩3,665 손실

③ ₩1,038 이익   ④ ₩3,665 이익

⑤ ₩8,665 이익

33 (주)관세는 20×1년 초 채무상품(액면금액 ₩100,000, 표시이자율 연 15%, 매년 말 이자지급, 5년 만기)을 ₩110,812에 구입하여 기타포괄손익–공정가치 측정 금융자산으로 분류하였다. 취득 당시 유효이자율은 연 12%이고, 20×1년 말 동 채무상품의 공정가치가 ₩95,000이다. 20×1년 (주)관세가 이 금융자산과 관련하여 인식할 기타포괄손실은? (단, 화폐금액은 소수점 첫째자리에서 반올림한다.) ▸ 관세사 19

① ₩10,812   ② ₩14,109
③ ₩15,812   ④ ₩17,434
⑤ ₩17,515

34 ㈜관세는 20×1년 1월 1일에 ㈜대한이 동 일자에 발행한 액면금액 ₩100,000, 만기 5년, 표시이자율 5%(이자 연말 후급조건)의 사채를 취득하고 기타포괄금융자산으로 분류하였다. 공정가치 변동은 손상, 회복에 해당하지 않으며, 동 사채의 취득원가와 20×1년 말의 공정가치는 다음과 같고, 취득 당시 유효이자율은 연 10%라고 가정한다.

취득원가	20×1년 말 공정가치
₩81,046	₩86,000

㈜관세가 20×1년도에 기타포괄손익으로 인식하는 평가손익은? (단, 계산 시 화폐금액은 소수점 첫째자리에서 반올림한다.) ▸ 관세사 16

① 평가손실 ₩3,151   ② 평가손실 ₩46
③ ₩0   ④ 평가이익 ₩1,849
⑤ 평가이익 ₩4,954

35 (주)관세는 (주)한국이 20×1년 1월 1일에 발행한 사채(액면금액 ₩100,000, 표시이자율 연 13%, 매년 말 이자지급, 만기 3년)를 발행시점에서 ₩95,434에 취득하여 기타포괄손익–공정가치 측정 금융자산으로 분류하였다. 취득 당시 유효이자율은 15%이었다. 20×1년 12월 31일 현재 기타포괄손익–공정가치 측정 금융자산의 공정가치는 ₩95,000이다. (주)관세가 기타포괄손익–공정가치 측정 금융자산과 관련하여 20×1년도에 인식할 총포괄이익은? (단, 계산 시 화폐금액은 소수점 첫째자리에서 반올림하며, 단수차이로 인한 오차가 있으면 가장 근사치를 선택한다.) ▸ 관세사 17

① ₩1,749   ② ₩12,566
③ ₩13,000   ④ ₩14,315
⑤ ₩16,064

36 ㈜감평은 20×1년 1월 1일에 액면금액 ₩500,000(표시이자율 연 10%, 만기 3년, 매년 말 이자 지급)의 사채를 ₩475,982에 취득하고, 당기손익-공정가치 측정 금융자산으로 분류하였다. 동 사채의 취득 당시 유효이자율은 연 12%이며, 20×1년 말 공정가치는 ₩510,000 이다. 상기 금융자산(사채) 관련 회계처리가 ㈜감평의 20×1년도 당기순이익에 미치는 영향은? (단, 단수차이로 인한 오차가 있다면 가장 근사치를 선택한다.) ▸22년 기출

① ₩84,018 증가　　　　　　　　　② ₩70,000 증가
③ ₩60,000 증가　　　　　　　　　④ ₩34,018 증가
⑤ ₩10,000 증가

37 20×1년 1월 1일 (주)감평은 (주)한국이 동 일자에 발행한 사채(액면금액 ₩1,000,000, 액면이자율 연 4%, 이자는 매년 말 지급)를 ₩896,884에 취득하였다. 취득 당시 유효이자율은 연 8%이다. 20×1년 말 동 사채의 이자수취 후 공정가치는 ₩925,000이며, 20×2년 초 ₩940,000에 처분하였다. (주)감평의 동 사채 관련 회계처리에 관한 설명으로 옳지 않은 것은? (단, 계산금액은 소수점 첫째자리에서 반올림하며, 단수차이로 인한 오차가 있으면 가장 근사치를 선택한다.) ▸20년 기출

① 당기손익-공정가치(FVPL) 측정 금융자산으로 분류하였을 경우, 20×1년 당기순이익은 ₩68,116 증가한다.
② 상각후원가(AC) 측정 금융자산으로 분류하였을 경우, 20×1년 당기순이익은 ₩71,751 증가한다.
③ 기타포괄손익-공정가치(FVOCI) 측정 금융자산으로 분류하였을 경우, 20×1년 당기순이익은 ₩71,751 증가한다.
④ 상각후원가(AC) 측정 금융자산으로 분류하였을 경우, 20×2년 당기순이익은 ₩11,365 증가한다.
⑤ 기타포괄손익-공정가치(FVOCI) 측정 금융자산으로 분류하였을 경우, 20×2년 당기순이익은 ₩15,000 증가한다.

38 대한(주)에서 20×1년 1월 1일에 3년 후 만기가 도래하는 사채(액면가액 ₩1,000,000, 액면이자율 10%, 유효이자율 12%, 이자는 매년 말 후급)를 ₩951,980에 취득하였다. 이 사채의 공정가치는 20×1년 말 ₩970,000, 20×2년 말 ₩980,000이며, 20×3년 1월 1일에 이 사채를 ₩982,000에 처분하였다. 이 사채에 대한 회계처리로서 적절하지 않은 것은? (단, 아래에 제시된 모든 수치는 소수점 첫째 자리에서 반올림한 수치임) ▸ CTA 03

① 이 사채가 FVPL 금융자산으로 분류되었다면, 20×1년의 이자수익은 ₩100,000 계상되었을 것이다.

② 이 사채가 AC 금융자산으로 분류되었다면, 20×1년의 이자수익은 ₩114,238 계상되었을 것이다.

③ 이 사채가 FVPL 금융자산으로 분류되었다면, 취득원가는 ₩951,980으로 계상되었을 것이다.

④ 이 사채가 FVOCI 금융자산으로 분류되었다면, 20×3년의 FVOCI 금융자산처분관련손실은 ₩2,000 계상되었을 것이다.

⑤ 이 사채가 AC 금융자산으로 분류되었다면, 20×3년의 AC 금융자산처분손실이 ₩164 계상되었을 것이다.

39 ㈜대한과 관련된 다음의 자료를 활용하여 물음에 답하시오.

- ㈜대한은 다음과 같은 A, B, C사채를 발행일에 취득하였다.

사채	A사채	B사채	C사채
액면금액	₩2,000,000	₩1,500,000	₩500,000
표시이자율	연 6%	연 8%	연 10%
만기일	20×3.12.31.	20×3.12.31.	20×3.12.31.
발행일	20×1.1.1.	20×1.1.1.	20×1.1.1.

- ㈜대한은 A, B, C사채를 구입한 직후에 A사채는 당기손익-공정가치측정(FVPL)금융자산으로, B사채와 C사채는 기타포괄손익-공정가치측정(FVOCI)금융자산으로 각각 분류하였다.
- A, B, C사채 모두 이자 지급일은 매년 말이며, 사채발행일 현재 유효이자율은 연 10%이다.
- ㈜대한이 사채에 대해서 발행일에 취득한 가격은 A사채 ₩1,801,016, B사채 ₩1,425,366, C사채 ₩500,000이고, 해당 취득가격은 공정가치와 같다.
- 20×1년 12월 31일, 연말 이자수취 직후의 금액인 공정가치는 A사채의 경우 ₩1,888,234이고, B사채는 ₩1,466,300이며, C사채는 ₩501,000이다.

㈜대한의 금융자산에 대한 회계처리가 20×1년도 포괄손익계산서의 당기순이익에 미치는 영향은 얼마인가? 단, 단수차이로 인해 오차가 있다면 가장 근사치를 선택한다. ▶ CPA 24

① ₩50,755 증가
② ₩120,755 증가
③ ₩399,755 증가
④ ₩417,218 증가
⑤ ₩427,218 증가

40 ㈜대한은 ㈜민국이 다음과 같이 발행한 사채를 20×1년 1월 1일에 취득하고 상각후원가로 측정하는 금융자산으로 분류하였다.

- 발행일 : 20×1년 1월 1일
- 액면금액 : ₩1,000,000
- 이자지급 : 연 8%를 매년 12월 31일에 지급
- 만기일 : 20×3년 12월 31일(일시상환)
- 사채발행 시점의 유효이자율 : 연 10%

20×1년 말 위 금융자산의 이자는 정상적으로 수취하였으나, ㈜민국의 신용이 손상되어 ㈜대한은 향후 이자는 수령하지 못하며 만기일에 액면금액만 수취할 것으로 추정하였다. 20×1년도 ㈜대한이 동 금융자산의 손상차손으로 인식할 금액(A)과 손상차손 인식 후 20×2년도에 이자수익으로 인식할 금액(B)은 각각 얼마인가? (단, 20×1년 말 현재 시장이자율은 연 12%이며, 단수차이로 인해 오차가 있다면 가장 근사치를 선택한다.) ▸CPA 18

할인율 / 기간	단일금액 ₩1의 현재가치		정상연금 ₩1의 현재가치	
	10%	12%	10%	12%
1년	0.9091	0.8928	0.9091	0.8928
2년	0.8264	0.7972	1.7355	1.6900
3년	0.7513	0.7118	2.4868	2.4018

	20×1년도 손상차손(A)	20×2년도 이자수익(B)
①	₩168,068	₩82,640
②	168,068	95,664
③	138,868	82,640
④	138,868	95,664
⑤	138,868	115,832

41 (주)세무는 20×1년 초 (주)한국이 동 일자로 발행한 사채(액면금액 ₩1,000,000, 표시이자율 연 10%, 만기 4년, 매년 말 이자지급)를 ₩939,240에 취득하고 상각후원가측정금융자산으로 분류하였다. 취득 시 유효이자율은 연 12%이며, 취득 당시 손상은 없었다. (주)세무는 20×1년 말 (주)한국으로부터 20×1년도 이자는 정상적으로 수취하였으나, 20×1년 말 동 금융자산에 신용손상이 발생하였다. (주)세무는 채무불이행 발생확률을 고려하여 20×2년부터 만기까지 매년 말 이자 ₩70,000과 만기에 원금 ₩700,000을 수취할 것으로 추정하였다. 금융자산의 회계처리가 (주)세무의 20×1년도 당기순이익에 미치는 영향은? (단, 현재가치 계산 시 다음에 제시된 현가계수표를 이용한다.) ▸ CTA 23

기간	단일금액 ₩1의 현재가치		정상연금 ₩1의 현재가치	
	10%	12%	10%	12%
1	0.9091	0.8929	0.9091	0.8929
2	0.8265	0.7972	1.7355	1.6901
3	0.7513	0.7118	2.4869	2.4018
4	0.6830	0.6355	3.1699	3.0374

① ₩139,247 감소
② ₩164,447 감소
③ ₩172,854 감소
④ ₩181,772 감소
⑤ ₩285,597 감소

42 ㈜감평은 ㈜대한이 발행한 사채(발행일 20×1년 1월 1일, 액면금액 ₩1,000, 표시이자율 연 8%, 매년 말 이자지급, 20×4년 12월 31일에 일시상환)를 20×1년 1월 1일에 사채의 발행가액으로 취득하였다(취득 시 신용이 손상되어 있지 않음). ㈜감평은 취득한 사채를 상각후원가로 측정하는 금융자산으로 분류하였으며, 사채발행시점의 유효이자율은 연 10%이다. ㈜감평은 ㈜대한으로부터 20×1년도 이자 ₩80은 정상적으로 수취하였으나 20×1년 말에 상각후원가로 측정하는 금융자산의 신용이 손상되었다고 판단하였다. ㈜감평은 채무불이행을 고려하여 20×2년부터 20×4년까지 현금흐름에 대해 매년말 수취할 이자는 ₩50, 만기에 수취할 원금은 ₩800으로 추정하였다. ㈜감평의 20×1년도 포괄손익계산서의 당기순이익에 미치는 영향은? (단, 화폐금액은 소수점 첫째자리에서 반올림하며, 단수차이로 인한 오차는 가장 근사치를 선택한다.) ▸ 24년 기출

기간	단일금액 ₩1의 현재가치		정상연금 ₩1의 현재가치	
	8%	10%	8%	10%
3	0.7938	0.7513	2.5771	2.4868
4	0.7350	0.6830	3.3120	3.1698

① ₩94 감소 ② ₩94 증가

③ ₩132 감소 ④ ₩226 감소

⑤ ₩226 증가

43 다음은 금융자산의 분류 및 재분류 등에 관한 설명이다. 옳은 설명을 모두 고른 것은?

▸ CTA 22

> ㄱ. 계약상 현금흐름을 수취하기 위해 보유하는 것이 목적인 사업모형하에서 금융자산을 보유하고, 금융자산의 계약 조건에 따라 특정일에 원금과 원금잔액에 대한 이자 지급만으로 구성되어 있는 현금흐름이 발생하는 금융자산은 상각후원가로 측정한다.
> ㄴ. 계약상 현금흐름의 수취와 금융자산의 매도 둘 다를 통해 목적을 이루는 사업모형하에서 금융자산을 보유하고, 금융자산의 계약 조건에 따라 특정일에 원금과 원금잔액에 대한 이자 지급만으로 구성되어 있는 현금흐름이 발생하는 금융자산은 당기손익-공정가치로 측정한다.
> ㄷ. 서로 다른 기준에 따라 자산이나 부채를 측정하거나 그에 따른 손익을 인식한 결과로 발생한 인식이나 측정의 불일치를 제거하거나 유의적으로 줄이는 경우에는 최초 인식시점에 해당 금융자산을 당기손익-공정가치 측정항목으로 지정할 수 있다.
> ㄹ. 금융자산을 기타포괄손익-공정가치 측정 범주에서 당기손익-공정가치 측정 범주로 재분류하는 경우, 재분류 전에 인식한 기타포괄손익누계액은 재분류일에 자본의 다른 항목으로 직접 대체한다.

① ㄱ, ㄴ ② ㄱ, ㄷ
③ ㄴ, ㄷ ④ ㄴ, ㄹ
⑤ ㄷ, ㄹ

44 금융자산의 재분류에 관한 설명으로 옳지 않은 것은?

▸ 관세사 20

① 금융자산을 상각후원가 측정 범주에서 당기손익-공정가치 측정 범주로 재분류하는 경우에 재분류일의 공정가치로 측정하고, 금융자산의 재분류 전 상각후원가와 공정가치의 차이에 따른 손익은 당기손익으로 인식한다.

② 금융자산을 당기손익-공정가치 측정 범주에서 상각후원가 측정 범주로 재분류하는 경우에 재분류일의 공정가치가 새로운 총장부금액이 된다.

③ 금융자산을 기타포괄손익-공정가치 측정 범주에서 상각후원가 측정 범주로 재분류하는 경우에 재분류일의 공정가치로 측정하고, 재분류 전에 인식한 기타포괄손익누계액은 재분류일에 당기손익으로 인식한다.

④ 금융자산을 상각후원가 측정 범주에서 기타포괄손익-공정가치 측정 범주로 재분류하는 경우에 재분류일의 공정가치로 측정하고, 금융자산의 재분류 전 상각후원가와 공정가치의 차이에 따른 손익은 기타포괄손익으로 인식한다.

⑤ 금융자산을 당기손익-공정가치 측정 범주에서 기타포괄손익-공정가치 측정 범주로 재분류하는 경우에 계속 공정가치로 측정한다.

45 금융자산의 재분류 시 회계처리에 관한 설명으로 옳지 않은 것은? ▸CTA 18

① 상각후원가측정금융자산을 당기손익－공정가치측정금융자산으로 재분류할 경우 재분류일의 공정가치로 측정하고, 재분류 전 상각후원가와 공정가치의 차이를 당기손익으로 인식한다.

② 상각후원가측정금융자산을 기타포괄손익－공정가치측정금융자산으로 재분류할 경우 재분류일의 공정가치로 측정하고, 재분류 전 상각후원가와 공정가치의 차이를 기타포괄손익으로 인식하며, 재분류에 따라 유효이자율과 기대신용손실 측정치는 조정하지 않는다.

③ 기타포괄손익－공정가치측정금융자산을 당기손익－공정가치측정금융자산으로 재분류할 경우 계속 공정가치로 측정하고, 재분류 전에 인식한 기타포괄손익누계액은 재분류일에 이익잉여금으로 대체한다.

④ 기타포괄손익－공정가치측정금융자산을 상각후원가측정금융자산으로 재분류할 경우 재분류일의 공정가치로 측정하고, 재분류 전에 인식한 기타포괄손익누계액은 자본에서 제거하고 재분류일의 금융자산의 공정가치에서 조정하며, 재분류에 따라 유효이자율과 기대신용손실 측정치는 조정하지 않는다.

⑤ 당기손익－공정가치측정금융자산을 기타포괄손익－공정가치측정금융자산으로 재분류할 경우 계속 공정가치로 측정하고, 재분류일의 공정가치에 기초하여 유효이자율을 다시 계산한다.

46 다음은 ㈜한국의 20×8년 말 재무상태표에 보고된 매출채권에 대한 손실충당금과 20×9년 중 거래내용이다. 아래 자료를 이용하여 회계처리할 경우 20×9년도의 당기순이익은 얼마나 감소하는가? ▸10년 기출

- 20×8년 말 매출채권은 ₩15,500,000이고, 매출채권에 대한 손실충당금은 ₩372,000이다.
- 20×9년 1월 중 매출채권 ₩325,000이 회수불능으로 판명되어 해당 매출채권을 제거하였다.
- 20×8년 중 회수불능채권으로 처리한 매출채권 중 ₩85,000을 20×9년 3월에 현금으로 회수하였다.
- 20×9년 말 매출채권 잔액은 ₩12,790,000이고, 이 잔액에 대한 손실충당금은 ₩255,800으로 추정되었다.

① ₩123,800
② ₩208,800
③ ₩210,000
④ ₩255,800
⑤ ₩325,000

47 20×1년에 설립된 ㈜관세의 매출채권과 대손에 관한 자료가 다음과 같을 때, ㈜관세의 20×2년도 포괄손익계산서에 표시될 대손상각비(손상차손)는? ▸ 관세사 16

> • 20×1년 12월 31일의 매출채권잔액은 ₩1,000,000이고 이 금액 중 ₩100,000이 회수 불가능하다고 추정되었다.
> • 20×2년 6월 29일에 전기에 매출한 ₩250,000의 매출채권이 회수불가능하다고 판명 되었다.
> • 20×2년 8월 16일에는 6월 29일에 대손확정된 ₩250,000 중 ₩70,000이 현금으로 회 수되었다.
> • 20×2년 12월 31일의 매출채권잔액은 ₩700,000이며, 이 금액 중 ₩85,000이 회수불가 능하다고 추정되었다.

① ₩150,000
② ₩165,000
③ ₩235,000
④ ₩265,000
⑤ ₩335,000

48 12월 31일 결산법인인 ㈜한국의 외상매출금과 대손에 관한 자료는 다음과 같다. 20×1년 포괄손익계산서에 계상될 손상차손은 얼마인가?

> (1) 20×1년 1월 1일 : 손실충당금 기초잔액은 ₩1,000이다.
> (2) 20×1년 5월 8일 : 당기에 매출한 ₩1,500의 외상매출금이 회수불가능하다고 판명 되었다.
> (3) 20×1년 10월 20일 : 전기에 손실충당금으로 대손 처리한 외상매출금 ₩200이 회수 되었다.
> (4) 20×1년 12월 31일 : 기말수정분개 전 외상매출금 잔액은 ₩40,000이며, 이 중 ₩1,000의 외상매출금은 회수가 불가능하다고 판명되었다. 그리고 나머지 ₩39,000의 외상매출금에 대해서 미래 현금흐름을 추정한 결과 ₩32,800으로 추정되었다.

① ₩1,300
② ₩6,200
③ ₩6,700
④ ₩7,500
⑤ ₩7,700

49 (주)관세의 20×1년 말과 20×2년 말 재무상태표의 매출채권 관련 부분이다.

구분	20×1년 말	20×2년 말
매출채권	₩100,000	₩300,000
손실충당금	(5,000)	(6,000)

(주)관세는 20×2년 7월 초 매출채권 ₩7,000이 회수불능으로 확정되어 장부에서 제각하였으나, 동년도 12월 초 제각한 매출채권 중 ₩3,000을 회수하였다. (주)관세의 매출채권과 관련한 20×2년도 손상차손은?

▶ 관세사 20

① ₩2,000
② ₩3,000
③ ₩5,000
④ ₩6,000
⑤ ₩8,000

50 ㈜한국은 20×1년 1월 1일에 상품을 ₩4,000,000에 판매하고 대금은 20×1년부터 매년 12월 31일에 ₩1,000,000씩 4회에 분할수령하기로 하였다. 장기할부판매대금의 명목가액과 현재가치의 차이는 중요하고 유효이자율은 연 10%이다. 할부판매로 인하여 발생한 장기매출채권에 대하여 20×2년 말 현재 대손 추산액은 ₩300,000이다. 장기매출채권의 20×2년 말 현재 장부금액(순액)은 얼마인가? (계산과정에서 소수점 이하는 첫째자리에서 반올림한다.)

구분	단일금액 ₩1의 현재가치				정상연금 ₩1의 현재가치			
	1년	2년	3년	4년	1년	2년	3년	4년
10%	0.9091	0.8265	0.7513	0.6830	0.9091	1.7355	2.4869	3.1699

① ₩1,435,579
② ₩1,735,580
③ ₩2,086,857
④ ₩2,869,900
⑤ ₩3,535,579

PART 01

51 ㈜관세는 20×1년 4월 1일 상품을 판매하고 약속어음(액면금액 ₩100,000, 이자율 연 8%, 만기 6개월)을 수취하였다. ㈜관세가 어음을 3개월간 보유한 후 거래은행에 연 10%의 이자율로 할인하였을 경우, 수령하게 되는 현금은? (단, 어음의 할인은 월할 계산하며 위험과 보상의 대부분을 이전하였다고 가정한다.) ▸ 관세사 22

① ₩98,600
② ₩100,000
③ ₩100,600
④ ₩101,400
⑤ ₩106,600

52 20×1년 1월 1일 ㈜한국은 이자부 받을어음 ₩1,000,000(만기 9개월, 표시이자율 연 10%)을 거래처로부터 수취하였다. 20×1년 7월 1일 ㈜대한은행에서 연 12%로 할인하였다. 동 할인이 제거요건을 충족하는 경우, 매출채권처분손실은? (단, 이자는 월할 계산한다.) ▸ 13년 기출

① ₩1,875
② ₩5,000
③ ₩7,250
④ ₩17,250
⑤ ₩32,250

53 ㈜감평은 20×1년 4월 1일에 거래처에 상품을 판매하고 그 대가로 이자부 약속어음(3개월 만기, 표시이자율 연 5%, 액면금액 ₩300,000)을 수취하였다. 동 어음을 1개월 보유하다가 주거래은행에서 연 8% 이자율로 할인할 경우, 어음할인액과 금융자산처분손실은? (단, 어음할인은 금융자산 제거요건을 충족함) ▸ 17년 기출

	할인액	처분손실		할인액	처분손실
①	₩4,000	₩1,550	②	₩4,000	₩2,500
③	₩4,000	₩4,000	④	₩4,050	₩2,500
⑤	₩4,050	₩1,550			

54 (주)감평은 20×1년 4월 1일에 만기가 20×1년 7월 31일인 액면금액 ₩1,200,000의 어음을 거래처로부터 수취하였다. (주)감평은 동 어음을 20×1년 6월 30일 은행에서 할인하였으며, 할인율은 연 12%이다. 동 어음이 무이자부인 어음일 경우(A)와 연 9%의 이자부어음일 경우(B) 각각에 대해 어음할인 시 (주)감평이 금융상품(받을어음)처분손실로 인식할 금액은? (단, 어음할인은 금융상품의 제거요건을 충족시킨다고 가정하며, 이자는 월할계산한다.)

▸ 20년 기출

	(A)	(B)			(A)	(B)
①	₩0	₩3,360		②	₩0	₩12,000
③	₩12,000	₩3,360		④	₩12,000	₩9,000
⑤	₩12,000	₩12,000				

55 (주)감평은 고객에게 상품을 판매하고 약속어음(액면금액 ₩5,000,000, 만기 6개월, 표시이자율 연 6 %)을 받았다. (주)감평은 동 어음을 3개월간 보유한 후 은행에 할인하면서 은행으로부터 ₩4,995,500을 받았다. 동 어음에 대한 은행의 연간 할인율은? (단, 이자는 월할계산한다.)

▸ 19년 기출

① 8%   ② 10%
③ 12%   ④ 14%
⑤ 16%

Chapter 08 금융부채

1절   금융부채의 인식과 측정

1. 금융부채의 최초 인식

금융부채는 금융상품의 계약당사자가 되는 때에 재무상태표에 인식하며, 최초 인식 시 공정가치로 측정한다. 금융부채의 발행과 직접 관련되는 거래원가는 당기손익으로 후속측정하는 금융부채의 경우에는 당기비용으로 처리하고, 기타금융부채는 최초 인식하는 공정가치에서 차감한다.

2절   사채

1. 사채의 발행

① 액면발행 : 표시(액면)이자율 = 시장이자율

② 할인발행 : 표시(액면)이자율 < 시장이자율

③ 할증발행 : 표시(액면)이자율 > 시장이자율

2. 재무상태표 표시

사채할인발행차금은 사채의 액면금액에서 차감하는 형식으로 표시한다.

사채할증발행차금은 사채의 액면금액에서 가산하는 형식으로 표시한다.

3. 사채발행비

사채발행과 직접적으로 관련하여 발생하는 비용은 사채의 발행가액에서 직접 차감한다. 사채발행비가 없는 경우 시장이자율과 유효이자율은 일치하지만 사채발행비가 있는 경우 발행시점의 유효이자율은 시장이자율보다 더 크다.

4. 권면발행일 후 발행

	명목상 발행일의 사채발행금액	×××	← 실제 발행일의 시장이자율
+	실제 발행일까지의 유효이자	×××	
=	현금수령액	×××	
−	실제 발행일까지의 경과이자	(×××)	
=	실제 발행일의 발행금액	×××	

3절 사채의 후속측정

1. 만기까지 총이자비용

① 할인발행 = 액면이자 총액 + 사채할인발행차금 총액

② 할증발행 = 액면이자 총액 − 사채할증발행차금 총액

2. 유효이자율법

구분	할인발행	할증발행
장부금액	증가	감소
이자비용	증가	감소
상각액	증가	증가
실효이자율	불변	불변

3. 사채의 조기상환

① 상환금액 < 장부금액 : 사채상환이익

② 상환금액 > 장부금액 : 사채상환손실

- 사채상환손익 = 사채의 상환금액(경과이자 포함) − 사채의 장부금액(경과이자 포함)
- 사채상환손익 = 사채의 상환금액(경과이자 제외) − 사채의 장부금액(경과이자 제외)

4절 금융부채로 분류하는 상환우선주

1. 금융부채로 분류하는 상환우선주

① 의무상환

② 보유자 요구 시 상환

2. 비누적적 상환우선주 회계처리

① 상환금액과 상환금액의 현재가치의 차이 금액은 상각하여 이자비용으로 인식

② 배당금 지급액은 자본요소에 관련되므로 이익의 배분으로 인식

3. 누적적 상환우선주 회계처리

① 배당을 포함하여 현재가치를 계산하고, 상환금액과 현재가치의 차이금액을 상각하여 이자비용으로 인식

② 배당금 지급액은 부채요소에 관련되므로 이자비용으로 인식

CHAPTER 08 객관식 문제

01 다음 중 (주)관세의 금융부채를 발생시키는 거래를 모두 고른 것은? ▶ 관세사 20

> ㄱ. (주)관세는 거래처로부터 ₩500을 차입하였다.
> ㄴ. (주)관세는 제품을 판매하기로 하고 선금 ₩500을 받았다.
> ㄷ. (주)관세는 ₩500의 비품을 구입하고 그 대가로 거래 상대방에게 자기지분상품 5주(주당액면금액 ₩100)를 인도하기로 하였다.
> ㄹ. (주)관세는 보유자가 확정된 금액으로 상환을 청구할 수 있는 권리가 부여된 상환우선주 10주(주당액면금액 ₩500)를 주당 ₩700에 발행하였다.

① ㄱ, ㄷ   ② ㄱ, ㄹ
③ ㄴ, ㄷ   ④ ㄴ, ㄹ
⑤ ㄷ, ㄹ

02 다음 부채 항목 중 금융부채의 합계금액은? ▶ 관세사 22

• 매입채무	₩3,000	• 선수수익	₩4,000
• 제품보증충당부채	₩2,500	• 장기차입금	₩10,000
• 미지급금	₩3,300	• 사채	₩15,000
• 미지급법인세	₩4,500	• 미지급이자	₩8,000

① ₩31,300   ② ₩32,800
③ ₩35,300   ④ ₩35,800
⑤ ₩39,300

03 사채발행차금과 사채발행비에 대한 다음 설명 중 옳은 것은?

① 사채발행차금을 유효이자율법으로 상각하는 경우 할인발행되면 이자비용은 매년 감소하고 할증발행되면 이자비용은 매년 증가한다.

② 사채발행차금을 정액법으로 상각하는 경우 장부금액에 대한 이자비용의 비율은 매년 동일하다.

③ 사채발행차금을 유효이자율법으로 상각하는 경우 할인발행 또는 할증발행에 따른 사채발행차금의 상각액은 매년 증가한다.

④ 국제회계기준에서는 사채발행차금을 사채기간에 걸쳐 정액법으로 상각한다.

⑤ 국제회계기준에서는 사채발행비를 사채기간에 걸쳐 정액법으로 상각한다.

04 사채의 할증발행에 관한 설명으로 옳은 것은?   ▶ 관세사 13

① 표시이자율보다 시장에서 요구하는 수익률이 높은 경제 상황에서 발생한다.

② 유효이자율법에 의해 상각할 경우 기간경과에 따라 할증발행차금 상각액은 매기 감소한다.

③ 기간경과에 따른 이자비용은 매기 증가한다.

④ 매기 현금이자 지급액보다 낮은 이자비용이 인식된다.

⑤ 사채의 장부금액은 매기 할증발행차금의 상각액만큼 증가한다.

05 상각후원가로 후속 측정하는 일반사채에 관한 설명으로 옳지 않은 것은?   ▶ 관세사 19

① 사채를 할인발행하고 중도상환 없이 만기까지 보유한 경우, 발행자가 사채발행시점부터 사채만기까지 포괄손익계산서에 인식한 이자비용의 총합은 발행시점의 사채할인발행차금과 연간 액면이자 합계를 모두 더한 값과 일치한다.

② 사채발행비가 존재하는 경우, 발행시점의 발행자의 유효이자율은 발행시점의 시장이자율보다 낮다.

③ 사채를 할증발행한 경우, 중도상환이 없다면 발행자가 포괄손익계산서에 인식하는 사채관련 이자비용은 매년 감소한다.

④ 사채를 할인발행한 경우, 중도상환이 없다면 발행자가 재무상태표에 인식하는 사채의 장부금액은 매년 체증적으로 증가한다.

⑤ 사채를 중도상환할 때 거래비용이 없고 시장가격이 사채의 내재가치를 반영하는 경우, 중도상환시점의 시장이자율이 사채발행시점의 유효이자율보다 크다면 사채발행자 입장에서 사채상환이익이 발생한다.

06 (주)광주는 20×1년 초에 액면가액 ₩100,000(액면이자율 연 10%, 만기 3년, 매년 말 이자지급조건)인 사채를 발행하였다. 이 회사는 사채발행차금을 유효이자율법으로 회계처리하고 있다. 사채발행일의 시장이자율은 연 12%라고 할 때, (주)광주가 동 사채와 관련하여 3년간 포괄손익계산서에 인식할 총이자비용은 얼마인가? (단, 사채발행일의 시장이자율과 유효이자율은 일치한다.)

▸ 관세사 11

기간	기간 말 ₩1의 현재가치		정상연금 ₩1의 현재가치	
	10%	12%	10%	12%
1	0.9091	0.8929	0.9091	0.8929
2	0.8264	0.7972	1.7355	1.6901
3	0.7513	0.7118	2.4868	2.4018

① ₩24,018 ② ₩30,000
③ ₩34,802 ④ ₩36,000
⑤ ₩36,802

07 (주)한국은 20×1년 1월 1일 액면가액 ₩5,000,000, 만기일 20×5년 12월 31일, 표시이자율 연 10%의 사채를 발행하였다. 이자지급일은 매년 12월 31일이며, 발행 당시 동종 사채에 대한 시장이자율은 연 8%이다. 20×2년도에 (주)한국은 이 사채에 대한 이자비용으로 얼마를 계상해야 하는가? (단, 20×2년 말 시장이자율은 연 9%이며, 현재가치 계수는 아래와 같다. 소수점이 발생하는 경우 소수 첫째자리에서 반올림한다.)

구분	(8%, 5년)	(9%, 3년)
단일금액 ₩1의 현가계수	0.6806	0.7722
정상연금 ₩1의 현가계수	3.9927	2.5313

① ₩479,817 ② ₩431,948
③ ₩426,504 ④ ₩397,392
⑤ ₩385,721

08 (주)감평은 20×1년 1월 1일에 액면금액 ₩1,000,000(표시이자율 연 8%, 매년 말 이자지급, 만기 3년)의 사채를 발행하였다. 발행 당시 시장이자율은 연 13%이다. 20×1년 12월 31일 현재 동 사채의 장부금액은 ₩916,594이다. 동 사채와 관련하여 (주)감평이 20×3년도 인식할 이자비용은? (단, 단수차이로 인한 오차가 있으면 가장 근사치를 선택한다.) ▸18년 기출

① ₩103,116 ② ₩107,026
③ ₩119,157 ④ ₩124,248
⑤ ₩132,245

09 (주)관세는 20×1년 초 액면금액 ₩100,000, 매년 말 액면이자 연 8% 지급조건, 5년 만기의 사채를 ₩92,416에 발행하였다. 동 사채 발행일의 시장이자율(연 10%)과 유효이자율은 일치하며, 유효이자율법에 따라 사채발행차금을 상각한다. (주)관세가 20×3년도에 상각할 사채할인발행차금은? (단, 계산금액은 소수점 첫째자리에서 반올림한다.) ▸관세사 24

① ₩1,242 ② ₩1,366
③ ₩1,502 ④ ₩1,653
⑤ ₩1,821

10 (주)관세는 20×1년 1월 1일에 액면금액이 ₩40,000, 3년 만기 사채를 ₩36,962에 할인발행하였다. 사채 발행 시 유효이자율은 연 9%이고, 이자는 매년 말 후급한다. 20×2년 1월 1일 현재 사채의 장부금액이 ₩37,889이라고 하면 사채의 표시이자율은? (단, 계산 시 화폐금액은 소수점 첫째자리에서 반올림한다.) ▸관세사 16

① 5.8% ② 6.0%
③ 6.2% ④ 6.5%
⑤ 7.0%

11 (주)감평은 20×1년 1월 1일에 사채를 발행하여 매년 말 액면이자를 지급하고 유효이자율법에 의하여 상각한다. 20×2년 말 이자와 관련된 회계처리는 다음과 같다.

(차변) 이자비용	6,000	(대변) 사채할인발행차금	3,000
		현금	3,000

위 거래가 반영된 20×2년 말 사채의 장부금액이 ₩43,000으로 표시되었다면, 사채의 유효이자율은? (단, 사채의 만기는 20×3년 12월 31일이다.)

▸17년 기출

① 연 11%
② 연 12%
③ 연 13%
④ 연 14%
⑤ 연 15%

12 (주)한국은 20×1년 1월 1일 시장이자율이 연 9%일 때 액면금액이 ₩10,000이고, 만기가 3년인 회사채를 ₩9,241에 할인발행하였다. 해당 회사채는 매년 말 이자를 지급한다. 해당 회사채의 20×2년 1월 1일 장부금액이 ₩9,473이라면, 회사채의 표시이자율은 얼마인가?

▸CTA 02

① 연 5.8%
② 연 6%
③ 연 6.2%
④ 연 6.5%
⑤ 연 7%

13 (주)한국은 20×1년 1월 1일 액면가액 ₩1,000,000의 사채(연 5% 이자를 매년 말 지급)를 발행하였다. 20×2년 12월 31일 동 사채의 장부금액은 ₩946,467이며, 20×2년도 사채할인발행차금상각액은 ₩23,812이다. 사채발행일의 유효이자율은 몇 %인가?

① 연 6%
② 연 7%
③ 연 8%
④ 연 9%
⑤ 연 10%

14 (주)한국은 사채권면상 발행일이 20×1년 1월 1일인 액면금액 ₩20,000,000의 사채를 20×1년 7월 1일에 발행하였다. 사채의 액면이자율은 연 10%(매년 말 후급)이고 사채의 만기는 20×3년 12월 31이다. 사채권면상 발행일과 실제발행일의 시장이자율이 각각 연 12%로 동일하다면, 이 사채와 관련하여 (주)한국이 20×1년 포괄손익계산서에 인식할 이자비용은 얼마인가? (단, 사채의 발행과 관련한 거래비용은 없으며, 3기간, 12% 단일금액 ₩1과 정상연금 ₩1의 현가계수는 각각 0.7118과 2.4018이다.) ▶ 관세사 12

① ₩1,000,000 ② ₩1,056,498

③ ₩1,112,996 ④ ₩1,142,376

⑤ ₩1,284,752

15 (주)감평은 20×1년 초 상각후원가(AC)로 측정하는 금융부채에 해당하는 회사채(액면금액 ₩1,000,000, 액면이자율 연 10%, 만기 3년, 매년 말 이자지급)를 발행하였다. 회사채 발행시점의 시장이자율은 연 12%이나 유효이자율은 연 13%이다. (주)감평이 동 회사채 발행과 관련하여 직접적으로 부담한 거래원가는? (단, 계산금액은 소수점 첫째자리에서 반올림하며, 단수차이로 인한 오차가 있으면 가장 근사치를 선택한다.) ▶ 20년 기출

기간	단일금액 ₩1의 현재가치			정상연금 ₩1의 현재가치		
	10%	12%	13%	10%	12%	13%
3	0.7513	0.7118	0.6931	2.4868	2.4018	2.3612

① ₩22,760 ② ₩30,180

③ ₩48,020 ④ ₩52,130

⑤ ₩70,780

16 ㈜대한은 20×1년 1월 1일 사채(액면금액 ₩5,000,000, 표시이자율 연 6%, 매년 말 이자지급, 3년 만기)를 발행하였으며, 동 사채를 상각후원가로 측정하는 금융부채로 분류하였다. 사채발행일의 시장이자율은 연 8%이며, 사채발행비 ₩50,000이 지급되었다. 20×1년 12월 31일 사채의 장부금액이 ₩4,814,389일 경우 ㈜대한이 동 사채와 관련하여 20×2년에 인식할 이자비용은 얼마인가? (단, 단수차이로 인해 오차가 있다면 가장 근사치를 선택한다.)
▸ CPA 22

기간 \ 할인율	단일금액 ₩1의 현재가치		정상연금 ₩1의 현재가치	
	6%	8%	6%	8%
1년	0.9434	0.9259	0.9434	0.9259
2년	0.8900	0.8573	1.8334	1.7832
3년	0.8396	0.7938	2.6730	2.5770

① ₩394,780
② ₩404,409
③ ₩414,037
④ ₩423,666
⑤ ₩433,295

17 ㈜세무는 20×1년 1월 1일에 액면금액 ₩1,200,000, 표시이자율 연 5%, 매년 말 이자를 지급하는 조건의 사채(매년 말에 액면금액 ₩400,000씩을 상환하는 연속상환사채)를 발행하였다. 20×1년 12월 31일 사채의 장부금액은? (단, 사채발행 당시의 유효이자율은 연 6%, 계산금액은 소수점 첫째자리에서 반올림, 단수차이로 인한 오차는 가장 근사치를 선택한다.)
▸ CTA 16

기간	단일금액 ₩1의 현재가치		정상연금 ₩1의 현재가치	
	5%	6%	5%	6%
1	0.9524	0.9434	0.9524	0.9434
2	0.9070	0.8900	1.8594	1.8334
3	0.8638	0.8396	2.7232	2.6730

① ₩678,196
② ₩778,196
③ ₩788,888
④ ₩795,888
⑤ ₩800,000

18 ㈜감평은 20×1년 초 사채(액면금액 ₩60,000, 표시이자율 연 10%, 매년 말 이자지급, 만기 3년, 매년 말 ₩20,000씩 원금상환 조건)를 발행하였다. 동 사채의 발행 당시 유효이자율은 연 12%이다. 다음 현재가치를 이용하여 계산한 사채의 발행가액과 20×2년도에 인식할 이자비용은? (단, 금액은 소수점 첫째자리에서 반올림하여 계산한다.) ▶23년 기출

⟨단일금액 ₩1의 현재가치⟩

기간	10%	12%
1년	0.9091	0.8929
2년	0.8264	0.7972
3년	0.7513	0.7118

	발행가액	20×2년 이자비용		발행가액	20×2년 이자비용
①	₩48,353	₩3,165	②	₩48,353	₩3,279
③	₩52,487	₩3,934	④	₩58,008	₩4,676
⑤	₩58,008	₩6,961			

19 ㈜감평은 20×1년 1월 1일에 액면금액 ₩900, 표시이자율 연 5%, 매년 말 이자를 지급하는 조건의 사채(매년 말에 액면금액 ₩300씩을 상환하는 연속상환사채)를 발행하였다. 사채 발행 당시의 유효이자율은 연 6%이다. ㈜감평의 20×2년 말 재무상태표상 사채의 장부금액(순액)은? (단, 화폐금액은 소수점 첫째자리에서 반올림하며, 단수차이로 인한 오차는 가장 근사치를 선택한다.) ▶24년 기출

기간	단일금액 ₩1의 현재가치		정상연금 ₩1의 현재가치	
	5%	6%	5%	6%
1	0.9524	0.9434	0.9524	0.9434
2	0.9070	0.8900	1.8594	1.8334
3	0.8638	0.8396	2.7232	2.6730

① ₩298
② ₩358
③ ₩450
④ ₩550
⑤ ₩592

20 ㈜대한은 20×1년 1월 1일에 액면금액 ₩1,000,000(표시이자율 연 8%, 이자지급일 매년 12월 31일, 만기일 20×3년 12월 31일)의 사채를 발행하려고 했으나 실패하고, 9개월이 경과된 20×1년 10월 1일에 동 사채를 ㈜세종에게 발행하였다. 20×1년 1월 1일과 사채발행일 현재 유효이자율은 연 10%로 동일하며, ㈜세종은 만기보유목적으로 취득하였다. ㈜대한이 20×1년 10월 1일에 사채발행으로 수취할 금액은? (단, 현가계수는 다음의 표를 이용하고, 단수차이로 인한 오차가 있으면 가장 근사치를 선택한다.) ▸14년 기출

3년	8%	10%
단일금액 ₩1의 현가계수	0.79383	0.75131
정상연금 ₩1의 현가계수	2.57719	2.48685

① ₩950,258
② ₩961,527
③ ₩1,000,000
④ ₩1,021,527
⑤ ₩1,060,000

21 (주)관세는 다음과 같은 조건의 3년 만기 일반사채를 발행하고, 동 사채를 상각후원가로 후속 측정하는 금융부채로 분류하였다.

> • 액면금액 : ₩1,000,000 (사채발행비는 발생하지 않음)
> • 표시이자율 : 연 5% (표시이자는 매년 12월 31일 연간 1회 지급)
> • 권면상 발행일 : 20×1년 1월 1일 (권면상 발행일의 시장이자율 : 연 10%)
> • 실제 발행일 : 20×1년 7월 1일 (실제 발행일의 시장이자율 : 연 8%)
> 사채의 현재가치 계산은 아래의 표를 이용한다. (단, 이자 및 상각액은 월할계산하며, 화폐금액은 소수점 첫째자리에서 반올림한다.)
>
> | 기간 | 단일금액 ₩1의 현재가치 | | 정상연금 ₩1의 현재가치 | |
> |---|---|---|---|---|
> | | 8% | 10% | 8% | 10% |
> | 3 | 0.7938 | 0.7513 | 2.5771 | 2.4868 |

동 사채발행으로 인해 20×1년 7월 1일에 증가한 (주)관세의 부채 금액은? ▸관세사 19

① ₩875,640
② ₩913,204
③ ₩922,655
④ ₩934,561
⑤ ₩959,561

22 (주)서울은 액면금액 ₩1,000,000, 표시이자율 연 6%(매년 9월말 지급 조건)인 사채를 이자지급일에 표시이자 지급 직후 현금 ₩1,070,000으로 조기상환하였다. 이 거래로 인한 (주)서울의 사채상환손실이 ₩120,000이었다면, 조기상환 시점에서의 미상각 사채할인발행차금은 얼마인가?

▸ 관세사 13

① ₩20,000
② ₩40,000
③ ₩50,000
④ ₩70,000
⑤ ₩120,000

23 (주)감평은 20×1년 1월 1일 액면금액이 ₩1,000,000이고, 표시이자율 연 10%(이자는 매년 말 지급), 만기 3년인 사채를 시장이자율 연 8%로 발행하였다. (주)감평이 20×2년 1월 1일 동 사채를 ₩1,100,000에 조기상환할 경우, 사채의 조기상환손익은? (단, 단수차이가 있으면 가장 근사치를 선택한다.)

▸ 16년 기출

기간	단일금액 ₩1의 현재가치		정상연금 ₩1의 현재가치	
	8%	10%	8%	10%
1	0.9259	0.9091	0.9259	0.9091
2	0.8573	0.8264	1.7833	1.7355
3	0.7938	0.7513	2.5771	2.4868

① ₩64,369 손실
② ₩64,369 이익
③ ₩134,732 손실
④ ₩134,732 이익
⑤ ₩0

24 (주)관세는 20×1년 1월 1일 사채(액면금액 ₩100,000, 3년 만기, 표시이자율 연 3%, 매년 말 이자지급)를 발행하였다. 동 사채의 발행시점에서 유효이자율은 연 5%이다. 20×3년 1월 1일 동 사채를 ₩95,000에 조기상환하였을 때, 사채상환손익은? (단, 동 사채는 상각후원가로 후속측정하는 금융부채이며, 화폐금액은 소수점 첫째자리에서 반올림한다.)

▸ 관세사 22

기간	단일금액 ₩1의 현재가치		정상연금 ₩1의 현재가치	
	3%	5%	3%	5%
3	0.9151	0.8638	2.8286	2.7232

① ₩6,938 손실
② ₩5,000 손실
③ ₩0
④ ₩3,092 이익
⑤ ₩5,000 이익

25 (주)관세는 20×1년 1월 1일에 사채(액면금액 ₩1,000,000, 표시이자율 연 10%, 매년 말 이자지급, 만기 3년)를 ₩885,840에 발행하였다. (주)관세는 동 사채를 20×3년 1월 1일에 전액 상환하였으며 발행시점부터 상환 직전까지 인식한 총 이자비용은 ₩270,680이었다. 사채 상환 시 사채상환이익이 ₩1,520인 경우 (주)관세가 지급한 현금은? (단, 계산 시 화폐 금액은 소수점 첫째자리에서 반올림한다.) ▸ 관세사 17

① ₩953,480   ② ₩954,000
③ ₩955,000   ④ ₩956,000
⑤ ₩958,040

26 ㈜관세는 20×1년 1월 1일 사채(액면금액 ₩1,000,000, 표시이자율 연 8%, 매년 말 이자 지급, 만기 3년)를 ₩950,263에 발행하였다. ㈜관세는 동 사채를 20×3년 1월 1일에 전액 상환하였으며 발행시점부터 상환 직전까지 인식한 총 이자비용은 ₩191,555이었다. 사채상 환 시 사채상환손실이 ₩8,182인 경우 ㈜관세가 지급한 현금은? ▸ 관세사 21

① ₩960,000   ② ₩970,000
③ ₩980,000   ④ ₩990,000
⑤ ₩1,000,000

27 ㈜세무는 20×1년 1월 1일 액면금액 ₩1,000,000, 표시이자율 5%(매년 말 지급), 만기 3년 인 회사채를 ₩875,645에 발행하고 상각후원가측정금융부채로 분류하였다. 사채발행시점의 유효이자율은 10%이었으며, 사채할인발행차금을 유효이자율법으로 상각한다. ㈜세무는 20×2년 1월 1일에 동 사채의 일부를 ₩637,000에 조기상환하여, 사채상환이익이 ₩2,184 발생하였다. 20×2년 말 재무상태표에 표시될 사채 장부금액(순액)은? ▸ CTA 19

① ₩190,906   ② ₩286,359
③ ₩334,086   ④ ₩381,812
⑤ ₩429,539

28 ㈜세무는 20×1년 1월 1일 ㈜대한에게 사채A(액면금액 ₩1,000,000, 만기 5년, 표시이자율 연 5%, 매년 말 이자지급)를 발행하고 상각후원가측정금융부채로 분류하였다. 사채발행 시점의 유효이자율은 연 10%이고, 사채할인발행차금을 유효이자율법으로 상각하고 있다. 20×4년 1월 1일 유효이자율이 연 8%로 하락함에 따라 ㈜민국에게 새로운 사채B(액면금액 ₩1,000,000, 만기 2년, 표시이자율 연 3%, 매년 말 이자지급)를 발행하여 수취한 현금으로 사채A를 조기상환하였다. ㈜세무가 20×4년 1월 1일 인식할 사채 A의 상환손익과 사채B의 발행금액은? (단, 계산금액은 소수점 이하 첫째자리에서 반올림한다.) ▸ CTA 20

기간	단일금액 ₩1의 현재가치				정상연금 ₩1의 현재가치			
	3%	5%	8%	10%	3%	5%	8%	10%
2년	0.9426	0.9070	0.8573	0.8264	1.9135	1.8594	1.7833	1.7355
5년	0.8626	0.7835	0.6806	0.6209	4.5797	4.3295	3.9927	3.7908

	사채A 상환손익	사채B 발행금액		사채A 상환손익	사채B 발행금액
①	손실 ₩2,396	₩878,465	②	손실 ₩2,396	₩913,195
③	손실 ₩2,396	₩915,591	④	이익 ₩2,396	₩910,799
⑤	이익 ₩2,396	₩1,000,000			

29 ㈜대한은 20×1년 초 장부금액이 ₩965,260이고 액면금액이 ₩1,000,000인 사채(표시이자율 연 10%)를 20×1년 7월 1일에 경과이자를 포함하여 ₩970,000에 상환하였다. 동 사채의 이자지급일은 매년 12월 31일이고 사채 발행 시의 유효이자율은 연 12%이었다. ㈜대한이 20×1년도에 인식할 사채상환손익은 얼마인가? (단, 이자는 월할계산하며, 소수점 첫째자리에서 반올림한다.) ▸ CTA 14

① ₩53,176 이익
② ₩34,740 이익
③ ₩4,740 손실
④ ₩11,092 손실
⑤ ₩13,176 손실

30 (주)한국은 다음과 같은 조건으로 사채를 발행하였다.

- 사채권면의 발행일이 20×1년 1월 1일인 사채를 20×1년 7월 1일에 발행하였다.
- 사채의 액면금액은 ₩1,000,000, 표시이자율은 8%(이자는 매년 12월 31일 지급), 만기는 3년이다.
- 20×1년 1월 1일의 유효이자율은 10%, 실제 발행일인 20×1년 7월 1일의 유효이자율은 12%이다.

기간	단일금액 ₩1의 현재가치			정상연금 ₩1의 현재가치		
	8%	10%	12%	8%	10%	12%
1	0.9259	0.9091	0.8929	0.9259	0.9091	0.8929
2	0.8573	0.8264	0.7972	1.7833	1.7355	1.6901
3	0.7938	0.7513	0.7118	2.5771	2.4868	2.4018

상기의 사채를 20×2년 4월 1일 경과이자를 포함하여 ₩1,000,000에 상환한 경우 사채상환손익으로 인식할 금액은 얼마인가? (단, 소수 첫째자리 이하는 반올림한다.)

① 손실 ₩10,600 ② 이익 ₩10,600
③ 손실 ₩39,610 ④ 이익 ₩39,610
⑤ ₩0

31 (주)감평은 20×1년 1월 1일 액면금액 ₩1,000,000(만기 3년, 표시이자율 연 6%, 매년 말 이자지급)의 사채를 발행하였으며, 사채의 발행 당시 유효이자율은 연 8%이었다. (주)감평은 20×2년 6월 30일 사채를 조기상환하였다. 조기상환 시 발생한 사채상환손실은 ₩32,000 이다. (주)감평이 유효이자율법을 적용할 때, 상환일까지의 경과이자를 포함한 사채조기상환 금액은? (단, 이자비용은 월할계산하고, 계산금액은 소수점 첫째자리에서 반올림하며, 단수차이로 인한 오차가 있으면 가장 근사치를 선택한다.) ▸ 19년 기출

기간	단일금액 ₩1의 현재가치		정상연금 ₩1의 현재가치	
	6 %	8 %	6 %	8 %
1	0.9434	0.9259	0.9434	0.9259
2	0.8900	0.8574	1.8334	1.7833
3	0.8396	0.7938	2.6730	2.5771

① ₩970,872 ② ₩996,300
③ ₩1,004,872 ④ ₩1,034,872
⑤ ₩1,073,444

32 ㈜세무는 20×1년 1월 1일 액면금액 ₩1,000,000(표시이자율 연 5%, 매년 말 이자지급, 만기 3년)인 사채를 발행하였으며, 사채발행비로 ₩46,998을 지출하였다. 사채발행 당시 시장이자율은 연 8%이며, 20×1년 말 이자비용으로 ₩87,566을 인식하였다. 사채의 액면금액 중 ₩600,000을 20×3년 4월 1일에 경과이자를 포함하여 ₩570,000에 조기상환한 경우 사채상환손익은? (단, 계산금액은 소수점 이하 첫째자리에서 반올림한다.) ▸ CTA 22

기간	단일금액 ₩1의 현재가치		정상연금 ₩1의 현재가치	
	5%	8%	5%	8%
3년	0.8638	0.7938	2.7233	2.5771

① 손실 ₩7,462 　　　　　② 손실 ₩9,545
③ 이익 ₩7,462 　　　　　④ 이익 ₩9,545
⑤ 이익 ₩17,045

33 (주)세무는 20×1년 초 상각후원가로 측정하는 금융부채에 해당하는 사채(액면금액 ₩2,000,000, 표시이자율 연 8%, 만기 3년, 매년 말 이자지급)를 ₩1,900,504에 발행하고, 사채발행비 ₩92,604을 현금으로 지출하였다. 발행 당시 시장이자율은 연 10%이며, (주)세무는 동 사채와 관련하여 20×1년도 이자비용으로 ₩216,948을 인식하였다. 20×2년 말 (주)세무가 경과이자를 포함하여 ₩2,000,000에 사채 전부를 조기상환하였다면, 사채의 상환으로 인식할 사채상환이익은? (단, 현재가치 계산 시 다음에 제시된 현가계수표를 이용한다.) ▸ CTA 23

기간	단일금액 ₩1의 현재가치		정상연금 ₩1의 현재가치	
	8%	10%	8%	10%
1	0.9259	0.9091	0.9259	0.9091
2	0.8573	0.8265	1.7833	1.7355
3	0.7938	0.7513	2.5771	2.4869

① ₩51,325 　　　　　② ₩61,345
③ ₩88,630 　　　　　④ ₩123,656
⑤ ₩160,000

34 ㈜감평은 20×1년 1월 1일에 액면금액 ₩1,000(표시이자율: 연 5%, 이자지급일 : 매년 12월 31일, 만기 : 20×3년 12월 31일)인 사채를 발행하였다. 발행 당시 유효이자율은 연 10%이고, 사채의 발행금액은 ₩876이다. ㈜감평은 동 사채의 일부를 20×2년 6월 30일에 조기상환(상환가액 ₩300, 사채상환이익 ₩84)했다. ㈜감평의 20×2년 말 재무상태표상 사채 장부금액(순액)은? (단, 화폐금액은 소수점 첫째자리에서 반올림하며, 단수차이로 인한 오차는 가장 근사치를 선택한다.) ▸24년 기출

① ₩400
② ₩474
③ ₩500
④ ₩574
⑤ ₩650

35 ㈜대한은 20×1년 1월 1일에 상환우선주 200주(1주당 액면금액 ₩500)를 공정가치로 발행하였다. 동 상환우선주와 관련된 자료는 다음과 같다.

> ㈜대한은 상환우선주를 20×2년 12월 31일에 1주당 ₩600에 의무적으로 상환해야 한다.
> • 상환우선주의 배당률은 액면금액기준 연 3%이며, 배당은 매년 말에 지급한다. 배당이 지급되지 않는 경우에는 상환금액에 가산하여 지급한다.
> • 20×1년 1월 1일 현재 상환우선주에 적용되는 유효이자율은 연 6%이며, 그 현가계수는 아래 표와 같다.
>
> | 할인율 기간 | 6% | |
> | --- | --- | --- |
> | | 단일금액 ₩1의 현재가치 | 정상연금 ₩1의 현재가치 |
> | 2년 | 0.8900 | 1.8334 |
>
> • 20×1년 말에 ㈜대한은 동 상환우선주의 보유자에게 배당을 결의하고 지급하였다.

㈜대한이 동 상환우선주와 관련하여 20×1년 포괄손익계산서상 이자비용으로 인식해야 할 금액은 얼마인가? (단, 단수차이로 인해 오차가 있다면 가장 근사치를 선택한다.) ▸ CPA 21

① ₩0
② ₩3,000
③ ₩3,600
④ ₩6,408
⑤ ₩6,738

36 ㈜감평은 20×1년 중 공정가치선택권을 적용한 당기손익─공정가치 측정 금융부채 ₩80,000
을 최초 인식하였다. 20×1년 말 해당 금융부채의 공정가치는 ₩65,000으로 하락하였다.
공정가치 변동 중 ₩5,000은 ㈜감평의 신용위험 변동으로 발생한 것이다. 해당 금융부채로
인해 ㈜감평의 20×1년 당기순이익에 미치는 영향은? (단, ㈜감평의 신용위험 변동은 당기
손익의 회계불일치를 일으키거나 확대하지는 않는다.)   ▶ 21년 기출

① ₩10,000 감소   ② ₩5,000 감소
③ 영향 없음   ④ ₩5,000 증가
⑤ ₩10,000 증가

Chapter 09 충당부채, 우발부채

1절 충당부채의 인식요건

1. 충당부채의 인식요건 : 모두 충족

① 과거사건의 결과로 현재의무(법적의무 또는 의제의무)가 존재한다.

② 해당 의무를 이행하기 위하여 경제적효익을 갖는 자원의 유출가능성이 높다.

③ 해당 의무의 이행에 소요되는 금액을 신뢰성 있게 추정할 수 있다.

2. 현재의무

보고기간 말에 현재의무가 존재할 가능성이 존재하지 않을 가능성보다 높은 경우(50% 초과) 과거사건이 현재의무를 발생시킨 것으로 간주한다.

3. 의무발생사건

① 의무발생사건이 되기 위해서는 해당 사건으로부터 발생된 의무를 이행하는 것 외에는 실질적인 대안이 없어야 한다.

② 미래영업을 위하여 발생하게 될 원가는 충당부채 인식 대상이 아니다.

③ 과거사건으로 인한 의무가 기업의 미래행위와 독립적이어야 한다.

> 예 불법적인 환경오염으로 인한 범칙금이나 환경정화비용 : 충당부채 인식
>
> 예 특정 환경 정화장치를 설치하기 위한 비용지출 : 충당부채 인식 ×

4. 경제적효익을 갖는 자원의 유출가능성

① 현재의무의 존재가능성이 높지 않은 경우 우발부채를 주석으로 공시한다.

② 의무 이행을 위하여 경제적효익을 갖는 자원의 유출가능성이 아주 낮은 경우에는 공시하지 않는다.

5. 의무에 대한 신뢰성 있는 추정

신뢰성 있는 추정이 불가능한 경우 우발부채로서 주석에 공시한다.

2절 충당부채의 추정

구분	내용
보고기간 말 최선의 추정치	① 측정하고자 하는 충당부채가 다수의 항목과 관련되는 경우에 해당 의무는 모든 가능한 결과와 그와 관련된 확률을 가중평균하여 추정(기대가치) ② 가능한 결과가 연속적인 범위 내에서 분포하고 각각의 발생확률이 동일한 경우 해당 범위의 중간값을 사용한다.
현재가치	① 화폐의 시간가치가 중요한 경우 충당부채도 현재가치로 평가(예 복구충당부채) 한다. ② 할인율에는 미래현금흐름을 추정할 때 고려된 위험은 반영하지 않으며, 부채 특유 위험과 화폐의 시간가치 효과를 반영한 세전이율을 적용한다.
예상처분이익	자산의 예상처분이익은 충당부채를 발생시킨 사건과 밀접한 관련이 있더라도 충당부채 측정 시에 고려하지 않는다.

3절 기타의 충당부채

1. 연대보증의무

보증제공을 받은 자가 채무를 이행하지 못하여 보증제공자가 이행의무를 지는 경우 회사가 직접 이행해야 하는 부분은 충당부채로 인식하고, 제3자가 이행할 것으로 기대하는 부분은 우발부채로 주석 공시한다.

2. 손실부담계약

계약상 의무를 이행하기 위해 발생하는 회피불가능한 원가가 그 계약에 의해 받을 것으로 기대되는 경제적효익을 초과하는 계약(원가 > 효익)을 말한다.

> 회피 불가능한 원가 = min [위약금, 계약이행을 위한 원가]

① 해당 계약이 손실부담계약인 경우 충당부채를 인식한다.
② 손실부담계약에 대한 충당부채를 인식하기 전에 해당 손실부담계약을 이행하기 위하여 사용하는 자산에서 발생한 손상차손을 먼저 인식한다.

3. 구조조정

① 구조조정은 당사자들이 구조조정 이행에 대한 정당한 기대를 가질 정도로 충분히 구체적인 구조조정계획의 공표가 있는 경우에만 의제의무가 발생한다.

② 기업이 매각의 이행을 확약하기 전 즉, 구속력 있는 매각약정을 체결하기 전에는 사업매각 관련 의무가 발생하지 않는다.

③ 구조조정의 일환으로 자산의 매각을 계획하는 경우라도 자산의 예상처분이익은 구조조정충당부채를 측정하는 데 반영하지 않는다.

4절 충당부채의 변제 및 변동

1. 충당부채의 변제

① 전체 의무금액을 충당부채로 인식하고, 기업이 의무를 이행한다면 변제받을 것이 거의 확실하게 되는 때에 한하여 예상변제금액을 별도의 자산으로 인식한다. 단, 자산 인식 금액은 관련 충당부채 금액을 초과할 수 없다.

② 포괄손익계산서에 인식된 충당부채와 관련한 비용은 제3자와의 변제와 관련하여 인식한 금액과 상계하여 표시할 수 있다.

2. 충당부채의 변동

① 매 보고기간 말마다 최선의 추정치를 반영하여 충당부채 잔액을 조정한다.

② 의무이행을 위하여 경제적효익을 갖는 자원이 유출될 가능성이 더 이상 높지 않은 경우 관련 충당부채를 환입한다.

③ 충당부채는 최초에 설정한 목적에만 사용하며, 불확실성을 이유로 과도한 충당부채를 계상해서는 안 된다.

5절 우발부채와 우발자산

1. 우발부채

경제적효익이 있는 자원의 유출가능성이 희박하지 않다면 우발부채로 주석 공시한다.

① 과거사건으로 생겼으나, 기업이 전적으로 통제할 수는 없는 하나 이상의 불확실한 미래 사건의 발생 여부로만 그 존재 유무를 확인할 수 있는 잠재적 의무

② 과거사건으로 생겼으나 다음 ㉠ 또는 ㉡에 해당하여 인식하지 않은 현재의무

㉠ 당해 의무를 이행하기 위하여 경제적효익이 있는 자원을 유출할 가능성이 높지 않은 경우

㉡ 당해 의무의 이행에 필요한 금액을 신뢰성 있게 추정할 수 없는 경우

2. 우발자산

우발자산은 과거사건으로 생겼으나 기업이 전적으로 통제할 수는 없는 하나 이상의 불확실한 미래사건의 발생여부로 그 존재 유무를 확인할 수 있는 잠재적 자산을 말한다. 우발자산은 재무제표에 인식하지 않는다. 그러나 수익의 실현이 거의 확실하다면 관련 자산은 우발자산이 아니므로 해당 자산을 재무제표에 인식하는 것이 타당하다.

CHAPTER 09 객관식 문제

01 충당부채 회계처리에 관한 설명으로 옳지 않은 것은? ▸관세사 21

① 미래의 예상 영업손실은 충당부채로 인식한다.

② 충당부채는 최초 인식과 관련 있는 지출에만 사용한다.

③ 예상되는 자산 처분이익은 충당부채를 측정하는 데 고려하지 아니한다.

④ 화폐의 시간가치 영향이 중요한 경우에는 충당부채는 의무를 이행하기 위하여 예상되는 지출액의 현재가치로 평가한다.

⑤ 충당부채로 인식하는 금액은 현재의무를 보고기간 말에 이행하기 위하여 필요한 지출에 대한 최선의 추정치이어야 한다.

02 다음 중 충당부채, 우발부채 및 우발자산에 대한 설명으로 옳지 않은 것은 어느 것인가?

▸CPA 11

① 충당부채로 인식되기 위해서는 과거사건으로 인한 의무가 기업의 미래행위와 독립적이어야 한다. 따라서 불법적인 환경오염으로 인한 범칙금이나 환경정화비용의 경우에는 충당부채로 인식한다.

② 충당부채는 부채로 인식하는 반면, 우발부채와 우발자산은 부채와 자산으로 인식하지 않는다.

③ 당초에 다른 목적으로 인식된 충당부채를 어떤 지출에 대하여 사용하게 되면 다른 두 사건의 영향이 적절하게 표시되지 않으므로 당초 충당부채에 관련된 지출에 대해서만 그 충당부채를 사용한다.

④ 의무발생사건이 되기 위해서는 해당 사건으로부터 발생된 의무를 이행하는 것 외에는 실질적인 대안이 없어야 한다. 이러한 경우는 의무의 이행을 법적으로 강제할 수 있거나 기업이 해당 의무를 이행할 것이라는 정당한 기대를 상대방이 가지는 경우에만 해당한다.

⑤ 재무제표는 재무제표이용자들의 현재 및 미래 의사결정에 유용한 정보를 제공하는 데에 그 목적이 있다. 따라서 미래영업을 위하여 발생하게 될 원가에 대해서 충당부채로 인식한다.

03 충당부채, 우발부채 및 우발자산에 관한 설명으로 옳은 것은? ▸CTA 15

① 우발자산은 경제적효익의 유입가능성이 높아지더라도 공시하지 않는다.
② 손실부담계약을 체결하고 있는 경우에는 관련된 현재의무를 충당부채로 인식하지 않는다.
③ 충당부채를 현재가치로 평가하는 경우 적용될 할인율은 부채의 특유위험과 화폐의 시간가치에 대한 현행 시장의 평가를 반영한 세후 이율이다.
④ 충당부채와 관련하여 포괄손익계산서에 인식된 비용은 제3자의 변제와 관련하여 인식한 금액과 상계하여 표시할 수 있다.
⑤ 화폐의 시간가치 효과가 중요한 경우에도 충당부채는 현재가치로 평가하지 않는다.

04 충당부채의 인식에 관한 설명으로 옳지 않은 것은? ▸관세사 17

① 미래영업을 위하여 발생하게 될 원가는 충당부채로 인식하지 않는다.
② 의무에는 언제나 해당 의무의 이행 대상이 되는 상대방이 존재해야 하므로 상대방이 누구인지 알 수 없는 일반 대중에 대한 충당부채는 인식될 수 없다.
③ 개별항목의 의무이행에 필요한 자원의 유출가능성은 높지 않더라도 전체적인 의무이행을 위하여 필요한 자원의 유출가능성이 높을 경우에는 충당부채를 인식한다.
④ 충당부채로 인식되기 위해서는 과거사건으로 인한 의무가 기업의 미래행위와 독립적이어야 한다.
⑤ 충당부채를 재무제표에 부채로 인식하기 위해서는 신뢰성 있는 추정이 반드시 필요하며, 추정치를 사용하는 것 자체가 재무제표의 신뢰성을 손상시키지는 않는다.

05 충당부채의 변동과 변제에 관한 설명으로 옳지 않은 것은? ▸CTA 17

① 어떤 의무를 제3자와 연대하여 부담하는 경우에 이행하여야 하는 전체 의무 중에서 제3자가 이행할 것으로 예상되는 정도까지만 충당부채로 처리한다.
② 의무를 이행하기 위하여 경제적효익이 있는 자원을 유출할 가능성이 높지 않게 된 경우에는 관련 충당부채를 환입한다.
③ 충당부채를 현재가치로 평가하여 표시하는 경우에는 장부금액을 기간 경과에 따라 증액하고 해당 증가 금액은 차입원가로 인식한다.
④ 충당부채를 결제하기 위하여 필요한 지출액의 일부나 전부를 제3자가 변제할 것으로 예상되는 경우에는 기업이 의무를 이행한다면 변제를 받을 것이 거의 확실하게 되는 때에만 변제금액을 별도의 자산으로 인식하고 회계처리한다.
⑤ 보고기간 말마다 충당부채의 잔액을 검토하고, 보고기간 말 현재 최선의 추정치를 반영하여 조정한다.

06 충당부채, 우발부채 및 우발자산에 관한 설명으로 옳지 않은 것은? ▸22년 기출

① 충당부채는 부채로 인식하는 반면, 우발부채는 부채로 인식하지 아니한다.
② 충당부채로 인식하는 금액은 현재의무를 보고기간 말에 이행하기 위하여 필요한 지출에 대한 최선의 추정치이어야 한다.
③ 충당부채에 대한 최선의 추정치를 구할 때에는 관련된 여러 사건과 상황에 따르는 불가 피한 위험과 불확실성을 고려한다.
④ 예상되는 자산 처분이익은 충당부채를 생기게 한 사건과 밀접하게 관련되어 있다고 하더 라도 충당부채를 측정함에 있어 고려하지 아니한다.
⑤ 충당부채는 충당부채의 법인세효과와 그 변동을 고려하여 세후 금액으로 측정한다.

07 충당부채와 우발부채에 관한 설명으로 옳지 않은 것은? ▸17년 기출

① 제3자와 연대하여 의무를 지는 경우에는 이행할 전체의무 중 제3자가 이행할 것으로 예 상되는 부분을 우발부채로 인식한다.
② 충당부채로 인식되기 위해서는 과거사건의 결과로 현재의무가 존재하여야 한다.
③ 충당부채를 현재가치로 평가할 때 할인율은 부채의 특유한 위험과 화폐의 시간 가치에 대한 현행 시장의 평가를 반영한 세전 이율을 적용한다.
④ 충당부채와 관련하여 포괄손익계산서에 인식한 비용은 제3자의 변제와 관련하여 인식한 금액과 상계하여 표시할 수 있다.
⑤ 과거에 우발부채로 처리하였다면 이후 충당부채의 인식조건을 충족하더라도 재무제표의 신뢰성 제고를 위해서 충당부채로 인식하지 않는다.

08 미래의 예상 영업손실과 손실부담계약에 대한 설명으로 옳지 않은 것은? ▸CTA 13

① 미래의 예상 영업손실은 충당부채로 인식하지 아니한다.
② 손실부담계약은 계약상의 의무에 따라 발생하는 회피 불가능한 원가가 해당 계약에 의하여 얻을 것으로 기대되는 경제적효익을 초과하는 계약이다.
③ 손실부담계약을 체결하고 있는 경우에는 관련된 현재의무를 충당부채로 인식하고 측정한다.
④ 손실부담계약에 대한 충당부채를 인식하기 전에 해당 손실부담계약을 이행하기 위하여 사용하는 자산에서 발생한 손상차손을 먼저 인식한다.
⑤ 손실부담계약의 경우 계약상의 의무에 따른 회피 불가능한 원가는 계약을 해지하기 위한 최소순원가로서 계약을 이행하기 위하여 소요되는 원가와 계약을 이행하지 못하였을 때 지급하여야 할 보상금(또는 위약금) 중에서 큰 금액을 말한다.

09 다음 중 충당부채 및 우발부채에 대한 회계처리 내용으로 옳지 않은 것은? ▸관세사 12

① 충당부채로 인식되기 위해서는 과거사건으로 인한 의무가 기업의 미래행위와 관련되어야 한다.
② 충당부채에 대한 화폐의 시간가치가 중요한 경우에는 현재가치로 평가하고, 장부금액을 기간 경과에 따라 증가시키고 해당 증가금액은 차입원가로 인식한다.
③ 어떤 의무에 대하여 제3자와 연대하여 의무를 지는 경우에 이행하여야 하는 전체 의무 중에서 제3자가 이행할 것으로 기대되는 부분에 한하여 우발부채로 처리한다.
④ 손실부담계약을 체결하고 있는 경우에는 관련된 현재의무를 충당부채로 인식하고 측정한다.
⑤ 충당부채를 결제하기 위하여 필요한 지출액의 일부 또는 전부를 제3자가 변제할 것이 예상되는 경우 기업이 의무를 이행한다면 변제를 받을 것이 거의 확실하게 되는 때에 한하여 변제금액을 인식하고 별도의 자산으로 회계처리한다.

10 충당부채와 우발부채에 관한 설명으로 옳지 않은 것은? ▸ CTA 23

① 현재의무를 이행하기 위하여 필요한 지출 금액에 영향을 미치는 미래 사건이 일어날 것이라는 충분하고 객관적인 증거가 있는 경우에는 그 미래 사건을 고려하여 충당부채 금액을 추정한다.

② 우발부채는 의무를 이행하기 위하여 경제적효익이 있는 자원을 유출할 가능성이 희박하지 않다면 주석으로 공시한다.

③ 충당부채와 관련하여 포괄손익계산서에 인식한 비용은 제3자의 변제와 관련하여 인식한 금액과 상계하여 표시할 수 있다.

④ 당초에 다른 목적으로 인식된 충당부채를 그 목적이 아닌 다른 지출에 사용할 수 있다.

⑤ 충당부채를 현재가치로 평가하여 표시하는 경우에는 장부금액을 기간 경과에 따라 증액하고 해당 증가 금액은 차입원가로 인식한다.

11 충당부채 및 우발부채에 관한 설명으로 옳지 않은 것은? ▸ 관세사 15

① 현재의무의 존재 여부가 불분명한 경우에는 이용할 수 있는 모든 증거를 고려하여 보고기간 말 기준으로 충당부채의 인식 여부를 판단해야 한다.

② 충당부채로 인식되기 위해서는 과거사건으로 인한 의무가 기업의 미래행위(즉, 미래 사업행위)와 독립적이어야 한다.

③ 충당부채로 인식하기 위해서는 현재의무가 존재하여야 할 뿐만 아니라 해당 의무의 이행을 위하여 경제적효익을 갖는 자원의 유출가능성이 높아야 한다.

④ 충당부채의 성격상 다른 재무상태표 항목에 비하여 불확실성이 더 크므로 그에 대한 추정치의 사용은 특히 필수적이다.

⑤ 과거에 우발부채로 처리하였다면 미래경제적효익의 유출가능성이 높아진 경우에도 충당부채로 인식할 수 없다.

12 충당부채, 우발부채 및 우발자산에 관한 설명으로 옳지 않은 것은? ▶18년 기출

① 충당부채는 현재의무이고 이를 이행하기 위하여 경제적효익이 있는 자원을 유출할 가능성이 높고 해당 금액을 신뢰성 있게 추정할 수 있으므로 부채로 인식한다.
② 제품보증이나 이와 비슷한 계약 등 비슷한 의무가 다수 있는 경우에 의무 이행에 필요한 자원의 유출 가능성은 해당 의무 전체를 고려하여 판단한다.
③ 재무제표는 미래 시점의 예상 재무상태가 아니라 보고기간 말의 재무상태를 표시하는 것이므로, 미래 영업에서 생길 원가는 충당부채로 인식한다.
④ 손실부담계약은 계약상 의무의 이행에 필요한 회피 불가능 원가가 그 계약에서 받을 것으로 예상되는 경제적효익을 초과하는 계약을 말한다.
⑤ 우발자산은 과거사건으로 생겼으나, 기업이 전적으로 통제할 수는 없는 하나 이상의 불확실한 미래 사건의 발생 여부로만 그 존재 유무를 확인할 수 있는 잠재적 자산을 말한다.

13 우발부채 및 우발자산에 관한 설명으로 옳지 않은 것은? ▶관세사 18

① 우발부채와 우발자산은 재무상태표에 자산이나 부채로 인식하지 않는다.
② 제3자와 연대하여 의무를 지는 경우, 이행할 전체 의무 중 제3자가 이행할 것으로 예상되는 부분에 대해서는 우발부채로 처리한다.
③ 과거에 우발부채로 처리한 항목에 대해서는, 미래경제적효익의 유출 가능성이 높아지고 해당 금액을 신뢰성 있게 추정할 수 있는 경우라 하더라도, 재무제표에 충당부채로 인식할 수 없다.
④ 우발자산이란 과거사건으로 생겼으나, 기업이 전적으로 통제할 수는 없는 하나 이상의 불확실한 미래 사건의 발생 여부로만 그 존재 유무를 확인할 수 있는 잠재적 자산을 말한다.
⑤ 기업은 관련 상황의 변화가 적절하게 재무제표에 반영될 수 있도록 우발자산을 지속적으로 평가하여야 한다.

14 다음 중 충당부채를 인식할 수 없는 상황은? (단, 금액은 모두 신뢰성 있게 측정할 수 있다.)

▶ CTA 22

① 법률에 따라 항공사의 항공기를 3년에 한 번씩 정밀하게 정비하도록 하고 있는 경우
② 법적규제가 아직 없는 상태에서 기업이 토지를 오염시켰지만, 이에 대한 법률 제정이 거의 확실한 경우
③ 보고기간 말 전에 사업부를 폐쇄하기 위한 구체적인 계획에 대하여 이사회의 동의를 받았고, 고객들에게 다른 제품 공급처를 찾아야 한다고 알리는 서한을 보냈으며, 사업부의 종업원들에게는 감원을 통보한 경우
④ 기업이 토지를 오염시킨 후 법적의무가 없음에도 불구하고 오염된 토지를 정화한다는 방침을 공표하고 준수하는 경우
⑤ 관련 법규가 제정되어 매연여과장치를 설치하여야 하나, 당해 연도 말까지 매연여과장치를 설치하지 않아 법규위반으로 인한 벌과금이 부과될 가능성이 그렇지 않은 경우보다 높은 경우

15 충당부채를 인식할 수 있는 상황을 모두 고른 것은? (단, 금액은 모두 신뢰성 있게 측정할 수 있다.)

▶ 24년 기출

ㄱ. 법률에 따라 항공사의 항공기를 3년에 한 번씩 정밀하게 정비하도록 하고 있는 경우
ㄴ. 새로운 법률에 따라 매연 여과장치를 설치하여야 하는데, 기업은 지금까지 매연 여과장치를 설치하지 않은 경우
ㄷ. 법적규제가 아직 없는 상태에서 기업이 토지를 오염시켰지만, 이에 대한 법률 제정이 거의 확실한 경우
ㄹ. 기업이 토지를 오염시킨 후 법적의무가 없음에도 불구하고 오염된 토지를 정화한다는 방침을 공표하고 준수하는 경우

① ㄱ, ㄴ   ② ㄱ, ㄷ
③ ㄴ, ㄷ   ④ ㄴ, ㄹ
⑤ ㄷ, ㄹ

16 ㈜태평은 20×1년 말 현재 다음과 같은 사항에 대한 회계처리를 고심하고 있다.

> 가. 20×1년 12월 15일 이사회에서 회사의 조직구조 개편을 포함한 구조조정계획이 수립되었으며, 이를 수행하는 데 ₩250,000의 비용이 발생할 것으로 추정하였다. 그러나 20×1년 말까지 회사는 동 구조조정계획에 착수하지 않았다.
>
> 나. 회사는 경쟁업체가 제기한 특허권 무단 사용에 대한 소송에 제소되어 있다. 만약 동 소송에서 패소한다면 ㈜태평이 배상하여야 하는 손해배상금액은 ₩100,000으로 추정된다. ㈜태평의 자문 법무법인에 따르면 이러한 손해배상이 발생할 가능성은 높지 않다고 한다.
>
> 다. 회사가 사용 중인 공장 구축물의 내용연수가 종료되면 이를 철거하고 구축물이 정착되어 있던 토지를 원상으로 회복하여야 한다. 복구비용은 ₩200,000으로 추정되며 그 현재가치 금액은 ₩140,000이다.
>
> 라. 회사가 판매한 제품에 제조상 결함이 발견되어 이에 대한 보증 비용이 ₩200,000으로 예상되고, 그 지출 가능성이 높다. 한편, 회사는 동 예상비용을 보험사에 청구하였으며 50%만큼 변제받기로 하였다.

㈜태평이 20×1년 말 재무상태표에 계상하여야 할 충당부채의 금액은 얼마인가? (단, 위에서 제시된 금액은 모두 신뢰성 있게 측정되었다.)   ▸ CPA 14

① ₩240,000
② ₩340,000
③ ₩440,000
④ ₩590,000
⑤ ₩690,000

17 다음 20×1년 말 ㈜감평의 자료에서 재무상태표에 표시될 충당부채 금액은? (단, 현재가치 계산은 고려하지 않는다.)   ▸ 17년 기출

> • 20×1년 초에 취득한 공장건물은 정부와의 협약에 의해 내용연수가 종료되면 부속 토지를 원상으로 회복시켜야 하는데, 그 복구비용은 ₩500,000이 발생될 것으로 추정된다.
>
> • 20×1년 말에 새로운 회계시스템의 도입으로 종업원들에 대한 교육훈련이 20×2년에 진행될 예정이며, 교육훈련비용으로 ₩300,000의 지출이 예상된다.
>
> • 20×1년 초에 구입한 기계장치는 3년마다 한 번씩 대대적인 수리가 필요한데, 3년 후 ₩600,000의 수리비용이 발생될 것으로 추정된다.

① ₩0
② ₩500,000
③ ₩600,000
④ ₩800,000
⑤ ₩1,100,000

18 ㈜감평이 20×1년 말 재무상태표에 계상하여야 할 충당부채는? (단, 아래에서 제시된 금액은 모두 신뢰성 있게 측정되었다.)

▶ 21년 기출

사건	비고
20×1년 9월 25일에 구조조정 계획이 수립되었으며 예상비용은 ₩300,000으로 추정된다.	20×1년 말까지는 구조조정계획의 이행에 착수하지 않았다.
20×1년 말 현재 소송이 제기되어 있으며, 동 소송에서 패소 시 배상하여야 할 손해배상금액은 ₩200,000으로 추정된다.	㈜감평의 자문 법무법인에 의하면 손해발생 가능성은 높지 않다.
미래의 예상 영업손실이 ₩450,000으로 추정된다.	
회사가 사용 중인 공장 구축물 철거 시, 구축물이 정착되어 있던 토지는 원상복구의무가 있다. 원상복구원가는 ₩200,000으로 추정되며 그 현재가치는 ₩120,000이다.	
판매한 제품에서 제조상 결함이 발견되어 보증비용 ₩350,000이 예상되며, 그 지출가능성이 높다. 동 보증은 확신유형 보증에 해당한다.	예상비용을 보험사에 청구하여 50%만큼 변제받기로 하였다.

① ₩295,000
② ₩470,000
③ ₩550,000
④ ₩670,000
⑤ ₩920,000

19 20×1년 말 현재 (주)관세는 판매된 제품의 하자로 인해 고객들에게 배상의무를 이행해야 할 확률이 매우 높으며, 의무 이행을 위해서는 ₩500,000이 지출될 것으로 신뢰성 있게 추정된다. 한편, 이러한 하자 원인은 부품 공급처 중 한 회사로부터 제공받은 부품의 불량과도 무관하지 않다. 따라서 (주)관세가 의무를 이행한다면 불량부품을 공급한 거래처로부터 이행 금액의 30%를 변제받을 수 있을 것이 확실하다. 동 하자와 관련하여 (주)관세가 20×1년 말 재무상태표에 인식할 충당부채와 20×1년도 포괄손익계산서의 당기순이익에 미치는 영향은?

▶ 관세사 20

	충당부채	당기순이익		충당부채	당기순이익
①	₩350,000	₩150,000 증가	②	₩350,000	₩350,000 증가
③	₩350,000	₩500,000 증가	④	₩500,000	₩350,000 감소
⑤	₩500,000	₩500,000 감소			

20 (주)세무는 20×1년 초에 한정 생산·판매한 제품에 대하여 3년 동안 품질을 보증하기로 하였다. 20×1년 중 실제 발생한 품질보증비는 ₩10,000이다. ㈜세무는 기대가치를 계산하는 방식으로 최선의 추정치 개념을 사용하여 충당부채를 인식한다. (주)세무는 이 제품의 품질보증과 관련하여 20×1년 말에 20×2년 및 20×3년에 발생할 것으로 예상되는 품질보증비 및 예상확률을 다음과 같이 추정하였다.

20×2년		20×3년	
품질보증비	예상확률	품질보증비	예상확률
₩1,800	20%	₩3,000	30%
3,000	50%	4,000	60%
7,000	30%	5,000	10%

(주)세무는 20×2년 및 20×3년에 발생할 것으로 예상되는 품질보증비에 대해 설정하는 충당부채를 10%의 할인율을 적용하여 현재가치로 측정하기로 하였다. 또한 (주)세무는 20×2년도에 ₩1,000의 영업손실이 발생할 것으로 예상하고 있다. (주)세무의 20×1년 말 재무상태표에 보고될 제품보증충당부채는? (단, 현재가치 계산 시 다음에 제시된 현가계수표를 이용한다. 20×2년과 20×3년에 발생할 것으로 예상되는 품질보증비는 각 회계연도말에 발생한다고 가정한다.)

▶ CTA 24

기간	단일금액 ₩1의 현재가치(할인율 = 10%)
1	0.9091
2	0.8264
3	0.7513

① ₩6,360 ② ₩6,740
③ ₩7,360 ④ ₩7,740
⑤ ₩8,360

21 20×1년부터 ㈜감평은 제품판매 후 2년 동안 제품하자보증을 실시하고 있다. 20×2년도에 판매된 제품에 대하여 경미한 결함은 ₩100, 치명적인 결함은 ₩4,000의 수리비용이 발생한다. 과거 경험에 따르면 10%는 경미한 결함이, 5%는 치명적인 결함이 발생할 것으로 예상된다. 20×1년 말에 제품보증충당부채 잔액은 ₩200이다. 20×2년 기중에 20×1년 판매된 제품에 대한 수리비용이 ₩300 지출되었다면, ㈜감평의 20×2년도 재무제표에 보고할 제품보증비와 제품보증충당부채는?
▶ 23년 기출

	제품보증비	제품보증충당부채		제품보증비	제품보증충당부채
①	₩100	₩310	②	₩210	₩210
③	₩210	₩310	④	₩310	₩210
⑤	₩310	₩310			

22 ㈜감평은 20×1년 2월 초 영업을 개시하여 2년간 제품보증 조건으로 건조기(대당 판매가격 ₩100)를 판매하고 있다. 20×1년 1,500대, 20×2년 4,000대의 건조기를 판매하였으며, 동종업계의 과거 경험에 따라 판매수량 대비 평균 3%의 보증요청이 있을 것으로 추정되고 보증비용은 대당 평균 ₩20이 소요된다. 당사가 제공하는 보증은 확신유형의 보증이며 연도별 보증이행 현황은 다음과 같다.

구분	20×1년	20×2년
20×1년 판매분	5대	15대
20×2년 판매분		30대

20×2년 말 보증손실충당부채는? (단, 보증요청의 발생가능성이 높고 금액은 신뢰성 있게 측정되었다. 충당부채의 현재가치요소는 고려하지 않는다.)
▶ 21년 기출

① ₩800
② ₩1,000
③ ₩1,200
④ ₩1,800
⑤ ₩2,300

23 ㈜대한의 확신유형 보증관련 충당부채 자료는 다음과 같다.

- ㈜대한은 20×1년부터 판매한 제품의 결함에 대해 1년간 무상보증을 해주고 있으며, 판매량 중 3%에 대해서 품질보증요청이 있을 것으로 추정된다.
- ㈜대한은 제품보증활동에 관한 수익을 별도로 인식하지 않고 제품보증비용을 인식한다. ㈜대한의 연도별 판매량과 보증비용 지출액에 관한 자료는 다음과 같다. ㈜대한의 20×2년 및 20×3년의 판매 개당 품질보증비는 각각 ₩420과 ₩730으로 추정된다.

연도	판매량	보증비용 지출액
20×2년	800개	₩10,080 (당기판매분)
20×3년	1,000개	₩8,000 (당기판매분)

20×3년 말 ㈜대한이 재무상태표에 인식할 제품보증충당부채는 얼마인가? 단, 제품보증충당부채의 20×2년 초 잔액은 없고, 모든 보증활동은 현금지출로 이루어진다. ▸CPA 24

① ₩11,900
② ₩13,900
③ ₩14,900
④ ₩16,900
⑤ ₩18,900

10 자본

1절 자본의 의의

자본이란 소유주지분으로서 일정시점의 자산총액에서 부채총액을 차감한 잔여지분이다. 재무상태표에 표시되는 자본의 금액은 자산과 부채금액의 측정에 따라 종속적으로 결정된다. 일반적으로 재무상태표의 자본총액과 시가총액은 일치하지 않는다.

2절 자본의 분류

일반기업회계기준	국제회계기준
자본금 자본잉여금 자본조정 기타포괄손익누계액 이익잉여금	납입자본 기타자본구성요소 이익잉여금

1. 자본금

$$자본금 = 발행주식수 \times 1주당 액면금액$$

2. 자본잉여금

주식발행초과금, 감자차익, 자기주식처분이익, 전환권대가, 신주인수권대가

3. 자본조정

차감적 계정	가산적 계정
자기주식 주식할인발행차금 감자차손 자기주식처분손실	미교부주식배당금 주식매수선택권 신주청약증거금

4. 기타포괄손익누계액(손익거래)

5. 이익잉여금(손익거래)
   ① 법정적립금(이익준비금) : 매 결산기에 자본금의 1/2에 달할 때까지 금전에 의한 이익배당액의 1/10 이상의 금액을 이익준비금으로 적립하여야 한다.
   ② 임의적립금 : 사업확장적립금, 감채기금적립금, 결손보전적립금 등
   ③ 미처분이익잉여금 : 전기미처분이익잉여금 - 중간배당 ± 당기순손익
   (이익잉여금은 회계정책 변경의 누적효과, 전기오류수정손익 등에 의해서도 변한다.)

3절 주식의 발행

액면발행	(차) 현금	×××	(대) 자본금	×××
할증발행	(차) 현금	×××	(대) 자본금(액면)	×××
			주식발행초과금	×××
할인발행	(차) 현금	×××	(대) 자본금(액면)	×××
	주식할인발행차금	×××		

주식발행초과금과 주식할인발행차금은 발생순서에 관계없이 상계하여 표시한다.

신주발행비 : 신주발행과 직접적으로 관련하여 발생한 비용은 자본에서 차감한다. 주식발행과 직접 관련된 비용이 아닌 간접비용은 당기비용으로 인식한다.

4절 증자와 감자

실질적 증자(유상증자)	액면, 할인, 할증발행 모두 자본총계와 자본금이 증가한다.
형식적 증자(무상증자, 주식배당)	자본금은 증가하나 자본총계는 불변이다.
실질적 감자(유상감자)	자본금과 자본총계가 모두 감소한다.
형식적 감자(무상감자)	자본금은 감소하지만 자본총계는 불변이다.

[주식배당, 무상증자, 주식분할, 주식병합의 비교]

구분	주식배당	무상증자	주식분할	주식병합
자본금	증가	증가	불변	불변
자본잉여금	불변	감소 가능	불변	불변
이익잉여금	감소	감소 가능	불변	불변
자본총계	불변	불변	불변	불변
발행주식수	증가	증가	증가	감소
액면가액	불변	불변	감소	증가

5절   자기주식

1. 자기주식의 취득(취득원가법) : 자본총계 감소

(차) 자기주식	×××	(대) 현금	×××

2. 자기주식의 처분 : 자본총계 증가

㉠ 처분금액 > 자기주식 취득원가

(차) 현금	×××	(대) 자기주식	×××
		자기주식처분이익	×××

② 처분금액 < 자기주식 취득원가

(차) 현금	×××	(대) 자기주식	×××
자기주식처분손실	×××		

* 자기주식처분이익과 자기주식처분손실은 서로 상계하고 잔액으로 보고한다.

✔ 만약, 자기주식을 여러 번에 걸쳐 취득한 경우, 원가흐름의 가정이 필요하다.

3. 자기주식의 소각 : 자본총계 불변

(차) 자본금	×××	(대) 자기주식	×××
감자차손	×××	또는 감자차익	×××

6절 | 배당금의 배분

구분	내용
누적적 우선주	누적적 우선주 배당금 = 우선주자본금 × 배당률 × 배당금을 수령하지 못한 기간 (당기 포함)
참가적 우선주	① 완전참가적 우선주배당금 　= max[우선주자본금 × 최소배당률, 총 배당금을 자본금 비율로 안분한 금액] ② 부분참가적 우선주배당금 　= min[우선주자본금 × 최대배당률, 완전참가적 우선주를 가정한 경우의 배당금]

CHAPTER 10 객관식 문제

01 (주)감평은 20×1년 1월 1일에 설립되었다. 다음 20×1년 자료를 이용하여 계산한 기말자산은?

▸17년 기출

| • 기초자산 | ₩1,000 | • 당기 중 유상증자 | ₩500 | • 기초부채 | ₩620 |
| • 영업수익 | ₩2,500 | • 기말부채 | ₩740 | • 영업비용 | ₩2,320 |

① ₩1,060
② ₩1,200
③ ₩1,300
④ ₩1,700
⑤ ₩1,800

02 20×1년 말 ㈜세무의 자산총액은 기초 대비 ₩4,000,000 증가하였고, 부채총액은 기초 대비 ₩2,000,000 감소하였다. 20×1년 중에 유상증자를 하고 그 대가 전액 ₩500,000을 토지 취득에 사용하였으며, 이후 무상증자 ₩1,000,000을 실시하였다. 또한 현금배당 ₩800,000과 주식배당 ₩500,000을 결의·지급하였고, 자기주식을 ₩600,000에 취득하였다. 기타포괄손익-공정가치 선택 금융자산 기말 공정가치가 기초 대비 ₩400,000 증가하였다면, 20×1년도 당기순이익은?

▸CTA 17

① ₩5,000,000
② ₩5,500,000
③ ₩6,000,000
④ ₩6,500,000
⑤ ₩7,000,000

03 다음은 ㈜한국의 기초 및 기말 재무제표 자료 중 일부이다.

구분	기초	기말
자산총계	₩11,000,000	₩15,000,000
부채총계	₩5,000,000	₩6,000,000

당기 중 무상증자 ₩1,000,000이 있었으며, 현금배당 ₩500,000 및 주식배당 ₩300,000
이 결의 및 지급되고 토지재평가이익 ₩100,000이 있었다면, 당기순이익은? (단, 토지재평
가는 당기에 처음으로 실시하였다.)   ▸ CTA 15

① ₩2,400,000   ② ₩2,800,000
③ ₩3,000,000   ④ ₩3,400,000
⑤ ₩3,600,000

04 다음은 A회사의 기초와 기말재무상태표의 금액이다.

구분	기초	기말
자산총계	₩25,865,000	₩27,285,000
부채총계	₩16,484,000	₩15,129,000

당기 중에 유상증자 ₩1,200,000이 있었고, 현금배당금 ₩400,000, 주식배당 ₩100,000
및 기타포괄금융자산평가이익 ₩100,000이 있었다. 당기순이익은 얼마인가?   ▸ CTA 18

① ₩1,075,000   ② ₩2,075,000
③ ₩2,775,000   ④ ₩1,875,000
⑤ ₩1,975,000

05 (주)관세는 기초에는 자산이 ₩150,000이고 부채는 ₩80,000이며, 기말에는 자산이
₩175,000이고 부채는 ₩70,000이었다. 당기순이익은 ₩15,000이고 기중에 ₩5,000의 주
식배당이 있었으며, 유상증자로 ₩25,000의 현금을 조달하였다. 소유주와의 다른 자본거래
가 없었다면, 당기의 기타포괄손익은 얼마인가?   ▸ 관세사 15

① ₩0   ② 기타포괄손실 ₩5,000
③ 기타포괄이익 ₩5,000   ④ 기타포괄이익 ₩15,000
⑤ 기타포괄손실 ₩15,000

06 다음은 ㈜감평의 20×1년도 기초와 기말 재무상태표의 금액이다.

구분	20×1년 기초	20×1년 기말
자산총계	₩5,000	₩7,000
부채총계	2,500	3,400

㈜감평은 20×1년 중에 ₩300의 유상증자와 ₩100의 무상증자를 각각 실시하였으며, 현금배당 ₩200을 지급하였다. 20×1년도 당기에 유형자산 관련 재평가잉여금이 ₩80만큼 증가한 경우 ㈜감평의 20×1년도 포괄손익계산서상 당기순이익은? (단, 재평가잉여금의 변동 외에 다른 기타자본요소의 변동은 없다.) ▸ 22년 기출

① ₩820   ② ₩900
③ ₩920   ④ ₩980
⑤ ₩1,000

07 ㈜감평의 20×1년 중 발생한 자본항목 사건이다.

• 무상증자 시행	₩500	• 주식배당 결의	₩300
• 자기주식 취득	600	• 자기주식 소각	600
• 당기순이익 발생	1,000	• 기타포괄이익 발생	800

20×1년 초 ㈜감평의 자본은 ₩10,000이고 이 외에 자본항목 사건은 없다고 가정할 때, 20×1년 말 ㈜감평의 자본은? ▸ 21년 기출

① ₩10,400   ② ₩11,000
③ ₩11,200   ④ ₩11,600
⑤ ₩11,800

08 자본에 관한 설명으로 옳지 않은 것은? ▸관세사 18

① 자본금은 발행된 주식의 액면금액 합계를 의미하므로, 기업이 무액면주식을 발행하는 경우 자본금의 변동은 없다.

② 자본총액은 그 기업이 발행한 주식의 시가총액 또는 순자산을 나누어서 처분하거나 기업 전체로 처분할 때 받을 수 있는 대가와 일치하지 않는 것이 일반적이다.

③ 자본은 기업의 자산에서 모든 부채를 차감한 후의 잔여지분이다.

④ 무상증자나 무상감자(형식적 감자)가 있는 경우 원칙적으로 기업의 자본총계는 변하지 않는다.

⑤ 자본은 자산 및 부채와 함께 재무상태의 측정에 직접 관련되는 요소이다.

09 ㈜대한은 주당 액면금액 ₩5,000인 보통주 500주를 주당 ₩15,000에 발행하였다. 발행대금은 전액 당좌예금에 입금되었으며, 주식인쇄비 등 주식발행과 직접 관련된 비용 ₩500,000이 지급되었다. 유상증자 직전에 주식할인발행차금 미상각잔액 ₩800,000이 존재할 때, ㈜대한의 유상증자로 인한 자본의 증가액은 얼마인가? ▸CTA 14

① ₩2,500,000
② ₩4,500,000
③ ₩6,200,000
④ ₩7,000,000
⑤ ₩7,500,000

10 ㈜관세는 20×1년 1월 1일 보통주(액면금액 ₩5,000) 1,000주를 주당 ₩6,000에 발행하여 회사를 설립하고, 20×1년 7월 1일 보통주(액면금액 ₩5,000) 1,000주를 주당 ₩7,000에 발행하는 유상증자를 실시하였다. 설립과 유상증자 과정에서 주식발행이 없었다면 회피할 수 있고 해당 거래와 직접적으로 관련된 원가 ₩500,000과 간접적으로 관련된 원가 ₩200,000이 발생하였다. ㈜관세의 20×1년 12월 31일 재무상태표에 보고할 주식발행초과금은? ▸관세사 19

① ₩2,000,000
② ₩2,300,000
③ ₩2,500,000
④ ₩2,800,000
⑤ ₩3,000,000

11 다음은 서로 독립적인 거래들이다. 자본이 증가하는 것만으로 올바르게 짝지어진 것은?

▶ 관세사 11

> 가. 주당 액면 ₩5,000인 주식을 주당 액면 ₩1,000인 주식 5주로 분할하였다.
> 나. 기존 주주들에게 10%의 주식배당을 실시하고 즉시 신주를 발행하여 교부하였다.
> 다. 주당 액면 ₩5,000인 주식 100주를 주당 ₩4,000에 할인발행하였다.
> 라. 주당 ₩200에 취득하여 보유하고 있던 자기주식 10주를 주당 ₩250에 처분하였다.
> 마. 수정 전 시산표 상에 ₩10,000으로 기록되어 있는 기타포괄금융자산(지분상품)의 보고기간 말 현재 공정가치는 ₩8,000이다.

① 가, 나   ② 가, 다
③ 나, 다   ④ 다, 라
⑤ 라, 마

12 다음 중 각 거래결과로 인한 자본변동의 방향이 다른 하나는 어느 것인가? (단, 각 사건들은 서로 독립적이라고 가정한다.)

① 보유하고 있던 자기주식(취득원가 ₩450) 15주를 ₩500에 처분하였다.
② 지분율 25%인 피투자회사로부터 당기순이익 ₩220,000이 발생하였음을 보고받았고, 동시에 현금배당액 ₩55,000을 받았다.
③ 주주총회 결과 기존 주주들에게 12%의 주식배당을 실시하기로 하고, 즉시 신주를 발행 교부하였다.
④ 수정 전 시산표상 ₩21,000으로 기록되어 있는 기타포괄금융자산의 기말현재 공정가치는 ₩21,500이다.
⑤ 액면가액이 주당 ₩10,000인 주식 300주를 주당 ₩8,000에 할인발행하였다.

13 자본의 감소를 가져오는 거래는?

▶ 관세사 23

① 주주총회에서 보통주에 대해 현금배당을 지급하기로 결의하였다.
② 자기주식을 재발행하고 자기주식처분이익을 인식하였다.
③ 보통주를 현금납입 받아 신주발행하였다.
④ 이월결손금을 보전하기 위하여 보통주자본금을 무상감자하였다.
⑤ 주주총회에서 사업확장적립금을 별도적립금으로 대체하기로 결의하였다.

14 무상증자, 주식배당, 주식분할 및 주식병합 간의 비교로 옳지 않은 것은? ▸ 관세사 19

① 무상증자, 주식배당 및 주식병합의 경우 총자본은 변하지 않지만 주식분할의 경우 총자본은 증가한다.
② 무상증자와 주식배당의 경우 자본금은 증가한다.
③ 주식배당과 주식분할의 경우 자본잉여금은 변하지 않는다.
④ 주식배당의 경우 이익잉여금이 감소하지만 주식분할의 경우 이익잉여금은 변하지 않는다.
⑤ 무상증자, 주식배당 및 주식분할의 경우 발행주식수가 증가하지만 주식병합의 경우 발행주식수가 감소한다.

15 주식배당, 무상증자, 주식분할, 주식병합 간의 비교로 옳지 않은 것은? ▸ 관세사 16

① 주식병합의 경우 발행주식수가 감소하지만 주식배당, 무상증자, 주식분할의 경우 발행주식수가 증가한다.
② 주식분할의 경우 주당액면금액이 감소하지만 주식배당, 무상증자의 경우 주당액면금액이 변하지 않는다.
③ 주식배당, 무상증자, 주식분할의 경우 총자본은 변하지 않는다.
④ 주식배당, 무상증자, 주식분할의 경우 자본금이 증가한다.
⑤ 주식배당의 경우 이익잉여금이 감소하지만 주식분할의 경우 이익잉여금이 변하지 않는다.

16 자본항목에 관한 설명으로 옳지 않은 것은? ▸ CTA 23

① 지분상품의 상환이나 차환은 자본의 변동으로 인식하지만, 지분상품의 공정가치 변동은 재무제표에 인식하지 않는다.
② 확정수량의 보통주로 전환되는 조건으로 발행된 전환우선주는 지분상품으로 회계처리한다.
③ 기업이 자기지분상품을 재취득하는 경우에는 자본에서 차감하며, 자기지분상품을 매입, 매도, 발행, 소각하는 경우의 손익은 당기손익으로 인식하지 않는다.
④ 액면주식을 액면발행한 경우, 발생한 주식발행 직접원가는 주식할인발행차금으로 차변에 기록된다.
⑤ 보유자가 발행자에게 특정일이나 그 후에 확정되었거나 결정 가능한 금액으로 상환해 줄 것을 청구할 수 있는 권리가 있는 우선주는 지분상품으로 분류한다.

17 자본회계에 관한 설명으로 옳지 않은 것은? ▸ 관세사 24

① 주식의 할증발행 시 액면금액에 해당하는 금액은 자본금계정, 액면금액을 초과하는 금액은 주식발행초과금계정의 대변에 각각 기록한다.

② 주식의 발행과 관련하여 직접적으로 발생하는 신주발행비는 납입된 현금수취액에서 차감한다.

③ 자기주식의 취득 시 원가법으로 회계처리한 후 재발행하는 경우 재발행금액과 취득원가가 일치하지 않으면 자기주식처분손익이 발생한다.

④ 유상감자의 대가가 액면금액에 미달하는 경우 감자차익이 발생하고 이는 자본잉여금으로 분류한다.

⑤ 배당을 받을 권리가 있는 주주를 확정짓는 날인 배당기준일에 배당예상금액을 미지급배당금계정의 대변에 기록한다.

18 ㈜우진은 20×5년 2월에 자기주식 100주를 주당 ₩3,000에 취득하였으며, 3월에 자기주식 200주를 주당 ₩6,000에 취득하였다. 이후 ㈜우진은 9월에 보유하고 있던 자기주식 중 200주를 주당 ₩5,500에 매각하였다. 처분한 자기주식의 단가를 총평균법으로 계산할 경우 ㈜우진이 인식해야 할 자기주식처분손익은 얼마인가? ▸ CTA 05

① 처분이익 ₩250,000 ② 처분이익 ₩300,000
③ 처분이익 ₩100,000 ④ 처분손실 ₩233,333
⑤ 처분손실 ₩100,000

19 (주)관세는 20×1년 1월 20일 자사가 발행한 보통주식 30주를 주당 ₩2,000에 취득하였다. 20×1년 4월 10일 자기주식 중 10주를 주당 ₩3,000에 매각한 후, 20×1년 5월 25일 나머지 20주를 주당 ₩500에 매각하였다. 20×1년도 말 자본에 표시되는 자기주식처분손익은? (단, 20×1년 1월 1일 현재 자기주식과 자기주식처분손익은 없다고 가정한다.) ▸ 관세사 17

① 손실 ₩30,000 ② 손실 ₩20,000
③ ₩0 ④ 이익 ₩20,000
⑤ 이익 ₩30,000

20 (주)감평은 1주당 액면금액이 ₩1,000인 보통주 10,000주를 발행한 상태에서 20×6년 중 다음과 같은 자기주식 거래가 있었다. 회사는 재발행된 자기주식의 원가를 선입선출법으로 측정하며, 20×6년 9월 1일 현재 자기주식처분손실 ₩25,000이 있다.

> • 9월 1일 자기주식 500주를 1주당 ₩1,100에 취득하였다.
> • 9월 15일 자기주식 300주를 1주당 ₩1,200에 취득하였다.
> • 10월 1일 자기주식 400주를 1주당 ₩1,200에 재발행하였다.
> • 10월 9일 자기주식 300주를 1주당 ₩1,050에 재발행하였다.

자기주식 거래 결과 20×6년 말 자기주식처분손익은?   ▸ 16년 기출

① 자기주식처분이익 ₩15,000   ② 자기주식처분손실 ₩15,000
③ 자기주식처분이익 ₩20,000   ④ 자기주식처분손실 ₩20,000
⑤ 자기주식처분손실 ₩25,000

21 (주)관세는 20×1년 2월에 자기주식 200주를 주당 ₩4,000에 취득하였고, 4월에 자기주식 50주를 주당 ₩5,000에 매도하였다. 20×1년 9월에는 보유하고 있던 자기주식 중 50주를 주당 ₩3,500에 매도하였다. 20×1년 말 (주)관세 주식의 주당 공정가치는 ₩5,000이다. 주어진 거래만 고려할 경우 (주)관세의 20×1년 자본총액 변동은? (단, 자기주식은 원가법으로 회계처리하며, 20×1년 초 자기주식과 자기주식처분손익은 없다고 가정한다.) ▸ 관세사 19

① ₩325,000 감소   ② ₩375,000 감소
③ ₩375,000 증가   ④ ₩425,000 감소
⑤ ₩425,000 증가

22 다음은 20×1년 중 발생한 ㈜관세의 자본거래내역이다. 다음 거래들이 ㈜관세의 20×1년도 결산일 자본총액에 미치는 영향은?
    ▸ 관세사 16

> • 1월 20일 : 주당 액면금액 ₩400의 자기주식 200주를 주당 ₩800에 취득
> • 2월 25일 : 위 주식 중 50주를 주당 ₩1,200에 매각
> • 6월 20일 : 위 주식 중 나머지를 모두 소각
> • 8월 15일 : 주당 액면금액 ₩400의 보통주 100주를 주당 ₩600에 발행
> • 12월 31일 : 당기순이익 ₩48,000 보고

① ₩8,000 감소   ② ₩4,000 감소
③ ₩0   ④ ₩4,000 증가
⑤ ₩8,000 증가

23 다음은 (주)관세의 20×1년 발생 거래내역이다. 다음 거래의 결과로 증가되는 (주)관세의 자본총액은?

▶ 관세사 18

> • 3월 10일 : 주당 액면금액 ₩1,000의 자기주식 100주를 주당 ₩3,000에 취득하였다.
> • 6월 30일 : 3월 10일에 취득한 자기주식 중 50주를 주당 ₩3,600에 처분하였다.
> • 10월 13일 : 3월 10일에 취득한 자기주식 중 50주를 소각하였다.
> • 11월 30일 : 주당 액면금액 ₩1,000의 보통주 50주를 주당 ₩4,000에 발행하면서, 추가 적으로 주식발행비 ₩35,000을 지출하였다.
> • 12월 31일 : ₩200,000의 당기순이익과 ₩130,000의 기타포괄이익을 보고하였다.

① ₩260,000
② ₩375,000
③ ₩410,000
④ ₩710,000
⑤ ₩1,010,000

24 (주)관세의 20×1년 자본거래내역이다. 20×1년 초 (주)관세의 자본총계가 ₩290,000일 경우 20×1년 말 자본총계는? (단, (주)관세는 주당액면금액 ₩500인 보통주만 발행하고 있으며, 20×1년 배당 시 이익준비금 설정은 고려하지 않는다.)

▶ 관세사 20

일자	내역
3.30.	이익잉여금을 재원으로 ₩100,000의 현금배당과 100주의 주식배당을 결의하고 실시하였다.
6.9.	자기주식 50주를 주당 ₩800에 취득하였다.
7.13.	6월 9일 취득한 자기주식 중 20주를 주당 ₩900에 재발행하였다.
12.13.	유상증자를 실시하고, 보통주 50주를 주당 ₩1,000에 발행하였다.

① ₩166,000
② ₩168,000
③ ₩202,000
④ ₩216,000
⑤ ₩218,000

25 ㈜감평의 20×2년 자본관련 자료이다. 20×2년 말 자본총계는? (단, 자기주식 거래는 선입선출법에 따른 원가법을 적용한다.) ▸ 23년 기출

---

(1) 기초자본
- 보통주 자본금(주당 액면금액 ₩500, 발행주식수 40주) ₩20,000
- 보통주 주식발행초과금 4,000
- 이익잉여금 30,000
- 자기주식(주당 ₩600에 10주 취득) (6,000)
- 자본총계 ₩48,000

(2) 기중자본거래
- 4월 1일 자기주식 20주를 1주당 ₩450에 취득
- 5월 25일 자기주식 8주를 1주당 ₩700에 처분
- 6월 12일 자기주식 3주를 소각
- 8월 20일 주식발행초과금 ₩4,000과 이익잉여금 중 ₩5,000을 재원으로 무상증자 실시

(3) 20×2년 당기순이익 : ₩50,000

---

① ₩77,300 ② ₩87,500
③ ₩94,600 ④ ₩96,250
⑤ ₩112,600

26 ㈜세무의 20×1년 초 자본총계는 ₩3,000,000이었다. 20×1년 중 자본과 관련된 자료가 다음과 같을 때, 20×1년 말 자본총계는? ▸ CTA 22

- 4월 1일 : 1주당 액면금액 ₩5,000인 보통주 100주를 1주당 ₩12,000에 발행하였다.
- 7월 30일 : 이사회에서 총 ₩200,000의 중간배당을 결의하고 즉시 현금으로 지급하였다.
- 10월 1일 : 20주의 보통주(자기주식)를 1주당 ₩11,000에 취득하였다.
- 11월 30일 : 10월 1일에 취득하였던 보통주(자기주식) 중에서 10주는 1주당 ₩13,000에 재발행하였고, 나머지 10주는 소각하였다.
- 12월 31일 : 20×1년도의 당기순이익과 기타포괄이익으로 각각 ₩850,000과 ₩130,000 을 보고하였다.

---

① ₩4,040,000 ② ₩4,470,000
③ ₩4,690,000 ④ ₩4,760,000
⑤ ₩4,890,000

27 (주)관세의 20×1년 12월 31일 재무상태표에 표시된 이익잉여금은 ₩300,000으로 이에 대한 세부항목은 이익준비금 ₩30,000과 임의적립금 ₩60,000 그리고 미처분이익잉여금 ₩210,000이다. (주)관세는 20×2년 2월 27일에 개최한 정기 주주총회에서 20×1년도 재무제표에 대해 다음과 같이 결산승인하였다.

• 임의적립금 이입액	₩20,000
• 이익준비금 적립액	₩10,000
• 자기주식처분손실 상각액	₩10,000
• 현금 배당액	₩100,000

(주)관세가 20×2년 2월 27일의 결산승인사항을 반영한 후 이익잉여금은? (단, 이익준비금은 자본금의 1/2에 미달한다고 가정한다.)　▶ 관세사 17

① ₩180,000　　　　　　　② ₩190,000
③ ₩200,000　　　　　　　④ ₩210,000
⑤ ₩220,000

28 ㈜관세의 20×2년 2월 중 개최된 주주총회에서 이루어진 20×1년 재무제표에 대한 결산승인 내역은 다음과 같다. ㈜관세의 결산 승인 전 미처분이익잉여금이 ₩43,000일 때, 결산 승인 내역을 반영한 후의 차기이월미처분이익잉여금은? (단, 이익준비금 설정은 고려하지 않는다.)　▶ 관세사 22

• 임의적립금 이입액	₩3,000
• 주식할인발행차금 상각액	2,000
• 현금배당액	10,000

① ₩27,000　　　　　　　② ₩28,000
③ ₩32,000　　　　　　　④ ₩33,000
⑤ ₩34,000

29 ㈜대한은 20×4년 초에 설립되었으며 설립 이후 자본금의 변동 및 배당금 지급은 없었다. ㈜대한의 보통주자본금과 우선주자본금의 내역은 다음과 같다.

> • 보통주(주당 액면금액 ₩5,000)   ₩10,000,000
> • 누적적 비참가적 우선주(배당률 3%, 주당 액면금액 ₩5,000)   5,000,000

㈜대한이 20×6년 3월 2일 주주총회에서 ₩1,000,000의 현금배당을 최초로 결의하였다면, 보통주 주주에게 지급할 배당금은 얼마인가?   ▸ CTA 14

① ₩300,000   ② ₩450,000
③ ₩550,000   ④ ₩700,000
⑤ ₩850,000

30 다음은 20×1년 초에 설립한 ㈜감평의 20×2년 말 현재 자본금과 관련한 정보이다. 설립 이후 20×2년 말까지 자본금과 관련한 변동은 없었다.

> • 보통주자본금 : ₩100,000 (액면금액 @₩500, 발행주식수 200주)
> • 우선주자본금 : ₩50,000 (액면금액 @₩500, 발행주식수 100주)

㈜감평은 20×1년도에 현금배당이나 주식배당을 하지 않았으며, 20×2년도에 ₩13,000의 현금배당금 지급을 결의하였다. 우선주의 배당률은 5%이며 우선주가 누적적, 완전참가적이라면 우선주와 보통주에 대한 배당금은?   ▸ 14년 기출

	우선주	보통주		우선주	보통주
①	₩3,000	₩10,000	②	₩5,000	₩8,000
③	₩6,000	₩7,000	④	₩6,500	₩6,500
⑤	₩8,000	₩5,000			

합격까지 박문각

31 (주)감평은 20×1년부터 20×3년까지 배당가능이익의 부족으로 배당금을 지급하지 못하였으나, 20×4년도에는 영업의 호전으로 ₩220,000을 현금배당할 계획이다. (주)감평의 20×4년 12월 31일 발행주식수가 보통주 200주(주당 액면 금액 ₩3,000, 배당률 4%)와 우선주 100주(비누적적, 완전참가적 우선주, 주당 액면금액 ₩2,000, 배당률 7%)인 경우, 보통주배당금으로 배분해야 할 금액은? ▸17년 기출

① ₩120,000
② ₩136,500
③ ₩140,000
④ ₩160,500
⑤ ₩182,000

32 20×1년 초 설립된 (주)감평의 20×3년 말 자본계정은 다음과 같으며, 설립 후 현재까지 자본금 변동은 없었다. 그동안 배당가능이익의 부족으로 어떠한 형태의 배당도 없었으나, 20×3년 말 배당재원의 확보로 20×4년 3월 10일 정기 주주총회에서 ₩7,500,000의 현금배당을 선언할 예정이다. (주)감평이 우선주에 배분할 배당금은? ▸19년 기출

구분	액면금액	발행주식수	자본금총계	비고
보통주자본금	₩5,000	12,000주	₩60,000,000	배당률 3%
우선주자본금	₩10,000	3,000주	₩30,000,000	배당률 5%, 누적적, 완전참가적

① ₩2,900,000
② ₩3,900,000
③ ₩4,500,000
④ ₩4,740,000
⑤ ₩4,900,000

33 20×1년 초 설립된 ㈜관세의 20×3년 말 자본금 관련 내역은 다음과 같다. ㈜관세는 설립 후 처음으로 20×4년 3월 ₩38,000의 현금배당을 결의하였다. ㈜관세의 우선주 주주에게 배분될 배당금은? (단, 설립 이후 20×3년 말까지 자본금과 관련한 변동은 없다.) ▸관세사 22

구분	발행주식수	주당 액면금액	비고
보통주	300주	₩500	
우선주	200주	₩500	배당률 5%, 누적적·완전참가적 우선주

① ₩15,000
② ₩15,200
③ ₩16,800
④ ₩21,200
⑤ ₩22,750

34 ㈜세무는 20×1년 초 보통주와 우선주(누적적, 완전참가)를 발행하여 영업을 개시하였으며, 영업개시 이후 자본금의 변동은 없었다. 20×3년 기말 현재 발행된 주식과 배당관련 자료는 다음과 같다.

보통주	액면금액	₩1,000
	발행주식수	3,000주
	배당률	4%
우선주(누적적, 완전참가)	액면금액	₩1,000
	발행주식수	2,000주
	배당률	6%

20×4년 3월 말 주주총회에서 ₩1,000,000의 현금배당을 결의하였을 경우, 보통주 주주에게 지급할 배당금은? (단, 과거에 현금배당을 실시하지 않았고, 배당가능이익은 충분하다.)

▸ CTA 20

① ₩432,000
② ₩568,000
③ ₩576,000
④ ₩640,000
⑤ ₩880,000

35 20×1년 초 설립된 ㈜감평의 자본계정은 다음과 같으며, 설립 후 20×3년 초까지 자본금 변동은 없었다. 우선주에 대해서는 20×1년도에 배당가능이익이 부족하여 배당금을 지급하지 못한 ㈜감평이 20×3년 초 ₩500의 현금배당을 결의하였을 때, 우선주에 배분될 배당금은?

▸ 24년 기출

- 보통주 자본금 : 액면금액 ₩20, 발행주식수 200주(배당률 4%)
- 우선주 자본금 : 액면금액 ₩20, 발행주식수 50주(누적적, 완전참가적, 배당률 5%)

① ₩100
② ₩108
③ ₩140
④ ₩148
⑤ ₩160

36 20×1년 1월 1일에 ㈜대한은 보통주와 우선주(배당률 2%)를 발행하여 영업을 개시하였다. 설립 이후 자본금의 변동은 없으며, 배당결의와 지급은 없었다. 20×3년 12월 31일 현재 ㈜대한의 보통주자본금과 우선주자본금의 내역은 다음과 같다.

구분	1주당 액면금액	자본금
보통주	₩1,000	₩10,000,000
우선주	₩1,000	₩6,000,000

20×4년 2월, 주주총회에서 총 ₩1,080,000의 현금배당이 결의되었다. ㈜대한의 우선주가 (1)누적적, 5% 부분참가적인 경우와 (2)비누적적, 완전참가적인 경우, 보통주에 배분될 배당금은 각각 얼마인가? 단, ㈜대한의 배당가능이익은 충분하며 자기주식은 취득하지 않았다고 가정한다.
▸ CPA 23

	(1)	(2)		(1)	(2)
①	₩525,000	₩475,000	②	₩525,000	₩675,000
③	₩540,000	₩405,000	④	₩540,000	₩675,000
⑤	₩555,000	₩405,000			

37 ㈜세무는 20×1년 초 보통주와 우선주를 발행하여 영업을 개시하였으며, 영업개시 이후 자본금의 변동은 없었다. 20×3년 말 현재 ㈜세무의 자본금 구성은 다음과 같다.

구분	1주당 액면금액	배당률	자본금	비고
보통주	₩1,000	2%	₩8,000,000	
우선주	₩1,000	3%	₩2,000,000	누적적, 5% 부분참가적

20×4년 3월 말 주주총회에서 ₩600,000의 현금배당이 결의되었다. ㈜세무의 보통주에 배분될 배당금은? (단, 과거에 배당을 실시하지 않았고, 배당가능이익은 충분하다.) ▸ CTA 24

① ₩360,000 ② ₩380,000
③ ₩400,000 ④ ₩420,000
⑤ ₩440,000

복합금융상품

1절 | 전환사채

1. 전환사채의 발행

① 부채요소의 공정가치 = 미래 현금흐름의 현재가치(할인율 : 일반사채 시장이자율)

② 자본요소의 공정가치(전환권대가) = 전환사채 발행가액 – 부채요소의 공정가치

③ 회계처리

(차) 현금	×××	(대) 전환사채	×××
전환권조정	×××	전환권대가	×××

2. 상환할증금 지급조건

상환할증금은 전환사채의 만기까지 전환권을 행사하지 못한 채권자에게 만기시점에 일시금으로 지급하는 금액이다.

① 상환할증금의 계산

✔ 상환할증금 = 액면가액 × (보장수익률 – 표시이자율) × 보장수익률의 연금미래가치계수

② 상환할증금 지급 조건의 전환사채 발행 시 회계처리

(차) 현금	×××	(대) 전환사채	×××
전환권조정	×××	상환할증금	×××
		전환권대가	×××

3. 후속측정

① 전환권조정은 전환사채에서 차감하는 형식으로 기재하며, 유효이자율법에 따라 상각한다.

② 전환권대가는 자본항목으로 분류한 후 전환권이 행사될 때 자본잉여금(주식발행초과금)으로 대체할 수 있다.

2절 전환권의 행사

1. 전환청구 시의 회계처리

(차) 전환사채	×××	(대) 전환권조정	×××
사채상환할증금	×××	자본금	×××
		주식발행초과금	×××

〈선택분개〉

(차) 전환권대가	×××	(대) 주식발행초과금	×××

① 전환권의 행사로 인하여 발행될 보통주식수 = 전환권이 행사된 전환사채의 금액 ÷ 전환가격
② 전환권 행사 시 증가하는 주식발행초과금 = 부채감소액 − 자본금 + 전환권대가 대체액
③ 전환권 청구 시 증가하는 자본 = 부채감소액

2. 전환청구 시 이후 이자비용

전환권을 청구하지 않은 부채 부분에서만 이자비용이 발생

3절 전환사채의 재매입 및 조건변경

1. 전환사채 재매입

전환사채를 재매입하는 경우 부채요소와 자본요소에 배분하는 금액은 전환사채가 발행되는 시점에 발행금액을 각 요소별로 배분한 방법과 동일하다.

① 부채요소의 재매입

(차) 전환사채	×××	(대) 현금	×××
사채상환손실(당기손익)	×××	전환권조정	×××

② 자본요소의 재매입

(차) 전환권대가	×××	(대) 현금	×××
전환권재매입손실(자본)	×××		

2. 전환사채 조건변경

조건변경으로 인한 손실은 조건이 변경되는 시점에 당기손익으로 인식한다.

- 조건변경으로 인한 손실
  = 변경된 조건에서 보유자가 수취하게 될 대가의 공정가치
  − 원래의 조건에서 전환으로 인하여 보유자가 수취하였을 대가의 공정가치

4절 신주인수권부사채

신주인수권부사채는 신주인수권을 행사해도 사채권자로서의 권리가 존속되며, 신주를 인수하기 위해서는 행사가액만큼의 주금납입이 필요하다.

1. 신주인수권부사채의 발행
① 발행시점의 부채요소 공정가치 = 미래현금흐름을 시장이자율로 할인한 현재가치
② 신주인수권대가 = 발행금액 − 발행시점의 부채요소 공정가치

2. 신주인수권부사채의 후속측정
① 신주인수권조정은 유효이자율법에 따라 상각한다.
② 신주인수권대가는 공정가치로 평가하지 않으며, 신주인수권 행사 시 주식발행초과금으로 대체할 수 있다.

3. 신주인수권부사채의 행사
① 상환할증금이 없는 경우 증가하는 자본 = 현금수령액
② 상환할증금이 없는 경우 증가하는 주식발행초과금 = 현금수령액 − 자본금 + 신주인수권대가 대체액
③ 상환할증금이 있는 경우 증가하는 자본 = 현금수령액 + 신주인수권을 행사하는 부분의 상환할증금 장부금액

CHAPTER 11 **객관식 문제**

01 전환사채 회계처리에 관한 설명으로 옳지 않은 것은? ▸ CTA 16

① 전환사채 발행자는 재무상태표에 부채요소와 자본요소를 분리하여 표시한다.

② 전환조건이 변경되면 발행자는 '변경된 조건에 따라 전환으로 보유자가 수취하게 되는 대가의 공정가치'와 '원래의 조건에 따라 전환으로 보유자가 수취하였을 대가의 공정가치'의 차이를 조건이 변경되는 시점에 당기손익으로 인식한다.

③ 전환사채를 취득하는 경우 만기 이전에 지분증권으로 전환하는 권리인 전환권 특성에 대해 대가를 지급하기 때문에 일반적으로 전환사채를 만기보유금융상품으로 분류할 수 없다.

④ 복합금융상품의 발행과 관련된 거래원가는 배분된 발행금액에 비례하여 부채요소와 자본요소로 배분한다.

⑤ 전환권을 행사할 가능성이 변동하는 경우에는 전환상품의 부채요소와 자본요소의 분류를 수정한다.

02 ㈜관세가 20×1년 1월 1일 다음과 같은 조건으로 전환사채를 액면발행하였을 때 전환권대가는? (단, 단일금액 ₩1의 현재가치는 0.7513(3기간, 10%), 정상연금 ₩1의 현재가치는 2.4868(3기간, 10%)이다.) ▸ 관세사 21

- 액면금액 : ₩500,000
- 만기일 : 20×3년 12월 31일
- 표시이자율 : 연 8%(매년 12월 31일 지급)
- 전환조건 : 사채 액면금액 ₩2,000당 보통주(주당 액면금액 ₩1,000) 1주로 전환
- 사채발행시점의 유효이자율 : 연 10%
- 원금상환방법 : 상환기일에 액면금액을 일시상환

① ₩20,000   ② ₩24,878

③ ₩25,512   ④ ₩28,132

⑤ ₩30,000

03 (주)대한은 20×1년 초에 만기 3년, 표시이자율 연 5%, 액면금액 ₩100,000의 전환사채(이자는 매년 말 후급)를 상환할증금 없이 액면발행하였다. 이 전환사채의 발행시점에 (주)대한이 인식할 자본요소(전환권)의 공정가치는 얼마인가? (단, (주)대한은 전환사채 발행시점의 신용등급으로 만기 3년, 표시이자율 연 10%, 액면금액 ₩100,000의 일반사채를 액면금액으로 발행할 수 있다.)

기간	기간 말 ₩1의 현재가치		정상연금 ₩1의 현재가치	
	5%	10%	5%	10%
1	0.9524	0.9091	0.9524	0.9091
2	0.9070	0.8264	1.8594	1.7355
3	0.8638	0.7513	2.7232	2.4868

① ₩0
② ₩7,513
③ ₩8,638
④ ₩8,756
⑤ ₩12,436

04 ㈜감평은 20×9년 초 액면금액 ₩100,000의 3년 만기 전환사채를 액면금액으로 발행하였다. 전환권을 행사하지 않은 경우 전환사채의 만기일에 액면금액에 추가하여 상환할증금 ₩9,930을 지급한다. 전환사채의 표시이자율은 연 5%이며 매년 말에 지급한다. ㈜감평은 당사의 신용으로 만기 3년, 표시이자율 연 10%, 액면금액으로 일반사채를 발행할 수 있다. 이때 ㈜감평이 자본으로 처리하는 전환권의 가치는 얼마인가? (단, 가장 근사치를 선택할 것) ▸10년 기출

기간	10%	
	1회금액 ₩1의 현재가치	기말연금 ₩1의 현재가치
1	0.90909	0.90909
2	0.82645	1.73554
3	0.75131	2.48685

① ₩4,974
② ₩9,739
③ ₩12,434
④ ₩16,232
⑤ ₩25,971

05 (주)충무로는 20×1년 1월 1일에 다음과 같은 조건의 전환사채를 액면발행하였다.

- 액면금액 : ₩1,000,000
- 만기 : 20×5년 12월 31일
- 이자 : 매년 12월 31일에 액면금액의 8%를 현금으로 지급
- 조건 : – 사채발행시점부터 1개월 경과 후 만기시점까지 전환청구 가능
  – 전환가격은 사채 액면금액 ₩5,000 당 보통주(액면금액 ₩5,000) 1주로 전환가능
  – 만기까지 전환권이 행사되지 않은 부분에 대해서는 액면금액의 105%를 지급함
- 사채발행시점의 유효이자율: 연 10%

(주)충무로가 발행시점에 인식해야 할 전환권대가는 얼마인가? (단, 다음의 현가계수를 이용하며 단수차이로 인한 오차가 있으면 가장 근사치를 선택한다.) ▸관세사 13

기간	기간 말 ₩1의 현재가치		정상연금 ₩1의 현재가치	
	8%	10%	8%	10%
1	0.9259	0.9091	0.9259	0.9091
2	0.8573	0.8264	1.7833	1.7355
3	0.7938	0.7513	2.5771	2.4868
4	0.7350	0.6830	3.3121	3.1699
5	0.6806	0.6209	3.9927	3.7908

① ₩0
② ₩44,791
③ ₩50,000
④ ₩75,720
⑤ ₩94,791

06 ㈜감평은 20×1년 초 전환사채(액면금액 ₩10,000, 만기 3년, 표시이자율 연 3%, 매년 말 이자지급)를 액면발행하였다. 사채 발행 당시 전환권이 없는 일반사채의 시장이자율은 연 8%이며, 전환권 미행사 시 만기일에 연 7%의 수익을 보장한다. 동 전환사채가 만기 상환될 경우, 다음 미래가치를 이용하여 계산한 상환할증금은? (단, 금액은 소수점 첫째자리에서 반올림하여 계산한다.)　▶ 23년 기출

〈단일금액 ₩1의 미래가치〉

기간	7%	8%
1년	1.070	1.080
2년	1.145	1.166
3년	1.225	1.260

① ₩1,119　　　　　　　　② ₩1,286
③ ₩1,299　　　　　　　　④ ₩1,376
⑤ ₩1,402

07 (주)감평은 20×1년 1월 1일에 액면금액 ₩500,000의 전환사채를 다음과 같은 조건으로 액면발행하였다.

- 표시이자율 : 연 6%(매년 말 지급)
- 전환사채 발행 당시 일반사채의 시장이자율 : 연 10%
- 만기일 : 20×3년 12월 31일

전환사채의 만기 상환조건이 액면상환조건인 경우의 전환권대가(A)와 할증상환조건(보장수익률 8%, 상환할증금 ₩32,464)인 경우의 전환권대가(B)는? (단, 계산금액은 소수점 첫째자리에서 반올림하고, 단수차이로 인한 오차가 있으면 가장 근사치를 선택한다.)　▶ 19년 기출

기간	단일금액 ₩1의 현재가치		정상연금 ₩1의 현재가치	
	8%	10%	8%	10%
3	0.7938	0.7513	2.5771	2.4869

① A : ₩24,878　B : ₩488　　　② A : ₩25,787　B : ₩17
③ A : ₩25,787　B : ₩25,353　　④ A : ₩49,743　B : ₩25,353
⑤ A : ₩49,743　B : ₩17

08 ㈜ABC는 20×1년 1월 1일 액면금액이 ₩1,000,000이며, 상환기일이 20×3년 12월 31일, 만기 3년의 전환사채를 액면발행하였다. 동 사채의 액면이자율은 연 5%로 매년 말 이자를 지급한다. 이 전환사채와 동일한 일반사채의 시장이자율은 연 12%이며 만기까지 전환되지 않은 전환사채에 대한 연 보장수익률은 액면금액의 10%이다. 20×1년 1월 1일 전환사채 발행 시 계상되는 전환권대가는 얼마인가? (단, 계산과정에서 소수점 이하는 첫째자리에서 반올림한다. 그러나 계산방식에 따라 단수차이로 인해 오차가 있는 경우, 가장 근사치를 선택한다.)

▶ CPA 14

3년 기준	5%	10%	12%
단일금액 ₩1의 현재가치	0.8638	0.7513	0.7118
정상연금 ₩1의 현재가치	2.7232	2.4868	2.4018
정상연금 ₩1의 미래가치	3.1525	3.3100	3.3744

① ₩50,307
② ₩40,307
③ ₩30,307
④ ₩90,397
⑤ ₩170,397

09 ㈜갑은 20×1년 1월 1일 1매당 액면금액이 ₩1,000인 전환사채 1,000매(만기 3년, 표시이자율 연 8%, 매년 말 이자지급)를 ₩950,352에 할인발행하였다. 발행된 전환사채는 만기 전 1매당 1주의 보통주로 전환될 수 있다. 전환사채 발행시점에서 자본요소가 결합되지 않은 유사한 일반사채의 시장이자율은 연 12%이다. 전환사채 발행시점에서 전환권 1매의 공정가치는 활성시장에서 ₩55이다. ㈜갑이 20×1년 말 재무상태표에 표시할 전환권대가 및 전환사채의 장부금액과 가장 가까운 것은 무엇인가?

▶ CPA 12

기간	기간 말 단일금액 ₩1의 현재가치		정상연금 ₩1의 현재가치	
	8%	12%	8%	12%
1	0.9259	0.8929	0.9259	0.8929
2	0.8573	0.7972	1.7833	1.6901
3	0.7938	0.7118	2.5771	2.4018

	전환권대가	전환사채장부금액		전환권대가	전환사채장부금액
①	₩46,408	₩932,417	②	₩48,402	₩932,417
③	₩46,408	₩930,184	④	₩55,000	₩922,794
⑤	₩48,402	₩930,184			

10 ㈜감평은 20×1년 1월 1일 다음과 같은 조건의 전환사채를 액면발행하였다.

- 액면금액 : ₩1,000,000
- 일반사채 시장이자율 : 연 10%
- 만기상환일 : 20×3년 12월 31일
- 표시이자율 : 연 6%
- 이자지급일 : 매년 말

동 전환사채는 전환권을 행사하지 않을 경우 만기상환일에 액면금액의 106.49%를 일시 상환하는 조건이다. 전환청구가 없었다고 할 때, ㈜감평이 동 전환사채와 관련하여 3년(20×1년 1월 1일~20×3년 12월 31일)간 인식할 이자비용 총액은? (단, 단수차이로 인한 오차가 있다면 가장 근사치를 선택한다.) ▸ 22년 기출

기간	단일금액 ₩1의 현재가치		정상연금 ₩1의 현재가치	
	6%	10%	6%	10%
3	0.83962	0.75131	2.67301	2.48685

① ₩50,719
② ₩115,619
③ ₩244,900
④ ₩295,619
⑤ ₩344,619

11 (주)감평은 20×1년 1월 1일에 다음 조건의 전환사채를 발행하였다.

- 액면금액 : ₩2,000,000
- 일반사채의 시장이자율 : 연 12%
- 상환조건 : 20×3년 12월 31일에 액면금액의 110.5%로 일시상환
- 전환가격 : ₩3,000(보통주 주당 액면금액 ₩1,000)
- 표시이자율 : 연 7%
- 이자지급일 : 매년 12월 31일

만일 위 전환사채에 상환할증금 지급조건이 없었다면, 상환할증금 지급조건이 있는 경우에 비해 포괄손익계산서에 표시되는 20×1년 이자비용은 얼마나 감소하는가? (단, 현재가치는 다음과 같으며 계산결과는 가장 근사치를 선택한다.) ▸ 17년 기출

기간	단일금액 ₩1의 현재가치		정상연금 ₩1의 현재가치	
	7%	12%	7%	12%
1	0.9346	0.8929	0.9346	0.8929
2	0.8734	0.7972	1.8080	1.6901
3	0.8163	0.7118	2.6243	2.4018

① ₩17,938
② ₩10,320
③ ₩21,215
④ ₩23,457
⑤ ₩211,182

12 ㈜국세는 만기 3년, 액면가액이 ₩300,000인 전환사채를 20×1년 1월 1일에 액면발행하였다. 전환사채의 액면이자율은 연 8%, 유효이자율은 연 10%이고, 이자지급일은 매년 12월 31일이다. 동 전환사채는 20×2년 1월 1일부터 사채액면 ₩10,000당 보통주 1주(주당 액면가액 ₩5,000)로 전환이 가능하다. 20×3년 1월 1일 전환사채의 50%가 전환되었으며 나머지는 만기에 상환하였다. 동 전환사채의 회계처리에 대한 다음 설명 중 옳지 않은 것은? (단, 사채발행과 관련한 거래비용은 없으며, 현가계수는 아래 표를 이용한다. 또한 계산금액은 소수점 첫째자리에서 반올림하며, 이 경우 단수차이로 인해 약간의 오차가 있으면 가장 근사치를 선택한다.)

▸ CTA 10

기간	기간 말 단일금액 ₩1의 현재가치		정상연금 ₩1의 현재가치	
	8%	10%	8%	10%
1	0.9259	0.9091	0.9259	0.9091
2	0.8573	0.8264	1.7833	1.7355
3	0.7938	0.7513	2.5771	2.4868

① 20×1년 1월 1일 전환사채와 관련하여 ㈜국세가 부채로 인식할 금액은 ₩285,073이다.
② ㈜국세가 전환사채와 관련하여 20×2년도에 인식할 이자비용은 ₩28,958이다.
③ 20×2년 12월 31일 ㈜국세의 재무상태표상 자본계정(전환권대가)은 ₩5,462이다.
④ 20×3년 1월 1일 전환사채의 전환으로 인해 ㈜국세의 자본증가액은 ₩147,269이다.
⑤ ㈜국세가 전환사채와 관련하여 20×3년도에 인식할 이자비용은 ₩14,731이다.

13 ㈜한국은 20×1년 1월 1일 만기 3년, 액면 ₩10,000의 전환사채를 액면발행하였다. 전환사채의 표시이자율은 연 7%이고, 이자는 매년 말에 지급한다. 전환조건은 다음과 같다.

- 사채액면 ₩10당 1주의 보통주(액면가액 ₩5)로 전환
- 전환권이 행사되지 않은 부분에 대해서는 액면금액의 110%를 일시 상환

발행시점에 전환권이 부여되지 않은 동일한 조건의 일반사채 시장이자율은 연 11%이었다. 20×2년 1월 1일 사채 액면금액의 35%가 전환되었을 경우, 전환권 행사가 20×2년 1월 1일 ㈜한국의 재무상태표상 자본총계에 미치는 영향은? (단, 이자율 11%의 3년에 대한 단일금액 ₩1의 현가계수와 정상연금 ₩1의 현가계수는 각각 0.7312와 2.4437이며, 단수차이로 인한 오차가 있으면 가장 근사치를 선택한다.)

▸ 13년 기출

① ₩86 증가
② ₩1,750 증가
③ ₩1,794 증가
④ ₩1,880 증가
⑤ ₩3,544 증가

14 (주)관세는 20×1년 1월 1일 만기 3년, 표시이자와 상환할증금이 없는 액면금액 ₩1,000,000의 전환사채를 액면발행하였다. 발행시점에 유사한 조건의 일반사채 시장이자율은 연 5%이며, 사채발행비용은 발생하지 않았다. 이 전환사채는 액면금액 ₩10,000당 (주)관세의 보통주 1주로 전환할 수 있으며, 보통주 1주당 액면금액은 ₩5,000이다. 20×3년 1월 1일 전환사채의 60%가 보통주로 전환되었다. (주)관세의 전환사채의 전환으로 인한 20×3년 1월 1일 자본 증가액은? (단, 3기간, 5%, 단일금액 ₩1의 현재가치는 0.8638이고 계산 시 화폐금액은 소수점 첫째자리에서 반올림한다.) ▸관세사 19

① ₩218,280   ② ₩353,214
③ ₩489,684   ④ ₩544,194
⑤ ₩571,404

15 (주)관세는 20×1년 1월 1일 만기 3년, 표시이자와 상환할증금이 없는 액면금액 ₩100,000의 전환사채를 액면발행하였다. 발행시점에 유사한 조건의 일반사채 시장이자율은 연 5%이며, 사채발행비용은 발생하지 않았다. 동 전환사채는 액면금액 ₩5,000당 (주)관세의 보통주 1주로 전환할 수 있으며, 보통주 1주당 액면금액은 ₩500이다. 20×2년 초에 액면가액 60%에 해당하는 전환사채가 보통주로 전환되었을 경우 증가하는 주식발행초과금은? (단, 전환권 행사 시 전환권대가는 주식발행초과금으로 대체하는 것으로 하며, 단일금액 ₩1의 현재가치는 0.8638 (3기간, 5%)이고, 계산 시 화폐금액은 소수점 첫째자리에서 반올림한다.) ▸관세사 23

① ₩51,819   ② ₩54,419
③ ₩56,591   ④ ₩62,591
⑤ ₩90,699

16 (주)감평은 20×5년 초 액면금액 ₩1,000,000(액면이자율 연 4%, 매년 말 이자 지급, 만기 3년)의 전환사채를 발행하였다. 사채 액면금액 ₩3,000당 보통주 (액면금액 ₩1,000) 1주로 전환할 수 있는 권리가 부여되어 있다. 만약 만기일까지 전환권이 행사되지 않을 경우 추가로 ₩198,600의 상환할증금을 지급한다. 이 사채는 액면금액인 ₩1,000,000에 발행되었으며 전환권이 없었다면 ₩949,213에 발행되었을 것이다(유효이자율 연 12%). 사채발행일 후 1년 된 시점인 20×6년 초에 액면금액의 60%에 해당하는 전환사채가 보통주로 전환되었다. 이러한 전환으로 인해 증가할 주식발행초과금은? (단, 전환사채 발행 시 인식한 전환권대가 중 전환된 부분은 주식발행초과금으로 대체하며, 단수 차이가 있으면 가장 근사치를 선택한다.) ▸16년 기출

① ₩413,871   ② ₩433,871
③ ₩444,071   ④ ₩444,343
⑤ ₩464,658

17 (주)감평은 20×1년 1월 1일 다음과 같은 조건의 전환사채(만기 3년)를 액면발행하였다. 20×3년 1월 1일에 액면금액의 40%에 해당하는 전환사채가 보통주로 전환될 때 인식되는 주식발행초과금은? (단, 전환권대가는 전환 시 주식발행초과금으로 대체되며, 단수차이로 인한 오차가 있으면 가장 근사치를 선택한다.) ▸18년 기출

- 액면금액 : ₩1,000,000
- 표시이자율 : 연 5%
- 이자지급시점 : 매년 12월 31일
- 일반사채의 시장이자율 : 연 12%
- 전환가격 : ₩2,000(보통주 주당 액면금액 ₩1,000)
- 상환할증금 : 만기상환 시 액면금액의 119.86%로 일시상환

기간	단일금액 ₩1의 현재가치		정상연금 ₩1의 현재가치	
	5%	12%	5%	12%
1	0.9524	0.8929	0.9524	0.8929
2	0.9070	0.7972	1.8594	1.6901
3	0.8638	0.7118	2.7233	2.4018

① ₩166,499

② ₩177,198

③ ₩245,939

④ ₩256,638

⑤ ₩326,747

18 다음은 (주)감평이 20×1년 1월 1일 액면발행한 전환사채와 관련된 자료이다.

- 액면금액 : ₩100,000
- 20×1년 1월 1일 전환권조정 : ₩11,414
- 20×1년 12월 31일 전환권조정 상각액 : ₩3,087
- 전환가격 : ₩1,000(보통주 주당 액면금액 ₩500)
- 상환할증금 : 만기에 액면금액의 105.348%

20×2년 1월 1일 전환사채 액면금액의 60%에 해당하는 전환사채가 보통주로 전환될 때, 증가하는 주식발행초과금은? (단, 전환사채 발행시점에서 인식한 자본요소(전환권대가) 중 전환된 부분은 주식발행초과금으로 대체하며, 계산금액은 소수점 첫째자리에서 반올림하며, 단수차이로 인한 오차가 있으면 가장 근사치를 선택한다.) ▸20년 기출

① ₩25,853

② ₩28,213

③ ₩28,644

④ ₩31,853

⑤ ₩36,849

19 ㈜한국은 20×1년 1월 1일에 다음과 같은 조건의 전환사채를 액면발행하였다.

- 액면가액 : ₩1,000,000
- 표시이자율 : 연 5%(매년 말 후급)
- 일반사채 시장수익률 : 연 10%
- 만기상환일 : 20×3년 12월 31일

동 전환사채는 전환권을 행사하지 않을 경우 상환기일에 액면가액의 109.74%를 상환하는 조건이다. 20×2년 초에 액면가액의 60%에 해당하는 전환사채가 주식으로 전환되었을 경우 20×2년도에 인식할 전환사채 이자비용은 얼마인가? (단, 기초시점을 전환간주일로 하며, 기간 3년, 10% ₩1의 현가계수는 0.75131이고 연금현가계수는 2.48685이다.)

① ₩94,883
② ₩36,529
③ ₩39,749
④ ₩38,184
⑤ ₩41,726

20 ㈜국세는 20×3년 1월 1일 액면금액이 ₩1,000,000인 비분리형 신주인수권부사채(상환기일 20×7년 12월 31일, 5년 만기, 표시이자율 연 7%, 이자는 매년 말 후급조건)를 액면발행하였다. 이 신주인수권부사채와 동일한 조건의 일반사채의 유효이자율은 연 10%이며, 만기까지 신주인수권을 행사하지 않을 경우 액면금액의 110%를 보장한다. 신주인수권부사채의 발행 시 동 사채의 장부금액은 얼마인가? (단, 현가계수는 아래 표를 이용한다.) ▸CTA 14

| 기간 | 기간 말 단일금액 ₩1의 현재가치 | | 정상연금 ₩1의 현재가치 | |
	7%	10%	7%	10%
1	0.9346	0.9091	0.9346	0.9091
2	0.8734	0.8264	1.8080	1.7355
3	0.8163	0.7513	2.6243	2.4868
4	0.7629	0.6830	3.3872	3.1698
5	0.7130	0.6209	4.1002	3.7908

① ₩848,346
② ₩886,256
③ ₩948,346
④ ₩986,256
⑤ ₩1,000,000

21 ㈜코리아는 20×1년 1월 1일 신주인수권부사채를 ₩960,000에 발행하였는데, 이와 관련된 구체적인 내역은 다음과 같다.

> (1) 액면금액은 ₩1,000,000이며 만기는 3년이다.
> (2) 액면이자율은 연 5%이며 이자는 매년 말에 후급된다.
> (3) 보장수익률은 연 8%이며 동 신주인수권부사채는 액면금액 ₩10,000당 보통주 1주 (액면금액 ₩1,000)를 인수할 수 있다.
> (4) 발행 당시 신주인수권이 없는 일반사채의 시장이자율은 연 10%이다.
> (5) 20×2년 1월 1일 신주인수권부사채의 50%(액면금액 기준)에 해당하는 신주인수권이 행사되었다.

㈜코리아가 20×3년 12월 31일 만기일에 액면이자를 포함하여 사채권자에게 지급해야 할 총금액은 얼마인가? (단, 만기 전에 상환된 신주인수권부사채는 없다.)　　▸ CPA 15

① ₩1,018,696　　　　　　　　② ₩1,038,696
③ ₩1,058,696　　　　　　　　④ ₩1,078,696
⑤ ₩1,098,696

22 ㈜세무는 20×1년 1월 1일 액면금액 ₩1,000,000인 신주인수권부사채(만기 3년, 표시이자율 연 7%, 매년 말 이자지급)를 액면발행하였다. 동 신주인수권부사채 발행 당시 동일한 조건의 일반사채의 유효이자율은 연 12%이다. 동 사채는 발행일로부터 18개월이 경과한 시점부터 상환기일 30일 전까지 사채의 액면금액 ₩10,000당 보통주 1주(주당 액면금액 ₩5,000)를 인수할 수 있는 권리가 부여되어 있다. 만기까지 신주인수권을 행사하지 않을 경우 액면금액의 113.5%를 보장한다. ㈜세무의 20×1년도 이자비용은? (단, 계산금액은 소수점 이하 첫째자리에서 반올림한다.)　　▸ CTA 20

기간	단일금액 ₩1의 현재가치		정상연금 ₩1의 현재가치	
	7%	12%	7%	12%
1년	0.9346	0.8929	0.9346	0.8929
2년	0.8734	0.7972	1.8080	1.6901
3년	0.8163	0.7118	2.6243	2.4018

① ₩70,000　　　　　　　　② ₩117,122
③ ₩122,777　　　　　　　　④ ₩135,000
⑤ ₩158,981

23 ㈜대한은 20×1년 1월 1일에 다음과 같은 상환할증금 미지급조건의 비분리형 신주인수권부사채를 액면발행하였다.

- 사채의 액면금액은 ₩1,000,000이고 만기는 20×3년 12월 31일이다.
- 액면금액에 대하여 연 10%의 이자를 매년 말에 지급한다.
- 신주인수권의 행사기간은 발행일로부터 1개월이 경과한 날부터 상환기일 30일 전까지이다.
- 행사비율은 사채액면금액의 100%로 행사금액은 ₩20,000[사채액면금액 ₩20,000당 보통주 1주(주당 액면금액 ₩5,000)를 인수]이다.
- 원금상환방법은 만기에 액면금액의 100%를 상환한다.
- 신주인수권부사채 발행 시점에 일반사채의 시장수익률은 연 12%이다.

㈜대한은 신주인수권부사채 발행 시 인식한 자본요소(신주인수권대가) 중 행사된 부분은 주식발행초과금으로 대체하는 회계처리를 한다. 20×3년 1월 1일에 ㈜대한의 신주인수권부사채 액면금액 중 40%에 해당하는 신주인수권이 행사되었다. 다음 설명 중 옳은 것은? (단, 단수차이로 인해 오차가 있다면 가장 근사치를 선택한다.) ▶ CPA 19

기간 \ 할인율	단일금액 ₩1의 현재가치		정상연금 ₩1의 현재가치	
	10%	12%	10%	12%
1년	0.9091	0.8929	0.9091	0.8929
2년	0.8264	0.7972	1.7355	1.6901
3년	0.7513	0.7118	2.4868	2.4019

① 20×1년 1월 1일 신주인수권부사채 발행시점의 자본요소(신주인수권대가)는 ₩951,990 이다.
② 20×2년도 포괄손익계산서에 인식할 이자비용은 ₩114,239이다.
③ 20×2년 말 재무상태표에 부채로 계상할 신주인수권부사채의 장부금액은 ₩966,229 이다.
④ 20×3년 1월 1일 신주인수권의 행사로 증가하는 주식발행초과금은 ₩319,204이다.
⑤ 20×3년도 포괄손익계산서에 인식할 이자비용은 ₩70,694이다.

※ 다음 〈자료〉를 이용하여 24번과 25번에 답하시오.

〈자료〉

• ㈜대한은 20×1년 1월 1일에 액면금액 ₩1,000,000의 비분리형 신주인수권부사채를 다음과 같은 조건으로 액면발행하였다.

> • 만기일 : 20×3년 12월 31일(일시상환)
> • 표시이자율 : 연 4%, 매년 말 지급
> • 발행시점의 일반사채 시장이자율 : 연 8%
> • 신주인수권 행사가액 : 사채액면금액 ₩20,000당 보통주 1주(주당 액면금액 ₩5,000)를 ₩20,000에 인수
> • 상환할증금 : 만기일까지 신주인수권을 행사하지 않으면 만기일에 액면금액의 10%를 지급

• 적용할 현가계수는 아래의 표와 같다.

기간 \ 할인율	단일금액 ₩1의 현재가치			정상연금 ₩1의 현재가치		
	4%	8%	10%	4%	8%	10%
1년	0.9615	0.9259	0.9091	0.9615	0.9259	0.9091
2년	0.9246	0.8573	0.8264	1.8861	1.7832	1.7355
3년	0.8890	0.7938	0.7513	2.7751	2.5770	2.4868

• ㈜대한은 신주인수권부사채 발행 시 인식한 자본요소(신주인수권대가) 중 신주인수권이 행사된 부분은 주식발행초과금으로 대체하는 회계처리를 한다.
• 20×2년 1월 1일에 ㈜대한의 신주인수권부사채 액면금액 중 40%에 해당하는 신주인수권이 행사되었다.

24 ㈜대한이 신주인수권부사채를 발행할 때 인식할 신주인수권대가는 얼마인가? (단, 단수차이로 인해 오차가 있다면 가장 근사치를 선택한다.) ▸ CPA 23

① ₩20,000   ② ₩23,740
③ ₩79,380   ④ ₩100,000
⑤ ₩103,120

25 신주인수권 행사 시점에 ㈜대한이 인식해야 하는 자본 변동액은 얼마인가? (단, 단수차이로 인해 오차가 있다면 가장 근사치를 선택한다.) ▸ CPA 23

① ₩405,744 증가   ② ₩409,496 증가
③ ₩415,240 증가   ④ ₩434,292 증가
⑤ ₩443,788 증가

26 ㈜감평은 20×1년 1월 1일 다음과 같은 조건의 비분리형 신주인수권부사채를 액면발행 하였다.

- 액면금액 : ₩1,000
- 표시이자율 : 연 5%
- 사채발행 시 신주인수권이 부여되지 않은 일반사채의 시장이자율 : 연 12%
- 이자지급일 : 매년 12월 31일
- 행사가격 : 1주당 ₩200
- 발행주식의 액면금액 : 1주당 ₩100
- 만기상환일 : 20×3년 12월 31일
- 상환조건 : 신주인수권 미행사 시 상환기일에 액면금액의 113.5%를 일시상환

20×2년 초 상기 신주인수권의 60%가 행사되어 3주가 발행되었다. 20×2년 초 상기 신주인수권의 행사로 인해 증가하는 ㈜감평의 주식발행초과금은? (단, 신주인수권 행사 시 신주인수권대가는 주식발행초과금으로 대체한다. 화폐금액은 소수점 첫째자리에서 반올림하며, 단수차이로 인한 오차는 가장 근사치를 선택한다.) ▸24년 기출

기간	단일금액 ₩1의 현재가치		정상연금 ₩1의 현재가치	
	5%	12%	5%	12%
1	0.9524	0.8928	0.9524	0.8929
2	0.9070	0.7972	1.8594	1.6900
3	0.8638	0.7118	2.7232	2.4018

① ₩308　　　　　　　　　② ₩335
③ ₩365　　　　　　　　　④ ₩408
⑤ ₩435

27 ㈜감평은 20×1년 초 액면금액 ₩100,000인 전환상환우선주(액면배당율 연 2%, 매년 말 배당지급)를 액면발행하였다. 전환상환우선주 발행 시 조달한 현금 중 금융부채요소의 현재가치는 ₩80,000이고 나머지는 자본요소(전환권)이다. 전환상환우선주 발행시점의 금융부채요소 유효이자율은 연 10%이다. 20×2년 초 전환상환우선주의 40%를 보통주로 전환할 때, ㈜감평의 자본증가액은? ▸21년 기출

① ₩32,000　　　　　　　　② ₩34,400
③ ₩40,000　　　　　　　　④ ₩42,400
⑤ ₩50,000

12 고객과의 계약에서 생기는 수익

1절 수익의 정의

수익은 자본참여자의 출자관련 증가분을 제외한 자본의 증가를 수반하는 것으로서 회계기간의 정상적인 활동에서 발생하는 경제적효익의 총유입으로 자산의 증가 또는 부채의 감소로 나타난다. 광의의 수익에는 수익과 차익이 모두 포함된다.

2절 수익 인식의 5단계

1단계 : 고객과의 계약 식별
2단계 : 수행의무 식별
3단계 : 거래가격의 산정
4단계 : 거래가격을 수행의무에 배분
5단계 : 수익의 인식

1. 계약의 식별

기준서 제1115호 '고객과의 계약에서 생기는 수익'에 따르면 다음의 기준을 모두 충족하는 때에만 고객과의 계약으로 회계처리한다.

① 계약 당사자들이 계약을 승인하고 각자의 의무를 수행하기로 확약한다.
② 이전할 재화나 용역과 관련된 각 당사자의 권리를 식별할 수 있다.
③ 이전할 재화나 용역의 지급조건을 식별할 수 있다.
④ 계약에 상업적 실질이 있다.
⑤ 고객에게 이전할 재화나 용역에 대하여 받을 권리를 갖게 될 대가의 회수가능성이 높다.

다만, 고객과의 계약 조건을 충족하지 못하였지만 고객에게서 대가를 미리 받은 경우 다음 사건 중 어느 하나가 일어난 경우에만 받을 대가를 수익으로 인식한다.

① 고객에게 재화나 용역을 이전해야 하는 의무는 남아있지 않고, 고객이 약속한 대가를 모두 또는 대부분 받았으며 그 대가는 환불되지 않는다.

② 계약이 종료되었고 고객에게서 받은 대가는 환불되지 않는다.

고객에게서 받은 대가는 수익으로 인식하기 전까지는 부채로 인식한다.

2. 수행의무의 식별

① 수행의무란 고객과의 계약에서 재화나 용역을 이전하기로 한 약속을 의미한다. 수행의무는 계약상 기재된 의무뿐만 아니라 계약상 기재되지 않았지만 재화나 용역을 이전해야 하는 의무라면 수행의무에 포함한다.

② 계약을 이행하기 위해 해야 하지만, 고객에게 재화나 용역을 이전하는 활동이 아니라면 그 활동은 수행의무에 포함되지 않는다(예 계약 준비를 위해 수행하는 다양한 관리업무).

③ 수행의무가 식별되기 위해서는 재화, 용역 그 자체로도 구별되어야 하며 계약 내에서도 식별할 수 있어야 한다(결합산출물, 고객맞춤화, 상호의존도가 높은 재화, 용역은 계약으로 식별할 수 없으므로 단일수행의무로 본다).

3. 거래가격의 산정

거래가격은 고객에게 약속한 재화나 용역을 이전하고 그 대가로 기업이 받을 권리를 갖게 될 것으로 예상하는 금액이며, 제3자를 대신하여 회수한 금액은 제외한다. 거래가격은 고정금액뿐만 아니라 변동대가 등을 포함하며 다음의 사항을 모두 고려하여 가격을 산정한다.

① 변동대가
② 변동대가 추정치의 제약 : 반품권이 있는 판매
③ 계약에 있는 유의적인 금융요소
④ 비현금대가
⑤ 고객에게 지급할 대가

1) 변동대가

㉠ 계약에서 약속한 대가에 변동금액이 포함된 경우 거래가격은 고정된 금액이 아니기 때문에 거래가격을 추정한다. 거래가격은 할인, 리베이트, 환불, 공제, 가격할인, 장려금, 성과보너스, 위약금이나 그 밖의 비슷한 항목 때문에 변동 가능하다.

㉡ 변동대가 추정치는 기댓값(대가와 확률이 다수)과 가능성이 가장 높은 금액(대안이 두 가지일 때) 중 기업이 받을 대가를 더 잘 설명하는 방법을 사용한다.

2) 변동대가 추정치의 제약

㉠ 일부 변동대가의 추정치가 너무 불확실하거나, 기업이 고객에게 재화나 용역을 이전하고 그 대가로 받을 권리를 갖게 될 금액을 충실하게 나타내지 못하는 경우에는 이를 거래가격에 포함시키지 않는데, 이를 변동대가 추정치의 제약이라고 한다.

ⓛ 변동대가 추정치를 거래가격에 포함시키지 않는 항목

> ⓐ 대가(금액)가 기업의 영향력이 미치지 못하는 요인(예 시장의 변동성, 제3자
> 의 판단이나 행동, 날씨 상황, 약속한 재화나 용역의 높은 진부화 위험)에
> 매우 민감하다.
> ⓑ 대가(금액)에 대한 불확실성이 장기간 해소되지 않을 것으로 예상된다.
> ⓒ 비슷한 유형의 계약에 대한 기업의 경험이 제한적이거나, 제한된 예측치만
> 제공한다.
> ⓓ 폭넓게 가격할인을 제공하거나, 비슷한 상황에 있는 비슷한 계약의 지급조건
> 을 변경하는 관행이 있다.
> ⓔ 계약에서 생길 수 있는 대가가 다수이고 그 범위도 넓다.

반품권이 있는 판매 : 고객에게 받은 대가의 일부나 전부를 고객에게 환불할 것
으로 예상되는 경우에는 환불부채를 인식한다. 환불부채는 수행의무로 보지 않
는다.

3) 계약에 유의적인 금융요소

㉠ 거래가격을 산정할 때, 계약 당사자 간에 합의한 지급시기 때문에 고객에게 재화나
용역을 이전하면서 유의적인 금융효익을 고객이나 기업에 제공하는 경우에는 화폐
의 시간가치가 미치는 영향을 반영하여 약속된 대가를 조정한다(할인율 : 고객의 신
용특성을 반영한 할인율).

> ■ 고객과의 계약에 유의적인 금융요소가 없는 경우
> ⓐ 고객이 재화나 용역의 대가를 선급하였고, 그 재화나 용역의 이전 시점은
> 고객의 재량에 따른다.
> ⓑ 고객이 약속한 대가 중 상당한 금액이 변동될 수 있으며, 그 대가의 금액
> 과 시기는 고객이나 기업이 실질적으로 통제할 수 없는 미래 사건의 발생
> 여부에 따라 달라진다.
> ⓒ 약속한 대가와 재화나 용역의 현금판매가격 간의 차이가 고객이나 기업
> 에 대한 금융제공 외의 이유로 생기며, 그 금액 차이는 그 차이가 나는
> 이유에 따라 달라진다.

㉡ 다만, 계약을 개시할 때 기업이 고객에게 약속한 재화나 용역을 이전하는 시점과 고
객이 그에 대한 대가를 지급한 시점 간의 기간이 1년 이내일 것이라고 예상한다면
유의적인 금융요소의 영향을 조정하지 않는 실무적 간편법을 쓸 수 있다.

4) 비현금대가

　　고객이 현금 외의 형태로 대가를 약속한 경우 거래가격을 산정하기 위하여 비현금대가를 공정가치로 측정한다. 비현금대가의 공정가치를 합리적으로 추정할 수 없는 경우에는 그 대가와 교환하여 고객에게 약속한 재화나 용역의 개별 판매가격을 참조하여 간접적으로 그 대가를 결정한다.

5) 고객에게 지급할 대가

　　① 고객이 기업에게 이전하는 재화나 용역의 대가가 아닌 경우 : 거래가격에서 차감(수익에서 차감)한다.

　　② 고객이 기업에게 이전하는 재화나 용역의 대가인 경우 : 다른 공급자에게 구매한 경우와 같은 방법으로 처리한다.

4. 거래가격의 배분

단일 수행의무는 배분의 문제가 발생하지 않지만, 복수의 수행의무인 경우 수행의무의 상대적 판매가격을 기준으로 배분한다. 재화나 용역의 개별 판매가격을 직접 관측할 수 없다면 합리적인 범위에서 구할 수 있는 모든 정보를 고려하여 적절하게 추정한다.

방법	내용
시장평가 조정 접근법	기업이 재화나 용역을 판매하는 시장을 평가하여 그 시장에서 고객이 그 재화나 용역에 대해 지급하려는 가격을 추정
예상원가 이윤 가산 접근법	수행의무를 이행하기 위한 예상원가를 예측하고, 여기에 그 재화나 용역에 대한 적절한 이윤을 더하는 방법
잔여접근법	총 거래가격에서 계약에서 약속한 그 밖의 재화나 용역의 관측 가능한 개별 판매가격의 합계를 차감하여 추정

5. 수익의 인식

기업은 고객에게 약속한 재화나 용역에 대한 수행의무를 이행할 때 수익을 인식한다. 고객이 기업에게 제공받은 자산을 통제할 수 있다면 기업은 수행의무를 이행한 것이며 해당 시점에 수익을 인식한다.

① 기간에 걸쳐 이행되는 수행의무 : 진행기준

　　진행률은 산출법 또는 투입법 중 선택가능하며, 진행률은 매 보고기간 말마다 다시 측정한다. 진행률의 변동은 회계추정의 변경으로 회계처리한다. 만일, 수행의무의 진행률을 합리적으로 측정할 수 없다면 수행의무의 산출물을 합리적으로 측정할 수 있을 때까지 발생원가 범위에서만 수익을 인식한다.

> ㉠ 고객은 기업이 수행하는 대로 기업의 수행에서 제공하는 효익을 동시에 얻고 소비한다.
> ㉡ 기업이 수행하여 만들어지거나 가치가 높아지는 대로 고객이 통제하는 자산(예 재공품)을 기업이 만들거나 그 자산 가치를 높인다.
> ㉢ 기업이 수행하여 만든 자산이 기업 자체에는 대체 용도가 없고, 지금까지 수행을 완료한 부분에 대해 집행가능한 지급청구권이 기업에 있다.

② 한 시점에 이행되는 수행의무 : 고객이 통제하는 시점

> ㉠ 기업은 자산에 대해 현재 지급청구권이 있다.
> ㉡ 고객에게 자산의 법적 소유권이 있다.
> ㉢ 기업이 자산의 물리적 점유를 이전하였다.
> ㉣ 자산의 소유에 따른 유의적인 위험과 보상이 고객에게 있다.
> ㉤ 고객이 자산을 인수하였다.

3절 기타의 고려사항

1. 보증
① 확신 유형의 보증 : 제품이 합의된 규격에 부합하므로 당사자들이 의도한 대로 작동할 것이라는 확신을 고객에게 주는 보증이다.
② 용역 유형의 보증 : 제품이 합의된 규격에 부합한다는 확신에 더하여 고객에게 용역을 제공하는 보증이다.
③ 확신 유형의 보증은 수행의무가 아니므로 충당부채로 회계처리하고, 용역 유형의 보증은 수행의무이므로 그 수행의무에 거래가격을 배분한다.

2. 본인과 대리인의 구분
① 고객에게 재화나 용역이 이전되기 전에 기업이 그 정해진 재화나 용역을 통제한다면 기업은 본인이므로 총액으로 수익을 인식한다.
② 다른 당사자가 공급하는 정해진 재화나 용역이 고객에게 이전되기 전에 기업이 그 정해진 재화나 용역을 통제하지 않을 경우 기업은 대리인이며, 순액으로 수익을 인식한다.

3. 고객충성제도

① 계약에서 추가 재화나 용역을 취득할 수 있는 선택권을 고객에게 부여하고, 그 선택권이 계약을 체결하지 않으면 받을 수 없는 중요한 권리를 고객에게 제공하는 경우에만 그 선택권은 계약에서 수행의무를 발생시킨다.

② 기업은 고객에게 이전하는 재화나 용역과 고객 선택권의 상대적 개별 판매가격에 기초하여 거래가격을 배분한다.

4. 위탁약정

인도된 제품이 위탁물로 보유된다면 제품을 다른 당사자에게 인도할 때 수익을 인식하지 않고, 수탁자가 판매할 때 수익을 인식한다.

5. 재매입약정

(1) 선도나 콜옵션

구분	회계처리
재매입가격 ≥ 원래 판매가격	금융약정으로 회계처리
재매입가격 < 원래 판매가격	리스로 회계처리

(2) 풋옵션

구분		회계처리
재매입가격 ≥ 원래 판매가격	재매입가격 > 예상 시장가치	금융약정으로 회계처리
	재매입가격 ≤ 예상 시장가치 & 풋옵션 행사가 유의적이지 않음	반품권이 있는 판매로 회계처리
재매입가격 < 원래 판매가격	권리행사가 유의적임	리스로 회계처리
	권리행사가 유의적이지 않음	반품권이 있는 판매

CHAPTER 12

객관식 문제

01 '고객과의 계약에서 생기는 수익'에서 언급하고 있는 수익인식의 5단계 순서로 옳은 것은?

▶ 관세사 19

ㄱ. 고객과의 계약식별　　　　　　　ㄴ. 수행의무의 식별
ㄷ. 거래가격 산정　　　　　　　　　ㄹ. 거래가격을 계약 내 수행의무에 배분
ㅁ. 수행의무 충족 시 수익인식

---

① ㄱ → ㄴ → ㄷ → ㄹ → ㅁ　　　② ㄱ → ㄷ → ㄴ → ㄹ → ㅁ
③ ㄴ → ㄱ → ㄷ → ㄹ → ㅁ　　　④ ㄴ → ㄷ → ㄱ → ㄹ → ㅁ
⑤ ㄷ → ㄱ → ㄴ → ㄹ → ㅁ

02 20×1년 초 설립된 ㈜감평은 커피머신 1대를 이전(₩300)하면서 2년간 일정량의 원두를 공급(₩100)하기로 하는 계약을 체결하여 약속을 이행하고 현금 ₩400을 수령하였다. 이 계약이 고객과의 계약에서 생기는 수익의 기준을 모두 충족할 때 수익 인식 5단계 과정에 따라 순서대로 옳게 나열한 것은? (단, 거래가격의 변동요소는 고려하지 않는다.)　　▶ 24년 기출

ㄱ. 거래가격을 ₩400으로 산정
ㄴ. 고객과의 계약에 해당하는지 식별
ㄷ. 거래가격 ₩400을 커피머신 1대 이전에 대한 수행의무 1(₩300)과 2년간 원두공급에 대한 수행의무 2(₩100)에 배분
ㄹ. 커피머신 1대 이전의 수행의무 1과 2년간 원두 공급의 수행의무 2로 수행의무 식별
ㅁ. 수행의무 1(₩300)은 커피머신이 인도되는 시점에 수익을 인식하며, 수행의무 2(₩100)는 2년간 기간에 걸쳐 수익인식

---

① ㄱ → ㄴ → ㄷ → ㄹ → ㅁ　　　② ㄴ → ㄱ → ㅁ → ㄷ → ㄹ
③ ㄴ → ㄹ → ㄱ → ㄷ → ㅁ　　　④ ㅁ → ㄷ → ㄱ → ㄴ → ㄹ
⑤ ㅁ → ㄹ → ㄴ → ㄱ → ㄷ

03 기준서 제1115호에서 고객과의 계약을 식별하기 위한 기준으로 제시한 것이 아닌 것은?

① 이전할 재화나 용역과 관련된 각 당사자의 권리를 식별할 수 있다.

② 이전할 재화나 용역의 지급조건을 식별할 수 있다.

③ 재화나 용역을 이전하는 대로 고객은 효익을 동시에 얻고 소비한다.

④ 계약에 상업적 실질이 있다.

⑤ 고객에게 이전할 재화나 용역에 대하여 받을 권리를 갖게 될 대가의 회수가능성이 높다.

04 고객과의 계약으로 식별하기 위한 기준에 관한 설명으로 옳지 않은 것은? ▸21년 기출

① 계약 당사자들이 계약을 서면으로, 구두로 또는 그 밖의 사업 관행에 따라 승인하고 각자의 의무를 수행하기로 확약한다.

② 이전할 재화나 용역과 관련된 각 당사자의 권리를 식별할 수 있다.

③ 이전할 재화나 용역의 지급조건을 식별할 수 있다.

④ 계약에 상업적 실질을 요하지는 않는다.

⑤ 고객에게 이전할 재화나 용역에 대하여 받을 권리를 갖게 될 대가의 회수가능성이 높다.

05 고객과의 계약에서 생기는 수익에 관한 설명으로 옳은 것은? ▸23년 기출

① 계약의 결과로 기업의 미래 현금흐름의 위험, 시기, 금액이 변동될 것으로 예상되지 않는 경우에도 고객과의 계약으로 회계처리할 수 있다.

② 계약은 서면으로, 구두로, 기업의 사업 관행에 따라 암묵적으로 체결할 수 있다.

③ 이전할 재화나 용역의 지급조건을 식별할 수 없는 경우라도 고객과의 계약으로 회계처리할 수 있다.

④ 계약변경은 반드시 서면으로만 승인될 수 있다.

⑤ 고객과의 계약에서 식별되는 수행의무는 계약에 분명히 기재한 재화나 용역에만 한정된다.

06 거래가격 산정에 대한 다음의 설명 중 옳지 않은 것은?

① 계약에서 약속한 대가에 변동금액이 포함된 경우 기댓값 또는 가능성이 가장 높은 금액 중 기업이 받을 권리를 갖게 될 대가를 더 잘 예측할 것으로 예상되는 방법으로 변동대가를 추정한다.

② 대가가 기업의 영향력이 미치지 못하는 요인에 매우 민감할 경우 변동대가 추정치를 거래가격에 포함시키지 않는다.

③ 계약에 유의적인 금융요소가 있더라도 재화의 이전시점과 고객이 대가를 지급하는 시점 간의 기간이 1년 이내일 것이라고 예상한다면 유의적인 금융요소의 영향을 조정하지 않을 수 있다.

④ 고객으로부터 현금 이외의 형태로 대가를 받기로 약속한 경우 비현금대가의 공정가치를 거래가격에 포함한다.

⑤ 기업이 유통업자에게 상품을 판매하고, 후속적으로 그 유통업자의 고객에게 대가를 지급하는 경우 수익에서 차감한다.

07 고객과의 계약에서 생기는 수익에 관한 설명으로 옳지 않은 것은?　　▶21년 기출

① 거래가격을 산정하기 위해서는 계약 조건과 기업의 사업 관행을 참고하며, 거래가격에는 제3자를 대신해서 회수한 금액은 제외한다.

② 고객과의 계약에서 약속한 대가는 고정금액, 변동금액 또는 둘 다를 포함할 수 있다.

③ 변동대가의 추정이 가능한 경우, 계약에서 가능한 결과치가 두 가지뿐일 경우에는 기댓값이 변동대가의 적절한 추정치가 될 수 있다.

④ 기업이 받을 권리를 갖게 될 변동대가(금액)에 미치는 불확실성의 영향을 추정할 때에는 그 계약 전체에 하나의 방법을 일관되게 적용한다.

⑤ 고객에게서 받은 대가의 일부나 전부를 고객에게 환불할 것으로 예상하는 경우에는 환불부채를 인식한다.

08 기업회계기준서 제1115호 '고객과의 계약에서 생기는 수익'의 측정에 대한 다음 설명 중 옳은 것은? ▸CPA 20

① 거래가격의 후속변동은 계약 개시시점과 같은 기준으로 계약상 수행의무에 배분한다. 따라서 계약을 개시한 후의 개별 판매가격 변동을 반영하기 위해 거래가격을 다시 배분해야 한다. 이행된 수행의무에 배분되는 금액은 거래가격이 변동되는 기간에 수익으로 인식하거나 수익에서 차감한다.

② 계약을 개시할 때 기업이 고객에게 약속한 재화나 용역을 이전하는 시점과 고객이 그에 대한 대가를 지급하는 시점 간의 기간이 1년 이내일 것이라고 예상한다면 유의적인 금융요소의 영향을 반영하여 약속한 대가를 조정하지 않는 실무적 간편법을 쓸 수 있다.

③ 고객이 현금 외의 형태의 대가를 약속한 계약의 경우, 거래가격은 그 대가와 교환하여 고객에게 약속한 재화나 용역의 개별판매가격으로 측정하는 것을 원칙으로 한다.

④ 변동대가는 가능한 대가의 범위 중 가능성이 가장 높은 금액으로 측정하며 기댓값 방식은 적용할 수 없다.

⑤ 기업이 고객에게 대가를 지급하는 경우, 고객에게 지급할 대가가 고객에게서 받은 구별되는 재화나 용역에 대한 지급이 아니라면 그 대가는 판매비로 회계처리한다.

09 고객과의 계약에서 생기는 수익에 관한 설명으로 옳지 않은 것은? ▸22년 기출

① 고객과의 계약에서 약속한 대가에 변동금액이 포함된 경우 기업은 고객에게 약속한 재화나 용역을 이전하고 그 대가로 받을 권리를 갖게 될 금액을 추정한다.

② 고객이 재화나 용역의 대가를 선급하였고 그 재화나 용역의 이전 시점이 고객의 재량에 따라 결정된다면, 기업은 거래가격을 산정할 때 화폐의 시간가치가 미치는 영향을 고려하여 약속된 대가(금액)를 조정해야 한다.

③ 적절한 진행률 측정방법에는 산출법과 투입법이 포함되며, 진행률 측정방법을 적용할 때 고객에게 통제를 이전하지 않은 재화나 용역은 진행률 측정에서 제외한다.

④ 고객과의 계약체결 증분원가가 회수될 것으로 예상된다면 이를 자산으로 인식한다.

⑤ 고객이 기업이 수행하는 대로 기업의 수행에서 제공하는 효익을 동시에 얻고 소비한다면, 기업은 재화나 용역에 대한 통제를 기간에 걸쳐 이전하는 것이므로 기간에 걸쳐 수익을 인식한다.

10 수익의 인식에 관한 설명으로 옳지 않은 것은?

▸ CTA 20

① 거래가격은 고객에게 약속한 재화나 용역을 이전하고 그 대가로 기업이 받을 권리를 갖게 될 것으로 예상하는 금액이며, 제3자를 대신해서 회수한 금액(예 일부 판매세)은 제외한다.

② 약속한 재화나 용역이 구별되지 않는다면, 구별되는 재화나 용역의 묶음을 식별할 수 있을 때까지 그 재화나 용역을 약속한 다른 재화나 용역과 결합한다.

③ 변동대가(금액)는 기댓값 또는 가능성이 가장 높은 금액 중에서 고객이 받을 권리를 갖게 될 대가(금액)를 더 잘 예측할 것으로 예상하는 방법을 사용하여 추정한다.

④ 계약의 각 당사자가 전혀 수행되지 않은 계약에 대해 상대방(들)에게 보상하지 않고 종료할 수 있는 일방적이고 집행 가능한 권리를 갖는다면, 그 계약은 존재하지 않는다고 본다.

⑤ 계약을 개시한 다음에는 계약 당사자들이 수행의무를 실질적으로 변경하는 계약변경을 승인하지 않는 한, 자산이 기업에 대체 용도가 있는지를 다시 판단하지 않는다.

11 기업회계기준서 제1115호 '고객과의 계약에서 생기는 수익'에 대한 다음 설명 중 옳은 것은?

▸ CPA 19

① 일반적으로 고객과의 계약에는 기업이 고객에게 이전하기로 약속하는 재화나 용역을 분명히 기재한다. 따라서 고객과의 계약에서 식별되는 수행의무는 계약에 분명히 기재한 재화나 용역에만 한정된다.

② 고객에게 재화나 용역을 이전하는 활동은 아니지만 계약을 이행하기 위해 수행해야 한다면, 그 활동은 수행의무에 포함된다.

③ 수행의무를 이행할 때(또는 이행하는 대로), 그 수행의무에 배분된 거래가격(변동대가 추정치 중 제약받는 금액을 포함)을 수익으로 인식한다.

④ 거래가격은 고객에게 약속한 재화나 용역을 이전하고 그 대가로 기업이 받을 권리를 갖게 될 것으로 예상하는 금액이며, 제3자를 대신해서 회수한 금액도 포함한다.

⑤ 거래가격의 후속 변동은 계약 개시시점과 같은 기준으로 계약상 수행의무에 배분한다. 따라서 계약을 개시한 후의 개별 판매가격 변동을 반영하기 위해 거래가격을 다시 배분하지는 않는다.

12 기업회계기준서 제1115호 '고객과의 계약에서 생기는 수익'에 대한 다음 설명 중 옳지 않은 것은?

▶ CPA 22

① 일반적으로 고객과의 계약에는 기업이 고객에게 이전하기로 약속하는 재화나 용역을 분명히 기재한다. 그러나 고객과의 계약에서 식별되는 수행의무는 계약에 분명히 기재한 재화나 용역에만 한정되지 않을 수 있다.

② 계약을 이행하기 위해 해야 하지만 고객에게 재화나 용역을 이전하는 활동이 아니라면 그 활동은 수행의무에 포함되지 않는다.

③ 고객이 약속한 대가(판매대가) 중 상당한 금액이 변동될 수 있으며 그 대가의 금액과 시기가 고객이나 기업이 실질적으로 통제할 수 없는 미래 사건의 발생 여부에 따라 달라진다면 판매대가에 유의적인 금융요소는 없는 것으로 본다.

④ 적절한 진행률 측정방법에는 산출법과 투입법이 포함된다. 진행률 측정방법을 적용할 때, 고객에게 통제를 이전하지 않은 재화나 용역은 진행률 측정에서 제외하는 반면, 수행의무를 이행할 때 고객에게 통제를 이전하는 재화나 용역은 모두 진행률 측정에 포함한다.

⑤ 수익은 한 시점에 이행하는 수행의무 또는 기간에 걸쳐 이행하는 수행의무로 구분한다. 이러한 구분을 위해 먼저 통제 이전 지표에 의해 한 시점에 이행하는 수행의무인지를 판단하고, 이에 해당하지 않는다면 그 수행의무는 기간에 걸쳐 이행되는 것으로 본다.

13 수행의무의 이행시기 판단 및 수익의 인식에 대한 다음의 설명 중 옳지 않은 것은?

① 기업이 자산을 판매하면서 미래 특정일에 재매입하는 계약을 체결했다면 고객은 해당 자산을 통제하지 못하므로 기업은 수익을 인식하지 않는다.

② 기업이 수행하여 만든 자산이 기업 자체에 대체 용도가 있고, 지금까지 수행을 완료한 부분에 대해 집행가능한 지급청구권이 있다면 기간에 걸쳐 수익을 인식한다.

③ 기업이 수행하는 대로 기업이 제공하는 효익을 고객이 동시에 얻고 소비한다면 기업은 기간에 걸쳐 수익을 인식한다.

④ 기간에 걸쳐 수익을 인식할 경우 진행률을 추정해야 하는데, 진행률은 산출법과 투입법 중 한 가지 방법을 선택할 수 있으며 투입법을 적용할 경우 기업의 수행정도를 나타내지 못하는 투입물의 영향은 제외한다.

⑤ 수행의무의 산출물을 합리적으로 측정할 수 없으나, 수행의무를 이행할 때 든 원가가 회수될 것으로 예상된다면, 수행의무의 산출물을 합리적으로 측정할 수 있을 때까지 발생원가의 범위에서만 수익을 인식한다.

14 '고객과의 계약에서 생기는 수익'과 관련된 내용 중 기간에 걸쳐 수행의무를 이행하는 것은?

▶ 관세사 23

① 고객은 기업이 수행하는 대로 기업의 수행에서 제공하는 효익을 동시에 얻고 소비한다.
② 고객이 자산을 인수하였다.
③ 고객에게 자산의 법적 소유권이 있다.
④ 자산의 소유에 따른 유의적인 위험과 보상이 고객에게 있다.
⑤ 기업이 자산의 물리적 점유를 이전하였다.

15 고객과의 계약에서 생기는 수익에 관한 설명으로 옳지 않은 것은?

▶ 관세사 24

① 자산은 고객이 그 자산을 통제할 때 또는 기간에 걸쳐 통제하게 되는 대로 이전된다.
② 자산에 대한 통제란 자산을 사용하도록 지시하고 자산의 나머지 효익의 대부분을 획득할 수 있는 능력을 말한다.
③ 기간에 걸쳐 이행하는 수행의무의 진행률은 보고기간 말마다 다시 측정한다.
④ 기간에 걸쳐 이행하는 수행의무의 적절한 진행률 측정방법에는 산출법과 투입법이 포함된다.
⑤ 기업이 만든 자산이 기업에 대체 용도는 있지만 지급청구권은 없다면, 기간에 걸쳐 수익을 인식한다.

16 갑회사는 20×1년 초에 상품을 개당 ₩500에 판매하기로 고객과 계약을 체결하였다. 계약에 따르면 고객이 상품을 1년 동안 100개 이상 구매하면 개당 가격을 ₩400으로 소급하여 낮추기로 하였다. 20×1년 1분기에 갑회사는 고객에게 상품을 20개 판매하였는데, 당기 중에 고객이 100개 이상의 상품을 구매하지 않을 것으로 추정하였다. 20×1년 2분기에 갑회사는 고객에게 상품을 50개 판매하였는데, 당기 중에 고객이 100개 이상의 상품을 구매할 것으로 추정하였다. 갑회사가 20×1년도의 1분기와 2분기에 인식할 상품매출은 각각 얼마인가?

	1분기 매출액	2분기 매출액		1분기 매출액	2분기 매출액
①	₩8,000	₩18,000	②	₩8,000	₩20,000
③	₩10,000	₩18,000	④	₩10,000	₩19,000
⑤	₩10,000	₩20,000			

17 반품기한 중에 언제라도 반품을 받는 조건으로 제품을 판매할 때의 회계처리에 대한 다음의 설명 중 옳지 않은 것은?

① 반품을 받기로 하는 약속은 수행의무에 해당하므로 거래가격을 환불부채에 배분한다.

② 반품권과 관련된 불확실성이 나중에 해소될 때, 이미 인식한 누적수익 금액 중 유의적인 부분을 되돌리지 않을 가능성이 매우 높은 정도까지만 수익을 인식한다.

③ 고객이 반품권을 행사할 때 기업이 재화를 회수할 수 있는 권리를 별개의 자산으로 인식한다.

④ 보고기간 말마다 반품 예상량의 변동에 따라 환불부채의 측정치를 새로 측정하고, 이에 따라 생기는 조정액을 수익 또는 수익의 차감으로 인식한다.

⑤ 재고자산의 통제를 이전하는 시점에 아직 고객으로부터 받을 무조건적인 권리가 있는 채권이 발생하지 않았으므로 이를 계약자산으로 인식한다.

18 (주)세무는 20×1년 12월 31일 개당 원가 ₩150인 제품 100개를 개당 ₩200에 현금 판매하였다. (주)세무는 판매 후 30일 이내에 고객이 반품하면 전액 환불해주고 있다. 반품률은 5%로 추정되며, 반품제품 회수비용, 반품제품 가치하락 및 판매당일 반품은 없다. 동 거래에 관한 설명으로 옳지 않은 것은? ▸ CTA 19

① 20×1년 인식할 매출액은 ₩19,000이다.

② 20×1년 인식할 이익은 ₩4,750이다.

③ '환불이 발생할 경우 고객으로부터 제품을 회수할 권리'를 20×1년 말 자산으로 인식하며, 그 금액은 ₩750이다.

④ 동 거래의 거래가격은 변동대가에 해당하기 때문에 받을 권리를 갖게 될 금액을 추정하여 수익으로 인식한다.

⑤ 20×1년 말 인식할 부채는 ₩250이다.

19 (주)관세는 20×1년 1월 1일 제품 200개(개당 원가 ₩200)를 개당 ₩300에 판매하는 계약을 (주)한국과 체결하고 즉시 제품을 인도하였으며, 동 자산에 대한 통제는 (주)한국에 이전되었다. 동 거래는 45일 이내에 반품하면 즉시 환불해 주는 반품권이 부여된 거래이다. 이러한 경험이 상당히 많은 (주)관세는 과거 경험 등에 기초하여 판매수량의 5%가 반품될 것으로 추정하였다. 동 거래로 (주)관세가 20×1년 1월 1일에 인식할 부채는? ▸ 관세사 20

① ₩0   ② ₩1,000

③ ₩2,000   ④ ₩3,000

⑤ ₩4,000

20 ㈜관세는 20×1년 1월 1일 제품 500개(개당 판매가격 ₩100, 개당 원가 ₩50)를 현금판매하고, 고객이 사용하지 않은 제품을 30일 이내에 반품하면 전액 환불해 준다. ㈜관세는 판매한 수량의 10%가 반품될 것으로 추정한다. 1월 15일 동 판매제품 중 30개가 반품되었으며, 반품된 제품은 전부 개당 ₩60에 즉시 현금판매되었다. 위 거래의 회계처리 결과에 관한 설명으로 옳은 것은? (단, 재고자산에 대하여 계속기록법을 사용하고, 반품회수원가는 무시한다.) ▸관세사 22

① 매출총이익은 ₩22,800이다.　　　② 매출원가는 ₩25,000이다.
③ 환불부채 잔액은 ₩5,000이다.　　④ 매출액은 ₩50,000이다.
⑤ 환불금액은 ₩2,500이다.

21 ㈜한국은 20×1년 1월 1일 원가 ₩100,000의 상품을 판매하고 계약금으로 현금 ₩50,000을 받고 매 6개월마다 ₩20,000씩 6번을 받기로 하였다. 상품 판매일 현재 내재이자율은 연 10%이다. 기업회계기준에 따라 회계처리할 경우 20×1년에 해당 거래를 통하여 발생하는 매출총이익은 얼마인가? (단, 명목가액과 현재가치의 차이는 중요하다.)

구분	6기간, 5%	3기간, 10%	6기간, 10%
연금현가계수	5.0757	2.4869	4.3553

① ₩51,514　　　　　　　　　② ₩49,738
③ ₩70,000　　　　　　　　　④ ₩60,919
⑤ ₩101,514

22 ㈜관세는 20×1년 7월 1일 원가 ₩80,000의 재고자산을 판매하고 계약금으로 현금 ₩10,000을 수령한 후 다음과 같이 대금을 수령하기로 하였다. 재고자산 판매일 현재 할인율이 연 10%일 때 동 거래로 인하여 발생되는 ㈜관세의 20×1년 매출총이익은? (단, 명목가치와 현재가치의 차이는 중요하고, 정상연금 ₩1의 현재가치는 2.4868(3기간, 10%)이다.) ▸관세사 19

20×2년 6월 30일	20×3년 6월 30일	20×4년 6월 30일
₩30,000	₩30,000	₩30,000

① ₩3,730　　　　　　　　　② ₩4,604
③ ₩8,334　　　　　　　　　④ ₩10,000
⑤ ₩20,000

23 (주)관세는 20×1년 1월 1일 재고자산(원가 ₩35,000)을 판매하고 20×1년 12월 31일과 20×2년 12월 31일에 각각 ₩20,000씩 수령하기로 하였다. 재고자산 판매일 현재 할인율은 연 10%이다. 동 거래와 관련된 회계처리가 (주)관세의 20×1년도 당기순이익에 미치는 영향은? (단, 명목가치와 현재가치의 차이는 중요하고, 정상연금 ₩1의 현재가치는 1.7355(2기간, 10%)이며, 기대신용손실은 고려하지 않는다.) ▸ 관세사 23

① ₩290 감소 ② ₩290 증가
③ ₩3,181 증가 ④ ₩3,471 증가
⑤ ₩5,000 증가

24 (주)감평은 20×1년 1월 1일 제품을 판매하기로 (주)한국과 계약을 체결하였다. 동 제품에 대한 통제는 20×2년 말에 (주)한국으로 이전된다. 계약에 의하면 (주)한국은 ㉠ 계약을 체결할 때 ₩100,000을 지급하거나 ㉡ 제품을 통제하는 20×2년 말에 ₩125,440을 지급하는 방법 중 하나를 선택할 수 있다. 이 중 (주)한국은 ㉠을 선택함으로써 계약체결일에 현금 ₩100,000을 (주)감평에게 지급하였다. ㈜감평은 자산 이전시점과 고객의 지급시점 사이의 기간을 고려하여 유의적인 금융요소가 포함되어 있다고 판단하고 있으며, (주)한국과 별도 금융거래를 한다면 사용하게 될 증분차입이자율 연 10%를 적절한 할인율로 판단한다. 동 거래와 관련하여 (주)감평이 20×1년 말 재무상태표에 계상할 계약부채의 장부금액(A)과 20×2년도 포괄손익계산서에 인식할 매출수익(B)은? ▸ 20년 기출

	(A)	(B)		(A)	(B)
①	₩100,000	₩100,000	②	₩110,000	₩121,000
③	₩110,000	₩125,440	④	₩112,000	₩121,000
⑤	₩112,000	₩125,440			

25 ㈜대한은 20×1년 12월 1일에 ㈜민국에게 원가 ₩500,000의 제품을 ₩1,000,000에 현금 판매하였다. 판매계약에는 20×2년 3월 31일에 동 제품을 ₩1,100,000에 다시 살 수 있는 권리를 ㈜대한에게 부여하는 콜옵션이 포함되어 있다. ㈜대한은 20×2년 3월 31일에 계약에 포함된 콜옵션을 행사하지 않았으며, 이에 따라 해당 콜옵션은 동 일자에 소멸되었다. 상기 재매입약정 거래가 ㈜대한의 20×2년 당기순이익에 미치는 영향은 얼마인가? (단, 현재가치평가는 고려하지 않으며, 계산과정에 오차가 있으면 가장 근사치를 선택한다.) ▸ CPA 21

① ₩100,000 감소 ② ₩75,000 감소
③ ₩500,000 증가 ④ ₩525,000 증가
⑤ ₩600,000 증가

26 ㈜세무는 20×1년 1월 1일 ㈜한국에게 원가 ₩100,000의 제품을 ₩200,000에 현금 판매하였다. 판매계약에는 20×1년 6월 30일 이전에 ㈜한국이 요구할 경우 ㈜세무가 판매한 제품을 ₩210,000에 재매입해야 하는 풋옵션이 포함된다. 풋옵션이 행사될 유인은 판매시점에서 유의적일 것으로 판단하였으나 실제로 20×1년 6월 30일까지 풋옵션이 행사되지 않은 채 권리가 소멸하였다. 동 거래에 관한 설명으로 옳지 않은 것은? (단, 20×1년 1월 1일 기준으로 재매입일 예상 시장가치는 ₩210,000 미만이다.) ▸ CTA 19

① 20×1년 1월 1일 ㈜한국은 제품의 취득을 인식하지 못한다.

② 20×1년 1월 1일 ㈜한국은 금융자산을 인식한다.

③ 20×1년 1월 1일 ㈜세무는 금융부채 ₩200,000을 인식한다.

④ 20×1년 6월 30일 ㈜세무는 이자비용 ₩10,000을 인식한다.

⑤ 20×1년 6월 30일 ㈜세무는 매출액 ₩200,000을 인식한다.

27 다음은 (주)감평의 수익 관련 자료이다.

> • (주)감평은 20×1년 초 (주)한국에게 원가 ₩50,000의 상품을 판매하고 대금은 매년 말 ₩40,000씩 총 3회에 걸쳐 현금을 수취하기로 하였다.
> • (주)감평은 20×1년 12월 1일 (주)대한에게 원가 ₩50,000의 상품을 ₩120,000에 현금 판매하였다. 판매계약에는 20×2년 1월 31일 이전에 (주)대한이 요구할 경우 (주)감평이 판매한 제품을 ₩125,000에 재매입해야 하는 풋옵션이 포함된다. 20×1년 12월 1일에 (주)감평은 재매입일 기준 제품의 예상 시장가치는 ₩125,000 미만이며, 풋옵션이 행사될 유인은 유의적일 것으로 판단하였으나, 20×2년 1월 31일까지 풋옵션은 행사되지 않은 채 소멸하였다.

(주)감평이 20×2년에 인식해야 할 총수익은? (단, 20×1년 초 (주)한국의 신용특성을 반영한 이자율은 5%이고, 계산금액은 소수점 첫째자리에서 반올림하며, 단수차이로 인한 오차가 있으면 가장 근사치를 선택한다.) ▸ 20년 기출

기간	단일금액 ₩1의 현재가치 (할인율 = 5%)	정상연금 ₩1의 현재가치 (할인율 = 5%)
3	0.8638	2.7232

① ₩0

② ₩120,000

③ ₩125,000

④ ₩128,719

⑤ ₩130,718

28 다음은 유통업을 영위하고 있는 ㈜대한의 20×1년 거래를 보여준다. ㈜대한이 20×1년에 인식할 수익은 얼마인가? ▸ CPA 20

> (1) ㈜대한은 20×1년 12월 1일에 고객A와 재고자산 100개를 개당 ₩100에 판매하기로 계약을 체결하고 재고자산을 현금으로 판매하였다. 계약에 따르면, ㈜대한은 20×2년 2월 1일에 해당 재고자산을 개당 ₩120의 행사가격으로 재매입할 수 있는 콜옵션을 보유하고 있다.
>
> (2) ㈜대한은 20×1년 12월 26일에 고객B와 계약을 체결하고 재고자산 100개를 개당 ₩100에 현금으로 판매하였다. 고객B는 계약 개시시점에 제품을 통제한다. 판매계약상 고객B는 20일 이내에 사용하지 않은 제품을 반품할 수 있으며, 반품 시 전액을 환불받을 수 있다. 동 재고자산의 원가는 개당 ₩80이다. ㈜대한은 기댓값 방법을 사용하여 90개의 재고자산이 반품되지 않을 것이라고 추정하였다. 반품에 ㈜대한의 영향력이 미치지 못하지만, ㈜대한은 이 제품과 고객층의 반품 추정에는 경험이 상당히 있다고 판단한다. 그리고 불확실성은 단기간(20일 반품기간)에 해소될 것이며, 불확실성이 해소될 때 수익으로 인식한 금액 중 유의적인 부분은 되돌리지 않을 가능성이 매우 높다고 판단하였다. 단, ㈜대한은 제품의 회수 원가가 중요하지 않다고 추정하였으며, 반품된 제품은 다시 판매하여 이익을 남길 수 있다고 예상하였다. 20×1년 말까지 반품된 재고자산은 없다.

① ₩20,000 ② ₩9,000
③ ₩10,000 ④ ₩19,000
⑤ ₩0

29 ㈜감평은 20×1년 10월 1일에 고객과 원가 ₩900의 제품을 ₩1,200에 판매하는 계약을 체결하고 즉시 현금 판매하였다. 계약에 따르면 ㈜감평은 20×2년 3월 31일에 동 제품을 ₩1,300에 재매입할 수 있는 콜옵션을 보유하고 있다. 동 거래가 다음의 각 상황에서 ㈜감평의 20×2년도 당기순이익에 미치는 영향은? (단, 각 상황(A, B)은 독립적이고, 화폐의 시간가치는 고려하지 않으며, 이자비용(수익)은 월할계산한다.) ▸ 22년 기출

상황	내용
A	20×2년 3월 31일에 ㈜감평이 계약에 포함된 콜옵션을 행사한 경우
B	20×2년 3월 31일에 계약에 포함된 콜옵션이 행사되지 않은 채 소멸된 경우

	상황A	상황B		상황A	상황B
①	₩100 감소	₩100 증가	②	₩50 감소	₩100 증가
③	₩50 감소	₩350 증가	④	₩300 증가	₩350 증가
⑤	₩400 증가	₩400 증가			

30 갑회사는 구매금액 ₩10당 1점을 고객에게 보상하는 고객충성제도를 운영한다. 고객은 향후 갑회사의 제품을 구매할 때 ₩1의 할인을 포인트 1점과 교환할 수 있다. 20×1년 중에 갑회사는 고객에게 총 ₩1,000,000을 판매하면서 100,000포인트를 제공하였으며, 갑회사는 1 포인트의 개별 판매가격을 ₩0.94로 추정하였다. 갑회사는 20×1년 말 현재 총 100,000 포인트 중 94%가 교환될 것으로 추정하였으나, 20×2년 말에는 총 100,000포인트 중 96% 가 교환될 것으로 추정치를 변경하였다. 20×1년과 20×2년에 실제로 고객이 교환한 포인 트는 각각 40,000포인트와 35,000포인트이다. 갑회사가 고객에게 부여한 포인트에 대해서 20×2년도에 인식할 수익은 얼마인가?

① ₩30,564   ② ₩31,993
③ ₩33,438   ④ ₩36,563
⑤ ₩40,000

31 ㈜대한은 고객과의 계약에 따라 구매금액 ₩10당 고객충성포인트 1점을 고객에게 보상하는 고객충성제도를 운영한다. 각 포인트는 고객이 ㈜대한의 제품을 미래에 구매할 때 ₩1의 할인과 교환될 수 있다. 20×1년 중 고객은 제품을 ₩200,000에 구매하고 미래 구매 시 교환할 수 있는 20,000포인트를 얻었다. 대가는 고정금액이고 구매한 제품의 개별 판매가격은 ₩200,000이다. 고객은 제품구매시점에 제품을 통제한다. ㈜대한은 18,000포인트가 교환될 것으로 예상하며, 동 예상은 20×1년 말까지 지속된다. ㈜대한은 포인트가 교환될 가능성에 기초하여 포인트당 개별 판매가격을 ₩0.9(합계 ₩18,000)으로 추정한다. 20×1년 중에 교환된 포인트는 없다. 20×2년 중 10,000포인트가 교환되었고, 전체적으로 18,000포인트가 교환될 것이라고 20×2년 말까지 계속 예상하고 있다. ㈜대한은 고객에게 포인트를 제공하는 약속을 수행의무라고 판단한다. 상기 외 다른 거래가 없을 때, 20×1년과 20×2년에 ㈜대한이 인식할 수익은 각각 얼마인가? (단, 단수 차이로 인해 오차가 있다면 가장 근사치를 선택한다.) ▶ CPA 20

	20×1년	20×2년
①	₩200,000	₩10,000
②	₩182,000	₩9,000
③	₩182,000	₩10,000
④	₩183,486	₩8,257
⑤	₩183,486	₩9,174

32 ㈜세무는 고객이 구매한 금액 ₩2당 포인트 1점을 보상하는 고객충성제도를 운영하고 있으며, 각 포인트는 ㈜세무의 제품을 구매할 때 ₩1의 할인과 교환할 수 있다. ㈜세무가 고객에게 포인트를 제공하는 약속은 수행의무에 해당한다. 고객으로부터 수취한 대가는 고정금액이고, 고객이 구매한 제품의 개별 판매가격은 ₩1,000,000이다. 고객은 20×1년도에 제품 ₩1,000,000을 구매하였으며, 미래에 제품 구매 시 사용할 수 있는 500,000포인트를 얻었다. ㈜세무는 20×1년도에 고객에게 부여한 포인트 중 50%가 교환될 것으로 예상하여 포인트 당 개별 판매가격을 ₩0.5으로 추정하였다. 20×1년과 20×2년도의 포인트에 대한 자료는 다음과 같다.

구분	20×1년	20×2년
교환된 포인트	180,000	252,000
전체적으로 교환이 예상되는 포인트	450,000	480,000

㈜세무가 20×2년 12월 31일 재무상태표에 보고해야 할 계약부채는?   ▶ CTA 21

① ₩10,000   ② ₩20,000
③ ₩30,000   ④ ₩40,000
⑤ ₩50,000

33 ㈜관세는 20×1년부터 고객충성제도를 운영하고 있으며, 관련 자료는 다음과 같다.

- 구매 ₩10당 고객충성포인트 1점을 고객에게 보상하며, 각 포인트는 ㈜관세의 제품을 미래에 구매할 때 ₩1의 할인과 교환할 수 있다.
- 20×1년 3월 1일에 고객은 제품을 총 ₩20,000에 구매하고 미래 구매에 교환할 수 있는 2,000포인트를 얻었다. 대가는 고정금액이고 구매한 제품의 개별 판매가격은 총 ₩20,000이다.
- 20×1년 3월 1일에 ㈜관세는 1,800포인트가 교환될 것으로 예상하였으며, 교환될 가능성에 기초하여 포인트의 개별 판매가격을 총 ₩1,800으로 추정하였다.
- ㈜관세가 고객에게 포인트를 제공하는 약속은 수행의무이다.

㈜관세가 20×1년 3월 1일에 인식할 수익은? (단, 포인트의 유효기간은 3년이며, 화폐금액은 소수점 첫째자리에서 반올림한다.)   ▶ 관세사 24

① ₩18,200   ② ₩18,349
③ ₩19,621   ④ ₩20,000
⑤ ₩21,800

34 ㈜감평은 고객에게 매출액의 1%를 사용기간 제한 없는 포인트로 제공한다. 고객은 이 포인트를 ㈜감평의 상품 구매대금 결제에 사용할 수 있다. ㈜감평의 20×1년도 매출액은 ₩50,000, 포인트의 단위당 공정가치는 ₩10이다. 20×1년에 총 2,500포인트가 사용될 것으로 추정되며, 20×1년 중 500포인트가 실제로 사용되었다. ㈜감평이 20×1년 인식할 포인트 관련 매출은?

▶ 23년 기출

① ₩0　　　　　　　　　　　　② ₩1,000

③ ₩1,250　　　　　　　　　　④ ₩1,500

⑤ ₩5,000

35 (주)세무는 제품 A를 ₩2,000에 판매하기로 계약을 체결하였으며, 이 계약의 일부로 앞으로 30일 이내에 ₩2,000 한도의 구매에 대해 30% 할인권을 고객에게 주었다. (주)세무는 계절 판촉활동을 위해 앞으로 30일 동안 모든 판매에 대해 10% 할인을 제공할 계획인데, 10% 할인은 30% 할인권에 추가하여 사용할 수 없다. (주)세무는 고객의 80%가 할인권을 사용하고 추가 제품을 평균 ₩1,500에 구매할 것이라고 추정하였을 때, 제품 판매 시 배분될 계약부채(할인권)는? (단, 제시된 거래의 효과만을 반영하기로 한다.)

▶ CTA 24

① ₩214　　　　　　　　　　　② ₩240

③ ₩305　　　　　　　　　　　④ ₩400

⑤ ₩500

36 다음은 (주)관세와 관련한 당기 거래 자료이다. (주)관세의 당기수익은? ▸관세사 12

> - (주)관세는 (주)대한에 제품을 판매하고 그 대가로 기계장치를 받았다. 판매한 제품의 공정가치는 ₩100,000이며, 대가로 받은 기계장치의 공정가치는 ₩98,000이다.
> - (주)관세는 ₩200,000의 제품을 외상판매하였다. 이 가운데 매출에누리 ₩5,000이 발생하였다.
> - (주)관세는 1년 후에 ₩52,000에 재매입하기로 약정하고 (주)중앙에 제품을 ₩50,000에 판매하였다.
> - 위탁판매업자 (주)수탁은 (주)관세가 위탁한 제품을 판매하고 수수료 ₩30,000을 제외한 ₩470,000을 (주)관세에 송금하였다.

① ₩733,000　　　　　　　　　② ₩763,000
③ ₩793,000　　　　　　　　　④ ₩813,000
⑤ ₩843,000

37 ㈜서울은 20×1년 7월 1일에 액면금액이 ₩100,000인 상품권 1,000매를 한 매당 ₩95,000에 발행하였다. 고객은 상품권 금액의 80% 이상을 사용하면 잔액을 현금으로 돌려받을 수 있다. 상품권의 만기는 발행일로부터 5년이다. 20×1년 12월 31일까지 상품권 사용에 의한 매출로 200매가 회수되었으며, 매출과정에서 ₩2,500,000이 거스름돈으로 지급되었다. 20×1년에 ㈜서울이 상품권과 관련하여 수익(순매출액)으로 인식할 금액은? ▸11년 기출

① ₩16,500,000　　　　　　　② ₩17,500,000
③ ₩19,000,000　　　　　　　④ ₩20,000,000
⑤ ₩95,000,000

38 공기청정기를 위탁판매하고 있는 ㈜감평은 20×1년 초 공기청정기 10대(대당 판매가격 ₩1,000, 대당 원가 ₩700)를 ㈜한국에 적송하였으며, 운송업체에 총운송비용 ₩100을 현금으로 지급하였다. ㈜한국은 위탁받은 공기청정기 10대 중 7대를 20×1년에 판매하였다. 20×1년 위탁판매와 관련하여 ㈜감평이 인식할 매출원가는? ▸21년 기출

① ₩4,970　　　　　　　　　　② ₩5,700
③ ₩7,070　　　　　　　　　　④ ₩8,100
⑤ ₩10,100

39 건강식품을 생산하는 (주)감평은 (주)대한에 판매를 위탁하고 있다. (주)감평은 20×1년 초 단위당 판매가격이 ₩2,000(단위당 원가 ₩1,400)인 건강식품 100단위를 (주)대한에 발송 하였으며, 운반비 ₩8,000을 운송업체에 현금으로 지급하였다. 한편, (주)대한은 (주)감평으로부터 수탁한 건강식품 중 60%를 20×1년도에 판매하였다. (주)감평은 판매금액의 5%를 (주)대한에 수수료로 지급한다. 이 거래로 20×1년도에 (주)대한이 인식할 수익(A)과 (주)감평이 인식할 매출원가(B)는?

▶ 19년 기출

① A : ₩6,000 B : ₩84,000
② A : ₩6,000 B : ₩88,800
③ A : ₩6,240 B : ₩84,000
④ A : ₩6,240 B : ₩88,800
⑤ A : ₩8,000 B : ₩84,000

건설계약

1절 건설계약

단일 수행의무를 기간에 걸쳐 이전하는 계약

1. 건설계약 회계처리

구분	회계처리			
지출 시	(차) 미성공사	×××	(대) 현금	×××
대금 청구 시	(차) 공사미수금	×××	(대) 진행청구액	×××
대금 회수 시	(차) 현금	×××	(대) 공사미수금	×××
기말 결산 시	(차) 공사원가 　　　미성공사	××× ×××	(대) 공사수익	×××

① 당기 공사수익 = 계약금액 × 누적진행률 – 전기까지 공사수익
② 당기 공사원가 = 총공사예정원가 × 누적진행률 – 전기까지 인식한 공사원가
　※ 단, 진행률을 발생원가 투입법으로 적용 시 공사원가는 당기발생원가와 일치
③ 진행률

산출법	건설계약에 투입한 노동력의 가치 비율로 측정
투입법	건설계약에 소요된 원가를 기준으로 진행률 측정

④ 발생원가 진행률

구분	㉠	㉡	㉢	㉣
분자	발생원가	발생원가	누적발생원가	누적발생원가
분모	추가예정원가	총공사예정원가	추가예정원가	총공사예정원가

$$진행률 = \frac{누적발생원가}{총공사예정원가(누적발생원가 + 추가예상원가)}$$

2. 재무상태표 표시

재무상태표

유동자산	유동부채
미청구공사(미성공사 – 진행청구액)	초과청구공사(진행청구액 – 미성공사)

2절 손실이 예상되는 공사

1. 손실이 예상되는 공사란?

① 총공사예정원가가 공사계약금액을 초과하는 공사
(계약금액 < 총공사예정원가)

② 예상되는 손실은 즉시 비용으로 인식한다.
예상되는 손실액 = 총손실액 × (1 − 누적진행률)

3절 진행률을 신뢰성 있게 측정하기 어려울 때

① 수익은 회수가능성이 높은 발생한 계약원가의 범위 내에서만 인식한다.

② 계약원가는 발생한 기간의 비용으로 인식한다.

> 계약수익 = min[누적계약원가 발생액, 회수가능액] − 전기누적계약수익
>
> 계약원가 = 당기계약원가 발생액

③ 회수가능성이 높지 않은 계약원가는 즉시 비용으로 인식한다.

CHAPTER 13 객관식 문제

01 (주)감평은 20×1년 중 (주)한국이 주문한 맞춤형 특수기계를 ₩10,000에 제작하는 계약을 체결하였다. 20×1년에 발생한 제작원가는 ₩2,000이고, 추정 총원가는 ₩8,000이다. 20×2년에 설계변경이 있었고, 이로 인한 원가상승을 반영하여 계약금액을 ₩12,000으로 변경하였다. 20×2년에 발생한 제작원가는 ₩4,000이고, 추정 총원가는 ₩10,000이다. 이 기계는 20×3년 3월 31일에 완성되었다. 원가기준 투입법으로 진행률을 측정할 때, (주)감평이 동 계약과 관련하여 20×2년도에 인식할 이익은? ▶ 19년 기출

① ₩300
② ₩400
③ ₩500
④ ₩600
⑤ ₩700

02 A사는 20×1년 1월 1일에 ₩1,000,000의 건설공사를 수주받아 즉시 공사를 시작하였으며, 20×2년 말에 완공하였다. 위 공사와 관련된 연도별 누적발생계약원가와 추정총계약원가는 다음과 같다. 주어진 자료를 이용하여 진행률을 적용할 경우, A사가 20×2년도에 인식할 계약이익은 얼마인가? ▶ 관세사 11

구분	20×1년도	20×2년도
누적발생계약원가	₩400,000	₩800,000
추정 총 계약원가	₩800,000	₩800,000

① ₩0
② ₩50,000
③ ₩100,000
④ ₩150,000
⑤ ₩200,000

03 다음은 ㈜대한의 공사계약과 관련된 자료이다. 당해 공사는 20×1년 초에 시작되어 20×3년 말에 완성되었으며, 총계약금액은 ₩5,000,000이다. ㈜대한은 건설 용역에 대한 통제가 기간에 걸쳐 이전되는 것으로 판단하였으며, 진행률은 발생원가에 기초한 투입법으로 측정한다.

구분	20×1년	20×2년	20×3년
당기발생원가	₩1,000,000	₩2,000,000	₩1,500,000
완성시까지 추가소요원가	₩3,000,000	₩1,000,000	-

㈜대한의 20×2년도 공사손익은 얼마인가?　　　　　　　　　　　▶ CPA 14

① ₩250,000 손실　　　　　　　　② ₩250,000 이익
③ ₩500,000 이익　　　　　　　　④ ₩1,750,000 이익
⑤ ₩3,500,000 이익

04 (주)일산은 20×1년도에 (주)분당으로부터 컨설팅용역을 수주하고 진행기준을 적용하여 회계처리를 하고 있다. 컨설팅용역은 20×3년도 말까지 계속 제공될 예정이며, 계약금액은 총 ₩50,000이다. 진행기준을 적용함에 있어서 진행률은 발생누적원가를 총 추정원가로 나눈 비율을 사용하며, 3개년 동안 발생한 컨설팅용역과 관련된 자료는 다음과 같다. 20×2년도에 (주)일산의 용역손익은 얼마인가?　　　　　　　　　　　　　　　　▶ 관세사 13

구분	20×1년도	20×2년도	20×3년도
당기 발생 용역원가	₩10,000	₩15,000	₩20,000
용역 완료 시까지 추가소요원가	₩30,000	₩25,000	

① ₩5,000 손실　　　　　　　　② ₩2,500 손실
③ ₩2,500 이익　　　　　　　　④ ₩5,000 이익
⑤ ₩10,000 이익

05 ㈜서울은 20×1년 2월 1일에 총계약금액 ₩6,000의 공장건설계약을 수주하였다. 이 공장은 20×3년 말에 완공될 예정이며, 건설에 소요될 원가는 ₩4,000으로 추정되었으며, 관련 자료는 다음과 같다.

구분	20×1년	20×2년	20×3년
누적건설원가	₩1,500	₩2,640	₩4,600
남은 건설원가	2,500	1,760	0
누적계약대금 회수액	2,000	4,000	6,000

㈜서울은 이 계약에 대해 진행기준에 따라 수익을 인식한다면, 20×2년의 건설계약이익은?

▶ 14년 기출

① ₩210
② ₩628
③ ₩750
④ ₩960
⑤ ₩1,350

06 ㈜관세는 20×1년 초 장기건설계약(건설기간 4년)을 체결하였다. 총공사계약액은 ₩10,000이고 공사원가 관련 자료는 다음과 같다. ㈜관세가 발생원가에 기초하여 진행률을 계산하는 경우, 20×3년도에 인식할 공사손익은?

▶ 관세사 21

구분	20×1년	20×2년	20×3년	20×4년
당기발생 공사원가	₩1,200	₩2,300	₩2,500	₩2,000
완성에 소요될 추가공사원가 예상액	₩4,800	₩3,500	₩2,000	–

① ₩1,500 손실
② ₩700 손실
③ ₩0
④ ₩700 이익
⑤ ₩1,500 이익

07 ㈜한국건설은 20×1년 초에 ㈜대한과 교량건설을 위한 건설계약을 발주금액 ₩10,000,000에 체결하였다. 총 공사기간은 계약일로부터 3년인데, 20×2년도에 공사내용의 일부 변경에 따른 계약원가 추가 발생으로 건설계약금액을 ₩2,000,000 증가시키는 것으로 합의하였다. 동 건설 계약과 관련된 연도별 자료는 다음과 같다.

구분	20×1년	20×2년	20×3년
실제 계약원가 발생액	₩2,400,000	₩4,950,000	₩3,150,000
연도 말 예상 추가계약원가	5,600,000	3,150,000	–
계약대금 청구액	2,500,000	5,500,000	4,000,000
계약대금 회수액	2,500,000	5,500,000	4,000,000

㈜한국건설이 진행률을 누적발생계약원가에 기초하여 계산한다고 할 때, 동 건설계약과 관련하여 ㈜한국건설이 20×2년 말 재무상태표상 인식할 미청구공사(초과청구공사)금액은 얼마인가?

▸ CPA 14

① 미청구공사 ₩100,000
② 미청구공사 ₩400,000
③ 미청구공사 ₩500,000
④ 초과청구공사 ₩100,000
⑤ 초과청구공사 ₩400,000

08 건설업체 ㈜감평은 20×1년 5월 1일 ㈜대한과 도급계약을 체결하였다. ㈜감평은 진행기준에 의해 수익과 비용을 인식하며 진행률은 발생한 누적계약원가를 추정총계약원가로 나눈 비율로 측정한다. 공사기간은 20×4년 12월 31일까지이다. 최초 계약금액은 ₩100,000이었으며, 계약금액의 변동내역, 원가 등에 관한 자료가 다음과 같을 때 20×3년 말 미청구공사 잔액은?

▸ 13년 기출

(단위 : ₩)

연도	20×1	20×2	20×3	20×4
당기 계약금액의 증가분 (공사변경, 보상금, 장려금)	0	0	20,000	10,000
누적발생 계약원가	20,000	45,000	68,000	86,000
각 연도 말에 추정한 예상추가원가	60,000	45,000	17,000	–
대금청구액	30,000	40,000	20,000	40,000
대금회수액	20,000	30,000	20,000	60,000

① ₩3,000
② ₩4,000
③ ₩5,000
④ ₩6,000
⑤ ₩7,000

09 ㈜세무는 20×1년 초 ㈜대한과 건설계약(공사기간 3년, 계약금액 ₩850,000)을 체결하였다. 관련 자료가 다음과 같을 때, 20×1년 말 미청구공사금액(또는 초과청구공사금액)과 20×2년도 공사이익은? (단, 진행기준으로 수익을 인식하고 진행률은 누적발생계약원가를 추정총계약원가로 나눈 비율로 측정한다.) ▸CTA 20

구분	20×1년	20×2년	20×3년
누적발생계약원가	₩432,000	₩580,000	₩740,000
추정총계약원가	720,000	725,000	740,000
계약대금청구금액	390,000	310,000	150,000
계약대금수령금액	450,000	200,000	200,000

	20×1년 말 미청구공사(초과청구공사)	20×2년도 공사이익
①	초과청구공사 ₩0	₩78,000
②	초과청구공사 ₩20,000	₩22,000
③	초과청구공사 ₩20,000	₩78,000
④	미청구공사 ₩120,000	₩22,000
⑤	미청구공사 ₩120,000	₩78,000

10 ㈜갑은 장기건설계약에 대하여 진행기준을 적용하고 있다. 20×1년도에 계약금액 ₩20,000의 사무실용 빌딩 건설계약을 하였다. 20×1년 말 현재 공사진행률은 20%, 인식한 이익의 누계액은 ₩1,000이고, 추정 총계약원가는 ₩15,000이다. 또한, 20×2년 말 현재 공사진행률은 60%, 인식한 이익의 누계액은 ₩2,400이고, 추정총계약원가는 ₩16,000이다. 20×2년도에 발생한 계약원가는 얼마인가? ▸CPA 12

① ₩6,400   ② ₩6,600
③ ₩7,000   ④ ₩9,600
⑤ ₩14,800

11 ㈜관세는 20×1년 1월 1일에 계약금액 ₩60,000의 공장 건설계약을 체결하였고, 장기공사 계약에 대해 진행기준을 적용해 수익을 인식하고 있다. 공사진행률은 누적발생공사원가에 기초하여 측정한다. 20×1년 말 현재 공사진행률은 20%, 인식한 이익의 누계액은 ₩3,000 이고, 추정 총계약원가는 ₩45,000이다. 또한, 20×2년 말 현재 공사진행률은 60%, 인식한 이익의 누계액은 ₩7,200이고, 추정 총계약원가는 ₩48,000이다. 20×2년도에 발생한 계약원가는?

▶ 관세사 16

① ₩19,200
② ₩19,800
③ ₩21,000
④ ₩28,800
⑤ ₩30,200

12 ㈜감평은 20×1년 초에 도급금액 ₩1,000,000인 건설공사를 수주하고, 20×3년 말에 공사를 완공하였다. 이와 관련된 원가자료는 다음과 같다. ㈜감평이 20×1년도 포괄손익계산서에 인식할 공사손익과 20×1년 말 재무상태표에 표시할 미청구공사(또는 초과청구공사) 금액은? (단, 진행률은 발생누적계약원가를 추정총계약원가로 나눈 비율로 계산한다.)

▶ 17년 기출

구분	20×1년	20×2년	20×3년
실제발생 공사원가	₩320,000	₩200,000	₩250,000
연도 말 예상 추가원가	480,000	280,000	–
계약대금 청구액	350,000	350,000	300,000

	공사이익(손실)	미청구공사(초과청구공사)
①	₩80,000	₩50,000
②	₩60,000	₩30,000
③	₩60,000	₩(30,000)
④	₩80,000	₩(50,000)
⑤	₩80,000	₩30,000

13 ㈜감평은 20×1년 초 총 계약금액이 ₩1,200인 공사계약을 체결하고, 20×3년 말에 완공하였다. 다음 자료를 기초로 ㈜감평이 20×1년도 재무제표에 인식할 공사이익과 계약자산(또는 계약부채)은? (단, 진행률은 누적발생공사원가를 추정총공사원가로 나눈 비율로 계산한다.) ▶ 23년 기출

	20×1년	20×2년	20×3년
실제발생 공사원가	₩300	₩500	₩350
완성 시까지 예상 추가 공사원가	700	200	–
공사대금 청구액	400	300	500
공사대금 회수액	320	200	680

	공사이익	계약자산(계약부채)		공사이익	계약자산(계약부채)
①	₩40	₩40	②	₩60	₩40
③	₩60	₩(40)	④	₩80	₩40
⑤	₩80	₩(40)			

14 ㈜감평은 20×1년 1월 1일에 공사계약(계약금액 ₩6,000)을 체결하였으며 20×3년 말에 완공될 예정이다. ㈜감평은 진행기준에 따라 수익과 비용을 인식하며, 진행률은 추정총계약원가 대비 발생한 누적계약원가의 비율을 사용한다. 공사 관련 자료가 다음과 같을 때 20×2년의 공사계약손실은? ▶ 16년 기출

구분	20×1년	20×2년
발생한 누적계약원가	₩1,200	₩5,100
완성까지 추가계약원가 예상액	3,600	2,400
계약대금 회수액	1,300	2,500

① ₩1,300   ② ₩1,320
③ ₩1,500   ④ ₩1,620
⑤ ₩1,800

15 (주)관세는 20×1년 초에 (주)세관과 공장건설계약을 체결하였다. 총공사계약금액은 ₩100,000 이며, 공사가 완성된 20×3년 말까지 건설공사와 관련된 자료는 다음과 같다. (주)관세는 진행기준을 적용하여 수익을 인식하며, 공사진행률은 누적발생공사원가에 기초하여 측정한다. 20×2년에 인식해야 할 공사손익은 얼마인가?
▸ 관세사 15

구분	20×1년	20×2년	20×3년
당기발생공사원가	₩20,000	₩35,000	₩55,000
추정총공사원가	₩100,000	₩110,000	₩110,000
공사대금청구액	₩35,000	₩35,000	₩30,000
공사대금회수액	₩30,000	₩30,000	₩40,000

① 공사이익 ₩10,000　　　　　② 공사손실 ₩10,000
③ 공사이익 ₩5,000　　　　　④ 공사손실 ₩5,000
⑤ 공사이익 ₩20,000

16 ㈜감평은 20×3년 초 건설공사를 수주하였다. 공사기간은 20×5년 말까지이며, 총공사계약 금액은 ₩1,000,000이다. 20×3년 공사진행 과정에서 발생한 비용은 ₩500,000이다. 전체 공사에서 손실이 발생하지 않을 것으로 예상되었으나, 총공사예정원가와 진행률을 신뢰성 있게 추정할 수 없다. 이때 ㈜감평이 20×3년에 공사계약에서 인식할 손익은? (단, 발생원 가의 회수가능성은 높다고 판단된다.)
▸ 15년 기출

① ₩1,000,000 이익　　　　　② ₩500,000 이익
③ ₩0　　　　　④ ₩500,000 손실
⑤ ₩1,000,000 손실

17 A회사는 전기에 도급을 받아 착수한 공사(총도급금액 ₩1,200,000, 총공사예정원가 ₩900,000) 에서 전기에 ₩400,000의 공사수익 및 ₩300,000의 공사원가를 각각 인식하였다. 동공사 는 차기에 완료될 예정이며, 당기에 ₩400,000의 공사원가가 발생하였다. 그런데 발주자의 도산으로 인하여 더 이상의 공사를 진행시키기 곤란한 상황이 발생하였다. A회사는 전기와 당기에 모두 ₩600,000의 공사대금을 회수하였으며, 더 이상 회수할 가능성은 없다고 판단 된다. A회사는 당기에 얼마의 공사이익 또는 손실을 인식하여야 하는가?

① 이익 ₩200,000　　　　　② 이익 ₩100,000
③ 손실 ₩100,000　　　　　④ 손실 ₩200,000
⑤ ₩0

18 ㈜세무는 20×1년 초 ㈜한국과 건설계약(공사기간 3년, 계약금액 ₩600,000)을 체결하였다. ㈜세무의 건설용역에 대한 통제는 기간에 걸쳐 이전된다. ㈜세무는 발생원가에 기초한 투입법으로 진행률을 측정한다. 건설계약과 관련된 자료는 다음과 같다. ㈜세무의 20×2년도 공사이익은?

▸ CTA 21

- 20×1년 말 공사완료 시까지의 추가소요원가를 추정할 수 없어 합리적으로 진행률을 측정할 수 없었으나, 20×1년 말 현재 이미 발생한 원가 ₩120,000은 모두 회수할 수 있다고 판단하였다.
- 20×2년 말 공사완료 시까지 추가소요원가를 ₩200,000으로 추정하였다.
- 연도별 당기발생 공사원가는 다음과 같다.

구분	20×1년	20×2년	20×3년
당기발생 공사원가	₩120,000	₩180,000	₩200,000

① ₩0

② ₩40,000

③ ₩60,000

④ ₩120,000

⑤ ₩180,000

종업원급여

1절 종업원급여

① 단기종업원급여 : 종업원이 근무용역을 제공한 회계기간의 말부터 12개월 이내에 지급기일이 전부 도래하는 종업원급여
② 기타장기종업원급여 : 급여 전부나 일부의 지급기일이 종업원의 관련 근무용역이 제공된 회계기간의 말부터 12개월 이내에 도래하지 않는 종업원급여
③ 해고급여 : 통상적인 퇴직시점 이전에 종업원을 해고하고자 하는 기업의 결정 또는 일정한 대가와 교환하여 자발적 명예퇴직을 수락하고자 하는 종업원의 결정의 결과로 지급되는 종업원급여
④ 퇴직급여

2절 퇴직급여제도

1. 확정기여제도의 특징

① 기업의 법적의무나 의제의무는 기업이 기금에 출연하기로 약정한 금액으로 한정된다.
② 종업원이 받을 퇴직급여액은 기업과 종업원이 퇴직급여제도나 보험회사에 출연하는 기여금과 그 기여금에서 발생하는 투자수익에 따라 결정되므로 보험수리적 위험과 투자위험은 종업원이 부담한다.

2. 확정급여제도의 특징

① 기업의 의무는 약정한 퇴직급여를 전, 현직 종업원에게 지급하는 것이다.
② 퇴직급여와 관련된 보험수리적 위험과 투자위험은 기업이 부담한다.
③ 확정급여제도는 보험계리인의 참여가 요구되며, 퇴직금의 운용형태, 퇴직금 규정 등을 주석으로 공시한다.

3. 확정급여제도의 회계처리

① 당기에 퇴직급여로 인식할 비용
퇴직급여 = 당기근무원가 ± 과거근무원가 + 정산손익 + 확정급여채무의 이자비용 − 사외적립자산의 이자수익

ⓙ 과거근무원가는 제도의 개정이나 축소로 인해 발생하는 확정급여채무 현재가치의 변동을 의미한다.

ⓛ 정산손익이란? 확정급여제도에 따라 발생한 급여의 전부나 일부에 대한 법적의무나 의제의무를 기업이 더 이상 부담하지 않기로 하는 거래를 의미하며, 정산일에 결정되는 확정급여채무의 현재가치와 정산가격의 차이를 정산손익이라고 한다. 정산손익은 당기손익이다.

② 확정급여제도의 기말 회계처리(재측정요소)

ⓙ 확정급여채무

= 기초잔액 + 이자비용 + 당기근무원가 + 과거근무원가 − 퇴직금지급 ± 보험수리적손익(재측정요소) = 기말 확정급여채무의 현재가치

→ 확정급여채무의 보험수리적손익은 기타포괄손익으로 인식하고 당기손익으로 재분류는 금지된다.

ⓛ 사외적립자산

= 기초잔액 + 이자수익 + 퇴직금 출연금액 − 퇴직금지급 ± 재측정요소

= 기말 사외적립자산 공정가치

→ 사외적립자산의 재측정요소는 기대수익으로 측정된 이자수익과 사외적립자산의 실제수익과의 차이이며, 기타포괄손익으로 분류하고 당기손익으로 재분류는 금지된다.

③ 자산인식의 상한

ⓙ 자산인식의 상한은 환급이나 제도에 대한 미래기여금 절감의 형태로 이용 가능한 경제적효익의 현재가치를 의미한다.

ⓛ 자산인식상한을 초과하여 조정을 하게 된 조정액은 재측정요소(자산인식상한효과)로서 기타포괄손익으로 인식한다.

3절   확정급여제도의 재무상태표 표시

순확정급여부채		순확정급여자산	
확정급여채무 기말 현재가치	×× ×	사외적립자산 기말 공정가치	×× ×
− 사외적립자산 기말 공정가치	(×××)	− 확정급여채무 기말 현재가치	(×××)
= 순확정급여부채	×× ×	− 자산인식상한 조정금액	(×××)
		= 순확정급여자산	×× ×

CHAPTER 14 객관식 문제

01 종업원급여에 관한 설명으로 옳지 않은 것은? ▸ CTA 14

① 보험수리적손익은 확정급여제도의 정산으로 인한 확정급여채무의 현재가치변동을 포함하지 아니한다.
② 자산의 원가에 포함하는 경우를 제외한 확정급여원가의 구성요소 중 순확정급여부채의 재측정요소는 기타포괄손익으로 인식한다.
③ 순확정급여부채(자산)의 순이자는 당기손익으로 인식한다.
④ 퇴직급여제도 중 확정급여제도하에서 보험수리적위험과 투자위험은 종업원이 실질적으로 부담한다.
⑤ 순확정급여부채(자산)의 재측정요소는 보험수리적손익, 순확정급여부채(자산)의 순이자에 포함된 금액을 제외한 사외적립자산의 수익, 순확정급여부채(자산)의 순이자에 포함된 금액을 제외한 자산인식상한효과의 변동으로 구성된다.

02 퇴직급여제도에 관한 설명으로 옳은 것은? ▸ 관세사 16

① 확정기여제도에서 기업의 법적의무나 의제의무는 기업이 종업원에게 지급하기로 약정한 급여로 한정된다.
② 확정기여제도에서는 기업이 보험수리적위험과 투자위험을 실질적으로 부담한다.
③ 확정급여제도에서는 보고기업이 채무나 비용을 측정하기 위해 보험수리적가정을 세울 필요가 없다.
④ 확정급여제도에서 퇴직급여채무를 할인하기 위해 사용하는 할인율은 보고기간 말 현재 해당 기업의 자본조달비용을 사용한다.
⑤ 확정급여제도에서는 보험수리적손익을 기타포괄손익으로 인식한다.

03 확정기여제도와 확정급여제도에 관한 설명으로 옳지 않은 것은? ▸ 10년 기출

① 확정기여제도에서는 기업이 별개의 실체에 고정기여금을 납부한다.
② 확정급여제도에서 기업의 의무는 약정한 퇴직급여를 종업원에게 지급하는 것이다.
③ 확정기여제도보다 확정급여제도의 회계처리가 비교적 복잡하다.
④ 확정급여제도에서는 채무와 비용의 측정에 보험수리적 가정이 요구된다.
⑤ 확정기여제도에서는 기업이 적립금의 투자위험을 부담한다.

04 퇴직급여제도에 관한 설명으로 옳지 않은 것은?　　　　　▸관세사 24

① 퇴직급여에는 퇴직연금과 퇴직일시금 등의 퇴직금, 퇴직후생명보험이나 퇴직후의료급여 등과 같은 그 밖의 퇴직급여가 포함된다.

② 확정기여제도에서 기업의 법적의무나 의제의무는 기업이 기금에 출연하기로 약정한 금액으로 한정된다.

③ 확정급여제도에서 기업의 의무는 약정한 급여를 전직·현직 종업원에게 지급하는 것이다.

④ 확정기여제도를 채택하는 경우에는 기업이 각 기간에 부담하는 채무나 비용을 측정하기 위해 보험수리적가정이 필요하다.

⑤ 확정급여채무의 현재가치와 당기근무원가를 결정하기 위해서는 예측단위적립방식을 사용하며, 적용할 수 있다면 과거근무원가를 결정할 때에도 동일한 방식을 사용한다.

05 퇴직급여제도의 용어에 관한 설명으로 옳은 것은?　　　　　▸23년 기출

① 비가득급여 : 종업원의 미래 계속 근무와 관계없이 퇴직급여제도에 따라 받을 권리가 있는 급여

② 약정퇴직급여의 보험수리적 현재가치 : 퇴직급여제도에 의거하여 현직 및 전직 종업원에게 이미 제공한 근무용역에 대해 지급할 예상퇴직급여의 현재가치

③ 급여지급에 이용가능한 총자산 : 제도의 자산에서 약정퇴직급여의 보험수리적 현재가치를 제외한 부채를 차감한 잔액

④ 확정기여제도 : 종업원에게 지급할 퇴직급여금액이 일반적으로 종업원의 임금과 근무연수에 기초하는 산정식에 의해 결정되는 퇴직급여제도

⑤ 기금적립 : 퇴직급여를 지급할 현재의무를 충족하기 위해 사용자와는 구별된 실체(기금)에 자산을 이전하는 것

06 기업회계기준서 제1019호 '종업원급여' 중 확정급여제도에 대한 다음 설명 중 옳지 않은 것은?

▸ CPA 20

① 확정급여채무의 현재가치와 당기근무원가를 결정하기 위해서는 예측단위적립방식을 사용하며, 적용할 수 있다면 과거근무원가를 결정할 때에도 동일한 방식을 사용한다.

② 보험수리적손익은 보험수리적 가정의 변동과 경험조정으로 인한 확정급여채무 현재가치의 증감에 따라 생긴다.

③ 과거근무원가는 제도의 개정이나 축소로 생기는 확정급여채무 현재가치의 변동이다.

④ 기타포괄손익에 인식되는 순확정급여부채(자산)의 재측정요소는 후속 기간에 당기손익으로 재분류하지 아니하므로 기타포괄손익에 인식된 금액을 자본 내에서 대체할 수 없다.

⑤ 순확정급여부채(자산)의 재측정요소는 보험수리적손익, 순확정급여부채(자산)의 순이자에 포함된 금액을 제외한 사외적립 자산의 수익, 순확정급여부채(자산)의 순이자에 포함된 금액을 제외한 자산인식상한효과의 변동으로 구성된다.

07 퇴직급여제도에 관한 설명으로 옳지 않은 것은?

▸ 22년 기출

① 확정기여제도에서는 종업원이 보험수리적위험(급여가 예상에 미치지 못할 위험)과 투자위험(투자자산이 예상급여액을 지급하는데 충분하지 못할 위험)을 실질적으로 부담한다.

② 확정기여제도에서는 기여금의 전부나 일부의 납입기일이 종업원이 관련 근무용역을 제공하는 연차보고기간 말 후 12개월이 되기 전에 모두 결제될 것으로 예상되지 않는 경우를 제외하고는 할인되지 않은 금액으로 채무를 측정한다.

③ 확정급여채무의 현재가치와 당기근무원가를 결정하기 위해서는 예측단위적립방식을 사용하며, 적용할 수 있다면 과거근무원가를 결정할 때에도 동일한 방식을 사용한다.

④ 확정급여제도에서 기업이 보험수리적위험(실제급여액이 예상급여액을 초과할 위험)과 투자위험을 실질적으로 부담하며, 보험수리적실적이나 투자실적이 예상보다 저조하다면 기업의 의무가 늘어날 수 있다.

⑤ 퇴직급여채무를 할인하기 위해 사용하는 할인율은 보고기간 말 현재 그 통화로 표시된 국공채의 시장수익률을 참조하여 결정하고, 국공채의 시장수익률이 없는 경우에는 보고기간 말 현재 우량회사채의 시장수익률을 사용한다.

08 '종업원급여'에 대한 다음 설명 중 옳지 않은 것은? ▸ CPA 23

① 확정기여제도에서 가입자의 미래급여금액은 사용자나 가입자가 출연하는 기여금과 기금의 운영효율성 및 투자수익에 따라 결정된다.

② 확정급여제도에서 자산의 원가에 포함하는 경우를 제외한 확정급여원가의 구성요소 중 순확정급여부채의 재측정요소는 기타포괄손익으로 인식한다.

③ 확정급여제도에서 확정급여채무와 사외적립자산에 대한 순확정급여부채(자산)의 순이자는 당기손익으로 인식하나, 자산인식상한효과에 대한 순확정급여부채(자산)의 순이자는 기타포괄손익으로 인식한다.

④ 확정급여제도에서 보험수리적손익은 보험수리적가정의 변동과 경험조정으로 인한 확정급여채무 현재가치의 증감에 따라 생긴다.

⑤ 퇴직급여가 아닌 기타장기종업원급여에서의 재측정요소는 기타포괄손익으로 인식하지 않고 당기손익으로 인식한다.

09 (주)관세는 확정급여제도를 채택하고 있으며 관련된 자료는 다음과 같다. (주)관세가 당기에 인식할 퇴직급여는? ▸ 관세사 17

• 기초 사외적립자산의 장부금액	₩3,500,000
• 기초 확정급여채무의 장부금액	₩4,300,000
• 당기근무원가	₩760,000
• 확정급여채무 계산 시 적용한 할인율	연 10%

① ₩354,000　　　　② ₩506,000
③ ₩760,000　　　　④ ₩840,000
⑤ ₩1,190,000

10 확정급여제도를 시행하고 있는 ㈜송림의 20×1년 관련 자료는 다음과 같다.

- 20×1년 초 사외적립자산의 장부금액은 ₩3,000,000이다.
- 사외적립자산의 기대수익은 사외적립자산 장부금액의 연 5%이다.
- 20×1년 말 사외적립자산의 공정가치는 ₩3,200,000이다.
- 20×1년 말에 기여금 ₩150,000을 납부하였다.
- 20×1년 말에 퇴직금 ₩200,000을 지급하였다.

위 자료를 이용할 때 20×1년 사외적립자산의 실제수익은?   ▶ 14년 기출

① ₩200,000   ② ₩250,000
③ ₩300,000   ④ ₩350,000
⑤ ₩400,000

11 ㈜한국은 퇴직급여제도로 확정급여제도를 채택하고 있다. 다음은 확정급여제도와 관련된 ㈜한국의 20×1년 자료이다. 퇴직금의 지급과 사외적립자산의 추가납입은 20×1년 말에 발생하였으며, 20×1년 초 현재 우량회사채의 시장이자율은 연 5%로 20×1년 중 변동이 없었다.

• 20×1년 초 확정급여채무 장부금액	₩500,000
• 20×1년 초 사외적립자산 공정가치	400,000
• 당기근무원가	20,000
• 퇴직금지급액(사외적립자산에서 지급함)	30,000
• 사외적립자산 추가납입액	25,000
• 확정급여채무의 보험수리적손실	8,000
• 사외적립자산의 실제 수익	25,000

20×1년 말 ㈜한국의 재무상태표에 계상될 순확정급여부채는 얼마인가?   ▶ CPA 15

① ₩65,000   ② ₩73,000
③ ₩95,000   ④ ₩100,000
⑤ ₩103,000

12 확정급여제도를 채택하고 있는 (주)관세의 20×1년도 관련 자료는 다음과 같다.

- 20×1년 초 사외적립자산의 공정가치는 ₩1,000이다.
- 20×1년 초 확정급여채무의 현재가치는 ₩1,200이다.
- 당기근무원가는 ₩200이다.
- 사외적립자산에 출연된 현금은 ₩300이다.
- 20×1년 말 현재 사외적립자산의 공정가치와 확정급여채무의 현재가치는 각각 장부금 액과 동일하다.
- 순확정급여부채 계산 시 적용한 할인율은 연 5%이다.
- 모든 거래는 연도 말에 발생한다.

(주)관세가 20×1년 말 재무상태표에 보고할 순확정급여부채는?　▸관세사 24

① ₩100　　　　　　　　　② ₩110
③ ₩160　　　　　　　　　④ ₩260
⑤ ₩500

13 ㈜세무는 확정급여제도를 채택하여 시행하고 있다. 20×1년 초 확정급여채무의 현재가치는 ₩900,000이고, 사외적립자산의 공정가치는 ₩720,000이다. 20×1년 동안 당기근무원가는 ₩120,000이다. 20×1년 9월 1일 퇴직한 종업원에게 ₩90,000의 퇴직급여가 사외적립자산에서 지급되었으며, 20×1년 10월 1일 사외적립자산에 대한 기여금 ₩60,000을 납부하였다. 20×1년 말 순확정급여부채는? (단, 우량회사채의 시장수익률은 연 10%이고, 이자원가 및 이자수익은 월할계산한다.)　▸CTA 20

① ₩240,000　　　　　　　② ₩256,500
③ ₩258,000　　　　　　　④ ₩316,500
⑤ ₩318,000

14 (주)감평의 20×2년 퇴직급여 관련 정보가 다음과 같을 때 이로 인해 20×2년도 기타포괄손익에 미치는 영향은? (단, 기여금의 출연과 퇴직금의 지급은 연도 말에 발생하였다고 가정한다.)

▸16년 기출

• 기초 확정급여채무 현재가치	₩24,000
• 기초 사외적립자산 공정가치	20,000
• 당기 근무원가	3,600
• 기여금 출연	4,200
• 퇴직금 지급	2,300
• 기말 확정급여채무 현재가치	25,000
• 기말 사외적립자산 공정가치	22,000
• 확정급여채무 계산 시 적용할 할인율	연 5%

① ₩1,500 감소   ② ₩900 감소
③ ₩0   ④ ₩600 증가
⑤ ₩2,400 증가

15 (주)감평은 확정급여제도를 운영하고 있으며, 20×1년도 관련 자료는 다음과 같다. 20×1년도 기타포괄손익으로 인식할 확정급여채무의 재측정요소는?

▸22년 기출

• 기초 확정급여채무의 현재가치	₩100,000
• 기초 사외적립자산의 공정가치	90,000
• 퇴직금 지급액(사외적립자산에서 지급)	12,000
• 포괄손익계산서상 당기손익 인식 퇴직급여 관련 비용	28,000
• 이자비용	10,000
• 이자수익	9,000
• 기말 확정급여채무의 현재가치	128,000
• 기말 사외적립자산의 공정가치	99,000

① 재측정손실 ₩2,000   ② 재측정손실 ₩3,000
③ 재측정손익 없음   ④ 재측정이익 ₩2,000
⑤ 재측정이익 ₩3,000

16 ㈜세무는 확정급여제도를 채택하여 시행하고 있으며, 관련 자료는 다음과 같다. ㈜세무의 확정급여채무 및 사외적립자산과 관련된 회계처리가 20×1년도의 기타포괄이익에 미치는 영향은? ▸ CTA 22

- 20×1년 초 확정급여채무와 사외적립자산의 잔액은 각각 ₩1,000,000과 ₩600,000이다.
- 확정급여채무의 현재가치 계산에 적용할 할인율은 연 10%이다.
- 20×1년도의 당기근무원가 발생액은 ₩240,000이고, 20×1년 말 퇴직한 종업원에게 ₩100,000을 사외적립자산에서 지급하였다.
- 20×1년 말 현금 ₩300,000을 사외적립자산에 출연하였다.
- 20×1년 말 현재 확정급여채무의 현재가치와 사외적립자산의 공정가치는 각각 ₩1,200,000과 ₩850,000이다.

① ₩30,000 감소 ② ₩10,000 감소
③ ₩10,000 증가 ④ ₩30,000 증가
⑤ ₩40,000 증가

17 20×1년 1월 1일에 설립된 ㈜감평은 확정급여제도를 운영하고 있다. 20×1년도 관련 자료가 다음과 같을 때, 20×1년 말 재무상태표의 기타포괄손익누계액에 미치는 영향은? (단, 확정급여채무 계산 시 적용하는 할인율은 연 10%이다.) ▸ 24년 기출

• 기초 확정급여채무의 현재가치	₩120,000
• 기초 사외적립자산의 공정가치	90,000
• 퇴직급여 지급액(사외적립자산에서 기말 지급)	10,000
• 당기 근무원가	60,000
• 사외적립자산에 기여금 출연(기말 납부)	20,000
• 기말 확정급여채무의 현재가치	190,000
• 기말 사외적립자산의 공정가치	110,000

① ₩2,000 감소 ② ₩2,000 증가
③ 영향 없음 ④ ₩7,000 감소
⑤ ₩7,000 증가

18 다음은 ㈜한국이 채택하고 있는 퇴직급여제도와 관련한 20×1년도 자료이다.

가. 20×1년 초 확정급여채무의 현재가치와 사외적립자산의 공정가치는 각각 ₩4,500,000
과 ₩4,200,000이다.

나. 20×1년 말 확정급여채무의 현재가치와 사외적립자산의 공정가치는 각각 ₩5,000,000
과 ₩3,800,000이다.

다. 20×1년 말 일부 종업원의 퇴직으로 퇴직금 ₩1,000,000을 사외적립자산에서 지급하
였으며, 20×1년 말 추가로 적립한 기여금 납부액은 ₩200,000이다.

라. 20×1년에 종업원이 근무용역을 제공함에 따라 증가하는 예상 미래퇴직급여지급액의
현재가치는 ₩500,000이다.

마. 20×1년 말 확정급여제도의 일부 개정으로 종업원의 과거근무기간의 근무용역에 대한
확정급여채무의 현재가치가 ₩300,000 증가하였다.

바. 20×1년 초와 20×1년 말 현재 우량회사채의 연 시장수익률은 각각 8%, 10%이며, 퇴
직급여채무의 할인율로 사용한다.

㈜한국의 확정급여제도로 인한 20×1년도 포괄손익계산서의 당기순이익과 기타포괄이익에
미치는 영향은 각각 얼마인가? (단, 법인세 효과는 고려하지 않는다.) ▸ CPA 14

	당기순이익에 미치는 영향	기타포괄이익에 미치는 영향
①	₩548,000 감소	₩52,000 감소
②	₩600,000 감소	₩300,000 감소
③	₩830,000 감소	₩270,000 감소
④	₩830,000 감소	₩276,000 증가
⑤	₩824,000 감소	₩276,000 감소

19 다음은 (주)감평이 채택하고 있는 확정급여제도와 관련한 자료이다.

• 확정급여채무 계산 시 적용하는 할인율	연 5%
• 기초 확정급여채무의 현재가치	₩700,000
• 기초 사외적립자산의 공정가치	600,000
• 당기근무원가	73,000
• 사외적립자산에 대한 기여금 출연(기말 납부)	90,000
• 퇴직급여 지급액(사외적립자산에서 기말 지급)	68,000
• 기말 사외적립자산의 공정가치	670,000
• 기말 재무상태표에 표시된 순확정급여부채	100,000

(주)감평의 확정급여제도 적용이 포괄손익계산서의 당기순이익과 기타포괄이익에 미치는 영향은 각각 얼마인가? ▸18년 기출

	당기순이익에 미치는 영향	기타포괄이익에 미치는 영향
①	₩108,000 감소	₩48,000 감소
②	₩108,000 감소	₩48,000 증가
③	₩108,000 감소	₩12,000 감소
④	₩78,000 감소	₩12,000 증가
⑤	₩78,000 감소	₩12,000 감소

20 확정급여제도를 도입하고 있는 ㈜한국의 20×1년 퇴직급여와 관련된 정보는 다음과 같다.

• 20×1년 초 확정급여채무의 장부금액	₩150,000
• 20×1년 초 사외적립자산의 공정가치	120,000
• 당기근무원가	50,000
• 20×1년 말 제도변경으로 인한 과거근무원가	12,000
• 퇴직급여지급액(사외적립자산에서 연말 지급)	90,000
• 사외적립자산에 대한 기여금(연말 납부)	100,000
• 20×1년 말 보험수리적 가정의 변동을 반영한 확정급여채무의 현재가치	140,000
• 20×1년 말 사외적립자산의 공정가치	146,000
• 20×1년 초 할인율	연 6%

위 퇴직급여와 관련하여 인식할 기타포괄손익은? (단, 20×1년 말 순확정급여 자산인식상한은 ₩5,000이다.) ▸CTA 15

① ₩200 손실   ② ₩1,000 이익

③ ₩1,200 손실   ④ ₩2,200 이익

⑤ ₩3,200 손실

21 20×1년 1월 1일에 설립된 ㈜대한은 확정급여제도를 채택하고 있으며, 관련 자료는 다음과 같다. 순확정급여부채(자산) 계산 시 적용한 할인율은 연 7%로 변동이 없다.

〈20×1년〉

• 20×1년 말 사외적립자산의 공정가치는 ₩1,000,000이다.
• 20×1년 말 확정급여채무의 현재가치는 ₩1,200,000이다.

〈20×2년〉

• 20×2년도 당기근무원가는 ₩300,000이다.
• 20×2년 말에 일부 종업원의 퇴직으로 ₩150,000을 사외적립자산에서 현금으로 지급하였다.
• 20×2년 말에 ₩200,000을 현금으로 사외적립자산에 출연하였다.
• 20×2년 말 확정급여채무에서 발생한 재측정요소와 관련된 회계처리는 다음과 같다.
  (차변) 보험수리적손실 466,000   (대변) 확정급여채무 466,000

㈜대한의 20×2년 말 재무상태표에 표시될 순확정급여부채가 ₩400,000인 경우, (A) 20×2년 말 현재 사외적립자산의 공정가치 금액과 (B)확정급여제도 적용이 20×2년도 당기 순이익에 미치는 영향은 각각 얼마인가?

▶ CPA 19

	(A)	(B)		(A)	(B)
①	₩568,000	₩286,000 감소	②	₩568,000	₩314,000 감소
③	₩1,416,000	₩286,000 감소	④	₩1,500,000	₩286,000 감소
⑤	₩1,500,000	₩314,000 감소			

22 ㈜세무는 확정급여제도를 채택하여 시행하고 있다. ㈜세무의 확정급여채무와 관련된 자료가 다음과 같을 때, 20×1년도에 인식할 퇴직급여와 기타포괄손익은? ▸ CTA 21

- 20×1년 초 사외적립자산 잔액은 ₩560,000이며, 확정급여채무 잔액은 ₩600,000이다.
- 20×1년도의 당기근무원가는 ₩450,000이다.
- 20×1년 말에 사외적립자산 ₩150,000이 퇴직종업원에게 현금으로 지급되었다.
- 20×1년 말에 현금 ₩400,000을 사외적립자산에 출연하였다.
- 20×1년 말 현재 사외적립자산의 공정가치는 ₩920,000이며, 할인율을 제외한 보험수리적 정의 변동을 반영한 20×1년 말 확정급여채무는 ₩1,050,000이다.
- 확정급여채무 계산 시 적용한 할인율은 연 15%이다.

	퇴직급여	기타포괄손익		퇴직급여	기타포괄손익
①	₩456,000	손실 ₩34,000	②	₩456,000	이익 ₩26,000
③	₩540,000	손실 ₩34,000	④	₩540,000	이익 ₩26,000
⑤	₩540,000	손실 ₩60,000			

23 (주)세무는 확정급여제도를 채택하여 시행하고 있으며, 관련 자료는 다음과 같다. (주)세무가 20×2년도에 인식할 퇴직급여와 기타포괄손익은? ▸ CTA 23

- 20×1년 말 사외적립자산 잔액은 ₩300,000이며, 확정급여채무 잔액은 ₩305,000이다.
- 20×2년 초에 현금 ₩180,000을 사외적립자산에 출연하였다.
- 20×2년도의 당기근무원가는 ₩190,000이다.
- 20×2년 말에 사외적립자산 ₩150,000이 퇴직종업원에게 현금으로 지급되었다.
- 20×2년 말 현재 확정급여채무의 현재가치와 사외적립자산의 공정가치는 각각 ₩373,000과 ₩375,000이며, 자산인식상한은 ₩1,000이다.
- 순확정급여부채(자산) 계산 시 적용한 할인율은 연 10%로 변동이 없다.

	퇴직급여	기타포괄손익		퇴직급여	기타포괄손익
①	₩172,500	손실 ₩500	②	₩172,500	손실 ₩1,500
③	₩172,500	이익 ₩1,500	④	₩190,500	손실 ₩16,500
⑤	₩190,500	이익 ₩16,500			

24 (주)감평은 확정급여제도를 채택하고 있으며, 20×1년 초 순확정급여부채는 ₩20,000이다. (주)감평의 20×1년도 확정급여제도와 관련된 자료는 다음과 같다.

- 순확정급여부채(자산) 계산 시 적용한 할인율은 연 6%이다.
- 20×1년도 당기근무원가는 ₩85,000이고, 20×1년 말 퇴직종업원에게 ₩38,000의 현금이 사외적립자산에서 지급되었다.
- 20×1년 말 사외적립자산에 ₩60,000을 현금으로 출연하였다.
- 20×1년에 발생한 확정급여채무의 재측정요소(손실)는 ₩5,000이고, 사외적립자산의 재측정요소(이익)는 ₩2,200이다.

(주)감평이 20×1년 말 재무상태표에 순확정급여부채로 인식할 금액과 20×1년도 포괄손익계산서상 당기손익으로 인식할 퇴직급여 관련 비용은? ▸ 20년 기출

	순확정급여부채	퇴직급여 관련 비용		순확정급여부채	퇴직급여 관련 비용
①	₩11,000	₩85,000	②	₩11,000	₩86,200
③	₩43,400	₩86,200	④	₩49,000	₩85,000
⑤	₩49,000	₩86,200			

주식기준보상

1절 주식결제형 주식기준보상

1. **주식결제형** : 기업이 재화나 용역을 제공받는 대가로 기업의 지분상품(주식 또는 주식선택 권 등)을 부여하는 거래를 말한다.

① 주식선택권의 제공

㉠ 재화나 용역제공자가 종업원 및 유사용역제공자의 경우 주식선택권은 부여일 현재 부여한 지분상품의 공정가치로 측정

㉡ 재화나 용역제공자가 종업원이 아니고 제공받는 재화나 용역의 공정가치를 신뢰성 있게 측정할 수 있는 경우

ⓐ 제공받는 재화나 용역의 공정가치로 측정

ⓑ 재화나 용역의 공정가치를 신뢰성 있게 추정할 수 없으면 부여한 지분상품의 공정 가치로 측정

ⓒ 종업원이 아닌 거래상대방으로부터 재화나 용역을 제공받는 날에 제공받는 재화나 용역(보상비용)을 그에 상응하는 자본(주식선택권)의 증가와 함께 인식

2. **보상비용 인식**

① 주식선택권 제공의 조건이 즉시 가득되는 경우

제공받은 용역 전부를 부여일에 보상비용으로 인식하고, 그에 상응하는 자본의 증가를 인식한다.

(차) 주식보상비용	×××	(대) 주식선택권	×××

② 조건 충족이 필요한 가득의 경우

해당 보상비용을 가득기간에 걸쳐 배분하여 자본의 증가를 인식한다.

3. 주식선택권 가득조건

비시장조건	시장조건
예 근무조건, 매출액조건, 점유율조건 등 ✔ 비시장조건은 부여일 이후 비시장조건에 대한 추정이 변경되는 경우, 후속적으로 수정하여 보상비용을 인식한다.	예 목표주가조건 ✔ 시장조건은 부여한 주식선택권의 최초 공정가치 추정 시 이미 고려되어 있는 부분이기 때문에 부여일 이후 시장조건에 대한 추정이 변경되더라도 후속적으로 수정하지 않는다.

▶ 부여한 지분상품의 공정가치를 측정기준일 현재 신뢰성 있게 측정할 수 없는 경우 : 거래상대방에게서 재화나 용역을 제공받는 날을 기준으로 지분상품을 내재가치로 측정(주가 – 행사가), 주식선택권을 행사할 때까지 내재가치로 계속 측정하며, 내재가치 변동액은 당기손익으로 인식한다.

4. 이미 부여한 지분상품의 조건을 변경

종업원에게 유리한 변경	종업원에게 불리한 변경
종업원에게 유리한 조건변경(예 주식선택권의 행사가격 변동)은 남은 잔여 근무기간에 걸쳐 추가로 보상비용을 인식한다(증분공정가치).	종업원에게 불리한 변경은 조건변경이 없는 것으로 보고 기존과 동일하게 회계처리한다.

✔ 종업원이 가득조건을 채우지 못하고 퇴사한 경우 : 이미 인식한 보상비용을 환입한다.

5. 부여한 지분상품의 취소 또는 중도청산

취소나 중도청산이 없다면 잔여가득기간에 제공받을 용역에 대해 인식될 금액을 즉시 인식한다.

중도청산 시 지급금액 = 지분상품의 공정가	중도청산시 지급금액 > 지분상품의 공정가
(차) 주식선택권 ××× (대) 현금 ××× 　　자본 　　××	(차) 주식선택권 ××× (대) 현금 ××× 　　자본 　　　　××× 　　보상비용 　　××× * 중도청산 시 지분상품의 공정가보다 더 많이 지급한 금액과의 차이는 당기의 비용으로 회계처리한다.

2절　현금결제형 주식기준보상

1. 보상비용과 부채의 인식

현금결제형 주식기준보상거래는 재화나 용역을 제공한 자가 권리를 행사할 때 지분상품이 아닌 현금으로 결제하는 주식기준보상거래를 말한다.

① 보상비용 : 기업은 부채의 공정가치로 제공받는 재화나 용역과 그 대가로 부담하는 부채를 인식한다. 기업은 부채가 결제될 때까지 매 보고기간 말과 결제일에 부채의 공정가치를 재측정하고, 공정가치 변동액을 당기손익으로 인식한다.

(차) 보상비용	×××	(대) 장기미지급비용	×××

② 보상비용 인식방법

가득조건	보상비용 인식방법
부여 즉시 가득	이미 근무용역을 제공받은 것으로 보기 때문에 제공받은 용역과 그 대가로 부담하는 부채를 즉시 인식
특정 용역기간 동안 근무해야 가득되는 경우	제공받은 용역과 그 대가로 부담하는 부채를 용역제공기간 동안 종업원이 근무용역을 제공할 때 인식

2. 현금결제형 주가차액보상권 행사 시

종업원이 현금결제형 주가차액보상권에 대한 권리를 행사하는 경우 내재가치(주가 - 행사가)만큼 현금을 수령하게 되고, 기업은 이를 지급한다.

CHAPTER 15 객관식 문제

01 주식결제형 주식기준보상에 대한 다음의 설명 중 옳지 않은 것은? ▶ CPA 16

① 종업원 및 유사용역제공자와의 주식기준보상거래에서는 기업이 거래상대방에게서 재화나 용역을 제공받는 날을 측정기준일로 한다.

② 제공받는 재화나 용역의 공정가치를 신뢰성 있게 추정할 수 있다면, 제공받는 재화나 용역과 그에 상응하는 자본의 증가를 제공받는 재화나 용역의 공정가치로 직접 측정한다.

③ 제공받는 재화나 용역의 공정가치를 신뢰성 있게 추정할 수 없다면, 제공받는 재화나 용역과 그에 상응하는 자본의 증가는 부여한 지분상품의 공정가치에 기초하여 간접 측정한다.

④ 가득된 지분상품이 추후 상실되거나 주식선택권이 행사되지 않은 경우에도 종업원에게서 제공받은 근무용역에 대해 인식한 금액을 환입하지 아니한다.

⑤ 시장조건이 있는 지분상품을 부여한 경우에는 그러한 시장조건이 달성되는지 여부와 관계없이 다른 모든 가득조건을 충족하는 거래상대방으로부터 제공받는 재화나 용역을 인식한다.

02 주식기준보상에 관한 설명으로 옳은 것은? ▶ CTA 23

① 현금결제형 주식기준보상거래의 경우에 제공받는 재화나 용역과 그 대가로 부담하는 부채를 부채의 공정가치로 측정하며, 부채가 결제될 때까지 매 보고기간 말과 결제일에 부채의 공정가치를 재측정하지 않는다.

② 주식결제형 주식기준보상거래로 가득된 지분상품이 추후 상실되거나 주식선택권이 행사되지 않은 경우에는 종업원에게서 제공받은 근무용역에 대해 인식한 금액을 환입하여 당기손익으로 인식한다.

③ 부여한 지분상품의 공정가치를 신뢰성 있게 추정할 수 없어 내재가치로 측정한 경우에는 부여일부터 가득일까지 내재가치 변동을 재측정하여 당기손익으로 인식하고, 가득일 이후의 내재가치 변동은 수정하지 않는다.

④ 시장조건이 있는 지분상품을 부여한 때에는 그 시장조건이 충족되는 시점에 거래상대방에게서 제공받는 재화나 용역을 인식한다.

⑤ 거래상대방이 결제방식을 선택할 수 있는 주식기준보상거래의 경우, 기업이 결제일에 현금을 지급하는 대신 지분상품을 발행하면 부채를 발행되는 지분상품의 대가로 보아 자본으로 직접 대체한다.

03 다음은 (주)관세의 종업원급여와 관련된 자료이다. (주)관세가 20×2년에 인식할 주식보상비용은? ▸ 관세사 17

- 20×1년 1월 1일에 영업직원 100명에게 각각 주식선택권 6개(3년 근무조건)를 부여하였으며 부여일 현재 주식선택권의 단위당 공정가치는 ₩10이다.
- 20×1년에 4명이 퇴사하였고 20×1년 말 현재 가득기간에 퇴사할 것으로 기대되는 직원의 추정비율은 10%이며 주식선택권의 단위당 공정가치는 ₩11이다.
- 20×2년에 5명이 퇴사하였고 20×2년 말 현재 가득기간에 퇴사할 것으로 기대되는 직원의 추정비율은 15%이며 주식선택권의 단위당 공정가치는 ₩12이다.

① ₩1,400
② ₩1,600
③ ₩1,800
④ ₩2,500
⑤ ₩2,700

04 ㈜대한은 20×1년 1월 1일 종업원 100명에게 각각 1,000개의 주식선택권을 부여하였다. 동 주식선택권은 종업원이 앞으로 3년 동안 회사에 근무해야 가득된다. 20×1년 1월 1일 현재 ㈜대한이 부여한 주식선택권의 단위당 공정가치는 ₩360이며, 각 연도 말 퇴직 종업원 수는 다음과 같다.

연도	실제 퇴직자수	추가퇴직 예상자수
20×1년 말	10명	20명
20×2년 말	15명	13명
20×3년 말	8명	–

주식선택권 부여일 이후 주가가 지속적으로 하락하여 ㈜대한의 20×2년 12월 31일 주식선택권의 공정가치는 단위당 ₩250이 되었다. 동 주식기준보상과 관련하여 ㈜대한이 인식할 20×2년 포괄손익계산서상 주식보상비용은 얼마인가? (단, 계산방식에 따라 단수차이로 인해 오차가 있는 경우, 가장 근사치를 선택한다.) ▸ CPA 14

① ₩1,933,333
② ₩5,166,667
③ ₩6,480,000
④ ₩6,672,000
⑤ ₩8,400,000

05 ㈜서울은 20×1년 1월 1일에 영업사원 200명에게 각각 주식선택권 100개를 부여하였다.
각 주식선택권은 종업원이 앞으로 4년간 근무할 것을 조건으로 한다. 부여일 현재 주식선택
권의 단위당 공정가치는 ₩5,000으로 추정되었다. ㈜서울은 종업원 중 30%가 4년 이내에
퇴사하여 주식선택권을 상실할 것으로 추정하였고, 실제로 20×1년과 20×2년에 각각 15
명이 퇴사하였다. 동 주식선택권과 관련하여 ㈜서울의 20×2년 포괄손익계산서상 당기손익
에 반영될 주식보상비용은?   ▸ 11년 기출

① ₩12,500,000   ② ₩15,500,000
③ ₩17,500,000   ④ ₩19,500,000
⑤ ₩21,500,000

06 ㈜감평은 20×1년 1월 종업원 70명에게 향후 3년 동안의 계속 근무 용역제공조건으로 가득
되는 주식결제형 주식선택권을 1명당 50개씩 부여하였다. 권리 부여일 현재 주식선택권의 개
당 공정가치는 ₩10(향후 변동 없음)으로 추정되며, 연도별 종업원 퇴직현황은 다음과 같다.

연도	실제 퇴직자(명)	추가 퇴직 예상자(수)
20×1년	6	10
20×2년	8	5

㈜감평의 20×2년 말 재무상태표상 주식선택권 장부금액은?   ▸ 23년 기출

① ₩8,000   ② ₩9,000
③ ₩17,000   ④ ₩18,667
⑤ ₩25,500

07 (주)감평은 20×1년 1월 1일에 종업원 100명에게 각각 10개의 주식선택권을 부여하고 4년
의 용역제공조건을 부과하였다. 부여시점의 주식선택권 공정가치는 개당 ₩100이다. (주)감평
은 종업원 중 20명이 부여일로부터 4년 이내에 퇴사하여 주식선택권을 상실할 것으로 추정
하였으나 20×1년 말까지 실제로 퇴사한 종업원은 없었다. 20×2년 말에는 가득기간 동안
30명이 퇴사할 것으로 추정을 변경하였으며 20×2년 말까지 실제 퇴사한 종업원은 없었다.
주식선택권의 부여와 관련하여 20×2년도에 인식할 보상비용은?   ▸ 16년 기출

① ₩1,000   ② ₩1,500
③ ₩1,750   ④ ₩2,000
⑤ ₩2,500

08 ㈜관세는 20×1년 초 최고경영자에게 주식선택권을 부여하였다. 해당 주식선택권을 행사하기 위해서는 5년간(20×1년 ~ 20×5년) 근무를 해야 하며, 해당 5년간 평균 매출성장률에 따라 부여되는 주식선택권의 수는 다음과 같다.

5년간(20×1년 ~ 20×5년) 평균 매출성장률	주식선택권 수
10% 미만	0
10% 이상 ~ 15% 미만	500
15% 이상 ~ 20% 미만	1,200
20% 이상	1,500

추가적인 자료가 다음과 같을 때, 20×5년도 인식할 당기 주식보상원가는?　▶ 관세사 12

측정연도	5년간(20×1년 ~ 20×5년) 평균 매출성장률	연도 초 주식선택권 개당 공정가치
20×1년	14% (예상)	₩1,000
20×2년	18% (예상)	₩1,100
20×3년	19% (예상)	₩1,000
20×4년	19% (예상)	₩1,200
20×5년	21% (실제)	₩1,300

① ₩528,000　　　　　　　② ₩540,000
③ ₩648,000　　　　　　　④ ₩1,100,000
⑤ ₩1,200,000

09 (주)관세는 20×1년 1월 1일에 종업원 100명에게 각각 주식 20주를 부여하고 가득기간 동안 종업원이 계속 근무할 것을 요구하는 조건을 부과하였다. 20×1년 1월 1일 현재 부여한 주식의 단위당 공정가치는 ₩1,000이며 이는 부여일의 주가와 동일하다. 부여일부터 3년 동안 배당금은 지급되지 않을 것으로 예상되었다. 부여한 주식은 회사의 누적 연평균 영업이익 성장률이 20% 이상이면 20×2년 말에, 15% 이상이면 20×3년 말에 가득된다. 각 연도별 영업이익과 퇴사자에 대한 현황은 다음과 같다.

구분	20×1년도	20×2년도
당해연도 실제 영업이익	22% 증가	16% 증가
다음연도 예상 영업이익	20% 증가	8% 증가
당해연도 실제 퇴사자	8명	5명
다음연도 예상 퇴사자	6명	3명

(주)관세가 20×2년도 포괄손익계산서에 보고할 보상비용은?　　　　　▸ 관세사 23

① ₩200,000　　　　　　　② ₩220,000
③ ₩240,000　　　　　　　④ ₩260,000
⑤ ₩280,000

10 ㈜세무는 20×3년 1월 1일 종업원 40명에게 1인당 주식선택권 40개씩 부여하였다. 동 주식선택권은 종업원이 향후 3년 동안 ㈜세무에 근무해야 가득된다. 20×3년 1월 1일 현재 주식선택권의 단위당 공정가치는 ₩300으로 추정되었으며, 행사가격은 단위당 ₩600이다. 각 연도 말 주식선택권의 공정가치와 퇴직종업원수는 다음과 같다.

연도말	주식선택권 단위당 공정가치	실제 퇴직자	추가 퇴직 예상자
20×3	₩300	2명	6명
20×4	400	4	2
20×5	500	1	–

20×6년 초에 가득된 주식선택권의 50%가 행사되어 ㈜세무가 주식(단위당 액면금액 ₩500)을 교부하였다면, 주식선택권 행사로 증가되는 자본은?　　　　　▸ CTA 16

① ₩66,000　　　　　　　② ₩198,000
③ ₩264,000　　　　　　　④ ₩330,000
⑤ ₩396,000

11 ㈜감평은 20×1년 초 부여일로부터 3년의 용역제공을 조건으로 직원 50명에게 각각 주식선택권 10개를 부여하였다. 부여일 현재 주식선택권의 단위당 공정가치는 ₩1,000으로 추정되었으며, 매년 말 추정한 주식선택권의 공정가치는 다음과 같다.

20×1.12.31.	20×2.12.31.	20×3.12.31.	20×4.12.31.
₩1,000	₩1,100	₩1,200	₩1,300

주식선택권 1개당 1주의 주식을 부여받을 수 있으며 권리가득일로부터 3년간 행사가 가능하다. ㈜감평은 20×1년 말과 20×2년 말에 가득기간 중 직원의 퇴사율을 각각 25%와 28%로 추정하였으며, 20×1년도와 20×2년도에 실제로 퇴사한 직원은 각각 10명과 2명이다. 20×3년 말 주식선택권을 가득한 직원은 총 35명이다. 20×4년 1월 1일 주식선택권을 가득한 종업원 중 60%가 본인의 주식선택권 전량을 행사하였을 경우 이로 인한 ㈜감평의 자본 증가액은? (단, ㈜감평 주식의 주당 액면금액은 ₩5,000이고 주식선택권의 개당 행사가격은 ₩6,000이다.) ▸22년 기출

① ₩210,000
② ₩420,000
③ ₩1,050,000
④ ₩1,260,000
⑤ ₩1,470,000

12 (주)감평은 20×1년 초 부여일로부터 3년의 용역제공을 조건으로 직원 50명에게 각각 주식선택권 10개를 부여하였으며, 부여일 현재 주식선택권의 단위당 공정가치는 ₩1,000으로 추정되었다. 주식선택권 1개로는 1주의 주식을 부여받을 수 있는 권리를 가득일로부터 3년간 행사가 가능하며, 총 35명의 종업원이 주식선택권을 가득하였다. 20×4년 초 주식선택권을 가득한 종업원 중 60%가 본인의 주식선택권 전량을 행사하였다면, (주)감평의 주식발행초과금은 얼마나 증가하는가? (단, (주)감평 주식의 주당 액면금액은 ₩5,000이고, 주식선택권의 개당 행사가격은 ₩7,000이다.) ▸20년 기출

① ₩630,000
② ₩1,050,000
③ ₩1,230,000
④ ₩1,470,000
⑤ ₩1,680,000

13 ㈜백두는 20×1년 1월 1일에 판매부서 직원 20명에게 2년 용역제공조건의 주식선택권을 1인당 1,000개씩 부여하였다. 주식선택권의 행사가격은 단위당 ₩1,000이나, 만약 2년 동안 연평균 판매량이 15% 이상 증가하면 행사가격은 단위당 ₩800으로 인하된다. 부여일 현재 주식선택권의 단위당 공정가치는 행사가격이 단위당 ₩1,000일 경우에는 ₩500으로, 행사가격이 단위당 ₩800일 경우에는 ₩600으로 추정되었다. 20×1년의 판매량이 18% 증가하여 연평균 판매량 증가율은 달성가능할 것으로 예측되었다. 그러나 20×2년의 판매량 증가율이 6%에 그쳐 2년간 판매량은 연평균 12% 증가하였다. 한편, 20×1년 초 ㈜백두는 20×2년 말까지 총 5명이 퇴직할 것으로 예상하였고 이러한 예상에는 변동이 없었으나, 실제로는 20×1년에 1명, 20×2년에 3명이 퇴직하여 총 4명이 퇴사하였다. 동 주식기준보상과 관련하여 ㈜백두가 20×2년도 포괄손익계산서상에 인식할 보상비용은 얼마인가? ▸ CPA 13

① ₩3,500,000
② ₩3,800,000
③ ₩4,000,000
④ ₩4,500,000
⑤ ₩5,100,000

14 ㈜관세는 20×1년 초 최고경영자 갑에게 주식선택권(개당 ₩1,000에 ㈜관세의 보통주 1주를 취득할 수 있는 권리)을 부여하고, 2년의 용역제공조건과 동시에 제품의 판매증가율과 연관된 성과조건을 다음과 같이 부과하였다. 20×1년 초 현재 주식선택권의 개당 공정가치는 ₩600으로 추정되었다.

2년 평균 판매증가율	용역제공조건 경과 후 가득되는 주식선택권 수량
10% 미만	없음
10% 이상 ~ 20% 미만	100개
20% 이상	300개

20×1년 초 제품의 2년 평균 판매증가율은 12%로 추정되었으며, 실제로 20×1년 판매증가율은 12%이다. 따라서 ㈜관세는 갑이 주식선택권 100개를 가득할 것으로 예상하고 20×1년의 주식보상비용을 인식하였다. 하지만 20×2년 ㈜관세의 2년 평균 판매증가율은 22%가 되어 20×2년 말 갑은 주식선택권 300개를 가득하였다. ㈜관세가 주식선택권과 관련하여 20×2년 포괄손익계산서에 인식할 주식보상비용은? ▸ 관세사 19

① ₩30,000
② ₩60,000
③ ₩90,000
④ ₩150,000
⑤ ₩180,000

15 (주)감평은 20×1년 초에 부여일로부터 3년의 지속적인 용역제공을 조건으로 직원 100명에게 주식선택권을 1인당 10개씩 부여하였다. 20×1년 초 주식선택권의 단위당 공정가치는 ₩150이며, 주식선택권은 20×4년 초부터 행사할 수 있다. (주)감평의 연도별 실제 퇴직자 수 및 추가퇴직 예상자 수는 다음과 같다.

연도	실제 퇴직자 수	추가퇴직 예상자 수
20×1년 말	5명	15명
20×2년 말	8명	17명

(주)감평은 20×1년 말에 주식선택권의 행사가격을 높이는 조건변경을 하였으며, 이러한 조건변경으로 주식선택권의 단위당 공정가치가 ₩30 감소하였다. 20×2년도 인식할 보상비용은?

▶ 18년 기출

① ₩16,000 ② ₩30,000
③ ₩40,000 ④ ₩56,000
⑤ ₩70,000

16 ㈜세무는 20×1년 1월 1일 현재 근무 중인 임직원 300명에게 20×4년 12월 31일까지 의무적으로 근무할 것을 조건으로 임직원 1명당 주식선택권 10개씩을 부여하였다. 주식선택권 부여일 현재 동 주식선택권의 단위당 공정가치는 ₩200이다. 동 주식선택권은 20×5년 1월 1일부터 행사할 수 있다. 20×2년 1월 1일 ㈜세무는 주가가 크게 하락하여 주식선택권의 행사가격을 조정하였다. 이러한 조정으로 주식선택권의 단위당 공정가치는 ₩20 증가하였다. ㈜세무는 20×1년 말까지 상기 주식선택권을 부여받은 종업원 중 20%가 퇴사할 것으로 예상하여, 주식선택권의 가득률을 80%로 추정하였으나, 20×2년 말에는 향후 2년 내 퇴사율을 10%로 예상함에 따라 주식선택권의 가득률을 90%로 추정하였다. 부여한 주식선택권과 관련하여 ㈜세무가 20×2년에 인식할 주식보상비용은?

▶ CTA 22

① ₩120,000 ② ₩150,000
③ ₩168,000 ④ ₩240,000
⑤ ₩270,000

17 (주)관세는 20×1년 1월 1일 종업원 100명에게 2년의 용역제공조건으로 현금결제형 주가차액보상권을 각각 50개씩 부여하였다. 20×1년 말 재직 중인 종업원은 95명이며, 20×2년에 추가로 퇴사할 것으로 예상되는 종업원은 10명이다. 그러나 20×2년도에 실제 퇴사한 종업원은 1명으로 주가차액보상권을 가득한 종업원은 94명이다. 20×2년 말 현재 주가차액보상권의 행사자는 없었다. (주)관세가 동 주가차액보상권과 관련하여 20×2년 말 재무상태표에 인식할 부채는? (단, 20×1년 말과 20×2년 말의 주가차액보상권의 개당 공정가치는 각각 ₩100과 ₩500이다.)

▶ 관세사 20

① ₩2,125,000   ② ₩2,137,500

③ ₩2,237,500   ④ ₩2,350,000

⑤ ₩2,500,000

18 ㈜감평은 20×1년 초 종업원 100명에게 현금결제형 주가차액보상권을 각각 20개씩 부여하고 2년간의 용역제공조건을 부과하였다. ㈜감평은 20×1년에 ₩6,000, 20×2년에 ₩6,500을 주식보상비용으로 인식하였다. 20×1년 초부터 20×2년 말까지 30명의 종업원이 퇴사하였으며, 20×3년 말 종업원 10명이 권리를 행사하였다. 20×3년 말 현금결제형 주가차액보상권의 개당 공정가치는 ₩15, 개당 내재가치는 ₩10이라고 할 때, ㈜감평이 20×3년 인식할 주식보상비용은?

▶ 21년 기출

① ₩5,500   ② ₩6,000

③ ₩7,000   ④ ₩7,500

⑤ ₩8,500

19 ㈜세무는 20×1년 1월 1일 종업원 100명에게 각각 현금결제형 주가차액보상권 10개씩 부여하였다. 주가차액보상권은 3년간 종업원이 용역을 제공하는 조건으로 부여되었으며, 주가차액보상권과 관련된 자료는 다음과 같다. ㈜세무가 20×3년도에 인식할 당기비용은?

▸ CTA 21

- 20×1년 실제퇴사자는 10명이며, 미래 예상퇴사자는 15명이다.
- 20×2년 실제퇴사자는 12명이며, 미래 예상퇴사자는 8명이다.
- 20×3년 실제퇴사자는 5명이며, 주가차액보상권 최종 가득자는 73명이다.
- 20×3년 말 주가차액보상권을 행사한 종업원 수는 28명이다.
- 매 연도말 주가차액보상권에 대한 현금지급액과 공정가치는 다음과 같다.

연도	현금지급액	공정가치
20×1	–	₩1,000
20×2	–	1,260
20×3	₩1,200	1,400

① ₩56,000
② ₩378,000
③ ₩434,000
④ ₩490,000
⑤ ₩498,000

20 ㈜감평은 20×1년 초 종업원 100명에게 각각 현금결제형 주가차액보상권 10개씩을 3년의 용역조건으로 부여하였다. 20×1년에 실제로 5명이 퇴사하였으며, 20×2년에 8명, 20×3년에 12명이 각각 추가로 퇴사할 것으로 추정하였다. 20×2년에는 실제로 7명이 퇴사하였고, 20×3년에 추가로 15명이 퇴사할 것으로 추정하였으며, 20×3년 말 최종가득자는 75명, 권리행사자는 40명이다. 주가차액보상권의 공정가치가 각각 20×1년 말 ₩14, 20×2년 말 ₩15, 20×3년 말 ₩17이고, 20×3년 말 내재가치는 ₩16일 때, 동 주가차액보상권과 관련하여 20×3년 인식할 보상비용(순액)은?

▸ 24년 기출

① ₩5,050
② ₩5,450
③ ₩5,950
④ ₩6,400
⑤ ₩6,800

리스

1절　금융리스로 분류하는 사례

① 리스기간 종료시점까지 리스자산의 소유권이 리스이용자에게 이전되는 경우
② 리스이용자가 선택권을 행사할 수 있는 시점의 공정가치보다 충분하게 낮을 것으로 예상되는 가격으로 리스자산을 매수할 수 있는 선택권을 가지고 있으며, 그 선택권을 행사할 것이 리스약정일 현재 거의 확실한 경우
③ 리스자산의 소유권이 이전되지 않더라도 리스기간이 리스자산 경제적 내용연수의 상당부분을 차지하는 경우
④ 리스약정일 현재 최소리스료의 현재가치가 적어도 리스자산 공정가치의 대부분에 해당하는 경우
⑤ 리스이용자만이 중요한 변경 없이 사용할 수 있는 특수한 성격의 리스자산인 경우

2절　리스이용자 회계처리

1. 최초측정

(차) 사용권자산	×××	(대) 리스부채	×××

2. 리스료

① 고정리스료
② 지수나 요율(이율)에 따라 달라지는 변동리스료
③ 잔존가치보증에 따라 리스이용자가 지급할 것으로 예상되는 금액
④ 리스이용자가 매수선택권을 행사할 것이 상당히 확실한 경우 그 매수선택권의 행사가격
⑤ 리스기간이 리스이용자의 종료선택권 행사를 반영하는 경우에 그 리스를 종료하는 데 드는 위약금

3. 사용권자산

① 리스부채 최초 측정금액
② 리스개시일이나 그 전에 지급한 리스료(받은 리스 인센티브는 차감)

③ 리스이용자가 부담하는 리스개설직접원가

④ 리스 기초자산의 원상복구에 소요될 원가 추정치

4. 후속측정

① 리스부채

(차) 이자비용	×××	(대) 현금	×××
리스부채	×××		

② 사용권자산

구분	상각기간
리스기간 종료시점까지 리스이용자에게 기초자산의 소유권을 이전하는 경우 또는 사용권자산의 원가에 리스이용자가 매수선택권을 행사할 것임이 반영되는 경우	리스개시일부터 기초자산의 내용연수 종료시점까지 상각
그 밖의 경우	리스개시일부터 기초자산의 내용연수 종료일과 리스기간 종료일 중 이른 날까지 상각

3절 **리스부채 재측정 및 리스변경**

1. 리스부채 재측정

구분	수정 리스료의 산정	적용할 할인율
연장선택권 또는 종료선택권의 행사여부에 따라 리스기간에 변경이 있는 경우	변경된 리스기간에 기초하여 수정 리스료 산정	수정 할인율로서 남은 기간의 내재이자율을 적용하되, 내재이자율을 쉽게 산정할 수 없는 경우 재평가시점의 증분차입이자율로 산정
기초자산의 매수선택권 평가에 변동이 있는 경우	매수선택권에 따라 지급할 금액의 변동을 반영하여 수정 리스료 산정	
잔존가치보증에 따라 지급할 것으로 예상되는 금액에 변동이 있는 경우	잔존가치보증에 따라 지급할 것으로 예상되는 금액의 변동을 반영하여 수정리스료 산정	리스료의 변동이 변동이자율의 변동으로 생긴 경우가 아니라면 변경되지 않은 원래 할인율을 사용하고, 리스료의 변동이 변동이자율의 변동으로 생긴 경우라면 그 이자율 변동을 반영한 수정 할인율 사용
리스료를 산정할 때 사용한 지수나 요율(이율)의 변동으로 생기는 미래 리스료에 변동이 생기는 경우	변경된 계약상 지급액에 기초하여 남은 리스기간의 수정리스료 산정	

2. 리스변경

구분		회계처리
기초자산 사용권이 추가되어 리스의 범위가 넓어진다.	개별가격에 적절히 조정되는 만큼 리스대가가 증액된다.	별도계약으로 회계처리
	리스대가가 증액되지 않는다.	수정할인율로 리스부채를 재측정하고 사용권자산에서 조정한다.
기초자산 사용권이 추가되지만 리스의 범위가 넓어지지 않는다.	리스의 범위가 좁아진다.	사용권자산과 리스부채를 비례적으로 줄이고 차액을 당기손익으로 인식한다. 수정할인율로 리스부채를 재측정하고 사용권자산에서 조정한다.
	리스의 범위가 좁아지지 않으며 리스기간이 연장되거나 단축된다.	변경된 대가를 수정할인율로 할인하여 리스부채를 재측정하고 사용권자산에서 조정한다.

4절   리스제공자 회계처리

1. 금융리스

> 기초자산 공정가치 + 리스제공자의 리스개설직접원가 = 리스료의 현재가치 + 무보증잔존가치의 현재가치(단, 현재가치는 내재이자율로 할인)

최초에 리스순투자와 동일한 금액을 리스채권으로 인식한 뒤 유효이자율법에 따라 이자수익으로 회계처리한다.

2. 운용리스

① **리스료수익** : 다른 체계적인 기준이 없다면 정액기준으로 수익을 인식
② **리스개설직접원가** : 리스기간에 걸쳐 비용으로 인식
③ **감가상각비** : 리스제공자가 소유한 비슷한 자산의 감가상각 정책과 동일

3. 제조자 또는 판매자인 리스제공자(판매형리스)

① 매출 = min[기초자산의 공정가치, 리스료의 현재가치]
② 매출원가 = 기초자산의 원가 − 무보증잔존가치의 현재가치
③ 리스개설직접원가 = 지출 시 전액 비용처리

CHAPTER 16 객관식 문제

01 금융리스로 분류되는 경우에 해당되지 않는 것은?　▶관세사 15

① 리스기간이 리스자산의 경제적 내용연수의 상당부분을 차지하는 경우
② 리스기간 종료시점까지 리스이용자에게 리스자산의 소유권이 이전되는 경우
③ 잠재적 리스이용자도 중요한 변경 없이 사용할 수 있는 일반적인 범용 리스자산인 경우
④ 리스약정일 현재 리스료의 현재가치가 리스자산 공정가치의 상당부분을 차지하는 경우
⑤ 리스이용자가 염가매수선택권을 가지고 있으며, 그 권리의 행사가 리스약정일 현재 확실시되는 경우

02 리스제공자 입장에서 일반적으로 금융리스로 분류될 수 있는 조건이 아닌 것은?　▶24년 기출

① 리스기간 종료시점에 기초자산의 소유권을 그 시점의 공정가치에 해당하는 변동 지급액으로 이전하는 경우
② 기초자산의 소유권이 이전되지는 않더라도 리스기간이 기초자산의 경제적 내용연수의 상당 부분(major part)을 차지하는 경우
③ 리스약정일 현재, 리스료의 현재가치가 적어도 기초자산 공정가치의 대부분에 해당하는 경우
④ 기초자산이 특수하여 해당 리스이용자만이 주요한 변경 없이 사용할 수 있는 경우
⑤ 리스이용자가 선택권을 행사할 수 있는 날의 공정가치보다 충분히 낮을 것으로 예상되는 가격으로 기초자산을 매수할 수 있는 선택권을 가지고 있고, 그 선택권을 행사할 것이 리스약정일 현재 상당히 확실한 경우

03 리스이용자가 최초 인식하는 리스부채 측정치에 포함되는 리스료가 아닌 것은?

① 고정리스료
② 지수나 요율에 따라 달라지는 변동리스료
③ 잔존가치 중 리스이용자가 보증한 금액
④ 리스이용자가 행사할 것이 상당히 확실한 매수선택권 행사가격
⑤ 리스기간이 리스이용자의 종료선택권 행사를 반영하는 경우에 그 리스를 종료하는 데 드는 위약금

04 기업회계기준서 제1116호 '리스'에 대한 다음 설명 중 옳은 것은? ▸ CPA 19

① 리스기간이 12개월 이상이고 기초자산이 소액이 아닌 모든 리스에 대하여 리스이용자는 자산과 부채를 인식하여야 한다.

② 일부 예외적인 경우를 제외하고, 단기리스나 소액 기초자산 리스를 이용하는 리스이용자는 해당 리스에 관련되는 리스료를 리스기간에 걸쳐 정액 기준이나 다른 체계적인 기준에 따라 비용으로 인식할 수 있다.

③ 리스이용자의 규모, 특성, 상황이 서로 다르기 때문에, 기초자산이 소액인지는 상대적 기준에 따라 평가한다.

④ 단기리스에 대한 리스회계처리 선택은 리스별로 적용해야 한다.

⑤ 소액 기초자산 리스에 대한 리스회계처리 선택은 기초자산의 유형별로 적용해야 한다.

05 리스에 관한 설명으로 옳은 것을 모두 고른 것은? ▸ 23년 기출

> ㄱ. 단기리스나 소액 기초자산 리스를 제외한 모든 리스에 대해서 리스이용자는 사용권자산과 리스부채를 인식해야 한다.
>
> ㄴ. 리스이용자는 리스의 내재이자율을 쉽게 산정할 수 없는 경우에는 리스제공자의 증분차입이자율을 사용하여 리스료를 할인한다.
>
> ㄷ. 리스이용자는 사용권자산이 손상되었는지를 판단하고 식별된 손상차손을 회계처리하기 위하여 자산손상 기준서를 적용한다.
>
> ㄹ. 투자부동산의 정의를 충족하는 사용권자산은 재무상태표에 투자부동산으로 표시한다.

① ㄱ, ㄴ   ② ㄱ, ㄷ

③ ㄷ, ㄹ   ④ ㄱ, ㄷ, ㄹ

⑤ ㄴ, ㄷ, ㄹ

06 ㈜감평은 다음과 같은 조건으로 기계장치를 리스하였으며, 리스기간 종료 시 기계장치를 반환한다. ㈜감평이 20×1년에 리스부채에 대해서 인식할 이자비용과 사용권자산 상각비의 합계액은 얼마인가? (단, 리스제공자의 내재이자율은 연 5%로 쉽게 알 수 있으며, 리스이용자의 증분차입이자율은 연 7%이다. 또한 기계장치의 내용연수는 4년이며, 정액법으로 상각한다.)

- 리스기간 : 20×1년 1월 1일부터 3년
- 고정리스료 : 매년 12월 31일에 ₩100,000씩 3회 지급
- 리스이용자가 부담하는 리스개설직접원가 ₩10,000
- 기간 2, 5% 연금현가계수 1.85941, 기간 3, 5% 연금현가계수 2.72325
- 기간 2, 7% 연금현가계수 1.80802, 기간 3, 7% 연금현가계수 2.62432

① ₩86,478   ② ₩104,391
③ ₩105,848   ④ ₩107,724
⑤ ₩109,180

07 다음의 자료를 이용하여 리스개시일에 리스이용자가 인식할 사용권자산을 계산하면 얼마인가? (단, 리스제공자의 내재이자율은 연 5%로 쉽게 알 수 있으며, 리스이용자의 증분차입이자율은 연 7%이다.)

- 리스기간 : 20×1년 1월 1일부터 3년간
- 고정리스료 : 매년 1월 1일에 ₩100,000씩 3회 선급
- 리스개시 전에 받은 리스인센티브 : ₩20,000
- 리스이용자가 부담하는 리스개설직접원가 : ₩5,000
- 리스종료 시 리스 기초자산의 원상복구에 소요될 원가 추정치 : ₩30,000
- 기간 2, 5% 연금현가계수 1.85941, 기간 3, 5% 연금현가계수 2.72325
- 기간 2, 7%, 연금현가계수 1.80802, 기간 3, 7% 연금현가계수 2.62432

① ₩271,751   ② ₩285,291
③ ₩290,291   ④ ₩291,856
⑤ ₩296,856

08 20×0년 11월 1일 ㈜세무는 ㈜대한리스로부터 업무용 컴퓨터 서버(기초자산)를 리스하는 계약을 체결하였다. 리스기간은 20×1년 1월 1일부터 3년이며, 고정리스료는 리스개시일에 지급을 시작하여 매년 ₩500,000씩 총 3회 지급한다. 리스계약에 따라 ㈜세무는 연장선택권(리스기간을 1년 연장할 수 있으며 동시에 기초자산의 소유권도 리스이용자에게 귀속)을 20×3년 12월 31일에 행사할 수 있으며, 연장된 기간의 리스료 ₩300,000은 20×4년 1월 1일에 지급한다. 리스개시일 현재 ㈜세무가 연장선택권을 행사할 것은 상당히 확실하다. 20×1년 1월 1일 기초자산인 업무용 컴퓨터 서버(내용연수 5년, 잔존가치 ₩0, 정액법으로 감가상각)가 인도되어 사용 개시되었으며, ㈜세무는 리스개설과 관련된 법률비용 ₩30,000을 동 일자에 지출하였다. ㈜세무의 증분차입이자율은 10%이며, 리스관련 내재이자율은 알 수 없다. 이 리스거래와 관련하여 ㈜세무가 20×1년에 인식할 이자비용과 사용권자산 상각비의 합계액은? ▸ CTA 19

기간	단일금액 ₩1의 현재가치(할인율 10%)	정상연금 ₩1의 현재가치(할인율 10%)
1년	0.9091	0.9091
2년	0.8264	1.7355
3년	0.7513	2.4869
4년	0.6830	3.1699

① ₩408,263   ② ₩433,942
③ ₩437,942   ④ ₩457,263
⑤ ₩481,047

09 ㈜대한은 금융업을 영위하는 ㈜민국리스와 다음과 같은 조건으로 금융리스계약을 체결하였다.

- 리스개시일 : 20×1년 1월 1일
- 리스기간 : 20×1년 1월 1일 ~ 20×3년 12월 31일(3년)
- 연간 정기리스료 : 매년 말 ₩743,823 후급
- 선급리스료 : ㈜대한은 ㈜민국리스에게 리스개시일 이전에 ₩100,000의 리스료를 지급하였다.
- 리스개설직접원가 : ㈜대한은 ₩50,000의 리스개설직접원가를 부담하였으며, ㈜민국리스가 부담한 리스개설직접원가는 없다.
- 소유권이전 약정 : ㈜민국리스는 리스기간 종료시점에 ㈜대한에게 리스자산의 소유권을 ₩200,000에 이전한다.
- 리스의 내재이자율은 연 10%이며, 그 현가계수는 아래의 표와 같다.

기간 \ 할인율	단일금액 ₩1의 현재가치 10%	정상연금 ₩1의 현재가치 10%
3년	0.7513	2.4868

㈜대한이 20×1년 12월 31일 재무상태표에 보고해야 하는 리스부채 금액은 얼마인가? 단, 단수차이로 인해 오차가 있다면 가장 근사치를 선택한다. ▶ CPA 24

① ₩1,456,177
② ₩1,511,177
③ ₩1,566,177
④ ₩1,621,177
⑤ ₩2,000,000

10 ㈜감평(리스이용자)은 20×1년 1월 1일에 ㈜한국리스(리스제공자)와 다음과 같은 리스계약을 체결하였다.

> • 리스개시일 : 20×1년 1월 1일
> • 리스기간 : 20×1년 1월 1일부터 20×3년 12월 31일까지
> • 고정리스료 : 매년 말 ₩1,000,000 후급
> • ㈜감평은 리스기간 종료일에 ㈜한국리스에게 ₩300,000을 지급하고, 기초자산(리스자산)의 소유권을 이전 받기로 하였다.
> • ㈜감평과 ㈜한국리스는 리스개시일에 리스개설직접원가로 각각 ₩100,000과 ₩120,000을 지출하였다.
> • 리스개시일 현재 기초자산의 내용연수는 4년이고, 잔존가치는 ₩0이다.

㈜감평은 사용권자산에 대해 원가모형을 적용하고 있으며 정액법으로 감가상각한다. 리스 관련 내재이자율은 알 수 없으나 ㈜감평의 증분차입이자율이 연 10%라고 할 때, 상기 리스 거래와 관련하여 ㈜감평이 20×1년도에 인식할 비용총액은? (단, 상기 리스계약은 소액 기초자산 리스에 해당하지 않으며, 감가상각비의 자본화는 고려하지 않는다. 또한, 단수차이로 인한 오차가 있다면 가장 근사치를 선택한다.) ▸ 22년 기출

기간	단일금액 ₩1의 현재가치	정상연금 ₩1의 현재가치
	10%	10%
3	0.75131	2.48685

① ₩532,449
② ₩949,285
③ ₩974,285
④ ₩1,175,305
⑤ ₩1,208,638

11 ㈜감평은 20×1년 초 해지불능 리스계약을 체결하고 사용권자산(내용연수 5년, 잔존가치 ₩0, 정액법 상각)과 리스부채(리스기간 5년, 매년 말 정기리스료 ₩13,870, 리스기간 종료 후 소유권 무상이전 약정)를 각각 ₩50,000씩 인식하였다. 리스계약의 내재이자율은 연 12%이고 ㈜감평은 리스회사의 내재이자율을 알고 있다. ㈜감평은 사용권자산에 대해 재평가모형을 적용하고 있으며 20×1년 말 사용권자산의 공정가치는 ₩35,000이다. 동 리스계약이 ㈜감평의 20×1년 당기순이익에 미치는 영향은? (단, 리스계약은 소액자산리스 및 단기리스가 아니라고 가정한다.) ▸ 21년 기출

① ₩5,000 감소
② ₩6,000 감소
③ ₩15,000 감소
④ ₩16,000 감소
⑤ ₩21,000 감소

12 리스이용자인 ㈜대한은 리스제공자인 ㈜민국리스와 리스개시일인 20×1년 1월 1일에 다음과 같은 조건의 리스계약을 체결하였다.

- 기초자산(생산공정에 사용할 기계장치)의 리스기간은 20×1년 1월 1일부터 20×3년 12월 31일까지이다.
- 기초자산의 내용연수는 4년으로 내용연수 종료시점의 잔존가치는 없으며, 정액법으로 감가상각한다.
- ㈜대한은 리스기간 동안 매년 말 ₩3,000,000의 고정리스료를 지급한다.
- 사용권자산은 원가모형을 적용하여 정액법으로 감가상각하고, 잔존가치는 없다.
- 20×1년 1월 1일에 동 리스의 내재이자율은 연 8%로 리스제공자와 리스이용자가 이를 쉽게 산정할 수 있다.
- ㈜대한은 리스기간 종료시점에 기초자산을 현금 ₩500,000에 매수할 수 있는 선택권을 가지고 있으나, 리스개시일 현재 동 매수선택권을 행사하지 않을 것이 상당히 확실하다고 판단하였다. 그러나 20×2년 말에 ㈜대한은 유의적인 상황변화로 인해 동 매수선택권을 행사할 것이 상당히 확실하다고 판단을 변경하였다.
- 20×2년 말 현재 ㈜대한은 남은 리스기간의 내재이자율을 쉽게 산정할 수 없으며, ㈜대한의 증분차입이자율은 연 10%이다.
- 적용할 현가계수는 아래의 표와 같다.

할인율 기간	단일금액 ₩1의 현재가치		정상연금 ₩1의 현재가치	
	8%	10%	8%	10%
1년	0.9259	0.9091	0.9259	0.9091
2년	0.8573	0.8264	1.7832	1.7355
3년	0.7938	0.7513	2.5770	2.4868

㈜대한이 20×3년에 인식할 사용권자산의 감가상각비는 얼마인가? (단, 단수차이로 인해 오차가 있다면 가장 근사치를 선택한다.) ▸ CPA 21

① ₩993,804
② ₩1,288,505
③ ₩1,490,706
④ ₩2,577,003
⑤ ₩2,981,412

13 (주)감평은 리스이용자로 사무실용 건물을 20×1년 초부터 4년간 리스하는 계약(연간리스료 매년 말 ₩90,000 지급)을 체결하였다. (주)감평은 리스개시일인 20×1년 초에 리스부채로 ₩311,859을 인식하였다. 한편, 2년이 경과된 20×3년 초 (주)감평은 리스회사와 매년 말 연간 리스료 ₩70,000을 지급하기로 합의하였다. 20×3년 초 리스변경을 반영한 후 (주)감평의 리스부채 장부금액은? (단, 리스의 내재이자율은 쉽게 산정할 수 없으나, 리스개시일과 20×3년 초 리스이용자인 (주)감평의 증분차입이자율은 각각 연 6%와 연 8%이다.)

▶ 19년 기출

기간	정상연금 ₩1의 현재가치	
	6%	8%
1	0.9434	0.9259
2	1.8334	1.7833
3	2.6730	2.5771
4	3.4651	3.3121

① ₩124,831　　　　　　　② ₩128,338
③ ₩159,456　　　　　　　④ ₩231,847
⑤ ₩242,557

14 ㈜감평은 사무실 공간 2,000제곱미터를 20×1년 1월 1일부터 10년간 리스하는 계약을 체결한다. 연간 리스료는 ₩100,000이며 매년 12월 31일에 지급한다. ㈜감평은 20×6년 초에 연 리스료를 ₩100,000에서 ₩90,000으로 줄이기로 리스제공자와 합의하였다. 리스개시일의 내재이자율은 쉽게 산정할 수 없으며, 리스이용자의 증분차입이자율은 연 5%이다. 20×6년 초 현재 리스이용자의 증분차입이자율은 연 6%이다. 20×6년 초 ㈜감평이 인식해야 할 리스부채 감소액은 얼마인가? (단, 5기간 5% 연금현가계수는 4.32948이며, 5기간 6% 연금현가계수는 4.21236이다.)

① ₩32,460　　　　　　　② ₩43,294
③ ₩47,912　　　　　　　④ ₩53,836
⑤ ₩55,860

15 20×1년 1월 1일 ㈜한국플랜트는 ㈜대한리스회사와 다음과 같은 조건으로 금융리스 계약을 체결하였다.

- 리스자산(기계장치)의 공정가치 : ₩500,000(경제적 내용연수 4년, 잔존가치 ₩0, 정액법 상각)
- 리스기간은 3년이고 리스료는 매년 말 정액지급
- ㈜한국플랜트는 리스기간 종료 시 ₩50,000을 지급하고 소유권을 이전받음
- 내재이자율은 10%
  (3기간의 10% 정상연금 현가계수는 2.48685, 현가계수는 0.75131)
  (4기간의 10% 정상연금 현가계수는 3.16986, 현가계수는 0.68301)

리스기간 동안 매년 말 지급되는 연간 리스료는 얼마인가? (단, 계산금액은 소수점 첫째 자리에서 반올림하며, 이 경우 단수차이로 인해 약간의 오차가 있으면 가장 근사치를 선택한다.)

▶ CTA 11

① ₩124,350 ② ₩150,000
③ ₩161,915 ④ ₩166,667
⑤ ₩185,952

16 ㈜대한은 20×1년 1월 1일 ㈜민국리스와 다음과 같은 조건의 금융리스 계약을 체결하였다.

- 리스개시일: 20×1년 1월 1일
- 리스기간: 20×1년 1월 1일부터 20×4년 12월 31일까지
- 리스자산의 리스개시일의 공정가치는 ₩1,000,000이고 내용연수는 5년이다. 리스자산의 내용연수 종료시점의 잔존가치는 없으며, 정액법으로 감가상각한다.
- ㈜대한은 리스기간 종료 시 ㈜민국리스에게 ₩100,000을 지급하고, 소유권을 이전받기로 하였다.
- ㈜민국리스는 상기 리스를 금융리스로 분류하고, ㈜대한은 리스개시일에 사용권자산과 리스부채로 인식한다.
- 리스의 내재이자율은 연 8%이며, 그 현가계수는 아래의 표와 같다.

할인율	8%	
기간	단일금액 ₩1의 현재가치	정상연금 ₩1의 현재가치
4년	0.7350	3.3121
5년	0.6805	3.9927

㈜민국리스가 리스기간 동안 매년 말 수취하는 연간 고정리스료는 얼마인가? (단, 단수차이로 인해 오차가 있다면 가장 근사치를 선택한다.) ▸ CPA 20

① ₩233,411
② ₩244,132
③ ₩254,768
④ ₩265,522
⑤ ₩279,732

17 (주)감평은 20×1년 1월 1일 (주)한국리스로부터 기계장치(기초자산)를 리스하는 계약을 체결하였다. 계약상 리스기간은 20×1년 1월 1일부터 4년, 내재이자율은 연 10%, 고정리스료는 매년 말 일정금액을 지급한다. (주)한국리스의 기계장치 취득금액은 ₩1,000,000으로 리스개시일의 공정가치이다. (주)감평은 리스개설과 관련하여 법률비용 ₩75,000을 지급하였으며, 리스기간 종료시점에 (주)감평은 매수선택권을 ₩400,000에 행사할 것이 리스약정일 현재 상당히 확실하다. 리스거래와 관련하여 (주)감평이 매년 말 지급해야 할 고정리스료는? (단, 계산금액은 소수점 첫째자리에서 반올림하고, 단수차이로 인한 오차가 있으면 가장 근사치를 선택한다.) ▸ 20년 기출

기간	단일금액 ₩1의 현재가치(할인율＝10%)	정상연금 ₩1의 현재가치(할인율＝10%)
4	0.6830	3.1699
5	0.6209	3.7908

① ₩198,280   ② ₩200,000

③ ₩208,437   ④ ₩229,282

⑤ ₩250,000

18 (주)세무는 20×1년 1월 1일 (주)대한리스로부터 기계장치(기초자산)를 리스하는 해지금지조건의 금융리스계약을 체결하였다. 계약상 리스개시일은 20×1년 1월 1일, 리스기간은 20×1년 1월 1일부터 20×3년 12월 31일, 내재이자율은 연 10%, 고정리스료는 매년 말 일정금액을 지급한다. (주)대한리스의 동 기계장치 취득금액은 ₩2,000,000으로 리스개시일의 공정가치이다. 동 기계장치의 내용연수는 4년, 내용연수 종료시점의 잔존가치는 없고, 정액법으로 감가상각한다. (주)세무는 리스기간 종료시점에 매수선택권을 ₩400,000에 행사할 것이 리스약정일 현재 상당히 확실하다. (주)대한리스가 리스기간 동안 매년 말 수취하는 연간 고정리스료는? (단, 리스계약은 소액자산리스 및 단기리스가 아니라고 가정하며, 현재가치 계산 시 다음에 제시된 현가계수표를 이용한다.) ▸ CTA 24

기간	단일금액 ₩1의 현재가치(할인율 = 10%)	정상연금 ₩1의 현재가치(할인율 = 10%)
3	0.7513	2.4869
4	0.6830	3.1699

① ₩544,749   ② ₩630,935

③ ₩683,373   ④ ₩804,214

⑤ ₩925,055

19 금융업을 영위하는 ㈜대한리스는 20×1년 1월 1일에 ㈜민국과 다음과 같은 조건으로 리스 계약을 체결하였다.

- ㈜대한리스는 ㈜민국이 지정하는 기계설비를 제조사인 ㈜만세로부터 신규 취득하여 20×1년 1월 1일부터 ㈜민국이 사용할 수 있는 장소로 배송한다.
- 리스기간 : 20×1년 1월 1일 ~ 20×3년 12월 31일(리스기간 종료 후 반환조건)
- 잔존가치 보증 : ㈜대한리스는 리스기간 종료 시 리스자산의 잔존가치를 ₩10,000,000으로 예상하며, ㈜민국은 ₩7,000,000을 보증하기로 약정하였다.
- 리스개설직접원가 : ㈜대한리스와 ㈜민국이 각각 ₩300,000과 ₩200,000을 부담하였다.
- ㈜대한리스는 상기 리스를 금융리스로 분류하였고, 동 리스에 대한 내재이자율로 연 10%를 산정하였다.
- 연간 정기리스료 : 매년 말 ₩3,000,000 지급
- 할인율이 10%인 경우 현가계수는 아래의 표와 같다.

기간	단일금액 ₩1의 현재가치	정상연금 ₩1의 현재가치
3년	0.7513	2.4868

㈜대한리스의 (1)기계설비 취득원가(공정가치)와 (2)리스기간 종료 시 회수된 기계설비의 실제 잔존가치가 ₩5,000,000인 경우의 손실금액은 각각 얼마인가? (단, 단수차이로 인해 오차가 있다면 가장 근사치를 선택한다.)

▶ CPA 23

	(1) 취득원가	(2) 회수 시 손실금액
①	₩14,673,400	₩3,000,000
②	₩14,673,400	₩5,000,000
③	₩14,973,400	₩2,000,000
④	₩14,973,400	₩3,000,000
⑤	₩14,973,400	₩5,000,000

20 ㈜감평은 기계장치 1대를 다음과 같은 조건으로 리스이용자에게 금융리스하였다.

> • 리스기간 : 20×1년 1월 1일부터 3년간
> • 연간리스료 : 리스기간 동안 매년 12월 31일에 ₩100,000씩 수령
> • 잔존가치보증 : 리스기간 종료 시 기계장치를 ㈜감평에게 반환하되, 예상잔존가치 ₩30,000 중 ₩20,000을 리스이용자가 보증한다.
> • 내재이자율 : 연 6%
> • 현가계수

할인율 기간	단일금액(기말지급)		정상연금	
	5%	6%	5%	6%
2	0.90703	0.89000	1.85941	1.83339
3	0.86384	0.83962	2.72325	2.67301

㈜감평이 20×1년에 리스채권에 대해서 인식할 이자수익은 얼마인가?

① ₩16,038
② ₩16,542
③ ₩17,046
④ ₩17,233
⑤ ₩17,549

21 ㈜세무리스는 20×1년 1월 1일(리스개시일)에 ㈜한국에게 건설장비를 5년 동안 제공하고 고정리스료로 매년 말 ₩2,000,000씩 수취하는 금융리스계약을 체결하였다. 체결 당시 ㈜세무리스는 리스개설직접원가 ₩50,000을 지출하였으며, 건설장비의 공정가치는 ₩8,152,500이다. 리스개시일 당시 ㈜세무리스의 내재이자율은 10%이다. 리스기간 종료 시 ㈜한국은 건설장비를 반환하는 조건이며, 예상잔존가치 ₩1,000,000 중 ₩600,000을 보증한다. ㈜세무리스는 20×3년 1월 1일 무보증잔존가치의 추정을 ₩200,000으로 변경하였다. ㈜세무리스가 20×3년도에 인식해야 할 이자수익은? ▸ CTA 21

기간	단일금액 ₩1의 현재가치(할인율 10%)	정상연금 ₩1의 현재가치(할인율 10%)
3년	0.7513	2.4868
5년	0.6209	3.7908

① ₩542,438
② ₩557,464
③ ₩572,490
④ ₩578,260
⑤ ₩582,642

22 ㈜대한리스는 20×1년 1월 1일 ㈜민국과 다음과 같은 금융리스계약을 약정과 동시에 체결하였다.

- 리스개시일 : 20×1년 1월 1일
- 리스기간 : 20×1년 1월 1일 ~ 20×3년 12월 31일(3년)
- 연간 정기리스료 : 매년 말 ₩500,000 후급
- 리스자산의 공정가치는 ₩1,288,530이고 내용연수는 4년이다. 내용연수 종료시점에 잔존가치는 없으며, ㈜민국은 정액법으로 감가상각한다.
- ㈜민국은 리스기간 종료시점에 ₩100,000에 리스자산을 매수할 수 있는 선택권을 가지고 있고, 그 선택권을 행사할 것이 리스약정일 현재 상당히 확실하다. 동 금액은 선택권을 행사할 수 있는 날(리스기간 종료시점)의 공정가치보다 충분히 낮을 것으로 예상되는 가격이다.
- ㈜대한리스와 ㈜민국이 부담한 리스개설직접원가는 각각 ₩30,000과 ₩20,000이다.
- ㈜대한리스는 상기 리스를 금융리스로 분류하고, ㈜민국은 리스개시일에 사용권자산과 리스부채를 인식한다.
- 리스의 내재이자율은 연 10%이며, 그 현가계수는 아래 표와 같다.

기간	단일금액 ₩1의 현재가치	정상연금 ₩1의 현재가치
3년	0.7513	2.4868
4년	0.6830	3.1698

상기 리스거래가 ㈜대한리스와 ㈜민국의 20×1년도 당기순이익에 미치는 영향은? (단, 단수차이로 인해 오차가 있다면 가장 근사치를 선택한다.) ▸ CPA 19

	㈜대한리스	㈜민국
①	₩131,853 증가	₩466,486 감소
②	₩131,853 증가	₩481,486 감소
③	₩131,853 증가	₩578,030 감소
④	₩134,853 증가	₩466,486 감소
⑤	₩134,853 증가	₩481,486 감소

23 리스제공자의 운용리스 회계처리에 대한 다음의 설명 중 옳지 않은 것은?

① 정액기준이나 다른 체계적인 기준으로 운용리스의 리스료를 수익으로 인식한다.

② 운용리스 체결 과정에서 부담하는 리스개설직접원가는 리스개시일에 모두 비용으로 회계처리한다.

③ 운용리스 대상 기초자산의 감가상각 정책은 리스제공자가 소유한 다른 비슷한 자산의 보통 감가상각 정책과 일치하여야 한다.

④ 제조자 또는 판매자인 리스제공자는 운용리스를 체결할 때 매출이익을 인식하지 않는다.

⑤ 운용리스의 변경에 대해서 변경 유효일부터 새로운 리스로 회계처리한다.

24 ㈜한국리스는 20×0년 초 ㈜민국과 운용리스계약을 체결하였다. 리스계약과 관련된 주요 내용은 다음과 같다. 아래 리스계약의 회계처리가 ㈜한국리스의 20×0년도 당기순이익을 얼마나 증가시키는가? (단, 리스자산의 사용효익이 감소하는 기간별 형태를 잘 나타내는 별도의 체계적 방법은 없음) ▸ 10년 기출

- ㈜한국리스는 리스자산인 기계장치를 20×0년 초에 ₩200,000에 취득함과 동시에 ㈜민국에 제공하였다.
- 동 리스자산의 내용연수와 잔존가치는 각각 10년과 ₩20,000으로 추정되며, 정액법으로 감가상각한다.
- 리스기간은 20×0년 초부터 3년간이며, 리스료는 20×0년 말에 ₩45,000, 20×1년 말에 ₩40,000, 20×2년 말에 ₩32,000을 수령하기로 하였다.
- ㈜한국리스의 리스개설직접원가는 ₩6,000이고, 동 금액을 20×0년 초에 현금으로 지급하였다.

① ₩15,000   ② ₩19,000

③ ₩21,000   ④ ₩27,000

⑤ ₩30,000

25 ㈜대한리스는 ㈜민국과 리스개시일인 20×1년 1월 1일에 운용리스에 해당하는 리스계약(리스기간 3년)을 체결하였으며, 관련 정보는 다음과 같다.

- ㈜대한리스는 리스개시일인 20×1년 1월 1일에 기초자산인 기계장치를 ₩40,000,000 (잔존가치 ₩0, 내용연수 10년)에 신규 취득하였다. ㈜대한리스는 동 기초자산에 대해 원가모형을 적용하며, 정액법으로 감가상각한다.
- 정액 기준 외 기초자산의 사용으로 생기는 효익의 감소형태를 보다 잘 나타내는 다른 체계적인 기준은 없다.
- ㈜대한리스는 리스기간 종료일인 20×3년 12월 31일에 기초자산을 반환받으며, 리스종료일에 리스이용자가 보증한 잔존가치는 없다.
- ㈜대한리스는 ㈜민국으로부터 각 회계연도 말에 다음과 같은 고정리스료를 받는다.

20×1년 말	20×2년 말	20×3년 말
₩6,000,000	₩8,000,000	₩10,000,000

- ㈜대한리스와 ㈜민국은 20×1년 1월 1일 운용리스 개설과 관련한 직접원가로 ₩600,000과 ₩300,000을 각각 지출하였다.
- ㈜민국은 사용권자산에 대해 원가모형을 적용하며, 정액법으로 감가상각한다.
- 동 거래는 운용리스거래이기 때문에 ㈜민국은 ㈜대한리스의 내재이자율을 쉽게 산정할 수 없으며, 리스개시일 현재 ㈜민국의 증분차입이자율은 연 8%이다.
- 적용할 현가계수는 아래의 표와 같다.

기간 \ 할인율	8%	
	단일금액 ₩1의 현재가치	정상연금 ₩1의 현재가치
1년	0.9259	0.9259
2년	0.8573	1.7832
3년	0.7938	2.5770

동 운용리스거래가 리스제공자인 ㈜대한리스와 리스이용자인 ㈜민국의 20×1년도 포괄손익계산서상 당기순이익에 미치는 영향은 각각 얼마인가? (단, 감가상각비의 자본화는 고려하지 않으며, 단수차이로 인해 오차가 있다면 가장 근사치를 선택한다.) ▶ CPA 22

	㈜대한리스	㈜민국
①	₩1,400,000 증가	₩8,412,077 감소
②	₩3,400,000 증가	₩8,412,077 감소
③	₩3,400,000 증가	₩8,512,077 감소
④	₩3,800,000 증가	₩8,412,077 감소
⑤	₩3,800,000 증가	₩8,512,077 감소

26 ㈜감평은 제조한 설비자산을 다음과 같은 조건으로 ㈜민국에게 금융리스 방식으로 판매하였다. ㈜감평이 20×1년 1월 1일에 인식할 매출액과 매출원가는 각각 얼마인가?

- 설비자산 : 취득원가 ₩200,000, 공정가치 ₩300,000
- ㈜민국의 사용기간 : 20×1년 1월 1일부터 3년 동안 사용하고 반환
- ㈜민국의 사용료 지급 : 사용기간 동안 매년 말 ₩100,000씩 지급
- 잔존가치의 보증 : 예상잔존가치 ₩50,000 중 ₩30,000을 ㈜민국이 보증
- 20×1년 초 시장이자율은 연 6%이며, ㈜감평이 제시한 할인율은 연 3%로서 시장이자율보다 인위적으로 낮은 이자율임
- ㈜감평이 부담할 리스계약단계에서 발생한 비용 : ₩10,000
- 현가계수표

기간 \ 할인율	단일금액(기말지급)		정상연금	
	3%	6%	3%	6%
2	0.94260	0.89000	1.91347	1.83339
3	0.91514	0.83962	2.82861	2.67301

① 매출액 ₩292,490   매출원가 ₩183,208
② 매출액 ₩292,490   매출원가 ₩200,000
③ 매출액 ₩300,000   매출원가 ₩158,019
④ 매출액 ₩309,282   매출원가 ₩183,208
⑤ 매출액 ₩309,282   매출원가 ₩200,000

법인세회계

1절 회계이익과 과세소득의 차이

1. 일시적 차이와 일시적 차이가 아닌 것

수익 − 비용	+ 익금산입, 손금불산입 − 손금산입, 익금불산입	익금 − 손금
= 회계상 이익	세무조정	= 과세소득

① 일시적 차이가 아닌 것 : 향후 과세소득에 영향을 미치지 않는 차이

 예 접대비한도초과액, 비과세 이자소득, 벌금과 과태료 등

② 일시적 차이인 것 : 수익, 비용의 총액은 같으나 인식시점에 차이가 있는 것

당기 과세소득의 영향	차기 과세소득의 영향	일시적 차이
당기 과세소득 : +	차기 과세소득 : −	차감할 일시적 차이
당기 과세소득 : −	차기 과세소득 : +	가산할 일시적 차이

▶ **차감할 일시적 차이** : 향후 과세소득을 감소시키는 일시적 차이

  이연법인세자산 = 차감할 일시적 차이 × 미래세율

▶ **가산할 일시적 차이** : 향후 과세소득을 증가시키는 일시적 차이

  이연법인세부채 = 가산할 일시적 차이 × 미래세율

2절 법인세회계

1. 회계처리 순서

구분	내용
1단계 : 당기법인세 계산	회계이익 ± 세무조정 = 과세소득 × 법인세율(%) ← 당기세율 = 당기법인세(부채) ※ 기납부세액이 많다면 선급법인세(자산)으로 인식
2단계 : 이연법인세 계산	① 이연법인세자산 = 차감할 일시적 차이 × 미래세율 ② 이연법인세부채 = 가산할 일시적 차이 × 미래세율 ※ 단, 이연법인세 자산(부채)를 발생시킨 일시적 차이가 소멸되면 감소시키고, 일시적 차이가 발생하면 인식한다.
3단계 : 법인세비용 계산	(차) 이연법인세자산 ×××　　　(대) 미지급법인세 ××× 　　　법인세비용 ×××　　　　　　　이연법인세부채 ×××

※ 법인세비용차감전순이익 − 법인세비용 = 당기순이익

2. 재무상태표 표시

① 이연법인세자산, 이연법인세부채는 비유동항목으로 분류한다.

② 이연법인세자산, 이연법인세부채는 현재가치로 할인하지 않는다.

③ 이연법인세자산, 이연법인세부채는 상계권리와 상계의도를 모두 보유하고 있는 경우 상계하고 순액으로 표시할 수 있다.

④ 기말 재무상태표에 표시되는 금액은 기말 현재 이연법인세자산, 이연법인세부채로 남아 있어야 하는 잔액이다.

3절 자본에 가감하는 법인세효과

1. 자기주식처분이익

① 회계상 자기주식처분이익은 자본잉여금, 세법은 익금이다.

② 자기주식처분이익으로 인하여 발생하는 법인세효과는 자기주식처분이익에서 직접 가감한다.

③ 자기주식처분이익은 법인세비용 금액에는 영향이 없다.

CHAPTER 17 객관식 문제

01 법인세에 관한 설명으로 옳지 않은 것은?
▸ CTA 10

① 이연법인세 자산과 부채는 보고기간 말까지 제정되었거나 실질적으로 제정된 세율(및 세법)에 근거하여 해당 자산이 실현되거나 부채가 결제될 회계기간에 적용될 것으로 기대되는 세율을 사용하여 측정한다.

② 동일 회계기간 또는 다른 회계기간에 당기손익 이외로 인식되는 항목과 관련된 당기법인세와 이연법인세는 당기손익 이외의 항목으로 인식한다.

③ 종속기업 및 관계기업에 대한 투자자산과 관련된 모든 가산할 일시적 차이에 대하여 항상 이연법인세부채를 인식하는 것은 아니다.

④ 미사용 세무상결손금과 세액공제가 사용될 수 있는 미래 과세소득의 발생가능성이 높은 경우 그 범위 안에서 이월된 미사용 세무상결손금과 세액공제에 대하여 이연법인세자산을 인식한다.

⑤ 이연법인세 자산과 부채는 현재가치로 할인한다.

02 법인세 회계처리에 대한 다음 설명으로 옳지 않은 것은?
▸ CPA 16

① 이연법인세 자산과 부채는 현재가치로 할인하지 아니한다.

② 모든 가산할 일시적 차이에 대하여 이연법인세부채를 인식하는 것을 원칙으로 한다.

③ 당기 및 과거기간에 대한 당기법인세 중 납부되지 않은 부분을 부채로 인식한다. 만일 과거기간에 이미 납부한 금액이 그 기간 동안 납부하여야 할 금액을 초과하였다면 그 초과금액은 자산으로 인식한다.

④ 이연법인세 자산과 부채는 보고기간 말까지 제정되었거나 실질적으로 제정된 세율(및 세법)에 근거하여 해당 자산이 실현되거나 부채가 결제될 회계기간에 적용될 것으로 기대되는 세율을 사용하여 측정한다.

⑤ 이연법인세자산의 장부금액은 매 보고기간 말에 검토한다. 이연법인세자산의 일부 또는 전부에 대한 혜택이 사용되기에 충분한 과세소득이 발생할 가능성이 더 이상 높지 않다면, 이연법인세자산의 장부금액을 감액시킨다. 감액된 금액은 사용되기에 충분한 과세소득이 발생할 가능성이 높아지더라도 다시 환입하지 아니한다.

03 법인세 회계처리에 관한 설명으로 옳은 것은? ▶ 관세사 20

① 영업권을 최초로 인식할 때 차감할 일시적 차이가 발생하므로 이연법인세자산을 인식한다.
② 이연법인세자산과 이연법인세부채는 소멸시점을 상세히 추정하여 현재가치로 할인한다.
③ 과거 회계기간의 당기법인세에 대하여 소급공제가 가능한 세무상결손금과 관련된 혜택은 자산으로 인식하지 않는다.
④ 이연법인세자산의 일부 또는 전부에 대한 혜택이 사용되기에 충분한 과세소득이 발생할 가능성이 더 이상 높지 않더라도 이연법인세자산의 장부금액을 감액시키지 않는다.
⑤ 일시적 차이는 자산 또는 부채를 최초로 인식하는 시점에도 발생할 수 있다.

04 법인세회계에 관한 설명으로 옳지 않은 것은? ▶ CTA 23

① 자산의 세무기준액은 자산의 장부금액이 회수될 때 기업에 유입될 과세대상 경제적효익에 세무상 가산될 금액을 말한다.
② 과거기간에 이미 납부한 법인세 금액이 그 기간 동안 납부하여야 할 금액을 초과하였다면 그 초과금액은 자산으로 인식한다.
③ 사업결합에서 발생한 영업권을 최초로 인식하는 경우에는 이연법인세부채를 인식하지 않는다.
④ 이연법인세자산의 일부 또는 전부에 대한 혜택이 사용되기에 충분한 과세소득이 발생할 가능성이 더 이상 높지 않다면 이연법인세자산의 장부금액을 감액시킨다.
⑤ 이연법인세 자산과 부채는 현재가치로 할인하지 않는다.

05 법인세에 관한 설명으로 옳은 것을 모두 고른 것은? ▶ 관세사 24

> ㄱ. 법인세비용(수익)은 당기법인세비용(수익)과 이연법인세비용(수익)으로 구성된다.
> ㄴ. 기업이 집행가능한 상계권리를 가지고 있는 경우 또는 기업이 순액으로 결제할 의도가 있는 경우에는 당기법인세자산과 당기법인세부채를 상계한다.
> ㄷ. 이연법인세자산의 장부금액은 매 보고기간 말에 검토한다.
> ㄹ. 기업 간 비교가능성을 높이기 위해 이연법인세자산과 이연법인세부채는 현재가치로 할인한다.

① ㄱ, ㄷ ② ㄱ, ㄹ
③ ㄴ, ㄷ ④ ㄴ, ㄹ
⑤ ㄷ, ㄹ

06 법인세회계에 관한 설명으로 옳지 않은 것은? ▸ CTA 24

① 이연법인세자산은 차감할 일시적 차이, 미사용 세무상결손금의 이월액, 미사용 세액공제 등의 이월액과 관련하여 미래 회계기간에 회수될 수 있는 법인세 금액이다.

② 매 보고기간 말에 인식되지 않은 이연법인세자산에 대하여 재검토하며, 미래 과세소득에 의해 이연법인세자산이 회수될 가능성이 높아진 범위까지 과거 인식되지 않은 이연법인세자산을 인식한다.

③ 당기법인세자산과 부채는 기업이 인식된 금액에 대한 법적으로 집행가능한 상계권리를 가지고 있는 경우 또는 순액으로 결제하거나, 자산을 실현하고 부채를 결제할 의도가 있는 경우에 상계한다.

④ 과세대상수익의 수준에 따라 적용되는 세율이 다른 경우에는 일시적 차이가 소멸될 것으로 예상되는 기간의 과세소득(세무상결손금)에 적용될 것으로 기대되는 평균세율을 사용하여 이연법인세 자산과 부채를 측정한다.

⑤ 사업결합에서 발생한 영업권을 최초로 인식하는 경우에는 이연법인세부채를 인식하지 않는다.

07 (주)관세의 20×1년도 법인세와 관련된 자료가 다음과 같을 때 20×1년도 법인세비용은? (단, 차감할 일시적 차이와 세무상결손금이 사용될 수 있는 미래 과세소득의 발생가능성은 높고 20×1년 1월 1일 현재 이연법인세자산(부채)은 없다.) ▸ 관세사 17

• 법인세비용차감전순이익	₩240,000
• 접대비 한도초과액	₩20,000
• 감가상각비 한도초과액	₩40,000
• 20×1년도 법인세율	20%
• 20×2년도 이후 법인세율	30%

① ₩48,000   ② ₩52,000
③ ₩60,000   ④ ₩72,000
⑤ ₩78,000

08 (주)대성의 20×1년도 법인세와 관련한 세무조정사항은 다음과 같다. 20×0년 12월 31일 현재 이연법인세자산과 이연법인세부채의 잔액은 없었다. 법인세법상 당기손익금융자산평가이익은 익금불산입하고 기타 법인세법과의 차이는 손금불산입한다. 20×1년도의 포괄손익계산서의 법인세비용은 얼마인가? (단, 이연법인세자산의 실현가능성은 높으며, 법인세율은 20%이고 이후 변동이 없다고 가정한다.) ▸ 관세사 11

• 법인세비용차감전순이익	₩2,000,000
• 접대비 한도초과액	₩100,000
• 감가상각비 한도초과액	₩60,000
• 당기손익금융자산평가이익	₩20,000

① ₩420,000
③ ₩436,000
⑤ ₩444,000

② ₩424,000
④ ₩440,000

09 ㈜서울은 영업 첫해인 20×1년의 법인세비용차감전순이익은 ₩800,000이고 과세소득은 ₩1,200,000이며, 이 차이는 일시적 차이로서 향후 2년간 매년 ₩200,000씩 소멸될 것이다. 20×1년과 20×2년의 법인세율은 40%이고 20×1년에 개정된 세법에 따라 20×3년부터 적용될 법인세율은 35%이다. ㈜서울이 이 차이에 관하여 20×1년 말 재무상태표상에 기록하여야 하는 이연법인세자산 또는 이연법인세부채의 금액은? (단, 이연법인세자산 또는 이연법인세부채는 각각 자산과 부채의 인식요건을 충족한다.) ▸ 14년 기출

① 이연법인세자산 ₩140,000
③ 이연법인세자산 ₩150,000
⑤ 이연법인세자산 ₩160,000

② 이연법인세부채 ₩140,000
④ 이연법인세부채 ₩150,000

10 (주)감평은 20×1년 1월 1일에 설립되었다. 20×1년도 (주)감평의 법인세비용차감전순이익은 ₩1,000,000이며, 법인세율은 20%이고, 법인세와 관련된 세무 조정사항은 다음과 같다.

> • 감가상각비 한도초과액은 ₩50,000이고, 동 초과액 중 ₩30,000은 20×2년에, ₩20,000은 20×3년에 소멸될 것으로 예상된다.
> • 접대비한도초과액은 ₩80,000이다.
> • 20×1년 말에 정기예금(20×2년 만기)에 대한 미수이자는 ₩100,000이다.

20×1년 중 법인세법의 개정으로 20×2년부터 적용되는 법인세율은 25%이며, 향후 (주)감평의 과세소득은 계속적으로 ₩1,000,000이 될 것으로 예상된다. (주)감평이 20×1년도 포괄손익계산서에 인식할 법인세비용과 20×1년 말 재무상태표에 표시할 이연법인세자산(또는 부채)은? (단, 이연법인세자산과 이연법인세부채는 상계하여 표시한다.) ▸ 17년 기출

	법인세비용	이연법인세		법인세비용	이연법인세
①	₩218,500	₩12,500(부채)	②	₩206,000	₩12,500(자산)
③	₩206,000	₩12,500(부채)	④	₩218,500	₩37,500(자산)
⑤	₩218,500	₩37,500(부채)			

11 다음은 20×1년 초 설립한 (주)감평의 법인세 관련 자료이다.

> • 20×1년 세무조정사항
> – 감가상각비한도초과액   ₩125,000
> – 접대비한도초과액   60,000
> – 정기예금 미수이자   25,000
> • 20×1년 법인세비용차감전순이익   ₩490,000
> • 연도별 법인세율은 20%로 일정하다.
> • 이연법인세자산(부채)의 실현가능성은 거의 확실하다.

20×1년 법인세비용은? ▸ 20년 기출

① ₩85,000   ② ₩98,000

③ ₩105,000   ④ ₩110,000

⑤ ₩122,000

12 다음은 20×1년 초 설립한 (주)감평의 20×1년도 법인세와 관련된 내용이다.

20×1년 과세소득 산출내역	
법인세비용차감전순이익	₩1,000,000
세무조정항목 :	
감가상각비 한도초과액	250,000
접대비한도초과액	50,000
과세소득	₩1,300,000

- 감가상각비 한도초과액은 20×2년에 전액 소멸한다.
- 차감할 일시적 차이가 사용될 수 있는 미래 과세소득의 발생가능성은 높다.
- 연도별 법인세율은 20%로 일정하다.

20×1년도에 인식할 법인세비용은?   ▸ 18년 기출

① ₩200,000   ② ₩210,000
③ ₩260,000   ④ ₩310,000
⑤ ₩320,000

13 20×1년 초에 설립된 (주)관세의 20×1년도 법인세와 관련된 자료는 다음과 같다. (주)관세가 20×1년도에 인식할 법인세비용은? (단, 차감할 일시적 차이가 사용될 수 있는 미래 과세소득의 발생가능성은 높다.)

▸ 관세사 18

- 20×1년도 법인세비용차감전순이익 : ₩1,000,000
- 20×1년도 세무조정 결과 회계이익과 과세소득의 차이로 인한 차감할 일시적 차이 : ₩200,000
- 20×1년도 법인세율 : 25%
- 세법개정으로 인한 20×2년도와 그 이후의 법인세율 : 35%

① ₩200,000   ② ₩230,000
③ ₩250,000   ④ ₩350,000
⑤ ₩370,000

14 12월 31일 결산 법인인 ㈜한국의 20×4년도 법인세와 관련한 세무조정사항은 다음과 같다.

• 법인세비용차감전순이익	₩2,000,000
• 접대비한도초과액	₩100,000
• 감가상각비 한도초과액	₩50,000
• 당기손익금융자산평가이익	(₩20,000)

기업회계상 감가상각비가 세법상 감가상각비한도를 초과한 ₩50,000 중 ₩30,000은 20×5년에 소멸되고, ₩20,000은 20×6년에 소멸될 것이 예상된다. 또한 당기손익금융자산은 20×5년 중에 처분될 예정이다. ㈜한국의 연도별 과세소득에 적용될 법인세율은 20×4년 25%, 20×5년 28%이고, 20×6년도부터는 30%가 적용된다. 20×3년 12월 31일 현재 이연법인세자산(부채)의 잔액은 없었다. 20×4년도의 법인세비용과 미지급법인세로 가장 적절한 것은? (단, 이연법인세자산의 실현가능성은 높다고 가정함)

	법인세비용	미지급법인세
①	₩500,000	₩537,500
②	523,100	537,500
③	523,700	532,500
④	525,000	532,500
⑤	541,300	537,500

15 20×1년 초에 설립된 ㈜세무의 20×1년도 포괄손익계산서상 법인세비용차감전순이익은 ₩700,000이고, 법인세율은 20%이다. 당기 법인세부담액을 계산하기 위한 세무조정사항 및 이연법인세자산(부채) 자료가 다음과 같을 때, 20×1년도 법인세비용은? ▸ CTA 20

- 20×1년도에 당기손익-공정가치측정금융자산평가손실로 ₩100,000을 인식하였으며, 동 금융자산은 20×2년에 처분한다.
- 20×1년 세법상 손금한도를 초과하여 지출한 접대비는 ₩100,000이다.
- 20×1년 정기예금(만기 20×2년)에서 발생한 이자 ₩20,000을 미수수익으로 인식하였다.
- 20×2년 법인세율은 18%로 예상된다.
- 일시적 차이가 사용될 수 있는 미래 과세소득의 발생가능성은 높다.

① ₩158,000　　　　　　　② ₩161,600
③ ₩176,000　　　　　　　④ ₩179,600
⑤ ₩190,400

16 ㈜세무의 20×2년도 법인세 관련 자료가 다음과 같을 때, 20×2년도 법인세비용은?

▸ CTA 22

- 20×2년도 법인세비용차감전순이익 ₩500,000
- 세무조정사항
  - 전기 감가상각비 한도초과액   ₩(80,000)
  - 접대비한도초과액   ₩130,000
- 감가상각비 한도초과액은 전기 이전 발생한 일시적 차이의 소멸분이고, 접대비 한도초과액은 일시적 차이가 아니다.
- 20×2년 말 미소멸 일시적 차이(전기 감가상각비 한도초과액)는 ₩160,000이고, 20×3년과 20×4년에 각각 ₩80,000씩 소멸될 것으로 예상된다.
- 20×1년 말 이연법인세자산은 ₩48,000이고, 이연법인세부채는 없다.
- 차감할 일시적 차이가 사용될 수 있는 과세소득의 발생가능성은 매우 높다.
- 적용될 법인세율은 매년 20%로 일정하고, 언급된 사항 이외의 세무조정 사항은 없다.

① ₩94,000　　　　　　　　② ₩110,000
③ ₩126,000　　　　　　　　④ ₩132,000
⑤ ₩148,000

17 다음은 12월 말 결산법인인 ㈜한국의 20×3년도 법인세 계산관련 자료이다.

(1) 세법상 손금한도를 초과한 접대비는 ₩55,000이다.
(2) 취득원가 ₩240,000, 내용연수 4년, 잔존가액 ₩0인 기계장치를 20×3년 초에 취득하여 연수합계법으로 감가상각하고 있으나, 세법상 정액법을 사용해야 한다.

한편 ㈜한국은 수년 전부터 과세소득을 실현하고 있으며, 법인세비용차감전순이익은 20×3년도에 ₩600,000이고, 20×4년도 이후에는 매년 ₩650,000씩 실현될 것이 확실하다. 이연법인세자산(부채)의 실현가능성은 충분하다. ㈜한국의 연도별 과세소득에 적용될 법인세율은 20×3년 25%, 20×4년 28%이며, 20×5년도부터 그 이후는 계속 30%가 적용될 것으로 확정되었다. 20×3년도 초 현재 ㈜한국의 장부상 이연법인세자산(부채)은 없었다. 위 내용에 의할 경우 20×3년도 포괄손익계산서에 인식될 법인세비용은 얼마인가?

① ₩160,550　　　　　　　　② ₩150,000
③ ₩163,750　　　　　　　　④ ₩172,750
⑤ ₩161,950

18 20×1년 초 설립한 ㈜감평의 법인세 관련 자료이다. ㈜감평의 20×1년도 유효법인세율은? (단, 유효법인세율은 법인세비용을 법인세비용차감전순이익으로 나눈 값으로 정의한다.)

▸ 21년 기출

- 20×1년 세무조정사항
  - 벌과금 손금불산입　　　　　　　　₩20,000
  - 접대비한도초과액　　　　　　　　　15,000
  - 감가상각비한도초과액　　　　　　　15,000
- 20×1년도 법인세비용차감전순이익은 ₩500,000이며, 이연법인세자산(부채)의 실현가능성은 거의 확실하다.
- 연도별 법인세율은 20%로 일정하다.

① 19.27%　　　　　　　　　　② 20%
③ 21.4%　　　　　　　　　　④ 22%
⑤ 22.8%

19 다음은 20×1년 초에 설립된 (주)관세의 20×1년도 법인세 관련 자료이다.

- 법인세비용차감전순이익　　　　　　₩500,000
- 감가상각비 한도초과액(일시적 차이)　　100,000
- 자기주식처분이익　　　　　　　　　50,000
- 20×1년 법인세율은 30%이며, 20×2년부터는 영구적으로 20%의 법인세율이 적용됨

20×1년도 법인세비용(A)과 20×1년 말 이연법인세자산(B)은 각각 얼마인가? (단, 차감할 일시적 차이의 미래 실현가능성은 높다.)

▸ 관세사 11

	(A)	(B)		(A)	(B)
①	₩160,000	₩20,000	②	₩165,000	₩20,000
③	₩165,000	₩30,000	④	₩160,000	₩30,000
⑤	₩195,000	₩0			

20 다음은 20×1년 초 설립한 ㈜감평의 법인세 관련 자료이다.

> - 20×1년 세무조정사항
>   - 감가상각비한도초과액   ₩55,000
>   - 정기예금 미수이자   25,000
>   - 접대비한도초과액   10,000
>   - 자기주식처분이익   30,000
> - 20×1년 법인세비용차감전순이익   ₩400,000
> - 연도별 법인세율은 20%로 일정하다.
> - 당기 이연법인세자산(부채)은 인식요건을 충족한다.

20×1년도 법인세비용은?   ▶ 23년 기출

① ₩80,000   ② ₩81,000
③ ₩82,000   ④ ₩86,000
⑤ ₩94,000

21 20×0년 초 영업을 개시한 (주)관세의 20×1년도 법인세차감전순이익은 ₩1,000,000이다. (주)관세의 20×1년 세무조정항목은 두 가지만 존재한다. 첫째는 20×0년 발생한 재고자산 평가감(가산조정, 일시적 차이) ₩50,000이 20×1년에 반대조정으로 소멸되었으며, 둘째는 20×1년 감가상각비 한도초과액(가산조정, 일시적 차이)이 ₩130,000 발생하였다. (주)관세가 20×1년 포괄손익계산서에 인식할 법인세비용은? (단, 이연법인세자산의 실현가능성은 높으며, 법인세율은 단일세율로 20%이고, 20×0년 이후 세율변동이 없다고 가정한다.) ▶ 관세사 19

① ₩174,000   ② ₩184,000
③ ₩200,000   ④ ₩216,000
⑤ ₩226,000

22 다음은 (주)감평의 20×1년 세무조정사항 등 법인세 계산 자료이다. (주)감평의 20×1년도 법인세비용은?

▸ 19년 기출

- 접대비 한도초과액은 ₩24,000이다.
- 감가상각비 한도초과액은 ₩10,000이다.
- 20×1년 초 전기이월 이연법인세자산은 ₩7,500이고, 이연법인세부채는 없다.
- 20×1년도 법인세비용차감전순이익은 ₩150,000이고, 이후에도 매년 이 수준으로 실현될 가능성이 높다.
- 과세소득에 적용될 세율은 25%이고, 향후에도 변동이 없다.

① ₩37,500
② ₩40,500
③ ₩43,500
④ ₩45,500
⑤ ₩48,500

주당이익

1절 주당이익(EPS)

1. 주당이익(보통주 1주당 귀속이익)

$$\text{기본주당이익} = \frac{\text{보통주귀속이익(당기순이익 - 우선주배당금)}}{\text{가중평균유통보통주식수}}$$

① 주가수익률(PER) = 주가 ÷ EPS

② 배당성향 = 1주당 배당금 ÷ EPS

2. 가중평균유통보통주식수 : 주식이 유통된 월수로 가중평균

① 유상증자(시가) : 발행일부터 가중평균

② 자기주식 취득, 처분 : 취득일, 처분일부터 가중평균

③ 자원의 실질적인 변동을 유발하지 않으면서 유통보통주식수가 변동되는 경우

(예 무상증자, 자본전입, 주식분할, 주식병합, 공정가치 미만의 유상증자를 통한 무상 증자 요소 등) : 비교 표시되는 최초기간의 개시일에 그러한 사건이 일어난 것처럼 비례적으로 조정. 단, 잠재적 보통주의 전환은 제외

3. 공정가치 미만의 유상증자 : 유상증자 + 무상증자

$$\text{유상증자 발행주식수} \times \text{발행가액} = \text{발행금액}$$

㉠ 공정가 발행주식수 × 공정가(전일 종가) = 발행금액

㉡ 무상증자 발행주식수 × W0 = 무상증자분

* 무상증자분은 기초 유통주식과 공정가 유상증자분에 주식수의 비율로 안분

4. 보통주귀속이익 = 당기순이익 - 우선주배당금

누적적 우선주	해당 우선주가 누적적 우선주라면, 배당결의 여부와 관계없이 해당 회계 기간과 관련한 세후배당금을 차감
비누적적 우선주	비누적적 우선주라면 해당 회계기간에 관련하여 배당결의된 세후배당금만 차감

2절   희석주당이익

1. **전환사채** : 전환가정법

   ① 전기 발행된 전환사채가 전환청구하지 않았더라도 기초부터 전환한 것으로 보고 가중평균유통보통주식수 산정에 반영한다. 당기에 발행된 전환사채인 경우 당기 발행일부터 보통주가 된 것으로 가정한다.

   ② 전환사채의 전환으로 이자비용이 발생하지 않으므로 분자에 세후이자비용을 가산

   $$희석주당이익 = \frac{보통주귀속이익 + 이자비용(1-법인세율)}{가중평균유통보통주식수 + 조정주식수}$$

2. **전환우선주** : 전환가정법

   ① 전기 발행된 전환우선주가 전환청구하지 않았더라도 기초부터 전환한 것으로 보고 가중평균유통보통주식수 산정에 반영한다. 당기에 발행된 전환우선주인 경우 당기 발행일부터 보통주가 된 것으로 가정한다.

   ② 전환우선주의 전환으로 우선주배당금이 발생하지 않으므로 분자에 우선주배당금을 가산

   $$희석주당이익 = \frac{보통주귀속이익 + 우선주배당금}{가중평균유통보통주식수 + 조정주식수}$$

3. **자기주식법** : 옵션, 신주인수권, 주식선택권 등

   $$조정주식수 = 총주식수 \times (1 - 행사가격/평균시가)$$

CHAPTER 18　객관식 문제

01 주당이익 계산에 있어서 해당 기간 및 비교 표시되는 모든 기간의 가중평균유통보통주식수는 잠재적 보통주의 전환을 제외하고, 상응하는 자원이 변동 없이 유통보통주식수를 변동시키는 사건을 반영하여 조정한다. 다음 중 상응하는 자원의 변동 없이 유통보통주식수를 변동시키는 사례가 아닌 것은?　　　　　　　　　　　　　　　　　　　　　　　　　▶ 10년 기출

① 다른 거래 없이 1주당 액면 ₩100인 주식 5주를 액면 ₩500인 주식 1주로 병합하였다.
② 다른 거래 없이 1주당 액면 ₩5,000인 주식 1주를 액면 ₩500인 주식 10주로 분할하였다.
③ 이익준비금을 자본금으로 전입하였다.
④ 주식발행초과금을 자본금으로 전입하였다.
⑤ 기존 주주로부터의 차입금을 자본으로 전환하였다.

02 '기본주당이익'의 계산에 관한 설명으로 옳지 않은 것은?　　　　　　　　▶ 관세사 11

① 기본주당이익은 지배기업의 보통주에 귀속되는 특정 회계기간의 당기순손익을 그 기간의 유통된 보통주식수를 가중평균한 주식수로 나누어 계산한다.
② 보통주로 반드시 전환하여야 하는 전환금융상품은 계약체결시점부터 기본주당이익을 계산하기 위한 보통주식수에 포함한다.
③ 당기 중에 무상증자를 실시한 경우, 해당 사건이 있기 전의 유통보통주식수를 비교 표시되는 최초기간의 개시일에 그 사건이 일어난 것처럼 비례적으로 조정한다.
④ 채무를 변제하기 위하여 보통주를 발행하는 경우, 채무변제일이 가중평균유통보통주식수를 산정하기 위한 보통주유통일수 계산의 기산일이 된다.
⑤ 해당 회계기간과 관련한 누적적 우선주에 대한 세후배당금은 배당이 결의된 경우에만 당기순손익에서 차감한다.

03 (주)관세의 20×1년 보통주 관련 자료이다. (주)관세의 20×1년 기본주당이익 산정을 위한 가중평균유통보통주식수는? (단, 가중평균유통보통주식수 산정 시 월수를 가중치로 사용한다.

▶ 관세사 20

일자	내역
1.1.	기초 유통주식수 10,000주
4.1.	25% 무상증자 실시
7.1.	5,000주 유상증자(7월 1일 현금납입되었으며, 공정가치로 발행하였음)
10.1.	자기주식 1,000주 취득

① 14,125주 ② 14,750주
③ 15,250주 ④ 15,375주
⑤ 15,875주

04 ㈜세무의 20×1년 초 유통보통주식수는 15,000주였다. 20×1년 중 보통주식수의 변동내역이 다음과 같다면, 20×1년도 기본주당이익 계산을 위한 가중평균유통보통주식수는? (단, 가중평균유통보통주식수는 월할계산한다.)

▶ CTA 17

• 2월 1일 : 유상증자(발행가격: 공정가치) 20%
• 7월 1일 : 주식배당 10%
• 9월 1일 : 자기주식 취득 1,800주
• 10월 1일 : 자기주식 소각 600주
• 11월 1일 : 자기주식 재발행 900주

① 17,750주 ② 18,050주
③ 18,200주 ④ 18,925주
⑤ 19,075주

05 (주)관세의 20×1년 말 현재 총발행보통주식수는 400주, 가중평균유통보통주식수는 250주이며, 20×1년의 당기순이익은 ₩40,000이다. (주)관세는 우선주 200주(1주당 액면 ₩2,500, 액면배당률 4%, 비참가적이며 비누적적)를 전년도인 20×0년 7월 1일에 처음 발행하였으며, 이후에는 우선주 발행이 없었다. (주)관세의 20×1년 기본주당순이익은 얼마인가? ▸관세사 15

① ₩50   ② ₩80
③ ₩100   ④ ₩160
⑤ ₩200

06 ㈜관세의 20×1년 보통주 관련 자료는 다음과 같다.

- 1월 1일 : 회사를 설립하고 보통주를 발행
- 7월 1일 : 400주 유상증자(현금을 받을 권리 발생일은 7월 1일이며, 공정가치로 발행) 실시
- 10월 1일 : 10% 무상증자 실시

20×1년 (주)관세의 보통주에 귀속되는 당기순이익은 ₩264,000, 기본주당이익은 ₩200일 때, 설립 시 발행한 보통주식수는? (단, 가중평균유통보통주식수 계산 시 월수를 가중치로 사용한다.) ▸관세사 22

① 1,000주   ② 1,018주
③ 1,120주   ④ 1,185주
⑤ 1,320주

07 ㈜세무의 20×1년 초 유통보통주식수는 10,000주이고, 유통우선주식수는 3,000주(1주당 액면금액 ₩100, 연 배당률 10%)로 우선주 2주당 보통주 1주로 전환이 가능하다. ㈜세무의 20×1년도 당기순이익은 ₩1,335,600이며, 주당이익과 관련된 자료는 다음과 같다.

- 4월 1일 전년도에 발행한 전환사채(액면금액 ₩20,000, 전환가격 ₩50) 중 40%가 보통주로 전환되었다. 20×1년 말 전환사채에서 발생한 이자비용은 ₩1,200이며, 법인세율은 20%이다.
- 7월 1일 자기주식 250주를 취득하였다.
- 10월 1일 우선주 1,000주가 보통주로 전환되었다.

㈜세무의 20×1년도 기본주당이익은? (단, 기중에 전환된 전환우선주에 대해서 우선주배당금을 지급하지 않으며, 가중평균주식수는 월할계산한다.) ▸ CTA 21

① ₩110
② ₩120
③ ₩130
④ ₩140
⑤ ₩150

08 ㈜한국의 20×3년 초 유통보통주식수는 5,000주이며 20×3년도 중 보통주식수의 변동내역은 다음과 같다.

- 20×3년 4월 1일에 보통주 1,000주를 시장가격으로 발행하였다.
- 20×3년 8월 1일에 10%의 주식배당을 하였다.
- 20×3년 12월 1일에 자기주식 600주를 취득하였다.

20×3년도 당기순이익이 ₩5,522,000이었다면, ㈜한국의 기본주당순이익은 얼마인가? (단, 가중평균유통보통주식수는 월할계산한다.) ▸ CTA 14

① ₩840
② ₩868
③ ₩880
④ ₩928
⑤ ₩960

09 ㈜한국의 20×9년도 당기순이익은 ₩3,000,000이며, 20×9년 초 유통보통주식수는 10,000주이다. ㈜한국은 20×9년 3월 1일 유상증자를 실시하여 보통주 5,000주를 발행하였으며, 20×9년 8월 1일에는 보통주 1,000주의 자기주식을 취득하였다. 그리고 ㈜한국은 20×9년도 당기순이익에 대해 우선주 배당 ₩250,000을 실시하기로 결의하였다. ㈜한국의 20×9년도 기본주당순이익은 얼마인가? (단, 가중평균유통보통주식수는 월수를 기준으로 계산함) ▸16년 기출

① ₩150 ② ₩175
③ ₩200 ④ ₩225
⑤ ₩250

10 20×1년 1월 1일 ㈜국세의 유통보통주식수는 10,000주(주당액면 ₩5,000), 유통우선주식수는 7,000주(주당액면 ₩5,000, 비누적적, 비참가적)이었다. 20×1년 중 우선주의 변동은 없었으며, 보통주는 20×1년 4월 1일 유상증자로 4,000주가 증가하였고, 7월 1일 10% 무상증자로 1,400주가 추가 발행되었다. 20×1년도 당기순이익은 ₩29,880,000이었으며, 우선주의 배당률은 20%이다. ㈜국세의 기본주당순이익은 얼마인가? (단, 가중평균유통보통주식수는 월할계산한다. 또한 유상증자는 20×1년 4월 1일에 전액 납입완료되었으며, 무상신주의 배당기산일은 원구주에 따른다.) ▸CTA 12

① ₩1,334 ② ₩1,443
③ ₩1,486 ④ ₩1,600
⑤ ₩1,670

11 20×1년 말 (주)관세의 유통보통주식수는 1,400주이다. 20×2년 4월 1일에 보통주 1,000주를 주당 ₩1,200에 발행하였고 발행 직전일의 종가는 주당 ₩2,000이다. (주)관세의 20×2년 당기순이익은 ₩350,000이고 이익에 대한 현금배당을 결의하여 보통주 배당금 ₩120,000과 비누적적우선주 배당금 ₩17,000을 지급하였다. 20×2년도 (주)관세의 기본주당이익은? (단, 가중평균유통보통주식수는 월할 계산한다.) ▸관세사 17

① ₩120 ② ₩130
③ ₩140 ④ ₩150
⑤ ₩160

12 (주)관세의 20×1년 1월 1일 보통주자본금은 ₩150,000(주당 액면금액 ₩500, 주식수 300주)이며, 자기주식은 ₩100,000(주당 취득금액 ₩1,000)이다. (주)관세는 20×1년 7월 1일에 보유 중인 자기주식 중 50주를 주당 ₩1,500에 처분하였다. (주)관세의 20×1년도 당기순이익이 ₩720,000인 경우, (주)관세의 20×1년도 기본주당이익은? (단, 유통보통주식수는 월할 계산한다.)

▶ 관세사 18

① ₩2,400
② ₩3,200
③ ₩3,300
④ ₩3,360
⑤ ₩3,600

13 20×1년 설립된 ㈜감평의 20×1년 주식과 관련된 자료는 다음과 같다.

- 20×1년 1월 초 유통주식수 : 보통주 5,000주, 우선주 300주
- 6월 초 모든 주식에 대해 무상증자 10% 실시
- 10월 초 보통주 자기주식 300주 취득
- 20×1년도 당기순이익 : ₩900,000

20×1년 ㈜감평의 기본주당이익이 ₩162일 때, 우선주 배당금은? (단, 기간은 월할 계산한다.)

▶ 23년 기출

① ₩21,150
② ₩25,200
③ ₩27,510
④ ₩32,370
⑤ ₩33,825

14 다음은 (주)관세의 20×1년도 보통주 변동내역이다.

구분	보통주 주식수
기초	8,000주
4월 1일 무상증자 12.5%	1,000주
7월 1일 유상증자	2,000주

7월 1일 유상증자 시 주당 발행금액은 ₩10,000이고, 유상증자 직전 주당 공정가치는 ₩20,000이다. (주)관세의 20×1년도 기본주당이익 계산을 위한 가중평균유통보통주식수는? (단, 가중평균유통보통주식수는 월할계산한다.)

▶ 관세사 14

① 9,750주
② 10,000주
③ 10,175주
④ 10,450주
⑤ 12,000주

15 ㈜감평의 20×1년 초 유통보통주식수는 18,400주이다. ㈜감평은 20×1년 7월 초 주주우선 배정 방식으로 유상증자를 실시하였다. 유상증자 권리행사 전일의 공정가치는 주당 ₩50,000 이고, 유상증자 시의 주당 발행금액은 ₩40,000, 발행주식수는 2,000주이다. ㈜감평은 20×1년 9월 초 자기주식을 1,500주 취득하였다. ㈜감평의 20×1년 가중평균유통보통주식 수는? (단, 가중평균유통보통주식수는 월할 계산한다.) ▸ 21년 기출

① 18,667주　　② 19,084주
③ 19,268주　　④ 19,400주
⑤ 20,400주

16 ㈜감평의 20×1년 초 유통보통주식수는 1,600주(주당 액면금액 ₩100)이며 20×1년 7월 1일 기존주주를 대상으로 보통주 600주를 발행하는 유상증자를 실시하였다. 주당 발행가액 은 ₩400이며 유상증자 직전 주당 공정가치는 ₩600이었다. 기본주당이익 계산을 위한 가 중평균유통보통주식수는? (단, 유상증자대금은 20×1년 7월 1일 전액 납입완료되었으며, 유통보통주식수는 월할계산한다.) ▸ 22년 기출

① 1,600주　　② 1,760주
③ 1,800주　　④ 1,980주
⑤ 2,200주

17 (주)관세의 20×1년도 보통주와 관련된 자료는 다음과 같다. (주)관세의 20×1년도 기본주 당이익 산정을 위한 가중평균유통보통주식수가 1,095주일 때, 9월 1일에 발행된 유상증자 주식수는? (단, 가중평균유통보통주식수는 월할계산하며, 주식수는 소수점 첫째자리에서 반 올림한다.) ▸ 관세사 24

내역	주식수
1월 1일 : 유통보통주식수	800주
4월 1일 : 유상증자(주당 발행금액 ₩100, 증자직전 주당 공정가치 ₩150)	300주
9월 1일 : 유상증자(공정가치 발행)	?

① 50주　　② 100주
③ 120주　　④ 150주
⑤ 210주

18 20×1년 초 설립된 ㈜감평의 20×1년 주식과 관련된 자료가 다음과 같다.

- 20×1년 초 유통보통주식수 : 3,000주
- 4월 초 모든 주식에 대하여 10% 무상증자 실시
- 7월 초 전환사채의 보통주 전환 : 900주
- 10월 초 주주우선배정 방식으로 보통주 1,000주 유상증자 실시
  (발행금액 : 주당 ₩2,000, 증자 직전 주식의 공정가치 : 주당 ₩2,500)

무상신주는 원구주에 따르고, 유상증자대금은 10월 초 전액 납입완료되었을 때, 20×1년 가중평균유통보통주식수는? (단, 유통보통주식수는 월할계산한다.) ▸24년 기출

① 3,796주　　　　　　　　② 3,875주
③ 4,000주　　　　　　　　④ 4,082주
⑤ 4,108주

19 ㈜세무의 20×6년 당기순이익은 ₩2,450,000이며, 기초 유통보통주식수는 1,800주이다. 20×6년 9월 1일 주주우선배정 방식으로 보통주 300주를 유상증자하였다. 이때 발행금액은 주당 ₩40,000이며, 유상증자 직전 종가는 주당 ₩60,000이다. ㈜세무의 20×6년 기본주당순이익은? (단, 가중평균유통보통주식수는 월할계산한다.) ▸CTA 16

① ₩1,167　　　　　　　　② ₩1,225
③ ₩1,250　　　　　　　　④ ₩1,289
⑤ ₩1,321

20 ㈜감평의 20×1년 초 유통보통주식수는 1,000주(주당 액면금액 ₩1,000), 유통우선주식수는 200주(주당 액면금액 ₩1,000)이다. 20×1년 9월 1일에 ㈜감평은 보통주 1,000주의 유상증자를 실시하였는데, 발행금액은 주당 ₩1,200이고 유상증자 직전 주당 공정가치는 ₩2,000이다. 20×1년도 당기순이익은 ₩280,000이며, 우선주(비누적적, 비참가적)의 배당률은 5%이다. 20×1년도 기본주당이익은? (단, 유상증자대금은 20×1년 9월 1일 전액 납입완료되었으며, 유통보통주식수 계산 시 월할계산한다.) ▸18년 기출

① ₩135　　　　　　　　② ₩140
③ ₩168.75　　　　　　　④ ₩180
⑤ ₩202.5

21 (주)감평의 20×1년도 발행주식 변동내역은 다음과 같다.

일자	구분	보통주	우선주
1월 1일	발행주식수	6,400주	5,000주
4월 1일	유상증자	2,000주	–
7월 1일	무상증자 20%	1,680주	–
12월 31일		10,080주	5,000주

4월 1일 유상증자한 보통주 1주당 발행금액은 ₩1,600이고, 권리락 직전일의 주당 공정가치는 ₩2,000이다. 우선주 1주당 배당금은 ₩60이고, 20×1년도 당기순이익은 ₩1,353,360이다. 20×1년도 기본주당순이익은? (단, 가중평균유통보통주식수 계산은 월할계산한다.)

▶ 19년 기출

① ₩110
② ₩120
③ ₩130
④ ₩140
⑤ ₩150

22 20×1년 1월 1일 설립한 (주)감평의 20×1년 보통주(주당 액면금액 ₩5,000) 변동현황은 다음과 같다.

구분	내용	보통주 증감
1월 1일	유통보통주식수	10,000주 증가
4월 1일	무상증자	2,000주 증가
7월 1일	유상증자	1,800주 증가
10월 1일	자기주식 취득	1,800주 감소

20×1년 7월 1일 주당 ₩5,000에 유상증자가 이루어졌으며, 유상증자 직전 주당공정가치는 ₩18,000이다. 20×1년 기본주당순이익이 ₩900일 때, 당기순이익은? (단, 우선주는 없고, 가중평균유통보통주식수는 월할계산한다.)

▶ 20년 기출

① ₩10,755,000
② ₩10,800,000
③ ₩11,205,000
④ ₩11,766,600
⑤ ₩12,273,750

23 (주)세무의 20×1년도 당기순이익은 ₩10,000,000이며, 주당이익과 관련된 자료는 다음과 같다.

> - 20×1년 초 유통보통주식수는 10,000주(주당 액면금액 ₩5,000)이고, 유통우선주식수는 5,000주(주당 액면금액 ₩5,000)이다.
> - 상기 우선주는 전환우선주로서 누적적이며 배당률은 10%이다.
> - 3월 1일 주주총회에서 보통주 8,000주의 주식배당을 의결하고 즉시 발행하였다.
> - 4월 1일에 유상증자를 실시하여 보통주 4,000주가 증가하였다. 동 유상증자에 대한 주당 발행금액은 ₩5,000이며, 유상증자 직전 공정가치는 주당 ₩10,000이다. 발행금액 전액이 발행일에 납입완료되었다.
> - 9월 1일에 자기주식 4,350주를 취득하여 20×1년 말까지 보유하고 있다.
> - 12월 31일 상기 전환우선주 전액이 주식으로 전환청구되어 보통주 5,000주를 발행하였다.
> - 기중에 전환된 전환우선주에 대해서는 전환일까지의 기간에 대해 우선주 배당금을 지급한다.

(주)세무의 20×1년도 기본주당이익은? (단, 가중평균유통보통주식수는 월할 계산한다.)

▸ CTA 24

① ₩375   ② ₩384
③ ₩405   ④ ₩500
⑤ ₩512

24 ㈜갑의 20×1년 당기순이익은 ₩1,232,500이며, 20×1년 초 유통되고 있는 보통주식수는 3,000주이다. 다음 자료를 이용하면 20×1년 포괄손익계산서상 ㈜갑의 희석주당이익은 얼마인가?

▸ CPA 12

> - 20×1년 7월 1일에 15%의 주식배당을 하였다.
> - 20×1년 10월 1일에 보통주 1,000주를 시장가격으로 발행하였다.
> - 20×1년 11월 1일에 자기주식 1,200주를 취득하였다.
> - ㈜갑은 직전연도에 1매당 보통주 2주로 교환 가능한 전환사채 500매를 발행하였는데, 20×1년 중 해당 전환사채는 보통주로 전환되지 않았다. 20×1년도 전환사채 관련 이자비용은 ₩200,000이며 법인세율은 30%이다.

① ₩300   ② ₩305
③ ₩318   ④ ₩321
⑤ ₩335

25 ㈜대한의 20×1년도 당기순이익은 ₩15,260,000이며, 주당이익과 관련된 자료는 다음과 같다.

- 20×1년 1월 1일 현재 유통보통주식수는 30,000주(주당 액면금액 ₩1,500)이며, 유통우선주식수는 20,000주(주당 액면금액 ₩5,000, 배당률 5%)이다. 우선주는 누적적우선주이며, 전년도에 지급하지 못한 우선주배당금을 함께 지급하기로 결의하였다.
- 20×1년 7월 1일에 보통주 2,000주를 공정가치로 유상증자하였으며, 9월 1일에 3,200주를 무상증자하였다.
- 20×1년 10월 1일에 전년도에 발행한 전환사채 액면금액 ₩1,000,000 중 20%가 보통주로 전환되었으며, 전환가격은 ₩500이다. 20×1년도 포괄손익계산서에 계상된 전환사채의 이자비용은 ₩171,000이며, 세율은 20%이다.

㈜대한의 20×1년도 희석주당이익은 얼마인가? (단, 가중평균유통주식수는 월할로 계산하며, 단수차이로 인해 오차가 있다면 가장 근사치를 선택한다.) ▶ CPA 23

① ₩149
② ₩166
③ ₩193
④ ₩288
⑤ ₩296

26 ㈜감평은 20×6년 10월 1일 전환사채권자의 전환권 행사로 1,000주의 보통주를 발행하였다. 20×6년 말 주당이익 관련 자료가 다음과 같을 때 20×6년도 기본주당이익과 희석주당이익은? (단, 유통보통주식수 계산 시 월할계산하며 전환간주일 개념은 적용하지 않는다.) ▶ 16년 기출

- 기초유통보통주식수 8,000주
- 당기순이익 ₩198,000
- 보통주 1주당 액면금액 ₩1,000
- 전환사채 액면금액은 ₩1,000,000이며 전환가격은 1주당 ₩500
- 포괄손익계산서상 전환사채의 이자비용은 ₩15,000
- 법인세율 20%

	기본주당이익	희석주당이익		기본주당이익	희석주당이익
①	₩24	₩22	②	₩24	₩21
③	₩24	₩20	④	₩25	₩21
⑤	₩25	₩22			

27 (주)감평의 20×1년도 희석주당이익은? (단, 전환우선주 전환 이외의 보통주식수의 변동은 없으며, 유통보통주식수 계산 시 월할계산한다. 또한 계산결과는 가장 근사치를 선택한다.)

▶ 18년 기출

- 20×1년도 당기순이익 : ₩1,049,000
- 기초유통보통주식수 : 20,000주(주당 액면금액 ₩1,000)
- 기초유통우선주식수 : 5,000주(전환우선주, 주당 액면금액 ₩1,000, 전환비율 1:1)
- 전환우선주 : 회계연도 말까지 미전환된 부분에 대해서 액면금액의 8% 배당(전년도에는 배당가능이익이 부족하여 배당금을 지급하지 못하였으나, 20×1년도에는 전년도 배당금까지 포함하여 지급할 예정)
- 20×1년 5월 1일 : 전환우선주 900주가 보통주로 전환되고 나머지는 기말까지 미전환

① ₩30   ② ₩32
③ ₩35   ④ ₩37
⑤ ₩42

28 결산일이 12월 31일인 ㈜서울의 20×6년도 기초유통보통주식수와 기초유통우선주식수는 각각 10,000주(액면가액 ₩1,000)와 4,000주(누적적 및 비참가적 전환우선주, 액면가액 ₩500, 연배당률 8%, 우선주 2주당 보통주 1주 전환)이다. ㈜서울의 20×6년도 당기순이익이 ₩12,000,000일 때, 기본주당이익 및 희석주당이익은 각각 얼마인가? (단, 20×6년도에 우선주전환 등의 자본거래는 없으며, 소수점 이하는 반올림한다.)

	기본주당이익	희석주당이익
①	₩1,184	₩1,000
②	1,200	857
③	1,184	857
④	1,000	987
⑤	1,200	987

29 주당이익에 관한 설명으로 옳지 않은 것은? ▸관세사 19

① 기본주당이익 정보의 목적은 회계기간의 경영성과에 대한 지배기업의 보통주 1주당 지분의 측정치를 제공하는 것이다.

② 기본주당이익은 지배기업의 보통주에 귀속되는 특정 회계기간의 당기순손익을 그 기간에 유통된 보통주식수를 가중평균한 주식수로 나누어 계산한다.

③ 사업결합 이전대가의 일부로 발행된 보통주의 경우 취득일을 가중평균유통보통주식수를 산정하는 기산일로 한다.

④ 보통주로 반드시 전환하여야 하는 전환금융상품은 전환시점부터 기본주당이익을 계산하기 위한 보통주식수에 포함한다.

⑤ 잠재적보통주는 보통주로 전환된다고 가정할 경우 주당계속영업이익을 감소시키거나 주당계속영업손실을 증가시킬 수 있는 경우에만 희석성 잠재적보통주로 취급한다.

회계변경 및 오류수정

1. 회계정책의 변경

① 기준서에서 허용하는 방법 내에서의 변경

② 회계정책의 변경을 할 수 있는 경우

  ㉠ 한국채택국제회계기준에서 회계정책의 변경을 요구하는 경우

  ㉡ 회계정책 변경을 반영한 재무제표가 재무상태, 재무성과 또는 현금흐름에 미치는 영향에 대하여 신뢰성 있고 더 목적적합한 정보를 제공하는 경우

③ 회계정책의 변경에 해당하는 사례 : 측정기준의 변경

  ㉠ 재고자산 단가결정방법을 선입선출법에서 평균법으로 변경

  ㉡ 탐사평가자산으로 인식되는 지출을 규정하는 회계정책의 변경

  ㉢ 투자부동산 평가방법을 원가모형에서 공정가치모형으로 변경

  ㉣ 유, 무형자산의 평가방법을 원가모형에서 재평가모형으로 변경(최초 적용이 아님)

  ㉤ 표시통화의 변경

④ 회계정책 변경에 해당하지 않는 예

  ㉠ 과거에 발생한 거래와 실질이 다른 거래, 기타 사건 또는 상황에 대하여 다른 회계정책을 적용하는 경우

  ㉡ 과거에 발생하지 않았거나 발생하였어도 중요하지 않았던 거래, 기타 사건 또는 상황에 대하여 새로운 회계정책을 적용하는 경우

⑤ 회계정책의 변경 적용

  ㉠ 원칙(소급적용) : 새로운 회계정책이 처음부터 적용된 것처럼 조정

   비교 표시되는 가장 이른 과거기간의 영향 받는 자본의 각 구성요소의 기초금액과 비교 공시되는 각 과거기간의 기타 대응금액을 새로운 회계정책이 처음부터 적용된 것처럼 조정

  ㉡ 비교 표시되는 하나 이상의 과거기간의 비교정보에 대해 특정기간에 미치는 회계정책 변경의 영향을 실무적으로 결정할 수 없는 경우, 실무적으로 소급적용할 수 있는 가장 이른 회계기간(당기일 수 있음)의 자산 및 부채의 기초 장부금액에 새로운 회계정책을 적용

  ㉢ 당기 기초시점에 과거기간 전체에 대한 새로운 회계정책 적용의 누적효과를 실무적으로 결정할 수 없는 경우, 실무적으로 적용할 수 있는 가장 이른 날부터 새로운 회계정책을 전진적용하여 비교정보 재작성

2. 회계추정치 변경

기존과는 다른 상황의 변화, 경험의 축적 등으로 회계적 추정치를 변경하는 것
① 회계추정의 예
    대손, 재고자산 진부화, 금융자산이나 금융부채의 공정가치, 감가상각자산의 내용연수 또는 감가상각자산에 내재된 미래경제적효익의 기대소비행태, 품질보증의무 등
② 회계추정의 변경 회계처리 : 전진적용
③ 회계정책 변경과 추정의 변경을 구분하기 어려운 경우 회계추정의 변경에 해당

2절   오류수정

기준서에서 허용되지 않는 방법에서 허용되는 방법으로 수정하는 것

1. 오류의 종류

① 당기순이익에 영향을 미치지 않는 단순 분류상의 오류
② 당기순이익에 영향을 미치는 오류
    ▶ 중요한 오류는 소급재작성하는 것이 원칙이다.

※ 오류는 발견시점에 수정한다.

자동조정오류	비자동조정오류
해당 회계의 오류가 두 회계기간이 지나면 자동으로 상쇄되는 오류 예 재고자산 오류, 선급비용 오류 등	회계오류가 발생한 회계연도 및 다음 회계연도가 경과하여도 오류가 조정되지 않는 오류 예 자본적 지출을 수익적 지출로 처리, 자산의 인식대상을 비용으로 처리 등

2. 재고자산 오류

예 20×1년 말 기말재고자산이 ₩1,000 과대계상되었을 때 오류수정

20×1년 말 오류발견 시	(차) 매출원가	1,000	(대) 기말재고	1,000
20×2년 초 오류발견 시	(차) 이익잉여금	1,000	(대) 기초재고	1,000
20×2년 말 마감 전 발견	(차) 이익잉여금	1,000	(대) 매출원가	1,000
20×2년 장부마감 후	(차) 이익잉여금	1,000	(대) 이익잉여금	1,000

* 두 회계기간이 지나면 오류는 자동으로 조정된다.

3. 비자동조정오류

① 회사의 오류 분개
② 올바른 회계처리
③ 역분개 : 재무상태표 계정을 정리하고, 포괄손익계산서의 당기분을 조정한 후 차이는 이월이익잉여금에서 조정한다.

CHAPTER 19 객관식 문제

01 다음 중 회계변경에 관한 설명으로 옳지 않은 것은?

① 기업이 하나의 일반적으로 인정된 회계원칙에서 다른 회계원칙으로 바꾸는 것을 회계정책의 변경이라 한다.

② 감가상각자산의 내용연수 또는 감가상각에 내재된 미래경제적효익의 기대소비형태가 변하는 경우 회계정책의 변경으로 처리한다.

③ 회계정책의 변경에 대해서는 소급법을 적용하여 재무제표를 작성한다.

④ 회계정책의 변경과 회계추정의 변경을 구분하는 것이 어려운 경우에는 이를 회계추정의 변경으로 본다.

⑤ 과거에 발생하지 않았거나 발생하였어도 중요하지 않았던 거래, 기타 사건 또는 상황에 대하여 새로운 회계정책을 적용하는 경우는 회계정책의 변경에 해당하지 않는다.

02 회계정책과 변경에 관한 설명으로 옳지 않은 것은? ▸ 관세사 20

① 회계정책의 변경을 반영한 재무제표가 거래, 기타 사건 또는 상황이 재무상태, 재무성과 또는 현금흐름에 미치는 영향에 대하여 신뢰성 있고 더 목적적합한 정보를 제공하는 경우 기업은 회계정책을 변경할 수 있다.

② 과거에 발생하지 않았거나 발생하였어도 중요하지 않았던 거래, 기타 사건 또는 상황에 대하여 새로운 회계정책을 적용하는 경우는 회계정책의 변경에 해당한다.

③ 회계정책이란 기업이 재무제표를 작성·표시하기 위하여 적용하는 구체적인 원칙, 근거, 관습, 규칙 및 관행을 의미한다.

④ 당기 기초시점에 과거기간 전체에 대한 새로운 회계정책 적용의 누적효과를 실무적으로 결정할 수 없는 경우, 실무적으로 적용할 수 있는 가장 이른 날부터 새로운 회계정책을 전진적용하여 비교정보를 재작성한다.

⑤ 회계정책의 변경과 회계추정의 변경을 구분하는 것이 어려운 경우에는 이를 회계추정의 변경으로 본다.

03 '회계정책, 회계추정의 변경 및 오류'에 관한 설명으로 옳지 않은 것은? ▸CTA 11

① 한국채택국제회계기준에서 특정 범주별로 서로 다른 회계정책을 적용하도록 규정하거나 허용하는 경우를 제외하고는 유사한 거래, 기타 사건 및 상황에는 동일한 회계정책을 선택하여 일관성 있게 적용한다.

② 종전에는 발생하지 않았거나 발생하더라도 금액이 중요하지 않았기 때문에 품질 보증 비용을 지출연도의 비용으로 처리하다가, 취급하는 품목에 변화가 생겨 품질보증비용의 금액이 커지고 중요하게 되었기 때문에 충당부채를 인식하는 회계처리를 적용하기로 한 경우, 이는 회계정책의 변경에 해당하지 아니한다.

③ 택배회사의 직원 출퇴근용 버스를 새로 구입하여 운영하기로 한 경우, 이 버스에 적용될 감가상각 방법을 택배회사가 이미 보유하고 있는 배달용 트럭에 대한 감가상각방법과 달리 적용하는 경우는 이를 회계정책의 변경으로 본다.

④ 회계정책의 변경을 반영한 재무제표가 거래, 기타 사건 또는 상황이 재무상태, 재무성과 또는 현금흐름에 미치는 영향에 대하여 신뢰성 있고 더 목적적합한 정보를 제공하는 경우에는 회계정책을 변경할 수 있다.

⑤ 중요한 전기오류는 특정기간에 미치는 오류의 영향이나 오류의 누적효과를 실무적으로 결정할 수 없는 경우를 제외하고는 소급재작성에 의하여 수정한다.

04 '회계정책, 회계추정의 변경 및 오류'에 관한 설명으로 옳지 않은 것은?

① 과거에 발생한 거래와 실질이 다른 거래, 기타 사건 또는 상황에 대하여 다른 회계정책을 적용하는 경우는 회계정책의 변경에 해당하지 아니한다.

② 회계정책의 변경은 특정기간에 미치는 영향이나 누적효과를 실무적으로 결정할 수 없는 경우를 제외하고는 소급법을 적용한다.

③ 회계변경의 속성상 그 효과를 회계정책의 변경효과와 회계추정의 변경효과로 구분하기가 불가능한 경우에는 이를 회계정책의 변경으로 본다.

④ 회계추정의 변경은 전진적으로 처리하여 그 효과를 당기와 당기 이후의 기간에 반영한다.

⑤ 측정기준의 변경은 회계추정의 변경이 아니라 회계정책의 변경에 해당한다.

05 회계변경과 오류수정에 관한 설명으로 옳지 않은 것은? ▸관세사 15

① 거래, 기타 사건 또는 상황에 대하여 구체적으로 적용할 수 있는 한국채택국제회계기준이 없는 경우, 경영진은 판단에 따라 회계정책을 개발 및 적용하여 회계정보를 작성할수 있다.

② 한국채택국제회계기준에서 특정 범주별로 서로 다른 회계정책을 적용하도록 규정하거나허용하는 경우를 제외하고는 유사한 거래, 기타 사건 및 상황에는 동일한 회계정책을 선택하여 일관성 있게 적용한다.

③ 기업은 한국채택국제회계기준에서 회계정책의 변경을 요구하는 경우에 회계정책을 변경할 수 있다.

④ 과거에 발생한 거래와 실질이 다른 거래, 기타 사건 또는 상황에 대하여 다른 회계정책을 적용하는 경우는 회계정책의 변경에 해당하지 아니한다.

⑤ 측정기준의 변경은 회계정책의 변경이 아니라 회계추정의 변경에 해당한다.

06 다음 회계변경 중 그 성격이 다른 하나는?

① 감가상각방법을 정액법에서 정률법으로 변경

② 금융자산에 대한 대손가능성 추정의 변경

③ 재고자산의 단가결정방법을 선입선출법에서 평균법으로 변경

④ 재고자산의 진부화에 대한 판단 변경

⑤ 손실충당금의 대손(손실)률 변경

07 회계변경에 관한 설명으로 옳지 않은 것은? ▸11년 기출

① 기업이 하나의 일반적으로 인정된 회계원칙(GAAP)에서 다른 회계원칙(GAAP)으로 바꾸는 것을 회계정책의 변경이라 한다.

② 감가상각자산의 내용연수 또는 감가상각에 내재된 미래경제적효익의 기대소비행태가 변하는 경우 회계정책의 변경으로 처리한다.

③ 회계정책의 변경을 반영한 재무제표가 특정 거래, 기타 사건 또는 상황이 재무상태, 경영성과 또는 현금흐름에 미치는 영향에 대해서 신뢰성 있고 더 목적적합한 정보를 제공하는 경우 회계정책의 변경이 가능하다.

④ 회계정책의 변경에 대해서는 소급법을 적용하여 재무제표를 작성한다.

⑤ 회계정책의 변경과 회계추정의 변경을 구분하는 것이 어려운 경우 이를 회계추정의 변경으로 본다.

08 회계정책, 회계추정의 변경 및 오류에 관한 설명으로 옳은 것은? ▸17년 기출

① 측정기준의 변경은 회계정책의 변경이 아니라 회계추정의 변경에 해당한다.

② 회계추정의 변경효과를 전진적으로 인식하는 것은 추정의 변경을 그것이 발생한 시점 이후부터 거래, 기타 사건 및 상황에 적용하는 것을 말한다.

③ 과거에 발생한 거래와 실질이 다른 거래, 기타 사건 또는 상황에 대하여 다른 회계정책을 적용하는 경우에도 회계정책의 변경에 해당한다.

④ 과거기간의 금액을 수정하는 경우 과거기간에 인식, 측정, 공시된 금액을 추정함에 있어 사후에 인지된 사실을 이용할 수 있다.

⑤ 회계정책의 변경과 회계추정의 변경을 구분하는 것이 어려운 경우에는 이를 회계정책의 변경으로 본다.

09 회계정책, 회계추정치 변경과 오류에 관한 설명으로 옳은 것은? ▸관세사 24

① 오류수정은 성격상 추가 정보가 알려지는 경우에 변경이 필요할 수도 있는 근사치인 회계추정치 변경과 구별된다.

② 새로운 회계정책을 과거기간에 적용하는 경우, 과거기간에 인식된 금액의 추정에 사후에 인지된 사실을 이용할 수 있다.

③ 거래 및 기타 사건에 대하여 적용할 수 있는 한국채택국제회계기준이 없는 경우, 경영진은 판단에 따라 회계정책을 적용하여 회계정보를 작성할 수 없다.

④ 과거에 발생한 거래와 실질이 다른 거래, 기타 사건 또는 상황에 대하여 다른 회계정책을 적용하는 경우에는 회계정책의 변경에 해당한다.

⑤ 과거에 발생하지 않았던 거래, 기타 사건에 대하여 새로운 회계정책을 적용하는 경우에는 회계정책의 변경에 해당한다.

10 한국채택국제회계기준에서 인정하는 회계정책의 변경에 해당하는 것을 모두 고른 것은?

▸ CTA 24

ㄱ. 과거에 발생한 거래와 실질이 다른 거래, 기타 사건 또는 상황에 대하여 다른 회계정책을 적용하는 경우

ㄴ. 한국채택국제회계기준의 요구에 따라 회계정책을 변경하는 경우

ㄷ. 회계정책의 변경을 반영한 재무제표가 거래, 기타 사건 또는 상황이 재무상태, 재무성과 또는 현금흐름에 미치는 영향에 대하여 신뢰성 있고 더 목적적합한 정보를 제공하는 경우

ㄹ. 과거에 발생하지 않았거나 발생하였어도 중요하지 않았던 거래, 기타 사건 또는 상황에 대하여 새로운 회계정책을 적용하는 경우

ㅁ. 한국채택국제회계기준에서 인정되지 않는 회계정책을 적용하다가 이를 한국채택국제회계기준에서 허용하는 방법으로 변경하는 경우

① ㄱ, ㄴ
② ㄱ, ㅁ
③ ㄴ, ㄷ
④ ㄷ, ㄹ
⑤ ㄹ, ㅁ

11 (주)서울은 20×1년도 기말재고를 과대계상하였다. 동 오류는 20×2년 중 발견되지 않았으며, 20×2년 말 재고조사에서는 오류가 없었다. 20×1년도 기말재고자산 오류가 (주)서울의 재무제표에 미치는 영향에 대한 설명으로 옳은 것은?

▸ 관세사 13

① 20×2년도 기초재고자산이 과대계상된다.
② 20×2년도 매출총이익이 과대계상된다.
③ 20×2년도 기말이익잉여금이 과소계상된다.
④ 20×1년도 당기순이익이 과소계상된다.
⑤ 20×1년도 매출원가가 과대계상된다.

12 (주)관세의 20×3년 말 회계감사과정에서 발견된 기말재고자산 관련 오류사항은 다음과 같다.

20×1년 말	20×2년 말	20×3년 말
₩5,000 과대	₩2,000 과대	₩3,000 과대

위의 오류사항을 반영하기 전 20×3년 말 이익잉여금은 ₩100,000, 20×3년도 당기순이익은 ₩30,000이었다. 오류를 수정한 후의 20×3년 말 이익잉여금(A)과 20×3년도 당기순이익(B)은 각각 얼마인가? (단, 오류는 중요한 것으로 가정한다.) ▸ 관세사 14

	(A)	(B)		(A)	(B)
①	₩90,000	₩25,000	②	₩90,000	₩27,000
③	₩97,000	₩27,000	④	₩97,000	₩29,000
⑤	₩99,000	₩29,000			

13 (주)관세는 20×3년에 회계기록을 검토하던 중 20×1년 기말재고자산은 ₩500 그리고 20×2년 기말재고자산은 ₩1,000이 각각 과소평가되었음을 확인하였다. 이러한 재고자산 평가의 오류가 20×1년과 20×2년 당기순이익에 미친 영향은? ▸ 관세사 15

	20×1년	20×2년		20×1년	20×2년
①	₩500 과대	₩500 과대	②	₩500 과대	₩1,000 과소
③	₩500 과대	₩1,000 과대	④	₩500 과소	₩1,000 과소
⑤	₩500 과소	₩500 과소			

14 ㈜한국의 20×1년도 재무제표에는 기말재고자산이 ₩750 과소계상되어 있으나, 20×2년도 기말재고자산은 정확하게 계상되어 있다. 동 재고자산 오류가 수정되지 않은 ㈜한국의 20×1년도와 20×2년도의 당기순이익은 각각 ₩3,800과 ₩2,700이다. ㈜한국은 오류를 수정하여 비교재무제표를 재작성하고자 한다. 20×1년 초 이익잉여금이 ₩11,500인 경우, 20×2년 말 이익잉여금은? ▸ 13년 기출

① ₩14,200
② ₩15,200
③ ₩15,950
④ ₩18,000
⑤ ₩18,750

15 (주)감평은 20×1년 기말재고자산을 ₩50,000만큼 과소계상하였고, 20×2년 기말재고자산을 ₩30,000만큼 과대계상하였음을 20×2년 말 장부마감 전에 발견하였다. 20×2년 오류수정 전 당기순이익이 ₩200,000이라면, 오류수정 후 당기순이익은? ▸16년 기출

① ₩120,000

② ₩170,000

③ ₩230,000

④ ₩250,000

⑤ ₩280,000

16 ㈜감평은 20×1년부터 20×3년까지 매년 말 다음과 같이 기말재고자산을 과소 또는 과대계상하였으며 오류수정 전 20×2년도와 20×3년도의 당기순이익은 각각 ₩200과 ₩250이다. 20×3년도 장부가 마감되기 전 오류를 발견하고 해당 오류가 중요하다고 판단하였을 경우, 오류수정 후 20×3년도 당기순이익은? ▸24년 기출

20×1년도	20×2년도	20×3년도
₩30 과소계상	₩10 과소계상	₩20 과대계상

① ₩190

② ₩220

③ ₩230

④ ₩240

⑤ ₩250

17 ㈜감평의 20×1년도 회계오류 수정 전 법인세비용차감전순이익은 ₩500,000이다. 오류수정과 관련된 자료는 다음과 같다.

구분	20×0년	20×1년
기말재고자산 과대(과소)계상	₩12,000 과소	₩5,000 과대
선급비용을 당기비용으로 처리	₩4,000	₩3,000

회계오류 수정 후 ㈜감평의 20×1년도 법인세비용차감전순이익은? ▸19년 기출

① ₩476,000

② ₩482,000

③ ₩486,000

④ ₩488,000

⑤ ₩492,000

18 (주)관세는 20×3년부터 재고자산 단가결정방법을 총평균법에서 선입선출법으로 변경하였다. 이러한 변경은 자발적 회계정책변경에 해당하며 정당한 회계변경이다. 관련 자료는 다음과 같다.

구분	20×1년	20×2년
기말 재고자산 선입선출법	₩4,800	₩5,600
총평균법	₩4,500	₩5,000
당기순이익(총평균법)	₩20,000	₩25,000

20×2년과 20×3년을 비교하는 형식으로 포괄손익계산서를 작성할 경우 ㈜관세의 20×2년도 당기순이익은? (단, 회계정책변경의 소급효과를 모두 결정할 수 있다고 가정한다.) ▸ 관세사 17

① ₩24,100
② ₩24,700
③ ₩25,300
④ ₩25,900
⑤ ₩26,100

19 (주)감평은 20×3년도부터 재고자산 평가방법을 선입선출법에서 가중평균법으로 변경하였다. 이러한 회계정책의 변경은 한국채택국제회계기준에서 제시하는 조건을 충족하며, (주)감평은 이러한 변경에 대한 소급효과를 모두 결정할 수 있다. 다음은 (주)감평의 재고자산 평가방법별 기말재고와 선입선출법에 의한 당기순이익이다.

구분	20×1년	20×2년	20×3년
기말 재고자산 선입선출법	₩1,100	₩1,400	₩2,000
가중평균법	1,250	1,600	1,700
당기순이익	₩21,000	₩21,500	₩24,000

회계변경 후 20×3년도 당기순이익은? (단, 20×3년도 장부는 마감 전이다.) ▸ 18년 기출

① ₩23,500
② ₩23,700
③ ₩24,000
④ ₩24,300
⑤ ₩24,500

20 ㈜감평은 재고자산을 20×1년 말까지 평균법을 적용해 오다가 20×2년 초 선입선출법으로 회계정책을 변경하였다. 다음은 20×1년 말과 20×2년 말의 평가방법별 재고자산 금액이다.

구분		20×1년 말	20×2년 말
재고자산금액	평균법	₩2,800	₩2,200
	선입선출법	2,500	2,800

평균법을 적용한 20×2년 당기순이익이 ₩2,000일 때, 변경 후 20×2년 당기순이익은? (단, 동 회계정책 변경은 한국채택국제회계기준에서 제시하는 조건을 충족하는 것이며, 선입선출법으로의 회계정책 변경에 대한 소급효과를 모두 결정할 수 있다고 가정한다.)

▶ 21년 기출

① ₩1,400
③ ₩2,300
⑤ ₩2,900
② ₩2,000
④ ₩2,600

21 ㈜감평은 20×1년 초 투자부동산(내용연수 10년, 잔존가치 ₩0, 정액법상각)을 ₩200,000에 취득하고 원가모형을 적용하였다. ㈜감평은 20×2년부터 동 투자부동산에 대하여 공정가치모형을 적용하기로 하였으며 이러한 회계변경은 정당하다. 20×1년 말, 20×2년 말 동 투자부동산의 공정가치는 각각 ₩190,000, ₩185,000이다. 회계변경효과를 반영하여 20×2년 말 작성하는 비교재무제표(20×1년, 20×2년)에 표시될 금액에 관한 설명으로 옳은 것은?

▶ 23년 기출

① 20×1년도 투자부동산(순액)은 ₩180,000이다.
② 20×1년도 투자부동산 감가상각비는 ₩0이다.
③ 20×1년도 투자부동산평가손익은 ₩0이다.
④ 20×2년도 투자부동산평가이익은 ₩5,000이다.
⑤ 20×2년도 투자부동산(순액)은 ₩190,000이다.

22 ㈜세무는 20×1년 초에 사채(상각후원가로 측정하는 금융부채)를 발행하였다. 20×1년 말 장부마감 과정에서 동 사채의 회계처리와 관련한 다음과 같은 중요한 오류를 발견하였다.

> • 사채의 발행일에 사채발행비 ₩9,500이 발생하였으나 이를 사채의 발행금액에서 차감하지 않고, 전액 20×1년도의 당기비용으로 처리하였다.
> • 20×1년 초 사채의 발행금액(사채발행비 차감 전)은 ₩274,000이고, ㈜세무는 동 발행금액에 유효이자율 연 10%를 적용하여 20×1년도 이자비용을 인식하였다.
> • 상기 사채발행비를 사채 발행금액에서 차감할 경우 사채발행시점의 유효이자율은 연 12%로 증가한다.

㈜세무의 오류수정 전 20×1년도의 당기순이익이 ₩100,000인 경우, 오류를 수정한 후의 20×1년도 당기순이익은?

▶ CTA 22

① ₩90,500
② ₩95,660
③ ₩104,340
④ ₩105,160
⑤ ₩109,500

23 ㈜관세는 20×1년도의 결산과정에서 다음의 중요한 오류를 발견하였다.

> • 20×0년과 20×1년의 기말재고자산을 각각 ₩8,000과 ₩3,000 과소계상하였다.
> • 20×1년 초에 연구비(당기비용)로 처리하여야 할 지출액 ₩20,000을 모두 무형자산으로 인식하고, 1년간의 무형자산상각비(당기비용)로 ₩4,000을 인식하였다.

20×1년도의 오류수정 전 법인세비용차감전순이익이 ₩500,000인 경우, 오류수정 후 ㈜관세의 20×1년도 법인세비용차감전순이익은? (단, ㈜관세의 20×1년도 장부는 아직 마감되지 않았고, 재고자산에 대한 장부기록방법으로 실지재고조사법을 사용한다고 가정한다.)

▶ 관세사 18

① ₩472,000
② ₩476,000
③ ₩479,000
④ ₩516,000
⑤ ₩521,000

24 (주)세무는 20×2년도 장부마감 전에 다음과 같은 중요한 오류를 발견하였다. (주)세무의 20×2년도 오류수정 전 당기순이익이 ₩500,000일 때, 오류수정 후 당기순이익은? ▸CTA 23

- 20×1년 기말재고자산을 ₩10,000 과대평가하였으며, 20×2년 기말재고자산을 ₩5,000 과소평가하였다.
- 20×1년 미지급이자를 ₩7,000 과소계상하였으며, 20×2년 미지급이자를 ₩3,000 과소계상하였다.
- 20×2년 초에 취득한 투자주식(지분율 30%)에 대하여 지분법으로 처리해야 하는데 원가법으로 잘못 회계처리하였다. 20×2년 중에 ₩6,000의 중간배당금을 현금으로 수령하였으며, 피투자회사의 20×2년도 당기순이익은 ₩400,000이다.

① ₩595,000
② ₩601,000
③ ₩603,000
④ ₩633,000
⑤ ₩639,000

현금흐름표

1절 **현금흐름표**

1. 현금흐름표 표시
① 현금흐름표는 재무상태표상 현금 및 현금성자산으로 실질적 현금도 포함한다.
② 현금흐름의 구분 : 영업활동, 투자활동, 재무활동

2. 영업활동 현금흐름
① 재화의 판매와 용역 제공에 따른 현금유입
② 로열티, 수수료, 중개료 및 기타수익에 따른 현금유입
③ 재화와 용역의 구입에 따른 현금유출
④ 종업원과 관련하여 직, 간접으로 발생하는 현금유출
⑤ 법인세의 납부 또는 환급. 다만, 재무활동과 투자활동에 명백히 관련되는 것은 제외
⑥ 단기매매목적으로 보유하는 계약에서 발생하는 현금유입과 현금유출

3. 투자활동 현금흐름
① 유형자산, 무형자산 및 기타 장기성 자산의 취득에 따른 현금유입 또는 유출
② 다른 기업의 지분상품이나 채무상품 및 조인트벤처 투자지분의 취득에 따른 현금유
   입 또는 유출
③ 제3자에 대한 선급금 및 대여금, 선급금 및 대여금의 회수에 따른 현금유입
④ 선물계약, 선도계약, 옵션계약 및 스왑계약에 따른 현금유입 또는 유출

4. 재무활동 현금흐름
① 주식이나 기타 지분상품의 발행에 따른 현금유입
② 주식의 취득이나 상환에 따른 소유주에 대한 현금유출
③ 담보, 무담보부사채 및 어음의 발행과 기타 장·단기차입에 따른 현금유입
④ 차입금의 상환에 따른 현금유출
⑤ 리스이용자의 리스부채 상환에 따른 현금유출

5. 이자, 배당, 법인세 관련 : 구분표시

구분	이자지급	이자수입	배당금수입	배당금지급	법인세
원칙	영업활동	영업활동	영업활동	재무활동	영업활동
예외	재무활동	투자활동	투자활동	영업활동	투자활동 또는 재무활동

2절 　영업활동 현금흐름 : 직접법 또는 간접법

1. 간접법

> 당기순이익
> + 이자비용, 법인세비용
> ± 투자, 재무관련 손익 가감
> − 영업활동 관련 자산의 증가
> + 영업활동 관련 자산의 감소
> + 영업활동 관련 부채의 증가
> − 영업활동 관련 부채의 감소
> = 영업에서 창출된 현금
> ± 이자, 배당으로 인한 현금 유출입
> − 법인세지급액
> = 영업활동 순현금흐름

2. 직접법(세부 활동별 구분) : 기준서 권장

> 영업활동별 관련 손익
> ± 해당 활동과 관련된 자산의 변화
> ± 해당 활동과 관련된 부채의 변화
> = 해당 활동 관련 현금의 변화

3절 　투자활동 및 재무활동 현금흐름

① 투자활동 및 재무활동 현금흐름은 기중거래를 분석하여 투자활동으로 인한 현금유입, 투자활동으로 인한 현금유출을 직접 찾는다(총액보고).
② 기중거래분석의 예
　기초 기계장치 − 기중 처분(현금 유입) + 기중 취득(현금 유출) = 기말 기계장치
　기초 감가상각누계액 − 기중 처분 + 감가상각비 계상 = 기말 감가상각누계액

CHAPTER 20 객관식 문제

01 현금흐름표에 관한 설명으로 옳지 않은 것은? ▸ 관세사 13

① 현금흐름표는 회계기간 동안 발생한 현금흐름을 영업활동, 투자활동 및 재무활동으로 분류하여 보고한다.

② 영업활동은 기업의 주요 수익창출활동, 그리고 투자활동이나 재무활동이 아닌 기타의 활동을 말한다.

③ 투자활동은 유·무형자산, 다른 기업의 지분상품이나 채무상품 등의 취득과 처분활동, 제3자에 대한 대여 및 회수활동 등을 포함한다.

④ 재무활동은 기업의 납입자본과 차입금의 크기 및 구성내용에 변동을 가져오는 활동을 말한다.

⑤ 간접법을 적용하여 표시한 영업활동 현금흐름은 직접법에 의한 영업활동 현금흐름에서는 파악할 수 없는 정보를 제공하기 때문에 미래현금흐름을 추정하는 데 보다 유용한 정보를 제공한다.

02 현금흐름표의 활동별 현금의 분류에 관한 설명으로 옳지 않은 것은? ▸ 관세사 15

① 파생상품계약에서 식별가능한 거래에 대하여 위험회피회계를 적용하는 경우, 그 계약과 관련된 현금흐름은 투자활동으로 분류한다.

② 이자와 배당금의 수취 및 지급에 따른 현금흐름은 각각 별도로 공시하며, 각 현금흐름은 매 기간 일관성 있게 영업활동, 투자활동 또는 재무활동으로 분류한다.

③ 종속기업과 기타 사업에 대한 지배력의 획득 또는 상실에 따른 총현금흐름은 별도로 표시하고 투자활동으로 분류한다.

④ 외화로 표시된 현금 및 현금성자산의 환율변동효과는 영업활동, 투자활동 및 재무활동 현금흐름과 구분하여 별도로 표시한다.

⑤ 법인세로 인한 현금흐름은 별도로 공시하며, 재무활동과 투자활동에 명백히 관련되지 않는 한 영업활동 현금흐름으로 분류한다.

03 현금흐름표는 회계기간 동안 발생한 현금흐름을 영업활동, 투자활동 및 재무활동으로 분류
하여 보고한다. 다음 중 현금흐름의 분류가 다른 것은? ▸ CTA 10
   ① 리스이용자의 리스부채 상환에 따른 현금유출
   ② 판매목적으로 보유하는 재고자산을 제조하거나 취득하기 위한 현금유출
   ③ 보험회사의 경우 보험금과 관련된 현금유출
   ④ 기업이 보유한 특허권을 일정기간 사용하도록 하고 받은 수수료 관련 현금유입
   ⑤ 단기매매목적으로 보유하는 계약에서 발생한 현금유입

04 영업활동현금흐름과 관련된 항목을 모두 고르면?

ㄱ. 단기매매금융자산의 처분	ㄴ. 기계장치의 구입
ㄷ. 유상증자	ㄹ. 토지의 처분
ㅁ. 사채의 발행	ㅂ. 로열티수익

   ① ㄱ, ㄴ   ② ㄱ, ㅂ
   ③ ㄴ, ㄹ   ④ ㄷ, ㅁ
   ⑤ ㄹ, ㅁ

05 현금흐름표에 관한 설명으로 옳지 않은 것은? ▸ CTA 12
   ① 이자와 차입금을 함께 상환하는 경우, 이자지급은 영업활동으로 분류될 수 있고 원금상
      환은 재무활동으로 분류된다.
   ② 회전율이 높고 금액이 크며 만기가 짧은 항목과 관련된 재무활동에서 발생하는 현금흐름
      은 순증감액으로 보고할 수 있다.
   ③ 타인에게 임대할 목적으로 보유하다가 후속적으로 판매목적으로 보유하는 자산을 제조
      하거나 취득하기 위한 현금 지급액은 영업활동 현금흐름이다.
   ④ 지분상품은 현금성자산에서 제외하므로 상환일이 정해져 있고 취득일로부터 상환일까지
      의 기간이 3개월 이내인 우선주의 경우에도 현금성자산에서 제외한다.
   ⑤ 간접법보다 직접법을 적용하는 것이 미래현금흐름을 추정하는 데 보다 유용한 정보를
      제공하므로 영업활동 현금흐름을 보고하는 경우에는 직접법을 사용할 것을 권장한다.

06 '현금흐름표'의 작성에 관한 설명으로 옳지 않은 것은? ▶ 관세사 11

① 금융리스를 통하여 자산을 취득하는 경우는 비현금거래로 현금흐름표에서 제외한다.
② 리스이용자의 리스부채 상환에 따른 현금유출은 투자활동 현금흐름이다.
③ 단기매매목적으로 보유하는 유가증권의 취득, 판매에 따른 현금흐름은 영업활동으로 분류한다.
④ 영업활동 현금흐름을 직접법으로 보고하면 간접법에 비해 미래현금흐름을 추정하는 데보다 유용한 정보를 제공한다.
⑤ 주식의 취득이나 상환에 따른 소유주에 대한 현금유출은 재무활동 현금흐름이다.

07 현금흐름표에 관한 설명으로 옳지 않은 것은? ▶ CTA 21

① 영업활동 현금흐름은 일반적으로 당기순손익의 결정에 영향을 미치는 거래나 그 밖의사건의 결과로 발생한다.
② 법인세로 인한 현금흐름은 별도로 공시하며, 재무활동과 투자활동에 명백히 관련되지 않는한 영업활동 현금흐름으로 분류한다.
③ 현금 및 현금성자산의 사용을 수반하지 않는 투자활동과 재무활동 거래는 현금흐름표에서 제외한다.
④ 이자와 배당금의 수취 및 지급에 따른 현금흐름은 각각 별도로 공시한다. 각 현금흐름은매 기간 일관성 있게 영업활동, 투자활동 또는 재무활동으로 분류한다.
⑤ 단기매매목적으로 보유하는 유가증권의 취득과 판매에 따른 현금흐름은 투자활동으로분류한다.

08 다음의 (주)대한의 20×1년 재무제표 관련 자료를 이용할 때 현금흐름표에 보고될 영업활동현금흐름은 얼마인가? ▶ 관세사 12

• 당기순이익	₩20,000	• 감가상각비	₩4,600
• 매출채권의 증가	₩15,000	• 재고자산의 감소	₩2,500
• 매입채무의 증가	₩10,400		

① ₩20,200
② ₩21,000
③ ₩22,500
④ ₩33,200
⑤ ₩54,000

09 ㈜감평의 20×5년 당기순이익은 ₩2,500,000이다. 다음 자료를 이용하여 20×5년의 영업
활동 현금흐름을 계산하면? (단, 간접법으로 계산한다.)

▶ 15년 기출

구분	기초	기말
• 재고자산	₩250,000	₩380,000
• 매출채권(순액)	620,000	450,000
• 선급비용	350,000	250,000
• 선수수익	400,000	240,000
• 미지급비용	240,000	180,000
• 무형자산상각비		₩100,000
• 토지처분이익		80,000
• 당기손익인식금융자산평가손실		150,000

① ₩2,590,000
② ₩2,750,000
③ ₩2,830,000
④ ₩2,910,000
⑤ ₩2,990,000

10 다음 자료를 이용하여 현금흐름표상의 '영업활동으로 인한 현금흐름'을 계산하면 얼마인가?

• 당기순이익	₩350,000	• 감가상각비	₩50,000
• 매출채권의 증가	₩20,000	• 재고자산의 감소	₩40,000
• 사채상환이익	₩50,000	• 미지급법인세의 증가	₩50,000
• 보통주의 발행	₩100,000	• 유형고정자산의 취득	₩90,000

① ₩520,000
② ₩470,000
③ ₩420,000
④ ₩400,000
⑤ ₩380,000

11 ㈜대한의 20×1년 당기순이익이 ₩10,000인 경우, 다음 자료를 이용하여 영업활동으로 인한 현금흐름을 계산하면?

> • 당기의 감가상각비는 ₩1,000이다.
> • 전기 말보다 당기 말에 재고자산이 ₩200 증가하였다.
> • 전기 말보다 당기 말에 미지급보험료가 ₩100 감소하였다.
> • ₩4,000에 구입한 건물(감가상각누계액 ₩3,000)을 당기에 ₩500에 매각하였다.

① ₩10,200
② ₩11,000
③ ₩11,200
④ ₩11,800
⑤ ₩12,000

12 다음은 ㈜한국의 비교재무상태표와 20×2년의 포괄손익계산서 항목들이다. 이 자료들을 바탕으로 ㈜한국의 20×2년 영업활동으로 인한 현금흐름금액을 구하면 얼마인가?

〈비교재무상태표〉		
구분	20×1년 말	20×2년 말
매출채권	₩540,000	₩650,000
선급보험료	70,000	35,000
매입채무	430,000	550,000
장기차입금	880,000	920,000

〈20×2년도 포괄손익계산서 항목〉

• 당기순이익 ₩200,000   • 건물처분손실 ₩150,000
• 감가상각비 ₩450,000   • 기계장치처분이익 ₩60,000

① ₩695,000
② ₩785,000
③ ₩800,000
④ ₩825,000
⑤ ₩835,000

13 (주)관세의 20×2년도 포괄손익계산서에는 당기순이익 ₩600, 유형자산처분이익 ₩300, 감가상각비 ₩200이 계상되어 있으며, 비교재무상태표의 주요 자산 및 부채 계정은 다음과 같다.

구분	20×2년 말	20×1년 말
매출채권(순액)	₩900	₩500
선급비용	200	400
매입채무	300	200
단기차입금	500	200

(주)관세의 20×2년 영업활동 현금흐름은?   ▸ 관세사 20

① ₩200 현금유입
② ₩400 현금유입
③ ₩600 현금유입
④ ₩200 현금유출
⑤ ₩400 현금유출

14 다음은 (주)감평의 20×1년 현금흐름표 작성을 위한 자료이다.

• 감가상각비	₩40,000	• 미지급이자 증가액	₩5,000
• 유형자산처분손실	20,000	• 매출채권 증가액	15,000
• 이자비용	25,000	• 재고자산 감소액	4,000
• 법인세비용	30,000	• 매입채무 감소액	6,000
• 미지급법인세 감소액	5,000	• 당기순이익	147,000

(주)감평은 간접법으로 현금흐름표를 작성하며, 이자지급 및 법인세납부를 영업활동으로 분류한다. 20×1년 (주)감평이 현금흐름표에 보고해야 할 영업활동 순현금흐름은?   ▸ 17년 기출

① ₩160,000
② ₩165,000
③ ₩190,000
④ ₩195,000
⑤ ₩215,000

15 다음은 (주)감평의 20×1년도 현금흐름표를 작성하기 위한 자료이다.

---

(1) 20×1년도 포괄손익계산서 자료
- 당기순이익 : ₩100,000
- 대손상각비 : ₩5,000(매출채권에서 발생)
- 감가상각비 : ₩20,000
- 유형자산처분이익 : ₩7,000
- 사채상환손실 : ₩8,000

(2) 20×1년 말 재무상태표 자료
- 20×1년 기초금액 대비 기말금액의 증감은 다음과 같다.

자산		부채	
계정과목	증가(감소)	계정과목	증가(감소)
재고자산	(₩80,000)	매입채무	(₩4,000)
매출채권(순액)	50,000	미지급급여	6,000
유형자산(순액)	(120,000)	사채(순액)	(90,000)

(주)감평의 20×1년도 영업활동순현금흐름은?   ▶ 18년 기출

① ₩89,000   ② ₩153,000
③ ₩158,000   ④ ₩160,000
⑤ ₩161,000

16 다음은 ㈜세무의 20×1년도 간접법에 의한 현금흐름표를 작성하기 위한 자료의 일부이다.

- **20×1년도 포괄손익계산서 자료**
  - 당기순이익 : ₩500,000
  - 매출채권손상차손 : ₩9,000
  - 상각후원가측정금융자산처분손실 : ₩3,500
  - 유형자산처분손실 : ₩50,000
  - 법인세비용 : ₩60,000
  - 감가상각비 : ₩40,000
  - 사채상환이익 : ₩5,000

• 20×1년 말 재무상태표 자료

구분	20×1년 1월 1일	20×1년 12월 31일
매출채권(순액)	₩120,000	₩90,000
재고자산(순액)	80,000	97,000
매입채무	65,000	78,000
유형자산(순액)	3,000,000	2,760,000
당기법인세부채	40,000	38,000
이연법인세부채	55,000	70,000

20×1년도 현금흐름표상 영업활동순현금흐름은? (단, 법인세납부는 영업활동으로 분류한다.)

▶ CTA 19

① ₩627,500
② ₩640,500
③ ₩649,500
④ ₩687,500
⑤ ₩877,000

17 (주)감평의 20×1년도 포괄손익계산서상 당기순이익은 ₩800,000으로 보고되었다. 다음 자료에 의해 간접법으로 구한 20×1년도 영업활동 현금흐름은? ▶ 19년 기출

• 토지(장부금액 ₩3,000,000) 처분금액	₩3,100,000
• 매출채권(총액) 증가	165,000
• 매출채권손실충당금 증가	5,000
• 매입채무 증가	80,000
• 매출채권손상차손	20,000
• 감가상각비	120,000
• 개발비 지출	180,000

① ₩740,000
② ₩760,000
③ ₩840,000
④ ₩900,000
⑤ ₩920,000

18 (주)관세의 20×1년 당기순이익은 ₩500이다. 다음 자료를 반영하여 계산한 영업활동 현금 흐름은?
▸ 관세사 19

• 매출채권의 증가	₩1,500	• 재고자산의 감소	₩2,500
• 매입채무의 감소	900	• 회사채 발행	1,000
• 감가상각비	200	• 토지처분이익	100
• 기계장치 취득	700		

① ₩300
② ₩600
③ ₩700
④ ₩1,000
⑤ ₩1,200

19 ㈜감평의 20×2년 발생주의 수익과 비용은 각각 ₩1,500과 ₩600이며, 관련 자산과 부채 는 다음과 같다.

계정과목	20×1년 말	20×2년 말
재고자산	₩1,500	₩1,300
미수수익	500	800
매출채권	500	400
미지급비용	600	300

20×2년 순현금흐름(현금유입액 − 현금유출액)은?
▸ 21년 기출

① (−)₩800
② (−)₩700
③ (+)₩300
④ (+)₩400
⑤ (+)₩600

20 발생주의회계를 채택하고 있는 ㈜대한의 20×1 회계연도의 당기순이익은 ₩25,000으로 보고되었다. 20×0년 말과 20×1년 말의 발생항목과 이연항목이 다음과 같을 때, 20×1 회계연도의 현금주의에 의한 당기순이익은?

항목	20×0년 말	20×1년 말
미수수익	₩8,000	₩12,000
미지급비용	₩6,000	₩4,000
선수수익	₩5,000	₩6,500
선급비용	₩7,000	₩4,500

① ₩23,000
② ₩26,000
③ ₩27,000
④ ₩30,000
⑤ ₩32,000

21 다음은 ㈜대한의 20×1년도 현금흐름표를 작성하기 위한 자료이다.

- 20×1년도 포괄손익계산서 관련 자료

법인세비용차감전순이익	₩2,150,000
법인세비용	?
이자비용	30,000
감가상각비	77,000

- 20×1년 말 재무상태표 관련 자료

계정과목	기말잔액	기초잔액	증감
매출채권	₩186,000	₩224,000	₩38,000 감소
재고자산	130,000	115,000	15,000 증가
매입채무	144,000	152,000	8,000 감소
미지급이자	9,500	12,000	2,500 감소
당기법인세부채	31,000	28,000	3,000 증가
이연법인세부채	2,600	4,000	1,400 감소

㈜대한은 간접법으로 현금흐름표를 작성하며, 이자지급과 법인세납부는 영업활동현금흐름으로 분류한다. ㈜대한이 20×1년도 현금흐름표에 보고한 영업활동순현금유입액이 ₩1,884,900일 경우, 20×1년도 당기순이익은 얼마인가?

▶ CPA 23

① ₩1,713,600
② ₩1,754,200
③ ₩1,791,300
④ ₩1,793,800
⑤ ₩1,844,100

22 (주)감평의 20×1년도 현금흐름표상 영업에서 창출된 현금(영업으로부터 창출된 현금)은 ₩100,000이다. 다음 자료를 이용하여 계산한 (주)감평의 20×1년 법인세비용차감전순이익 및 영업활동순현금흐름은? (단, 이자지급 및 법인세 납부는 영업활동으로 분류한다.)

▶ 20년 기출

• 매출채권손상차손	₩500	• 매출채권(순액) 증가	₩4,800
• 감가상각비	1,500	• 재고자산(순액) 감소	2,500
• 이자비용	2,700	• 매입채무 증가	3,500
• 사채상환이익	700	• 미지급이자 증가	1,000
• 법인세비용	4,000	• 미지급법인세 감소	2,000

	법인세비용차감전순이익	영업활동순현금흐름
①	₩94,800	₩92,300
②	₩95,300	₩92,300
③	₩96,800	₩95,700
④	₩97,300	₩95,700
⑤	₩98,000	₩107,700

23 ㈜대한의 20×1년도 현금흐름표상 영업에서 창출된 현금(영업으로부터 창출된 현금)은 ₩100,000이다. 다음에 제시된 자료를 이용하여 계산한 ㈜대한의 20×1년도 포괄손익계산서상 법인세비용차감전순이익은 얼마인가? (단, 이자와 배당금 수취, 이자지급 및 법인세납부는 영업활동으로 분류한다.)

▶ CPA 19

• 감가상각비	₩2,000	• 미지급이자 감소	₩1,500
• 유형자산처분이익	1,000	• 재고자산(순액) 증가	3,000
• 이자비용	5,000	• 매입채무 증가	4,000
• 법인세비용	4,000	• 매출채권(순액) 증가	2,500
• 재고자산평가손실	500	• 미수배당금 감소	1,000
• 배당금수익	1,500	• 미지급법인세 감소	2,000

① ₩90,000   ② ₩96,500
③ ₩97,000   ④ ₩97,500
⑤ ₩99,000

24 ㈜감평의 20×1년 현금흐름표 작성을 위한 자료이다.

• 당기순이익	₩147,000	• 감가상각비	₩5,000
• 법인세비용	30,000	• 매출채권 감소액	15,000
• 유형자산처분이익	20,000	• 재고자산 증가액	4,000
• 이자비용	25,000	• 매입채무 감소액	6,000
• 이자수익	15,000	• 배당금수익	8,000

㈜감평의 20×1년 영업에서 창출된 현금은?

▶ 23년 기출

① ₩159,000
② ₩161,000
③ ₩167,000
④ ₩169,000
⑤ ₩189,000

25 ㈜관세의 20×1년 당기순이익이 ₩2,500일 때, 다음 자료를 반영한 영업에서 창출된 현금은?

▶ 관세사 24

• 매출채권의 증가	₩1,000	• 재고자산의 감소	₩500
• 매입채무의 증가	800	• 법인세비용	1,000
• 감가상각비	200	• 토지처분이익	100
• 이자비용	600	• 사채상환손실	250

① ₩3,750
② ₩4,150
③ ₩4,350
④ ₩4,750
⑤ ₩5,750

26 12월 말 결산법인인 ㈜서울의 20×1년 말의 수정후시산표의 일부이다.

• 총매출액	₩695,000	• 매출할인	₩36,000
• 매출환입	₩24,000	• 매출에누리	₩5,000
• 매출채권(총액)	₩170,000	• 손실충당금	₩10,000
• 손상차손	₩25,000		

㈜서울의 20×1 회계연도 기초의 매출채권은 ₩200,000(총액), 손실충당금은 ₩18,000이었다. 20×1년에 판매대금으로 받은 현금수입액은?

① ₩610,000　　　　　　　　　② ₩627,000

③ ₩664,000　　　　　　　　　④ ₩685,000

⑤ ₩692,000

27 (주)감평의 20×1년도 매출 및 매출채권 관련 자료는 다음과 같다. 20×1년 고객으로부터의 현금유입액은? (단, 매출은 전부 외상으로 이루어진다.)　　　▶ 16년 기출

〈재무상태표 관련 자료〉		
구분	20×1년 1월 1일	20×1년 12월 31일
매출채권	₩110,000	₩150,000
손실충당금	3,000	5,000

〈포괄손익계산서 관련 자료〉	
• 매출액	₩860,000
• 대손상각비(손상차손)	6,000

① ₩812,000　　　　　　　　　② ₩816,000

③ ₩854,000　　　　　　　　　④ ₩890,000

⑤ ₩892,000

28 ㈜감평의 매출액은 ₩215,000, 재고구입에 따른 현금유출액은 ₩120,000이다. 다음 ㈜감평의 재고자산, 매입채무 변동 자료를 이용할 경우, 매출총이익은?

▸ 23년 기출

구분	금액
재고자산 증가액	₩4,000
매입채무 증가액	6,000

① ₩85,000

② ₩89,000

③ ₩91,000

④ ₩93,000

⑤ ₩97,000

29 ㈜세무는 재고자산의 매입과 매출을 모두 외상으로 처리한 후, 나중에 현금으로 결제하고 있다. 다음은 이와 관련된 거래내역 일부를 20×0년과 20×1년도 재무상태표와 포괄손익계산서로부터 추출한 것이다. 20×1년 12월 31일 (A)에 표시될 현금은? (단, 현금의 변동은 제시된 영업활동에서만 영향을 받는다고 가정한다.)

▸ CTA 20

재무상태표 계정과목	20×1.12.31.	20×0.12.31.
현금	(A)	₩300,000
매출채권	110,000	100,000
매출채권 손실충당금	10,000	9,000
재고자산	100,000	80,000
매입채무	80,000	60,000

포괄손익계산서 계정과목	20×1년도	20×0년도
매출	₩1,800,000	₩1,500,000
매출원가	1,500,000	1,200,000
매출채권 손상차손	7,000	6,000

① ₩584,000

② ₩590,000

③ ₩594,000

④ ₩604,000

⑤ ₩610,000

30 다음은 ㈜감평의 20×1년도 재무제표의 일부 자료이다.

(1) 재무상태표의 일부 자료

계정과목	기초잔액	기말잔액
매출채권(순액)	₩140	₩210
선급영업비용	25	10
미지급영업비용	30	50

(2) 포괄손익계산서의 일부 자료

매출액	₩410
영업비용	150

위 자료에 기초한 20×1년도 ㈜감평의 (A)고객으로부터 유입된 현금흐름과 (B)영업비용으로 유출된 현금흐름은?　　　　　　　　　　　　　　　　　　　▸ 22년 기출

	(A)	(B)		(A)	(B)
①	₩335	₩155	②	₩340	₩115
③	₩340	₩145	④	₩350	₩115
⑤	₩350	₩155			

31 발생주의회계를 사용하는 ㈜갑의 20×1년 포괄손익계산서상의 이자비용은 ₩1,000,000 급여는 ₩5,000,000이었다. ㈜갑의 20×0년 말과 20×1년 말 재무상태표의 관련계정이 다음과 같을 때 20×1년 현금으로 지급한 이자비용과 급여는?

구분	20×0년 말	20×1년 말
미지급이자비용	₩200,000	₩100,000
미지급급여	300,000	500,000

	이자비용	급여		이자비용	급여
①	₩1,100,000	₩4,800,000	②	₩900,000	₩5,200,000
③	₩1,100,000	₩5,200,000	④	₩1,000,000	₩5,000,000
⑤	₩1,050,000	₩5,100,000			

32 ㈜한국의 20×1년도 포괄손익계산서상 이자비용은 ₩100,000이다. 20×1년도 기초 미지급이자 ₩10,000, 기초 선급이자 ₩10,000, 기말 미지급이자 ₩25,000, 기말 선급이자가 ₩5,000일 때, ㈜한국이 20×1년도에 현금으로 지급한 이자금액은?

① ₩60,000
② ₩70,000
③ ₩80,000
④ ₩90,000
⑤ ₩100,000

33 (주)관세의 20×1년의 기초 미지급사채이자는 ₩220이고, 기말 미지급사채이자는 ₩250이다. 20×1년도 사채이자비용이 ₩6,000(사채할인발행차금 상각액 ₩400 포함)이라면, (주)관세가 20×1년에 현금으로 지급한 이자액은?
▸ 관세사 18

① ₩5,030
② ₩5,200
③ ₩5,570
④ ₩5,970
⑤ ₩6,000

34 (주)감평의 20×1년도 이자비용 ₩30,000에는 사채할인발행차금 상각액 ₩3,000이 포함되어 있다. 미지급이자비용의 기초잔액과 기말잔액은 각각 ₩3,800과 ₩5,200이고, 선급이자비용의 기초잔액과 기말잔액은 각각 ₩2,000과 ₩2,700이다. (주)감평의 20×1년도 현금이자지급액은?
▸ 19년 기출

① ₩24,900
② ₩26,300
③ ₩29,100
④ ₩30,900
⑤ ₩35,100

35 다음은 ㈜감평의 20×1년도 재무제표 자료의 일부이다.

(1) 기초 및 기말 계정잔액

구분	20×1.1.1.	20×1.12.31.
선급보험료	₩2,500	₩2,000
선수임대료	4,000	5,000

(2) 포괄손익계산서에 계상되어 있는 보험료비용은 ₩4,000, 임대료수익은 ₩5,000이다.

20×1년도에 보험료 및 임대료와 관련하여 발생한 순현금흐름(유입−유출)은? ▸14년 기출

① ₩500
② ₩1,000
③ ₩1,500
④ ₩2,000
⑤ ₩2,500

36 다음 자료를 이용하여 계산한 법인세 납부액은? (단, 당기법인세부채와 이연법인세자산(부채)는 당기손익과 관련된 것이다.) ▸관세사 24

• 법인세비용	₩1,500	• 당기법인세부채 증가	₩500
• 이연법인세자산 증가	200	• 이연법인세부채 증가	100

① ₩1,100
② ₩1,300
③ ₩1,500
④ ₩1,900
⑤ ₩2,100

37 (주)관세는 20×1년 중에 건물(취득원가 ₩5,000, 감가상각누계액 ₩2,000)을 처분하고 ₩1,000의 유형자산처분이익을 인식하였다. 20×1년도 (주)관세의 건물에 대한 자료는 다음과 같으며, 원가모형을 적용하고 있다.

계정과목	20×1년 초	20×1년 말
건물	₩10,000	₩9,000
감가상각누계액	(4,000)	(2,500)
장부금액	₩6,000	₩6,500

(주)관세의 건물에 대한 취득과 처분으로 인한 20×1년도 순현금유출액은? (단, 건물에 대한 취득과 처분은 모두 현금거래이다.)

▶ 관세사 23

① ₩0
② ₩500
③ ₩1,000
④ ₩1,500
⑤ ₩2,000

38 다음은 ㈜한국의 유형자산 및 감가상각누계액의 기초잔액, 기말잔액 및 당기 변동과 관련된 자료이다. ㈜한국은 당기 중 취득원가 ₩40,000(감가상각누계액 ₩20,000)의 유형자산을 ₩15,000에 처분하였다. 모든 유형자산의 취득 및 처분거래는 현금거래라고 가정할 때, 유형자산과 관련한 투자활동 순현금흐름은? (단, ㈜한국은 유형자산에 대해 원가모형을 적용한다.)

과목	기초	기말
유형자산	₩100,000	₩140,000
감가상각누계액	(₩30,000)	(₩25,000)

① ₩9,000 순유출
② ₩20,000 순유입
③ ₩60,000 순유입
④ ₩65,000 순유출
⑤ ₩65,000 순유입

재무제표 분석

1절 안전성비율

① 유동비율 $= \dfrac{유동자산}{유동부채}$

② 당좌비율 $= \dfrac{당좌자산}{유동부채}$

* 당좌자산 = 유동자산 − 재고자산

③ 부채비율 $= \dfrac{부채총액(유동부채 + 비유동부채)}{자기자본}$

④ 이자보상비율 $= \dfrac{이자비용 및 법인세비용 차감전 순이익}{이자비용}$

2절 수익성비율

① 매출액이익률 $= \dfrac{당기순이익}{매출액}$ ② 총자산이익률 $= \dfrac{당기순이익}{총자산}$

③ 주가수익률(PER) $= \dfrac{주가}{주당이익(EPS)}$

④ 자기자본이익률(ROE) $= \dfrac{당기순이익}{자기자본}$ = 매출액순이익률 × 총자산회전율 × (1+부채비율)

$\qquad\qquad\qquad\qquad\qquad$ = 매출액순이익률 × 자기자본회전율

3절 활동성비율

① 매출채권회전율 $= \dfrac{매출액}{평균매출채권}$ ② 매출채권회수기간 $= \dfrac{365일}{매출채권 회전율}$

③ 재고자산회전율 $= \dfrac{매출원가}{평균재고자산}$ ④ 재고자산회수기간 $= \dfrac{365일}{재고자산회전율}$

⑤ 영업주기 = 매출채권회수기간 + 재고자산회수기간

⑥ 총자산회전율 $= \dfrac{매출액}{평균 총자산}$

CHAPTER 21 객관식 문제

01 유동자산을 증가시키는 거래를 모두 고른 것은?
▶ 관세사 18

> ㄱ. 창고에 보관 중인 재고자산의 일부를 도난당했다.
> ㄴ. 1년 만기 어음을 발행하여 영업용 차량운반구를 취득하였다.
> ㄷ. 사용 중인 건물을 담보로 제공하고 은행에서 차입하였다.
> ㄹ. 만기가 도래하기 전 사채를 현금으로 상환하였다.
> ㅁ. 주식을 발행하고 전액 현금으로 납입받았다.

① ㄱ, ㄷ   ② ㄱ, ㄹ
③ ㄴ, ㅁ   ④ ㄷ, ㄹ
⑤ ㄷ, ㅁ

02 현재 (주)관세의 유동자산이 유동부채보다 크다고 할 때, 다음 거래로 인하여 유동비율을 감소시키는 경우를 모두 고른 것은?
▶ 관세사 15

> ㄱ. 상품을 실사한 결과 감모손실이 발생하였다.
> ㄴ. 장기차입금의 상환기일이 결산일 현재 1년 이내로 도래하였다.
> ㄷ. 매입채무를 현금으로 지급하였으나, 착오로 회계처리를 누락하였다.
> ㄹ. 매출채권을 담보로 은행에서 단기로 차입하였다.
> ㅁ. 장기성 지급어음을 발행하여 기계장치를 취득하였다.

① ㄱ, ㄷ   ② ㄷ, ㄹ
③ ㄱ, ㄴ, ㄹ   ④ ㄴ, ㄷ, ㅁ
⑤ ㄴ, ㄷ, ㄹ, ㅁ

03 ㈜한국은 상품을 ₩500에 구입하면서 대금 중 ₩250은 현금으로 지급하고 나머지는 3개월 이내에 갚기로 하였다. 이 거래 직전의 유동비율과 당좌비율이 각각 200%, 100%라고 할 때, 이 거래가 유동비율과 당좌비율에 미치는 영향으로 옳은 것은?

	유동비율	당좌비율		유동비율	당좌비율
①	감소	감소	②	변동 없음	감소
③	감소	변동 없음	④	변동 없음	변동 없음
⑤	증가	증가			

04 (주)감평의 20×1년 12월 31일 현재 재무상태는 다음과 같다.

• 자산총계	₩880,000	• 비유동부채	₩540,000
• 매출채권	120,000	• 자본총계	100,000
• 재고자산	240,000		
• 비유동자산	520,000		

만약 (주)감평이 현금 ₩50,000을 단기차입한다고 가정하면 이러한 거래가 당좌비율(A)과 유동비율(B)에 미치는 영향은?
▸ 19년 기출

① A : 영향 없음, B : 영향 없음
② A : 감소, B : 증가
③ A : 감소, B : 감소
④ A : 증가, B : 증가
⑤ A : 증가, B : 감소

05 ㈜감평의 현재 유동비율과 당좌비율은 각각 200%, 150%이다. 유동비율과 당좌비율을 모두 증가시킬 수 있는 거래는? (단, 모든 거래는 독립적이다.)
▸ 22년 기출

① 상품 ₩10,000을 외상으로 매입하였다.
② 영업용 차량운반구를 취득하면서 현금 ₩13,000을 지급하였다.
③ 매출채권 ₩12,000을 현금으로 회수하였다.
④ 장기차입금 ₩15,000을 현금으로 상환하였다.
⑤ 사용 중인 건물을 담보로 은행에서 현금 ₩30,000을 장기 차입하였다.

06 (주)관세는 20×1년 중 만기가 20×3년 6월 30일인 사채를 현금으로 상환하였다. 이 거래가 20×1년 말 총자산회전율과 당좌비율에 미치는 영향은?　　▸관세사 15

	총자산회전율	당좌비율		총자산회전율	당좌비율
①	감소	감소	②	감소	증가
③	증가	감소	④	증가	증가
⑤	불변	불변			

07 ㈜관세의 20×1년 말 재무비율 관련 자료가 다음과 같을 때 부채비율(총부채÷자기자본)은?　　▸관세사 22

• 유동비율	150%	• 유동부채	₩10,000
• 비유동자산	₩45,000	• 자기자본총계	₩15,000

① 200%
② 250%
③ 300%
④ 350%
⑤ 400%

08 (주)감평의 20×1년 말 예상되는 자산과 부채는 각각 ₩100,000과 ₩80,000으로 부채비율(총부채 ÷ 주주지분) 400%가 예상된다. (주)감평은 부채비율을 낮추기 위해 다음 대안들을 검토하고 있다. 다음 설명 중 옳지 않은 것은? (단, (주)감평은 모든 유형자산에 대하여 재평가모형을 적용하고 있다.)　　▸20년 기출

- 대안Ⅰ: 토지A 처분(장부금액 ₩30,000, 토지재평가잉여금 ₩1,000, 처분손실 ₩5,000 예상) 후 처분대금으로 차입금 상환
- 대안Ⅱ: 유상증자(₩25,000) 후 증자금액으로 차입금 상환
- 대안Ⅲ: 토지B에 대한 재평가 실시(재평가이익 ₩25,000 예상)

① 토지A 처분대금으로 차입금을 상환하더라도 부채비율은 오히려 증가한다.
② 토지A를 처분만 하고 차입금을 상환하지 않으면 부채비율은 오히려 증가한다.
③ 유상증자 대금으로 차입금을 상환하면 부채비율은 감소한다.
④ 유상증자만 하고 차입금을 상환하지 않더라도 부채비율은 감소한다.
⑤ 토지B에 대한 재평가를 실시하면 부채비율은 감소한다.

09 (주)감평은 20×1년 초 액면가 ₩5,000인 보통주 200주를 주당 ₩15,000에 발행하여 설립되었다. 다음은 (주)감평의 20×1년 중 자본거래이다.

> • 20×1년 10월 1일 주가 안정을 위해 보통주 100주를 주당 ₩10,000에 취득
> • 20×1년 당기순이익 ₩1,000,000

경영진은 20×2년 초 부채비율(총부채 ÷ 주주지분) 200%를 160%로 낮추기 위한 방안을 실행하였다. 20×2년 초 실행된 방안으로 옳은 것은? ▶ 20년 기출

① 자기주식 50주를 소각
② 자기주식 50주를 주당 ₩15,000에 처분
③ 보통주 50주를 주당 ₩10,000에 유상증자
④ 이익잉여금 ₩750,000을 재원으로 주식배당
⑤ 주식발행초과금 ₩750,000을 재원으로 무상증자

10 재무비율분석과 관련된 설명으로 옳은 것은?
① 기업영업활동의 수익성을 분석하는 주요 비율로 자기자본이익률과 이자보상비율이 사용된다.
② 총자산이익률은 매출액순이익률과 총자산회전율의 곱으로 표현할 수 있다.
③ 유동성비율은 기업의 단기지급능력을 분석하는 데 사용되며 유동비율, 당좌비율, 총자산이익률이 주요 지표이다.
④ 이자보상비율은 기업의 이자지급능력을 측정하는 지표로 이자 및 법인세비용차감전이익을 이자비용으로 나누어 구하며 그 비율이 낮은 경우 지급능력이 양호하다고 판단할 수 있다.
⑤ 유동비율은 높을수록 좋다.

11 (주)관세의 20×1년 재무자료는 다음과 같다.

• 매출액	₩10,000	• 기초유동자산	₩3,500
• 기초재고자산	1,000	• 기말유동자산	3,000
• 기말재고자산	2,000	• 기초유동부채	1,000
• 당기재고자산 매입액	8,500	• 기말유동부채	1,500

유동자산은 재고자산과 당좌자산으로만 구성된다. 다음 중 옳은 것은? ▸ 관세사 19

① 20×1년 재고자산회전율은 8회보다 높다.
② 20×1년 말 유동비율은 20×1년 초보다 높다.
③ 20×1년 초 당좌비율은 20×1년 말보다 높다.
④ 20×1년 매출총이익률은 15%이다.
⑤ 20×1년 말 유동비율은 20×1년 말 당좌비율보다 낮다.

12 (주)관세의 20×1년도 재무자료는 다음과 같다. 다음 설명 중 옳은 것은? ▸ 관세사 15

• 매출액	₩50,000,000	• 당기순이익	₩2,500,000
• 기말유동자산	₩2,000,000	• 기말유동부채	₩1,500,000
• 기말재고자산	₩500,000	• 주당순이익	₩10,000
• 현금배당 주당	₩5,000	• 주식의 기말 시가 주당	₩25,000

① 주가이익비율(PER)은 250%이다.   ② 배당수익률은 500%이다.
③ 당좌비율은 133%이다.   ④ 매출액순이익률은 2,000%이다.
⑤ 배당성향은 200%이다.

13 ㈜관세의 20×1년도 자기자본이익률(ROE)이 2%, 자기자본회전율이 1.6회, 매출액이 ₩500,000일 경우 ㈜관세의 20×1년도 당기순이익은? ▸ 관세사 16

① ₩3,125   ② ₩6,250
③ ₩10,000   ④ ₩16,000
⑤ ₩31,250

14 다음 자료를 이용하여 계산한 ㈜한국의 20×1년 매출액순이익률은? ▸12년 기출

• 자산총액	₩900억
• 자기자본순이익률(당기순이익/자본)	15%
• 총자산회전율	0.5회
• 부채비율(부채/자본)	200%
* 기초자산과 기말자산 금액은 동일	
* 기초자본과 기말자본 금액은 동일	

① 2%   ② 4%

③ 6%   ④ 8%

⑤ 10%

15 다음은 ㈜강남의 20×1년도 재무비율과 관련된 정보이다.

• 유동비율	250%
• 당좌비율	100%
• 자본대비 부채비율	200%
• 재고자산회전율	5회
• 유동부채	₩2,000
• 비유동부채	₩3,000

위 자료를 이용할 때 20×1년도 ㈜강남의 매출원가와 자본은? (단, 유동자산은 당좌자산과 재고자산만으로 구성되며, 재고자산의 기초와 기말 금액은 동일하다.) ▸14년 기출

	매출원가	자본		매출원가	자본
①	₩15,000	₩2,500	②	₩15,000	₩10,000
③	₩25,000	₩2,500	④	₩25,000	₩10,000
⑤	₩10,000	₩2,500			

16 ㈜감평의 20×1년도 재무제표 및 자본 관련 자료가 다음과 같을 때 총자산이익률은? (단, 총자산이익률 계산 시 평균자산을 이용한다.) ▸24년 기출

• 기초자산	₩10,000	• 기말자산	₩11,000
• 기초부채	9,000	• 기말부채	9,500
• 무상증자 실시	250	• 주식배당 결의	100
• 자기주식 취득	150	• 현금배당 결의	165
• 당기순이익 발생	?	• 기타포괄이익 발생	80

① 7% ② 9%

③ 11% ④ 13%

⑤ 15%

17 (주)관세의 20×1년 말 현재 재무비율과 관련된 자료는 다음과 같다.

• 당좌자산	₩200	• 재고자산	₩100
• 비유동자산	700	• 비유동부채	400
• 당좌비율	100%		

• 유동자산은 당좌자산과 재고자산으로만 구성
• 기초자본과 기말자본의 차이는 당기순이익으로만 구성

(주)관세의 20×1년도 당기순이익이 ₩160인 경우 20×1년도 자기자본이익률은? (단, 자기자본이익률 계산 시 평균자본을 사용한다.) ▸관세사 23

① 27% ② 34%

③ 40% ④ 50%

⑤ 67%

관계기업투자주식

1. 유의적인 영향력

① 투자자가 직접 또는 간접으로 피투자자에 대한 의결권의 20% 이상 소유하는 경우 유의적인 영향력이 있는 것으로 본다.

② 잠재적인 의결권도 고려한다.

③ 지분율이 20% 미만이라고 하더라도 다음의 경우에는 유의적인 영향력이 있다.

   ㉠ 피투자회사의 이사회나 이에 준하는 의사결정기구에의 참여

   ㉡ 배당이나 다른 분배에 관한 의사결정에 참여하는 것을 포함하여 정책결정과정에 참여

   ㉢ 투자자와 피투자자 사이의 중요한 거래

   ㉣ 경영진의 상호 교류

   ㉤ 필수적 기술정보의 제공

2. 지분법 회계처리

취득 시	(차) 관계기업투자주식	×××	(대) 현금	×××
결산 시	(차) 관계기업투자주식	×××	(대) 지분법이익	×××
결산 시	(차) 관계기업투자주식	×××	(대) 지분법자본변동	×××
현금배당 시	(차) 현금	×××	(대) 관계기업투자주식	×××

① 지분법손익(당기손익) = 피투자회사의 당기순손익 × 지분율

② 지분법자본변동(기타포괄손익) = 피투자회사의 기타포괄손익 × 지분율

③ 현금배당금 = 피투자회사의 배당금총액 × 지분율

CHAPTER 22 객관식 문제

01 유의적인 영향력 행사로 인한 투자주식의 지분법평가에 있어서 투자자가 피투자자에 대하여 유의적인 영향력이 있다고 볼 수 없는 경우는?

① 피투자자의 이사회나 이에 준하는 의사결정기구에 참여

② 배당이나 다른 분배에 관한 의사결정에 참여하는 것을 포함하여 정책결정과정에 참여

③ 투자자와 피투자자 사이의 중요한 거래

④ 경영진의 상호 교류

⑤ 일반적인 기술정보의 제공

02 지분법을 적용하는 관계기업의 회계처리에 관한 설명으로 옳지 않은 것은?　▶ 관세사 23

① 관계기업에 대한 투자를 최초 인식할 때는 원가로 측정한다.

② 피투자자의 당기순손익 중 투자자의 몫은 투자자의 당기순손익으로 인식한다.

③ 기타포괄손익으로 인하여 피투자자의 순자산변동이 발생한 경우 그 변동액 중 투자자의 몫은 투자자의 기타포괄손익으로 인식한다.

④ 관계기업이 해외사업장과 관련된 누적 외환차이가 있고 기업이 유의적인 영향력을 상실하여 지분법 사용을 중단한 경우 기업은 해외사업장과 관련하여 이전에 기타포괄손익으로 인식했던 손익을 당기손익으로 재분류할 수 없다.

⑤ 피투자자에게서 받은 현금배당액은 투자자산의 장부금액을 줄여준다.

03 ㈜관세는 20×1년 초 (주)한국의 의결권 있는 보통주 30%(30주)를 주당 ₩5,000에 취득하여 유의적인 영향력을 행사하게 되었다. 취득 당시 ㈜한국의 식별가능한 순자산 공정가치와 장부금액은 일치하였다. 20×1년 중 ㈜관세는 ㈜한국으로부터 주당 ₩400의 중간배당금을 현금으로 수취하였고, 20×1년 말 ㈜한국은 당기순이익 ₩10,000을 보고하였다. ㈜관세가 동 관계기업투자주식과 관련하여 20×1년 인식할 당기손익은? (단, 손상차손은 고려하지 않으며, ㈜한국은 보통주만 발행하였다.)　▶ 관세사 22

① ₩12,000 손실　　　　　　　　② ₩0

③ ₩3,000 이익　　　　　　　　 ④ ₩12,000 이익

⑤ ₩15,000 이익

04 (주)관세는 20×1년 1월 1일 (주)무역의 의결권 주식 중 30%를 ₩1,000,000에 취득하여 지분법으로 평가하고 있다. 취득 당시 (주)무역의 순자산 장부금액은 ₩3,000,000이며, 유형자산(잔존내용연수 5년, 정액법 상각)의 공정가치가 장부금액에 비해 ₩210,000 높았고, 나머지 자산과 부채의 장부금액은 공정가치와 일치하였다. (주)무역의 최근 2년간 당기순이익과 현금배당은 다음과 같다. (주)관세가 20×2년 말 보유하고 있는 관계기업투자주식 장부금액은 얼마인가? (단, 손상차손은 고려하지 않는다.) ▶ 관세사 14

항목	20×1년	20×2년
당기순이익	₩200,000	₩100,000
현금배당	₩40,000	₩20,000

① ₩1,014,000 ② ₩1,024,000
③ ₩1,034,000 ④ ₩1,046,800
⑤ ₩1,072,000

05 ㈜관세는 20×1년 1월 1일에 ㈜대한의 지분 30%를 ₩6,000,000에 취득하여 유의적인 영향력을 행사하게 되었다. 취득일 현재 ㈜대한의 장부상 순자산금액은 ₩15,000,000이었고, ㈜대한의 장부상 순자산금액과 공정가치가 일치하지 않는 항목은 재고자산(장부금액 ₩600,000, 공정가치 ₩1,000,000)만 있었으며, ㈜대한은 동 재고자산을 모두 20×1년 중 외부에 판매하였다. ㈜대한의 연도별 자본변동은 다음과 같다.

보고 기간	현금배당(중간배당)	당기순이익
20×1년도	–	₩3,000,000
20×2년도	₩800,000	₩4,000,000

동 관계기업투자주식으로 인해 ㈜관세가 20×1년도 포괄손익계산서에 표시할 지분법손익(A)과 20×2년 말 재무상태표에 표시할 관계기업투자주식의 장부금액(B)은? ▶ 관세사 16

	(A)	(B)		(A)	(B)
①	₩120,000	₩6,780,000	②	₩780,000	₩7,740,000
③	₩780,000	₩7,980,000	④	₩1,200,000	₩7,740,000
⑤	₩1,200,000	₩7,980,000			

06 ㈜대한은 20×1년 1월 1일 ㈜서울의 의결권주식 30%(300주)를 주당 ₩1,500에 취득함으로써 유의적인 영향력을 행사할 수 있게 되어 관계기업투자주식으로 분류하였다. 취득 당시 ㈜서울의 순자산 장부금액은 ₩900,000이었다. 취득 당시 ㈜서울의 재고자산과 토지의 공정가치가 장부금액에 비해 각각 ₩100,000과 ₩200,000 더 높고 나머지 자산과 부채는 장부금액과 공정가치가 일치하였다. ㈜서울의 재고자산은 20×1년에 모두 판매되었다. 20×1년도 ㈜서울이 보고한 당기순이익은 ₩200,000이며 기타포괄이익은 ₩40,000이었다. ㈜서울은 20×1년 12월 31일에 ₩30,000의 현금배당을 실시하였다. ㈜대한이 지분법을 적용할 경우 20×1년도 말 관계기업투자주식은? ▸13년 기출

① ₩423,000　　　　　　　② ₩461,000
③ ₩483,000　　　　　　　④ ₩513,000
⑤ ₩522,000

07 ㈜대한은 20×1년 초에 ㈜민국의 의결권 있는 보통주 25%를 ₩50,000에 취득하고 유의적인 영향력을 행사할 수 있게 되었다.

- 취득일 현재 ㈜민국의 순자산 장부금액은 ₩150,000이며, 장부금액과 공정가치가 다른 자산·부채 내역은 다음과 같다.

계정과목	장부금액	공정가치
건물	₩100,000	₩140,000

- 위 건물은 20×1년 초 현재 잔존내용연수 20년에 잔존가치 없이 정액법으로 상각한다.
- ㈜민국은 20×1년 8월에 총 ₩10,000의 현금배당(중간배당)을 결의하고 지급하였다.
- ㈜민국은 20×1년도에 당기순이익 ₩20,000과 기타포괄손실 ₩8,000을 보고하였다.

㈜대한이 ㈜민국의 보통주를 지분법에 따라 회계처리하는 경우, 20×1년 말 재무상태표에 계상되는 관계기업투자주식의 장부금액은 얼마인가? ▸CPA 24

① ₩50,000　　　　　　　② ₩50,500
③ ₩51,000　　　　　　　④ ₩52,000
⑤ ₩52,500

08 (주)관세는 20×1년 1월 1일 (주)한국의 보통주 30%를 ₩6,600에 취득하여 유의적인 영향력을 행사하게 되었다. 취득 당시 (주)한국의 순자산공정가치는 ₩22,000으로 순자산장부금액에 비하여 ₩4,000 높았고, 이는 (주)한국이 보유 중인 건물(잔존내용연수 8년, 정액법 상각)에서 발생한 차이이다. 20×1년 (주)한국은 자본잉여금을 재원으로 10주(주당액면금액 ₩500)의 무상증자를 실시하였고, 당기순이익 ₩4,500을 보고하였다. (주)관세의 20×1년 말 관계기업투자주식 장부금액은? (단, 손상차손은 고려하지 않는다.) ▸ 관세사 20

① ₩6,150
② ₩6,300
③ ₩6,750
④ ₩7,800
⑤ ₩7,950

09 ㈜감평은 20×1년 초 ㈜한국의 의결권주식 20%를 ₩300,000에 취득하고 지분법을 적용하는 관계기업투자주식으로 분류하였다. 취득 당시 ㈜한국의 순자산 장부금액은 ₩1,000,000 이었으며, 토지와 건물(내용연수 10년, 정액법상각)의 장부금액에 비해 공정가치가 각각 ₩100,000, ₩200,000 더 높은 것을 제외하고 자산과 부채의 장부금액은 공정가치와 일치하였다. 20×1년도에 ㈜한국은 당기순이익과 기타포괄이익을 각각 ₩100,000, ₩30,000 보고하였으며, ₩15,000의 현금배당을 실시하였다. ㈜감평의 20×1년 말 관계기업투자주식의 장부금액은? ▸ 23년 기출

① ₩312,000
② ₩316,000
③ ₩319,000
④ ₩320,000
⑤ ₩326,000

10 20×1년 1월 1일에 ㈜대한은 ㈜민국의 의결권 있는 주식 20%를 ₩600,000에 취득하여 유의적인 영향력을 가지게 되었다. 20×1년 1월 1일 현재 ㈜민국의 순자산 장부금액은 ₩2,000,000이다.

- ㈜대한의 주식 취득일 현재 ㈜민국의 자산 및 부채 가운데 장부금액과 공정가치가 일치하지 않는 계정과목은 다음과 같다.

계정과목	장부금액	공정가치
토지	₩350,000	₩400,000
재고자산	180,000	230,000

- ㈜민국은 20×1년 7월 1일에 토지 전부를 ₩420,000에 매각하였으며, 이 외에 20×1년 동안 토지의 추가 취득이나 처분은 없었다.
- ㈜민국의 20×1년 1월 1일 재고자산 중 20×1년 12월 31일 현재 보유하고 있는 재고자산의 장부금액은 ₩36,000이다.
- ㈜민국은 20×1년 8월 31일에 이사회 결의로 ₩100,000의 현금배당(중간배당)을 선언·지급하였으며, ㈜민국의 20×1년 당기순이익은 ₩300,000이다.

㈜대한의 20×1년 12월 31일 현재 재무상태표에 표시되는 ㈜민국에 대한 지분법적용투자주식의 장부금액은 얼마인가? (단, 상기 기간 중 ㈜민국의 기타포괄손익은 발생하지 않은 것으로 가정한다.)

▸ CPA 21

① ₩622,000
② ₩642,000
③ ₩646,000
④ ₩650,000
⑤ ₩666,000

11 ㈜서울은 20×1년 1월 1일 ㈜한국의 보통주 30%를 ₩3,000,000에 취득한 후 지분법을 적용하여 회계처리하고 있다. 취득시점에서 ㈜한국의 순자산 장부금액과 공정가치는 ₩10,000,000으로 동일하다. ㈜한국의 연도별 당기순손익과 현금배당 지급액은 다음과 같다.

연도	당기순손익	현금배당 지급액
20×1년	₩3,000,000 손실	₩1,500,000
20×2년	8,000,000 손실	–
20×3년	3,000,000 이익	–

㈜서울이 20×3년에 인식할 지분법이익은?

▸ 11년 기출

① ₩100,000
② ₩150,000
③ ₩300,000
④ ₩750,000
⑤ ₩900,000

보고기간 후 사건, 환율변동효과

1절 보고기간 후 사건의 유형 및 회계처리

유형	회계처리
보고기간 말에 존재하였던 상황에 대한 증거를 제공하는 사건	재무제표에 인식된 금액을 수정
보고기간 후에 발생한 상황을 나타내는 사건	재무제표를 수정하지 않음 단, 중요한 사건은 주석 공시

2절 수정을 요하는 보고기간 후 사건

① 보고기간 말에 존재하였던 현재의무가 보고기간 후에 소송사건의 확정에 의해 확인되는 경우
② 보고기간 말에 이미 자산손상이 발생되었음을 나타내는 정보를 보고기간 후에 입수하거나, 이미 손상차손을 인식한 자산에 대하여 손상차손금액의 수정이 필요한 정보를 보고기간 후에 입수하는 경우
③ 보고기간 말 이전에 구입한 자산의 취득원가나 매각한 자산의 대가를 보고기간 후에 결정하는 경우
④ 보고기간 말 이전 사건의 결과로서 보고기간 말에 종업원에게 지급해야 할 법적의무나 의제의무가 있는 이익분배나 상여금지급 금액을 보고기간 후에 확정하는 경우
⑤ 재무제표가 부정확하다는 것을 보여주는 부정이나 오류를 발견한 경우

3절 보고기간 말 외화자산, 부채의 환산

항목 구분	환산방법	외환차이 회계처리
화폐성 외화항목	마감환율로 환산	당기손익으로 인식
역사적원가로 측정하는 비화폐성 외화항목	거래일의 환율로 환산	외환차이가 발생하지 않음
공정가치로 측정하는 비화폐성 외화항목	공정가치가 결정된 날의 환율로 환산	공정가치평가손익을 당기손익(또는 기타포괄손익)으로 인식하면 외환차이도 당기손익(또는 기타포괄손익)으로 인식

CHAPTER 23 객관식 문제

01 다음은 (주)관세의 20×1년도 재무제표 발행·승인 등에 관한 예시이다.

> • (주)관세의 경영진은 20×2년 2월 25일에 20×1년 12월 31일로 종료된 회계연도의 재무제표 초안을 완성하였다.
> • 이사회는 20×2년 3월 16일에 동 재무제표를 검토하고 발행하도록 승인하였다.
> • 20×2년 3월 19일에 기업의 이익과 선별된 다른 재무정보를 발표하였다.
> • 주주와 그 밖의 이용자는 20×2년 4월 4일부터 재무제표를 이용할 수 있게 되었다.
> • 20×2년 5월 10일에 정기주주총회에서 해당 재무제표를 승인하였고, 최종적으로 20×2년 5월 20일 감독기관에 동 재무제표를 제출하였다.

(주)관세가 보고기간 후 사건으로 20×1년도 재무제표의 수정 여부를 결정할 때 고려하는 대상기간은?

▸ 관세사 17

① 20×1년 12월 31일과 20×2년 2월 25일 사이
② 20×1년 12월 31일과 20×2년 5월 10일 사이
③ 20×1년 12월 31일과 20×2년 4월 4일 사이
④ 20×1년 12월 31일과 20×2년 3월 16일 사이
⑤ 20×1년 12월 31일과 20×2년 5월 20일 사이

02 다음 중 보고기간 후 발생사건에서 재무제표의 수정을 요하지 않는 사항은 무엇인가?

① 보고기간 말 이후 재무제표 발행승인일 전에 기존에 보유하고 있던 기타포괄손익-공정가치 측정 금융자산의 공정가치가 현저히 하락한 경우
② 보고기간 말 현재 재고자산에 대한 재고자산평가충당금 금액이 보고기간 후에 재고자산의 판매로 인하여 수정을 요하는 경우
③ 보고기간 말에 지급의무가 존재하였던 종업원에 대한 상여금액을 보고기간 후에 확정하는 경우
④ 보고기간 말 이전에 계류 중인 소송사건이 보고기간 후에 확정되어 금액 수정을 요하는 경우
⑤ 보고기간 말 현재 존재하였던 매출채권에 대한 손실충당금 금액이 보고기간 후에 매출처의 심각한 재무상태의 악화로 수정을 요하는 경우

03 다음은 각각 독립적인 사건으로, '재무제표에 인식된 금액의 수정을 요하는 보고기간 후 사건'에 해당하는 것을 모두 고른 것은? ▸16년 기출

> ㄱ. 보고기간 말에 존재하였던 현재의무가 보고기간 후에 소송사건의 확정에 의해 확인되는 경우
> ㄴ. 보고기간 말과 재무제표 발행승인일 사이에 투자자산의 공정가치가 하락하는 경우
> ㄷ. 보고기간 말 이전에 구입한 자산의 취득원가나 매각한 자산의 대가를 보고기간 후에 결정하는 경우

① ㄱ   ② ㄴ
③ ㄴ, ㄷ   ④ ㄱ, ㄷ
⑤ ㄱ, ㄴ, ㄷ

04 보고기간 후 사건에 관한 설명으로 옳지 않은 것은? ▸17년 기출

① 보고기간 후부터 재무제표 발행승인일 전 사이에 배당을 선언한 경우에는 보고기간 말에 부채로 인식한다.
② 보고기간 말 이전에 구입한 자산의 취득원가나 매각한 자산의 대가를 보고기간 후에 결정하는 경우는 수정을 요하는 보고기간 후 사건이다.
③ 보고기간 말과 재무제표 발행승인일 사이에 투자자산의 공정가치의 하락은 수정을 요하지 않는 보고기간 후 사건이다.
④ 보고기간 후에 발생한 화재로 인한 주요 생산 설비의 파손은 수정을 요하지 않는 보고기간 후 사건이다.
⑤ 경영진이 보고기간 후에, 기업을 청산하거나 경영활동을 중단할 의도를 가지고 있다고 판단하는 경우에는 계속기업의 기준에 따라 재무제표를 작성해서는 아니 된다.

05 (주)감평은 20×1년 12월 31일자로 종료되는 회계연도 재무제표의 이사회 승인을 앞두고 있다. 아래의 각 상호 독립된 사건은 재무제표에 반영되어 있지 않지만 보고기간 말 이후 발생한 것이다. '수정을 요하는 보고기간 후 사건'을 모두 고른 것은? (단, 주석으로 공시되는 금액은 제외한다.) ▸ 19년 기출

> ㄱ. 관계회사의 금융기관 차입에 대해 ₩30,000의 지급보증 약정을 체결하였다.
> ㄴ. 생산공장에 화재가 발생하여 ₩50,000의 생산설비가 파손되었다.
> ㄷ. 20×1년 말 현재 피고로 계류 중이던 손해배상소송에서 ₩10,000의 손해배상 확정판결을 받았다.
> ㄹ. 내부규정에 의해 20×1년 말 지급하여야 할 상여금 지급액이 ₩25,000으로 확정되었다.

① ㄱ, ㄴ   ② ㄱ, ㄷ
③ ㄴ, ㄹ   ④ ㄷ, ㄹ
⑤ ㄴ, ㄷ, ㄹ

06 재무제표에 인식된 금액을 수정할 필요가 없는 보고기간 후 사건의 예로 옳은 것은?

▸ CTA 19

① 보고기간 말에 존재하였던 현재의무가 보고기간 후에 소송사건의 확정에 의해 확인되는 경우
② 보고기간 말에 이미 자산손상이 발생되었음을 나타내는 정보를 보고기간 후에 입수하는 경우나 이미 손상차손을 인식한 자산에 대하여 손상차손금액의 수정이 필요한 정보를 보고기간 후에 입수하는 경우
③ 보고기간 말 이전 사건의 결과로서 보고기간 말에 종업원에게 지급하여야 할 법적의무나 의제의무가 있는 이익분배나 상여금지급 금액을 보고기간 후에 확정하는 경우
④ 보고기간 말과 재무제표 발행승인일 사이에 투자자산의 공정가치 하락이 중요하여 정보이용자의 의사결정에 영향을 줄 수 있는 경우
⑤ 보고기간 말 이전에 구입한 자산의 취득원가나 매각한 자산의 대가를 보고기간 후에 결정하는 경우

07 보고기간 후 사건에 관한 설명으로 옳은 것은? ▸CTA 20

① 보고기간 후에 발생한 상황을 나타내는 사건을 반영하기 위하여, 재무제표에 인식된 금액을 수정한다.

② 보고기간 말과 재무제표 발행승인일 사이에 투자자산의 공정가치가 하락한다면, 재무제표에 투자자산으로 인식된 금액을 수정한다.

③ 보고기간 후에 지분상품 보유자에 대해 배당을 선언한 경우, 그 배당금을 보고기간 말의 부채로 인식하지 아니한다.

④ 보고기간 말에 존재하였던 상황에 대한 정보를 보고기간 후에 추가로 입수한 경우에도 그 정보를 반영하여 공시 내용을 수정하지 않는다.

⑤ 경영진이 보고기간 후에, 기업을 청산하거나 경영활동을 중단할 의도를 가지고 있거나, 청산 또는 경영활동의 중단 외에 다른 현실적 대안이 없다고 판단하는 경우에도 계속기업의 기준에 따라 재무제표를 작성할 수 있다.

08 다음 중 수정을 요하지 않는 보고기간 후 사건은? ▸관세사 20

① 보고기간 말과 재무제표 발행승인일 사이에 투자자산의 공정가치가 하락한 경우

② 보고기간 말 이전에 구입한 자산의 취득원가나 매각한 자산의 대가를 보고기간 후에 결정하는 경우

③ 보고기간 말에 존재하였던 현재의무가 보고기간 후에 소송사건의 확정에 의해 확인되는 경우

④ 보고기간 말 이전 사건의 결과로서 보고기간 말에 종업원에게 지급하여야 할 법적의무나 의제의무가 있는 이익분배나 상여금지급 금액을 보고기간 후에 확정하는 경우

⑤ 재무제표가 부정확하다는 것을 보여주는 부정이나 오류를 발견한 경우

09 환율변동효과 중 기능통화에 의한 외환거래의 보고에 대한 다음 설명 중 가장 옳지 않은 것은?

① 매 보고기간 말에 화폐성 외화항목은 마감환율로 환산하고, 이때 발생하는 외환차이는 별도의 자본항목인 기타포괄손익으로 보고한다.

② 외화거래를 기능통화로 최초 인식하는 경우에 그 거래일의 외화와 기능통화 사이의 현물환율을 외화금액에 적용하여 기록하다. 여기서 거래일은 인식요건을 최초로 충족하는 날이다.

③ 매 보고기간 말에 역사적원가로 측정하는 비화폐성 외화항목은 거래일의 환율로 환산하며, 이때 외환차이는 발생하지 않는다.

④ 매 보고기간 말에 공정가치로 측정하는 비화폐성 외화항목은 공정가치가 결정된 날의 환율로 환산한다.

⑤ 해당 비화폐성 항목에서 생긴 손익을 기타포괄손익으로 인식하는 경우에 그 손익에 포함된 환율변동효과도 기타포괄손익으로 인식한다.

10 ㈜한국은 20×9년 중 외국에 있는 금융기관으로부터 만기 3년의 외화표시 부채 $1,000을 차입하여 상각후원가로 평가하였다. 차입 일자에 달러 현물의 마감환율은 $1당 ₩1,000이었다. 20×9년 말 현재 달러의 외화현물에 대한 마감환율이 $1당 ₩1,100으로 상승하였다면, 장기외화차입금에 대한 환율의 상승분 ₩100,000은 포괄손익계산서에 어떻게 보고되는가?

▶ 10년 기출

① 당기이익으로 보고된다.　　　　② 기타포괄이익으로 보고된다.

③ 공정가치평가손실로 보고된다.　　④ 당기손실로 보고된다.

⑤ 기타포괄손실로 보고된다.

11 기능통화에 대한 외화거래의 인식 및 측정으로 옳지 않은 것은?　　▶ 11년 기출

① 기능통화로 외화거래를 최초로 인식하는 경우에 거래일의 외화와 기능통화 사이의 현물환율을 외화금액에 적용하여 기록한다.

② 거래일은 거래의 인식조건을 최초로 충족하는 날이다. 실무적으로는 거래일의 실제 환율에 근접한 환율을 자주 사용한다.

③ 공정가치로 측정하는 비화폐성 외화항목은 평균환율로 환산한다.

④ 역사적원가로 측정하는 비화폐성 외화항목은 거래일의 환율로 환산한다.

⑤ 비화폐성항목에서 생긴 손익을 기타포괄손익으로 인식하는 경우 그 손익에 포함된 환율변동효과도 기타포괄손익으로 인식한다.

12 20×1년 12월 1일 원화가 기능통화인 ㈜서울은 해외 거래처에 US $5,000의 상품을 판매하고 판매대금은 2개월 후인 20×2년 1월 31일에 회수하였다. 이 기간 중 US $ 대비 원화의 환율은 아래와 같으며, 회사는 회계기준에 준거하여 외화거래 관련 회계처리를 적절하게 수행하였다.

- 20×1년 12월 1일 : US $1 = ₩1,030
- 20×1년 12월 31일 : US $1 = ₩1,060
- 20×2년 1월 31일 : US $1 = ₩1,050

대금결제일인 20×2년 1월 31일에 ㈜서울이 인식할 외환차익 혹은 외화차손은? ▸14년 기출

① 외환차손 ₩50,000   ② 외환차손 ₩100,000
③ 외환차익 ₩100,000   ④ 외환차익 ₩150,000
⑤ 외환차손 ₩150,000

13 (주)관세는 20×1년 11월 1일 외국에 소재하는 (주)한국에게 상품 $20,000를 외상으로 판매하였다. 외상으로 판매한 대금 $20,000 중 $10,000는 20×1년 12월 1일에 회수하였으며, 나머지는 20×2년 4월 1일에 회수한다. 관련 환율(₩/$)에 대한 자료는 다음과 같다.

일자	20×1.11.1.	20×1.12.1.	20×1.12.31.
환율(₩/$)	₩1,100	₩1,150	₩1,200

(주)관세가 20×1년도 포괄손익계산서에 보고할 외환차이는? (단, (주)관세의 기능통화는 원화이다.) ▸관세사 23

① ₩500,000   ② ₩1,000,000
③ ₩1,500,000   ④ ₩2,000,000
⑤ ₩2,500,000

14 ㈜감평은 20×1년 10월 1일 미국에 소재한 토지를 영업에 사용할 목적으로 $10,000에 취득하였고 20×1년 12월 31일 현재 토지의 공정가치는 $12,000이다. ㈜감평의 재무제표는 원화로 환산표시하며, 이 기간 중 $ 대비 원화의 환율은 다음과 같다.

- 20×1년 10월 1일 : $1 = ₩1,000
- 20×1년 12월 31일 : $1 = ₩1,030
- 20×2년 3월 1일 : $1 = ₩1,050

㈜감평이 20×2년 3월 1일에 위 토지의 50%를 $6,000에 매각하였을 때, 원가모형에 의한 유형자산처분이익은?

▶ 15년 기출

① ₩18,000
② ₩300,000
③ ₩1,000,000
④ ₩1,180,000
⑤ ₩1,300,000

15 ㈜감평은 20×1년 9월 1일 미국에 있는 토지(유형자산)를 $5,000에 취득하고 원가모형을 적용하고 있다. 20×1년 12월 31일 현재 토지의 공정가치는 $5,100이며, 20×2년 2월 1일 토지 중 30%를 $1,550에 처분하였다. 일자별 환율이 다음과 같을 때, 처분손익은? (단, ㈜감평의 기능통화는 원화이다.)

▶ 22년 기출

일자	20×1년 9월 1일	20×1년 12월 31일	20×2년 2월 1일
환율(₩/$)	₩1,200	₩1,170	₩1,180

① 손실 ₩29,000
② 손실 ₩38,900
③ ₩0
④ 이익 ₩29,000
⑤ 이익 ₩38,900

16 매각예정으로 분류된 비유동자산 또는 처분자산집단의 회계처리에 관한 설명으로 옳지 않은 것은?
▸24년 기출

① 매각예정으로 분류된 비유동자산(또는 처분자산집단)은 공정가치에서 처분부대원가를 뺀 금액과 장부금액 중 큰 금액으로 측정한다.

② 1년 이후에 매각될 것으로 예상된다면 처분부대원가는 현재가치로 측정하고, 기간 경과에 따라 발생하는 처분부대원가 현재가치의 증가분은 금융원가로서 당기손익으로 회계처리한다.

③ 매각예정으로 분류하였으나 중단영업의 정의를 충족하지 않는 비유동자산(또는 처분자산집단)을 재측정하여 인식하는 평가손익은 계속영업손익에 포함한다.

④ 비유동자산이 매각예정으로 분류되거나 매각예정으로 분류된 처분자산집단의 일부이면 그 자산은 감가상각(또는 상각)하지 아니한다.

⑤ 매각예정으로 분류된 처분자산집단의 부채와 관련된 이자와 기타 비용은 계속해서 인식한다.

17 특수관계자 공시에 관한 설명으로 옳지 않은 것은?
▸24년 기출

① 보고기업에 유의적인 영향력이 있는 개인이나 그 개인의 가까운 가족은 보고기업의 특수관계자로 보며, 이때 개인의 가까운 가족의 범위는 자녀 및 배우자로 한정한다.

② 지배기업과 종속기업 사이의 관계는 거래의 유무에 관계없이 공시한다.

③ 특수관계자거래가 있는 경우, 재무제표에 미치는 특수관계의 잠재적 영향을 파악하는 데 필요한 거래, 채권·채무 잔액에 대한 정보뿐만 아니라 특수관계의 성격도 공시한다.

④ 기업의 재무제표에 미치는 특수관계자거래의 영향을 파악하기 위하여 분리하여 공시할 필요가 있는 경우를 제외하고는 성격이 유사한 항목은 통합하여 공시할 수 있다.

⑤ 지배기업과 최상위 지배자가 일반이용자가 이용할 수 있는 연결재무제표를 작성하지 않는 경우에는 일반이용자가 이용할 수 있는 연결재무제표를 작성하는 가장 가까운 상위의 지배기업의 명칭도 공시한다.

PART

02

원가관리회계

제조기업의 원가흐름

원가의 다양한 분류기준

1. 원가의 다양한 분류

원가의 분류기준	분류
제조활동과의 관련성	제조원가, 판매비와 관리비
자산화 여부	제품원가, 기간원가
원가계산 대상이 추적가능성 여부	직접원가, 간접원가
원가요인 변동과의 관련성	변동원가, 고정원가
경영자의 통제 가능 여부	통제가능원가, 통제불능원가
의사결정 관련 여부	관련원가, 비관련원가

2. 원가행태에 따른 분류

원가행태			
	변동원가	순수변동원가	조업도 변동에 정비례하여 총원가 변동, 단위원가 일정
		준변동원가	고정원가 + 순수변동원가
	고정원가	순수고정	조업도 변동에 관계없이 총원가 일정, 단위원가 체감
		준고정원가	조업도가 특정 범위를 벗어나면 총원가가 일정액 증가

① **변동원가** : 조업도의 변동에 비례하여 총원가 변동, 단위당 변동원가는 일정
② **고정원가** : 일정한 관련범위 내에서 조업도와 무관하게 총원가 일정
③ **준변동원가(혼합원가)** : 조업도와 무관하게 발생하는 고정원가와 조업도에 비례하는 변동원가로 구성
④ **준고정원가(계단원가)** : 일정 조업도를 초과하는 경우 총원가가 일정액만큼 증가

2절 제조기업의 원가흐름

1. 제조원가의 분류

① 직접재료원가 : 제품 생산에 직접 추적되는 주요 원재료 원가, 변동원가

② 직접노무원가 : 제품 생산에 직접 참여하는 제조부문 직원의 급여, 변동원가

③ 제조간접원가 : 변동제조간접원가와 고정제조간접원가의 합

※ 제조간접원가(예 간접재료원가, 간접노무원가, 기타 제조간접원가 등)

2. 기본원가와 전환원가

① 기본(기초)원가 = 직접재료원가 + 직접노무원가

② 전환(가공)원가 = 직접노무원가 + 제조간접원가

3. 당기총제조원가와 당기제품제조원가

① 당기총제조원가 = 직접재료원가 발생액 + 직접노무원가 + 제조간접원가

② 당기제품제조원가 = 기초재공품 + 당기총제조원가 - 기말재공품

4. 매출원가

① 매출원가 = 기초제품 + 당기제품제조원가 - 기말제품

5. 제조원가명세서 작성

제조원가명세서		
I. 직접재료원가		×××
1.기초원재료	×××	
2.당기매입액	×××	
3.기말원재료	(×××)	
II. 직접노무원가		×××
III. 제조간접원가		×××
IV. 당기총제조원가		×××
V. 기초재공품		×××
VI. 기말재공품		(×××)
VII. 당기제품제조원가		×××

01 (주)세무는 단일 제품을 생산하며 개별정상원가계산을 사용한다. 제조간접원가는 직접노무시간당 ₩6을 예정 배부한다. 재료계정의 기초금액은 ₩10,000이며, 기말금액은 ₩15,000이다. 재료는 모두 직접재료로 사용되고 간접재료로 사용되지 않는다. 당기총제조원가는 ₩650,000이며 당기제품제조원가는 ₩640,000이다. 직접노무원가는 ₩250,000이며, 실제 발생한 직접노무시간은 20,000시간이다. (주)세무가 당기에 매입한 재료금액은? ▸ CTA 17

① ₩270,000   ② ₩275,000

③ ₩280,000   ④ ₩285,000

⑤ ₩290,000

02 원가가산 가격결정방법에 의해서 판매가격을 결정하는 경우 ( )에 들어갈 금액으로 옳은 것은? (단, 영업이익은 총원가의 30%이고, 판매비와 관리비는 제조원가의 50%이다.) ▸ 18년 기출

| 직접재료원가 ₩12,500 / 직접노무원가 ₩12,500 | 기초원가 (ㄴ) | 제조간접원가 (ㄱ) | 제조원가 (ㄹ) | 판매비와 관리비 (ㄷ) | 총원가 (ㅂ) | 영업이익 (ㅁ) | 판매가격 ₩58,500 |

	(ㄱ)	(ㄴ)	(ㄷ)	(ㄹ)	(ㅁ)	(ㅂ)
①	₩5,000	₩25,000	₩15,000	₩30,000	₩13,500	₩45,000
②	₩5,000	₩25,000	₩17,500	₩35,000	₩10,500	₩48,000
③	₩10,000	₩25,000	₩15,000	₩30,000	₩13,500	₩45,000
④	₩10,000	₩25,000	₩17,500	₩35,000	₩10,500	₩48,000
⑤	₩10,000	₩25,000	₩17,500	₩30,000	₩10,500	₩48,000

03 20×1년 (주)관세의 제조와 관련된 원가가 다음과 같을 때 직접노무원가는? ▸관세사 18

• 당기제품제조원가	₩1,400,000
• 기본원가(prime cost)	1,200,000
• 가공원가(전환원가)	1,100,000
• 기초재공품	100,000
• 기말재공품	200,000

① ₩400,000   ② ₩500,000

③ ₩600,000   ④ ₩800,000

⑤ ₩900,000

04 20×1년 초에 설립된 ㈜대한은 자동차를 생산, 판매하는 기업으로 20×1년 동안 다음과 같은 원가가 발생하였다.

• 직접재료원가	₩550
• 간접재료원가	₩150
• 판매직급여	₩150
• 공장근로자급여	₩600
• 공장감독자급여	₩300
• 관리직급여	₩350
• 공장감가상각비	₩1,000
• 광고선전비	₩100

이 자료를 바탕으로 원가계산을 했을 경우, 다음 설명 중 옳은 것은? 단, 기말재공품재고액은 ₩500이다.

▸CPA 24

① 기본원가(prime costs)는 ₩1,050이다.

② 제조간접원가는 ₩1,500이다.

③ 재고불능원가는 ₩500이다.

④ 당기총제조원가는 ₩2,700이다.

⑤ 당기제품제조원가는 ₩2,550이다.

05 ㈜한국의 20×0년 기초 및 기말 재고자산은 다음과 같다.

구분	20×0년 초	20×0년 말
원재료	₩300,000	₩400,000
재공품	200,000	400,000
제품	500,000	?

20×0년 중 ㈜한국의 원재료 매입액은 ₩1,500,000이었으며, 제조간접원가는 가공원가의 50%인 ₩2,500,000이 발생하였다. ㈜한국의 20×0년도 매출액이 ₩7,200,000이고, 이는 매출원가의 120%에 해당한다. 20×0년 말 제품재고액은 얼마인가? ▸ 10년 기출

① ₩400,000   ② ₩500,000

③ ₩600,000   ④ ₩700,000

⑤ ₩800,000

06 ㈜감평의 20×5년 1월 1일 재공품 재고액은 ₩50,000이고, 1월 31일 재공품 재고액은 ₩100,000이다. 1월에 발생한 원가자료가 다음과 같을 경우, ㈜감평의 20×5년 1월 당기제품 제조원가는? ▸ 15년 기출

• 직접재료 사용액	₩300,000
• 공장건물 감가상각비	100,000
• 공장기계 수선유지비	150,000
• 본사건물 감가상각비	200,000
• 영업직원 급여	300,000
• 공장감독자 급여	400,000
• 공장근로자 급여	500,000
• 판매수수료	100,000

① ₩1,000,000   ② ₩1,400,000

③ ₩1,450,000   ④ ₩1,600,000

⑤ ₩1,900,000

07 (주)감평의 20×1년 기초 및 기말 재고자산은 다음과 같다.

구분	기초	기말
직접재료	₩10,000	₩15,000
재공품	40,000	50,000
제품	40,000	55,000

(주)감평은 20×1년 중 직접재료 ₩35,000을 매입하였고, 직접노무원가 ₩45,000을 지급하였으며, 제조간접원가 ₩40,000이 발생하였다. (주)감평의 20×1년 당기제품제조원가는? (단, 20×1년 초 직접노무원가 선급금액은 ₩15,000이고 20×1년 말 직접노무원가 미지급금액은 ₩20,000이다.)

▶ 20년 기출

① ₩110,000
② ₩120,000
③ ₩125,000
④ ₩140,000
⑤ ₩150,000

08 다음은 ㈜관세의 20×1년 영업자료에서 추출한 정보이다. 직접노무원가가 기본원가(prime cost)의 50%일 경우, 당기제품제조원가는?

▶ 관세사 21

• 기초직접재료	₩200	• 기말직접재료	₩100
• 보험료 – 본사사옥	200	• 보험료 – 공장설비	100
• 감가상각비 – 본사사옥	100	• 감가상각비 – 공장설비	50
• 기타제조간접원가	300	• 기초재공품	1,500
• 기말재공품	1,000	• 직접재료 매입액	500

① ₩1,850
② ₩1,950
③ ₩2,050
④ ₩2,150
⑤ ₩2,250

09 다음 자료를 이용하여 계산한 매출원가는?

▶ 18년 기출

• 기초재공품	₩60,000	• 기초제품	₩45,000	• 기말재공품	₩30,000
• 기말제품	₩60,000	• 직접재료원가	₩45,000	• 직접노무원가	₩35,000
• 제조간접원가	₩26,000				

① ₩121,000
② ₩126,000
③ ₩131,000
④ ₩136,000
⑤ ₩141,000

10 단일제품을 생산하는 (주)감평은 매출원가의 20%를 이익으로 가산하여 제품을 판매하고 있다. 당기의 생산 및 판매 자료가 다음과 같다면, (주)감평의 당기 직접재료매입액과 영업이익은?

▶ 19년 기출

• 재고자산		
	기초재고	기말재고
직접재료	₩17,000	₩13,000
재공품	20,000	15,000
제품	18,000	23,000
• 기본(기초)원가	₩85,000	
• 가공(전환)원가	98,000	
• 매출액	180,000	
• 판매관리비	10,000	

	직접재료 매입액	영업이익		직접재료 매입액	영업이익
①	₩46,000	₩15,000	②	₩48,000	₩15,000
③	₩48,000	₩20,000	④	₩52,000	₩20,000
⑤	₩52,000	₩26,000			

11 다음은 (주)관세의 20×1년 생산·판매와 관련된 자료이다.

• 기초재공품	₩170,000	• 전환원가(가공원가)	₩2,250,000
• 기말재공품	320,000	• 기초제품	130,000
• 직접재료원가	830,000	• 기말제품	110,000
• 직접노무원가	750,000	• 매출액	3,835,000

위 자료를 이용하여 계산한 (주)관세의 20×1년 매출총이익은?

▶ 관세사 19

① ₩135,000   ② ₩885,000
③ ₩905,000   ④ ₩925,000
⑤ ₩965,000

12 ㈜세무의 기초 및 기말 재고자산은 다음과 같다.

구분	기초잔액	기말잔액
원재료	₩27,000	₩9,000
재공품	30,000	15,000
제품	35,000	28,000

원재료의 제조공정 투입금액은 모두 직접재료원가이며 당기 중 매입한 원재료는 ₩83,000 이다. 기초원가는 ₩306,000이고, 전환원가의 50%가 제조간접원가이다. ㈜세무의 당기제품제조원가와 당기 매출원가는? ▸ CTA 19

	당기제품제조원가	매출원가
①	₩408,500	₩511,000
②	₩511,000	₩511,000
③	₩511,000	₩526,000
④	₩526,000	₩526,000
⑤	₩526,000	₩533,000

13 (주)관세의 20×1년 6월 매출액은 ₩400,000이며, 매출총이익률은 25%이다. 원가관련 자료가 다음과 같을 때 6월 말 직접재료재고액은? ▸ 관세사 20

구분	6월 초	6월 말
직접재료	₩20,000	?
재공품	50,000	₩40,000
제품	90,000	100,000
직접재료매입액	180,000	
전환(가공)원가	130,000	

① ₩20,000 ② ₩30,000
③ ₩40,000 ④ ₩50,000
⑤ ₩60,000

14 (주)감평의 20×6년도 생산·판매자료가 다음과 같을 때 기본원가(prime cost)는?

▸ 16년 기출

- 재고자산

구분	기초	기말
원재료	₩10,000	₩12,000
재공품	50,000	60,000
제품	80,000	96,000

- 당기 원재료 매입 ₩40,000
- 당기 매출원가 ₩150,000
- 직접노무원가는 가공원가의 60%이며, 원재료는 직접재료로만 사용된다고 가정한다.

① ₩82,800
② ₩105,200
③ ₩120,800
④ ₩132,800
⑤ ₩138,000

15 ㈜관세가 20×1년 중 매입한 직접재료는 ₩500,000이었고, 제조간접원가는 직접노무원가의 50%이며, 매출원가는 ₩1,200,000이었다. 재고자산과 관련된 자료가 다음과 같을 때, 20×1년도의 기본(기초)원가는?

▸ 관세사 16

구분	20×1년 1월 1일	20×1년 12월 31일
직접재료	₩50,000	₩60,000
재공품	₩80,000	₩50,000
제품	₩55,000	₩35,000

① ₩660,000
② ₩820,000
③ ₩930,000
④ ₩1,150,000
⑤ ₩1,180,000

16 (주)세무의 20×1년 1월의 재고자산 자료는 다음과 같다.

	직접재료	재공품	제품
20×1.1.1.	₩80,000	₩100,000	₩125,000
20×1.1.31.	60,000	75,000	80,000

20×1년 1월 중 직접재료의 매입액은 ₩960,000이고, 직접노무원가는 제조간접원가의 40%이다. 1월의 매출액은 ₩2,500,000이며, 매출총이익률은 16%이다. 20×1년 1월의 기본원가(prime costs)는? ▸ CTA 22

① ₩1,050,000　　　　② ₩1,160,000
③ ₩1,280,000　　　　④ ₩1,380,000
⑤ ₩1,430,000

17 (주)세무의 20×1년 재고자산 및 원가자료는 다음과 같다.

(1) 재고자산

	원재료	재공품	제품
20×1.1.1	₩40,000	₩90,000	₩80,000
20×1.12.31	60,000	100,000	120,000

(2) 원가자료

• 생산직근로자 급여	₩110,000	• 생산설비 보험료	₩50,000
• 생산직관리자 급여	30,000	• 영업사원 급여	20,000
• 공장건물 감가상각비	70,000	• 본사건물 재산세	10,000

20×1년 매출원가가 ₩480,000일 때, 원재료 매입액은? ▸ CTA 24

① ₩280,000　　　　② ₩290,000
③ ₩330,000　　　　④ ₩340,000
⑤ ₩530,000

개별원가계산

1절 실제개별원가계산

1. 개별원가계산 적용 업종

개별원가계산은 주문제작 형태로 고객의 요구에 따라 원가를 집계할 수 있는 업종에 적합한 원가계산방법이다.

① 개별 작업별로 직접 추적이 가능한 원가 : 직접재료원가, 직접노무원가

② 개별 작업별로 직접 추적이 불가능한 원가 : 제조간접원가

※ 제조간접원가는 일정한 배부기준에 의거하여 작업별로 배부한다.

※ 배부기준 : 인과관계 높은 순 → 기타 합리적인 기준

$$\text{제조간접원가 실제배부율} = \frac{\text{실제제조간접원가}}{\text{실제조업도}}$$

2절 정상개별원가계산

1. 실제개별원가계산과의 비교

구분	실제개별원가계산	정상개별원가계산
주요정보이용자	외부정보이용자	내부정보이용자(경영자)
원가계산시점	회계연도 말	제품생산시점
제조간접원가 배부방법	실제배부율 × 실제조업도	예정배부율 × 실제조업도

2. 예정배부율 : 회계연도 시작 전 예산을 이용하여 배부율을 계산

$$\text{제조간접원가 예정배부율} = \frac{\text{제조간접원가 예산}}{\text{예정조업도(정상조업도)}}$$

3절 배부차이 및 배부차이 조정

1. 배부차이

과소배부	과대배부
실제발생액 > 예정배부액	실제발생액 < 예정배부액
제조간접원가 차변잔액	제조간접원가 대변잔액
불리한 차이	유리한 차이
계정잔액에 가산	계정잔액에 차감
원가증가, 이익감소	원가감소, 이익증가

2. 배부차이 조정

① **매출원가조정법** : 제조간접원가의 배부차이가 중요하지 않을 때 이를 전부 매출원가에서 조정하는 방법이다. 배부차이가 과소배부라면 해당 차이금액만큼 매출원가를 늘리고, 과대배부라면 해당 배부차이만큼 매출원가를 감액한다.

〈과소배부〉

(차) 매출원가(배부차이)   ×××   (대) 제조간접원가   ×××

〈과대배부〉

(차) 제조간접원가   ×××   (대) 매출원가(배부차이)   ×××

② **총원가비례법** : 기말재공품, 기말제품, 매출원가의 총원가에 비례하여 배부차이를 조정하는 방법이다.

③ **원가요소별 비례법** : 기말재공품, 기말제품, 매출원가에 배부된 예정배부액에 비례하여 차이를 조정하는 방법으로 배부차이 조정 후 원가는 실제원가와 동일하다.

CHAPTER **02** **객관식 문제**

01 다음은 개별원가계산제도를 이용하고 있는 ㈜한국의 원가계산 자료이다. 제조간접원가는 기본원가(Prime costs)를 기준으로 배부한다.

원가항목	작업#1	작업#2	작업#3	합계
기초재공품	₩2,000	₩4,000	–	₩6,000
직접재료원가	2,800	3,000	₩2,200	8,000
직접노무원가	4,000	5,000	3,000	12,000
제조간접원가	( )	( )	( )	6,000

작업#1과 작업#3은 완성되었고, 작업#2는 미완성되었다. ㈜한국이 기말재공품으로 계상할 금액은?

▸ 12년 기출

① ₩9,600
② ₩10,200
③ ₩12,500
④ ₩13,600
⑤ ₩14,400

02 실제개별원가계산제도를 사용하는 (주)감평의 20×1년도 연간 실제 원가는 다음과 같다.

• 직접재료원가	₩4,000,000	• 직접노무원가	₩5,000,000
• 제조간접원가	₩1,000,000		

(주)감평은 20×1년 중 작업지시서 #901을 수행하였는데 이 작업에 320시간의 직접노무시간이 투입되었다. (주)감평은 제조간접원가를 직접노무시간을 기준으로 실제배부율을 사용하여 각 작업에 배부한다. 20×1년도 실제 총직접노무시간은 2,500시간이다. (주)감평이 작업지시서 #901에 배부하여야 할 제조간접원가는?

▸ 18년 기출

① ₩98,000
② ₩109,000
③ ₩128,000
④ ₩160,000
⑤ ₩175,000

03 ㈜세무는 개별원가계산방법을 적용한다. 제조지시서#1은 전기부터 작업이 시작되었고, 제조지시서#2와 #3은 당기 초에 착수되었다. 당기 중 제조지시서 #1과 #2는 완성되었으나, 당기 말 현재 제조지시서#3은 미완성이다. 당기 제조간접원가는 직접노무원가에 근거하여 배부한다. 당기에 제조지시서#1 제품은 전량 판매되었고, 제조지시서#2 제품은 전량 재고로 남아 있다. 다음 자료와 관련된 설명으로 옳지 않은 것은? ▸ CTA 16

구분	#1	#2	#3	합계
기초금액	₩450	–	–	
[당기투입액]				
직접재료원가	₩6,000	₩2,500	₩( )	₩10,000
직접노무원가	500	( )	( )	1,000
제조간접원가	( )	1,000	( )	4,000

① 당기제품제조원가는 ₩12,250이다. ② 당기총제조원가는 ₩15,000이다.
③ 기초재공품은 ₩450이다. ④ 기말재공품은 ₩2,750이다.
⑤ 당기매출원가는 ₩8,950이다.

04 ㈜감평은 제조원가 항목을 직접재료원가, 직접노무원가 및 제조간접원가로 분류한 후, 개별-정상원가계산을 적용하고 있다. 기초재공품(작업 No.23)의 원가는 ₩22,500이며, 당기에 개별 작업별로 발생된 직접재료원가와 직접노무원가를 다음과 같이 집계하였다.

작업번호	직접재료원가	직접노무원가
No. 23	₩2,000	₩6,000
No. 24	9,000	10,000
No. 25	14,000	8,000

제조간접원가는 직접노무원가에 비례하여 예정배부한다. 기초에 직접노무원가는 ₩20,000으로 예측되었으며, 제조간접원가는 ₩30,000으로 예측되었다. 기말 현재 진행 중인 작업은 No. 25뿐이라고 할 때, 당기제품제조원가는? ▸ 13년 기출

① ₩34,000 ② ₩39,500
③ ₩56,500 ④ ₩62,000
⑤ ₩73,500

05 ㈜세무는 개별원가계산제도를 채택하고 있으며, 제품 A와 제품 B를 생산하고 있다. 기초재공품은 없으며, 제품이 모두 기말에 완성되었다. ㈜세무의 20×1년 원가자료는 다음과 같다. 제조간접원가를 직접노무원가 발생액에 비례하여 배부하는 경우, 제품 A와 제품 B의 제조원가는?

▸ CTA 20

구분		제품 A	제품 B
직접재료원가			
	기초재고액	₩20,000	₩10,000
	당기매입액	40,000	30,000
	기말재고액	10,000	15,000
직접노무원가			
	전기말 미지급액	₩22,000	₩30,000
	당기지급액	45,000	60,000
	당기말 미지급액	20,000	27,000
제조간접원가		₩30,000	

① 제품 A : ₩94,000   제품 B : ₩110,100
② 제품 A : ₩99,100   제품 B : ₩105,900
③ 제품 A : ₩105,900   제품 B : ₩94,900
④ 제품 A : ₩105,900   제품 B : ₩99,100
⑤ 제품 A : ₩110,100   제품 B : ₩94,900

06 제조간접원가를 예정배부하는 경우 배부차이 조정에 관한 설명으로 옳지 않은 것은?

▸ 관세사 11

① 원칙적으로 배부차액은 재료재고와 재공품재고, 매출원가의 세 계정에서 조정하여야 한다.
② 배부차액이 크지 않고 재고수준이 낮은 기업에서는 매출원가조정법을 적용할 수 있다.
③ 예정배부율은 예상 총제조간접원가를 예상 총배부기준량으로 나누어 계산한다.
④ 과소배부는 실제제조간접원가가 예정배부액보다 클 때 발생한다.
⑤ 제조간접원가의 예정배부액은 실제 배부기준량에 예정배부율을 곱하여 계산한다.

07 ㈜관세는 20×1년 초 영업을 개시하여 선박을 제조·판매하고 있으며, 직접노무시간을 기준으로 제조간접원가를 예정 배부하는 정상개별원가계산을 적용하고 있다. 제조 및 판매와 관련된 자료는 다음과 같다.

• 연간 제조간접원가 예산	₩360,000
• 연간 예정조업도	40,000 직접노무시간
• 실제 발생한 제조간접원가	₩362,500
• 실제 임률	직접노무시간당 ₩11
• 당기총제조원가	₩2,500,000
• 직접재료원가	₩1,650,000

㈜관세의 20×1년 제조간접원가 배부차이는?   ▸ 관세사 21

① ₩20,000(과대)   ② ₩20,000(과소)

③ ₩15,000(과대)   ④ ₩15,000(과소)

⑤ ₩10,000(과소)

08 (주)세무는 정상원가계산을 사용하며, 20×1년 재고자산 및 원가자료는 다음과 같다.

구분	기초	기말
직접재료	₩20,000	₩30,000
재공품	25,000	38,000
제품	44,000	32,000

• 당기의 직접재료 매입액은 ₩90,000이다.
• 당기의 직접노무원가 발생액은 ₩140,000이다.
• 직접노무시간당 직접노무원가는 ₩40이다.
• 당기의 매출액은 ₩300,000이며, 매출총이익률은 20%이다.

직접노무시간을 기준으로 제조간접원가를 예정배부할 때, 20×1년 제조간접원가 예정배부율은?   ▸ CTA 23

① ₩6.0   ② ₩6.6

③ ₩7.0   ④ ₩7.4

⑤ ₩7.8

09 ㈜감평은 정상원가계산제도를 채택하고 있으며, 20×1년 재고자산은 다음과 같다.

구분	기초	기말
직접재료	₩5,000	₩6,000
재공품	10,000	12,000
제품	7,000	5,000

20×1년 매출액 ₩90,000, 직접재료 매입액 ₩30,000, 직접노무원가 발생액은 ₩20,000 이고, 시간당 직접노무원가는 ₩20이다. 직접노무시간을 기준으로 제조간접원가를 예정배부 할 때 20×1년 제조간접원가 예정배부율은? (단, 20×1년 매출총이익률은 30%이다.)

▸ 24년 기출

① ₩10 ② ₩12
③ ₩14 ④ ₩16
⑤ ₩18

10 ㈜한국은 개별원가계산을 적용하고 있으며 직접작업시간을 기준으로 제조간접원가를 예정 배부한다. 20×9년 제조간접원가 예정배부율은 직접작업시간당 ₩65이다. 20×9년 실제 발생한 제조간접원가는 ₩1,500,000이었고, 제조간접원가가 ₩200,000 과소배부된 것으로 나타났다. 20×9년의 실제조업도는 예정(예산)조업도의 80%였다. 20×9년 제조간접원가 예산금액은 얼마인가?

▸ 09년 기출

① ₩1,250,000 ② ₩1,300,000
③ ₩1,460,000 ④ ₩1,520,000
⑤ ₩1,625,000

11 (주)관세는 제조간접원가를 직접노동시간에 따라 예정배부한다. 20×1년 예산 및 동년 3월의 자료가 다음과 같을 때 3월의 제조간접원가 실제발생액은? ▸관세사 18

• 연간 직접노동시간(예산)	3,700시간
• 연간 제조간접원가(예산)	₩192,400
• 3월 직접노동시간(실제)	450시간
• 3월 제조간접원가 배부차이	₩1,300(과대배부)

① ₩21,200   ② ₩22,100
③ ₩23,200   ④ ₩23,400
⑤ ₩24,700

12 ㈜한국은 직접노동시간을 기준으로 제조간접원가를 예정배부하고 있다. 20×1년 제조간접원가와 관련된 다음 자료를 이용하여 계산한 정상조업도는?

• 제조간접원가 예산액 : ₩30,000	
• 실제조업도(직접노동시간) : 200시간	
• 제조간접원가 실제발생액 : ₩22,000	
• 제조간접원가 배부차이 : 과대배부 ₩2,000	

① 100시간   ② 150시간
③ 200시간   ④ 250시간
⑤ 300시간

13 (주)세무는 제조간접원가를 직접노무시간당 ₩160씩 예정배부하고 있다. 20×1년 실제발생한 제조간접원가는 ₩180,000이다. 제조간접원가 배부차이는 기말재고자산(재공품과 제품)과 매출원가에 비례하여 안분한다. 20×1년의 제조간접원가 배부차이 가운데 30%에 해당하는 ₩6,000을 기말재고자산에서 차감하도록 배분하였다. 20×1년 실제발생한 직접노무시간은? ▸CTA 23

① 1,000시간   ② 1,100시간
③ 1,125시간   ④ 1,200시간
⑤ 1,250시간

14 ㈜세무는 단일 제품을 생산하며, 정상원가계산제도를 채택하고 있다. 제조간접원가는 기계시간을 기준으로 배부한다. 20×1년 제조간접원가 예산은 ₩40,000이고, 예정 기계시간은 2,000시간이다. 20×1년 실제 기계시간은 2,100시간, 제조간접원가 과대배부액은 ₩3,000이다. 20×1년 ㈜세무의 제조간접원가 실제발생액은? ▶ CTA 20

① ₩39,000   ② ₩40,000
③ ₩41,000   ④ ₩42,000
⑤ ₩45,000

15 ㈜감평은 제조간접원가를 기계작업시간 기준으로 예정배부하고 있다. 20×1년 실제 기계작업시간은? ▶ 21년 기출

제조간접원가(예산)	₩928,000
제조간접원가(실제)	₩960,000
제조간접원가 배부액	₩840,710
기계작업시간(예산)	80,000시간

① 70,059시간   ② 71,125시간
③ 72,475시간   ④ 73,039시간
⑤ 74,257시간

16 다음은 (주)대한의 12월 원가자료이다. (주)대한은 정상원가계산을 사용하며 제조간접원가의 배부차이를 매출원가에서 전액 조정한다. (주)대한은 12월의 예상 총제조간접원가를 ₩75,000으로 추정하였고, 배부기준인 직접노무시간은 7,500시간으로 예상하였다. 실제 직접노무시간은 8,000시간이었으며, 실제 총제조간접원가는 ₩79,000이다. 제조간접원가 배부차이를 조정한 후의 매출원가는 얼마인가? ▶ 관세사 12

구분	12월 1일	12월 31일
직접재료	₩45,000	₩55,000
재공품	₩18,000	₩27,000
제품	₩80,000	₩105,000

• 12월 중 직접재료 매입액 ₩145,000
• 12월 중 직접노무원가   ₩90,000

① ₩270,000   ② ₩272,000
③ ₩296,000   ④ ₩305,000
⑤ ₩314,000

17 다음은 정상개별원가계산제도를 채택하고 있는 (주)관세의 20×3년도 원가계산 자료이다. 제조지시서 #1은 완성되어 판매되었고 제조지시서 #2는 완성되었으나 판매되지 않았으며, 제조지시서 #3은 미완성되었다.

원가항목	제조지시서 #1	제조지시서 #2	제조지시서 #3
기초재공품	₩30,000	₩20,000	–
직접재료원가	₩22,000	₩12,000	₩6,000
직접노무원가	₩30,000	₩25,000	₩15,000

제조간접원가는 직접노무원가의 200%를 예정배부하며, 20×3년도에 발생한 실제 총제조간접원가는 ₩120,000이다. 제조간접원가의 배부차이를 매출원가에서 전액 조정한다고 할 때, 제조간접원가 배부차이를 조정한 후의 매출원가는 얼마인가? ▸ 관세사 13

① ₩82,000   ② ₩122,000
③ ₩132,000   ④ ₩142,000
⑤ ₩202,000

18 ㈜세무는 정상개별원가계산을 사용하고 있으며, 제조간접원가는 직접노무시간을 기준으로 배부하고, 제조간접원가 배부차이는 전액 매출원가에 조정하고 있다. 당기의 직접재료매입액은 ₩21,000이고, 제조간접원가 배부차이는 ₩7,000(과소배부)이며, 제조간접원가 배부차이 조정 전 매출원가는 ₩90,000이다. 당기 재고자산 관련 자료는 다음과 같다.

구분	직접재료	재공품	제품
기초재고	₩3,000	₩50,000	₩70,000
기말재고	4,000	45,000	60,000

직접노무원가가 기초원가(prime cost)의 60%인 경우, 당기에 실제 발생한 제조간접원가는? ▸ CTA 21

① ₩18,000   ② ₩25,000
③ ₩30,000   ④ ₩32,000
⑤ ₩37,000

19 (주)관세는 20×1년 영업을 개시하여 선박을 제작·판매하고 있으며, 직접노무시간을 기준으로 제조간접원가를 배부하는 정상개별원가계산을 채택하고 있다. 제조와 관련된 원가 및 활동 자료는 다음과 같다.

구분	화물선	유람선	LNG선
직접재료원가	₩240,000	₩400,000	₩520,000
직접노무원가	280,000	520,000	640,000
실제직접노무시간	700시간	1,200시간	1,600시간

(주)관세는 20×1년 초 연간 제조간접원가 ₩2,000,000과 직접노무시간 5,000시간을 예상하였으며, 20×1년에 실제 발생한 제조간접원가는 ₩1,500,000이다. 20×1년 말 화물선은 완성되어 판매되었고, 유람선은 완성되었으나 판매되지 않았으며, LNG선은 미완성 상태이다. (주)관세가 제조간접원가 배부차이를 매출원가에서 전액 조정한다면 제조간접원가 배부차이를 조정한 후의 매출원가는?　　　　　　　　　▸관세사 20

① ₩700,000　　　　　　　　　　② ₩780,000
③ ₩800,000　　　　　　　　　　④ ₩820,000
⑤ ₩900,000

20 (주)감평은 정상원가계산을 사용하고 있으며, 직접노무시간을 기준으로 제조간접원가를 예정배부하고 있다. (주)감평의 20×1년도 연간 제조간접원가 예산은 ₩600,000이고, 실제 발생한 제조간접원가는 ₩650,000이다. 20×1년도 연간 예정조업도는 20,000시간이고, 실제 직접노무시간은 18,000시간이다. (주)감평은 제조간접원가 배부차이를 전액 매출원가에서 조정하고 있다. 20×1년도 제조간접원가 배부차이 조정전 매출총이익이 ₩400,000이라면, 포괄손익계산서에 인식할 매출총이익은?　　　　　　　　　▸19년 기출

① ₩290,000　　　　　　　　　　② ₩360,000
③ ₩400,000　　　　　　　　　　④ ₩450,000
⑤ ₩510,000

21 ㈜감평은 정상개별원가계산제도를 채택하고 있다. 제조간접원가는 직접노무원가의 40%를 예정배부하고 있으며, 제조간접원가 배부차이는 전액 매출원가에서 조정하고 있다. ㈜감평의 당기 재고자산 및 원가 관련 자료는 다음과 같다.

구분	기초잔액	기말잔액
직접재료	₩3,200	₩6,200
재공품	8,600	7,200
제품	6,000	8,000

직접재료매입액 : ₩35,000
기초원가(기본원가) : ₩56,000

㈜감평의 당기 제조간접원가 배부차이 조정 후 매출원가가 ₩67,700인 경우, 당기에 발생한 실제 제조간접원가는? ▸ 23년 기출

① ₩6,900
② ₩9,700
③ ₩10,700
④ ₩11,300
⑤ ₩12,300

22 ㈜한국은 20×0년에 선박제조업을 개시하였으며, 20×0년 생산 및 원가 자료는 아래와 같다. ㈜한국은 직접작업시간을 기준으로 제조간접원가를 예정배부하고 있다. 20×0년도 발생한 실제 제조간접원가는 총 ₩400,000이고, 예정 제조간접원가는 ₩320,000이며, 예정 직접작업시간은 4,000시간이었다. LNG선은 완성된 즉시 선주에게 인도되었으며, 유람선은 20×0년 말까지 인도되지 않았다. 제조간접원가 배부차이를 총원가기준으로 배분할 때 LNG선의 매출원가는 얼마인가? ▸ 10년 기출

구분	LNG선	유람선	화물선	합계
직접재료원가(원)	340,000	244,000	126,000	710,000
직접노무원가(원)	180,000	220,000	130,000	530,000
실제 직접작업시간(시간)	1,500	1,200	1,800	4,500
완성도(%)	100	100	70	–

① ₩410,000
② ₩480,000
③ ₩532,000
④ ₩574,000
⑤ ₩656,000

23 선박을 제조하여 판매하는 ㈜감평은 20×5년 초에 영업을 개시하였으며, 제조와 관련된 원가 및 활동에 관한 자료는 다음과 같다.

구분	화물선	유람선	여객선
직접재료원가	₩60,000	₩140,000	₩200,000
직접노무원가	240,000	460,000	500,000
실제직접작업시간	1,500시간	1,500시간	2,000시간
완성도	60%	100%	100%

㈜감평은 직접작업시간을 제조간접원가 배부기준으로 사용하는 정상원가계산제도를 채택하고 있다. 20×5년 제조간접원가예산은 ₩480,000이고 예정 직접작업시간은 6,000시간이다. 20×5년에 발생한 실제 제조간접원가는 ₩500,000이고, 완성된 제품 중 여객선은 고객에게 인도되었다. 제조간접원가 배부차이를 총원가(총원가 비례배분법)를 기준으로 조정할 경우 제품원가는?   ▸ 15년 기출

① ₩450,000   ② ₩750,000
③ ₩756,000   ④ ₩903,000
⑤ ₩1,659,000

24 20×1년 초에 설립된 ㈜대한은 정상원가계산제도를 채택하고 있으며, 제조간접원가 배부기준은 직접노무시간이다. ㈜대한은 당기 초에 제조간접원가를 ₩32,000, 직접노무시간을 4,000시간으로 예상하였다. ㈜대한의 20×1년 생산 및 판매 관련 자료는 다음과 같다.

- 당기 중 세 가지 작업 #101, #102, #103을 착수하여, #101과 #102를 완성하였고, #103은 기말 현재 작업 중에 있다.
- 당기 중 발생한 제조경비는 총 ₩12,500이며, 이는 감가상각비 ₩9,000, 임차료 ₩3,500으로 구성되어 있다.
- 당기 중 작업별 실제발생 원가자료와 실제 사용된 직접노무시간은 다음과 같다.

구분	#101	#102	#103	합계
직접재료원가	₩4,000	₩4,000	₩2,000	₩10,000
직접노무원가	₩3,000	₩2,000	₩4,000	₩9,000
직접노무시간	1,000시간	500시간	500시간	2,000시간

- 작업 #101은 당기 중에 ₩16,000에 판매되었으나, 작업 #102는 기말 현재 판매되지 않았다.

㈜대한이 기말에 제조간접원가 배부차이를 총원가기준 비례배부법으로 조정할 경우, ㈜대한의 20×1년도 매출총이익은 얼마인가?

▶ CPA 24

① ₩1,500
② ₩2,000
③ ₩2,500
④ ₩3,000
⑤ ₩3,500

25 ㈜대한은 20×1년 초에 설립되었으며 정상원가계산을 적용하고 있다. 제조간접원가 배부기준은 기계시간이다. ㈜대한은 20×1년 초에 연간 제조간접원가를 ₩80,000으로, 기계시간을 4,000시간으로 예상하였다. ㈜대한의 20×1년 생산 및 판매 관련 자료는 다음과 같다.

- 20×1년 중 작업 #101, #102, #103을 착수하였다.
- 20×1년 중 작업별 실제 발생한 원가 및 기계시간은 다음과 같다.

구분	#101	#102	#103	합계
직접재료원가	₩27,000	₩28,000	₩5,000	₩60,000
직접노무원가	₩25,000	₩26,000	₩13,000	₩64,000
기계시간	1,400시간	1,800시간	600시간	3,800시간

- 20×1년 실제 발생한 제조간접원가는 총 ₩82,000이다.
- 작업 #101과 #102는 20×1년 중 완성되었으나, #103은 20×1년 말 현재 작업 중이다.
- 20×1년 중 #101은 ₩120,000에 판매되었으나, #102는 20×1년 말 현재 판매되지 않았다. ㈜대한의 매출은 #101이 유일하다.

㈜대한이 총원가기준 비례배부법을 이용하여 배부차이를 조정한다면, 20×1년 매출총이익은 얼마인가?

▶ CPA 21

① ₩24,600
② ₩27,300
③ ₩28,600
④ ₩37,600
⑤ ₩39,400

26 ㈜세무는 정상원가계산을 적용하고 있으며, 제조간접원가는 기본원가(prime costs)의 50%를 예정 배부한다. ㈜세무는 제조간접원가 배부차이를 원가요소기준 비례배부법으로 조정한다. 9월의 기본원가, 매출액과 배부차이 조정 후 기말재고자산은 다음과 같다.

기본원가	₩750,000	매출액	₩1,000,000
기말재공품	120,000	기말제품	180,000

9월의 배부차이 조정 후 매출원가율이 80%일 때, 배부차이는? (단, 기초재고자산은 없다.)

▶ CTA 18

① ₩10,000 과대배부   ② ₩15,000 과소배부
③ ₩15,000 과대배부   ④ ₩25,000 과소배부
⑤ ₩25,000 과대배부

27 (주)관세는 20×1년 영업을 개시하여 우주선을 제작·판매하고 있으며, 정상개별원가계산을 채택하고 있다. 제조와 관련된 원가 및 활동 자료는 다음과 같다.

구분	단거리 우주선	중거리 우주선	장거리 우주선
직접재료원가	₩240,000	₩370,000	₩480,000
직접노무원가	150,000	300,000	450,000
실제 기계시간	495시간	1,485시간	1,980시간

(주)관세는 20×1년 초 연간 제조간접원가는 ₩1,280,000, 제조간접원가 배부기준인 기계시간은 4,000시간으로 예상하였으며 20×1년에 실제 발생한 제조간접원가는 ₩1,170,000이다. 20×1년 말 단거리 우주선은 완성되어 판매되었고 중거리 우주선은 완성되었으나 판매되지 않았으며 장거리 우주선은 미완성 상태이다. (주)관세는 제조간접원가 배부차이를 원가요소별 비례배분법으로 조정한다. 제조간접원가 배부차이를 조정한 후의 매출원가는?

▶ 관세사 19

① ₩451,200   ② ₩536,250
③ ₩560,550   ④ ₩562,150
⑤ ₩645,600

보조부문의 원가배부

1절 보조부문이 하나인 경우

1. 보조부문이란?

① 제품 제조에 기여는 하지만 제품에 직접 배부하기 어려운 원가

② 보조부문원가는 제조부문의 제조간접원가에 집계한 후 제품에 배부

2. 단일배부율법 VS 이중배부율법

	단일배분율법	이중배분율법
배부기준	$\dfrac{\text{보조부문원가}}{\text{전체조업도}}$	① 변동원가 $= \dfrac{\text{보조부문 변동원가}}{\text{실제사용량}}$ ② 고정원가 $= \dfrac{\text{보조부문 고정원가}}{\text{최대사용가능량}}$
장점	적용이 간편	보조부문 발생원인에 따른 정확한 배부
단점	보조부문 원가배분의 정확도가 떨어짐	보조부문별 원가 계산의 어려움

2절 보조부문이 여러 개인 경우

보조부문 상호간의 용역수수 정도를 어디까지 반영하는가에 따라 직접배분법, 단계배분법, 상호배분법으로 구분된다.

구분	보조부문 상호간 용역수수관계	내용
직접배분법	전혀 인식하지 않음	(장점) 적용 간편 (단점) 정확성이 떨어짐
단계배분법	부분적 인식	배분순서에 따라 배분되는 원가가 달라짐(회사의 순이익에는 영향 없음)
상호배분법	보조부문 간 상호 관련성 모두 고려	(장점) 이론적으로 가장 논리적이고 정확함 　　　배분순서를 결정할 필요가 없음 (단점) 적용상 번거로움

1. **직접배분법** : 보조부문 상호간의 용역수수관계는 전혀 고려하지 않고 보조부문원가는 제조부문 원가에만 배분하는 방법이다.

보조부문 1(S1)	→	
보조부문 2(S2)	→	제조부문

2. **단계배분법** : 보조부문 상호간의 용역수수관계를 부분적으로 고려하는 방법이다.

먼저 배분하는 보조부문(S1)	→	보조부문(S2)	→	제조부문

   ※ 우선순위 : 보조부문에 제공하는 용역량이 큰 부문부터

   ※ 보조부문(S2)은 S1으로부터 배부받은 원가에 기존 보유원가를 합산하여 제조부문에 배부한다(단, 배부가 끝난 S1에는 배부하지 않는다).

3. **상호배분법** : 다른 보조부문에 제공한 용역사용비율을 정확하게 고려하여 보조부문원가를 배분하는 방법으로 연립방정식을 세워 배부대상원가를 재계산한다.

   S1 = 기존 발생한 제조간접원가 + 제공받은 용역비율 × S2

   S2 = 기존 발생한 제조간접원가 + 제공받은 용역비율 × S1

객관식 문제

01 **보조부문원가 배부방법에 대한 설명으로 옳지 않은 것은?**

① 상호배부법은 연립방정식을 이용하여 보조부문 간의 용역제공비율을 정확하게 고려해서 배부하는 방법이다.

② 단계배부법은 보조부문원가의 배부순서를 적절하게 결정할 경우 직접배부법보다 정확하게 원가를 배부할 수 있다.

③ 단계배부법은 우선순위가 높은 보조부문의 원가를 우선순위가 낮은 보조부문원가에 먼저 배부하고, 배부를 끝낸 보조부문에는 다른 보조부문원가를 재배부하지 않는 방법이다.

④ 직접배부법은 보조부문 간의 용역수수관계를 정확하게 고려하면서 적용이 간편하다는 장점이 있어 실무에서 가장 많이 이용되는 방법이다.

⑤ 직접배부법은 보조부문의 배부순서에 관계없이 배부액이 일정하다.

02 ㈜행복자동차는 한 개의 보조부문(수선부문)과 두 개의 제조부문(조립부문과 도장부문)으로 구성되어 있다. 수선부문은 제조부문에 설비수선 용역을 제공하고 있는데, 각 제조부문에 대한 최대공급노동시간과 실제공급노동시간 그리고 수선부문발생 원가는 다음과 같다.

구분	조립부문	도장부문	합계
최대공급노동시간	500시간	700시간	1,200시간
실제공급노동시간	500시간	500시간	1,000시간

구분	수선부문
변동원가	₩40,000
고정원가	₩12,000
합계	₩52,000

보조부문(수선부문)의 원가를 공급노동시간을 기준으로 이중배부율법을 적용하여 제조부문에 배부한다고 할 때 조립부문에 배부될 원가는?

① ₩5,000
② ₩20,000
③ ₩25,000
④ ₩27,000
⑤ ₩30,000

03 ㈜한국은 보조부문인 동력부와 제조부문인 절단부, 조립부가 있다. 동력부는 절단부와 조립부에 전력을 공급하고 있으며, 각 제조부문의 월간 전력 최대사용가능량과 3월의 전력 실제사용량은 다음과 같다.

구분	절단부	조립부	합계
최대사용가능량	500kW	500kW	1,000kW
실제사용량	300kW	200kW	500kW

한편, 3월 중 각 부문에서 발생한 제조간접원가는 다음과 같다.

구분	동력부	절단부	조립부	합계
변동원가	₩50,000	₩80,000	₩70,000	₩200,000
고정원가	₩100,000	₩150,000	₩50,000	₩300,000
합계	₩150,000	₩230,000	₩120,000	₩500,000

이중배부율법을 적용할 경우 절단부와 조립부에 배부될 동력부의 원가는?

	절단부	조립부		절단부	조립부
①	₩75,000	₩75,000	②	₩80,000	₩70,000
③	₩90,000	₩60,000	④	₩100,000	₩50,000
⑤	₩110,000	₩40,000			

04 ㈜세무는 제조부문인 절단부문과 조립부문을 통해 제품을 생산하고 있으며, 동력부문을 보조부문으로 두고 있다. 각 부문에서 발생한 제조간접원가 및 각 제조부문의 전력 실제사용량과 최대사용가능량에 관한 자료는 다음과 같다.

구분	동력부문	절단부문	조립부문	합계
변동제조간접원가	₩240,000	₩400,000	₩650,000	₩1,290,000
고정제조간접원가	300,000	700,000	750,000	1,750,000
실제사용량	–	500kW	300kW	800kW
최대사용가능량	–	600kW	600kW	1,200kW

절단부문에 배부되는 동력부문의 원가는 이중배분율법을 적용하는 경우, 단일배분율법과 비교하여 얼마만큼 차이가 발생하는가?   ▶ CTA 22

① ₩30,000   ② ₩32,500
③ ₩35,000   ④ ₩37,500
⑤ ₩40,000

05 ㈜감평은 두 개의 제조부문 P1, P2와 두 개의 보조부문 S1, S2를 통해 제품을 생산하고 있다. S1과 S2의 부문원가는 각각 ₩60,000과 ₩30,000이다. 다음 각 부문 간의 용역수수 관계를 이용하여 보조부문원가를 직접배분법으로 제조부문에 배분할 때 P2에 배분될 보조부문원가는? (단, S1은 기계시간, S2는 kW에 비례하여 배분한다.) ▸24년 기출

제공 \ 사용	제조부문		보조부문	
	P1	P2	S1	S2
S1	30기계시간	18기계시간	5기계시간	8기계시간
S2	160kW	240kW	80kW	50kW

① ₩18,000 ② ₩22,500
③ ₩37,500 ④ ₩40,500
⑤ ₩55,500

06 (주)관세는 제조부문(절단, 조립)과 보조부문(수선, 동력)을 이용하여 제품을 생산하고 있다. 수선부문과 동력부문의 부문원가는 각각 ₩250,000과 ₩170,000이며 수선부문은 기계시간, 동력부문은 전력소비량(kWh)에 비례하여 원가를 배부한다. 각 부문 간의 용역수수 관계는 다음과 같다.

제공 \ 사용	제조부문		보조부문	
	절단	조립	수선	동력
수선	60시간	20시간	8시간	12시간
동력	350kWh	450kWh	140kWh	60kWh

(주)관세가 보조부문원가를 직접배부법으로 제조부문에 배부할 경우, 절단부문에 배부될 보조부문원가는? (단, 보조부문의 자가소비분은 무시한다.) ▸관세사 19

① ₩189,500 ② ₩209,500
③ ₩226,341 ④ ₩236,875
⑤ ₩261,875

07 다음은 ㈜관세의 부문원가를 배부하기 위한 배부기준과 원가자료이다.

구분	보조부문		제조부문	
	S1	S2	P1	P2
기계시간	–	200	400	400
전력량(kWh)	100	–	300	200
점유면적(㎡)	10	20	30	40
부문개별원가	₩240,000	₩160,000	₩400,000	₩600,000
부문공통원가	₩100,000			

부문공통원가는 점유면적을 기준으로 배부한다. 보조부문원가는 S1은 기계시간, S2는 전력량을 기준으로 직접배분법을 사용하여 제조부문에 배부한다. 제조부문 P1의 배부 후 총원가는?

▶ 관세사 21

① ₩663,000
② ₩674,000
③ ₩682,000
④ ₩686,000
⑤ ₩694,000

08 ㈜관세는 부문별원가계산제도를 도입하고 있으며, 20×1년 각 부문 간의 용역수수관계는 다음과 같다.

제공\사용	보조부문		제조부문	
	A	B	X	Y
A	–	30%	30%	40%
B	20%	–	40%	40%

20×1년 보조부문 A와 B의 부문원가는 각각 ₩200,000과 ₩300,000으로 집계되었다. 단계배부법을 이용하여 보조부문원가를 배부할 때 제조부문 X에 배부되는 보조부문원가는 총 얼마인가? (단, 보조부문 A부터 배부한다.)

▶ 관세사 11

① ₩180,000
② ₩210,000
③ ₩240,000
④ ₩260,000
⑤ ₩270,000

09 ㈜감평은 두 개의 보조부문(X부문, Y부문)과 두 개의 제조부문(A부문, B부문)으로 구성되어 있다. 각각의 부문에서 발생한 부문원가는 A부문 ₩100,000, B부문 ₩200,000, X부문 ₩140,000, Y부문 ₩200,000이다. 각 보조부문이 다른 부문에 제공한 용역은 다음과 같다.

제공 \ 사용	보조부문		제조부문	
	X부문	Y부문	A부문	B부문
X부문(kWh)	–	50,000	30,000	20,000
Y부문(기계시간)	200	–	300	500

㈜감평이 단계배부법을 이용하여 보조부문원가를 제조부문에 배부할 경우, A부문과 B부문 각각의 부문원가 합계는? (단, 배부 순서는 Y부문의 원가를 먼저 배부한다.) ▶ 15년 기출

	A부문원가 합계	B부문원가 합계
①	₩168,000	₩172,000
②	₩202,000	₩328,000
③	₩214,000	₩336,000
④	₩244,000	₩356,000
⑤	₩268,000	₩372,000

10 제조부문 A, B와 보조부문 X, Y의 서비스 제공관계는 다음과 같다.

구분	보조부문		제조부문		합계
	X	Y	A	B	
X	–	40단위	20단위	40단위	100단위
Y	80단위	–	60단위	60단위	200단위

X, Y부문의 원가는 각각 ₩160,000, ₩200,000이다. 단계배부법에 의해 X부문을 먼저 배부하는 경우와 Y부문을 먼저 배부하는 경우의 제조부문 A에 배부되는 총보조부문원가의 차이는? ▶ 12년 기출

① ₩24,000 ② ₩25,000
③ ₩26,000 ④ ₩27,000
⑤ ₩28,000

11 ㈜세무는 제조부문(금형, 조립)과 보조부문(유지, 동력)을 이용하여 제품을 생산하고 있다. 유지부문원가는 기계시간, 동력부문원가는 전력량을 기준으로 단계배부법을 사용하여 보조부문원가를 제조부문에 배부한다. 보조부문원가를 배부하기 위한 20×1년 원가자료와 배부기준은 다음과 같다.

구분	보조부문		제조부문	
	유지	동력	금형	조립
부문개별원가	₩120,000	₩80,000	₩200,000	₩300,000
부문공통원가				
기계시간(시간)	–	200	400	400
전력량(kWh)	100	–	300	200
점유면적(㎡)	10	20	30	40

㈜세무의 부문공통원가 ₩200,000은 임차료이며, 이는 점유면적을 기준으로 각 부문에 배부한다. 20×1년 ㈜세무의 배부 후, 금형부문의 총원가는? (단, 보조부문원가는 유지부문, 동력부문의 순으로 배부한다.) ▸CTA 20

① ₩144,800
② ₩148,800
③ ₩204,800
④ ₩344,800
⑤ ₩404,800

12 ㈜대한은 두 개의 보조부문 A(전력부문)와 B(수선부문), 그리고 두 개의 생산부문 C와 D를 이용하여 제품을 생산하고 있다. 20×1년 2월의 각 부문에 대한 자료는 다음과 같다.

사용\제공	보조부문		생산부문		합계
	A	B	C	D	
A	400kW	400kW	800kW	400kW	2,000kW
B	320시간	400시간	480시간	800시간	2,000시간

- A부문과 B부문에 집계된 제조간접원가는 각각 ₩240,000과 ₩200,000이다.
- 보조부문의 원가는 A, B 순으로 단계배분법을 사용하여 생산부문에 배분한다.
- C부문에서 생산하는 갑제품에 대한 단위당 직접재료원가는 ₩4,825이며, 생산단위는 100단위이다.
- 갑제품에 대한 월초 및 월말재공품은 없다.

㈜대한이 C부문에서 생산하는 갑제품의 판매가격을 제품제조원가의 120%인 ₩12,000으로 결정할 경우, 갑제품의 단위당 직접노무원가는 얼마인가?

▸ CPA 24

① ₩3,000
② ₩3,500
③ ₩4,000
④ ₩4,500
⑤ ₩5,000

13 ㈜한국은 아래 표와 같이 제조부문과 보조부문을 각각 두 개씩 운영하고 있다. 동력부와 관리부에 집계된 제조간접원가는 각각 ₩200,000과 ₩370,000이다. 각 부문 간의 용역수수비율은 아래 표와 같다. 보조부문의 제조간접원가를 상호배부법으로 배부할 때, 제과부에 배부되는 제조간접원가는 얼마인가?

▸ 10년 기출

사용처\제공처	제조부문		보조부문	
	제과부	제빵부	동력부	관리부
동력부	0.2	0.4	–	0.4
관리부	0.4	0.35	0.25	–

① ₩265,000
② ₩285,000
③ ₩305,000
④ ₩325,000
⑤ ₩345,000

14 ㈜감평은 두 개의 보조부문(수선부문과 동력부문)과 두 개의 제조부문(조립부문과 포장부문)으로 구성되어 있다. 수선부문에 집계된 부문원가는 노무시간을 기준으로 배부하며, 동력부문에 집계된 부문원가는 기계시간을 기준으로 배부한다. 보조부문원가를 제조부문에 배부하기 이전, 각 부문에 집계된 원가와 배부기준 내역은 다음과 같다.

구분	보조부문		제조부문	
	수선부문	동력부문	조립부문	포장부문
노무시간	2,000시간	2,400시간	3,200시간	2,400시간
기계시간	5,000시간	5,000시간	10,000시간	10,000시간
부문원가	₩40,000	₩35,000	₩150,000	₩100,000

상호배부법을 사용하여 보조부문의 원가를 제조부문에 배부하면, 조립부문에 집계된 부문원가 합계액은? (단, 보조부문 용역의 자가소비분은 무시한다.) ▸ 13년 기출

① ₩135,000 ② ₩185,000
③ ₩190,000 ④ ₩195,000
⑤ ₩200,000

15 (주)관세의 보조부문과 제조부문은 각각 두 개의 부문으로 구성되어 있다. 보조부문 1은 노무시간을, 보조부문 2는 기계시간을 기준으로 각 보조부문의 원가를 배부한다. 부문 간 용역 수수관계와 부문별 발생원가는 다음과 같다.

구분	보조부문		제조부문	
	보조부문 1	보조부문 2	제조부문 1	제조부문 2
보조부문 1 (노무시간)	–	480시간	640시간	480시간
보조부문 2 (기계시간)	280시간	–	560시간	560시간
발생원가	₩80,000	₩70,000	₩300,000	₩250,000

(주)관세가 상호배부법에 의하여 보조부문의 원가를 배부할 경우, 제조부문 2의 총원가는 얼마인가? ▸ 관세사 14

① ₩320,000 ② ₩380,000
③ ₩400,000 ④ ₩550,000
⑤ ₩600,000

16 (주)관세는 제조부문(성형, 조립)과 보조부문(수선, 동력)을 이용하여 제품을 생산하고 있다. 수선부문과 동력부문의 부문원가는 각각 ₩260,000과 ₩100,000이며, 각 부문 간의 용역 수수관계는 다음과 같다.

사용부문 제공부문	제조부문		보조부문	
	성형	조립	수선	동력
수선	45%	35%	–	20%
동력	55%	20%	25%	–

(주)관세가 보조부문원가를 상호배부법으로 제조부문에 배부할 경우, 조립부문에 배부될 보조부문원가 합계액은? ▶ 관세사 20

① ₩118,000
② ₩121,400
③ ₩137,000
④ ₩172,000
⑤ ₩223,000

17 (주)감평은 수선부문과 동력부문의 두 개의 보조부문과 도색부문과 조립부문의 두 개의 제조부문으로 구성되어 있다. (주)감평은 상호배부법을 사용하여 보조부문의 원가를 제조부문에 배부한다. 20×1년도 보조부문의 용역제공은 다음과 같다.

제공부문	보조부문		제조부문	
	수선	동력	도색	조립
수선(시간)	–	400	1,000	600
동력(kWh)	2,000	–	4,000	4,000

20×1년도 보조부문인 수선부문과 동력부문으로부터 도색부문에 배부된 금액은 ₩100,000 이고, 조립부문에 배부된 금액은 ₩80,000이었다. 동력부문의 배부 전 원가는? ▶ 18년 기출

① ₩75,000
② ₩80,000
③ ₩100,000
④ ₩105,000
⑤ ₩125,000

18 (주)감평은 두 개의 제조부문(P1, P2)과 두 개의 보조부문(S1, S2)을 두고 있다. 각 부문 간의 용역수수관계는 다음과 같다.

사용부문 제공부문	보조부문		제조부문	
	S1	S2	P1	P2
S1	–	50%	20%	?
S2	20%	–	?	?
부문발생원가	₩270,000	₩450,000	₩250,000	₩280,000

(주)감평은 보조부문의 원가를 상호배분법으로 배분하고 있다. 보조부문의 원가를 배분한 후의 제조부문 P1의 총원가가 ₩590,000이라면, 보조부문 S2가 제조부문 P1에 제공한 용역제공비율은?

▸ 20년 기출

① 20% ② 25%

③ 30% ④ 35%

⑤ 40%

19 ㈜대한은 두 개의 보조부문 A와 B, 그리고 두 개의 생산부문 C와 D를 이용하여 제품을 생산하고 있다. 20×3년 2월의 각 부문에 대한 자료는 다음과 같다.

제공 부문	보조부문		생산부문		합계
	A	B	C	D	
A	200시간	800시간	800시간	400시간	2,200시간
B	4,000kW	1,000kW	2,000kW	2,000kW	9,000kW

- 제조간접원가는 A부문에서 시간당 ₩100, B부문에서 kW당 ₩20의 변동원가가 발생하며, C부문과 D부문에서 각각 ₩161,250과 ₩40,000이 발생하였다.
- 보조부문의 원가는 상호배분법을 사용하여 생산부문에 배분한다.
- C부문에서 생산하는 갑제품에 대한 단위당 기초원가(prime costs)는 ₩10,000이며, 생산단위는 50단위이다.
- 갑제품에 대한 월초 및 월말재공품은 없다.

갑제품의 단위당 원가는 얼마인가?

▸ CPA 23

① ₩4,775 ② ₩14,775

③ ₩18,000 ④ ₩22,775

⑤ ₩24,000

활동기준원가계산

1절 활동기준원가계산

1. 활동기준원가계산의 도입 배경
① 다품종 소량생산 체제로의 전환에 따라 간접원가의 비중이 증가
② 정보시스템의 발전으로 제조간접원가의 집계가 보다 용이
③ 생산량에 비례하는 전통적인 배부기준에 따른 원가계산의 부정확함이 점점 커짐

2. 활동기준원가계산의 절차

1단계		2단계		3단계
자원(원가를 발생)	⇨	활동(자원을 소비)	⇨	제품, 작업(활동을 소비)

① **활동분석** : 부가가치활동, 비부가가치활동
② **활동중심점 설정** : 관련활동의 원가를 별도로 분리해서 집계하는 원가집계단위
③ 원가를 활동중심점에 집계
④ **활동별 원가동인 결정** : 활동별 원가와 상관관계가 가장 높은 비재무적 측정치(작업준비횟수, 주문건수, 검사횟수 등)가 많이 사용

$$활동별원가배부율(=원가동인율) = \frac{활동별집계원가}{원가동인수}$$

⑤ 각 제품이 수행한 활동대로 제품원가를 산출

3. 활동기준원가계산(ABC)도입의 실익이 큰 기업
① 생산과정에서 거액의 제조간접원가가 발생하지만 배부기준은 단순한 경우
② 생산량, 제품크기 및 생산공정이 매우 복잡하고 다양한 경우
③ 원가계산의 정확성이 의심되는 경우
④ 회사가 치열한 가격경쟁에 직면하고 있는 경우

4. 활동의 유형
① **제품단위수준활동** : 제품 단위별로 수행하는 활동
② **묶음수준활동** : 묶음별로 수행하는 활동
③ **제품수준활동** : 제품군별로 수행하는 활동
④ **설비수준활동** : 설비자산의 유지 및 보수와 관련하여 수행하는 활동

CHAPTER **04** **객관식 문제**

01 **활동기준원가계산제도에 관한 설명으로 옳지 않은 것은?** ▸ 관세사 13

① 제품조립활동, 기계작업활동, 전수검사 등은 제품단위수준활동이며 공장관리활동, 냉난 방활동, 조경활동 등은 공장설비수준활동이다.

② 원가정보의 수집 및 처리기술이 발전하여 원가측정비용이 크게 감소되었다.

③ 다품종 소량생산의 제조업체가 활동기준원가계산을 적용할 경우 도움이 된다.

④ 활동기준원가계산은 활동을 원가대상의 중심으로 삼아 활동의 원가를 계산하고 이를 토 대로 하여 다른 원가를 계산하는 것을 중점적으로 다루는 원가계산시스템이다.

⑤ 제품의 다양성이 증가되면서 개별제품이나 작업에 직접 추적이 어려운 원가의 비중이 감소되었다.

02 **활동기준원가계산(ABC)에 관한 설명으로 옳지 않은 것은?** ▸ CTA 22

① 제조기술이 발달되고 공장이 자동화되면서 증가되는 제조간접원가를 정확하게 제품에 배부하고 효과적으로 관리하기 위한 원가계산기법이다.

② 설비유지원가(facility sustaining cost)는 원가동인을 파악하기가 어려워 자의적인 배 부기준을 적용하게 된다.

③ 제품의 생산과 서비스 제공을 위해 수행하는 다양한 활동을 분석하고 파악하여, 비부가 가치활동을 제거하거나 감소시킴으로써 원가를 효율적으로 절감하고 통제할 수 있다.

④ 원가를 소비하는 활동보다 원가의 발생행태에 초점을 맞추어 원가를 집계하여 배부하기 때문에 전통적인 원가계산보다 정확한 제품원가 정보를 제공한다.

⑤ 고객별·제품별로 공정에서 요구되는 활동의 필요량이 매우 상이한 경우에 적용하면 큰 효익을 얻을 수 있다.

03 (주)한국은 A타입과 B타입 두 종류의 제품을 생산한다. 제품별 생산량 및 단위당 재료원가와 노무원가는 다음과 같다.

구분	A타입	B타입
생산량	4,000단위	5,000단위
단위당 직접재료원가	₩200	₩250
단위당 직접노무원가	₩10	₩20

회사의 제조활동은 다음 3가지로 구분되며, 활동별 제조간접원가와 관련된 자료는 다음과 같다.

활동	원가동인	활동별 제조간접원가	제품별 원가동인수 A타입 (4,000단위)	B타입 (5,000단위)	계
구매주문	주문횟수	₩160,000	15회	25회	40회
품질검사	검사횟수	570,000	10회	20회	30회
기계가동	기계시간	4,000,000	80시간	120시간	200시간
		₩4,730,000			

활동기준원가계산(ABC)에 의하여 A타입과 B타입의 단위당 제조원가를 계산하면 각각 얼마인가? (단, 계산 시 소수점이하 첫째자리에서 반올림한다.) ▶ 09년 기출

	A타입	B타입		A타입	B타입
①	₩485	₩325	②	₩485	₩898
③	₩495	₩846	④	₩673	₩846
⑤	₩673	₩898			

04 ㈜관세는 직접재료원가를 기준으로 가공원가를 각 제품에 배부하여 왔으나, 최근 활동기준 원가계산제도 도입을 고려하고 있다. 이를 위해 다음과 같은 자료를 수집하였다.

구분	제품 A	제품 B
생산수량	3,000단위	5,000단위
단위당 직접재료원가	₩5,000	₩3,000

활동	원가동인	가공원가
재료처리	제품생산량 : 8,000단위	₩6,000,000
선반작업	기계회전수 : 2,000회	₩3,000,000
연마작업	부품수 : 500단위	₩1,500,000
조립작업	조립시간 : 2,000시간	₩1,000,000
계		₩11,500,000

각 제품 1단위 생산에 관한 활동자료가 아래와 같을 때, 활동기준원가계산에 의한 제품 B의 단위당 제조원가는? ▸관세사 16

제품	기계회전수	부품수	조립시간
A	1,200회	150단위	1,000시간
B	800회	350단위	1,000시간

① ₩3,550   ② ₩3,750
③ ₩3,990   ④ ₩4,200
⑤ ₩4,300

05 ㈜세무는 20×1년에 제품A 1,500단위, 제품B 2,000단위, 제품C 800단위를 생산하였다. 제조간접원가는 작업준비 ₩100,000, 절삭작업 ₩600,000, 품질검사 ₩90,000이 발생하였다. 다음 자료를 이용한 활동기준원가계산에 의한 제품B의 단위당 제조간접원가는? ▸CTA 20

활동	원가동인	제품A	제품B	제품C
작업준비	작업준비횟수	30	50	20
절삭작업	절삭작업시간	1,000	1,200	800
품질검사	검사시간	50	60	40

① ₩43   ② ₩120
③ ₩163   ④ ₩255
⑤ ₩395

06 ㈜한국은 제품 A와 제품 B를 거래처에 납품하는 업체이다. 제품은 생산과 동시에 전량 납품된다. ㈜한국은 합리적인 가격설정목적으로 주요활동을 분석하여 다음과 같은 자료를 수집하였다.

활동	활동별 제조간접원가	원가동인	총원가동인 수
제품설계	₩450,000	설계제품부품수	100단위
생산준비	325,000	준비횟수	650회
생산운영	637,500	기계작업시간	12,750시간
선적준비	80,000	선적횟수	200회
배달	300,000	배달제품 중량	60,000kg

제품 A의 생산량은 1,000단위이고, 제품 A의 원가동인이 설계제품 부품수 70단위, 준비횟수 286회, 기계작업시간 3,060시간, 선적횟수 100회, 배달제품 중량 21,000kg일 경우 활동기준원가계산방법을 적용하여 계산한 제품 A의 단위당 제조간접원가는? ▸12년 기출

① ₩525 ② ₩620
③ ₩682 ④ ₩756
⑤ ₩810

07 제품 A와 B를 생산·판매하고 있는 ㈜감평의 20×1년 제조간접원가를 활동별로 추적한 자료는 다음과 같다.

	원가동인	제품 A	제품 B	추적가능원가
자재주문	주문횟수	20회	35회	₩55
품질검사	검사횟수	10회	18회	84
기계수리	기계가동시간	80시간	100시간	180

제조간접원가를 활동기준으로 배부하였을 경우 제품 A와 B에 배부될 원가는? ▸22년 기출

	제품 A	제품 B			제품 A	제품 B
①	₩100	₩219		②	₩130	₩189
③	₩150	₩169		④	₩189	₩130
⑤	₩219	₩100				

08 감평회계법인은 컨설팅과 회계감사서비스를 제공하고 있다. 지금까지 감평회계법인은 일반관리비 ₩270,000을 용역제공시간을 기준으로 컨설팅과 회계감사서비스에 각각 45%와 55%씩 배부해 왔다. 앞으로 감평회계법인이 활동기준원가계산을 적용하기 위해, 활동별로 일반관리비와 원가동인을 파악한 결과는 다음과 같다.

활동	일반관리비	원가동인
스탭지원	₩200,000	스탭수
컴퓨터지원	50,000	컴퓨터사용시간
고객지원	20,000	고객수
합계	₩270,000	

컨설팅은 스탭수 35%, 컴퓨터사용시간 30% 그리고 고객수 20%를 소비하고 있다. 활동기준원가계산을 이용하여 컨설팅에 집계한 일반관리비는 이전 방법을 사용하는 경우보다 얼마만큼 증가 또는 감소하는가?   ▸ 13년 기출

① ₩32,500 감소　　　　　　　　　② ₩32,500 증가
③ ₩59,500 감소　　　　　　　　　④ ₩59,500 증가
⑤ 변화 없음

09 ㈜감평의 20×5년 생산활동 및 제조간접원가에 관한 정보는 다음과 같다.

활동	원가	원가동인	원가동인 총량
조립	₩450,000	기계시간	37,500시간
구매주문	₩32,000	주문횟수	1,000회
품질검사	₩120,000	검사시간	1,600시간

제품 #23의 생산 및 판매와 관련된 활동 및 원가정보는 다음과 같다.

단위당 판매가격	₩90.7
단위당 직접재료원가	₩15.5
단위당 직접노무원가	₩12.2
연간 생산 및 판매량	300단위
연간 기계시간	850시간
연간 주문횟수	90회
연간 검사시간	30시간

활동기준원가계산을 사용할 경우, 제품 #23의 매출총이익은?   ▸ 15년 기출

① ₩3,570 ② ₩7,725
③ ₩11,880 ④ ₩15,330
⑤ ₩18,900

10 (주)감평은 활동기준원가계산에 의하여 간접원가를 배부하고 있다. 20×6년 중 고객 갑은 10회를 주문하였다. 20×6년도 간접원가 관련 자료가 다음과 같을 때, 고객 갑에게 배부될 간접원가 총액은? ▶ 16년 기출

(1) 연간 간접원가

구분	금액
급여	₩500,000
임대료	200,000
통신비	120,000
계	820,000

(2) 활동별 간접원가 배부비율

구분	주문처리	고객대응
급여	60%	40%
임대료	50%	50%
통신비	70%	30%

(3) 활동별 원가동인과 연간 활동량

활동	원가동인	활동량
주문처리	주문횟수	1,600회
고객대응	고객수	120명

① ₩3,025 ② ₩3,235
③ ₩5,125 ④ ₩5,265
⑤ ₩5,825

11 ㈜서울은 두 종류의 제품 A, B를 생산하고 있다. 회사는 활동기준원가계산에 의하여 제품원가를 계산하고 있으며, 회사의 활동 및 활동별 제조간접원가 자료는 다음과 같다. 제품 A를 100개 생산하기 위한 직접재료원가가 ₩30,000, 직접노무원가가 ₩10,000이며, 재료의 가공을 위해 소요된 기계작업은 500시간, 조립작업은 200시간이다. 이렇게 생산한 제품 A의 단위당 판매가격이 ₩700이고, 매출총이익 ₩20,000을 달성하였다면, 제품 A의 제조를 위한 생산준비횟수는 몇 회인가? (단, 기초재고자산과 기말재고자산은 없다고 가정한다.)

구분	원가동인	단위당 배부액
생산준비	생산준비횟수	₩50
기계작업	기계시간	₩15
조립작업	조립시간	₩10

① 8회
② 10회
③ 12회
④ 14회
⑤ 15회

12 다음은 활동기준원가계산을 사용하는 제조기업인 (주)감평의 20×1년도 연간 활동원가 예산 자료이다. 20×1년에 회사는 제품 A를 1,000단위 생산하였는데 제품 A의 생산을 위한 활동원가는 ₩830,000으로 집계되었다. 제품 A의 생산을 위해서 20×1년에 80회의 재료이동과 300시간의 직접노동시간이 소요되었다. (주)감평이 제품 A를 생산하는 과정에서 발생한 기계작업시간은? ▶ 18년 기출

〈연간 활동원가 예산자료〉

활동	활동원가	원가동인	원가동인 총수량
재료이동	₩4,000,000	이동횟수	1,000회
성형	₩3,000,000	제품생산량	15,000단위
도색	₩1,500,000	직접노동시간	7,500시간
조립	₩1,000,000	기계작업시간	2,000시간

① 400시간
② 500시간
③ 600시간
④ 700시간
⑤ 800시간

13 활동기준원가계산을 적용하는 (주)관세는 두 종류의 제품 A, B를 생산하고 있다. 활동 및 활동별 전환(가공)원가는 다음과 같다.

활동	원가동인	배부율
선반작업	기계회전수	회전수당 ₩150
연마작업	부품수	부품당 ₩200
조립작업	조립시간	시간당 ₩50

500단위의 제품 B를 생산하기 위한 직접재료원가는 ₩150,000, 재료의 가공을 위해 소요된 연마작업 부품수는 300단위, 조립작업 조립시간은 1,000시간이다. 이렇게 생산한 제품 B의 단위당 제조원가가 ₩760이라면, 제품 B를 생산하기 위한 선반작업의 기계회전수는?

▶ 관세사 20

① 200회
② 300회
③ 800회
④ 1,000회
⑤ 1,200회

14 (주)감평은 활동기준원가계산방법에 의하여 제품의 원가를 계산하고 있다. 다음은 (주)감평의 연간 활동제조간접원가 예산자료와 작업 #203의 원가동인에 관한 자료이다.

- 연간 활동제조간접원가 예산자료

활동	활동별 제조간접원가	원가동인	원가동인수량
생산준비	₩200,000	생산준비시간	1,250시간
재료처리	₩300,000	재료처리횟수	1,000회
기계작업	₩500,000	기계작업시간	50,000시간
품질관리	₩400,000	품질관리횟수	10,000회

- 작업 #203의 원가동인 자료

작업	생산준비시간	재료처리횟수	기계작업시간	품질관리횟수
#203	60시간	50회	4,500시간	500회

작업 #203의 제조원가가 ₩300,000이라면, 작업 #203의 기본(기초)원가는?　▶ 19년 기출

① ₩210,400
② ₩220,000
③ ₩225,400
④ ₩230,400
⑤ ₩255,400

15 ㈜한국은 복수의 제품을 생산·판매하고 있으며, 활동기준원가계산을 적용하고 있다. ㈜한국은 제품원가계산을 위해 다음과 같은 자료를 수집하였다.

구분	활동원가	원가동인	총 원가동인 수
조립작업	₩500,000	조립시간	25,000시간
주문처리	75,000	주문횟수	1,500회
검사작업	30,000	검사시간	1,000시간

제품	생산수량	단위당 직접제조원가		조립작업	주문처리	검사작업
		직접재료원가	직접노무원가			
A	250개	₩150	₩450	400시간	80회	100시간

㈜한국이 당기에 A제품 250개를 단위당 ₩1,000에 판매한다면, A제품의 매출총이익은?

① ₩65,000   ② ₩70,000
③ ₩75,000   ④ ₩80,000
⑤ ₩85,000

16 (주)세무는 20×1년 제품 A와 B를 각각 1,800개와 3,000개를 생산·판매하였다. 각 제품은 배치(batch)로 생산되고 있으며, 제품 A와 B의 배치당 생산량은 각각 150개와 200개이다. 활동원가는 총 ₩1,423,000이 발생하였다. 제품생산과 관련된 활동내역은 다음과 같다.

활동	원가동인	활동원가
재료이동	이동횟수	₩189,000
재료가공	기계작업시간	1,000,000
품질검사	검사시간	234,000
합계		₩1,423,000

제품 생산을 위한 활동사용량은 다음과 같다.

- 제품 A와 B 모두 재료이동은 배치당 2회씩 이루어진다.
- 제품 A와 B의 총 기계작업시간은 각각 300시간과 500시간이다.
- 제품 A와 B 모두 품질검사는 배치당 2회씩 이루어지며, 제품 A와 B의 1회 검사시간은 각각 2시간과 1시간이다.

제품 A에 배부되는 활동원가는? (단, 재공품은 없다.)   ▸ CTA 23

① ₩405,000   ② ₩477,000
③ ₩529,000   ④ ₩603,000
⑤ ₩635,000

17 (주)관세는 제품A와 제품B 두 종류의 제품을 생산하고 있다. [자료1]은 제품A, B의 생산원가 자료이며, [자료2]는 활동원가계산을 위한 자료이다. 활동기준원가계산에 의한 제품A의 단위당 제조원가는?

▸ 관세사 24

[자료 1] 생산원가자료

구분	제품 A	제품 B	합계
직접재료원가	₩4,000	₩2,500	₩6,500
직접노무원가	5,000	4,000	9,000
제조간접원가			7,300
생산량	10단위	20단위	

[자료 2] 활동원가자료

구분	활동원가	원가동인 총건수	제품 A의 건수	제품 B의 건수
검사활동	₩2,000	1,000	600	400
처리활동	1,500	500	300	200
주문활동	1,800	800	400	400
운반활동	2,000	1,250	700	550
합계	₩7,300			

① ₩462

② ₩1,272

③ ₩1,312

④ ₩1,362

⑤ ₩1,422

종합원가계산

1절　완성품환산량

1. 종합원가계산 적용 업종

① 단일종류의 제품을 연속적으로 대량생산하는 업종

② 정유업, 시멘트업, 제분업 등

2. 완성품환산량 : 특정 공정에서의 모든 노력이 완성품만을 생산하는 데 사용되었을 경우 완성되었을 완성품의 수량

• 완성품에 대한 완성품환산량 = 완성품수량(100%)

• 기말재공품에 대한 가공원가 완성품환산량 = 기말재공품수량 × 가공원가 완성도

3. 종합원가계산의 절차

① 물량의 흐름 파악

투입	재공품	산출
기초재공품수량		당기완성품수량
당기투입량(착수량)		기말재공품수량

② 제조원가별 완성품환산량 계산

③ 완성품환산량 단위당 원가 계산

④ 원가의 배분 : 완성품원가와 기말재공품원가에 발생원가를 배분

2절　평균법과 선입선출법

1. 평균법 : 기초재공품원가와 당기발생원가를 구분하지 않고 완성품과 기말재공품에 배분

※ 배부대상원가 = 기초재공품원가 + 당기발생원가

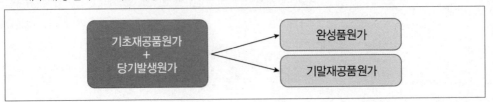

2. **선입선출법** : 기초재공품이 먼저 완성되고 당기착수품이 그 다음으로 완성된다고 보는 방법

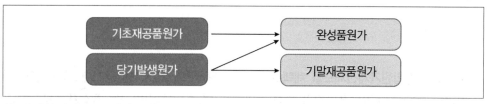

① 당기발생원가는 완성품원가와 기말재공품원가로 구분하지만, 기초재공품원가는 전액 완성품원가에만 가산한다.
② 선입선출법은 기초재공품의 기완성도를 고려하며, (1−기완성도)를 투입하여 완성품으로 먼저 가공한다.

3. **평균법과 선입선출법의 완성품환산량 차이**

완성품 환산량 차이 = 기초재공품 × 기초재공품 기완성도

3절   공손

1. **발생원인에 따른 분류** : 정상공손, 비정상공손
2. **공손품수량** : 개별분석법

정상공손수량 = 당기품질검사합격물량 × 정상공손허용률

※ 당기품질검사합격물량은 기초재공품, 당기착수완성품, 기말재공품 각각 판단한다.

비정상공손수량 = 공손수량 − 정상공손수량

3. **공손품원가**
공손품원가는 당기 품질검사를 합격한 물량을 기준으로 완성품과 기말재공품에 배분한다.

CHAPTER 05 객관식 문제

01 ㈜세무는 종합원가계산제도를 채택하고 있다. ㈜세무의 20×1년 당기제조착수량은 100단위, 기말재공품은 40단위(전환원가 완성도 25%)이며, 당기투입원가는 직접재료원가 ₩40,000, 전환원가(conversion cost) ₩70,000이다. 직접재료는 공정이 시작되는 시점에서 전량 투입되며, 전환원가는 공정전반에 걸쳐 균등하게 발생할 때, 기말재공품의 원가는? (단, 기초재공품, 공손 및 감손은 없다.) ▸CTA 20

① ₩10,000   ② ₩16,000

③ ₩26,000   ④ ₩28,000

⑤ ₩56,000

02 (주)관세는 종합원가계산제도를 채택하고 있다. 20×1년도 제품생산 관련 정보는 다음과 같다.

- 기초재공품 수량 200개(가공원가 완성도 50%)
- 당기완성품 수량 800개
- 기말재공품 수량 500개(가공원가 완성도 60%)

직접재료원가는 공정초에 전량 투입되고, 가공원가는 공정전반에 걸쳐 균등하게 발생한다. 평균법과 선입선출법하의 완성품환산량에 관한 다음 설명 중 옳은 것은? (단, 공손과 감손은 발생하지 않았다.) ▸관세사 11

① 평균법에 의한 직접재료원가의 완성품환산량은 1,500개이다.
② 선입선출법에 의한 직접재료원가의 완성품환산량은 1,300개이다.
③ 평균법에 의한 가공원가의 완성품환산량은 1,000개이다.
④ 선입선출법에 의한 가공원가의 완성품환산량은 1,200개이다.
⑤ 선입선출법과 평균법 간에 직접재료원가의 완성품환산량 차이는 200개이다.

03 (주)관세는 종합원가계산을 채택하고 있으며, 제품생산 관련 정보는 다음과 같다.

• 기초재공품수량	1,000개(완성도 60%)
• 당기착수량	2,000개
• 당기완성품수량	2,400개
• 기말재공품수량	600개(완성도 50%)

직접재료는 공정 초에 모두 투입되고 전환(가공)원가는 공정 전반에 걸쳐 균등하게 발생한다. 평균법과 선입선출법하의 완성품환산량에 관한 다음 설명 중 옳지 않은 것은?

▶ 관세사 20

① 평균법에 의한 직접재료원가의 완성품환산량은 3,000개이다.
② 선입선출법에 의한 직접재료원가의 완성품환산량은 2,000개이다.
③ 평균법에 의한 전환(가공)원가의 완성품환산량은 2,700개이다.
④ 선입선출법에 의한 전환(가공)원가의 완성품환산량은 2,200개이다.
⑤ 평균법과 선입선출법 간에 각 원가요소의 완성품환산량 차이가 발생하는 것은 기초재공품 때문이다.

04 (주)관세는 선입선출법에 의한 종합원가계산방법을 사용하고 있다. 원재료는 공정초기에 모두 투입되고 가공원가(또는 가공비)는 공정 전반에 걸쳐 균등하게 발생한다. 기초재공품의 완성도는 30%이고 기말재공품의 완성도는 40%이다. 다음 자료를 이용하여 재료원가와 가공원가의 완성품환산량을 계산하면 각각 몇 개인가? (단, 공손과 감손은 발생하지 않았다.)

▶ 관세사 13

• 기초재공품수량	600개
• 당기착수량	7,000개
• 기말재공품수량	1,000개

① 재료원가 7,000개, 가공원가 6,580개
② 재료원가 7,000개, 가공원가 6,820개
③ 재료원가 7,600개, 가공원가 6,580개
④ 재료원가 7,600개, 가공원가 6,820개
⑤ 재료원가 7,600개, 가공원가 7,000개

05 종합원가계산제도를 채택하고 있는 (주)관세는 두 가지 직접재료를 이용해서 단일제품을 생산하고 있다. 직접재료 A는 공정 초기에 전량 투입되고, 직접재료 B는 가공원가 완성도 50% 시점에서 한꺼번에 전량 투입된다. 가공원가는 공정 전반을 통해 균등하게 발생한다. 20×1년 4월의 생산 관련 자료가 다음과 같을 때, 선입선출법하에서 직접재료원가 A, 직접재료원가 B, 가공원가 각각에 대한 당월 완성품환산량은 얼마인가? ▶ 관세사 15

구분	물량단위
월초재공품	1,000단위(가공원가 완성도 80%)
완성품	6,000단위
월말재공품	2,000단위(가공원가 완성도 40%)

	직접재료원가 A	직접재료원가 B	가공원가
①	7,000단위	5,000단위	6,000단위
②	8,000단위	5,200단위	5,800단위
③	7,000단위	6,000단위	5,800단위
④	8,000단위	6,000단위	6,000단위
⑤	8,000단위	7,000단위	5,800단위

06 (주)한국은 종합원가계산제도를 도입하고 있다. 20×0년 1분기 동안 생산관련 자료는 다음과 같다.

• 당기투입량	8,000톤
• 완성품	7,500톤
• 기말재공품	2,000톤
• 기초재공품	1,500톤

가공원가는 공정전반에 걸쳐 균등하게 발생한다. 기말재공품은 세 개의 완성도로 구성되어 있는데, 기말재공품의 1/4은 완성도가 80%이며, 1/2는 50%, 나머지 1/4은 20%이다. 선입선출법(FIFO)을 적용할 경우 가공원가의 완성품 환산량이 7,960톤이라면 20×0년 1분기 기초재공품의 완성도는 얼마인가? (단, 1분기 기초재공품은 한 개의 완성도로만 구성됨) ▶ 10년 기출

① 32%   ② 36%

③ 40%   ④ 44%

⑤ 48%

07 ㈜감평은 가중평균법에 의한 종합원가계산시스템을 도입하고 있다. 직접재료는 공정의 초기에 전량 투입되고 가공원가는 공정 전반에 걸쳐 균등하게 발생된다. ㈜감평은 원가계산을 위해 다음과 같은 자료를 수집하였다.

• 직접재료원가의 완성품환산량	5,000단위
• 가공원가의 완성품환산량	4,400단위
• 당기완성품수량	3,500단위

위 자료를 이용하여 계산한 기말재공품의 가공원가 완성도는? ▶ 13년 기출

① 50% ② 60%

③ 70% ④ 80%

⑤ 90%

08 ㈜감평은 종합원가계산제도를 채택하고 단일제품을 생산하고 있다. 재료는 공정이 시작되는 시점에서 전량 투입되며, 가공(전환)원가는 공정 전체에 걸쳐 균등하게 발생한다. 가중평균법과 선입선출법에 의한 가공(전환)원가의 완성품환산량은 각각 108,000단위와 87,000단위이다. 기초재공품의 수량이 70,000단위라면 기초재공품 가공(전환)원가의 완성도는?

▶ 18년 기출

① 10% ② 15%

③ 20% ④ 25%

⑤ 30%

09 ㈜세무는 단일 제품을 생산하고 있으며, 종합원가계산제도를 채택하고 있다. 재료는 공정이 시작되는 시점에 전량 투입되며, 전환원가는 공정 전체에 걸쳐 균등하게 발생한다. 재료원가의 경우 평균법에 의한 완성품환산량은 87,000단위이고 선입선출법에 의한 완성품환산량은 47,000단위이다. 또한 전환원가의 경우 평균법에 의한 완성품환산량은 35,000단위이고 선입선출법에 의한 완성품환산량은 25,000단위이다. 기초재공품의 전환원가 완성도는? ▶ CTA 19

① 10% ② 20%

③ 25% ④ 75%

⑤ 80%

10 ㈜감평은 종합원가계산을 채택하고 있다. 원재료는 공정초에 전량 투입되며, 가공원가(전환원가)는 공정 전반에 걸쳐 균등하게 발생한다. 공손 및 감손은 발생하지 않는다. 다음은 20×5년 6월의 생산활동과 관련된 자료이다.

• 기초재공품	10,000단위(완성도 20%)
• 당기투입량	80,000단위
• 당기완성량	85,000단위
• 기말재공품	?　단위(완성도 40%)

가중평균법과 선입선출법에 의하여 각각 완성품 환산량을 구하면 가공원가(전환원가)의 완성품 환산량 차이는? ▸15년 기출

① 2,000단위　　　　　　　　② 4,000단위
③ 6,000단위　　　　　　　　④ 8,000단위
⑤ 10,000단위

11 ㈜관세는 종합원가계산을 적용하고 있으며, 제품 생산을 위해 재료 A와 재료 B를 사용하고 있다. 재료 A는 공정초기에 전량 투입되고, 재료 B는 공정의 60% 시점에 전량 투입되며, 가공원가는 공정전반에 걸쳐서 균등하게 발생한다. 당기 제조활동과 관련된 자료가 다음과 같을 때, 선입선출법을 적용하여 계산한 당기 완성품원가는? (단, 공손과 감손은 발생하지 않았다.) ▸관세사 16

구분	물량자료	재료 A	재료 B	가공원가
기초재공품	400단위(완성도 20%)	₩120,000	₩0	₩42,300
당기착수	1,600단위	₩512,000	₩259,000	₩340,200
당기완성	1,400단위			
기말재공품	600단위(완성도 50%)			

① ₩856,200　　　　　　　　② ₩877,300
③ ₩1,010,700　　　　　　　④ ₩1,016,400
⑤ ₩1,018,500

12 ㈜대한은 실제원가에 의한 종합원가계산을 적용하고 있으며, 재공품 평가방법은 선입선출법이다. 다음은 5월의 생산 활동과 가공원가에 관한 자료이다.

구분	물량(단위)	가공원가
월초재공품	2,500	₩52,500
5월 중 생산투입 및 발생원가	7,500	244,000
5월 중 완성품	6,000	?

월초재공품과 월말재공품의 가공원가 완성도는 각각 60%와 40%이고, 공손품이나 감손은 발생하지 않았다. 월말재공품에 포함된 가공원가는?   ▸14년 기출

① ₩56,000
② ₩60,000
③ ₩64,000
④ ₩68,000
⑤ ₩72,000

13 다음은 종합원가계산제도를 채택하고 있는 ㈜감평의 당기 제조활동에 관한 자료이다.

기초재공품	₩3,000(300단위, 완성도 60%)
당기투입원가	₩42,000
당기완성품수량	800단위
기말재공품	200단위(완성도 50%)

모든 원가는 공정 전체를 통하여 균등하게 발생하며, 기말재공품의 평가는 평균법을 사용하고 있다. 기말재공품원가는? (단, 공손 및 감손은 없다.)   ▸22년 기출

① ₩4,200
② ₩4,500
③ ₩5,000
④ ₩8,400
⑤ ₩9,000

14 (주)세무는 단일제품을 생산하고 있으며 가중평균법으로 종합원가계산을 적용하고 있다. 전환원가는 공정 전반에 걸쳐 균등하게 발생하며 당기 생산관련 자료는 다음과 같다.

- 기초재공품 : 1,000단위 (전환원가 완성도 20%)
- 당기착수량 : 7,000단위
- 당기완성량 : 6,000단위
- 기말재공품 : 2,000단위 (전환원가 완성도 40%)

기초 및 기말재공품에 포함된 전환원가가 각각 ₩65,000 및 ₩260,000일 때, 당기에 발생한 전환원가는?

▶ CTA 24

① ₩1,950,000   ② ₩2,080,000
③ ₩2,145,000   ④ ₩2,210,000
⑤ ₩2,275,000

15 (주)감평은 선입선출법에 의한 종합원가계산을 채택하고 있다. 전환원가(가공원가)는 공정 전반에 걸쳐 균등하게 발생한다. 다음 자료를 활용할 때, 기말재공품원가에 포함된 전환원가(가공원가)는? (단, 공손 및 감손은 발생하지 않는다.)

▶ 17년 기출

• 기초재공품	1,000단위(완성도 40%)
• 당기착수	4,000단위
• 당기완성	4,000단위
• 기말재공품	1,000단위(완성도 40%)
• 당기발생 전환원가(가공원가)	₩1,053,000

① ₩98,000   ② ₩100,300
③ ₩102,700   ④ ₩105,300
⑤ ₩115,500

16 (주)감평은 단일공정을 통해 단일제품을 생산하고 있으며, 선입선출법에 의한 종합원가계산을 적용하고 있다. 직접재료는 공정 초에 전량 투입되고, 가공원가는 공정 전반에 걸쳐 균등하게 발생한다. (주)감평의 20×1년 기초재공품은 10,000단위(가공원가 완성도 40%), 당기착수량은 30,000단위, 기말재공품은 8,000단위(가공원가 완성도 50%)이다. 기초재공품의 직접재료원가는 ₩170,000이고, 가공원가는 ₩72,000이며, 당기투입된 직접재료원가와 가공원가는 각각 ₩450,000과 ₩576,000이다. 다음 설명 중 옳은 것은? (단, 공손 및 감손은 발생하지 않는다.)

▶ 20년 기출

① 기말재공품원가는 ₩192,000이다.
② 가공원가의 완성품환산량은 28,000단위이다.
③ 완성품원가는 ₩834,000이다.
④ 직접재료원가의 완성품환산량은 22,000단위이다.
⑤ 직접재료원가와 가공원가에 대한 완성품환산량 단위당원가는 각각 ₩20.7과 ₩20.3이다.

17 다음은 종합원가계산을 적용하고 있는 (주)관세의 가공원가와 관련된 자료이다. 기말재공품에 포함된 가공원가를 평균법과 선입선출법에 의해 각각 계산한 금액은? (단, 가공원가는 공정전체를 통해 균등하게 발생하며 공손 및 감손은 발생하지 않았다.)

▶ 관세사 17

구분	물량	가공원가
기초 재공품(완성도 40%)	5,000단위	₩1,050,000
당기 투입량 및 발생원가	20,000단위	₩17,000,000
기말 재공품(완성도 20%)	7,500단위	?

	평균법	선입선출법		평균법	선입선출법
①	₩1,425,000	₩1,500,000	②	₩1,412,500	₩1,425,000
③	₩1,425,000	₩1,593,750	④	₩1,500,000	₩1,425,000
⑤	₩1,500,000	₩1,593,750			

18 ㈜대한은 종합원가계산을 적용하고 있다. 직접재료는 공정의 시작 시점에서 100% 투입되며, 가공원가는 공정 전반에 걸쳐 균등하게 발생한다. ㈜대한의 생산 관련 자료는 다음과 같다.

구분	물량	재료원가	가공원가
기초재공품	2,000단위 (가공비완성도 60%)	₩24,000	₩10,000
당기착수량	10,000단위		
기말재공품	4,000단위 (가공비완성도 50%)		
당기투입원가		₩1,500,000	₩880,000

㈜대한의 종합원가계산과 관련된 다음의 설명 중 옳지 않은 것은? (단, 당기 중에 공손이나 감손은 발생하지 않았다고 가정한다.)　▶ CPA 21

① 평균법을 사용한다면 가공원가에 대한 완성품환산량은 10,000단위이다.
② 평균법을 사용한다면 기말재공품 원가는 ₩686,000이다.
③ 선입선출법을 사용한다면 완성품 원가는 ₩1,614,000이다.
④ 선입선출법을 사용한다면 기초재공품 원가는 모두 완성품 원가에 배부된다.
⑤ 완성품 원가는 선입선출법으로 계산한 값이 평균법으로 계산한 값보다 크다.

19 ㈜감평은 가중평균법에 의한 종합원가계산제도를 채택하고 있으며, 단일공정을 통해 제품을 생산한다. 모든 원가는 공정 전반에 걸쳐 균등하게 발생한다. ㈜감평의 당기 생산 관련 자료는 다음과 같다.

구분	물량(완성도)	직접재료원가	전환원가
기초재공품	100단위 (?)	₩4,300	₩8,200
당기착수	900	20,000	39,500
기말재공품	200 (?)	?	?

㈜감평의 당기 완성품환산량 단위당 원가가 ₩80이고 당기 완성품환산량이 선입선출법에 의한 완성품환산량보다 50단위가 더 많을 경우, 선입선출법에 의한 기말재공품 원가는? (단, 공손 및 감손은 발생하지 않는다.)　▶ 23년 기출

① ₩3,500　　　　　　　　　② ₩4,500
③ ₩5,500　　　　　　　　　④ ₩6,500
⑤ ₩7,000

20 (주)관세는 선입선출법을 적용한 종합원가계산을 채택하고 있으며, 제품생산 최종공정과 관련된 자료는 다음과 같다.

기초재공품수량	100개 (완성도 40%)	기초재공품원가	₩10,000
당기착수량	500개	당기발생원가 전공정원가	40,000
		직접재료원가	6,000
		전환(가공)원가	26,000
당기완성품수량	400개	당기완성품원가	?
기말재공품수량	200개 (완성도 80%)	기말재공품원가	?

전공정 완성품은 공정 초에 모두 대체되고, 직접재료는 공정의 50% 시점에 투입되며, 전환(가공)원가는 공정 전반에 걸쳐 균등하게 발생한다. (주)관세의 최종공정의 당기완성품원가는?

▶ 관세사 23

① ₩42,000
② ₩46,000
③ ₩52,000
④ ₩56,000
⑤ ₩58,000

21 (주)관세는 가중평균법을 적용하여 종합원가계산을 하고 있다. 가공원가는 공정의 완성도에 따라 균등하게 발생하며, 검사는 가공원가(전환원가) 완성도 60% 시점에서 이루어진다. 정상공손수량이 검사를 통과한 정상품의 5%일 때 당기의 정상공손수량은?

▶ 관세사 18

• 기초재공품 수량	260단위(완성도 70%)
• 당기 완성품 수량	1,360단위
• 기말재공품 수량	300단위(완성도 80%)
• 공손수량	140단위

① 55단위
② 68단위
③ 70단위
④ 81단위
⑤ 83단위

22 (주)관세는 종합원가계산방법을 사용하고 있는데 재료는 공정초기에 전량이 투입되며 가공비는 공정전반에 걸쳐 균등하게 발생한다. 20×1년의 원가자료는 다음과 같다. 검사에 합격한 수량의 5%를 정상공손으로 간주하며 공정의 10% 시점에 검사를 하는 경우 정상공손수량은? ▶ 관세사 24

기초재공품 : 수량	2,000단위	당기완성량	4,000단위
재료비	₩50,000	공손수량	500단위
가공비	40,000	기말재공품 : 수량	500단위
완성도	20%	완성도	60%
당기발생원가 : 착수량	3,000단위	당기완성품원가	?
재료비	₩80,000	기말재공품원가	?
가공비	60,000		

① 115단위　　　　　　　　　　② 125단위
③ 195단위　　　　　　　　　　④ 205단위
⑤ 225단위

23 ㈜한국은 단일제품을 대량으로 생산하고 있다. 직접재료는 공정 초기에 모두 투입되고 가공원가는 공정 중에 균등하게 발생한다. 생산 중에는 공손이 발생하는데 품질검사를 통과한 수량의 10%에 해당하는 공손수량은 정상공손으로 간주한다. 공손여부는 공정의 50% 완성 시의 검사시점에서 파악된다. 다음 자료를 이용하여 계산한 비정상공손수량은? (단, 물량흐름은 선입선출법을 가정한다.) ▶ 12년 기출

• 기초재공품수량	2,000단위(완성도 30%)
• 당기착수량	8,000단위
• 당기완성량	7,200단위
• 기말재공품수량	1,500단위(완성도 60%)

① 380단위　　　　　　　　　　② 430단위
③ 450단위　　　　　　　　　　④ 520단위
⑤ 540단위

24 ㈜한국은 선입선출법에 의한 종합원가계산을 채택하고 있으며, 당기의 생산 관련 자료는 다음과 같다.

구분	물량(개)	가공비 완성도
기초재공품	1,000	(완성도 30%)
당기착수량	4,300	
당기완성량	4,300	
공손품	300	
기말재공품	700	(완성도 50%)

원재료는 공정 초기에 전량 투입되며, 가공비는 공정 전반에 걸쳐 균등하게 발생한다. 품질검사는 가공비 완성도 40% 시점에서 이루어지며, 당기 검사를 통과한 정상품의 5%에 해당하는 공손수량은 정상공손으로 간주한다. 당기의 비정상공손수량은?

① 50개   ② 85개
③ 100개   ④ 150개
⑤ 200개

25 ㈜관세는 종합원가계산을 적용하고 있으며, 제품생산 관련 정보는 다음과 같다.

- 기초재공품수량   2,000단위(전환원가 완성도 60%)
- 당기착수량   18,000단위
- 당기완성품수량   14,000단위
- 기말재공품수량   3,000단위(전환원가 완성도 80%)

원재료는 공정초에 전량 투입되고 전환원가는 공정 전반에 걸쳐 균등하게 발생한다. ㈜관세는 재고자산 평가방법으로 평균법을 사용하며, 공정의 종료시점에서 품질검사를 실시하였다. ㈜관세가 당기 중 품질검사를 통과한 물량의 10%를 정상공손으로 간주할 경우, 비정상공손수량은?

▶ 관세사 21

① 1,300단위   ② 1,400단위
③ 1,600단위   ④ 1,700단위
⑤ 2,000단위

26 ㈜대한은 유리컵을 생산하는 기업으로 종합원가계산제도를 채택하고 있으며, 재고자산 평가방법은 선입선출법(FIFO)을 사용한다. 직접 재료는 공정 초에 전량 투입되며, 전환원가(가공원가)는 공정에 걸쳐 균등하게 발생한다. 다음은 ㈜대한의 생산 및 제조에 관한 자료이다.

항목	물량
기초재공품(가공완성도%)	800개(70%)
당기착수물량	6,420개
기말재공품(가공완성도%)	1,200개(40%)

품질검사는 가공완성도 80% 시점에 이루어지며, 당기에 품질검사를 통과한 물량의 5%를 정상공손으로 간주한다. 당기에 착수하여 당기에 완성된 제품이 4,880개일 때 ㈜대한의 비정상공손은 몇 개인가? ▸ CPA 20

① 34개
② 56개
③ 150개
④ 284개
⑤ 340개

27 ㈜감평은 종합원가계산제도를 채택하고 있으며, 제품 X의 생산관련 자료는 다음과 같다.

구분	물량
기초재공품(전환원가 완성도)	60단위(70%)
당기착수량	300단위
기말재공품(전환원가 완성도)	80단위(50%)

직접재료는 공정 초에 전량 투입되고, 전환원가(conversion cost, 또는 가공원가)는 공정 전반에 걸쳐 균등하게 발생한다. 품질검사는 전환원가(또는 가공원가) 완성도 80% 시점에 이루어지며, 당기에 품질검사를 통과한 합격품의 5%를 정상공손으로 간주한다. 당기에 착수하여 완성된 제품이 200단위일 때 비정상공손 수량은? (단, 재고자산의 평가방법은 선입선출법을 적용한다.) ▸ 24년 기출

① 7단위
② 10단위
③ 13단위
④ 17단위
⑤ 20단위

28 ㈜세무는 종합원가계산제도를 채택하고 있다. 직접재료는 공정이 시작되는 시점에서 전량 투입되며, 전환원가는 공정전반에 걸쳐서 균등하게 발생한다. 당기완성품환산량 단위당 원가는 직접재료원가 ₩2,000, 전환원가 ₩500이었다. 생산 공정에서 공손품이 발생하는데 이러한 공손품은 제품을 검사하는 시점에서 파악된다. 공정의 50% 시점에서 검사를 수행하며, 정상공손수량은 검사 시점을 통과한 합격품의 10%이다. ㈜세무의 생산활동 자료가 다음과 같을 때, 정상공손원가는?   ▸ CTA 20

- 기초재공품 : 500단위(전환원가 완성도 30%)
- 당기완성량 : 1,800단위
- 당기착수량 : 2,000단위
- 기말재공품 : 400단위(전환원가 완성도 70%)

① ₩440,000   ② ₩495,000
③ ₩517,000   ④ ₩675,000
⑤ ₩705,000

29 ㈜감평은 단일 제품을 대량생산하고 있으며, 가중평균법을 적용하여 종합원가계산을 하고 있다. 직접재료는 공정초에 전량 투입되고, 전환원가는 공정 전체에서 균등하게 발생한다. 당기 원가계산 자료는 다음과 같다.

- 기초재공품   3,000개(완성도 80%)
- 당기착수수량   14,000개
- 당기완성품   13,000개
- 기말재공품   2,500개(완성도 60%)

품질검사는 완성도 70%에서 이루어지며, 당기 중 검사를 통과한 합격품의 10%를 정상공손으로 간주한다. 직접재료원가와 전환원가의 완성품환산량 단위당 원가는 각각 ₩30과 ₩20이다. 완성품에 배부되는 정상공손원가는?   ▸ 21년 기출

① ₩35,000   ② ₩44,000
③ ₩55,400   ④ ₩57,200
⑤ ₩66,000

30 ㈜대한은 반도체를 생산하고 있으며, 선입선출법에 의한 종합원가계산을 적용하여 반도체 원가를 계산하고 있다. 직접재료는 생산공정의 초기에 전량 투입되며, 전환원가(conversion costs)는 공정 전반에 걸쳐 균등하게 발생한다. 2월의 생산자료를 보면, 기초재공품 15,000개(전환원가 완성도 40%, 원가 ₩10,000), 당월 생산착수수량 70,000개, 당월 생산착수완성품 55,000개, 기말재공품 5,000개(전환원가 완성도 80%), 공손품 10,000개이다. 2월 중 직접재료원가 ₩140,000과 전환원가 ₩210,000이 발생하였다. 공정의 20% 시점에서 품질 검사를 실시하며, 정상공손 허용수준은 합격품의 10%이다. 정상공손원가는 합격품에 가산되고, 비정상공손원가는 기간비용으로 처리된다. 공손품은 모두 폐기되며, 공손품의 처분가치는 없다. ㈜대한의 2월의 정상공손원가는 얼마인가? ▸ CPA 22

① ₩15,000
② ₩15,600
③ ₩16,200
④ ₩16,800
⑤ ₩17,400

결합원가계산

결합원가란?

1. 결합원가

① 결합원가 : 분리점에 도달하기까지 결합제품을 생산하는 과정에서 발생한 모든 제조원가를 말한다.

② 결합제품 : 하나의 공정에서 동일한 재료를 사용하여 생산되는 두 종류 이상의 서로 다른 제품을 말하며 연산품이라고도 한다.

2. 개별원가

① 분리점에 도달한 이후 추가적인 가공과 관련되어 각 제품별로 발생한 원가, 추가가공원가를 말한다.

② 추가가공여부 의사결정 시 개별원가만 의사결정에 영향(결합원가는 영향×)을 준다.

3. 부산물

부산물은 주산물에 비해 상대적으로 판매가치가 작고, 주산물의 생산과정에서 부수적으로 만들어지는 것이기에 그 가치에 따라 회계처리에 차이가 있다.

(1) 생산기준법 : 부산물의 가치가 중요할 때

　① 부산물의 순실현가치를 계산하고 이를 결합원가에서 차감한다.

　② 부산물의 순실현가치 = 부산물 생산량 × 단위당 판매가격 - 추가가공원가

(2) 판매기준법 : 부산물의 가치가 중요하지 않을 때

　① 부산물을 판매할 때 별도로 잡이익 처리하므로 부산물 생산시점에 해야 할 회계처리는 없다.

　② 배부대상 결합원가 = 결합원가 전액

결합원가 배부방법

1. **물량기준법** : 분리점에서의 물리적 속성의 비율(예 kg당)

2. **상대적 판매가치법** : 분리점에서의 상대적 판매가치에 따른 비율로 배부

3. **순실현가치법** : 각 제품의 순실현가치 비율로 배부

> 순실현가치 = 최종판매가치 − 추가가공원가 − 예상판매비용

4. **균등매출총이익률법** : 회사 제품 전체의 매출총이익률이 균등하도록 배부
   ① 회사 전체의 매출총이익률 계산
   ② 각 제품별로 매출총이익률이 같도록 원가를 배부

3절 결합원가 추가고려사항

1. **결합공정에 재공품이 존재하는 경우**
   ① 제1공정에 재공품이 존재하면 분리점에서 각 연산품으로 구분될 수 있는 수량은 완성품 수량만 해당한다.
   ② 결합공정에 재공품이 존재하면 결합원가 = 완성품원가가 된다.
   ③ 풀이순서
   ㉠ 제1공정의 완성품환산량을 계산한다.
   ㉡ 직접재료원가, 가공원가 중 완성품에 배부되는 원가를 산출한다(완성품원가).
   ㉢ 완성품원가가 결합원가가 되므로 해당 금액을 결합원가 배부방법에 따라 각 연산품에 배부한다.

2. **추가가공여부에 대한 의사결정**
   경영자는 분리점에서 바로 판매할 수 있는 연산품이 있는 경우 이를 분리점에서 판매할지 추가가공을 하여 다른 제품으로 완성 후 판매할지 여부를 의사결정할 수 있다.

   (1) **비관련원가 = 매몰원가 = 결합원가**
       추가가공 여부를 판단하는 시점은 이미 결합공정을 거친 이후이므로 추가가공 여부와 관계없이 결합원가는 매몰원가가 되어 추가가공 의사결정시에는 고려할 필요가 없다.

   (2) **관련원가 = 추가가공원가**
       ① 증분수익 = 생산량 × (추가가공 후 단위당 판매가격 − 분리점에서의 판매가격)
       ② 증분비용 = 추가가공원가
       ③ 증분수익이 증분비용보다 크면 증분이익이 발생하므로 추가가공하지만 증분수익이 증분비용보다 작은 경우 증분손실이 발생하므로 추가가공하지 않고 분리점에서 바로 판매한다.

CHAPTER 06 객관식 문제

01 ㈜관세는 20×1년에 주산물 1,500개와 부산물 250개를 생산하면서 결합원가가 ₩135,000 발생하였다. 부산물은 분리점 이후 판매되는데, 판매단가는 ₩60이며, 판매비용은 단위당 ₩15씩 발생한다. ㈜관세는 생산시점에서 부산물의 원가를 인식한다고 할 때 주산물에 배부되어야 할 결합원가는 얼마인가? (단, 결합공정에서 재공품은 없다.) ▶ 관세사 11

① ₩112,500
② ₩121,250
③ ₩123,750
④ ₩131,500
⑤ ₩135,000

02 ㈜한국은 제품 A, B, C 세 가지 결합제품을 생산하고 있다. 관련 자료는 다음과 같다. 결합원가가 분리점에서의 상대적 판매가치에 의하여 배분된다면 제품 B에 배분되는 결합원가는 얼마인가? (단, 아래 표에서 세 가지 제품 모두 분리점에서의 판매가치를 알 수 있으며, 재공품은 없다고 가정함) ▶ 10년 기출

구분	제품 A	제품 B	제품 C	합계
생산수량(개)	12,000	7,000	6,000	25,000
결합원가(원)	?	?	38,000	200,000
분리점에서의 판매가치(원)	120,000	?	?	500,000
추가가공 시의 추가원가(원)	25,000	15,000	11,000	51,000
추가가공 후의 판매가치(원)	230,000	200,000	180,000	610,000

① ₩114,000
② ₩120,000
③ ₩124,000
④ ₩128,000
⑤ ₩130,000

03 (주)관세는 종합원가계산과 결합원가계산을 혼합하여 사용한다. 결합공정에 의해 4 : 1의 비율로 제품A와 제품B를 생산하고 있으며 결합원가는 상대적 판매가치법에 의해 배분한다. 제품A의 판매가격은 kg당 ₩75이고, 제품B의 판매가격은 kg당 ₩200이다. 당기에 결합공정에서 원재료 20,000kg이 공정에 투입되어 발생한 원가와 물량자료는 다음과 같다. 기초재공품은 없고 공손 및 감손은 발생하지 않았다.

• 완성품 10,000kg	• 재료원가 ₩200,000
• 기말재공품 10,000kg(가공원가 완성도 50%)	• 가공원가 300,000

상대적 판매가치법을 기준으로 결합원가를 결합제품에 배분할 경우 제품B에 배분될 결합원가 배분액은?
▸관세사 24

① ₩40,000
② ₩80,000
③ ₩120,000
④ ₩160,000
⑤ ₩200,000

04 20×1년에 설립된 ㈜서울은 제1공정에서 원재료 1,000kg을 가공하여 중간제품 A와 제품 B를 생산한다. 제품 B는 분리점에서 즉시 판매될 수 있으나, 중간제품 A는 분리점에서 판매가치가 형성되어 있지 않기 때문에 제2공정에서 추가 가공하여 제품 C로 판매한다. 제품별 생산 및 판매량과 kg당 판매가격은 다음과 같다.

제품	생산 및 판매량	Kg당 판매가격
중간제품 A	600kg	-
제품 B	400kg	₩500
제품 C	600kg	450

제1공정에서 발생한 결합원가는 ₩1,200,000이었고, 중간제품 A를 제품 C로 가공하는 데 추가된 원가는 ₩170,000이었다. 회사가 결합원가를 순실현가치에 비례하여 제품에 배부하는 경우, 제품 B와 제품 C에 배부되는 총제조원가는?
▸11년 기출

	제품 B	제품 C		제품 B	제품 C
①	₩400,000	₩800,000	②	₩400,000	₩970,000
③	₩570,000	₩800,000	④	₩800,000	₩570,000
⑤	₩870,000	₩400,000			

05 (주)감평은 당기부터 단일의 공정을 거쳐 주산물 A, B, C와 부산물 X를 생산하고 있고 당기 발생 결합원가는 ₩9,900이다. 결합원가의 배부는 순실현가치법을 사용하며, 부산물의 평가는 생산기준법(순실현가치법)을 적용한다. 주산물 C의 기말재고자산은? ▸16년 기출

구분	최종생산량(개)	최종판매량(개)	최종 단위당 판매가격(원)	추가가공원가(원)
A	9	8	100	0
B	27	10	150	450
C	50	20	35	250
X	40	1	10	0

① ₩800
② ₩1,300
③ ₩1,575
④ ₩1,975
⑤ ₩2,375

06 ㈜관세는 결합공정을 통하여 다음과 같이 제품을 생산하고 있으며, 당기에 발생한 결합원가는 ₩1,500,000이다.

제품	생산량	추가가공원가	단위당 판매가격
A	700단위	₩400,000	₩2,000
B	400단위	–	₩1,500
C	500단위	₩200,000	₩1,200

결합원가를 순실현가치법을 기준으로 배부할 경우 제품 C의 단위당 제조원가는? ▸관세사 16

① ₩400
② ₩600
③ ₩800
④ ₩1,000
⑤ ₩1,100

07 20×1년 초 설립된 ㈜관세는 결합된 화학처리 공정을 통해 두 가지 연산품 A제품과 B제품을 생산한다. A제품은 분리점에서 판매되고, B제품은 추가가공을 거쳐 판매된다. 연산품에 관한 생산 및 판매 관련 자료는 다음과 같다.

제품	생산량	기말재고량	kg당 판매가격
A	1,200kg	200kg	₩100
B	800kg	100kg	₩120

결합원가는 ₩40,000이고, B제품에 대한 추가가공원가가 ₩16,000이다. ㈜관세가 결합원가를 순실현가치법으로 배부할 경우, 20×1년 매출원가는? (단, 기말재공품은 없다.) ▶관세사 21

① ₩45,000　　　　　　　　② ₩46,500
③ ₩48,000　　　　　　　　④ ₩49,500
⑤ ₩50,500

08 (주)세무는 결합공정을 거쳐 분리점에서 주산물 A와 B, 부산물 C를 생산하고 있다. 20×1년 결합공정에 투입된 원재료는 2,200kg이며, 결합원가는 ₩31,960 발생하였다. 제품 A와 부산물 C는 추가가공을 필요로 하지 않지만, 제품 B는 추가가공하여 최종 완성된다. 부산물의 원가는 생산기준법(생산시점의 순실현가치법)을 적용하여 인식한다. 20×1년 생산 및 판매 자료는 다음과 같다.

	생산량	추가가공원가	단위당 판매가격	결합원가 배분액
제품 A	1,350kg	–	₩100	₩13,950
제품 B	550	₩11,000	320	?
부산물 C	300	–	?	?
	2,200kg			₩31,960

순실현가치법으로 결합원가를 배분할 때 제품 A에는 ₩13,950이 배분되었다. 부산물 C의 단위당 판매가격은? (단, 재공품은 없다.) ▶ CTA 23

① ₩3.0　　　　　　　　② ₩3.2
③ ₩3.4　　　　　　　　④ ₩3.6
⑤ ₩3.8

09 ㈜감평은 결합공정을 거쳐 주산품 A, B와 부산품 F를 생산하여 주산품 A, B는 추가가공한 후 판매하고, 부산품 F의 회계처리는 생산시점에서 순실현가치법(생산기준법)을 적용한다. ㈜감평의 당기 생산 및 판매 자료는 다음과 같다.

구분	분리점 이후 추가가공원가	추가가공 후 단위당 판매가격	생산량	판매량
A	₩1,000	₩60	100단위	80단위
B	200	30	140	100
F	500	30	50	40

결합원가 ₩1,450을 분리점에서의 순실현가능가치 기준으로 각 제품에 배분할 때 주산품 A의 매출총이익은? (단, 기초 재고자산은 없다.) ▸24년 기출

① ₩2,714　　　　　　　　　　　② ₩2,800
③ ₩2,857　　　　　　　　　　　④ ₩3,714
⑤ ₩3,800

10 ㈜대한화학은 동일한 원재료를 가공하여 두 개의 결합제품 A와 B를 생산한다. 7월 중 A와 B의 생산과정에서 발생한 직접재료원가는 ₩140,000, 가공원가는 ₩180,000이었다. 분리점에서 A의 판매가치는 ₩280,000인 반면, B는 추가가공을 거쳐 C라는 제품으로 전환되어 ₩500,000에 판매된다. 추가공정에서는 ₩80,000의 가공원가가 발생한다. 최종판매시점에서 A제품과 B제품의 매출총이익률은 각각 얼마인가? ▸CPA 05

① 25.71%와 38.40%　　　　　　② 25.71%와 61.60%
③ 45.71%와 61.60%　　　　　　④ 45.71%와 38.40%
⑤ 54.29%와 45.60%

11 ㈜감평은 동일 공정에서 결합제품 A와 B를 생산하여 추가로 원가(A: ₩40, B: ₩60)를 각각 투입하여 가공한 후 판매하였다. 순실현가치법을 사용하여 결합원가 ₩120을 배분하면 제품 A의 총제조원가는 ₩70이며, 매출총이익률은 30%이다. 제품 B의 매출총이익률은? ▸22년 기출

① 27.5%　　　　　　　　　　　② 30%
③ 32.5%　　　　　　　　　　　④ 35%
⑤ 37.5%

12 ㈜세무는 결합공정을 통하여 연산품 A, B를 생산한다. 제품 B는 분리점에서 즉시 판매되고 있으나, 제품 A는 추가가공을 거친 후 판매되고 있으며, 결합원가는 순실현가치에 의해 배분되고 있다. 결합공정의 직접재료는 공정 초에 전량 투입되며, 전환원가는 공정 전반에 걸쳐 균등하게 발생한다. 당기 결합공정에 기초재공품은 없었으며, 직접재료 5,000kg을 투입하여 4,000kg을 제품으로 완성하고 1,000kg은 기말재공품(전환원가 완성도 30%)으로 남아 있다. 당기 결합공정에 투입된 직접재료원가와 전환원가는 ₩250,000과 ₩129,000이다. ㈜세무의 당기 생산 및 판매 자료는 다음과 같다.

구분	생산량	판매량	추가가공원가 총액	단위당 판매가격
제품 A	4,000단위	2,500단위	₩200,000	₩200
제품 B	1,000	800	–	200

제품 A의 단위당 제조원가는? (단, 공손 및 감손은 없다.) ▶ CTA 21

① ₩98 ② ₩110
③ ₩120 ④ ₩130
⑤ ₩150

13 (주)관세는 당월 중 결합생산공정을 통해 연산품 X와 Y를 생산한 후 각각 추가가공을 거쳐 최종제품 A와 B로 전환하여 모두 판매하였다. 연산품 X와 Y의 단위당 추가가공원가는 각각 ₩150과 ₩100이며, 최종제품과 관련된 당월 자료는 다음과 같다. (단, 각 연산품의 추가가공 전·후의 생산량 변화는 없다.)

구분	제품 A	제품 B
생산량	400단위	200단위
제품단위당 판매가격	₩450	₩250

이 공정의 당월 결합원가는 ₩81,000이며, 이를 균등매출총이익률법으로 배분한다면 당월 중 연산품 X에 배분될 금액은 얼마인가? ▶ 관세사 15

① ₩62,000 ② ₩63,000
③ ₩64,000 ④ ₩66,000
⑤ ₩68,000

14 (주)고구려는 결합원가계산을 사용하고 있다. 당기에 결합제품 A, B를 생산하면서 결합원가 ₩103,000이 발생하였다. 각 제품에 대한 자료는 다음과 같다. 균등이익률법을 적용할 때 결합제품 A에 배부될 결합원가는 얼마인가? ▸ 관세사 12

제품	생산량	추가가공 후 단위당 판매가격	추가가공원가(총액)
A	210	₩300	₩18,000
B	250	₩500	₩20,000

① ₩29,000   ② ₩29,250

③ ₩29,500   ④ ₩29,750

⑤ ₩30,000

15 (주)대한은 제1공정에서 주산물 A, B와 부산물 C를 생산한다. 주산물 A와 부산물 C는 즉시 판매될 수 있으나, 주산물 B는 제2공정에서 추가가공을 거쳐 판매된다. 20×1년에 제1공정과 제2공정에서 발생된 제조원가는 각각 ₩150,000과 ₩60,000이었고, 제품별 최종 판매가치 및 판매비는 다음과 같다.

구분	최종 판매가치	판매비
A	₩100,000	₩2,000
B	180,000	3,000
C	2,000	600

(주)대한은 주산물의 매출총이익률이 모두 동일하게 되도록 제조원가를 배부하며, 부산물은 판매시점에 최초로 인식한다. 주산물 A의 총제조원가는? (단, 기초 및 기말 재고자산은 없다.) ▸ 17년 기출

① ₩74,500   ② ₩75,000

③ ₩76,000   ④ ₩77,500

⑤ ₩78,000

16 ㈜관세는 균등이익률법을 적용하여 결합원가계산을 하고 있다. 당기에 결합제품 A와 B를 생산하였고, 균등매출총이익률은 30%이다. 관련 자료가 다음과 같을 때 결합제품 A에 배부되는 결합원가는? (단, 재공품 재고는 없다.) ▶ 관세사 18

제품	생산량	판매가격(단위당)	추가가공원가(총액)
A	300단위	₩30	₩2,100
B	320단위	25	3,200

① ₩2,400
② ₩3,200
③ ₩3,800
④ ₩4,200
⑤ ₩5,100

17 ㈜세무는 20×1년 원재료 X를 가공하여 연산품A와 연산품B를 생산하는데 ₩36,000의 결합원가가 발생하였다. 분리점 이후 최종제품 생산을 위해서는 각각 추가가공원가가 발생한다. 균등매출총이익률법으로 결합원가를 연산품에 배부할 때, 연산품B에 배부되는 결합원가는? (단, 공손 및 감손은 없으며, 기초 및 기말 재공품은 없다.) ▶ CTA 20

제품	생산량	최종판매단가	최종판매가액	추가가공원가(총액)
A	1,000리터	₩60	₩60,000	₩8,000
B	500리터	₩40	₩20,000	₩4,000
합계	1,500리터		₩80,000	₩12,000

① ₩4,000
② ₩8,000
③ ₩12,000
④ ₩18,000
⑤ ₩28,000

18 당기에 설립된 ㈜감평은 결합공정을 통하여 제품 X와 Y를 생산·판매한다. 제품 X는 분리점에서 즉시 판매하고 있으나, 제품 Y는 추가가공을 거쳐 판매한다. 결합원가는 균등이익률법에 의해 각 제품에 배분되며, 직접재료는 결합공정 초에 전량 투입되고 전환원가는 결합공정 전반에 걸쳐 균등하게 발생한다. 당기에 ㈜감평은 직접재료 3,000단위를 투입하여 2,400단위를 제품으로 완성하고, 600단위는 기말재공품(전환원가 완성도 50%)으로 남아 있다. 당기에 발생한 직접재료원가와 전환원가는 각각 ₩180,000과 ₩108,000이다. ㈜감평의 당기 생산 및 판매 관련 자료는 다음과 같다.

구분	생산량	판매량	단위당 추가가공원가	단위당 판매가격
제품 X	800단위	800단위	–	₩150
제품 Y	1,600	900	₩15	200

제품 Y의 단위당 제조원가는? (단, 공손 및 감손은 발생하지 않는다.) ▸ 23년 기출

① ₩100 ② ₩105
③ ₩110 ④ ₩115
⑤ ₩120

19 (주)감평은 동일한 원재료를 투입하여 제품X, 제품Y, 제품Z를 생산한다. (주)감평은 결합원가를 분리점에서의 상대적 판매가치를 기준으로 결합제품에 배부한다. 결합제품 및 추가가공과 관련된 자료는 다음과 같다.

구분	제품X	제품Y	제품Z	합계
생산량	150단위	200단위	100단위	450단위
결합원가	₩15,000	?	?	?
분리점에서의 단위당 판매가격	₩200	₩100	₩500	
추가가공원가	₩3,500	₩5,000	₩7,500	₩16,000
추가가공 후 단위당 판매가격	₩220	₩150	₩600	

(주)감평은 각 제품을 분리점에서 판매할 수도 있고, 분리점 이후에 추가가공을 하여 판매할 수도 있다. (주)감평이 위 결합제품을 전부 판매할 경우, 예상되는 최대 매출총이익은? (단, 결합공정 및 추가가공과정에서 재공품 및 공손은 없다.) ▸ 19년 기출

① ₩25,000 ② ₩57,000
③ ₩57,500 ④ ₩82,000
⑤ ₩120,000

20 ㈜세무는 결합공정에서 제품 A, B, C를 생산한다. 당기에 발생된 결합원가 총액은 ₩80,000 이며 결합원가는 분리점에서의 상대적 판매가치를 기준으로 제품에 배분되며 관련 자료는 다음과 같다. 추가가공이 유리한 제품만을 모두 고른 것은? (단, 결합공정 및 추가가공 과정 에서 공손과 감손은 발생하지 않고, 생산량은 모두 판매되며 기초 및 기말 재공품은 없다.)

▸ CTA 19

제품	분리점에서의 단위당 판매가격	생산량	추가가공원가	추가가공 후 단위당 판매가격
A	₩20	3,000단위	₩10,000	₩23
B	30	2,000단위	15,000	40
C	40	2,000단위	15,000	50

① A
② A, B
③ A, C
④ B, C
⑤ A, B, C

21 (주)감평은 동일한 원재료를 결합공정에 투입하여 세 종류의 결합제품 A, B, C를 생산·판매하고 있다. 결합제품 A, B, C는 분리점에서 판매될 수 있으며, 추가가공을 거친 후 판매될 수도 있다. (주)감평의 20×1년 결합제품에 관한 자료는 다음과 같다.

제품	생산량	분리점에서의 단위당 판매가격	추가가공원가	추가가공 후 단위당 판매가격
A	400단위	₩120	₩150,000	₩450
B	450단위	150	80,000	380
C	250단위	380	70,000	640

결합제품 A, B, C의 추가가공 여부에 관한 설명으로 옳은 것을 모두 고른 것은? (단, 기초 및 기말 재고자산은 없으며, 생산된 제품은 모두 판매된다.) ▸ 20년 기출

ㄱ. 결합제품 A, B, C를 추가가공하는 경우, 단위당 판매가격이 높아지기 때문에 모든 제품을 추가가공해야 한다.

ㄴ. 제품 A는 추가가공을 하는 경우, 증분수익은 ₩132,000이고 증분비용은 ₩150,000이므로 분리점에서 즉시 판매하는 것이 유리하다.

ㄷ. 제품 B는 추가가공을 하는 경우, 증분이익이 ₩23,500이므로 추가가공을 거친 후에 판매해야 한다.

ㄹ. 제품 C는 추가가공을 하는 경우, 증분수익 ₩65,000이 발생하므로 추가가공을 해야 한다.

ㅁ. 결합제품에 대한 추가가공 여부를 판단하는 경우, 분리점까지 발생한 결합원가를 반드시 고려해야 한다.

① ㄱ, ㄴ
② ㄴ, ㄷ
③ ㄱ, ㄴ, ㄷ
④ ㄴ, ㄷ, ㄹ
⑤ ㄷ, ㄹ, ㅁ

전부원가계산, 변동원가계산

전부원가계산, 변동원가계산, 초변동원가계산

1. 제품원가 구성항목에 따른 분류

직접재료원가, 직접노무원가, 변동제조간접원가, 고정제조간접원가 중 제품원가 구성항목을 어디까지 포함할 것인지에 따라 전부원가계산, 변동원가계산, 초변동원가계산으로 분류한다.

원가의 처리	전부원가계산	변동원가계산	초변동원가계산
제품원가	직접재료원가 직접노무원가 변동제조간접원가 고정제조간접원가	직접재료원가 직접노무원가 변동제조간접원가	직접재료원가
기간비용	판매비와 관리비	고정제조간접원가 판매비와 관리비	직접노무원가 변동제조간접원가 고정제조간접원가 판매비와 관리비

2. 변동원가 손익계산서

전부원가계산			변동원가계산		
매출액		×××	매출액		×××
매출원가			변동원가		
기초재고	×××		변동매출원가	×××	
당기제품제조원가	×××		변동판매비와 관리비	×××	(×××)
기말재고	(×××)	(×××)	공헌이익		×××
매출총이익		×××	고정원가		
판매비와 관리비		(×××)	고정제조간접원가	×××	
영업이익		×××	고정판매관리비	×××	(×××)
			영업이익		×××

3. 영업이익 차이

초변동원가계산의 영업이익
(+) 기말재고에 포함된 변동가공원가
(−) 기초재고에 포함된 변동가공원가
변동원가계산의 영업이익
(+) 기말재고에 포함된 고정제조간접원가
(−) 기초재고에 포함된 고정제조간접원가
전부원가계산의 영업이익

※ 기말재고 : 기말제품, 기말재공품   ※ 기초재고 : 기초제품, 기초재공품

2절 각 원가계산방법들의 유용성과 한계점

1. 전부원가계산

유용성	① 외부보고목적 및 과세목적으로 이용가능하다. ② 대규모의 시설투자가 됨으로 인하여 고정제조간접원가의 비중이 높아지고 있으며 장기적인 관점에서 고정제조간접원가도 회수되어야 하므로 장기적인 관점에서 가격정책과 이익계획을 수립하는데 유용하다.
한계점	① 전부원가계산의 순이익은 생산량에도 영향을 받으므로 생산량의 증가를 통한 이익조작의 가능성이 존재해 바람직하지 않은 재고누적을 초래할 수 있다. ② 계획수립 및 의사결정 등에 이용하기가 어렵다. ③ 고정제조간접원가가 제품원가에 포함되므로 고정제조간접원가 배부의 문제가 발생한다.

2. 변동원가계산

유용성	① 변동원가계산의 순이익은 생산량에 영향을 받지 않으므로 바람직하지 않은 재고누적 가능성이 감소한다. ② 이익이 판매량에만 영향을 받으므로 계획수립 및 의사결정 등에 유용하다. ③ 고정제조간접원가가 기간원가로 처리되므로 배부의 문제가 발생하지 않는다.
한계점	① 외부보고목적 및 과세목적으로 인정되지 않는다. ② 모든 비용을 변동원가와 고정원가로 구분하는 것이 현실적으로 어렵다. ③ 장기적인 관점에서는 고정제조간접원가도 회수되어야 하나 이를 기간원가로 처리함으로써 고정제조간접원가의 중요도를 간과할 수 있다.

3. 초변동원가계산

유용성	① 판매량이 동일한 상황에서 생산량이 증가할수록 초변동원가계산의 이익은 감소하기 때문에 바람직하지 않은 재고의 증가를 방지하는 효과가 가장 크게 나타난다. ② 변동원가계산처럼 제조간접원가를 변동원가와 고정원가로 구분할 필요가 없어 적용이 용이하다.
한계점	① 외부보고목적 및 과세목적으로 인정되지 않는다. ② 미래의 불확실성에 대비하고 규모의 경제를 달성하는 과정에서 발생하는 재고는 경제적인 면에서 긍정적인 점도 있는데 초변동원가계산은 이를 간과한다. ③ 재고자산의 원가가 낮게 산출되므로 낮은 가격으로 제품을 판매할 가능성이 있어 장기적인 관점에서의 가격정책과 이익계획을 오도할 수 있다.

CHAPTER 07 **객관식 문제**

01 제조기업인 (주)감평이 변동원가계산방법에 의하여 제품원가를 계산할 때 제품원가에 포함되는 항목을 모두 고른 것은? ▸18년 기출

> ㄱ. 직접재료원가
> ㄴ. 직접노무원가
> ㄷ. 본사건물 감가상각비
> ㄹ. 월정액 공장임차료

① ㄱ, ㄴ
② ㄱ, ㄹ
③ ㄴ, ㄷ
④ ㄴ, ㄹ
⑤ ㄱ, ㄷ, ㄹ

02 전부원가계산 및 변동원가계산에 관한 설명으로 옳은 것은? ▸관세사 16

① 변동원가계산은 고정제조간접원가를 제품원가에 포함시키므로 생산량의 변동에 따라 제품단위당 원가가 달라져서 경영자가 의사결정을 할 때 혼란을 초래할 수 있다.
② 전부원가계산은 영업이익이 판매량뿐만 아니라 생산량에 의해서도 영향을 받기 때문에 과다생산에 의한 재고과잉의 우려가 있다.
③ 전부원가계산은 원가를 변동원가와 고정원가로 분류하여 공헌이익을 계산하므로 경영의 사결정, 계획수립 및 통제목적에 유용한 정보를 제공한다.
④ 변동원가계산은 외부보고용 재무제표를 작성하거나 법인세를 결정하기 위한 조세목적을 위해서 일반적으로 인정되는 원가계산방법이다.
⑤ 초변동원가계산은 직접재료원가와 직접노무원가만을 재고가능원가로 처리하므로 불필요한 재고자산의 보유를 최소화하도록 유인할 수 있다.

03 제품원가계산 방법에 관한 설명으로 옳지 않은 것은?

① 생산활동의 특성에 따라 개별원가계산과 종합원가계산으로 분류할 수 있다.

② 표준원가계산은 미리 표준으로 설정된 원가자료를 사용하여 원가를 계산하는 방법으로 원가관리에 유용하다.

③ 변동원가계산은 제조원가요소 중에서 고정원가를 제외한 변동원가만 집계하여 제품원가를 계산하는 방법이다.

④ 외부재무보고 목적으로 재무제표를 작성할 때 전부원가계산을 사용한다.

⑤ 내부적인 경영의사결정에 필요한 한계원가 및 공헌이익과 같은 정보를 파악하기 위해서는 정상원가계산이 유용하다.

04 전부원가계산, 변동원가계산, 초변동원가계산에 관한 설명으로 옳지 않은 것은? ▸관세사 21

① 기초재고가 없다면, 당기 판매량보다 당기 생산량이 더 많을 때 전부원가계산의 당기영업이익보다 초변동원가계산상의 당기 영업이익이 더 작다.

② 변동원가계산은 전부원가계산에 비해 판매량 변화에 의한 이익의 변화를 더 잘 파악할 수 있다.

③ 초변동원가계산에서는 기초재고가 없고 판매량이 일정할 때 생산량이 증가하더라도 재료처리량 공헌이익(throughput contribution)은 변하지 않는다.

④ 일반적으로 인정된 회계원칙에서는 전부원가계산에 의해 제품원가를 보고하도록 하고 있다.

⑤ 전부원가계산은 변동원가계산에 비해 경영자의 생산과잉을 더 잘 방지한다.

05 변동원가계산, 전부원가계산 및 초변동원가계산에 대한 설명으로 옳지 않은 것은? ▸CTA 07

① 원가계산과 관련된 표준은 변동원가계산에는 사용될 수 없고 전부원가계산에서만 사용된다.

② 전부원가계산에서 계산된 영업이익은 판매량뿐만 아니라 생산량의 변화에도 영향을 받는다.

③ 변동원가계산에서는 고정제조간접원가를 기간원가로 인식하지만 전부원가계산에서는 고정제조간접원가를 제품원가로 인식한다.

④ 초변동원가계산은 직접재료원가만을 제품원가에 포함하고 나머지 제조원가는 모두 기간원가로 처리한다.

⑤ 초변동원가계산은 판매가 수반되지 않는 상황에서 생산량이 많을수록 영업이익이 낮게 계산되므로 불필요한 재고의 누적을 방지하는 효과가 변동원가계산보다 훨씬 크다.

06 ㈜세무의 기초 제품수량은 없고 당기 제품 생산수량은 500단위, 기말 제품수량은 100단위 이다. 제품 단위당 판매가격은 ₩1,300이며, 당기에 발생한 원가는 다음과 같다. 변동원가계 산에 의한 당기 영업이익은? (단, 기초 및 기말 재공품은 없다.) ▸ CTA 19

• 직접재료원가	₩250,000	• 변동판매관리비	40,000
• 직접노무원가	80,000	• 고정제조간접원가	40,000
• 변동제조간접원가	160,000	• 고정판매관리비	15,000

① ₩13,000   ② ₩23,000
③ ₩33,000   ④ ₩43,000
⑤ ₩53,000

07 20×1년 초에 설립된 (주)백제는 20×1년에 1,200개의 제품을 생산하여 800개를 판매하였 다. 20×1년에 전부원가계산의 영업이익이 변동원가계산의 영업이익보다 ₩8,000만큼 크다 면 총고정제조간접원가는 얼마인가?

① ₩24,000   ② ₩24,600
③ ₩25,200   ④ ₩25,600
⑤ ₩26,000

08 당기에 설립된 (주)관세는 3,000단위를 생산하여 2,500단위를 판매하였으며, 영업활동 관련 자료는 다음과 같다.

구분	단위당 변동원가	고정원가
직접재료원가	₩250	–
직접노무원가	150	–
제조간접원가	100	?
판매관리비	200	₩150,000

변동원가계산에 의한 영업이익이 전부원가계산에 의한 영업이익에 비해 ₩62,500이 적을 경우, 당기에 발생한 고정제조간접원가는? (단, 기말재공품은 없다.) ▸ 관세사 22

① ₩312,500   ② ₩325,000
③ ₩355,000   ④ ₩375,000
⑤ ₩437,500

09 ㈜대한은 단일제품을 생산 및 판매하고 있다. ㈜대한은 20×1년 초에 영업을 개시하였으며, 한 해 동안 총 4,000단위를 생산하여 3,000단위를 판매하였고, 기초 및 기말재공품은 없다. 단위당 판매가격은 ₩3,600이다. 그 외 20×1년에 발생한 원가정보는 다음과 같다.

구분	고정원가	변동원가
직접재료원가	–	단위당 ₩600
직접노무원가	–	단위당 ₩500
제조간접원가	₩?	단위당 ₩300
판매비와 관리비	₩400,000	단위당 ₩400

㈜대한의 20×1년도 변동원가계산하의 순이익이 ₩4,400,000이라면, 20×1년도 전부원가계산하의 순이익은 얼마인가?

▶ CPA 24

① ₩4,550,000
② ₩4,600,000
③ ₩4,650,000
④ ₩4,700,000
⑤ ₩4,750,000

10 20×2년 초에 설립된 (주)관세는 한 종류의 등산화를 제조하여 백화점에 납품하고 있다. 이 제품의 단위당 직접재료원가 ₩5, 단위당 직접노무원가 ₩3, 단위당 변동제조간접원가 ₩2이 발생하고, 연간 총고정제조간접원가는 ₩300,000이다. 연도별 생산량과 판매량 자료는 다음과 같으며 판매가격과 원가구조의 변동은 없다.

구분	20×2년	20×3년
생산량	50,000단위	60,000단위
판매량	30,000단위	50,000단위

(주)관세의 20×3년 말 변동원가계산하의 영업이익이 ₩100,000일 경우 전부원가계산하의 영업이익은 얼마인가? (단, 재공품은 없으며 원가흐름은 선입선출법을 가정한다.)

▶ 관세사 13

① ₩110,000
② ₩120,000
③ ₩130,000
④ ₩140,000
⑤ ₩150,000

11 ㈜한국은 제품 A를 생산하며 20×9년 5월초에 영업을 개시하였다(기초재고자산은 없음). 20×9년 5월과 6월의 생산량은 각각 400단위, 500단위이며, 판매량은 각각 380단위, 400 단위이다. 매월 고정제조간접원가는 ₩400,000씩 동일하게 발생한다. 20×9년 6월의 전부 원가계산에 의한 손익계산서가 다음과 같을 때, 6월의 변동원가계산에 의한 영업이익은 얼마 인가? (단, 원가흐름가정은 선입선출법을 적용한다.) ▶ 09년 기출

매출액		₩1,000,000
매출원가		
월초제품재고액	₩45,000	
당월제품제조원가	1,050,000	
월말제품재고액	252,000	843,000
매출총이익		₩157,000
판매비와 관리비		67,000
영업이익		₩90,000

① ₩6,000
② ₩14,000
③ ₩70,000
④ ₩110,000
⑤ ₩166,000

12 20×1년 초에 설립된 (주)관세는 단일제품을 생산하여 단위당 ₩30에 판매하고 있다. 20×1년과 20×2년의 생산 및 판매에 관한 자료는 다음과 같다.

구분	20×1년	20×2년
생산량	25,000단위	30,000단위
판매량	22,000단위	28,000단위
변동제조원가	단위당 ₩8	
고정제조원가	₩150,000	
변동판매비와 관리비	단위당 ₩2	
고정판매비와 관리비	₩100,000	

20×2년도의 전부원가계산에 의한 영업이익은 얼마인가? (단, 재공품은 없으며 원가흐름은 선입선출법을 가정한다.) ▶ 관세사 14

① ₩300,000
② ₩303,000
③ ₩310,000
④ ₩317,000
⑤ ₩320,000

13 단일제품을 생산·판매하고 있는 (주)관세의 당기순이익은 전부원가계산하에서 ₩12,000이고 변동원가계산하에서 ₩9,500이다. 단위당 제품원가는 전부원가계산하에서는 ₩40이고 변동원가계산하에서는 ₩35이며, 전기와 당기 각각에 대해 동일하다. 당기 기말제품재고 수량이 2,000단위일 경우 기초제품재고 수량은 몇 단위인가? (단, 기초재공품과 기말재공품은 없다.) ▸ 관세사 15

① 500단위   ② 800단위
③ 1,000단위   ④ 1,200단위
⑤ 1,500단위

14 ㈜한국은 한 종류의 수출용 스웨터를 제조한다. 3년간에 걸친 이 제품과 관련된 원가와 영업 상황의 자료는 다음과 같다.

• 단위당 변동제조원가	₩10
• 단위당 변동판매비와 관리비	1
• 연간 고정제조원가	300,000
• 연간 고정판매비와 관리비	200,000

구분	20×1년	20×2년	20×3년
기초제품 재고량	–	20,000	10,000
당기생산량	60,000	30,000	50,000
당기판매량	40,000	40,000	40,000
기말제품 재고량	20,000	10,000	20,000

3년간 판매가격의 변동과 원가구조의 변동이 없다는 가정하에서 20×1년 변동원가계산하의 영업이익 ₩500,000일 경우 20×3년 전부원가계산하의 영업이익은? (단, 원가흐름은 선입선출법을 가정하고, 재공품은 없다.) ▸ 12년 기출

① ₩460,000   ② ₩480,000
③ ₩500,000   ④ ₩520,000
⑤ ₩540,000

15 ㈜감평은 선입선출법에 의해 실제원가계산을 사용하고 있다. ㈜감평은 전부원가계산에 의해 20×1년 영업이익을 ₩65,000으로 보고하였다. ㈜감평의 기초제품수량은 1,000단위이며, 20×1년 제품 20,000단위를 생산하고 18,000단위를 단위당 ₩20에 판매하였다. ㈜감평의 20×1년 고정제조간접원가 ₩100,000이고 기초제품의 단위당 고정제조간접원가가 20×1년과 동일하다고 가정할 때, 변동원가계산에 의한 20×1년 영업이익은?(단, 재공품은 고려하지 않는다.)

▸ 13년 기출

① ₩35,000
② ₩40,000
③ ₩55,000
④ ₩65,000
⑤ ₩80,000

16 ㈜감평은 20×1년 초 영업을 개시하였으며, 제품 X를 생산·판매하고 있다. 재고자산 평가방법은 선입선출법을 적용하고 있으며, 20X1년 1분기와 2분기의 영업활동 결과는 다음과 같다.

구분	1분기	2분기
생산량	500단위	800단위
전부원가계산에 의한 영업이익	₩7,000	₩8,500
변동원가계산에 의한 영업이익	5,000	6,000

1분기와 2분기의 판매량이 각각 400단위와 750단위일 때, 2분기에 발생한 고정제조간접원가는? (단, 각 분기별 단위당 판매가격, 단위당 변동원가는 동일하며, 재공품 재고는 없다.)

▸ 24년 기출

① ₩20,000
② ₩22,000
③ ₩24,000
④ ₩26,000
⑤ ₩30,000

17 ㈜감평은 생활용품을 생산, 판매하고 있다. 20×5년 생산량은 1,200단위이고 판매량은 1,000단위이다. 판매가격 및 원가자료는 다음과 같다.

• 단위당 판매가격	₩8,000
• 단위당 변동제조원가	3,000
• 단위당 변동판매비와 관리비	1,500
• 고정제조간접원가	2,400,000
• 고정판매비와 관리비	1,000,000

전부원가계산방법으로 계산한 영업이익은 변동원가계산방법으로 계산한 영업이익에 비해 얼마만큼 증가 또는 감소하는가? (단, 기초재고자산과 기말재공품은 없다.) ▸ 15년 기출

① ₩400,000 증가   ② ₩400,000 감소
③ ₩600,000 증가   ④ ₩600,000 감소
⑤ ₩500,000 감소

18 (주)감평은 20×6년도에 설립되었고, 해당 연도에 A제품 25,000단위를 생산하여 20,000단위를 판매하였다. (주)감평의 20×6년도 A제품 관련 자료가 다음과 같을 때, 전부원가계산과 변동원가계산에 의한 20×6년도 기말재고자산의 차이는? ▸ 16년 기출

• 단위당 판매가격	₩250
• 단위당 변동제조원가	₩130
• 단위당 변동판매관리비	₩30
• 총고정제조원가	₩1,000,000
• 총고정판매비와 관리비	₩500,000

① ₩50,000   ② ₩200,000
③ ₩250,000   ④ ₩350,000
⑤ ₩400,000

19 (주)감평은 20×1년 1월 1일에 설립된 회사이다. 20×1년도 1월 및 2월의 원가 자료는 다음과 같다.

구분	1월	2월
최대생산가능량	1,000단위	1,200단위
생산량	800단위	1,000단위
판매량	500단위	1,100단위
변동제조원가(총액)	₩40,000	₩50,000
고정제조간접원가(총액)	₩20,000	₩30,000
변동판매관리비(총액)	₩1,500	₩5,500
고정판매관리비(총액)	₩2,000	₩2,000

(주)감평은 실제원가계산을 적용하고 있으며, 원가흐름가정은 선입선출법이다. 20×1년 2월의 전부원가계산에 의한 영업이익이 ₩10,000이면, 2월의 변동원가 계산에 의한 영업이익은? (단, 기초 및 기말 재공품재고는 없다.) ▸ 17년 기출

① ₩10,500
② ₩11,000
③ ₩11,500
④ ₩12,000
⑤ ₩12,500

20 20×1년 초 영업을 개시한 (주)감평의 20×1년도와 20×2년도의 생산 및 판매와 관련된 자료는 다음과 같다.

구분	20×1년	20×2년
생산량	5,000개	10,000개
판매량	4,000개	10,000개
직접재료원가	₩500,000	₩1,000,000
직접노무원가	₩600,000	₩1,200,000
변동제조간접원가	₩400,000	₩800,000
고정제조간접원가	₩200,000	₩250,000
변동판매관리비	₩200,000	₩400,000
고정판매관리비	₩300,000	₩350,000

(주)감평의 20×2년도 전부원가계산에 의한 영업이익이 ₩100,000일 때, 변동원가계산에 의한 영업이익은? (단, 재공품은 없으며 원가흐름은 선입선출법을 가정한다.) ▸ 19년 기출

① ₩85,000
② ₩115,000
③ ₩120,000
④ ₩135,000
⑤ ₩140,000

21 20×1년 초에 설립된 (주)관세는 단일제품을 생산·판매하며, 실제원가계산을 사용하고 있다. (주)관세는 20×1년에 6,000단위를 생산하여 4,000단위를 판매하였고, 20×2년에는 6,000단위를 생산하여 7,000단위를 판매하였다. 연도별 판매가격과 원가구조는 동일하며 원가자료는 다음과 같다.

원가항목	단위당 원가	연간 총원가
직접재료원가	₩85	
직접노무원가	40	
변동제조간접원가	105	
변동판매관리비	50	
고정제조간접원가		₩120,000
고정판매관리비		350,000

20×2년 전부원가계산에 의한 영업이익이 ₩910,000일 경우, 20×2년 변동원가계산에 의한 영업이익은? (단, 기초 및 기말 재공품은 없는 것으로 가정한다.) ▶관세사 19

① ₩890,000
② ₩900,000
③ ₩910,000
④ ₩920,000
⑤ ₩930,000

22 (주)감평의 전부원가계산에 의한 영업이익은 ₩374,000이고, 변동원가계산에 의한 영업이익은 ₩352,000이며, 전부원가계산에 의한 기말제품재고액은 ₩78,000이다. 전부원가계산에 의한 기초제품재고액이 변동원가계산에 의한 기초제품재고액보다 ₩20,000이 많은 경우, 변동원가계산에 의한 기말제품재고액은? (단, 기초 및 기말 재공품은 없으며, 물량 및 원가 흐름은 선입선출법을 가정한다.) ▶20년 기출

① ₩36,000
② ₩42,000
③ ₩56,000
④ ₩58,000
⑤ ₩100,000

23 변동원가계산제도를 채택하고 있는 ㈜감평의 당기 기초재고자산과 영업이익은 각각 ₩64,000과 ₩60,000이다. 전부원가계산에 의한 ㈜감평의 당기 영업이익은 ₩72,000이고, 기말재고자산이 변동원가계산에 의한 기말재고자산에 비하여 ₩25,000이 많은 경우, 당기 전부원가계산에 의한 기초재고자산은?   ▸ 23년 기출

① ₩58,000   ② ₩62,000
③ ₩68,000   ④ ₩77,000
⑤ ₩89,000

24 ㈜세무는 20×1년 초에 설립되었다. 20×1년 생산량과 판매량은 각각 3,200개와 2,900개이다. 동 기간 동안 고정제조간접원가는 ₩358,400 발생하였고, 고정판매관리비는 ₩250,000 발생하였다. 전부원가계산을 적용하였을 때 기말제품의 단위당 제품원가는 ₩800이다. 변동원가계산을 적용하였을 때 기말제품재고액은? (단, 재공품은 없다.)   ▸ CTA 23

① ₩192,600   ② ₩198,000
③ ₩206,400   ④ ₩224,000
⑤ ₩232,800

25 20×1년에 영업을 개시한 ㈜세무는 단일제품을 생산·판매하고 있으며, 전부원가계산제도를 채택하고 있다. ㈜세무는 20×1년 2,000단위의 제품을 생산하여 단위당 ₩1,800에 판매하였으며, 영업활동에 관한 자료는 다음과 같다.

• 제조원가	• 판매관리비
단위당 직접재료원가 : ₩400	단위당 변동판매관리비 : ₩100
단위당 직접노무원가 : ₩300	고정판매관리비 : 150,000
단위당 변동제조간접원가 : ₩200	
고정제조간접원가 : ₩250,000	

㈜세무의 20×1년 영업이익이 변동원가계산에 의한 영업이익보다 ₩200,000이 많을 경우, 판매수량은? (단, 기말재공품은 없다.)   ▸ CTA 21

① 200단위   ② 400단위
③ 800단위   ④ 1,200단위
⑤ 1,600단위

26 ㈜감평이 20×2년 재무제표를 분석한 결과 전부원가계산보다 변동원가계산의 영업이익이 ₩30,000 더 많았다. 20×2년 기초재고수량은? (단, 20×1년과 20×2년의 생산·판매활동 자료는 동일하고, 선입선출법을 적용하며, 재공품은 없다.) ▶21년 기출

- 당기 생산량   5,000개
- 기초재고수량   ?
- 기말재고수량   500개
- 판매가격(개당)   ₩1,500
- 변동제조간접원가(개당)   ₩500
- 고정제조간접원가(총액)   ₩750,000

① 580개   ② 620개
③ 660개   ④ 700개
⑤ 740개

27 ㈜세무는 20×1년 초에 영업을 개시하였다. 20×2년도 기초제품 수량은 100단위, 생산량은 2,000단위, 판매량은 1,800단위이다. 20×2년의 제품 판매가격 및 원가자료는 다음과 같다.

항목		금액
	판매가격	₩250
	직접재료원가	30
제품 단위당	직접노무원가	50
	변동제조간접원가	60
	변동판매관리비	15
고정제조간접원가(총액)		₩50,000
고정판매관리비(총액)		10,000

20×2년도 변동원가계산에 의한 영업이익과 초변동원가계산(throughput costing)에 의한 영업이익의 차이금액은? (단, 20×1년과 20×2년의 제품 단위당 판매가격과 원가구조는 동일하고, 기초 및 기말 재공품은 없다.) ▶CTA 18

① ₩10,000   ② ₩11,000
③ ₩20,000   ④ ₩22,000
⑤ ₩33,000

28 (주)관세의 20×1년도 상반기 생산 및 판매 자료 일부이다.

구분	1분기	2분기
기초제품재고수량	1,000단위	?
당기 생산량	8,000단위	9,000단위
당기 판매량	7,000단위	?
직접노무원가	₩1,360,000	₩1,500,000
변동제조간접원가	800,000	885,000
고정제조간접원가	1,600,000	1,620,000

20×1년 2분기 변동원가계산의 영업이익이 초변동원가계산의 영업이익보다 ₩241,750이 더 많았다. 2분기 말 제품재고수량은? (단, 선입선출법을 적용하며, 재공품은 없다.) ▶ 관세사 20

① 2,950단위
② 2,960단위
③ 2,970단위
④ 2,980단위
⑤ 2,990단위

원가함수의 추정

1절 원가함수의 추정

1. 원가행태에 따른 분류 : 변동원가, 고정원가, 준변동원가, 준고정원가

① **변동원가** : 조업도에 비례하여 총원가 증가, 단위당 변동원가는 일정

② **고정원가** : 관련 조업도 범위 내에서 총원가 일정, 단위당 고정원가는 반비례

③ **준변동원가(혼합원가)** : 조업도가 "0"이어도 일정한 원가를 발생시키며 이후 조업도에 비례하여 원가발생총액이 비례적으로 증가

④ **준고정원가(계단원가)** : 일정한 조업도 범위 내에서는 원가발생총액이 일정하지만 해당 조업도를 초과하면 원가발생액이 일정액만큼 증가

2. 원가함수의 추정

> 추정총원가 = 고정원가 + (단위당 변동원가 × 원가동인)
>
> $$y = a + bx$$
>
> * y = 추정총원가, a = 총고정원가, b = 단위당 변동원가, x = 원가동인(조업도)

3. 고저점법 : 조업도가 가장 큰점과 가장 작은점을 연결하여 원가함수를 추정

> 조업도 당 변동원가(b) = $\dfrac{\text{최고조업도의 총원가} - \text{최저조업도의 총원가}}{\text{최고조업도} - \text{최저조업도}}$
>
> 총고정원가(a) = 최고(최저)조업도의 총원가 − (최고(최저)조업도 × 단위당 변동원가)

4. 학습모형

① **비선형의 원가함수** : 원가함수의 선형관계가 미성립

② 누적평균시간 학습모형(누적생산량이 2배가 될 때마다 단위당 시간에 일정한 학습률이 적용되는 학습모형), 증분단위 학습모형

③ 노무원가와 관련하여 숙련도의 상승에 따라 발생하는 경우가 대부분

CHAPTER 08 객관식 문제

01 ㈜감평의 생산량 관련범위 내에 해당하는 원가 자료는 다음과 같다. ( )에 들어갈 금액으로 옳지 않은 것은?

▶ 21년 기출

	생산량	
	2,000개	5,000개
총원가		
변동원가	A(　　)	?
고정원가	B(　　)	?
소계	?	E(　　)
단위당 원가		
변동원가	C(　　)	?
고정원가	?	₩10
소계	D(　　)	₩30

① A : ₩40,000
② B : ₩50,000
③ C : ₩20
④ D : ₩45
⑤ E : ₩90,000

02 (주)관세의 제조간접원가는 외주가공비, 감가상각비, 기타제조원가로 구성된다. 생산량이 1,000단위와 2,000단위일 때 각각의 제조간접원가 및 추정된 원가함수는 다음과 같다.

구분	원가행태	생산량	
		1,000단위	2,000단위
외주가공비	변동원가	?	₩10,000
감가상각비	고정원가	₩2,000	?
기타제조원가	혼합원가	?	?
제조간접원가	혼합원가	?	?
고저점법을 이용하여 추정한 원가함수		제조간접원가 = ₩9 × 생산량 + ₩5,000	

(주)관세의 생산량이 3,000단위일 때 예상되는 기타제조원가 총액은?

▶ 관세사 23

① ₩15,000
② ₩15,500
③ ₩16,000
④ ₩17,000
⑤ ₩17,500

03 다음은 A제품의 20×4년과 20×5년의 생산관련 자료이며, 총고정원가와 단위당 변동원가는 일정하였다.

구분	생산량(개)	총제조원가(원)
20×4년	1,000	50,000,000
20×5년	2,000	70,000,000

20×6년도에는 전년도에 비해 총고정원가는 20% 증가하고 단위당 변동원가는 30% 감소한다면, 생산량이 3,000개일 때 총제조원가는? ▸16년 기출

① ₩62,000,000
② ₩72,000,000
③ ₩78,000,000
④ ₩86,000,000
⑤ ₩93,000,000

04 (주)감평의 최근 6개월간 A제품 생산량 및 총원가 자료이다.

월	생산량(단위)	총원가
1	110,000	₩10,000,000
2	50,000	7,000,000
3	150,000	11,000,000
4	70,000	7,500,000
5	90,000	8,500,000
6	80,000	8,000,000

원가추정은 고저점법(high-low method)을 이용한다. 7월에 A제품 100,000단위를 생산하여 75,000단위를 단위당 ₩100에 판매할 경우, 7월의 전부원가 계산에 의한 추정 영업이익은? (단, 7월에 A제품의 기말제품 이외에는 재고자산이 없다.) ▸17년 기출

① ₩362,500
② ₩416,000
③ ₩560,000
④ ₩652,500
⑤ ₩750,000

05 다음은 20×1년 (주)관세의 기계가동시간과 윤활유원가에 대한 일부 자료이다.

분기	기계가동시간	윤활유원가
1	5,000시간	₩256,000
2	4,500시간	₩232,000
3	6,500시간	₩285,000

20×1년 4분기에 기계가동시간은 5,500시간으로 예상된다. 고저점법을 이용하여 원가를 추정할 때 20×1년 4분기의 윤활유원가는 얼마로 추정되는가? ▸관세사 11

① ₩252,000
② ₩254,500
③ ₩256,000
④ ₩258,500
⑤ ₩261,000

06 (주)감평은 최근 신제품을 개발하여 최초 10단위의 제품을 생산하는 데 총 150시간의 노무시간을 소요하였으며, 직접노무시간당 ₩1,200의 직접노무원가가 발생하였다. (주)감평은 해당 신제품 생산의 경우, 90%의 누적평균시간 학습곡선모형이 적용될 것으로 예상하고 있다. 최초 10단위 생산 후, 추가로 30단위를 생산하는데 발생할 것으로 예상되는 직접노무원가는? ▸20년 기출

① ₩180,000
② ₩259,200
③ ₩324,000
④ ₩403,200
⑤ ₩583,200

07 20×3년도에 설립된 (주)관세항공은 처음으로 소방용 헬기 4대의 주문을 받았다. (주)관세항공이 소방용 헬기를 생산할 때 학습률 90%의 누적평균시간 학습모형이 적용된다. 소방용 헬기 4대에 대한 제품원가를 계산하면 얼마인가? (단, 고정제조간접원가는 없는 것으로 가정한다.) ▸관세사 13

• 1대당 직접재료원가	₩80,000
• 첫 번째 헬기생산 직접작업시간	3,000시간
• 직접노무원가 직접작업시간당	₩25
• 변동제조간접원가 직접노무원가의	60%

① ₩631,040
② ₩684,800
③ ₩708,800
④ ₩718,800
⑤ ₩740,040

08 올해 창업한 ㈜세무는 처음으로 A광역시로부터 도로청소 특수차량 4대의 주문을 받았다. 이 차량은 주로 수작업을 통해 제작되며, 소요될 원가자료는 다음과 같다.

- 1대당 직접재료원가 : ₩85,000
- 첫 번째 차량 생산 직접노무시간 : 100시간
- 직접노무원가 : 직접노무시간당 ₩1,000
- 제조간접원가 : 직접노무시간당 ₩500

위의 자료를 바탕으로 계산된 특수차량 4대에 대한 총제조원가는? (단, 직접노무시간은 80% 누적평균시간학습모형을 고려하여 계산한다.) ▸ CTA 21

① ₩542,000　　　　　　② ₩624,000
③ ₩682,000　　　　　　④ ₩724,000
⑤ ₩802,000

09 (주)관세가 신제품 P−1 첫 번째 단위를 생산하는 데 소요된 직접노무시간은 90시간이며, 두 번째 단위를 생산하는 데 소요된 직접노무시간은 54시간이다. 이 신제품 P−1의 생산과 관련된 원가자료는 다음과 같다.

구분	금액
제품 단위당 직접재료원가	₩500
직접노무시간당 임률	₩10
변동제조간접원가(직접노무시간에 비례하여 발생) 직접노무시간당	₩2.5
고정제조간접원가 배부액	₩2,500

직접노무시간이 누적평균시간 학습모형을 따르는 경우, 신제품 P−1의 최초로 생산된 4단위의 총제조원가는 얼마인가? ▸ 관세사 15

① ₩4,880　　　　　　② ₩5,880
③ ₩6,880　　　　　　④ ₩7,380
⑤ ₩8,880

10 (주)세무는 당기에 신제품을 개발하여 지금까지 2,000단위를 생산 및 판매하였으며, 처음 1,000단위 생산에 소요된 원가는 다음과 같다.

• 직접재료원가	₩400,000
• 직접노무원가(1,000시간 × ₩2,000)	2,000,000
• 변동제조간접원가(직접노무원가의 50%)	1,000,000
• 고정제조간접원가	3,200,000

(주)세무의 제품 생산은 80%의 누적평균시간 학습곡선을 따른다고 가정한다. 최근 공공기관 으로부터 신제품 2,000단위를 주문받았다. 이 주문에 대해 발생할 것으로 예상되는 변동제 조원가 총액은? ▸ CTA 24

① ₩1,920,000
② ₩2,880,000
③ ₩3,280,000
④ ₩3,680,000
⑤ ₩5,600,000

11 ㈜세무는 최근에 신제품을 개발하여 처음으로 10단위를 생산했으며, 추가로 10단위를 생산하 는데 필요한 직접노무시간은 처음 10단위 생산에 소요된 직접노무시간의 60%인 것으로 나타 났다. ㈜세무의 신제품 생산에 누적평균시간 학습모형이 적용된다면 학습률은? ▸ CTA 22

① 60%
② 65%
③ 80%
④ 85%
⑤ 90%

12 ㈜대한은 최근에 신제품 X의 개발을 완료하고 시험적으로 50단위를 생산하였다. 회사가 처 음 50단위의 신제품 X를 생산하는데 소요된 총직접노무시간은 500시간이고 직접노무시간 당 임률은 ₩200이었다. 신제품 X의 생산에 소요되는 단위당 직접재료원가는 ₩900이고, 단위당 제조간접원가는 ₩800이다. 총생산량 200단위에 대한 신제품 X의 단위당 예상원가 는 ₩3,3200이다. 누적평균시간학습모형이 적용된다면, 학습률은 얼마인가? ▸ CPA 24

① 70%
② 75%
③ 80%
④ 90%
⑤ 95%

원가-조업도-이익분석(CVP분석)

1절   원가-조업도-이익분석

1. CVP분석의 기본 가정

CVP분석은 일정한 가정 내에서 원가-조업도-이익의 상호관계를 분석하는 방법이다.

① 모든 원가는 변동원가와 고정원가로 분류할 수 있고 혼합원가도 변동원가와 고정원가로 분류될 수 있다고 가정한다.

② 원가와 수익은 유일한 독립변수인 조업도에 의하여 결정된다고 가정한다.

③ 수익과 원가의 행태는 결정되어 있고 관련범위 내에서 선형이라고 가정한다.

④ 생산량과 판매량은 일치하는 것으로 가정한다.

⑤ 제품의 종류가 복수인 경우에는 매출배합이 일정하다고 가정한다.

※ 생산량과 판매량은 일치하는 것으로 가정하므로 CVP분석은 변동원가계산 손익계산서를 이용한다.

2. 공헌이익 : 매출액에서 변동원가를 차감하여 산출한다.

$$\text{총공헌이익} = \text{총매출액} - \text{변동원가}$$
$$\text{※ 단위당 공헌이익} = \text{단위당 판매가격} - \text{단위당 변동원가}$$

3. 공헌이익률 : 공헌이익을 매출액으로 나누어 계산한 비율이다.

$$\text{공헌이익률} = \frac{(\text{매출액} - \text{변동원가})}{\text{매출액}} = \frac{\text{단위당 공헌이익}}{\text{단위당 판매가}}$$

2절   손익분기점 및 목표이익

1. 손익분기점 : 제품의 판매에 따른 수익과 이를 위한 비용이 일치해서 손실도 이익도 발생하지 않는 판매량이나 매출액을 의미한다.

2. 공헌이익을 이용한 손익분기점 분석 : 손익분기점은 영업이익이 0인 경우로 공헌이익은 모두 고정원가를 회수하는 데 이용된다.

• 매출액 − 변동원가 = 고정원가
• 단위당 공헌이익 × 손익분기점 판매량 = 고정원가
• 공헌이익률 × 손익분기점 매출액 = 고정원가

3. 목표이익

① 목표이익 달성을 위한 판매량

$$\text{목표이익 달성을 위한 판매량} = \frac{\text{고정원가} + \text{목표이익}}{\text{단위당 공헌이익}}$$

② 목표이익 달성을 위한 매출액

$$\text{목표이익 달성을 위한 매출액} = \frac{\text{고정원가} + \text{목표이익}}{\text{공헌이익률}}$$

③ CVP분석은 세전이익을 기준으로 한다. 만약 세후목표이익이 주어졌다면 세전이익으로 목표이익을 전환한다(세전이익 = 세후이익/(1−법인세율)).

3절 안전한계

안전한계는 실제매출액 또는 예상매출액이 손익분기점매출액을 초과하는 금액이다.

$$\text{안전한계} = \text{매출액} - \text{손익분기점 매출액}$$
$$\text{안전한계율} = \text{영업이익} \div \text{공헌이익} = \text{안전한계} \div \text{매출액}$$

4절 기타 CVP분석

1. 복수제품의 CVP분석

① SET당 공헌이익
= A제품단위당 공헌이익 × 판매량배합 + B제품단위당 공헌이익 × 판매량배합

② SET당 공헌이익률
= A제품단위당 공헌이익률 × 매출액비율 + B제품단위당 공헌이익률 × 매출액비율

2. 비선형함수의 CVP분석 : 선형계획법을 이용한다.

3. 준고정함수의 CVP분석 : 일정 조업도 범위별로 구분하여 CVP분석을 수행한다.

4. 영업레버리지 = $\dfrac{\text{공헌이익}}{\text{영업이익}}$

CHAPTER **09**	**객관식 문제**

01 다음 자료를 이용하여 계산한 ㈜감평의 20×5년 손익분기점 매출액은? ▸15년 기출

• 단위당 판매가	₩2,000
• 단위당 변동제조원가	700
• 단위당 변동판매비와 관리비	300
• 연간 고정제조간접원가	1,350,000
• 연간 고정판매비와 관리비	1,250,000

① ₩2,500,000   ② ₩2,700,000
③ ₩4,000,000   ④ ₩5,200,000
⑤ ₩5,400,000

02 ㈜서울의 20×1년 단위당 변동비는 ₩4.2, 공헌이익률은 30%, 매출액은 ₩1,200,000이다. ㈜서울은 20×1년에 이익도 손실도 보지 않았다. ㈜서울은 20×2년에 20×1년보다 100,000단위를 더 판매하려고 한다. ㈜서울의 20×2년 단위당 판매가격과 단위당 변동비는 20×1년과 동일하다. ㈜서울이 20×2년에 ₩30,000의 목표이익을 달성하고자 한다면, 추가로 최대한 지출할 수 있는 고정비는? ▸11년 기출

① ₩50,000   ② ₩75,000
③ ₩100,000   ④ ₩125,000
⑤ ₩150,000

03 (주)대한의 공헌이익률은 24%이며, 고정원가는 ₩84,000이다. 회사가 단위당 ₩250에 상품 3,360개를 판매하였다면, 회사의 순이익은 얼마인가? ▸관세사 12

① ₩108,440   ② ₩117,600
③ ₩135,400   ④ ₩181,440
⑤ ₩201,600

04 단일 제품을 생산·판매하는 ㈜한국의 해당 연도 공헌이익 손익계산서는 아래와 같다.

• 매출액 (1,000개 × ₩800)	₩800,000
• 변동비	480,000
• 공헌이익	₩320,000
• 고정비	200,000
• 영업이익	₩120,000

내년에는 해당 연도의 단위당 판매가격과 원가구조가 동일하게 유지되나 판매수량의 감소가 예상된다. 내년도에 영업손실이 발생하지 않으려면 판매수량이 최대 몇 개까지 감소하여도 되는가?   ▸09년 기출

① 325개   ② 350개

③ 375개   ④ 400개

⑤ 425개

05 ㈜한국의 20×0년 손익분기점 매출액은 ₩120,000이었다. 20×0년 실제 발생한 총변동원가가 ₩120,000이고, 총고정원가가 ₩90,000이었다면 영업이익은 얼마인가? (단, 동 기간 동안 생산능력의 변동은 없음)   ▸10년 기출

① ₩130,000   ② ₩150,000

③ ₩190,000   ④ ₩230,000

⑤ ₩270,000

06 ㈜한국은 제품 200대를 판매한다는 기준으로 20×1년도 예산을 다음과 같이 수립하였다.

• 매출액	200개 × ₩500	=	₩100,000
• 변동원가	200개 × ₩300	=	60,000
• 공헌이익			₩40,000
• 고정원가			32,000
• 영업이익			₩8,000

㈜한국의 목표이익이 ₩6,000인 경우 목표이익을 달성하기 위한 판매량은 얼마인가?

① 150대   ② 160대

③ 170대   ④ 180대

⑤ 190대

07 서울특허법률사무소는 특허출원에 대한 법률서비스를 제공하려고 한다. 이 서비스의 손익분기점 매출액은 ₩15,000,000, 공헌이익률은 40%이다. 서울특허법률사무소가 동 서비스로부터 ₩2,000,000의 이익을 획득하기 위한 매출액은? ▸11년 기출

① ₩6,000,000   ② ₩8,000,000

③ ₩9,000,000   ④ ₩20,000,000

⑤ ₩22,000,000

08 (주)관세는 제품 A를 제조·판매하는 회사이다. 제품 A의 고정원가는 ₩200,000이고 단위당 예산자료는 다음과 같다.

• 판매가격	₩200
• 직접재료원가	₩30
• 직접노무원가	₩20
• 변동제조간접원가	₩40
• 변동판매비	₩10

(주)관세가 세후목표이익 ₩30,000을 달성하기 위한 판매수량은? (단, 법인세율은 20%이고 생산량과 판매량은 동일하다.) ▸관세사 17

① 2,075단위   ② 2,175단위

③ 2,275단위   ④ 2,375단위

⑤ 2,475단위

09 (주)관세는 20×1년 초에 설립되어 단일 제품을 생산·판매할 예정이며, 20×1년도 원가관련 자료는 다음과 같이 예상된다.

• 연간 총 고정원가	₩30,000	• 단위당 변동원가 ₩40

(주)관세는 20×1년 동안 1,000개의 제품을 생산하여 전량 판매할 것으로 예상하며, 이를 통해 법인세차감후순이익 ₩12,000을 실현하려고 한다. 단위당 판매가격은 얼마가 되어야 하는가? (단, 법인세율은 40%이며, 재공품은 없다.) ▸관세사 11

① ₩90   ② ₩100

③ ₩110   ④ ₩120

⑤ ₩130

10 ㈜감평은 제품 A를 생산하여 단위당 ₩1,000에 판매하고 있다. 제품 A의 단위당 변동원가는 ₩600, 총고정원가는 연 ₩30,000이다. ㈜감평이 20×1년 법인세차감 후 순이익 ₩12,500을 달성하기 위한 제품 A의 판매수량은? (단, 법인세율은 ₩10,000 이하까지는 20%, ₩10,000 초과분에 대해서는 25%이다.) ▸24년 기출

① 85단위   ② 95단위

③ 105단위   ④ 115단위

⑤ 125단위

11 (주)감평은 단일 제품 A를 생산·판매하고 있다. 제품 A의 단위당 판매가격은 ₩2,000, 단위당 변동비는 ₩1,400, 총고정비는 ₩90,000이다. (주)감평이 세후목표이익 ₩42,000을 달성하기 위한 매출액과, 이 경우의 안전한계는? (단, 법인세율은 30%이다.) ▸20년 기출

	매출액	안전한계		매출액	안전한계
①	₩300,000	₩100,000	②	₩440,000	₩140,000
③	₩440,000	₩200,000	④	₩500,000	₩140,000
⑤	₩500,000	₩200,000			

12 ㈜대한은 A, B 두 제품을 생산·판매하고 있다. 두 제품에 대한 20×1년도 예산자료는 다음과 같다.

구분	A제품	B제품	합계
매출액	₩300,000	₩900,000	₩1,200,000
변동원가	120,000	450,000	570,000
공헌이익	₩180,000	₩450,000	₩630,000

회사 전체의 연간 고정원가 총액은 ₩262,500이다. A제품의 연간 손익분기점 매출액은? (단, 예산 매출배합이 일정하게 유지된다고 가정한다.) ▸14년 기출

① ₩105,000   ② ₩110,000

③ ₩115,000   ④ ₩120,000

⑤ ₩125,000

13 ㈜관세는 세 가지 제품 A, B, C를 생산하여 4:3:3의 비중으로 판매하고 있다. 각 제품의 단위당 판매가격 및 변동원가는 다음과 같다.

구분	단위당 판매가격	단위당 변동원가
제품 A	₩200	₩140
제품 B	₩150	₩120
제품 C	?	₩60

고정제조간접원가는 ₩1,700,000이고 고정판매관리비는 ₩1,000,000이다. 만약 제품 A의 손익분기점 판매량이 24,000단위라면, 제품 C의 단위당 판매가격은?　　▸ 관세사 16

① ₩80　　　　　　　　　　② ₩100
③ ₩120　　　　　　　　　④ ₩150
⑤ ₩200

14 다음은 (주)감평의 20×6년도 예산자료이다. 손익분기점을 달성하기 위한 A제품의 예산판매 수량은? (단, 매출배합은 변하지 않는다고 가정한다.)　　▸ 16년 기출

구분	A제품	B제품
총매출액	₩2,100,000	₩2,900,000
총변동원가	1,470,000	1,740,000
총고정원가	1,074,000	
판매량	600개	400개

① 240개　　　　　　　　　② 300개
③ 360개　　　　　　　　　④ 420개
⑤ 480개

15 다음은 (주)대한의 20×1년도 예산자료이다.

구분	A제품	B제품	C제품
판매수량	1,000단위	500단위	1,500단위
단위당 판매가격	₩150	₩100	₩200
공헌이익률	20%	30%	25%

연간 고정원가 총액은 ₩156,000이다. (주)대한의 20×1년도 예상 매출액이 ₩700,000이라면, 회사전체의 예상 영업이익은? (단, 매출배합은 불변) ▸ 17년 기출

① ₩10,000
② ₩10,400
③ ₩11,200
④ ₩12,000
⑤ ₩12,400

16 (주)관세는 제품A와 B, C를 생산 및 판매하고 있으며, 20×1년의 예산 자료는 다음과 같다.

구분	제품 A	제품B	제품C	합계
매출액	₩900,000	₩2,250,000	₩1,350,000	₩4,500,000
변동원가	540,000	1,125,000	810,000	2,475,000
고정원가	₩810,000			

예산 매출배합이 일정하게 유지된다고 가정할 경우, 제품A의 연간 손익분기점 매출액은? ▸ 관세사 18

① ₩360,000
② ₩380,000
③ ₩400,000
④ ₩405,000
⑤ ₩540,000

17 ㈜세무는 제품 A와 제품 B를 생산, 판매한다. 각 제품의 단위당 판매가격은 제품 A는 ₩200, 제품 B는 ₩150이며, 공헌이익률은 제품 A는 40%, 제품 B는 50%이다. 제품 A와 제품 B의 매출수량배합은 1:2로 일정하고, 당기 총고정원가는 ₩34,500이다. 당기 이익 ₩23,000을 얻기 위한 총매출액은? ▸ CTA 19

① ₩120,000
② ₩125,000
③ ₩128,000
④ ₩132,000
⑤ ₩138,000

18 ㈜감평은 제품 X, Y, Z를 생산·판매하고 있으며, 각 제품 관련 자료는 다음과 같다.

구분	제품 X	제품 Y	제품 Z
매출배합비율(매출수량기준)	20%	60%	20%
단위당 공헌이익	₩12	₩15	₩8
손익분기점 매출수량	?	7,800단위	?

㈜감평은 제품 Z의 생산중단을 고려하고 있다. 제품 Z의 생산을 중단하는 경우에 고정비 중 ₩4,000을 회피할 수 있으며, 제품 X와 Y의 매출배합비율(매출수량기준)은 60%와 40%로 예상된다. ㈜감평이 제품 Z의 생산을 중단할 경우, 목표이익 ₩33,000을 달성하기 위한 제품 X의 매출수량은? ▸23년 기출

① 6,900단위
② 7,800단위
③ 8,400단위
④ 8,700단위
⑤ 9,000단위

19 단일 제품을 생산·판매하는 ㈜감평의 당기 생산 및 판매 관련 자료는 다음과 같다.

단위당 판매가격	₩1,000
단위당 변동제조원가	600
연간 고정제조간접원가	600,000
단위당 변동판매관리비	100
연간 고정판매관리비	120,000

㈜감평은 단위당 판매가격을 10% 인상하고, 변동제조원가 절감을 위한 새로운 기계장치 도입을 검토하고 있다. 새로운 기계장치를 도입할 경우, 고정제조간접원가 ₩90,000이 증가할 것으로 예상된다. ㈜감평이 판매가격을 인상하고 새로운 기계장치를 도입할 때, 손익분기점 판매수량 1,800단위를 달성하기 위하여 절감해야 하는 단위당 변동제조원가는? ▸23년 기출

① ₩50
② ₩52.5
③ ₩70
④ ₩72.5
⑤ ₩75

20 다음은 단일 제품을 생산·판매하는 (주)관세의 20×1년 요약 공헌이익 손익계산서이다.

구분	금액	단위당 금액
매출액	₩80,000	₩250
변동원가	48,000	150
공헌이익	₩32,000	₩100
고정원가	15,000	
영업이익	₩17,000	

(주)관세는 20×2년에 고정원가를 ₩5,000 증가시키고 단위당 변동원가를 ₩20 감소시켜, ₩22,000의 영업이익을 달성하고자 한다. 20×2년의 판매단가가 20×1년과 동일하다면 20×2년의 판매량은 20×1년보다 몇 단위가 증가하여야 하는가? (단, 매년 생산량과 판매량은 동일하다.)

▶ 관세사 19

① 10단위 ② 15단위
③ 20단위 ④ 25단위
⑤ 30단위

21 ㈜한국은 단일 제품을 생산·판매하고 있으며, 20×1년 공헌이익계산서는 다음과 같다.

구분	금액	단위당 금액
매출액	₩2,000,000	₩5,000
변동비	1,200,000	3,000
공헌이익	₩800,000	₩2,000
고정비	600,000	
영업이익	₩200,000	

㈜한국은 현재 판매사원에게 지급하고 있는 ₩150,000의 고정급여를 20×2년부터 판매수량 단위당 ₩700을 지급하는 판매수당으로 대체하기로 하였다. 다른 모든 조건이 동일할 경우, ㈜한국이 20×1년과 동일한 영업이익을 20×2년에도 달성하기 위해 판매해야 할 수량은?

① 450개 ② 500개
③ 550개 ④ 600개
⑤ 650개

22 ㈜세무는 외부 판매대리점을 통해 건강보조식품을 판매하고 있는데, 20×1년도 손익계산서 자료는 다음과 같다.

매출액	₩100,000
변동매출원가	₩45,000
고정매출원가	₩15,000
변동판매비와 관리비(판매대리점 수수료)	₩18,000
고정판매비와 관리비	₩4,000
영업이익	₩18,000

㈜세무는 20×1년에 판매대리점에게 매출액의 18%를 판매대리점 수수료로 지급하였는데, 20×2년에는 판매대리점 대신 회사 내부판매원을 통해 판매하려고 한다. 이 경우, 내부판매원에게 매출액의 15%에 해당하는 수수료와 고정급여 ₩8,000이 지출될 것으로 예상된다. ㈜세무가 20×2년에 내부판매원을 통해 20×1년과 동일한 영업이익을 얻기 위해 달성해야 할 매출액은?   ▸ CTA 20

① ₩75,000   ② ₩81,818
③ ₩90,000   ④ ₩100,000
⑤ ₩112,500

23 (주)감평의 20×6년도 제품에 관한 자료가 다음과 같을 때 안전한계율은?   ▸ 16년 기출

• 단위당 판매가격	₩5,000
• 공헌이익률	35%
• 총고정원가	₩140,000
• 법인세율	30%
• 세후이익	₩208,250

① 68%   ② 70%
③ 72%   ④ 74%
⑤ 76%

24 (주)관세의 20×1년도 생산 및 판매와 관련된 자료는 다음과 같다.

구분	금액
매출액	₩2,700,000
변동제조원가	₩1,170,000
고정제조원가	₩540,000
변동판매비와 관리비	₩450,000
고정판매비와 관리비	₩324,000

20×2년도의 매출액이 전년도에 비하여 15% 증가할 경우 영업이익은 얼마로 예상되는가?

▶ 관세사 14

① ₩410,400   ② ₩378,000
③ ₩345,600   ④ ₩313,200
⑤ ₩248,400

25 ㈜감평의 20×1년 매출 및 원가자료는 다음과 같다.

매출액	?
변동원가	₩700,000
공헌이익	500,000
고정원가	300,000
영업이익	₩200,000

20×2년에는 판매량이 20% 증가할 것으로 예상된다. ㈜감평의 20×2년 예상영업이익은?
(단, 판매량 이외의 다른 조건은 20×1년과 동일하다.)

▶ 21년 기출

① ₩260,000   ② ₩280,000
③ ₩300,000   ④ ₩340,000
⑤ ₩380,000

26 (주)관세의 20×1년 자료는 다음과 같다. 다음 설명 중 옳은 것은? ▸관세사 18

• 매출액	₩50,000
• 변동원가	30,000
• 공헌이익	20,000
• 고정원가	15,000
• 영업이익	5,000

① 공헌이익률은 60%이다.
② 안전한계율(margin of safety percentage)은 30%이다.
③ 손익분기점 매출액은 ₩40,000이다.
④ 영업레버리지도는 5이다.
⑤ 판매량이 10% 증가하면 영업이익은 ₩2,000 증가한다.

27 ㈜감평의 총변동원가가 ₩240,000, 총고정원가가 ₩60,000, 공헌이익률이 40%이며, 법인세율은 20%이다. 이에 관한 설명으로 옳지 않은 것은? (단, 기초재고와 기말재고는 동일하다.)
▸19년 기출

① 매출액은 ₩400,000이다.
② 안전한계율은 62.5%이다.
③ 영업레버리지도는 1.2이다.
④ 세후 영업이익은 ₩80,000이다.
⑤ 손익분기점 매출액은 ₩150,000이다.

28 3월에 (주)세무의 매출액은 ₩700,000이고 공헌이익률은 54%이며 영업레버리지도는 3이다. 4월에 고정원가인 광고비를 3월보다 ₩30,000 증가시키면 매출이 3월보다 10% 증가하며 공헌이익률의 변화는 없다. (주)세무가 광고비를 ₩30,000 증가시킬 때, 4월의 영업이익은?
▸CTA 17

① ₩98,000   ② ₩102,100
③ ₩115,800   ④ ₩128,500
⑤ ₩133,800

29 다음은 (주)감평의 20×1년도 매출관련 자료이다.

• 매출액	₩282,000
• 총고정원가	₩30,000
• 총변동원가	₩147,000
• 판매량	3,000단위

20×2년도에 광고비 ₩10,000을 추가로 지출한다면, 판매량이 300단위 증가할 확률이 60%이고, 200단위 증가할 확률이 40%로 될 것으로 예상된다. 이때 증가될 것으로 기대되는 이익은? (단, 20×2년도 단위당 판매가격, 단위당 변동원가, 광고비를 제외한 총고정원가는 20×1년도와 동일하다고 가정한다.)

▶ 18년 기출

① ₩700
② ₩800
③ ₩1,200
④ ₩1,700
⑤ ₩2,700

30 ㈜감평은 20×1년 3월 제품 A(단위당 판매가격 ₩800) 1,000단위를 생산·판매하였다. 3월의 단위당 변동원가는 ₩500이고, 총고정원가는 ₩250,000이 발생하였다. 4월에는 광고비 ₩15,000을 추가 지출하면 ₩50,000의 매출이 증가할 것으로 기대하고 있다. 이를 실행할 경우 ㈜감평의 4월 영업이익에 미치는 영향은? (단, 단위당 판매가격, 단위당 변동원가, 광고비를 제외한 총고정원가는 3월과 동일하다.)

▶ 22년 기출

① ₩3,750 감소
② ₩3,750 증가
③ ₩15,000 감소
④ ₩15,000 증가
⑤ ₩35,000 증가

31 (주)세무는 단일 제품을 생산·판매한다. 제품 단위당 판매가격은 ₩100, 단위당 변동원가는 ₩60으로 일정하나, 고정원가는 제품 생산범위에 따라 상이하다. 제품 생산범위가 첫 번째 구간(1~1,000단위)에서 두 번째 구간(1,001~2,000단위)으로 넘어가면 고정원가가 ₩17,600 증가한다. 첫 번째 구간의 손익분기점이 860단위인 경우, 두 번째 구간의 손익분기점은 몇 단위인가?

▶ CTA 23

① 1,150단위
② 1,200단위
③ 1,250단위
④ 1,300단위
⑤ 1,440단위

32 다음은 제품 A의 판매가격과 원가구조에 대한 자료이다.

	단위당 판매가격	₩10,000
고정원가	생산량 20,000단위 미만	5,000,000
	생산량 20,000단위 이상	8,000,000

제품 A의 공헌이익률이 10%이고 법인세율이 20%일 때 세후순이익 ₩2,000,000을 달성하기 위한 판매량은? ▶ 12년 기출

① 7,000단위   ② 7,500단위
③ 9,000단위   ④ 10,000단위
⑤ 10,500단위

33 (주)감평은 단위당 판매가격이 ₩300이고, 단위당 변동원가가 ₩180인 단일제품을 생산 및 판매하고 있다. (주)감평의 최대조업도는 5,000단위이고, 고정원가는 조업도 수준에 따라 변동하며 이와 관련된 자료는 다음과 같다.

연간 조업도	고정원가
0 ~ 2,000단위	₩300,000
2,001 ~ 4,000단위	450,000
4,001 ~ 5,000단위	540,000

(주)감평이 달성할 수 있는 최대 영업이익은? ▶ 19년 기출

① ₩12,000   ② ₩15,000
③ ₩24,000   ④ ₩30,000
⑤ ₩60,000

34 ㈜감평의 20×1년 제품 A의 생산·판매와 관련된 자료는 다음과 같다.

단위당 판매가격	₩25
단위당 변동제조원가	10
단위당 변동판매관리비	6
연간 총고정제조간접원가	₩1,500 (감가상각비 ₩200 포함)
연간 총고정판매관리비	₩2,500 (감가상각비 ₩300 포함)

㈜감평은 변동원가계산을 채택하고 있으며, 감가상각비를 제외한 모든 수익과 비용은 발생 시점에 현금으로 유입되고 지출된다. 법인세율이 20%일 때 ㈜감평의 세후현금흐름분기점 판매량은?

▶ 22년 기출

① 180단위 ② 195단위
③ 360단위 ④ 375단위
⑤ 390단위

35 (주)관세의 20×1년 영업활동에 관한 자료이다. 법인세율이 20%일 때 현금흐름분기점 판매수량은? (단, 감가상각비를 제외한 모든 비용과 수익은 현금거래이며, 손실이 발생할 경우 법인세가 환급된다고 가정한다.)

▶ 관세사 24

단위당 판매가격	₩500
단위당 변동원가	200
총고정원가(감가상각비 ₩10,000 포함)	50,000
판매수량	600단위

① 100단위 ② 125단위
③ 150단위 ④ 175단위
⑤ 200단위

표준원가계산

1절   표준원가계산

1. 표준원가계산의 유용성

① 신속한 제품원가계산목적

② 원가통제목적 : 실제원가와의 차이분석

③ 계획목적 : 예산수립이 간편

2. 표준원가의 설정 = 수량표준(Q) × 가격표준(P)

① 단위당 표준직접재료원가 = 단위당 표준직접재료수량 × 재료단위당 표준가격

② 단위당 표준직접노무원가 = 단위당 표준작업시간 × 시간당 표준임률

③ 단위당 표준변동제조간접원가 = 단위당 기준조업도 × 표준배부율*

  * 표준(예정)배부율 = 변동제조간접원가예산 / 기준조업도

④ 단위당 표준고정제조간접원가 = 단위당 기준조업도 × 표준배부율*

  * 표준(예정)배부율 = 고정제조간접원가예산 / 기준조업도

2절 **원가차이 분석**

1. 원가차이분석의 기초

실제원가 < 표준원가 → 유리한 차이(F, favorable variance)

실제원가 > 표준원가 → 불리한 차이(U, unfavorable variance)

2. 직접재료원가 차이분석 : 분석시점에 따라 가격차이가 다르게 나타남

① 재료원가를 사용시점에 분석

실제사용량 × 실제가격   실제사용량 × 표준가격   표준수량 × 표준가격

가격차이	수량(능률)차이

② 직접재료원가를 구입시점에 분리

실제구입량 × 실제가격   실제구입량 × 표준가격

가격차이

3. 직접노무원가 차이분석

실제시간 × 실제임률   실제시간 × 표준임률   표준시간 × 표준임률

임률차이	능률차이

4. 변동제조간접원가 차이분석

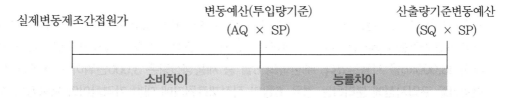

실제변동제조간접원가   변동예산(투입량기준)   산출량기준변동예산
                      (AQ × SP)   (SQ × SP)

소비차이	능률차이

5. 고정제조간접원가 차이분석

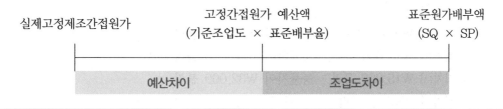

실제고정제조간접원가   고정간접원가 예산액   표준원가배부액
              (기준조업도 × 표준배부율)   (SQ × SP)

예산차이	조업도차이

CHAPTER 10 | 객관식 문제

01 ㈜한국은 표준원가계산제도를 채택하고 있으며, 단일 제품을 생산·판매하고 있다. 2분기의 예정생산량은 3,000단위였으나, 실제는 2,800단위를 생산하였다. 직접재료원가 관련 자료는 다음과 같다.

• 제품단위당 수량표준	2kg
• 직접재료 단위당 가격표준	₩300
• 실제 발생한 직접재료원가	₩1,593,000
• 직접재료원가 수량차이	₩120,000(불리)

2분기의 직접재료 실제사용량은?

① 5,600kg   ② 5,800kg
③ 6,000kg   ④ 6,200kg
⑤ 6,400kg

02 ㈜한국은 표준원가계산을 월별로 적용하고 있다. 제품 1개를 생산하기 위한 표준직접재료원가는 ₩600(4kg × @₩150)이다. 당월 초에 원재료 2,400kg을 매입하였으며, 원재료 가격차이는 구매시점에서 파악한다. 당월에 생산한 제품은 500개이며, 원재료 수량차이는 ₩30,000(불리)이다. 원재료 월초재고가 200kg일 때, 원재료 월말재고는 몇 kg인가? ▸09년 기출

① 100kg   ② 200kg
③ 300kg   ④ 400kg
⑤ 500kg

03 표준원가시스템을 사용하고 있는 ㈜한국의 직접재료원가의 제품단위당 표준사용량은 10kg이고 표준가격은 kg당 ₩6이다. ㈜한국은 6월에 직접재료 40,000kg을 ₩225,000에 구입하여 36,000kg을 사용하였다. ㈜한국의 6월 중 제품생산량은 3,000단위이다. 직접재료 가격차이를 구입시점에 분리하는 경우, 6월의 직접재료원가에 대한 가격차이와 능률차이(수량차이)는? ▸12년 기출

① 가격차이 ₩6,000 불리,   능률차이 ₩32,000 유리
② 가격차이 ₩9,000 불리,   능률차이 ₩36,000 불리
③ 가격차이 ₩15,000 유리,   능률차이 ₩36,000 불리
④ 가격차이 ₩15,000 유리,   능률차이 ₩32,000 불리
⑤ 가격차이 ₩9,000 불리,   능률차이 ₩36,000 유리

04 (주)관세는 표준원가를 이용한 전부원가계산제도를 적용하며, 20×1년 3월 1일에 생산 및 영업을 개시하였다. 20×1년 3월 중 900단위를 생산에 착수하여 당월에 모두 완성하였으며, 이 중 800단위를 판매하였다. 20×1년 3월 중 직접재료 2,000kg을 ₩130,000에 구입하였으며, 직접재료의 당월 말 재고량은 100kg이다. 당월 말 제품계정에 포함된 표준직접재료원가는 ₩10,000이며, 제품 단위당 표준직접재료 소비량은 2kg이다. 20×1년 3월의 직접재료원가의 가격차이와 수량차이는 각각 얼마인가? (단, 직접재료원가의 가격차이는 구입시점에 계산하며, 월말재공품은 없다.)
▸ 관세사 15

	가격차이	수량차이		가격차이	수량차이
①	₩20,000 불리	₩3,000 불리	②	₩20,000 유리	₩3,000 유리
③	₩20,000 불리	₩3,000 유리	④	₩30,000 불리	₩5,000 불리
⑤	₩30,000 유리	₩5,000 유리			

05 (주)세무는 당기에 영업을 개시하였으며 표준원가계산제도를 채택하고 있다. 직접재료와 관련된 자료는 다음과 같다.

- 제품 단위당 직접재료 표준원가 : 3kg × ₩10/kg = ₩30
- 직접재료 kg당 실제 구입가격 : ₩12
- 직접재료 구입가격차이 : ₩12,600(불리)
- 직접재료 능률차이 : ₩4,000(유리)

당기 실제 제품 생산량이 2,000단위일 때 기말 직접재료 재고량은? (단, 기말 재공품은 없다.)
▸ CTA 19

① 300kg   ② 400kg
③ 500kg   ④ 600kg
⑤ 700kg

06 ㈜감평은 20×1년 초 영업을 개시하였으며, 표준원가계산제도를 채택하고 있다. 직접재료 kg당 실제 구입가격은 ₩5, 제품 단위당 직접재료 표준원가는 ₩6(2kg × ₩3/kg)이다. 직접재료원가에 대한 차이 분석결과 구입가격차이가 ₩3,000(불리), 능률차이가 ₩900(유리)이다. 20×1년 실제 제품 생산량이 800단위일 때, 기말 직접재료 재고수량은? (단, 기말재공품은 없다.)   ▶ 24년 기출

① 50kg   ② 100kg
③ 130kg   ④ 200kg
⑤ 230kg

07 ㈜관세는 표준원가계산을 적용하고 있다. 20×1년 단위당 표준직접재료원가는 다음과 같다.

> • 제품 단위당 직접재료 표준원가 : 6kg × ₩10/kg = ₩60

20×1년 ㈜관세의 실제생산량은 1,000단위, 직접재료구입량은 7,500kg, kg당 실제 구입가격은 ₩120이다. ㈜관세는 직접재료 6,500kg을 생산에 투입하였다. ㈜관세의 직접재료 가격차이와 수량차이는? (단, 직접재료 가격차이는 구입시점에서 분리한다.)   ▶ 관세사 17

	구입가격차이	수량차이		구입가격차이	수량차이
①	₩13,000(불리)	₩5,000(불리)	②	₩15,000(불리)	₩5,000(불리)
③	₩13,000(유리)	₩5,000(유리)	④	₩15,000(유리)	₩10,000(유리)
⑤	₩15,000(불리)	₩10,000(유리)			

08 다음은 20×9년 ㈜한국의 직접노무원가에 대한 표준원가 자료이다. 20×9년 중 생산활동에 투입된 실제작업시간은 얼마인가?   ▶ 10년 기출

• 실제생산량	3,000개
• 단위당 시간표준	10시간
• 직접노무원가 실제발생액	₩15,000,000
• 임률차이(불리)	₩5,000,000
• 능률차이(유리)	₩2,000,000

① 20,000시간   ② 22,000시간
③ 25,000시간   ④ 30,000시간
⑤ 32,000시간

09 (주)감평은 표준원가계산제도를 채택하고 있다. 20×1년 직접노무원가와 관련된 자료가 다음과 같을 경우, 20×1년 실제 직접노무시간은? ▸20년 기출

• 실제생산량	25,000단위
• 직접노무원가 실제임률	시간당 ₩10
• 직접노무원가 표준임률	시간당 ₩12
• 표준 직접노무시간	단위당 2시간
• 직접노무원가 임률차이	₩110,000(유리)
• 직접노무원가 능률차이	₩60,000(불리)

① 42,500시간
② 45,000시간
③ 50,000시간
④ 52,500시간
⑤ 55,000시간

10 ㈜감평은 표준원가계산제도를 채택하고 있으며, 20×1년도 직접노무원가와 관련된 자료는 다음과 같다. 20×1년도 실제 총직접노무원가는? ▸22년 기출

실제생산량	100단위
직접노무원가 실제임률	시간당 ₩8
직접노무원가 표준임률	시간당 ₩10
실제생산량에 허용된 표준 직접작업시간	생산량 단위당 3시간
직접노무원가 임률차이	₩700(유리)
직접노무원가 능률차이	₩500(불리)

① ₩1,800
② ₩2,500
③ ₩2,800
④ ₩3,500
⑤ ₩4,200

11 ㈜감평은 표준원가계산을 사용하고 있다. 20×1년 제품 8,600단위를 생산하는데 24,000 직접노무시간이 사용되어 직접노무원가 ₩456,000이 실제 발생되었다. 제품 단위당 표준직접노무시간은 2.75시간이고 표준임률이 직접노무시간당 ₩19.20이라면, 직접노무원가의 능률차이는? ▸13년 기출

① ₩1,920 불리　　　　　　　　② ₩4,800 불리
③ ₩4,800 유리　　　　　　　　④ ₩6,720 불리
⑤ ₩6,720 유리

12 표준원가계산제도를 채택하고 있는 ㈜대한의 20×1년도 직접노무원가와 관련된 자료는 다음과 같다. 20×1년도의 실제생산량은? ▸17년 기출

• 실제직접노무시간	101,500시간
• 직접노무원가 실제발생액	₩385,700
• 직접노무원가 능률차이	₩14,000(유리)
• 직접노무원가 임률차이	₩20,300(유리)
• 단위당 표준직접노무시간	2시간

① 51,000단위　　　　　　　　② 51,500단위
③ 52,000단위　　　　　　　　④ 52,500단위
⑤ 53,000단위

13 ㈜세무는 표준원가계산제도를 채택하고 있으며, 당기 직접노무원가와 관련된 자료는 다음과 같다.

• 제품 실제생산량	1,000단위
• 직접노무원가 실제 발생액	₩1,378,000
• 단위당 표준직접노무시간	5.5시간
• 직접노무원가 능률차이	₩50,000(유리)
• 직접노무원가 임률차이	₩53,000(불리)

㈜세무의 당기 직접노무시간당 실제임률은? ▸CTA 21

① ₩230　　　　　　　　② ₩240
③ ₩250　　　　　　　　④ ₩260
⑤ ₩270

14 다음은 20×1년도 (주)관세의 변동제조간접원가에 대한 표준원가 및 차이분석 자료이다. (주)관세의 20×1년도 실제 제품생산량은 몇 개인가? (단, 재공품은 없다.) ▸관세사 11

• 표준직접노동시간	2시간
• 변동제조간접원가 표준배부율	₩5/시간
• 실제 총직접노동시간	100시간
• 변동제조간접원가 능률차이	₩120(유리)

① 60개   ② 62개
③ 64개   ④ 66개
⑤ 68개

15 ㈜감평은 표준원가제도를 도입하고 있다. 변동제조간접원가의 배부기준은 직접노무시간이며, 제품 1개를 생산하는 데 소요되는 표준직접노무시간은 2시간이다. 20×1년 3월 실제 발생한 직접노무시간은 10,400시간이고, 원가자료는 다음과 같다.

• 변동제조간접원가 실제 발생액	₩23,000
• 변동제조간접원가 능률차이	2,000(불리)
• 변동제조간접원가 총차이	1,000(유리)

㈜감평의 20×1년 3월 실제 제품생산량은? ▸21년 기출

① 4,600개   ② 4,800개
③ 5,000개   ④ 5,200개
⑤ 5,400개

16 ㈜세무는 표준원가계산제도를 채택하고 있으며, 직접노무시간을 기준으로 제조간접원가를 배부한다. 20×1년의 생산 및 원가 자료가 다음과 같을 때, 변동제조간접원가 소비차이는?

▶ CTA 20

• 변동제조간접원가 실제발생액	₩130,000
• 실제총직접노무시간	8,000시간
• 당기제품생산량	3,600단위
• 제품당 표준직접노무시간	2시간
• 변동제조간접원가 능률차이	₩8,000(불리)

① ₩25,000(유리)
② ₩25,000(불리)
③ ₩50,000(유리)
④ ₩50,000(불리)
⑤ ₩75,000(불리)

17 ㈜대한은 표준원가계산제도를 채택하고 있으며, 기계작업시간을 기준으로 고정제조간접원가를 제품에 배부한다. 다음 자료에 의할 경우 기준조업도는?

▶ 14년 기출

• 기계작업시간당 고정제조간접원가 표준배부율	₩10
• 유리한 조업도차이	₩10,000
• 실제생산량	1,000단위
• 제품 단위당 표준기계작업시간	2시간

① 500시간
② 700시간
③ 800시간
④ 1,000시간
⑤ 1,100시간

18 ㈜세무는 표준원가계산제도를 채택하고 있으며 기계작업시간을 기준으로 고정제조간접원가를 배부한다. 다음 자료에 의할 경우 기준조업도 기계작업시간은? (단, 기초 및 기말 재공품은 없다.)

▶ CTA 19

- 실제 제품 생산량 : 700단위
- 제품 단위당 표준기계작업시간 : 2시간
- 실제발생 고정제조간접원가 : ₩12,000
- 고정제조간접원가 예산차이 : ₩2,000(불리)
- 고정제조간접원가 조업도차이 : ₩4,000(유리)

① 600시간   ② 800시간
③ 1,000시간   ④ 1,200시간
⑤ 1,400시간

19 (주)관세는 표준원가계산제도를 사용하고 있으며 3월과 4월의 표준은 동일하다. 3월에는 1,000단위의 제품을 생산하였으며 고정제조간접원가의 조업도차이는 ₩500(불리)이고, 소비차이는 ₩200(유리)이었다. 4월에는 1,500단위의 제품을 생산하였고 고정제조간접원가는 조업도차이가 ₩500(유리)이고, 소비차이는 ₩300(불리)이다. 4월의 고정제조간접원가 실제발생액은?

▶ 관세사 24

① ₩1,800   ② ₩2,200
③ ₩2,300   ④ ₩2,800
⑤ ₩3,200

20 (주)관세는 표준원가계산제도를 채택하고 있다. 고정제조간접원가는 기계시간을 기준으로 배부하고 있는데, 제품 단위당 5시간의 기계시간이 소요된다. 20×3년도에는 1,000개의 제품을 생산하였고 실제 고정제조간접원가 발생액은 ₩285,000이었다. 고정제조간접원가 변동예산차이가 ₩9,000(불리)이고 고정제조간접원가 조업도차이가 ₩46,000(불리)인 경우에 20×3년도 기준조업도(기계시간)는 몇 시간인가?   ▶관세사 13

① 4,500시간   ② 5,000시간
③ 5,500시간   ④ 6,000시간
⑤ 6,500시간

21 (주)관세의 고정제조간접원가는 기계시간을 기준으로 배부한다. 기준조업도는 9,000시간이며 표준기계시간은 제품 단위당 3시간이다. 제품의 실제생산량은 3,200단위이고 고정제조간접원가의 실제발생액은 ₩1,100,000이다. 고정제조간접원가의 조업도차이가 ₩60,000(유리)일 경우 소비차이는?   ▶관세사 17

① ₩200,000 불리   ② ₩100,000 불리
③ ₩140,000 유리   ④ ₩100,000 유리
⑤ ₩200,000 유리

22 (주)관세는 단일 제품을 생산하며, 실제산출물에 허용된 표준직접노무시간을 기초로 제조간접원가를 제품에 배부하는 표준원가계산시스템을 사용한다. 20×1년 고정제조간접원가와 관련된 자료는 다음과 같다.

구분	자료 내용
연간 예산(예상) 고정제조간접원가	₩500,000
예산 표준직접노무시간(기준조업도)	25,000단위 × 직접노무시간2시간/단위 = 50,000시간
연간 실제고정제조간접원가	₩508,000
실제직접노무시간	54,000시간

(주)관세가 20×1년에 제품을 26,000단위 생산하였을 경우, 고정제조간접원가 조업도차이는?   ▶관세사 19

① ₩20,000(유리)   ② ₩20,000(불리)
③ ₩32,000(유리)   ④ ₩32,000(불리)
⑤ ₩40,000(유리)

23 표준원가계산에 관한 설명으로 옳은 것을 모두 고른 것은?

▶ 관세사 16

> ㄱ. 표준원가를 설정하면 실제원가와 표준원가를 비교해서 그 차이를 분석할 수 있으므로 예외에 의한 관리가 가능하다.
> ㄴ. 표준원가는 제품의 수량에 단위당 표준원가를 곱해서 원가계산이 이루어지므로 매출원가나 기말재고자산의 금액을 선정하는 데 용이하다.
> ㄷ. 표준원가계산에서 고정제조간접원가 배부액은 정상원가계산의 고정제조간접원가 예정배부액과 같이 실제조업도에 예정배부율을 곱한 금액이다.
> ㄹ. 표준원가로 회계처리하게 되면 재공품계정과 제품계정은 모두 표준원가로 기록되므로 신속한 원가계산과 효율적인 원가통제가 가능하다.

① ㄱ, ㄴ   ② ㄷ, ㄹ
③ ㄱ, ㄴ, ㄹ   ④ ㄴ, ㄷ, ㄹ
⑤ ㄱ, ㄴ, ㄷ, ㄹ

24 표준원가계산에 관한 설명으로 옳은 것을 모두 고른 것은?

▶ 19년 기출

> ㄱ. 표준원가계산제도는 전부원가계산에서 적용할 수 있으나 변동원가계산에서는 적용할 수 없다.
> ㄴ. 표준원가계산제도는 종합원가계산제도에 적용이 가능하다.
> ㄷ. 직접재료원가 가격차이를 구입시점에서 분리하든 사용시점에서 분리하든 직접재료원가 능률차이는 동일하다.
> ㄹ. 고정제조간접원가의 예산차이는 실제투입량 변동예산과 실제산출량 변동예산의 차이를 의미한다.

① ㄱ, ㄴ   ② ㄱ, ㄷ
③ ㄴ, ㄷ   ④ ㄴ, ㄹ
⑤ ㄷ, ㄹ

25 (주)관세는 표준원가계산제도를 채택하고 있으며, 20×1년 제품 2,000단위를 기준으로 제조간접원가에 대한 표준을 다음과 같이 설정하였다.

- 제조간접원가예산 = ₩720,000 + 직접노동시간 × ₩100
- 제품단위당 표준직접노동시간 5시간

20×1년 실제직접노동시간은 20,400시간이고, 실제생산량은 4,000단위이다. 변동제조간접원가 능률차이와 고정제조간접원가 조업도차이는? ▸관세사 18

	능률차이	조업도차이
①	₩40,000(불리)	₩720,000(유리)
②	₩40,000(유리)	₩720,000(불리)
③	₩40,000(불리)	₩1,280,000(유리)
④	₩40,000(유리)	₩1,280,000(불리)
⑤	차이 없음	₩1,280,000(불리)

26 (주)세무는 표준원가계산제도를 적용하고 있다. 20×1년 변동제조간접원가와 고정제조간접원가 예산은 각각 ₩540,000과 ₩625,000이다. 20×1년 기준조업도는 1,000직접노무시간이며, 실제직접노무시간은 900시간이다. 제조간접원가의 조업도 차이가 ₩110,000(불리)이라면 제조간접원가의 능률차이는? ▸CTA 23

① ₩20,820(불리)   ② ₩41,040(불리)

③ ₩62,680(불리)   ④ ₩86,680(불리)

⑤ ₩95,040(불리)

27 ㈜감평은 표준원가계산제도를 채택하고 있으며, 직접노무시간을 기준으로 제조간접원가를 배부한다. 당기 제조간접원가 관련 자료는 다음과 같다.

고정제조간접원가 표준배부율	₩100/시간
변동제조간접원가 표준배부율	₩300/시간
기준조업도(직접노무시간)	5,000시간
실제직접노무시간	4,850시간
실제생산량에 허용된 표준 직접노무시간	4,800시간
제조간접원가 배부차이	₩20,000 과소배부

㈜감평의 당기 제조간접원가 실제 발생액은?　　　　　　　　　▶ 23년 기출

① ₩1,900,000　　　　　　　　　② ₩1,920,000
③ ₩1,940,000　　　　　　　　　④ ₩1,960,000
⑤ ₩1,980,000

관련원가와 의사결정

1절 의사결정의 유형

1. 단기의사결정과 장기의사결정

① 단기의사결정 : 보통 1년 이내의 단기에 영향을 미치는 의사결정으로 화폐의 시간가치를 고려하지 않는 CVP분석, 관련원가분석이 해당된다.

② 장기의사결정 : 보통 의사결정의 효과가 장기간에 걸쳐서 나타나는 의사결정이므로 화폐의 시간가치를 고려하는 설비투자의사결정이 해당된다.

2절 증분접근법(차액접근법)

1. 의사결정 관련항목

① 관련원가 : 여러 대체안 사이에 차이가 나는 차액원가

　　　　　　관련원가는 모두 미래지출원가에 해당한다.

② 관련수익 : 여러 대체안 사이에 차이가 존재하는 수익을 말한다.

③ 기회비용 : 재화 또는 용역 등을 특정 용도 이외의 다른 대체적인 용도로 사용할 경우에 얻을 수 있는 최대금액, 현금이나 다른 자원의 지출을 수반하지 않더라도 반드시 고려

2. 의사결정 비관련항목

① 매몰원가(sunk costs) : 경영자가 통제할 수 없는 과거의 의사결정으로부터 발생한 역사적원가로서 현재 또는 미래의 의사결정과 관련이 없는 원가를 말한다.

② 미래현금지출비관련원가

3. 특별주문 수락여부 의사결정

구분	내용
관련수익	특별주문수량 × 특별주문단가만큼 수익이 증가하므로 관련수익에 포함한다.
관련비용	변동원가는 특별주문 수락 시 수락한 만큼 생산량이 증가하므로 변동원가는 관련원가에 포함한다. 그러나 변동판매관리비는 변동원가이지만 특별주문에는 발생하지 않는 경우도 있어, 만약, 변동판매관리비는 변동이 없다면 비관련원가이다.

고정원가	고정원가는 일반적으로 비관련원가이다. 다만, 변동사항이 생기면 고정원가도 관련원가에 포함될 수 있다.
기회비용	유휴설비가 부족하다면 외부판매 포기로 인한 이익 감소액이 기회비용이다. 유휴설비가 충분한 경우 : 특별주문 자체의 증분수익, 증분비용을 고려해 수락 여부를 결정한다. 유휴설비가 부족한 경우 : 정규시장 판매 감소에 따른 이익감소분 등을 기회비용으로 고려하여야 한다.

4. 자가제조 또는 외부구입의 의사결정

제품을 생산하는 데 필요한 부품을 자가제조하는 것과 외부구입하는 것 중 어느 대안이 기업에 유리한지에 대하여 의사결정을 하는 것으로 비용에 관한 분석에 해당한다.

① 외부구입가격 > 회피가능원가 + 기회비용 : 자가제조
② 외부구입가격 < 회피가능원가 + 기회비용 : 외부구입

외부구입 시	자가제조 시
외부구입원가	변동제조원가 고정제조원가 중 회피가능원가 기회원가

5. 사업부 폐쇄의 의사결정

영업손실이 발생하는 사업부를 폐쇄하는지의 의사결정으로 공헌이익을 포기한 결과로 절감할 수 있는 원가 여부를 분석한다.

① 회피가능원가 + 기회비용 > 기존 사업부 공헌이익 : 사업부 폐쇄
② 회피가능원가 + 기회비용 < 기존 사업부 공헌이익 : 사업부 유지

3절 제약요인하의 의사결정

1. 생산활동에 제약요인이 존재하는 경우

생산활동과정에 제약요인이 존재하는 경우 제약요인당 공헌이익이 큰 제품부터 우선하여 생산한다.

① 단위당 공헌이익 = 단위당 판매가격 − 단위당 변동원가
② 제약요인당 공헌이익 = 단위당 공헌이익 ÷ 제약요인

2. 제약요인이 두 개 이상인 경우

제약요인이 두 개 이상인 경우 제약요인을 수식화한 뒤 최적해를 찾는 선형계획법에 의한다.

CHAPTER 11 객관식 문제

01 다음은 (주)관세의 손익계산서에서 발췌한 정보이다. (주)관세가 판매하는 제품의 단위당 판매가격은 ₩200이다. 매출원가와 판매비와 관리비 각각에 대해서 30%는 변동원가이며, 70%는 회피불능고정원가이다. (주)관세는 (주)한국으로부터 단위당 ₩150에 500단위의 제품을 사겠다고 제의를 받았다. 이에 대한 추가 주문을 받아들인다면 (주)관세의 영업이익에 미치는 영향은 얼마인가? (단, (주)관세는 유휴생산능력이 충분하다.) ▸관세사 13

• 매출액	₩3,000,000
• 매출원가	(2,000,000)
• 매출총이익	₩1,000,000
• 판매비와 관리비	(500,000)
• 영업이익	₩500,000

① ₩51,000 감소   ② ₩50,000 감소
③ ₩50,000 증가   ④ ₩51,000 증가
⑤ ₩75,000 증가

02 다음은 (주)관세가 생산 · 판매하는 제품A에 관한 자료이다.

구분	자료 내용
최대 생산가능 수량	10,000단위
현재 생산 판매수량	8,000단위
단위당 외부 판매가격	₩300
단위당 변동제조원가	₩100
단위당 변동판매비	₩40
단위당 고정제조간접원가	₩90(최대 생산가능 수량 기준)

(주)한국은 (주)관세에게 제품A에 특수장치를 부착한 제품B를 제작하여, 단위당 ₩220에 1,500단위를 공급해 줄 것을 제안하였다. (주)관세는 제품A의 생산라인에서 제품B를 생산할 수 있으며, (주)한국의 주문으로 기존 판매 및 원가구조는 영향을 받지 않는다. (주)관세는 제품A에 단위당 ₩30의 특수장치를 추가하여 제품B를 생산하며, 제품B의 단위당 변동판매비는 ₩30이 된다. (주)관세가 (주)한국의 특별주문을 수락하는 경우 이익에 미치는 영향은? ▸관세사 19

① ₩90,000 감소   ② ₩90,000 증가
③ ₩120,000 감소   ④ ₩120,000 증가
⑤ ₩150,000 증가

03 프린터를 생산·판매하는 ㈜한국의 최대생산능력은 연 12,000대이고, 정규시장에서 연간 판매량은 10,000대이다. 단위당 판매가격은 ₩100,000이고, 단위당 변동제조원가는 ₩60,000이며, 단위당 변동판매비와 관리비는 ₩10,000이다. ㈜한국은 ㈜서울로부터 프린터 4,000대를 단위당 ₩70,000의 가격으로 구입하겠다는 1회성 특별주문을 받았다. ㈜한국은 올해 생산능력을 변경할 계획이 없다. ㈜한국의 판매비와 관리비는 모두 변동비인데, ㈜서울의 주문을 받아들이는 경우 이 주문과 관련된 ㈜한국의 판매비와 관리비는 75%가 감소할 것으로 추정된다. ㈜한국이 동 주문을 수락하기 위하여 기존시장의 판매를 일부 포기하기로 한다면 증분손익은 얼마인가? (단, 기초·기말재고는 없음) ▸ 10년 기출

① ₩7,500,000 감소   ② ₩30,000,000 감소
③ ₩7,500,000 증가   ④ ₩30,000,000 증가
⑤ ₩0

04 (주)관세는 20×4년 초 고객으로부터 축구공 500단위를 단위당 ₩320에 구입하겠다는 특별주문을 받았다. 특별주문을 수락하더라도 특별주문에 대한 변동판매비와 관리비는 발생하지 않으며, (주)관세는 현재 충분한 여유생산설비를 보유하고 있다. 축구공 1단위의 정상판매가격은 ₩500이다. (주)관세의 20×3년 1,000단위 판매에 따른 자료는 다음과 같다.

구분	단위당 원가	총원가
변동제조원가	₩240	₩240,000
고정제조원가	₩50	₩50,000
변동판매비와 관리비	₩20	₩20,000
고정판매비와 관리비	₩10	₩10,000

(주)관세가 특별주문을 수락하는 경우 20×4년도의 영업이익에 미치는 영향은? ▸ 관세사 14

① ₩30,000 감소   ② ₩30,000 증가
③ ₩40,000 감소   ④ ₩40,000 증가
⑤ 변화 없음

05 ㈜감평은 제품A를 단위당 ₩100에 판매하고 있는데, ㈜한국으로부터 제품A 2,000단위를 단위당 ₩70에 구입하겠다는 제안을 받았다. 제품A의 단위당 원가는 다음과 같다.

• 직접재료원가	₩20	• 변동제조간접원가	₩10
• 직접노무원가	₩15	• 고정제조간접원가	₩5

판매비와 관리비는 모두 변동비로 매출액의 20%이다. ㈜감평은 ㈜한국의 제안을 수락할 수 있는 충분한 유휴생산능력을 보유하고 있다. ㈜감평이 ㈜한국의 제안을 수락하는 경우 영업이익 증가액은? ▸ 13년 기출

① ₩2,000
② ₩12,000
③ ₩22,000
④ ₩40,000
⑤ ₩50,000

06 ㈜서울은 20×1년에 제품 A를 연간 1,500단위 생산하여 단위당 ₩400에 판매하였다. 제품 A의 최대생산량은 2,000단위이며 단위당 원가는 다음과 같다.

• 직접재료원가	₩120	• 변동판매관리비	₩30
• 직접노무원가	₩80	• 고정판매관리비	₩20
• 변동제조간접원가	₩20	• 고정제조간접원가	₩30

20×2년 초에 회사는 ㈜한국으로부터 제품 A 800단위를 단위당 ₩300에 구입하겠다는 특별주문을 받았다. ㈜서울이 동 주문을 수락한다면 단위당 변동판매관리비 중 ₩20이 발생하지 않으며, 기존시장에서의 판매량 300단위를 포기해야 한다. ㈜서울이 특별주문 수량을 모두 수락할 경우 이익은 얼마나 증가하겠는가? (단, 재고는 없으며, 20×2년 원가구조는 20×1년과 동일함) ▸ 11년 기출

① ₩10,200
② ₩10,400
③ ₩10,600
④ ₩10,800
⑤ ₩11,000

07 ㈜한국은 제품 20,000단위를 판매하고 있다. 제품 단위당 판매가격은 ₩600, 단위당 변동제조원가는 ₩280, 단위당 변동판매비와 관리비는 ₩170이다. ㈜한국은 ㈜구포로부터 단위당 ₩500에 7,000단위의 특별주문을 받았다. 이때 소요되는 추가 판매비와 관리비는 총 ₩1,200,000이다. 회사의 최대생산능력은 25,000단위이므로 이 특별주문을 받아들일 경우 기존 판매제품의 수량이 2,000단위 감소할 것이다. 이 특별주문을 수락하는 경우 이익에 미치는 영향은? ▸12년 기출

① ₩40,000 증가 ② ₩206,000 증가
③ ₩240,000 감소 ④ ₩340,000 증가
⑤ ₩340,000 감소

08 ㈜대한은 단일 종류의 제품을 생산·판매하고 있다. 20×1년도 단위당 판매가격은 ₩4,000, 단위당 변동원가는 ₩3,500, 연간 총고정원가는 ₩500,000으로 예상된다. 20×1년 중에 특정 고객으로부터 제품 100단위를 구입하겠다는 주문(이하 '특별주문')을 받았다. 특별주문을 수락할 경우 단위당 변동원가 중 ₩500을 절감할 수 있으며, 배송비용은 총 ₩10,000이 추가로 발생한다. 특별주문을 수락하더라도 여유설비가 충분하기 때문에 정상적인 영업활동이 가능하다. ㈜대한이 특별주문을 수락하여 ₩30,000의 이익을 얻고자 한다면, 단위당 판매가격을 얼마로 책정해야 하는가? ▸14년 기출

① ₩3,100 ② ₩3,300
③ ₩3,400 ④ ₩3,500
⑤ ₩3,600

09 ㈜세무는 20×1년 연간 최대생산량이 8,000단위인 생산설비를 보유하고 있다. ㈜세무는 당기에 제품 7,000단위를 단위당 ₩1,000에 판매할 것으로 예상하며, 단위당 변동제조원가는 ₩500, 단위당 변동판매관리비는 ₩100이다. ㈜세무는 거래처로부터 제품 2,000단위를 판매할 수 있는 특별주문을 받았으며, 단위당 변동제조원가와 단위당 변동판매관리비는 변화가 없다. 이 특별주문을 수락한다면, 예상판매량 중 1,000단위를 포기해야 한다. 이때, 특별주문 제품의 단위당 최저 판매가격은? ▸CTA 20

① ₩500 ② ₩600
③ ₩800 ④ ₩900
⑤ ₩1,000

10 (주)감평은 A제품을 주문생산하고 있다. 월간 최대 생산가능수량은 10,000개이며, 현재 7,500개를 생산·판매하고 있다. A제품의 개당 판매가격은 ₩150이며, 현재 조업도 수준하의 원가정보는 다음과 같다.

구분	금액
직접재료원가	₩262,500
직접노무원가	300,000
배치(batch) 수준의 변동원가	75,000
고정제조간접원가	275,000
고정광고비	175,000
계	1,087,500

배치 수준의 변동원가는 공정초기화비용(set-up cost), 품질검사비 등을 포함하고 있으며, 1배치에 50개의 A제품을 생산할 수 있다. 최근 (주)감평은 (주)대한으로부터 A제품 2,500개를 개당 ₩120에 구매하겠다는 특별주문을 제안받았다. 이 특별주문을 수락하게 되면 배치를 조정하여 배치당 100개의 A제품을 생산하는 형식으로 변경해야 하고(배치변경에 따른 추가비용은 없음), 기존 고객들에게 개당 ₩10의 할인혜택을 부여해야 한다. 특별주문을 수락한다면 이익에 미치는 영향은? ▸16년 기출

① ₩25,000 이익
② ₩50,000 이익
③ ₩25,000 손실
④ ₩50,000 손실
⑤ ₩75,000 손실

11 (주)세무는 계산기를 생산하여 판매하고 있으며, 최대생산능력은 10,000대이다. (주)세무는 정규시장에 계산기 1대당 ₩200에 8,000대를 판매하고 있다. 한 번에 50대씩 묶음(batch) 생산하며, 8,000대 생산에 대한 원가는 다음과 같다.

생산량에 따라 변하는 변동원가	₩480,000
묶음수에 따라 변하는 변동원가	160,000
고정원가	800,000
	₩1,440,000

(주)세무는 특별주문에 대해 전량을 수락하거나 거절해야 하며, 특별주문 수락 시 정규시장 판매를 일부 포기하여야 한다. (주)세무는 (주)대한으로부터 계산기 3,000대를 구입하겠다는 특별주문을 받았으며, 이 특별주문에 대해서는 100대씩 묶음 생산한다. (주)세무가 이 특별주문과 관련하여 손실을 발생시키지 않기 위해 요구해야 하는 계산기 1대당 최소금액은?

▶ CTA 24

① ₩110   ② ₩115
③ ₩120   ④ ₩125
⑤ ₩130

12 (주)감평은 A제품을 생산·판매하고 있다. 20×1년에는 기존고객에게 9,000단위를 판매할 것으로 예상되며, A제품 관련 자료는 다음과 같다.

연간 최대생산량	10,000단위
단위당 판매가격	₩2,000
단위당 변동제조원가	₩1,000
단위당 변동판매비	₩200
연간 총고정제조원가	₩2,500,000

20×1년 중에 (주)감평은 새로운 고객인 (주)대한으로부터 A제품 2,000단위를 구매하겠다는 특별주문을 제안받았다. 특별주문을 수락하면 기존고객에 대한 판매량 중 1,000단위를 감소시켜야 하며, 특별주문에 대해서는 단위당 변동판매비 ₩200이 발생하지 않는다. (주)감평이 특별주문으로부터 받아야 할 단위당 최소 판매가격은? (단, 특별주문은 일부분만 수락할 수 없음)

▶ 17년 기출

① ₩1,300   ② ₩1,350
③ ₩1,400   ④ ₩1,450
⑤ ₩1,500

13 (주)감평은 단일제품 8,000단위를 생산 및 판매하고 있다. 제품의 단위당 판매가격은 ₩500, 단위당 변동원가는 ₩300이다. (주)감평은 (주)한국으로부터 단위당 ₩450에 1,500단위의 특별주문을 받았다. 이 특별주문을 수락하는 경우, 별도의 포장 작업이 추가로 필요하여 단위당 변동원가가 ₩20 증가하게 된다. (주)감평의 연간 최대생산능력이 9,000단위라면, 이 특별주문을 수락하는 경우, 증분손익은? ▸ 19년 기출

① 손실 ₩105,000
② 손실 ₩75,000
③ 손실 ₩55,000
④ 이익 ₩95,000
⑤ 이익 ₩195,000

14 범용기계장치를 이용하여 제품 X와 Y를 생산·판매하는 ㈜감평의 당기 예산자료는 다음과 같다.

구분	제품 X	제품 Y
단위당 판매가격	₩1,500	₩1,000
단위당 변동원가	1,200	800
단위당 기계가동시간	2시간	1시간
연간 정규시장 판매수량	300단위	400단위
연간 최대기계가동시간	1,000시간	

㈜감평은 신규거래처로부터 제품 Z 200단위의 특별주문을 요청받았다. 제품 Z의 생산에는 단위당 ₩900의 변동원가가 발생하며 단위당 1.5 기계가동시간이 필요하다. 특별주문 수락 시 기존 제품의 정규시장 판매를 일부 포기해야 하는 경우, ㈜감평이 제시할 수 있는 단위당 최소판매가격은? (단, 특별주문은 전량 수락하든지 기각해야 한다.) ▸ 23년 기출

① ₩900
② ₩1,125
③ ₩1,150
④ ₩1,200
⑤ ₩1,350

合格까지 박문각

PART 02

15 (주)관세는 완제품 생산에 필요한 부품 A 1,000단위를 자체생산하고 있다. 부품 A의 총고정 제조간접원가는 ₩40,000이고 단위당 변동원가는 다음과 같다.

• 직접재료원가	₩80
• 직접노무원가	₩24
• 변동제조간접원가	₩16

(주)대한은 (주)관세에게 부품 A를 단위당 ₩140에 1,000단위를 판매하겠다는 제의를 했다. (주)관세가 (주)대한의 제의를 수락한다면 총고정제조간접원가의 25%를 회피할 수 있으며, 유휴설비는 외부에 임대되어 총 ₩30,000의 임대료 수익이 발생할 것으로 기대된다. (주)대한의 제의를 받아들일 경우 (주)관세의 이익에 미치는 영향은?   ▶ 관세사 17

① ₩10,000 감소   ② ₩10,000 증가
③ ₩20,000 감소   ④ ₩20,000 증가
⑤ ₩30,000 증가

16 ㈜서울은 완제품 생산에 필요한 부품을 자가제조하고 있다. 부품 10,000단위를 제조하는 데 소요되는 연간제조원가는 다음과 같다.

• 직재료원가	₩600,000
• 직접노무원가	150,000
• 변동제조간접원가	50,000
• 부품생산용설비 감가상각비	120,000
• 고정제조간접원가배부액	70,000
총계	₩990,000

㈜서울은 ㈜공덕으로부터 단위당 ₩85에 10,000단위의 부품을 공급하겠다는 제의를 받았다. 이 제의를 수락하더라도 부품생산용설비 감가상각비와 고정제조간접원가는 계속 발생한다. ㈜서울이 이 제의를 수락할 경우에는 연간 ₩70,000에 설비를 임대할 수 있다. ㈜서울이 이 제의를 수락하는 경우 ㈜서울의 이익에 미치는 영향은?   ▶ 12년 기출

① ₩10,000 증가   ② ₩20,000 증가
③ ₩20,000 감소   ④ ₩50,000 감소
⑤ ₩50,000 증가

Chapter 11 관련원가와 의사결정 615

17 ㈜대한은 완제품 생산에 필요한 A부품을 매월 500단위씩 자가제조하고 있다. 그런데 타 회사에서 매월 A부품 500단위를 단위당 ₩100에 납품하겠다고 제의하였다. A부품을 자가제조할 경우 변동제조원가는 단위당 ₩70이고, 월간 고정제조간접원가 총액은 ₩50,000이다. 만약 A부품을 외부구입하면 변동제조원가는 발생하지 않으며, 월간 고정제조간접원가의 40%를 절감할 수 있다. 또한 A부품 생산에 사용되었던 설비는 여유설비가 되며 다른 회사에 임대할 수 있다. A부품을 외부 구입함으로써 매월 ₩10,000의 이익을 얻고자 한다면, 여유설비의 월 임대료를 얼마로 책정해야 하는가? ▸14년 기출

① ₩5,000   ② ₩6,000
③ ₩7,000   ④ ₩8,000
⑤ ₩10,000

18 레저용 요트를 전문적으로 생산·판매하고 있는 (주)감평은 매년 해당 요트의 주요 부품인 자동제어센서 2,000단위를 자가제조하고 있으며, 관련 원가자료는 다음과 같다.

구분	총원가	단위당원가
직접재료원가	₩700,000	₩350
직접노무원가	500,000	250
변동제조간접원가	300,000	150
고정제조간접원가	800,000	400
합계	₩2,300,000	₩1,150

(주)감평은 최근 외부업체로부터 자동제어센서 2,000단위 전량을 단위당 ₩900에 공급하겠다는 제안을 받았다. (주)감평이 동 제안을 수락할 경우, 기존설비를 임대하여 연간 ₩200,000의 수익을 창출할 수 있으며, 고정제조간접원가의 20%를 회피할 수 있다. (주)감평이 외부업체로부터 해당 부품을 공급받을 경우, 연간 영업이익에 미치는 영향은? ▸20년 기출

① ₩0   ② ₩60,000 감소
③ ₩60,000 증가   ④ ₩140,000 감소
⑤ ₩140,000 증가

19 ㈜관세의 20×1년도 부문별 예산손익계산서는 다음과 같다.

구분	사업부 A	사업부 B	사업부 C	합계
매출액	₩20,000	₩30,000	₩50,000	₩100,000
변동원가	(₩8,000)	(₩21,000)	(₩35,000)	(₩64,000)
공헌이익	₩12,000	₩9,000	₩15,000	₩36,000
추적가능고정원가	(₩6,000)	(₩8,000)	(₩10,000)	(₩24,000)
공통고정원가	(₩2,000)	(₩3,000)	(₩5,000)	(₩20,000)
영업이익	₩4,000	(₩2,000)	₩0	₩2,000

각 사업부문이 폐쇄되면 각 사업부의 추적가능고정원가의 70%는 회피가능하며, 공통고정원가는 매출액 기준으로 각 사업부문에 배부한다. 20×1년 현재 경영자는 사업부 B를 폐쇄하면 사업부 A의 매출액이 20% 증가할 것으로 예상한다. 만약 ㈜관세가 사업부 B를 폐쇄하기로 결정한다면, 20×1년도 예산상의 영업이익은? ▸ 관세사 16

① ₩6,600 감소
② ₩3,400 감소
③ ₩1,000 감소
④ ₩2,400 증가
⑤ ₩5,600 증가

20 (주)대한은 X, Y, Z 제품을 생산·판매하고 있으며, 20×1년도 제품별 예산손익 계산서는 다음과 같다.

구분		X제품	Y제품	Z제품
매출액		₩100,000	₩200,000	₩150,000
매출원가 :	변동원가	40,000	80,000	60,000
	고정원가	30,000	70,000	50,000
매출총이익		₩30,000	₩50,000	₩40,000
판매관리비 :	변동원가	20,000	10,000	10,000
	고정원가	20,000	20,000	20,000
영업이익(손실)		(₩10,000)	₩20,000	₩10,000

(주)대한의 경영자는 영업손실을 초래하고 있는 X제품의 생산을 중단하려고 한다. X제품의 생산을 중단하면, X제품의 변동원가를 절감하고, 매출원가에 포함된 고정원가의 40%와 판매관리비에 포함된 고정원가의 60%를 회피할 수 있다. 또한, 생산중단에 따른 여유생산능력을 임대하여 ₩10,000의 임대수익을 얻을 수 있다. X제품의 생산을 중단할 경우, 20×1년도 회사 전체의 예산 영업이익은 얼마나 증가(또는 감소)하는가? (단, 기초 및 기말 재고자산은 없다.) ▸ 17년 기출

① ₩4,000 감소
② ₩5,000 증가
③ ₩6,000 감소
④ ₩7,000 증가
⑤ ₩8,000 증가

21 ㈜감평은 A제품과 B제품을 생산·판매하고 있으며, 다음 연도 예산손익계산서는 다음과 같다.

구분	A제품	B제품
매출액	₩4,000	₩2,000
변동원가	1,500	1,200
고정원가	2,000	1,400
영업이익(손실)	₩500	(₩600)
판매량	2,000단위	2,000단위

회사는 영업손실을 초래하고 있는 B제품의 생산을 중단하고자 한다. B제품의 생산을 중단하면, A제품의 연간 판매량이 1,000단위만큼 증가하고 연간 고정원가 총액은 변하지 않는다. 이 경우 회사 전체의 영업이익은 얼마나 증가(혹은 감소)하는가? (단, 기초 및 기말 재고자산은 없다.)

▶ 14년 기출

① ₩175 감소
② ₩450 증가
③ ₩650 감소
④ ₩1,250 증가
⑤ ₩1,425 증가

22 ㈜감평은 제품라인 A, B, C부문을 유지하고 있다. 20×1년 각 부문별 손익계산서는 다음과 같다.

	A부문	B부문	C부문	합계
매출액	₩200,000	₩300,000	₩500,000	₩1,000,000
변동원가	100,000	200,000	220,000	520,000
공헌이익	100,000	100,000	280,000	480,000
고정원가				
급여	30,000	50,000	80,000	160,000
광고선전비	10,000	60,000	70,000	140,000
기타 배부액	20,000	30,000	50,000	100,000
영업손익	₩40,000	(₩40,000)	₩80,000	₩80,000

㈜감평의 경영자는 B부문의 폐쇄를 결정하기 위하여 각 부문에 관한 자료를 수집한 결과 다음과 같이 나타났다.

- 급여는 회피불능원가이다.
- 광고선전은 각 부문별로 이루어지기 때문에 B부문을 폐쇄할 경우 B부문의 광고선전비는 더 이상 발생하지 않는다.
- 기타 배부액 총 ₩100,000은 각 부문의 매출액에 비례하여 배부한 원가이다.
- B부문을 폐쇄할 경우 C부문의 매출액이 20% 감소한다.

㈜감평이 B부문을 폐쇄할 경우 ㈜감평 전체 이익의 감소액은? (단, 재고자산은 없다.)

▶ 21년 기출

① ₩36,000 ② ₩46,000
③ ₩66,000 ④ ₩86,000
⑤ ₩96,000

23 (주)관세는 제품 X와 제품 Y를 생산하여 판매할 계획이다. 제품 X와 제품 Y에 대한 단위당 판매가격과 단위당 변동원가에 대한 정보는 다음과 같다.

구분	X	Y
단위당 판매가격	₩1,500	₩1,000
단위당 변동원가	₩900	₩600

(주)관세의 연간 총고정원가는 ₩50,000이고, 회사가 이용가능한 연간 기계시간은 400시간이다. 제품 한 단위 생산하는 데 소요되는 기계시간은 제품 X의 경우 6시간, 제품 Y의 경우 2시간이다. 이익을 극대화하기 위한 각 제품의 생산량을 결정하여 생산·판매할 경우 (주)관세가 달성할 수 있는 최대 영업이익은 얼마인가? (단, 제품 X와 제품 Y의 수요는 무한하다고 가정한다.)

▶ 관세사 16

① ₩10,000 ② ₩20,000
③ ₩30,000 ④ ₩50,000
⑤ ₩80,000

24 (주)관세는 현재 제품 A, B, C를 생산·판매하고 있다. 각 제품에 대한 월별 생산 및 판매와 관련된 자료는 다음과 같다.

구분	제품 A	제품 B	제품 C
단위당 판매가격	₩200	₩150	₩300
단위당 변동원가	₩140	₩100	₩180
단위당 기계사용시간	2시간	1시간	3시간
최대시장수요량	300단위	500단위	100단위
총고정원가		₩100,000	

이 회사의 월 최대 사용가능한 기계시간이 1,000시간으로 제약되어 있는 경우, 영업이익을 극대화할 수 있는 최적제품배합으로 옳은 것은?

▶ 관세사 15

	제품 A	제품 B	제품 C		제품A	제품 B	제품 C
①	100단위	500단위	100단위	②	300단위	100단위	100단위
③	250단위	500단위	0단위	④	300단위	250단위	50단위
⑤	300단위	400단위	0단위				

25 (주)감평은 세 종류의 제품 A, B, C를 독점 생산 및 판매하고 있다. 제품생산을 위해 사용되는 공통설비의 연간 사용시간은 총 40,000시간으로 제한되어 있다. 20×1년도 예상 자료는 다음과 같다. 다음 설명 중 옳은 것은?

▶ 18년 기출

구분	제품 A	제품 B	제품 C
단위당 판매가격	₩500	₩750	₩1,000
단위당 변동원가	₩150	₩300	₩600
단위당 공통설비사용시간	5시간	10시간	8시간
연간 최대 시장수요량	2,000단위	3,000단위	2,000단위

① 제품단위당 공헌이익이 가장 작은 제품은 C이다.
② 공헌이익을 최대화하기 위해 생산할 제품 C의 설비 사용시간은 12,000시간이다.
③ 공헌이익을 최대화하기 위해 생산할 총제품수량은 5,000단위이다.
④ 공헌이익을 최대화하기 위해서는 제품 C, 제품 B, 제품 A의 순서로 생산한 후 판매해야 한다.
⑤ 획득할 수 있는 최대공헌이익은 ₩2,130,000이다.

26 ㈜세무는 제약자원인 특수기계를 이용하여 제품 A, 제품 B, 제품 C를 생산·판매한다. 제품의 생산·판매와 관련된 자료는 다음과 같다.

구분	제품 A	제품 B	제품 C
단위당 판매가격	₩50	₩60	₩120
단위당 변동원가	₩20	₩36	₩60
단위당 특수기계 이용시간	2시간	1시간	3시간

특수기계의 최대이용가능시간이 9,000시간이고, 각각의 제품에 대한 시장수요가 1,000단위(제품 A), 3,000단위(제품 B), 2,000단위(제품 C)로 한정되어 있을 때, ㈜세무가 달성할 수 있는 최대공헌이익은?
▶ CTA 20

① ₩181,250 ② ₩192,000
③ ₩196,250 ④ ₩200,000
⑤ ₩211,250

27 (주)관세가 생산·판매하고 있는 제품A와 B의 연간 최대 판매가능수량은 각각 2,000단위와 1,000단위이다. 제품A의 단위당 공헌이익은 ₩15이고, 단위당 노무시간은 1시간이다. 제품 B의 단위당 공헌이익은 ₩20이고, 노무시간당 공헌이익은 ₩10이다. 연간 최대노무시간이 3,000시간일 때 달성할 수 있는 최대공헌이익은?
▶ 관세사 24

① ₩20,000 ② ₩25,000
③ ₩30,000 ④ ₩35,000
⑤ ₩40,000

28 (주)세무는 제품 A, 제품 B 및 제품 C를 생산하여 판매한다. 이 세 제품에 공통으로 필요한 재료 K를 품귀현상으로 더 이상 구입할 수 없게 되었다. (주)세무의 재료 K 보유량은 3,000kg이며, 재료 K가 소진되면 제품 A, 제품 B 및 제품 C는 더 이상 생산할 수 없다. (주)세무는 각 제품의 사전계약 물량을 의무적으로 생산하여야 하며, 사전계약 물량과 별도로 추가 최대수요량까지 각 제품을 판매할 수 있다. (주)세무의 관련 자료가 다음과 같을 때, 최대의 공헌이익 총액(사전계약 물량 포함)은? ▸ CTA 17

구분	제품 A	제품 B	제품 C
사전계약 물량	100단위	100단위	300단위
추가 최대수요량	400단위	100단위	1,500단위
단위당 판매가격	₩100	₩80	₩20
공헌이익률	24%	25%	60%
단위당 재료K 사용량	3kg	5kg	2kg

① ₩19,000 ② ₩19,500
③ ₩20,000 ④ ₩20,500
⑤ ₩21,000

29 (주)세무는 제품 A와 B를 생산하고 있으며, 제품 생산에 관한 자료는 다음과 같다.

구분	제품 A	제품 B
제품 단위당 공헌이익	₩30	₩50
제품 단위당 기계시간	0.5시간	1시간
제품 단위당 노무시간	1.5시간	2시간

월간 이용가능한 기계시간은 1,000시간, 노무시간은 2,400시간으로 제한되어 있다. 월간 고정원가는 ₩20,000으로 매월 동일하고, 제품 A와 B의 시장수요는 무한하다. (주)세무가 이익을 극대화하기 위해서는 제품 A와 B를 각각 몇 단위 생산해야 하는가? ▸ CTA 22

	제품 A	제품 B		제품 A	제품 B
①	0단위	1,000단위	②	800단위	500단위
③	800단위	600단위	④	900단위	500단위
⑤	1,600단위	0단위			

30 ㈜관세는 제품 A와 제품 B를 생산하여 판매하고 있으며, 두 제품에 대한 시장수요는 무한하다. 제품 A와 제품 B의 생산에 사용되는 재료는 연간 총 2,400kg, 기계사용시간은 연간 총 3,000시간으로 제한되어 있다. 제품의 생산 및 판매와 관련된 자료가 다음과 같을 때, ㈜관세가 달성할 수 있는 연간 최대 공헌이익은? ▸관세사 16

구분	제품 A	제품 B
단위당 판매가격	₩1,000	₩1,500
단위당 변동제조원가	₩500	₩800
단위당 변동판매관리비	₩200	₩300
단위당 재료소요량	2kg	2kg
단위당 기계사용시간	2시간	3시간

① ₩360,000   ② ₩400,000

③ ₩420,000   ④ ₩600,000

⑤ ₩720,000

대체가격결정

1절 대체가격이란?

기업 내의 분권화된 사업부 간 재화나 서비스를 제공하는 거래를 대체거래 또는 이전거래라 하며, 이전되는 재화나 서비스의 가격을 대체가격 또는 이전가격이라 한다.

2절 대체가격 결정방법

구분	시장가격기준	원가기준	협상가격기준
가격결정	경쟁시장의 시장가격	제품원가	공급부서와 수요부서 협상
장점	경쟁시장이 존재할 경우 – 목표일치성 달성 – 성과평가에 유용 – 자율성 유지 가능	회계시스템에 의한 원가자료를 이용하므로 적용이 용이	책임중심점에 대한 책임과 통제가능성의 원칙 반영 – 목표일치성 달성 – 자율성 유지 가능
단점	시장이 존재하지 않거나 불완전할 경우 적용이 어려움	– 준최적화현상 가능성 – 공정한 성과평가 불가 – 동기부여 불가	– 협상에 많은 시간 소요 – 협상능력에 영향 받음

1. 대체가격결정 일반원칙

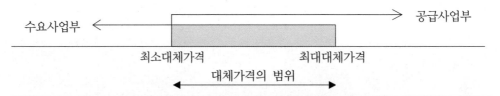

$$\text{수요사업부의 단위당 최대대체가격}$$
$$= \min(\text{단위당 지출가능원가}^*, \ \text{단위당 외부구입가격})$$
$$^* \text{단위당 지출가능원가} = \text{최종제품 판매가격} - \text{단위당 추가가공원가}$$

$$\text{공급사업부의 단위당 최소대체가격}$$
$$= \text{대체 시 단위당 증분지출원가} + \text{대체 시 단위당 기회원가}^*$$
$$^* \text{유휴설비가 존재하지 않을 경우 외부시장 판매 감소로 인한 공헌이익 감소분}$$

객관식 문제

01 ㈜한국은 A와 B 두 개의 사업부를 이익중심점으로 설정하여 운영하고 있다. A사업부는 부품을 생산하여 B 사업부와 기업외부에 판매할 수 있다. 사업부 간의 대체가격은 단위당 변동제조원가에 기회원가를 가산하여 결정된다.

〈A사업부의 생산 · 판매 자료〉	
• 연간 최대조업도	11,000단위
• 연간 고정제조원가	₩4,500,000
• 단위당 변동제조원가	₩1,800
• 단위당 외부시장 판매가격	₩3,000

A사업부가 연간 9,000단위를 생산하여 전량 기업외부에 판매하고 있는 상황에서 B사업부가 연간 4,000단위의 부품을 대체해 줄 것을 요청하였다. 다음 중 A사업부가 요구해야 할 최소한의 단위당 대체가격은 얼마인가? (단, 대체거래를 하더라도 A사업부가 생산하는 부품의 제조원가는 주어진 자료와 동일하며 판매비와 관리비는 고려하지 않는다. 또한 B사업부가 동일한 부품을 외부에서 구입하는 경우에는 단위당 ₩3,000을 지급하고 4,000단위 전량을 구입해야 한다.)

▶ 09년 기출

① ₩2,150
② ₩2,300
③ ₩2,400
④ ₩2,700
⑤ ₩2,750

02 (주)백제에는 A, B 두 사업부가 있는데, B사업부는 신제품을 생산하기 위하여 필요한 부품 2,000개를 A사업부로부터 구입하려고 한다. A사업부가 이 부품을 생산하는 데 단위당 변동원가 ₩22이 소요될 것으로 추정된다. 또한 A사업부는 이 부품 2,000개를 생산하기 위해 현재 생산판매 중인 Z제품 2,500개를 포기해야 한다. Z제품의 판매단가는 ₩450이고, 단위당 변동원가는 ₩15이다. B사업부는 이 부품을 외부에서 단위당 ₩65에 구입할 수 있다. 다음 중 최적사내이전가격에 해당하는 것은?

▶ 관세사 12

① ₩45
② ₩47
③ ₩55
④ ₩60
⑤ ₩67

03 (주)관세는 분권화된 사업부 A와 사업부 B를 이익중심점으로 운영하고 있다. 사업부 A에서 생산되는 표준형 밸브는 외부시장에 판매하거나 사업부 B에 대체할 수 있다. 사업부 A는 현재 최대생산능력을 이용하여 생산하는 표준형 밸브 전량을 단위당 판매가격 ₩50으로 외부시장에 판매하고 있고, 생산 및 판매와 관련된 자료는 다음과 같다.

• 연간 최대생산능력	180,000단위
• 단위당 변동제조원가	₩29
• 단위당 변동판매관리비	₩4
• 단위당 고정제조간접원가(연간 180,000단위 기준)	₩7
• 단위당 고정판매관리비(연간 180,000단위 기준)	₩5

사업부 A가 표준형 밸브를 사업부 B에 사내대체할 경우 단위당 변동제조원가를 ₩2만큼 절감할 수 있으며, 변동판매관리비는 발생하지 않는다. 사업부 A가 외부시장에 판매한 경우와 동일한 이익을 얻기 위한 표준형 밸브의 단위당 사내대체가격은 얼마인가? ▸ 관세사 15

① ₩29   ② ₩34
③ ₩36   ④ ₩40
⑤ ₩44

04 ㈜세무는 분권화된 A사업부와 B사업부가 있다. A사업부는 반제품M을 최대 3,000단위 생산할 수 있으며, 현재 단위당 판매가격 ₩600으로 2,850단위를 외부에 판매하고 있다. B사업부는 A사업부에 반제품M 300단위를 요청하였다. A사업부 반제품M의 단위당 변동원가는 ₩300(변동판매관리비는 ₩0)이며, 사내대체를 하여도 외부판매가격과 단위당 변동원가는 변하지 않는다. A사업부는 사내대체를 전량 수락하든지 기각하여야 하며, 사내대체 수락 시 외부시장 판매를 일부 포기하여야 한다. A사업부가 사내대체 전 이익을 감소시키지 않기 위해 제시할 수 있는 최소 사내대체가격은? ▸ CTA 16

① ₩350   ② ₩400
③ ₩450   ④ ₩500
⑤ ₩550

05 ㈜감평은 이익중심점인 A사업부와 B사업부를 운영하고 있다. A사업부가 생산하는 열연강판의 변동제조원가와 고정제조원가는 각각 톤당 ₩2,000과 톤당 ₩200이며, 외부 판매가격과 판매비는 각각 톤당 ₩3,000과 톤당 ₩100이다. 현재 B사업부가 열연강판을 외부에서 톤당 ₩2,600에 구입하여 사용하고 있는데, 이를 A사업부로부터 대체받을 것을 고려하고 있다. A사업부는 B사업부가 필요로 하는 열연강판 수요를 충족시킬 수 있는 유휴생산능력을 보유하고 있으며, 사내대체하는 경우 판매비가 발생하지 않을 것이다. A사업부가 사내대체를 수락할 수 있는 **최소사내대체가격**은? ▸13년 기출

① ₩2,000
② ₩2,100
③ ₩2,200
④ ₩2,600
⑤ ₩3,000

06 (주)대한은 펌프사업부와 밸브사업부를 이익중심점으로 운영하고 있다. 밸브사업부는 X제품을 생산하며, X제품의 단위당 판매가격과 단위당 변동원가는 각각 ₩100과 ₩40이고, 단위당 고정원가는 ₩20이다. 펌프사업부는 연초에 Y제품을 개발했으며, Y제품을 생산하는 데 필요한 A부품은 외부업체로부터 단위당 ₩70에 구입할 수 있다. 펌프사업부는 A부품 500단위를 밸브사업부로부터 대체받는 것을 고려하고 있다. 밸브사업부가 A부품 500단위를 생산 및 대체하기 위해서는 단위당 변동제조원가 ₩30과 단위당 운송비 ₩7이 발생하며, 기존 시장에서 X제품의 판매량을 200단위만큼 감소시켜야 한다. 밸브사업부가 대체거래를 수락할 수 있는 A부품의 단위당 최소 대체가격은? ▸17년 기출

① ₩53
② ₩58
③ ₩61
④ ₩65
⑤ ₩70

07 대한회사의 부품 생산부문은 최대생산량인 360,000단위를 생산하여 외부시장에 전량 판매하고 있다. 부품생산 부문의 관련정보는 다음과 같다.

• 단위당 외부판매가	₩100
• 단위당 변동제조원가	58
• 단위당 변동판매비	8
• 단위당 고정제조원가	14
• 단위당 고정관리비	10

단위당 고정원가는 최대생산량 360,000단위 기준의 수치이다. 부품 생산부문의 이익을 극대화시키기 위해 사내대체를 허용할 수 있는 단위당 최소 사내대체가격은 얼마인가? (단, 사내대체물에 대해서는 변동판매비가 발생하지 않음) ▶ CTA 08

① ₩58 ② ₩66
③ ₩90 ④ ₩92
⑤ ₩100

08 ㈜대한의 분권화된 사업부 A와 사업부 B는 이익중심점으로 설정되어 있다. 사업부 A에서 생산되는 제품 X는 사업부 B에 대체하거나 외부시장에 판매할 수 있다. 사업부 B는 제품 X를 주요부품으로 사용하여 완제품을 생산하고 있으며, 공급처는 자유롭게 선택할 수 있다. 현재 사업부 A는 10,000단위의 제품 X를 전부 외부시장에 판매하고 있으며, 사업부 B는 현재 연간 5,000단위의 제품 X를 단위당 ₩84의 가격으로 외부공급업자로부터 구입하고 있다. 사업부 A에서 생산되는 제품 X와 관련된 자료는 다음과 같다.

• 단위당 외부판매가격	₩90
• 단위당 변동원가(변동판매비와 관리비 포함)	₩60
• 연간 고정원가	₩2,000,000
• 연간 최대생산능력	10,000단위

최근 ㈜대한은 사업부 B의 생산에 필요한 5,000단위의 제품 X의 사내대체를 검토하였다. 사내대체를 할 경우, 사업부 A가 단위당 ₩20의 변동판매비와 관리비를 절감할 수 있다면 사업부 A가 사내대체를 수락할 수 있는 최소 대체가격은 얼마인가? ▶ CPA 24

① ₩40 ② ₩60
③ ₩70 ④ ₩84
⑤ ₩90

09 ㈜감평은 분권화된 사업부 A와 B를 이익중심점으로 운영한다. 사업부 A는 매년 부품 X를 8,000단위 생산하여 전량 외부시장에 단위당 ₩150에 판매하여 왔다. 최근 사업부 B는 제품 단위당 부품 X가 1단위 소요되는 신제품 Y를 개발하고, 단위당 판매가격 ₩350에 4,000단위를 생산·판매하는 방안을 검토하고 있다. 다음은 부품 X에 대한 제조원가와 신제품 Y에 대한 예상제조원가 관련 자료이다.

구분	부품 X	신제품 Y
단위당 직접재료원가	₩40	₩80
단위당 직접노무원가	35	70
단위당 변동제조간접원가	25	30
연간 고정제조간접원가	200,000	100,000
연간 최대생산능력	10,000단위	5,000단위

사업부 B는 신제품 Y의 생산에 필요한 부품 X를 사내대체하거나 외부로부터 단위당 ₩135에 공급받을 수 있다. 사업부 A는 사내대체를 전량 수락하든지 기각해야 하며, 사내대체 시 외부시장 판매를 일부 포기해야 한다. 사업부 A가 사내대체를 수락할 수 있는 부품 X의 단위당 최소대체가격은?

▸23년 기출

① ₩100
② ₩125
③ ₩135
④ ₩170
⑤ ₩180

종합예산

1절   종합예산

기업 내 판매·생산·구매·재무 등 모든 부문을 대상으로 일반적으로 1년 단위로 편성하는 단기예산

1. 종합예산 편성절차

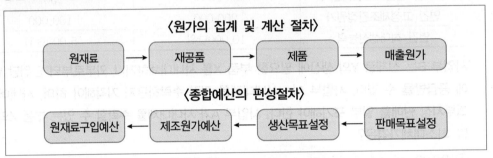

〈원가의 집계 및 계산 절차〉

원재료 → 재공품 → 제품 → 매출원가

〈종합예산의 편성절차〉

원재료구입예산 ← 제조원가예산 ← 생산목표설정 ← 판매목표설정

2. 현금예산 수립

현금예산이란 현금의 수입과 지출액에 대한 예산을 말하며, 기업의 영업활동이 현금흐름에 미치는 영향을 관리하기 위하여 수립한다.

① **현금유입액** : 예산기간 중 기업에 유입될 것으로 예상되는 현금으로, 일반적으로 현금매출 및 외상매출의 회수를 통해서 유입된다.

② **현금유출액** : 예상기간 중 기업에서 유출될 것으로 예상되는 현금으로, 원재료의 현금매입 및 외상매입금 지급, 직접노무원가의 지급, 제조간접원가의 지급 등을 통하여 유출된다. 주의할 점은, 감가상각비나 손상차손(대손상각비)는 현금의 유출이 없는 비용으로 현금유출액을 계산할 때 포함시켜서는 안 된다.

CHAPTER 13 객관식 문제

01 (주)대한의 20×1년 1분기 매출계획에 관한 자료는 다음과 같다.

구분	1월	2월	3월
예상 판매량(단위)	450,000	380,000	420,000
예상 월말제품재고량(단위)	27,000	25,000	34,000

이 매출계획이 달성되려면 (주)대한은 2월에 몇 단위를 생산하여야 하는가? ▶ 관세사 12

① 360,000단위
② 368,000단위
③ 370,000단위
④ 378,000단위
⑤ 382,000단위

02 (주)관세는 20×1년 3분기에 30,000단위의 제품을 판매하였으며, 4분기에는 판매량이 3분기보다 10% 증가할 것으로 예측하고 있다. 20×1년 9월 및 12월 말 제품재고량이 각각 3,300단위, 2,850단위라면, 4분기의 목표생산량은 얼마인가? ▶ 관세사 14

① 29,250단위
② 30,900단위
③ 32,550단위
④ 34,200단위
⑤ 35,850단위

03 (주)관세는 단위당 2kg의 재료를 사용하여 제품A를 생산한다. 재료의 kg당 가격은 ₩30이며, 다음 분기 목표재료사용량의 20%를 분기말 재고로 유지한다. 20×1년 제품A의 1분기와 2분기 생산량이 각각 3,000단위와 5,000단위일 때 1분기 재료구입예산액은? ▶ 관세사 24

① ₩14,400
② ₩18,000
③ ₩20,400
④ ₩24,000
⑤ ₩27,600

04 화장품을 제조하는 ㈜한국의 20×1년 직접재료예산과 관련된 자료를 이용하여 계산한 3분기의 재료구입 예산액은?

▸ 12년 기출

• 매출계획 및 재고계획에 따른 각 분기별 화장품 추정생산량

20×1년			
1분기	2분기	3분기	4분기
1,400단위	3,200단위	3,600단위	1,900단위

• 화장품 1단위를 생산하는 데 필요한 재료는 15kg이다.
• 분기 말 목표재료재고량은 다음 분기 생산량에 필요한 재료의 10%로 한다.
• 재료구입단가는 kg당 ₩2이다.

① ₩102,900
② ₩103,200
③ ₩104,100
④ ₩105,300
⑤ ₩106,400

05 ㈜대한은 단일제품을 생산·판매하고 있다. 제품 1단위를 생산하기 위해서는 직접재료 0.5kg이 필요하고, 직접재료의 kg당 구입가격은 ₩10이다. 1분기 말과 2분기 말의 재고자산은 다음과 같이 예상된다.

구분	재고자산	
	1분기 말	2분기 말
직접재료	100kg	120kg
제품	50단위	80단위

2분기의 제품 판매량이 900단위로 예상될 경우, 2분기의 직접재료 구입예산은? (단, 각 분기말 재공품 재고는 무시한다.)

▸ 14년 기출

① ₩4,510
② ₩4,600
③ ₩4,850
④ ₩4,900
⑤ ₩4,960

06 손세정제를 제조하는 ㈜세무의 20×1년도 직접재료예산과 관련된 자료는 다음과 같다. 이를 바탕으로 구한 2분기의 직접재료구매예산액은? ▸CTA 21

• 판매예산에 따른 각 분기별 제품판매량

1분기	2분기	3분기	4분기
1,000통	3,000통	5,000통	2,000통

• 각 분기별 기말목표 제품재고량은 다음 분기 판매량의 20%로 한다.
• 각 분기별 기말목표 재료재고량은 다음 분기 제품생산량에 필요한 재료량의 10%로 한다.
• 손세정제 1통을 만드는 데 20kg의 재료가 필요하다.
• 재료의 구입단가는 kg당 ₩2이다.

---

① ₩106,000 ② ₩124,000
③ ₩140,000 ④ ₩152,000
⑤ ₩156,000

07 다음은 ㈜감평의 20×1년 상반기 종합예산을 작성하기 위한 자료의 일부이다. 4월의 원재료 구입예산액은? ▸22년 기출

• 예산판매량
  – 3월 : 2,000단위   4월 : 2,500단위   5월 : 2,400단위   6월 : 2,700단위
• 재고정책
  – 제품 : 다음 달 예산판매량의 10%를 월말재고로 보유한다.
  – 원재료 : 다음 달 생산량에 소요되는 원재료의 5%를 월말재고로 보유한다.
• 제품 1단위를 생산하는 데 원재료 2kg이 투입되며, kg당 구입단가는 ₩10이다.

---

① ₩49,740 ② ₩49,800
③ ₩49,860 ④ ₩52,230
⑤ ₩52,290

08 ㈜감평은 단일 종류의 상품을 구입하여 판매하고 있다. 20×1년 4월과 5월의 매출액은 각각 ₩6,000과 ₩8,000으로 예상된다. 20×1년 중 매출원가는 매출액의 70%이다. 매월 말의 적정 재고금액은 다음 달 매출원가의 10%이다. 4월 중 예상되는 상품구입액은? ▶ 14년 기출

① ₩4,340　　　　　　　　　② ₩4,760
③ ₩4,920　　　　　　　　　④ ₩5,240
⑤ ₩5,600

09 상품매매기업인 (주)관세는 20×1년도 1월과 2월의 매출액을 다음과 같이 예상하고 있다.

구분	1월	2월
예상매출액	₩120,000	₩150,000

(주)관세의 전기 말 재무상태표에 표시된 상품재고액은 ₩25,500, 매입채무는 ₩34,000이었다. (주)관세는 상품원가의 120%로 판매가격을 책정하며, 월말재고는 다음 달 매출원가의 30%를 보유한다. 매월 구입한 상품의 70%는 현금매입이고, 나머지 30%는 외상매입이다. 외상매입 대금은 구입한 달의 다음 달에 전부지급한다. (주)관세가 상품매입과 관련하여 20×1년도 1월에 지급할 금액은? (단, 매입에누리, 매입환출, 매입할인은 발생하지 않는다.)

▶ 관세사 23

① ₩110,000　　　　　　　　② ₩110,200
③ ₩112,000　　　　　　　　④ ₩112,400
⑤ ₩113,400

10 ㈜대한의 20×2년 1월부터 4월까지의 예상 상품매출액은 다음과 같다.

월	예상매출액
1월	₩4,000,000
2월	5,000,000
3월	6,000,000
4월	7,000,000

㈜대한은 20×1년 동안 월말 재고액을 다음 달 예상 매출원가의 10%(이하 재고비율)로 일정하게 유지하였다. 만약 20×2년 초부터 재고비율을 20%로 변경·유지한다면, 20×2년 3월 예상 상품매입액은 재고비율을 10%로 유지하는 경우에 비해 얼마나 증가하는가? (단, ㈜대한의 매출총이익률은 30%로 일정하다고 가정한다.) ▸ CPA 21

① ₩50,000　　　　　　　② ₩60,000
③ ₩70,000　　　　　　　④ ₩80,000
⑤ ₩90,000

11 (주)관세는 20×1년의 분기별 현금예산을 편성 중인데, 동 기간 동안의 매출 관련 자료는 다음과 같이 예상된다.

	예상 매출액
1분기	₩100,000
2분기	₩120,000
3분기	₩80,000
4분기	₩110,000

매 분기 매출액 가운데 현금매출은 60%이며, 외상매출은 40%이다. 외상매출은 판매된 분기에 30%가 현금으로 회수되고, 그 다음 분기에 나머지 70%가 현금으로 회수된다. 20×1년 3분기의 매출관련 현금유입액은 얼마로 예상되는가? ▸ 관세사 11

① ₩89,000　　　　　　　② ₩91,200
③ ₩94,400　　　　　　　④ ₩95,000
⑤ ₩96,600

12 ㈜감평은 향후 6개월의 월별 매출액을 다음과 같이 추정하였다.

월	매출액
1월	₩350,000
2월	300,000
3월	320,000
4월	400,000
5월	450,000
6월	470,000

㈜감평의 모든 매출은 외상거래이다. 외상매출 중 70%는 판매한 달에, 25%는 판매한 다음 달에 현금회수될 것으로 예상되고, 나머지 5%는 회수가 불가능할 것으로 예상된다. ㈜감평은 당월 매출액 중 당월에 현금회수된 부분에 대해 2%를 할인해주는 방침을 가지고 있다. ㈜감평이 예상하는 4월의 현금유입액은?

▸ 15년 기출

① ₩294,400
② ₩300,400
③ ₩354,400
④ ₩380,400
⑤ ₩406,400

13 ㈜관세는 20×1년의 분기별 현금예산을 편성 중이며, 관련 매출 자료는 다음과 같다.

구분	1분기	2분기	3분기	4분기
예상 매출액	₩250,000	₩300,000	₩200,000	₩275,000

분기별 예상 매출액 중 현금매출은 40%이며, 외상매출은 60%이다. 외상매출은 판매된 분기 (첫 번째 분기)에 60%, 두 번째 분기에 30%, 세 번째 분기에 10%가 현금으로 회수된다. 20×1년 매출과 관련하여 3분기에 예상되는 현금 유입액은?

▸ 관세사 18

① ₩152,000
② ₩206,000
③ ₩218,000
④ ₩221,000
⑤ ₩267,000

14 ㈜감평의 20×1년 말 재무상태표 매출채권 잔액은 ₩35,000이며, 이 중 ₩5,000은 11월 판매분이다. 매출채권은 판매한 달에 60%, 그 다음 달에 30%, 그 다음다음 달에 10%가 회수되며, 판매한 달에 회수한 매출채권에 대해 5%를 할인해준다. 20×2년 1월 판매예산이 ₩100,000일 때, 1월 말의 예상 현금유입액은? (단, 매출은 전액 신용매출로 이루어진다.)

▸ 24년 기출

① ₩27,500
② ₩52,000
③ ₩62,500
④ ₩79,500
⑤ ₩84,500

15 ㈜감평은 매입원가의 130%로 매출액을 책정한다. 모든 매입은 외상거래이다. 외상매입액 중 30%는 구매한 달에, 70%는 구매한 달의 다음 달에 현금으로 지급된다. (주)감평은 매월 말에 다음 달 예상 판매량의 25%를 안전재고로 보유한다. 20×1년도 예산자료 중 4월, 5월, 6월의 예상 매출액은 다음과 같다.

구분	4월	5월	6월
예상 매출액	₩1,300,000	₩3,900,000	₩2,600,000

20×1년 5월에 매입대금 지급으로 인한 예상 현금지출액은? (단, 4월, 5월, 6월의 판매단가 및 매입단가는 불변)

▸ 17년 기출

① ₩1,750,000
② ₩1,875,000
③ ₩2,050,000
④ ₩2,255,000
⑤ ₩2,500,000

16 20×1년 1월 초에 1분기 현금예산을 편성 중인 (주)관세의 월별 매출예상액은 다음과 같다.

구분	1월	2월	3월
매출예상액	₩600,000	₩450,000	₩900,000
매출총이익률		30%	

매출액 중 40%는 판매한 달에, 55%는 판매한 다음 달에 현금으로 회수되며, 5%는 대손으로 예상된다. 상품매입대금은 매입한 다음 달에 전액 현금으로 지급한다. 1월초 상품재고액은 ₩60,000이고 매월 말 상품재고액은 다음 달 매출원가의 10%로 유지한다. 2월 한 달간 예상되는 현금유입액과 현금유출액의 차이는? ▶ 관세사 17

① ₩112,500 ② ₩118,500
③ ₩121,200 ④ ₩126,300
⑤ ₩132,300

17 (주)세무는 상품매매업을 영위하고 있으며, 20×2년 1분기의 매출액 예산은 다음과 같다.

구분	1월	2월	3월
매출액	₩100,000	₩120,000	₩150,000
매출원가율	80%	75%	70%

(주)세무의 20×1년 말 재무상태표에 표시된 상품재고는 ₩10,000이고, 매입채무는 ₩42,400이다. (주)세무는 20×2년에 매월 기말재고로 다음 달 예상 매출원가의 10%를 보유한다. 매월 상품매입은 현금매입 40%와 외상매입 60%로 구성되며, 외상매입대금은 그 다음 달에 모두 지급한다. 상품매입으로 인한 2월의 현금지출예산은? ▶ CTA 22

① ₩74,000 ② ₩84,000
③ ₩85,500 ④ ₩91,500
⑤ ₩95,000

18 20×1년 초 영업을 개시한 상품매매기업인 (주)감평의 20×1년 1분기 월별 매출액 예산은 다음과 같다.

구분	1월	2월	3월
매출액	₩2,220,000	₩2,520,000	₩2,820,000

(주)감평은 매출원가의 20%를 이익으로 가산하여 상품을 판매하고, 월말재고로 그 다음 달 매출원가의 40%를 보유하는 재고정책을 실시하고 있다. (주)감평의 매월 상품매입 중 50% 는 현금매입이고, 50%는 외상매입이다. 외상매입대금 중 80%는 매입한 달의 1개월 후에, 20%는 매입한 달의 2개월 후에 지급된다. 상품매입과 관련하여 (주)감평의 20×1년 2월 예 상되는 현금지출액은? (단, 매입에누리, 매입환출, 매입할인 등은 발생하지 않는다.)

▸ 19년 기출

① ₩1,076,000　　　　　　② ₩1,100,000
③ ₩1,345,000　　　　　　④ ₩2,176,000
⑤ ₩2,445,000

19 ㈜감평의 20×1년 4월 초 현금잔액은 ₩450,000이며, 3월과 4월의 매입과 매출은 다음과 같다.

구분	매입액	매출액
3월	₩600,000	₩800,000
4월	500,000	700,000

매출은 모두 외상으로 이루어지며, 매출채권은 판매한 달에 80%, 그 다음 달에 20%가 현금 으로 회수된다. 모든 매입 역시 외상으로 이루어지고, 매입채무는 매입액의 60%를 구입한 달에, 나머지 40%는 그 다음 달에 현금으로 지급한다. ㈜감평은 모든 비용을 발생하는 즉시 현금으로 지급하고 있으며, 4월 중에 급여 ₩20,000, 임차료 ₩10,000, 감가상각비 ₩15,000이 발생하였다. ㈜감평의 4월 말 현금잔액은?

▸ 20년 기출

① ₩540,000　　　　　　② ₩585,000
③ ₩600,000　　　　　　④ ₩630,000
⑤ ₩720,000

14 투자중심점 성과평가

Chapter

1절 투자중심점 성과평가

1. 투자수익률

투자수익률(Return on Investment : ROI)은 투자액에 대한 이익의 비율로 나타내는 일종의 수익성지표다. 투자수익률은 영업이익을 투자액으로 나누어 계산한다.

$$투자수익률 = \frac{영업이익}{투자액} = \frac{영업이익}{매출액} \times \frac{매출액}{투자액}$$
$$= 매출액이익률 \times 자산회전율$$

2. 잔여이익

잔여이익(Residual Income : RI)은 투자중심점이 사용하는 영업자산으로부터 획득해야 하는 최소한의 이익을 초과하는 영업이익을 의미한다.

$$잔여이익 = 영업이익 - (투자액 \times 최저요구수익률)$$

3. 경제적 부가가치

경제적 부가가치(Economic Value Added : EVA)는 영업이익에서 법인세와 투자액에 소요되는 자본비용을 차감한 이익을 의미한다.

$$경제적 부가가치(EVA) = 영업이익(1-세율) - 투하자본 \times 가중평균자본비용$$
$$= 영업이익 - 세금 - 주주나 채권자에 대한 자본비용$$
$$= (투하자본수익률 - 가중평균자본비용) \times 투하자본$$

CHAPTER 14 객관식 문제

01 A사업부의 자료는 다음과 같다. A사업부가 16%의 총자산이익률을 달성하기 위해서는 제품가격을 얼마로 결정해야 하는가?

▶ 관세사 12

• 연간 총고정원가	₩490,000
• 제품단위당 변동원가	₩140
• 연간 예상판매량	15,000단위
• 평균총자산	₩2,000,000

① ₩186   ② ₩188
③ ₩190   ④ ₩192
⑤ ₩194

02 (주)관세는 다음과 같은 듀퐁식 수익성분석 방법을 사용하여 성과를 관리하고 있다.

₩1,200,000(매출액)/₩1,000,000(총자산) × ₩240,000(영업이익)/₩1,200,000(매출액) = 24%(ROI)

다른 조건이 일정할 때 (주)관세가 투자수익률(ROI) 30%를 달성하기 위한 총자산 감소액은 얼마인가?

▶ 관세사 13

① ₩200,000   ② ₩220,000
③ ₩240,000   ④ ₩250,000
⑤ ₩260,000

03 (주)감평은 A, B 두 개의 사업부만 두고 있다. 투자수익률과 잔여이익을 이용하여 사업부를 평가할 때 관련 설명으로 옳은 것은? (단, 최저필수수익률은 6%라고 가정한다.) ▸16년 기출

구분	A사업부	B사업부
투자금액	₩250,000,000	₩300,000,000
감가상각비	25,000,000	28,000,000
영업이익	20,000,000	22,500,000

① A사업부와 B사업부의 성과는 동일하다.
② A사업부가 투자수익률로 평가하든 잔여이익으로 평가하든 더 우수하다.
③ B사업부가 투자수익률로 평가하든 잔여이익으로 평가하든 더 우수하다.
④ 투자수익률로 평가하는 경우 B사업부, 잔여이익으로 평가하는 경우 A사업부가 각각 더 우수하다.
⑤ 투자수익률로 평가하는 경우 A사업부, 잔여이익으로 평가하는 경우 B사업부가 각각 더 우수하다.

04 ㈜관세는 가전제품을 생산하여 판매하는 기업으로 투자중심점인 사업부 A, B, C, D를 운영하고 있다. 다음 자료를 이용하여 각 사업부의 성과를 평가할 때 옳지 않은 것은? ▸관세사 22

구분	사업부 A	사업부 B	사업부 C	사업부 D
평균영업자산	₩750	₩840	₩800	₩800
영업이익	210	210	220	210
최저필수수익률	10%	10%	12%	10%

① 잔여이익은 사업부 A가 사업부 D보다 크다.
② 잔여이익은 사업부 B가 사업부 C보다 크다.
③ 투자수익률은 사업부 D가 사업부 B보다 크다.
④ 투자수익률은 사업부 C가 사업부 D보다 크다.
⑤ 잔여이익은 사업부 A가 가장 크고, 투자수익률은 사업부 C가 가장 크다.

05 ㈜감평은 평균영업용자산과 영업이익을 이용하여 투자수익률(ROI)과 잔여이익(RI)을 산출하고 있다. ㈜감평의 20×1년 평균영업용자산은 ₩2,500,000이며, ROI는 10%이다. ㈜감평의 20×1년 RI가 ₩25,000이라면 최저필수수익률은? ▸21년 기출

① 8%   ② 9%
③ 10%   ④ 11%
⑤ 12%

06 (주)관세는 평균영업자산과 영업이익을 사용하여 투자수익률과 잔여이익을 계산하고 있다. 20×1년 평균영업자산이 ₩10,000이고, 투자수익률은 12%이다. 잔여이익이 ₩200일 때 최저요구(필수)수익률은? ▸ 관세사 24

① 7% ② 8%
③ 9% ④ 10%
⑤ 11%

07 ㈜감평은 두 개의 사업부 X와 Y를 운영하고 있으며, 최저필수수익률은 10%이다. 20×1년 사업부 X와 Y의 평균영업자산은 각각 ₩70,000과 ₩50,000이다. 사업부 X의 투자수익률은 15%이고, 사업부 X의 잔여이익이 사업부 Y보다 ₩2,500 더 클 때 사업부 Y의 투자수익률은? ▸ 24년 기출

① 11% ② 12%
③ 13% ④ 14%
⑤ 15%

08 ㈜대한의 A사업부는 단일제품을 생산 및 판매하는 투자중심점이다. A사업부에 대해 요구되는 최저필수수익률은 15%, 가중평균자본비용은 10%, 그리고 법인세율은 40%이다. 다음은 20×3년도 ㈜대한의 A사업부에 관한 예산자료이다.

- A사업부의 연간 총고정원가는 ₩400,000이다.
- 제품 단위당 판매가격은 ₩550이다.
- 제품 단위당 변동원가는 ₩200이다.
- 제품의 연간 생산 및 판매량은 각각 2,000단위이다.
- A사업부에 투자된 평균영업자산과 투하자본은 각각 ₩1,000,000이다.

A사업부의 잔여이익(RI)과 경제적 부가가치(EVA)는 각각 얼마인가? ▸ CPA 23

	잔여이익	경제적 부가가치		잔여이익	경제적 부가가치
①	₩150,000	₩80,000	②	₩150,000	₩90,000
③	₩150,000	₩100,000	④	₩140,000	₩80,000
⑤	₩140,000	₩90,000			

최신 원가관리회계

1절 균형성과표

구분	목표	평가수단
재무적 관점	기업가치 증가 = (주주가치 증가)	영업이익, 투자수익률, 잔여이익, EVA
고객 관점	시장점유율 증가 고객만족도 증가	시장점유율, 고객만족도, 신규고객확보율, 기존고객 유지율
내부프로세스관점	품질과 생산성 향상, 판매 후 서비스 개선, 고객배달시간 감소	신제품 출시율, 불량률, 서비스대응시간, 주문 – 배달시간
학습과 성장 관점	종업원 만족 정보시스템 가용성 제고	종업원 직무 만족도, 종업원 교육수준, 제조과정 중 실시간 피드백 비율

- 균형성과표 추가 고려사항
  ① 네 가지 관점의 목표 및 성과측정지표들이 상호 연계성을 지니고 있어야 하며, 네 가지 관점의 상호 인과관계를 표현하는 '전략체계도'를 작성하여야 한다.
    학습과 성장 → 내부프로세스 개선 → 고객만족도 증가 → 재무적 성과 증가
  ② 균형성과표의 모든 성과목표는 궁극적으로는 재무적 성과의 극대화로 귀결되어야 한다.
  ③ 기업의 핵심 성공요소를 명확히 설정하고 핵심 성과지표에 반영하여야 한다.
  ④ 조직구성원들이 기업의 전체적인 전략을 이해하고 관심을 집중토록 유도하여야 하며, 균형성과표의 성과에 대하여 피드백과 보상이 이루어져야 한다.

2절 다양한 원가계산

1. **목표원가** : 제조 이전단계에서의 원가절감
   ① 목표원가 = 경쟁시장에서 결정된 목표가격에서 기업이 얻고자 하는 목표이익을 차감한 값
   ② 목표원가를 달성하기 위해 가치공학 등의 다양한 활동을 수행

> ⊙ 가치공학(Value Engineering : VE) : 낮은 원가로 동일 품질의 제품생산이 가능하도록 제품의 설계변경, 공정변경, 부품교체 등을 검토하는 절차
> ⊙ 동시설계(Concurrent Engineering : CE) : 제품의 기획·개발단계에 기획, 설계, 구매, 생산, 판매부서 등이 참여하여 제품을 개발하는 협력적 설계과정
> ⊙ 리엔지니어링(Reengineering) : 경쟁력 요소인 품질, 원가, 시간 등을 개선하기 위하여 현재의 프로세스를 재설계하거나 새롭게 설계하는 과정

2. 카이젠원가계산 : 제조단계에서의 원가절감

① 원가절감의 지식보유자 : 생산라인의 작업자
② 소규모의 지속적 개선 : 생산공정은 지속적으로 개선이 가능하다고 본다.

3. 수명주기원가계산 : 제조 이전단계에서의 원가절감

① 수명주기란 연구개발단계부터 설계, 제조, 판매 후 서비스까지의 모든 기간을 의미한다.
② 수명주기원가계산에서는 제조이전단계에서 후방단계의 원가발생이 결정되므로 제조이전단계에서 원가를 절감하여야 한다고 본다.

4. 활동기준경영관리 : 비부가가치활동은 제거하고 부가가치활동을 장려함으로써 원가를 절감하는 방법

5. 적시생산시스템 : 재고최소화를 통한 원가 절감

① 셀방식 공정배치 : 특정 제품의 생산에 필요한 기계나 설비를 한 장소에 근접배치하여 운반 및 이동·대기시간을 최소화한 공정배치
② 다양한 기술을 보유한 작업자 : 작업자는 고객의 수요에 따라 다양한 작업을 수행하여야 하므로 다양한 기계를 사용할 수 있어야 한다.
③ 칸반시스템 : 칸반은 '간판'의 일본식 발음으로 작업에 필요한 부품 또는 재공품의 양, 시간, 장소 등을 적어서 전공정의 작업자에게 전달하여 일반적인 생산공정흐름의 역순으로 의사소통하는 방식
④ 전사적 품질관리 : 불량률 '0(제로)'를 목표로 공정에서 불량이 발생할 경우 생산라인을 중단하고 즉시 품질문제를 전사적으로 공유하여 불량의 원인을 해결
⑤ 공급업체와의 강력한 유대관계 : 수요에 따라서 적시생산을 위해서는 고품질의 재료 및 부품을 필요할 때마다 적시에 공급받는 것이 중요. 안정적인 납품이 가능하도록 소수의 공급업체와 신뢰관계 형성

6. 제약이론 : 병목 공정 해소를 통한 원가 절감
  ① 초변동원가계산을 이용한 성과측정
  ② 기업경영에 제약이 되는 요인들을 찾아 분석하고 집중관리하여 기업의 현금창출을 극대화하기 위한 관리기법
  ③ 재고자산투자액과 운영비용을 최소화하고 재료처리량공헌이익을 극대화하여 현금을 창출하는 것이 제약이론의 목표에 해당함

3절 품질원가

통제원가	예방원가	불량품의 생산을 예방하기 위한 원가 예 품질 교육훈련원가, 공급업체 평가원가, 설계원가	원가 증가 ↓ 불량률 감소
	평가원가	불량품의 적발을 위한 원가 예 검사원가, 검사장비 유지·보수원가	
실패원가	내부실패원가	불량품이 고객에게 인도되기 전에 발견되어 발생하는 원가 예 재작업원가, 작업중단원가, 폐기원가	불량률 증가 ↓ 원가 증가
	외부실패원가	불량품이 고객에게 인도된 후에 발생하는 원가 예 반품된 제품원가, 재작업원가, 수리원가	

CHAPTER 15 객관식 문제

01 균형성과표(Balanced Scorecard)에 관한 설명으로 옳지 않은 것은? ▸관세사 17

① 영리기업의 경우, 균형성과표에서 내부프로세스 관점의 성과지표는 학습과 성장관점의 성과지표에 대해 후행지표인 것이 일반적이다.
② 균형성과표의 여러 관점은 서로 연계되어 인과관계를 가지고 있으며, 영리기업의 경우에 최종적으로 재무적 관점과 연계되어야 한다.
③ 균형성과표는 일반적으로 재무적 관점, 고객 관점, 내부프로세스 관점, 학습과 성장 관점의 다양한 성과지표에 의하여 조직의 성과를 측정한다.
④ 조직구성원들이 조직의 전략적 목표를 달성할 수 있도록 균형성과표에서 핵심성과지표(KPI)는 조직의 전략과 연계하여 설정된다.
⑤ 균형성과표의 내부프로세스 관점은 기업내부의 업무가 효율적으로 수행되는 정도를 의미하며 종업원 만족도, 이직률, 종업원 생산성 등의 지표를 사용한다.

02 원가관리기법에 관한 설명으로 옳은 것은? ▸21년 기출

① 제약이론을 원가관리에 적용한 재료처리량 공헌이익(throughput contribution)은 매출액에서 기본원가를 차감하여 계산한다.
② 수명주기원가계산에서는 공장자동화가 이루어지면서 제조이전단계보다는 제조단계에서의 원가절감 여지가 매우 높아졌다고 본다.
③ 목표원가계산은 표준원가와 마찬가지로 제조과정에서의 원가절감을 강조한다.
④ 균형성과표는 전략의 구체화와 의사소통에 초점이 맞춰진 제도이다.
⑤ 품질원가계산에서는 내부실패원가와 외부실패원가를 통제원가라 하며, 예방 및 평가활동을 통해 이를 절감할 수 있다.

03 다음 중 원가관리회계의 이론 및 개념들에 대한 설명으로 옳지 않은 것은? ▸CPA 21

① 안전재고는 재고부족으로 인해 판매기회를 놓쳐서 기업이 입는 손실을 줄여준다.

② 제품의 품질수준이 높아지면, 실패원가가 낮아진다. 따라서 품질과 실패원가는 음(−)의 관계를 가진다.

③ 제약이론은 주로 병목공정의 처리능력 제약을 해결하는 것에 집중해서 기업의 성과를 높이는 방법이다.

④ 제품수명주기원가계산은 특정 제품이 고안된 시점부터 폐기되는 시점까지의 모든 원가를 식별하여 측정한다.

⑤ 적시생산시스템(JIT)은 재고관리를 중요하게 생각하며, 다른 생산시스템보다 안전재고의 수준을 높게 설정한다.

04 품질원가는 불량품 예방을 위해서나, 제품의 불량으로부터 초래되는 모든 원가를 의미한다. 품질원가와 관련된 다음의 설명 중 옳지 않은 것은? ▸관세사 12

① 예방원가(prevention costs)와 평가원가(appraisal costs)는 불량제품이 생산되어 고객에게 인도되는 것을 예방하는 활동에 의해 발생한다.

② 내부실패원가(internal failure costs)와 외부실패원가(external failure costs)는 불량품이 생산됨으로써 발생하는 원가이다.

③ 품질원가는 제조활동뿐만 아니라, 초기 연구개발부터 고객 서비스까지의 모든 활동과 관련되어 있다.

④ 일반적으로, 품질문제가 발생한 후에 이를 발견하고 해결하는 것보다 문제가 발생하기 전에 이를 예방하는 것이 총품질원가를 감소시킨다.

⑤ 예방 및 평가원가가 증가하면 내부실패원가는 감소하나 외부실패원가는 증가한다.

05 다음 품질원가 항목 중 예방원가에 해당하는 것을 모두 고른 것은? ▸관세사 13

ㄱ. 설계엔지니어링	ㄴ. 품질교육훈련	ㄷ. 재작업
ㄹ. 고객지원	ㅁ. 부품공급업체 평가	ㅂ. 작업폐물

① ㄱ, ㄴ, ㄷ   ② ㄱ, ㄴ, ㅁ

③ ㄱ, ㅁ, ㅂ   ④ ㄴ, ㄷ, ㄹ

⑤ ㄹ, ㅁ, ㅂ

06 ㈜감평은 품질관련 활동원가를 예방원가, 평가원가, 내부실패원가 및 외부실패원가로 구분하고 있다. 다음에 제시한 자료 중 외부실패원가로 집계한 금액은? ▸ 13년 기출

• 제품보증수리활동	₩21,000
• 원재료 검사활동	11,000
• 직원 품질교육활동	50,000
• 고객서비스센터활동	6,000
• 불량품 재작업활동	8,000
• 설비보수 및 유지활동	5,000
• 판매기회 상실로 인한 기회비용	18,000
• 공정검사활동	7,000
• 설계개선활동	10,000

① ₩35,000
② ₩43,000
③ ₩45,000
④ ₩53,000
⑤ ₩57,000

07 ㈜관세는 품질원가를 계산하고자 한다. 다음 자료를 바탕으로 계산한 외부실패원가는? ▸ 관세사 21

• 품질교육	₩100
• 완성품검사	₩400
• 불량재공품 재작업	₩600
• 보증수리	₩200
• 반품 재작업	₩500
• 설계개선 작업	₩300
• 품질에 따른 판매기회상실 기회비용	₩700

① ₩700
② ₩900
③ ₩1,200
④ ₩1,400
⑤ ₩1,800

08 ㈜세무의 품질관리 활동원가는 다음과 같다. 품질관리 활동원가 중 예방원가와 평가원가의 계산결과를 비교한 것으로 옳은 것은? ▸CTA 19

활동	원가(또는 비용)	활동	원가(또는 비용)
원재료 검사	₩40	설계엔지니어링	₩20
반품 재작업	10	보증수리원가	70
재공품 검사	50	예방적 설비유지	30
납품업체 평가	90	반품 재검사	20
공손품 재작업	10	품질교육훈련	60

① 예방원가가 평가원가보다 ₩110 더 크다.
② 예방원가가 평가원가보다 ₩90 더 크다.
③ 예방원가가 평가원가보다 ₩50 더 작다.
④ 예방원가가 평가원가보다 ₩70 더 작다.
⑤ 예방원가가 평가원가보다 ₩90 더 작다.

09 책임회계와 성과평가에 관한 설명으로 옳지 않은 것은? ▸관세사 18

① 책임회계(responsibility accounting)의 평가지표는 각 책임단위가 통제할 수 있는 결과를 이용하며, 이를 통제가능성의 원칙(controllability principle)이라고 한다.
② 투자책임단위(investment center)의 경영자는 얼마의 금액을 투자해서 이익을 얼마나 창출했는지에 의하여 성과평가를 받아야 하므로 이익과 투자액을 동시에 고려해야 하며, 바람직한 성과지표는 잔여이익(RI), 경제적 부가가치(EVA), 투자수익율(ROI) 등이다.
③ 균형성과표(BSC)는 기업의 가치를 향상시키기 위해 전통적인 재무적 지표 이외에 다양한 관점의 성과지표가 측정되어야 한다는 것을 강조하고 있다.
④ 균형성과표(BSC)의 내부 프로세스 관점은 기존의 프로세스와 제품에 만족하지 않고 기술 및 제품의 혁신적인 발전을 추구하는 정도를 의미하는데, 종업원 만족도, 종업원 이직률 등의 지표가 이용된다.
⑤ 균형성과표(BSC)에서 고객의 관점은 고객만족에 대한 성과를 측정하는데 고객 만족도, 고객확보율, 반복구매정도 등의 지표가 사용된다.

10 (주)관세는 최근에 신제품X를 개발 완료했다. 신제품X는 향후 3년간 생산·판매되며, 예상되는 수익 및 원가는 다음과 같다.

- 연구개발 및 설계원가는 ₩2,000이고 1차년도에 전액 비용처리한다.
- 생산량은 1차년도에 400단위, 2차년도와 3차년도에는 각각 500단위이다.
- 단위당 판매가격은 ₩100이다.
- 단위당 변동제조원가는 ₩50이고, 생산량 100단위마다 ₩1,000의 작업준비원가가 발생한다.
- 마케팅 및 고객서비스 활동에서 발생하는 연간 고정원가는 ₩15,000이다.

신제품X의 제품수명주기 전체의 총이익은? (단, 생산량은 모두 판매되고, 화폐의 시간가치는 고려하지 않는다.) ▸관세사 23

① ₩7,000
② ₩9,000
③ ₩11,000
④ ₩25,000
⑤ ₩39,000

11 전략적 원가관리에 관한 설명으로 옳지 않은 것은? ▸관세사 24

① 제품수명주기원가계산은 장기적 의사결정 보다 단기적 의사결정에 더욱 유용하다.
② 목표원가계산은 시장의 수요에 기초해서 제품의 수익성이 확보될 수 있도록 원가를 관리하는 방법이다.
③ 카이젠원가계산은 내부프로세스의 혁신적인 변화보다는 제조단계에서 지속적으로 원가를 절감하고자 한다.
④ 목표원가는 예상 목표가격에서 목표이익을 차감하여 가치공학 등의 기법을 수행하여 생산개시 전에 결정된다.
⑤ 제품수명주기원가계산은 대부분의 제품원가가 제조이전단계에서 확정된다는 인식하에 제조이전단계에서 원가절감을 강조한다.

12 최신의 관리회계기법에 관한 설명으로 옳지 않은 것은? ▸24년 기출

① 목표원가는 목표가격에서 목표이익을 차감하여 결정한다.
② 카이젠원가계산은 제조이전단계에서의 원가절감에 초점을 맞추고 있다.
③ 균형성과표는 조직의 전략과 성과평가시스템의 연계를 강조하고 있다.
④ 품질원가의 분류에서 내부실패원가는 불량품의 재작업원가나 폐기원가 등을 말한다.
⑤ 제품수명주기원가계산은 단기적 의사결정보다는 장기적 의사결정에 더욱 유용하다.

재무회계
정답 및 해설

재무회계 정답 및 해설

CHAPTER 01

개념체계

01 정답 ④

해설 개념체계는 수시로 개정될 수 있으며, 개념체계가 개정되더라도 자동으로 회계기준이 개정되는 것은 아니다.

02 정답 ⑤

해설 보고기업의 경영진도 해당 기업에 대한 재무정보에 관심이 있다. 그러나 경영진은 그들이 필요로 하는 재무정보를 내부에서 구할 수 있기 때문에 일반목적재무보고서에 의존할 필요가 없다.

03 정답 ①

해설 현재 및 잠재적 투자자, 대여자 및 기타 채권자가 필요로 하는 모든 정보를 제공하지 않으며 제공할 수도 없다.

04 정답 ①

해설 일반목적재무보고의 주요 대상은 현재 및 잠재적 투자자, 대여자 및 기타채권자로 기타 당사자들은 포함하지 않는다.

05 정답 ④

해설 많은 현재 및 잠재적 투자자, 대여자 및 그 밖의 채권자는 정보를 제공하도록 보고기업에 직접 요구할 수 없으므로, 그들이 필요로 하는 재무정보의 많은 부분을 일반목적재무보고서에 의존한다.

06 정답 ③

해설 보고기업의 경제적자원 및 청구권의 변동은 그 기업의 재무성과 그리고 채무상품이나 지분상품의 발행과 같은 그 밖의 사건이나 거래에서 발생한다.

07 정답 ②

해설 ① 근본적 질적 특성은 목적적합성과 표현충실성이다.
③ 일반적으로 정보는 오래될수록 유용성이 낮아진다. 그러나 추세 등을 식별할 수 있는 경우 일부 정보는 보고기간 말 후에도 오랫동안 적시성이 있을 수 있다.
④ 정보가 비교가능하기 위해서는 비슷한 것은 비슷하게 보여야 하고 다른 것은 다르게 보여야 한다.
⑤ 표현충실성에서 오류가 없다는 것은 모든 면에서 완벽하게 정확하다는 것을 의미하지 않는다.

08 **정답** ③

해설 중립적 정보는 목적이 없거나 행동에 대한 영향력이 없는 정보를 의미하지 않는다.

09 **정답** ⑤

해설 일관성은 비교가능성과 관련은 되어 있지만 동일하지는 않다. 비교가능성은 목표이고, 일관성은 그 목표를 달성하는 데 도움을 준다.

10 **정답** ⑤

해설 해당 지문은 통일성이 아닌 일관성에 대한 설명이다.

11 **정답** ③

해설 계량화된 정보가 검증가능하기 위해서 단일 점추정치이어야 할 필요는 없다. 가능한 금액의 범위 및 관련된 확률도 검증가능하며 검증은 직접적으로 또는 간접적으로 이루어질 수 있다.

12 **정답** ②

해설 ㄱ. 오류가 없다는 것은 현상의 기술에 오류나 누락이 없고, 보고 정보를 생산하는 데 사용되는 절차의 선택과 적용 시 절차 상 오류가 없음을 의미하는 것이지 모든 면이 완벽하게 정확하다는 것을 의미하지는 않는다.
　　 ㄷ. 회계기준위원회는 중요성에 대한 획일적인 계량 임계치를 정하거나 특정한 상황에서 무엇이 중요한 것인지를 미리 결정할 수 없다.

13 **정답** ①

해설 목적적합성과 표현충실성이 없는 재무정보라면 해당 정보가 더 비교가능하거나 검증가능하거나 적시성이 있거나 이해가능하더라도 유용한 정보라고 할 수 없다.

14 **정답** ⑤

해설 보강적 질적 특성은 정보가 목적적합하지 않거나 나타내고자 하는 바를 충실하게 표현하지 않으면 그 정보를 유용하게 만들 수 없다.

15 **정답** ①

해설 ② 계량화된 정보가 검증가능하기 위해서 단일 점추정치여야 할 필요는 없다.
　　 ③ 표현충실성을 위해서 서술은 완전하고, 중립적이며, 오류가 없어야 한다.
　　 ④ 재무정보에 예측가치, 확인가치 또는 이 둘 모두가 있다면 의사결정에 차이가 나도록 할 수 있다.
　　 ⑤ 재고자산평가손실의 인식은 보수주의 원칙이 적용된 것이며, 보수주의는 표현충실성의 한 측면으로 포함할 수 없다.

16 **정답** ②

해설 중요성은 기업 특유 관점의 목적적합성을 의미하므로 회계기준위원회는 중요성에 대한 획일적인 계량 임계치를 정하거나 특정한 상황에서 무엇이 중요한 것인지를 미리 결정할 수 없다.

17 정답 ①

해설 보고기업이 지배–종속관계로 모두 연결되어 있지는 않은 둘 이상 실체들로 구성된다면 그 보고기업의 재무제표를 '결합재무제표'라고 부른다.

18 정답 ③

해설 법률적 통제가 없이도 자산의 정의를 충족시킬 수 있다.

19 정답 ③

해설 수익과 비용은 자본청구권 보유자에 대한 출자 및 분배와 관련된 것을 제외한다.

20 정답 ③

해설 수익은 자본청구권 보유자로부터의 출자를 제외하며, 자본청구권 보유자에 대한 분배는 비용으로 인식하지 않는다.

21 정답 ④

해설 보강적 질적 특성을 적용하는 것은 어떤 규정된 순서를 따르지 않는 반복적인 과정이다.

22 정답 ⑤

해설 경제적효익을 창출할 가능성이 낮더라도 권리가 경제적자원의 정의를 충족하면 자산이 될 수 있다.

23 정답 ④

해설 기업의 실무관행, 공개한 경영방침 등과 상충되는 방식으로 행동할 실제 능력이 없는 경우 기업의 실무관행 등에서 의무가 발생할 수 있으며, 이러한 의무를 의제의무라고 한다.

24 정답 ①

해설 역사적원가는 자산의 손상이나 손실부담에 따른 부채와 관련되는 변동을 제외하고는 가치의 변동을 반영하지 않는다.

25 정답 ①

해설 개념체계는 측정기준을 크게 역사적원가와 현행가치로 구분하고, 현행가치에 공정가치, 사용가치와 이행가치, 현행원가가 포함되는 것으로 설명한다.

26 정답 ③

해설 부채가 발생하거나 인수할 때의 역사적원가는 발생시키거나 인수하면서 수취한 대가에 거래원가를 차감한다.

27 정답 ④

해설 사용가치와 이행가치는 자산을 취득하거나 부채를 인수할 때 발생하는 거래원가를 포함하지 않는다.

28 **정답** ③

해설 ① 현행원가는 측정일 현재 동등한 자산의 원가로서 측정일에 지급할 대가와 그 날에 발생할 거래원가를 포함한다.
② 역사적원가는 자산을 취득 또는 창출할 때 발생한 원가의 가치로서 자산을 취득 또는 창출하기 위하여 지급한 대가와 거래원가를 포함한다.
④ 공정가치는 측정일에 시장참여자 사이의 정상거래에서 부채를 이전할 때 지급하게 될 가격이다.
⑤ 역사적원가는 발생일 현재 자산의 취득 또는 창출을 위해 이전해야 하는 현금이나 그 밖의 경제적 자원의 가치이다.

29 **정답** ②

해설 부채가 발생하거나 인수할 때의 역사적원가는 발생시키거나 인수하면서 수취한 대가에서 거래원가를 차감한 가치이다.

30 **정답** ②

해설 역사적원가 = ₩100,000(지급한 대가) + ₩20,000(거래원가) = ₩120,000
공정가치 = ₩98,000 + ₩20,000 = ₩118,000(공정가치는 거래원가를 차감하지 않음)
현행원가 = ₩110,000 + ₩5,000 = ₩115,000

31 **정답** ③

해설 자산이나 부채의 공정가치를 측정하기 위하여 사용되는 주된 시장의 가격에서 거래원가는 조정하지 않는다.

32 **정답** ①

해설 공정가치는 측정일에 시장참여자 사이의 정상거래에서 자산을 매도하면서 수취하거나 부채를 이전하면서 지급하게 될 가격(유출가격)으로 정의한다.

33 **정답** ①

해설 거래원가가 존재하는 경우 자산이나 부채의 공정가치를 측정하기 위해서는 주된 시장의 가격에서 동 거래원가는 조정하지 않는다. 이때 거래원가는 운송원가를 포함하지 않는다.

34 **정답** ③

해설 자산이나 부채의 공정가치를 측정하기 위하여 사용되는 주된 시장의 가격에서 거래원가는 조정하지 않는다.

35 **정답** ③

해설 공정가치를 측정하기 위해 사용하는 가치평가기법은 관측할 수 있는 투입변수를 최대한으로 사용하고 관측할 수 없는 투입변수는 최소한으로 사용한다.

36 **정답** ①

해설 공정가치는 측정일에 시장참여자 간의 정상거래에서 자산을 매도하거나 부채를 이전할 때 지급하게 될 유출가격으로 정의한다.

37 **정답** ①

해설 실물자본유지개념을 적용하는 경우 현행원가기준에 따라 측정하지만, 재무자본유지개념은 특정한 측정 기준을 요구하지 않는다.

38 **정답** ④

해설 실물자본유지개념하에서의 이익 = ₩2,000 − (5개 × ₩300) = ₩500 이익

39 **정답** ③

해설 1) 실물자본유지개념하에서의 20×1년도 이익
   = ₩3,000(20×1년 말 자본) − (200개 × ₩12) = ₩600
   • 20×1년 말 기초실물생산능력 = 200개 × ₩12(현행원가) = ₩2,400

40 **정답** ①

해설 1) 실물자본유지개념에 따른 이익 = ₩2,200(20×1년 말 자본) − (3개 × ₩700) = ₩100
   ※ 기초실물생산능력 = ₩1,800(기초자본) ÷ ₩600(기초상품구입가격) = 3개
   2) 자본유지조정 = 3개 × (₩700 − ₩600) = ₩300

CHAPTER 02 재무제표 표시

01 **정답** ①

해설 중요하지 않은 항목을 유사항목으로 통합표시하고자 할 때 재무제표 본문과 주석에 적용하는 중요성 판단기준은 다를 수 있다.

02 **정답** ⑤

해설 외환손익 또는 단기매매금융상품에서 발생하는 손익과 같이 유사한 거래의 집합에서 발생하는 차익과 차손은 그 금액이 중요한 경우에는 구분하여 표시한다.

03 **정답** ①
해설 ② 각각의 재무제표는 전체 재무제표에서 동등한 비중으로 표시한다.
③ 중요하지 않은 항목은 성격이나 기능이 유사한 항목과 통합하여 표시할 수 있다.
④ 동일 거래에서 발생하는 수익과 관련비용의 상계표시가 거래나 그 밖의 사건의 실질을 반영한다면 그러한 거래의 결과는 상계하여 표시한다.
⑤ 공시나 주석 또는 보충 자료를 통해 충분히 설명하더라도 부적절한 회계정책은 정당화될 수 없다.

04 **정답** ①
해설 재고자산평가충당금과 대손충당금과 같은 평가충당금을 차감하여 관련 자산을 순액으로 측정하는 것은 상계표시에 해당하지 않는다.

05 **정답** ①
해설 재고자산에 대한 재고자산평가충당금과 매출채권에 대한 손실충당금과 같은 평가충당금을 차감하여 관련 자산을 순액으로 측정하는 것은 상계표시에 해당하지 않는다.

06 **정답** ④
해설 대여자가 보고기간 말 이전에 보고기간 후 적어도 12개월 이상의 유예기간을 주는 데 합의하여 그 유예기간 내에 기업이 위반사항을 해소할 수 있고, 유예기간 동안에는 대여자가 즉시 상환을 요구할 수 없다면 그 부채는 비유동부채로 분류한다.

07 **정답** ②
해설 ① 기업이 재무상태표에 유동자산과 비유동자산, 그리고 유동부채와 비유동부채로 구분하여 표시하는 경우, 이연법인세자산은 유동자산으로 분류하지 아니한다.
③ 재무제표 이외에 환경보고서나 부가가치보고서는 한국채택국제회계기준의 적용범위에 해당하지 아니한다.
④ 부적절한 회계정책은 이에 대하여 공시나 주석 또는 보충자료를 통해 설명하더라도 정당화될 수 없다.
⑤ 당기손익과 기타포괄손익은 단일 또는 별개의 손익계산서로 작성할 수 있다.

08 **정답** ②
해설 보고기간 말 이전에 장기차입약정을 위반했을 때 대여자가 즉시 상환을 요구할 수 있는 채무는 보고기간 후 재무제표 발행승인일 전에 채권자가 약정위반을 이유로 상환을 요구하지 않기로 합의하더라도 유동부채로 분류한다.

09 **정답** ⑤
해설 대여자가 즉시 상환을 요구할 수 있는 채무는 보고기간 후 재무제표 발행승인일 전에 상환을 요구하지 않기로 합의하더라도 유동부채로 분류한다.

10 **정답** ⑤

해설 비용의 성격에 대한 정보가 미래현금흐름을 예측하는 데 유용하기 때문에, 비용을 기능별로 분류하는 경우에는 비용의 성격에 대한 추가 정보를 공시하는 것이 필요하다.

11 **정답** ⑤

해설 과거기간에 발생한 중요한 오류를 해당 기간에는 발견하지 못하고 당기에 발견하는 경우, 그 수정효과는 당기손익으로 인식하지 아니한다.

12 **정답** ③

해설 비용의 성격별 분류 정보가 비용의 기능에 대한 정보보다 미래현금흐름을 예측하는데 유용하다.

13 **정답** ⑤

해설 ① 비용을 기능별로 분류하는 경우에는 적어도 매출원가를 다른 비용과 분리하여 공시해야 한다.
② 기타포괄손익의 항목(재분류조정 포함)과 관련한 법인세비용 금액은 포괄손익계산서에 표시하거나 주석으로 공시한다.
③ 유동자산과 비유동자산을 구분하여 표시하는 경우라면 이연법인세자산을 유동자산으로 분류할 수 없다.
④ 중요하지 않은 항목은 성격이나 기능이 유사한 항목과 통합하여 표시할 수 있다.

14 **정답** ①

해설 서술형 정보는 당기 재무제표를 이해하는 데 목적적합한 경우 비교정보를 표시한다.

15 **정답** ⑤

해설 ① 부적절한 회계정책은 이에 대하여 공시나 주석 또는 보충 자료를 통해 설명하더라도 정당화될 수 없다.
② 비유동자산의 처분손익은 처분대금에서 그 자산의 장부금액과 관련처분비용을 차감하여 표시한다.
③ 재무제표 항목의 표시와 분류는 한국채택국제회계기준에서 표시방법의 변경을 요구하는 경우 또는 사업내용의 유의적인 변화나 재무제표를 검토한 결과 다른 표시나 분류방법이 더 적절한 것이 명백한 경우 외에는 매기 동일하여야 한다.
④ 기업이 기존의 대출계약조건에 따라 보고기간 후 적어도 12개월 이상 부채를 차환하거나 연장할 것으로 기대하고 있고, 그런 재량권이 있다면 보고기간 후 12개월 이내에 만기가 도래하더라도 비유동부채로 분류한다.

16 **정답** ④

해설 보고기간 후 12개월 이내에 만기가 도래하더라도 기업이 기존의 대출계약조건에 따라 보고기간 후 적어도 12개월 이상 부채를 차환하거나 연장할 것으로 기대하고 있고, 그런 재량권이 있다면 비유동부채로 분류한다.

17 정답 ④

해설 ① 비용은 기능별, 성격별 분류 중 선택가능하다. 다만, 성격별 분류가 현금흐름 전망에 더 유용한 정보를 제공하므로 기능별 분류방법을 택하는 경우 성격별에 대한 추가공시가 필요하다.
② 자산과 부채는 유동, 비유동 구분표시, 유동성배열법, 혼합법 중 선택가능하다.
③ 조정영업이익은 주석에 공시한다.
⑤ 부적절한 회계정책은 이에 대하여 공시나 주석 또는 보충자료를 통해 설명하더라도 정당화될 수 없다.

18 정답 ④

해설 수익과 비용의 어느 항목도 포괄손익계산서 또는 주석에 특별손익항목으로 표시할 수 없다.

19 정답 ①

해설 한국채택국제회계기준에서 요구하거나 허용하지 않는 경우 자산과 부채 그리고 수익과 비용은 상계하지 않는다. 그러나 재고자산에 대한 재고자산평가충당금, 매출채권에 대한 손실충당금을 차감하여 순액으로 표시하는 것은 상계표시에 해당하지 않으므로 재고자산평가충당금을 차감하여 재고자산을 순액으로 표시할 수 있다.

20 정답 ④

해설 영업이익에는 포함되지 않았지만, 기업의 영업성과를 반영하는 그 밖의 수익 또는 비용 항목이 있다면 이러한 항목을 가감한 금액을 조정영업이익 등의 명칭으로 주석에 공시한다.

21 정답 ②

해설 1) 영업이익 = ₩300,000(매출액) − ₩128,000(매출원가) − ₩57,000(판매비와 관리비) = ₩115,000
2) 판매비와 관리비 = ₩4,000(대손상각비) + ₩30,000(급여) + ₩3,000(감가상각비) + ₩20,000(임차료) = ₩57,000
→ 유형자산처분이익과 상각후원가측정금융자산처분이익은 영업외수익이며 사채이자비용은 영업외비용이므로 영업이익 산출에는 포함하지 않는다.

22 정답 ①

해설 매출채권에 대한 손실충당금과 같은 평가충당금을 차감하여 관련 자산을 순액으로 측정하는 것은 상계표시에 해당하지 않는다.

23 정답 ②

해설 비용의 기능별 분류방법은 성격별 분류방법보다 자의적인 배분과 상당한 정도의 판단이 더 개입될 수 있다.

24 정답 ①

해설 ② 연차보고서 및 감독기구 제출서류는 한국채택국제회계기준의 적용범위에 해당하지 않는다.
③ 서술형 정보의 경우에는 당기 재무제표를 이해하는 데 목적적합한 경우 비교정보를 포함한다.
④ 재무상태표에 자산과 부채는 유동성순서에 따른 표시방법도 허용한다.
⑤ 한국채택국제회계기준의 요구에 따라 공시되는 정보가 중요하지 않은 경우 그 공시를 제공할 필요는 없다.

25 **정답** ④

해설 기본주당이익과 희석주당이익이 부의 금액(즉, 주당손실)인 경우에도 표시한다.

26 **정답** ②

해설 수익과 비용의 어느 항목도 포괄손익계산서에 특별손익으로 구분하여 표시할 수 없으며, 주석으로도 표시할 수 없다.

27 **정답** ⑤

해설 ① 영업이익은 포괄손익계산서 본문에 표시하거나 주석으로 공시한다.
② 현금흐름표에 대한 설명이다.
③ 비용의 성격에 대한 정보가 미래현금흐름 예측에 더 유용하기 때문에 비용을 기능별로 분류하는 경우 성격별에 대한 추가 공시가 필요하다.
④ 특별손익은 포괄손익계산서 본문이나 주석 어디에도 표시하지 않는다.

28 **정답** ⑤

해설 기타포괄손익으로 인식한 재평가잉여금의 변동은 후속 기간에 재분류하지 않으며, 자산이 제거될 때 이익잉여금으로 대체될 수 있다.

29 **정답** ⑤

해설 당기순손익과 총포괄손익 간의 차이를 발생시키는 항목은 기타포괄손익이다.
ㄱ. 감자차익 : 자본잉여금 / ㄴ. 주식선택권 : 기타자본요소 / ㄹ. 이익준비금 : 이익잉여금

30 **정답** ⑤

해설 확정급여제도의 재측정요소와 자산재평가잉여금은 후속적으로 재분류조정이 금지된 기타포괄손익이다.

31 **정답** ②

해설 ① 재무제표는 한국채택국제회계기준을 적용해야 하지만 그 외의 보고서까지 모두 한국채택국제회계기준을 적용하여야 하는 것은 아니다.
③ 경영진이 경영활동을 중단할 의도를 가지고 있거나 청산 또는 경영활동의 중단의도가 있을 경우에는 계속기업을 전제로 재무제표를 작성하여서는 아니 된다.
④ 한국채택국제회계기준의 요구사항을 모두 충족하여 재무제표를 작성한 기업이 그러한 준수 사실을 주석에 명시적이고 제한 없이 기재한다.
⑤ 변경된 표시방법의 지속가능성이 높아 재무제표이용자에게 신뢰성 있고 더욱 목적적합한 정보를 제공한다고 판단할 때에는 재무제표의 표시방법을 변경한다.

PART 03

32 정답▶ ③

해설▶ ① 한국채택국제회계기준에 따라 중간재무보고서를 작성한 경우, 관련 사실을 주석으로 공시한다.
② 중간재무보고서상의 재무상태표는 당해 중간보고기간 말과 직전연도 말을 비교하는 형식으로 작성한다.
④ 중간재무보고서를 작성할 때 인식, 측정, 분류 및 공시와 관련된 중요성의 판단은 해당 기간과 관련된 재무자료에 근거하여 이루어져야 한다.
⑤ 중간재무보고서상의 재무제표는 연차재무제표보다 더 적은 정보를 제공하므로 신뢰성은 낮고, 적시성은 높다.

33 정답▶ ③

해설▶ 특정 중간기간에 보고된 추정금액이 최종 중간기간에 중요하게 변동하였지만 최종 중간기간에 대하여 별도의 재무보고를 하지 않는 경우에는, 추정의 변동 성격과 금액을 해당 회계연도의 연차재무제표에 주석으로 공시한다.

CHAPTER 03　재고자산

01 정답▶ ①

해설▶ 매입원가 = ₩110,000(당기매입액) − ₩10,000(환급예정인 매입세액) + ₩10,000(매입운임) + ₩5,000(하역료) − ₩5,000(매입할인) − ₩2,000(리베이트) + ₩500(관세납부금) = ₩108,500

02 정답▶ ③

해설▶ 적격자산에 해당하는 재고자산의 제조에 직접 관련된 차입원가는 재고자산의 취득원가에 포함한다.

03 정답▶ ①

해설▶ 표준원가법으로 평가한 결과가 실제원가와 유사한 경우 편의상 표준원가법을 사용할 수 있다.

04 정답▶ ②

해설▶ ① 후속 생산단계에 투입하기 위해 보관이 필요한 경우 이외의 보관원가는 재고자산의 취득원가에 포함될 수 없다.
③ 재고자산의 지역별 위치나 과세방식에 따라 동일한 재고에 다른 단위원가 결정방법을 적용하는 것은 허용되지 않는다.
④ 가중평균법은 기업의 상황에 따라 주기적으로 계산하거나 매입 또는 생산할 때마다 계산한다.
⑤ 완성될 제품이 원가 이상으로 판매될 것으로 예상하는 경우에는 해당 원재료를 순실현가능가치로 감액하지 아니한다.

05 **정답** ①

해설 완성될 제품이 원가 이상으로 판매될 것으로 예상되는 경우 생산에 투입하기 위해 보유한 원재료 가격이 현행대체원가보다 하락하더라도 평가손실을 인식하지 않는다.

06 **정답** ②

해설 재고자산의 단위원가 결정방법은 재고자산 성격과 용도에 따라 결정하며, 지역별 위치나 과세방식에 따라 동일한 재고자산에 다른 단위원가 결정방법을 적용하는 것은 허용되지 않는다.

07 **정답** ⑤

해설 ① 재고자산의 매입원가는 매입가격에 수입관세와 제세금, 매입운임, 하역료 그리고 완제품, 원재료 및 용역의 취득과정에 직접 관련된 기타 원가를 가산하며, 매입할인, 리베이트 기타 유사한 항목은 차감한 금액이다.

② 재고자산을 후불조건으로 취득할 때 그 계약이 실질적인 금융요소를 포함하고 있다면, 정상신용조건의 매입가격과 실제지급액 간의 차이는 재고자산의 취득원가에 포함하지 않고 신용기간에 걸쳐 이자비용으로 인식한다.

③ 확정판매계약 또는 용역계약만을 이행하기 위하여 보유하는 재고자산의 순실현가능가치는 계약가격에 기초하여 추정한다.

④ 원재료 가격이 하락하여 원재료 원가가 순실현가능가치를 초과할 것으로 예상되더라도 완성될 제품이 원가 이상으로 판매되는 경우 해당 원재료 및 소모품은 감액하지 아니한다.

08 **정답** ③

해설 순실현가능가치를 추정할 때 재고자산의 보유목적을 고려하여야 한다.

09 **정답** ④

해설 표준원가법에 의한 원가측정방법은 그러한 방법으로 평가한 결과가 실제 원가와 유사한 경우에는 사용할 수 있다.

10 **정답** ③

해설 후속 생산단계에 투입하기 전에 보관이 필요한 경우 이외의 보관원가는 재고자산의 취득원가에 포함하지 아니한다.

11 **정답** ①

해설 재고자산의 지역별 위치나 과세방식이 다르다는 이유만으로 동일한 재고자산에 다른 단위원가 결정방법을 적용하는 것은 정당화될 수 없다.

12 **정답** ①

해설 제품의 원가가 순실현가능가치를 초과할 것으로 예상된다면 제품 생산에 투입하기 위해 보유하는 원재료 및 기타 소모품은 감액한다.

13 **정답▶** ②

[해설]▶ 순공정가치는 재고자산의 주된 (또는 가장 유리한) 시장에서 시장참여자 사이에 일어날 수 있는 정상거래의 가격에서 처분부대원가를 뺀 금액으로 측정하기 때문에 기업특유의 가치가 아니다.

14 **정답▶** ②

[해설]▶ 1) 순매출액 = ₩6,000(총매출액) − ₩500(매출에누리) = ₩5,500
2) 매출원가 = ₩5,500(순매출액) − ₩1,125(매출총이익) = ₩4,375
3) 매출원가(₩4,375) = 기초상품재고액(?) + ₩3,500(순매입액) − ₩375(기말상품재고액)
→ 기초상품재고액(?) = ₩1,250

15 **정답▶** ③

[해설]▶ 1) 3월 5일 이동평균단가 = (₩500 + ₩1,600) ÷ 30개 = ₩70
2) 3월 18일 이동평균단가 = (20개 × ₩70 + 10개 × ₩100) ÷ 30개 = ₩80
3) 3월 말 재고자산 = 15개 × ₩80 = ₩1,200

16 **정답▶** ④

[해설]▶ 1) 2월 1일 이동평균단가 = (150개 × ₩10 + 150개 × ₩12) ÷ 300개 = ₩11
2) 3월 1일 매출원가 = 100개(판매량) × ₩11 = ₩1,100
3) 6월 1일 이동평균단가 = (200개 × ₩11 + 200개 × ₩15) ÷ 400개 = ₩13
4) 9월 1일 매출원가 = 300개(판매량) × ₩13 = ₩3,900
5) 매출원가 = ₩1,100 + ₩3,900 = ₩5,000

17 **정답▶** ⑤

[해설]▶ 선입선출법은 감모가 발생하지 않는 경우 수량결정방법에 따라 매출원가가 달라지지 않는다.

18 **정답▶** ①

[해설]▶ 1) 이동평균법

$$4/3일 \ 이동평균단가 = \frac{₩2,000 + ₩6,000 + ₩4,000}{100개 + 200개 + 100개} = ₩30$$

$$5/19일 \ 이동평균단가 = \frac{₩3,000 + ₩5,000}{100개 + 100개} = ₩40$$

기말재고자산 = 100개 × ₩40 = ₩4,000

2) 실지재고조사법의 가중평균법(총평균법)

$$총평균단가 = \frac{₩2,000 + ₩6,000 + ₩4,000 + ₩5,000}{100개 + 200개 + 100개 + 100개} = ₩34$$

→ 매출원가 = 400개(판매량) × ₩34 = ₩13,600

3) 실지재고조사법, 선입선출법
기말재고자산 = 100개 × ₩50 = ₩5,000

4) 판매가능원가 = ₩2,000(기초재고) + ₩15,000(당기매입액) = ₩17,000

5) 계속기록법, 선입선출법
매출원가 = 100개 × ₩20 + 200개 × ₩30 + 100개 × ₩40 = ₩12,000

19 정답 ③

해설 1) 기말재고수량 = 1,050개 − 900개(판매량) = 150개
2) 선입선출법 기말재고자산 금액 = 150개 × ₩180 = ₩27,000
3) 총평균단가 = (₩45,000 + ₩74,250 + ₩54,000) ÷ 1,050개 = ₩165
4) 총평균법 기말재고자산 금액 = 150개 × ₩165 = ₩24,750
5) 기말재고자산 금액 차이 = ₩27,000 − ₩24,750 = ₩2,250

20 정답 ②

해설 선입선출법에서 평균법으로 변경 시 매출총이익
기초재고 　　　　　　　　₩5,000 감소
(−) 기말재고 　　　　　　₩7,000 감소
= 매출원가 　　　　　　　₩2,000 증가
매출총이익 　　　　　　₩2,000 감소
→ 평균법 변경시 매출총이익 = ₩55,000(선입선출법 매출총이익) − ₩2,000 = ₩53,000

21 정답 ④

해설

	매출채권			매입채무	
기초	₩500,000	현금회수액 ₩1,300,000	현금지급액 ₩1,100,000	기초	₩350,000
매출액	₩1,700,000	기말　　₩900,000	기말　　₩480,000	매입액	₩1,230,000

1) 매출원가 = ₩180,000(기초재고) + ₩1,230,000(매입액) − ₩250,000(기말재고) = ₩1,160,000
2) 매출총이익 = ₩1,700,000(매출액) − ₩1,160,000(매출원가) = ₩540,000

22 정답 ②

해설 1) 매출원가 = ₩50,000(매출액) − ₩10,000(매출총이익) = ₩40,000
2) 당기 매입액 = ₩40,000(매출원가) + ₩11,000(기말재고) − ₩12,000(기초재고) = ₩39,000
3) 기말매입채무 = ₩8,000(기초매입채무) + ₩39,000(매입) − ₩35,000(상환액) = ₩12,000

23 정답 ⑤

해설 1) 매출액 = ₩139,500(매출채권 현금회수액) + ₩22,000(매출채권 증가액) = ₩161,500
2) 매입액 = ₩118,000(매입채무 현금지급액) − ₩15,000(매입채무 감소액) = ₩103,000
3) 매출원가 = ₩103,000(당기매입액) − ₩20,000(재고자산 증가액) = ₩83,000
4) 매출총이익 = ₩161,500(매출액) − ₩83,000(매출원가) = ₩78,500

24 정답 ③

해설 1) 매출원가 = ₩16,000(기초재고) + ₩32,000(당기매입액) − ₩22,000(기말재고) = ₩26,000
2) 매출액 = ₩26,000(매출원가) + ₩13,000(매출총이익) = ₩39,000
3) 외상매출액 = ₩39,000(총매출액) − ₩7,000(현금매출액) = ₩32,000
4) 기말매출채권 = ₩10,000(기초매출채권) + ₩32,000(외상매출액) − ₩40,000(현금회수액)
　　　　　　　 = ₩2,000

25 **정답** ①

해설 ㄱ. 타처에 보관 중인 원재료는 ㈜감평의 재고자산이므로 ㄱ은 기말재고자산에 포함시킨다.
ㄴ. FOB 선적지 인도조건으로 판매한 상품은 판매되었으므로 기말재고자산에 포함시키지 않는다.
ㄷ. 고객에게 인도한 시송품 중 고객이 사용의사를 표시한 경우 판매되었으므로 기말재고자산에 포함시키지 않는다.
ㄹ. FOB 도착지 인도조건으로 매입한 상품은 도착시점에 재고자산에 포함시킨다.

26 **정답** ③

해설 기말재고자산 = ₩100,000(실사재고금액) + ₩80,000(매입의사 미표시 시송품) + ₩80,000(담보제공
자산) + ₩40,000(수탁자가 보관하고 있는 적송품) = ₩300,000
* 도착지인도기준으로 매입한 재고자산은 20×1년 말 도착하지 않았으므로 재고자산에 포함하지 않는다.

27 **정답** ③

해설 정확한 기말재고 = ₩1,000,000(실사재고금액) + ₩60,000(수탁자가 보관하고 있는 적송품) +
₩70,000(매입의사 미표시 시송품) = ₩1,130,000

28 **정답** ③

해설 기말재고자산 = ₩1,000,000(실사재고금액) + ₩210,000(수탁자가 보관하고 있는 적송품) + ₩80,000
(매입의사 미표시 시송품) = ₩1,290,000
* 선적지 인도조건으로 판매한 상품 및 도착지 인도조건으로 구입한 상품은 기말재고에 포함하지 않는다.

29 **정답** ①

해설 20×1년 말 기말상품 금액 = ₩2,840(상품 재고실사 금액) + ₩100(타처보관 중인 재고) + ₩120(미
판매된 적송품) + ₩200(매입의사 미표시 시송품) = ₩3,260
※ 보관료는 당기비용에 해당하며, 도착지 인도조건의 매입은 도착시점에 재고자산에 포함한다.

30 **정답** ③

해설 기말상품재고액 = ₩2,000,000(실사재고금액) + ₩250,000(선적지인도조건으로 매입한 상품) −
₩110,000(수탁받은 재고) + ₩80,000(재구매조건부판매) + ₩100,000(미판매된 적송품) + ₩200,000
(매입의사를 통보하지 않은 시송품) = ₩2,520,000

31 **정답** ③

해설 20×1년 말 재무상태표에 표시될 기말상품재고액 = ₩1,500,000(실사금액) − ₩80,000(수탁받은 상
품) + ₩80,000(미판매된 적송품) + ₩100,000(선적지조건의 매입) + ₩50,000(재구매조건부판매)
= ₩1,650,000
* 할부판매는 이미 판매되었으므로 기말재고자산에 포함하지 아니한다.

32 정답 ②

해설
1) 저가재고금액 = 3,500개(실사수량) × min[₩1,250, ₩1,200(순실현가능가치)] = ₩4,200,000
   ※ 순실현가능가치 = ₩1,500(예상판매가) − ₩300(예상판매비용) = ₩1,200
2) 매출원가(비용총액) = ₩4,000,000(기초재고) + ₩11,500,000(당기매입액) − ₩4,200,000(기말재고) = ₩11,300,000
3) 당기손익 = ₩15,000,000(매출액) − ₩11,300,000(비용총액) = ₩3,700,000 이익

33 정답 ⑤

해설
1) 저가재고금액 = 2,500개(실사수량) × min[₩200(취득원가), ₩240(순실현가능가치)] = ₩500,000
2) 매출원가(비용총액) = ₩700,000(기초재고) + ₩6,000,000(당기매입액) − ₩500,000(기말재고) = ₩6,200,000

34 정답 ②

해설
1) 저가재고 = ₩10,000(기초재고) + ₩30,000(당기매입액) − ₩36,000(매출원가) = ₩4,000
   ※ 재고자산감모손실과 재고자산평가손실을 모두 매출원가에 포함하므로 판매가능재고에서 차감할 기말재고는 저가재고이다.
2) 저가재고(₩4,000) = 실제수량 × min[₩100(취득원가), ₩80(순실현가능가치)]
   → 실제수량 = 50개

35 정답 ③

해설
1) 실사기말재고금액(실사수량 × 단위당 원가)
   = 800개(A) × ₩100 + 250개(B) × ₩180 + 400개(C) × ₩250 = ₩225,000
2) 재고자산감모손실 = ₩250,000(장부상 기말재고금액) − ₩225,000(실사기말재고금액)
   = ₩25,000

36 정답 ①

해설
1) 6/1 이동평균단가 = (100개 × ₩300 + 200개 × ₩400 + 200개 × ₩300) ÷ 500개 = ₩340
2) 9/1 이동평균단가 = (300개 × ₩340 + 100개 × ₩200) ÷ 400개 = ₩305
3) 12/15 이동평균단가 = (200개 × ₩305 + 100개 × ₩200) ÷ 300개 = ₩270
4) 20×1년 말 재고자산평가손실 = 300개 × (₩270 − ₩200) = ₩21,000

37 정답 ①

해설
1) 상품 A : 취득원가(₩300) < 순실현가능가치(₩320) : 평가손실 발생하지 않음
2) 상품 B
   ㉠ 70개(확정판매계약) × (₩200 − ₩190) = ₩700 평가손실 발생
   ㉡ 30개(일반시장판매분)는 단위당 취득원가 ₩200보다 순실현가능가치 ₩220이 더 크므로 평가손실이 발생하지 않음
3) 상품 C = 200개 × (₩100 − ₩90) = ₩2,000 평가손실 발생
4) 20×1년에 인식할 당기손익(평가손실) = ₩700 + ₩2,000 = 손실 ₩2,700

38 정답 ②

해설 ※ 원재료를 사용하여 생산되는 제품이 원가 이상으로 판매되므로 재고자산 평가손실이 발생하지 않았으니 그 생산에 투입된 원재료도 감액하지 않는다.

1) 상품의 평가손실 = 1,500단위 × (₩2,500 − ₩2,350) = ₩225,000

39 정답 ⑤

해설 ※ 원재료를 투입하여 제품이 되는 경우 제품에서 평가손실이 발생하지 않는다면 원재료도 감액하지 않는다. 제품 B는 평가손실이 발생하지 않으므로 원재료 B도 감액하지 않는다.

1) 기말재고금액 = ₩80,000(원재료 A) + ₩120,000(제품 A) + ₩80,000(원재료 B) + ₩110,000 (제품 B) = ₩390,000

40 정답 ②

해설 1) 확정판매계약을 맺은 재고자산 평가손실 = 40단위 × (₩700 − ₩690) = ₩400
2) 일반시장 판매수량 재고자산 평가손실 = 60단위 × (₩700 − ₩670) = ₩1,800
3) 재고자산평가손실 = ₩400 + ₩1,800 = ₩2,200

41 정답 ⑤

해설 1) 상품 A = ₩500(단위당 취득원가) < ₩580(순실현가능가치) : 평가손실 없음
2) 상품 B = 200개 × (₩300 − ₩280) = ₩4,000
3) 상품 C = 160개 × (₩200 − ₩180) = ₩3,200
4) 상품 D = ₩250(단위당 취득원가) < ₩280(순실현가능가치) : 평가손실 없음
5) 상품 E = 50개 × (₩300 − ₩290) = ₩500
6) 20×1년 당기순이익에 미치는 영향 = ₩4,000 + ₩3,200 + ₩500 = ₩7,700 감소

42 정답 ③

해설 ※ 원재료를 이용하여 생산하는 제품은 원가 이상으로 판매될 것으로 예상되므로 원재료 및 소모품은 감액하지 아니한다.

1) 상품의 재고자산평가손실 = 40개(확정판매수량) × (₩20,000 − ₩18,000) + 10개(일반시장판매수량) × (₩20,000 − ₩15,300) = ₩127,000
2) 단위당 순실현가능가치 = ₩17,000 − ₩1,700(예상판매비용) = ₩15,300

43 정답 ④

해설 1) 제품 A의 평가손실 = ₩1,000 − (₩900 − ₩90) = ₩190
2) 제품 B의 평가손실 = ₩1,200 − (₩1,250 − ₩125) = ₩75
3) 원재료 A를 이용하여 생산하는 제품이 원가 이상으로 판매될 것으로 예상되므로 원재료 A는 평가손실을 인식하지 아니한다.
4) 원재료 B의 평가손실 = ₩1,000 − ₩900 = ₩100
5) 20×1년도에 인식할 재고자산평가손실 = ₩190 + ₩75 + ₩100 = ₩365

44 정답 ①

해설
1) 20×1년도 기말재고금액(저가재고) = 3개(실사수량) × min[₩180(단위원가), ₩100(순실현가능가치)] = ₩300
2) 매출원가 = ₩2,400(기초재고) + ₩5,400(당기매입) − ₩300(기말재고) = ₩7,500
※ 모든 감모손실이 정상감모손실이며, 재고자산평가손실도 매출원가에 포함하니 판매가능재고에서 차감할 기말재고금액은 저가재고금액이다.
3) 매출총이익 = ₩13,800(매출액) − ₩7,500(매출원가) = ₩6,300

45 정답 ④

해설
1) 감모손실 = (50개 − 30개) × ₩60 = ₩1,200
   * 비정상감모손실 = ₩1,200 × 60% = ₩720
2) 저가재고 = 30개(실사수량) × min[₩60(취득원가), ₩50(순실현가능가치)] = ₩1,500
3) 20×1년의 매출원가 = ₩4,200(기초재고) + ₩6,000(당기매입) − ₩1,500(기말재고) − ₩720(비정상감모손실) = ₩7,980

46 정답 ③

해설
1) 재고자산감모손실 = 20단위(상품 A) × ₩1,000 + 30단위(상품 B) × ₩2,000 = ₩80,000
2) 비정상감모손실 = ₩80,000 × 30% = ₩24,000
3) 저가재고금액 = 10단위(일반시장 판매분) × ₩1,000 + 20단위(확정시장 판매분) × ₩900 + 70단위 × ₩1,900(상품 B의 순실현가능가치) = ₩161,000
4) 매출원가 = ₩600,000(판매가능 재고자산) − ₩161,000(저가재고금액) − ₩24,000(비정상감모손실) = ₩415,000

47 정답 ④

해설
1) 총평균단가 = (300개 × ₩100 + 300개 × ₩120 + 400개 × ₩130) ÷ 1,000개 = ₩118
2) 재고자산평가손실(₩2,960) = 실사수량 × (₩118 − ₩110)
   → 실사수량 = 370개
3) 감모손실 = (400개 − 370개) × ₩118 = ₩3,540(비정상감모손실 = ₩708)
4) 매출원가 = ₩118,000(판매가능재고) − ₩40,700(기말재고) − ₩708(비정상감모손실) = ₩76,592

48 정답 ⑤

해설
1) 20×1년도 누락된 재고자산평가손실 = 16개 × (₩1,200 − ₩1,170) = ₩480
   → 20×1년도 기말재고자산은 평가손실을 반영하지 않았으므로 ₩480 과대계상되었다.
   → 20×1년도 매출원가는 ₩480 과소계상, 20×1년도 당기순이익은 ₩480 과대계상된다.
     (20×1년도 자산이 ₩480 과대계상되므로 20×1년도 기말자본총계도 ₩480 과대계상된다.)
2) 20×2년도 기초재고자산은 ₩480 과대계상되어 이월되었고, 이에 따라 20×2년도 매출원가는 ₩480 과대계상, 20×2년도 당기순이익은 ₩480 과소계상된다.

49 정답 ③

해설 1) 평균재고자산 = (₩3,000 + ₩4,200) ÷ 2 = ₩3,600
2) 매출원가 = ₩3,600(평균재고자산) × 6회(재고자산회전율) = ₩21,600
3) 매출총이익 = ₩40,000(매출액) − ₩21,600(매출원가) = ₩18,400

50 정답 ⑤

해설 1) 매출채권 회전율 = ₩1,000,000(매출액) ÷ ₩50,000(평균매출채권) = 20회
2) 매출채권 회수기간 = 360일 ÷ 20회(매출채권 회전율) = 18일
3) 정상영업주기(42일) = 매출채권 회수기간(18일) + 재고자산 회수기간(24일)
→ 재고자산회전율 = 360일 ÷ 24일(재고자산 회수기간) = 15회
4) 매출원가 = ₩40,000(평균재고자산) × 15회(재고자산회전율) = ₩600,000

51 정답 ③

해설 1) 매출채권회전율 = 365일 ÷ 73일(매출채권평균회수기간) = 5회
2) 매출액 = ₩220,000(평균매출채권) × 5회(매출채권회전율) = ₩1,100,000
3) 매출원가 = ₩160,000(평균재고자산) × 3회(재고자산회전율) = ₩480,000
4) 매출총이익 = ₩1,100,000(매출액) − ₩480,000(매출원가) = ₩620,000

52 정답 ④

해설 1) 매출원가 = ₩100,000(당기 매출액) × 1/1.25 = ₩80,000
2) 기말재고자산 = ₩30,000(기초재고) + ₩84,000(당기매입) − ₩80,000(매출원가) = ₩34,000
3) 재고자산회전율 = ₩80,000(매출원가) ÷ ₩32,000(평균재고자산) = 2.5회

53 정답 ⑤

해설 1) 매출액 = ₩125,000(평균매출채권) × 6회(매출채권회전율) = ₩750,000
2) 매출원가 = ₩150,000(평균재고자산) × 4회(재고자산회전율) = ₩600,000
3) 매출총이익 = ₩750,000(매출액) − ₩600,000(매출원가) = ₩150,000

54 정답 ②

해설 1) 기말재고(매가) = ₩13,000(기초재고액) + ₩91,000(당기매입액) + ₩6,000(순인상액)
− ₩90,000(당기매출액) = ₩20,000

2) 평균원가율 = $\dfrac{₩10,000 + ₩83,500}{₩13,000 + ₩91,000 + ₩6,000(순인상액)}$ = 85%

3) 기말재고(원가) = ₩20,000(기말재고−매가) × 85% = ₩17,000
4) 매출원가 = ₩10,000(기초재고가) + ₩83,500(당기매입원가) − ₩17,000(기말재고원가)
= ₩76,500

55 정답 ③

해설 1) 기말재고(매가) = ₩15,000(기초재고) + ₩85,000(당기매입) − ₩74,000(매출) = ₩26,000
2) 원가율
   • 평균원가율 = (₩14,000 + ₩51,000) ÷ (₩15,000 + ₩85,000) = 65%
   • 선입선출법 원가율 = ₩51,000 ÷ ₩85,000 = 60%
3) 기말재고(원가)
   • 평균법 = ₩26,000 × 65% = ₩16,900
   • 선입선출 = ₩26,000 × 60% = ₩15,600
4) 선입선출법은 기말재고(원가)보다 순실현가능가치가 더 크므로 평가손실이 발생하지 않으나 평균법은 기말재고(원가)보다 순실현가능가치가 더 낮으므로 ₩16,900(원가) − ₩16,000(순실현가능가치)의 차액 ₩900의 평가손실이 발생한다.

56 정답 ③

해설 1) 기말재고(매가) = ₩100,000 + ₩1,000,000 + ₩95,000(순인상액) − ₩50,000(순인하액) − ₩15,000(비정상파손) − ₩1,026,000(순매출액) − ₩50,000(정상파손) = ₩54,000
2) 원가율(저가기준 가중평균 소매재고법) = (₩80,000 + ₩806,000 − ₩50,000 − ₩10,000) ÷ (₩100,000 + ₩1,000,000 + ₩95,000(순인상액) − ₩15,000(비정상파손) = 70%
3) 기말재고(원가) = ₩54,000 × 70% = ₩37,800
4) 매출원가 = ₩80,000(기초재고) + ₩756,000(순매입액) − ₩10,000(비정상파손) − ₩37,800(기말재고 원가) = ₩788,200
5) 매출총이익 = ₩1,026,000(순매출액) − ₩788,200(매출원가) = ₩237,800

57 정답 ②

해설 1) 기말재고자산(매가) = ₩70,000(기초재고액) + ₩140,000(당기순매입액) + ₩7,000(순인상액) − ₩3,500(순인하액) − ₩500(비정상적 파손) − ₩112,000(당기순매출액) − ₩1,500(정상적 파손) = ₩99,500
2) 원가기준 평균원가소매재고법 원가율
$$= \frac{₩44,500 + ₩105,000 − ₩350}{₩70,000 + ₩140,000 + ₩7,000(순인상액) − ₩3,500(순인하액) − ₩500(비정상적 파손)} = 70\%$$
3) 기말재고자산(원가) = ₩99,500 × 70% = ₩69,650

58 정답 ②

해설 1) 기말재고(매가) = ₩1,500(기초재고액) + ₩11,500(당기매입액) + ₩600(순인상액) − ₩100(순인하액) − ₩9,500(당기매출액) = ₩4,000
2) 선입선출 원가율 = ₩9,000 ÷ (₩11,500 + ₩600 − ₩100) = 75%
3) 기말재고(원가) = ₩4,000 × 75% = ₩3,000
4) 매출원가 = ₩1,000(기초재고) + ₩9,000(당기매입) − ₩3,000(기말재고) = ₩7,000

59 정답▶ ④

해설▶ 1) 기말재고(매가) = ₩183,400(기초재고) + ₩1,265,000(당기매입) + ₩260,000(순인상액) − ₩90,000(순인하액) − ₩960,000(매출액) = ₩658,400

2) 저가기준 선입선출 원가율 = ₩1,220,000 ÷ (₩1,265,000 + ₩260,000) = 80%

3) 기말재고(원가) = ₩658,400 × 80% = ₩526,720

4) 매출원가 = ₩162,000(기초재고) + ₩1,220,000(당기매입액) − ₩526,720(기말재고) = ₩855,280

60 정답▶ ③

해설▶ 1) 기말재고(매가) = ₩169,000(기초재고) + ₩1,586,000(당기매입) + ₩240,000(순인상액) − ₩110,000(순인하액) − ₩1,430,000(매출액) = ₩455,000

2) 평균원가율 = (₩143,000 + ₩1,138,800) ÷ (₩169,000 + ₩1,586,000 + ₩240,000 − ₩110,000) = 68%

3) 기말재고(원가) = ₩455,000 × 68% = ₩309,400

61 정답▶ ④

해설▶ 1) 기말재고(매가) = ₩2,100,000(기초재고) + ₩9,800,000(당기매입) + ₩200,000(순인상) − ₩100,000(순인하) − ₩10,000,000(매출액) − ₩500,000(종업원할인) = ₩1,500,000

2) 저가기준 선입선출법 원가율 = ₩5,800,000(당기순매입액) ÷ [₩9,800,000 + ₩200,000(순인상액)] = 58%

3) 기말재고(원가) = ₩1,500,000 × 58% = ₩870,000

4) 매출원가 = ₩1,400,000(기초재고) + ₩5,800,000(당기매입) − ₩870,000(기말재고) = ₩6,330,000

62 정답▶ ⑤

해설▶ 1) 기말재고(매가) = ₩14,000(기초재고) + ₩999,500(당기매입) + ₩500(순인상) − ₩300(순인하) − ₩999,500(순매출) − ₩200(정상파손) = ₩14,000

2) 저가기준 선입선출법 원가율 = $\dfrac{₩650,000(당기순매입)}{₩999,500(당기매입) + ₩500(순인상)}$ = 65%

3) 기말재고(원가) = ₩14,000 × 65% = ₩9,100

4) 매출원가 = ₩12,000(기초재고) + ₩650,000(매입) − ₩9,100(기말재고) = ₩652,900

63 정답▶ ④

해설▶ 1) 기말재고자산(매가) = ₩10,000 + ₩40,000 + ₩200(순인상) − ₩300(순인하) − ₩400(비정상파손) − ₩100(정상파손) − ₩30,000(매출액) = ₩19,400

2) 저가기준 선입선출원가율 = $\dfrac{₩20,000 − ₩100(비정상파손)}{₩40,000 + ₩200(순인상액) − ₩400(비정상파손)}$ = 50%

3) 기말재고(원가) = ₩19,400 × 50% = ₩9,700

4) 매출원가 = ₩7,000(기초재고) + ₩20,000(당기매입액) − ₩100(비정상파손) − ₩9,700(기말재고) = ₩17,200

64 정답 ③

해설 1) 매출원가 = ₩900,000 × (1 − 25%) = ₩675,000
2) 기말재고(추정액) = ₩160,000(기초재고) + ₩800,000(당기매입) − ₩675,000(매출원가) = ₩285,000

65 정답 ②

해설 기말재고자산 = ₩2,000,000(기초재고) + ₩6,000,000(당기순매입) − ₩7,000,000(매출원가)
= ₩1,000,000
※ 매출원가 = ₩10,000,000(순매출액) × (1 − 30%) = ₩7,000,000

66 정답 ②

해설 기말재고 = ₩150,000(기초재고) + ₩220,000(순매입) − ₩300,000(매출원가) = ₩70,000
※ 매출원가 = ₩400,000(순매출) × (1 − 25%) = ₩300,000

67 정답 ①

해설 1) 매출원가 = ₩800,000(순매출액) × 1/1.25 = ₩640,000
2) 기말재고원가 = ₩300,000(기초재고원가) + ₩450,000(순매입액) − ₩640,000(매출원가)
= ₩110,000

68 정답 ⑤

해설 1) 매출액 = ₩2,000,000(기초 총자산) × 2회(총자산회전율) = ₩4,000,000
2) 기말재고자산 장부금액(추정) = ₩400,000(기초 재고자산) + ₩3,700,000(당기매입액)
− ₩3,200,000(매출원가) = ₩900,000
※ 매출원가 = ₩4,000,000(매출액) × (1 − 20%) = ₩3,200,000

69 정답 ①

해설 1) 매출원가 = ₩1,000,000 × (1 − 15%) = ₩850,000
2) 평균재고자산 = ₩850,000(매출원가) ÷ 6.8회(재고자산회전율) = ₩125,000
3) 재고자산 손실금액 = ₩125,000(평균재고자산) × 2 − ₩100,000(기초재고) = ₩150,000

70 정답 ①

해설 1) 20×1년 재고자산회전율 = 360일 ÷ 72일 = 5회
2) 20×1년 평균재고자산 = ₩5,000,000(매출원가) ÷ 5회 = ₩1,000,000
→ 20×1년 말 재고자산 = ₩1,300,000
3) 20×2년 매출원가 추정액 = ₩9,000,000 × (1 − 25%) = ₩6,750,000
4) 20×2년 말 재고자산 = ₩1,300,000(기초재고) + ₩7,500,000(매입액) − ₩6,750,000(매출원가)
= ₩2,050,000

71 **정답** ③

해설 1) 7월 1일 새로 태어난 돼지 = ₩50,000 × 6마리 = ₩300,000(평가이익)
2) 12월 31일 생물자산 평가이익 = 10마리 × (₩130,000 − ₩80,000) + 5마리 × (₩130,000 −
₩100,000) + 6마리 × (₩70,000 − ₩50,000) = ₩770,000
3) 20×1년 생물자산 평가이익 = ₩300,000 + ₩770,000 = ₩1,070,000

72 **정답** ②

해설 20×1년 당기순이익 = (₩450,000)사육비용 + ₩300,000(수확물 평가이익) + ₩300,000(매출액)
− ₩300,000(매출원가) − ₩50,000(판매비용) + ₩750,000(평가이익) = ₩550,000

73 **정답** ④

해설

20×1.2.1	(차) 생물자산	3,000	(대) 현금	3,000
20×1.12.27	(차) 수확물	1,000	(대) 수확물평가이익	1,000
20×1.12.28	(차) 현금 또는 매출채권	1,200	(대) 매출	1,200
	(차) 매출원가	1,000	(대) 수확물(재고자산)	1,000
20×1.12.29	(차) 생물자산	300	(대) 생물자산평가이익	300
20×1.12.31	(차) 생물자산	150	(대) 생물자산평가이익	150

1) 20×1년 12월 31일 생물자산평가이익 = 2마리 × (₩1,600 − ₩1,500) + 1마리 × (₩250
− ₩300) = ₩150
2) 20×1년도 포괄손익계산서상 당기순이익 증가액 = ₩1,000(수확물평가이익) + ₩1,200(매출)
− ₩1,000(매출원가) + ₩300(생물자산평가이익) + ₩150(생물자산평가이익) = ₩1,650

74 **정답** ②

해설

20×1년 6월	(차) 생물자산	950,000	(대) 현금	1,000,000
	생물자산평가손실	50,000		
수확시점	(차) 수확물	300,000	(대) 수확물평가이익	300,000
판매시점	(차) 현금	500,000	(대) 매출	500,000
	(차) 매출원가	300,000	(대) 수확물	300,000

1) 20×1년 말 생물자산 평가손익 = 10마리 × (₩100,000 − ₩105,000) + 10마리 × (₩100,000
− ₩95,000) = ₩0
2) 20×1년도 당기순이익 증가액 = (₩50,000) + ₩300,000 + ₩500,000 − ₩300,000 + (₩50,000)
+ ₩50,000 = ₩450,000

75 **정답** ④

해설 수확물을 최초 인식시점에 순공정가치로 인식하여 발생하는 평가손익은 발생한 기간의 당기손익에
반영한다.

76 **정답** ④

해설 수확물을 최초 인식시점에 순공정가치로 인식하여 발생하는 평가손익은 발생한 기간의 당기손익에 반영한다.

77 **정답** ④

해설 순공정가치로 측정하는 생물자산과 관련된 정부보조금에 다른 조건이 없는 경우 이를 수취할 수 있게 되는 시점에 당기손익으로 인식한다.

78 **정답** ②

해설 당해 자산에 대한 자금 조달 또는 수확 후 생물자산의 복구 관련 현금흐름(예를 들어, 수확 후 조림지에 나무를 다시 심는 원가)은 생물자산의 원가에 포함하지 아니한다.

CHAPTER 04 유형자산

01 **정답** ①

해설 유형자산과 관련된 산출물에 대한 수요가 형성되는 과정에서 발생하는 가동손실과 같은 초기가동손실은 유형자산의 취득원가에 포함되지 않는다.

02 **정답** ②

해설 ① 새로운 상품과 서비스를 소개하는 데 소요되는 원가는 취득원가에 포함하지 않는다.
③ 유형자산 취득 과정에서 전문가에게 지급하는 수수료는 취득원가에 포함한다.
④ 유형자산이 정상적으로 작동되는지 여부를 시험하는 과정에서 발생하는 원가는 취득원가에 포함한다.
⑤ 유형자산의 매입 또는 건설과 직접 관련되어 발생한 종업원급여는 취득원가에 포함한다.

03 **정답** ②

해설 ㄱ. 시험과정에서 생산된 재화의 순매각금액 : 별도 당기손익
ㄷ. 재배치, 재편성하는 과정에서 발생하는 원가 : 장부금액에 포함하지 않는다.

04 **정답** ③

해설 ① 유형자산의 미래경제적효익은 직접적인 효익 및 간접적인 효익도 포함한다.
② 완전조업도 수준에 미치지 못하는 경우의 원가는 유형자산 원가에 포함하지 않는다.
④ 주차장 용도로 사용함에 따른 수익은 영업외수익(잡수익)으로 인식한다.
⑤ 교환거래에 상업적 실질이 있는지 여부를 결정할 때 교환거래의 영향을 받는 영업 부문의 기업특유 가치는 세후현금흐름을 반영하여야 한다.

05 **정답** ①

해설 ② 재고자산을 생산하기 위해 유형자산을 사용한 결과인 경우 재고자산 원가에 포함한다.

③ 유형자산을 사용하거나 이전하는 과정에서 발생하는 원가는 장부금액에 포함하지 않는다.

④ 자가건설에 따른 내부이익과 자가건설 과정에서 원재료, 인력 및 기타 자원의 낭비로 인한 비정상 적인 원가는 자산의 원가에 포함하지 않는다.

⑤ 대금지급이 일반적인 신용기간을 초과하여 이연되는 경우, 현금가격상당액과 실제 총지급액과의 차 액은 자본화하지 않는 한 신용기간에 걸쳐 이자비용으로 인식한다.

06 **정답** ②

해설 회사가 유지, 관리하는 상하수도 공사비나 내용연수가 영구적이지 않은 배수공사비용 및 조경공사비용은 토지의 취득원가가 아닌 별도자산(구축물)으로 인식한다.

07 **정답** ⑤

해설 감가상각방법을 변경하는 것은 회계추정의 변경으로 처리한다.

08 **정답** ②

해설 ㄴ. 유형자산의 교환거래로서 상업적 실질이 결여된 경우라면 취득한 자산의 원가는 제공한 자산의 장 부금액으로 인식한다.

ㄷ. 유형자산의 사용 후 원상복구 의무를 부담하는 경우에 예상되는 복구원가는 재고자산의 생산에서 발생한 것이 아니라, 자산 자체를 사용한 결과에 따라 발생한 의무인 자산의 해체, 제거 또는 복구 원가인 경우 해당 유형자산의 원가에 가산한다.

09 **정답** ①

해설 토지의 취득원가 = ₩1,000,000(토지 구입대금) + ₩50,000(토지 취득관련 중개수수료) + ₩80,000 (취득 및 등록세) + ₩35,000(정지 및 측량비) + ₩25,000(조경공사비:영구적) + ₩12,000(배수시설 공사비:영구적) = ₩1,202,000

10 **정답** ②

해설 토지의 취득원가 = ₩1,000,000(토지 구입대금) + ₩70,000(취득세 및 등기수수료) + ₩10,000(창고철 거비) − ₩5,000(폐자재 처분 수입) = ₩1,075,000

11 **정답** ③

해설 1) 토지의 취득원가 = ₩2,000,000(건물이 있는 토지 구입대금) + ₩80,000(중개수수료) + ₩160,000 (취득세) + ₩150,000(기존건물 철거비) − ₩100,000(폐자재 판매대금) + ₩30,000(토지 정지비) = ₩2,320,000

2) 건물의 취득원가 = ₩10,000(공장건축허가비) + ₩50,000(설계비) + ₩50,000(토지굴착비용) + ₩3,000,000(건물 신축원가) + ₩10,000(차입원가 자본화) = ₩3,120,000

12 정답 ④

해설 1) 토지 = ₩1,500,000(구건물 철거비용) + ₩600,000(토지의 취득세) = ₩2,100,000
2) 공장설비 = ₩2,000,000(시운전비) + ₩300,000(복구원가) = ₩2,300,000
3) 신축건물 = ₩200,000(신축건물 특정차입금 자본화금액)
4) 중고자동차 취득 시 부담한 취득부대비용 = ₩300,000
5) 유형자산금액 = ₩2,100,000 + ₩2,300,000 + ₩200,000 + ₩300,000 = ₩4,900,000

13 정답 ④

해설 1) 공채의 취득시점 공정가치 = ₩100,000 × 0.7513 + ₩7,000 × 2.4868 = ₩92,538
2) 건물 취득시점의 회계처리

(차) 건물	10,157,462	(대) 현금	10,250,000
상각후원가측정금융자산	92,538		

3) 20×1년 12월 31일 회계처리

(차) 감가상각비	2,031,492	(대) 감가상각누계액	2,031,492
(차) 현금	7,000	(대) 이자수익	9,254
상각후원가측정금융자산	2,254		

* 감가상각비 = (₩10,157,462 − ₩0) × 1/5 = ₩2,031,492
* 20×1년 12월 31일 상각후원가측정금융자산 장부금액 = ₩92,538 + ₩2,254 = ₩94,792

14 정답 ③

해설 1) 20×1년 초 AC 금융자산의 공정가치 = ₩2,000,000 × 0.7938 + ₩80,000 × 2.5771 = ₩1,793,768
※ 국공채 부수취득 차액 = ₩2,000,000(매입가액) − ₩1,793,768 = ₩206,232
2) 20×1년 초 건물의 취득가액 = ₩10,000,000 + ₩206,232(공채 부수취득에 따른 차액)
= ₩10,206,232
3) 20×1년 말 건물의 감가상각비 = (₩10,206,232 − ₩0) × 1/10 = ₩1,020,623
4) 20×1년 말 AC금융자산의 이자수익 = ₩1,793,768 × 8% = ₩143,501
5) 20×1년 당기순이익에 미치는 영향 = (₩1,020,623) + ₩143,501 = ₩877,122 감소

15 정답 ③

해설 1) 무이자부 어음의 현재가치 = ₩1,000,000 × 1.7355 = ₩1,735,500
2) 기타포괄손익–공정가치 측정 금융자산 취득 시 취득가액과 공정가치와의 차액
= ₩100,000(취득가액) − ₩80,000(공정가치) = ₩20,000
3) 건물의 취득원가 = ₩1,735,500(현금가격상당액) + ₩20,000(차액) = ₩1,755,500

16 정답 ④

해설 1) 기계장치 취득원가 = ₩100,000 × 2.40183 = ₩240,183
2) 20×1년도 기계장치 감가상각비 = (₩240,183 − ₩0) × 1/3 = ₩80,061
3) 20×1년도 이자비용 = ₩240,183 × 12% = ₩28,822
4) 20×1년 ㈜감평이 인식할 비용 = ₩80,061(감가상각비) + ₩28,822(이자비용) = ₩108,883

17 정답▶ ②

해설▶ 차량운반구 취득원가
= ₩4,500,000(제공한 자산의 공정가치) + ₩3,000,000(현금지급액) = ₩7,500,000

18 정답▶ ③

해설▶ ㄱ. 회계처리

(차) 건물	100,000	(대) 기계장치	100,000
감가상각누계액	20,000	현금	15,000
		유형자산처분이익	5,000

ㄴ. 회계처리

(차) 토지	70,000	(대) 기계장치	100,000
감가상각누계액	20,000	유형자산처분이익	10,000
현금	20,000		

ㄷ. 상업적 실질이 없는 교환거래이므로 유형자산처분이익은 ₩0이다.

19 정답▶ ④

해설▶ 1) ㈜대한의 회계처리

(차) 차량운반구	25,000	(대) 기계장치	50,000
감가상각누계액	30,000	유형자산처분이익	10,000
현금	5,000		

2) ㈜세종의 회계처리

(차) 기계장치	30,000	(대) 차량운반구	50,000
감가상각누계액	20,000	현금	5,000
유형자산처분손실	5,000		

20 정답▶ ②

해설▶

(차) 감가상각누계액	340,000	(대) 감평의 기계장치	800,000
기계장치	470,000	현금	?
처분손실	10,000		

→ 현금 = ₩20,000

21 정답 ④

해설

(차) 감가상각누계액	300,000	(대) 기계장치	1,000,000
현금	50,000		
기계장치(신)	550,000		
유형자산처분손실	100,000		

22 정답 ③

해설 1) ㈜감평이 교환으로 취득한 자산의 원가 = ₩2,500(취득한 자산의 공정가치)

2) 교환거래로 인한 회계처리

(차) 건물	2,500	(대) 기계장치	2,000
현금	700	유형자산처분이익	1,200

23 정답 ④

해설 1) ㈜감평의 교환회계처리

(차) (신)유형자산	7,900	(대) (구)유형자산	10,000
현금	3,000	처분이익	900

2) ㈜한국의 유형자산처분손익 = ₩7,900(제공한 자산의 공정가치) − ₩8,000(제공한 자산의 장부금액) = 손실 ₩100

24 정답 ②

해설 취득한 자산과 제공한 자산의 공정가치를 모두 신뢰성 있게 측정할 수 없는 경우에는 제공한 자산의 장부금액을 취득원가로 인식한다.

25 정답 ④

해설 1) ㈜감평이 인식할 취득원가 (A) = ₩950,000(제공한 자산의 공정가치) + ₩200,000(현금지급액) = ₩1,150,000

2) ㈜한국의 회계처리

(차) (신)유형자산	950,000	(대) (구)유형자산	900,000
현금	200,000	유형자산처분이익	250,000

26 정답 ②

해설 1) 교환거래 시 ㈜대한의 회계처리

(차) (신)기계장치	650,000	(대) (구)기계장치	700,000
유형자산처분손실	100,000	현금	50,000

2) (신)기계장치 취득원가 = ₩650,000 + ₩50,000(설치장소 준비원가) + ₩50,000(설치원가) = ₩750,000

3) 20×1년도 감가상각비 = (₩750,000 − ₩50,000) × 1/5 = ₩140,000

27 **정답** ④

해설 1) ㈜세무의 기계장치 공정가치 = ₩7,000(제공한 자산의 장부금액) − ₩1,000(유형자산처분손실)
= ₩6,000
2) 20×1년 7월 1일 기계장치의 취득원가 = ₩6,000(제공한 자산의 공정가치) + ₩500(현금지급액)
+ ₩500(설치장소 준비원가) + ₩500(설치원가) = ₩7,500
3) 20×2년 기계장치 감가상각비 = (₩7,500 − ₩500) × 3/6 × 6/12 + (₩7,500 − ₩500)
× 2/6 × 6/12 = ₩2,917

28 **정답** ③

해설 1) 20×1년 초 복구충당부채 현재가치 = ₩200,000 × 0.6830 = ₩136,600
2) 20×1년 감가상각비 = (₩2,136,600 − ₩200,000) × 1/4 = ₩484,150
3) 20×1년 이자비용 = ₩136,600 × 10% = ₩13,660
4) 20×1년도 포괄손익계산서에 인식할 총비용 = ₩484,150(감가상각비) + ₩13,660(이자비용)
= ₩497,810

29 **정답** ②

해설 복구공사손실 = ₩552,457(복구시점의 복구충당부채) − ₩600,000(실제복구비) = ₩47,543
* 복구시점의 복구충당부채 = ₩376,000 × 1.4693 = ₩552,457

30 **정답** ④

해설 1) 20×1년 초 복구충당부채 = ₩500,000 × 0.6209 = ₩310,450
2) 20×1년 초 회계처리

(차) 해양구조물	4,310,450	(대) 현금	4,000,000
		복구충당부채	310,450

3) 20×1년 말 회계처리

(차) 감가상각비	862,090	(대) 감가상각누계액	862,090
(차) 이자비용	31,045	(대) 복구충당부채	31,045

4) 20×1년도 비용 = ₩862,090(감가상각비) + ₩31,045(이자비용) = ₩893,135

31 **정답** ②

해설 1) 하수처리장치 원가 = ₩20,000,000 + ₩1,000,000 × 0.79383 = ₩20,793,830
2) 20×1년 감가상각비 = (₩20,793,830 − ₩0) × 1/3 = ₩6,931,277

32 **정답** ③

해설 ① 20×1년 초 복구충당부채 = ₩200,000 × 0.6806 = ₩136,120
② 20×1년 초 취득원가 = ₩1,000,000 + ₩136,120 = ₩1,136,120
③ 20×1년 말 감가상각비 = (₩1,136,120 − ₩0) × 1/5 = ₩227,224
④ 20×1년 말 차입원가(이자비용) = ₩136,120 × 8% = ₩10,890
⑤ 복구공사손실 = ₩200,000(복구충당부채) − ₩230,000(실제복구비) = ₩30,000 손실

33 **정답** ③

해설 1) 20×1년 초 복구충당부채 = ₩3,000 × 0.7130 = ₩2,139
2) 20×1년 유형자산 감가상각비 = (₩13,000 + ₩2,139 − ₩1,000) × 1/5 = ₩2,828
3) 20×1년 복구충당부채 이자비용 = ₩2,139 × 7% = ₩150
4) 20×1년도 포괄손익계산서에 인식할 비용 = ₩2,828(감가상각비) + ₩150(이자비용) = ₩2,978

34 **정답** ④

해설 1) 20×1년 7월 초 복구충당부채 계상액 = ₩800,000 × 0.6830 = ₩546,400
2) 설비취득원가 = ₩4,000,000 + ₩546,400 = ₩4,546,400
3) 20×1년도 감가상각비 = (₩4,546,400 − ₩46,400) × 1/4 × 6/12 = ₩562,500
4) 20×1년도 이자비용 = ₩546,400 × 10% × 6/12 = ₩27,320
5) 20×1년도 당기순이익에 미치는 영향 = ₩562,500 + ₩27,320 = ₩589,820 감소

35 **정답** ⑤

해설 1) 20×1년도 환경설비 취득원가 = ₩5,000,000 + ₩124,180(복구충당부채) = ₩5,124,180
   * 20×1년 초 복구충당부채 = ₩200,000 × 0.6209(5기간, 10%, 현가) = ₩124,180
2) 20×1년 말 환경설비 장부금액 = ₩5,124,180 − (₩5,124,180 × 1/5) = ₩4,099,344
3) 20×1년 말 복구충당부채 장부금액 = ₩124,180 + ₩12,418 = ₩136,598
4) 20×2년 초 새로 추정된 복구충당부채 = ₩300,000 × 0.6355(4기간, 12%, 현가) = ₩190,650
5) 복구충당부채 증가금액 = ₩190,650 − ₩136,598 = ₩54,052
   → 관련 의무가 증가하였으므로 환경설비 장부금액에 ₩54,052를 증가시킨다.
6) 20×2년도 총비용
   • 감가상각비 = (₩4,099,344 + ₩54,052 − ₩0) × 1/4 = ₩1,038,349
   • 복구충당부채 이자비용 = ₩190,650 × 12% = ₩22,878
   • 20×2년도 총비용 = ₩1,038,349(감가상각비) + ₩22,878(이자비용) = ₩1,061,227

36 **정답** ③

해설 1) 20×1년 말 장부금액 = ₩1,000,000 − [(₩1,000,000 − ₩0) × 1/5] = ₩800,000
2) 20×2년 초 복구충당부채 = ₩300,000 × 0.7921 = ₩237,630
3) 20×2년 감가상각비 = (₩800,000 + ₩237,630 − ₩0) × 1/4 = ₩259,408

37 **정답** ③

해설 20×3년 12월 31일 재무상태표 이연수익 = ₩600,000 − (₩600,000 × 3/5) = ₩240,000

38 **정답** ③

해설 1) 20×2년 감가상각누계액 = (₩10,000,000 − ₩1,000,000) × 5/6 = ₩7,500,000
2) 20×2년 말까지 감가상각비에 대응되는 정부보조금
   = ₩7,500,000 × [(₩3,000,000(정부보조금)/₩9,000,000(감가상각대상금액)] = ₩2,500,000
3) 20×2년 말 장부금액 = ₩10,000,000 − ₩7,500,000 − ₩500,000(정부보조금 잔액) = ₩2,000,000

39 **정답** ①

해설 1) 20×3년 말까지 감가상각누계액 = (₩1,000,000 − ₩0) × 3/5 = ₩600,000
　　　 2) 20×3년 말 정부보조금 잔액 = ₩100,000 − (₩100,000 × 3/5) = ₩40,000
　　　 3) 20×3년 12월 31일 기계장치 장부금액 = ₩1,000,000 − ₩600,000 − ₩40,000 = ₩360,000

40 **정답** ④

해설 비화폐성 정부보조금은 비화폐성 자산(예 토지 등)의 공정가치를 평가하여 보조금과 자산 모두를 그 공정가치로 회계처리한다. 대체적인 방법으로 자산과 보조금을 명목금액으로 기록할 수 있다.

41 **정답** ③

해설 1) 지방자치단체로부터 차입한 자금의 공정가치 = ₩100,000 × 0.7350 = ₩73,500
　　　　 지방자치단체로부터 ₩100,000을 차입하였으므로 공정가치보다 초과 지급한 금액이 정부보조금이 된다. 정부보조금은 ₩100,000 − ₩73,500 = ₩26,500이다.
　　　 2) 20×1년 말 장부금액 = ₩73,500 − [(₩73,500 − ₩0) × 1/4] = ₩55,125

42 **정답** ①

해설 1) 20×1년 초 차입금의 공정가치 = ₩50,000 × 0.6209 + ₩500 × 3.7908 = ₩32,940
　　　 2) 20×1년 초 정부보조금 = ₩50,000 − ₩32,940 = ₩17,060
　　　 3) 20×1년 말 차입금의 장부금액 = ₩32,940 × 1.1 − ₩500 = ₩35,734
　　　 4) 20×2년 말 차입금의 장부금액 = ₩35,734 × 1.1 − ₩500 = ₩38,807
　　　 5) 20×3년 감가상각비 = (₩50,000 − ₩17,060) × 1/5 = ₩6,588
　　　 6) 20×3년 이자비용 = ₩38,807 × 10% = ₩3,881
　　　 → 20×3년 당기비용으로 인식할 금액 = ₩6,588(감가상각비) + ₩3,881(이자비용) = ₩10,469

43 **정답** ④

해설 경제적효익이 소비되는 형태를 신뢰성 있게 결정할 수 없는 경우에는 정액법을 사용하는 것은 무형자산의 상각에 관한 규정으로 유형자산에는 해당하지 않는다.

44 **정답** ⑤

해설 감가상각방법은 해당 자산의 미래경제적효익이 소비되는 형태를 반영한다.

45 **정답** ①

해설 건물이 위치한 토지의 가치가 증가하더라도 건물의 감가상각대상금액이 증가하지 아니한다.

46 **정답** ③

해설 유형자산이 운휴 중이거나 적극적인 사용상태가 아니더라도 감가상각을 중단하지 않는다.

47 정답 ④

해설 ① 유형자산이 운휴 중이거나 적극적인 사용상태가 아니더라도 감가상각이 완전히 이루어지기 전까지는 감가상각을 중단하지 않는다.
② 유형자산의 잔존가치와 내용연수는 매년 말 재검토한다.
③ 유형자산의 전체원가에 비교하여 해당 원가가 유의적이지 않은 부분도 별도로 분리하여 감가상각할 수 있다.
⑤ 유형자산의 잔존가치가 장부금액을 초과하는 상황이 발생하면 감가상각액을 인식할 수 없다.

48 정답 ③

해설 1) 정률법
20×1년 감가상각비 = ₩1,000,000 × 0.5 × 6/12 = ₩250,000
20×2년 감가상각비(ㄱ) = (₩1,000,000 − ₩250,000) × 0.5 × 12/12 = ₩375,000
2) 연수합계법
20×2년 감가상각비(ㄴ) = (₩1,000,000 − ₩100,000) × 4/10 × 6/12 + (₩1,000,000 − ₩100,000) × 3/10 × 6/12 = ₩315,000

49 정답 ④

해설 1) 20×1년 7월 1일 건물의 취득원가
= ₩15,000,000(공통취득금액) × (₩6,400,000/₩16,000,000) = ₩6,000,000
2) 20×2년 감가상각비 = (₩6,000,000 − ₩1,000,000) × 4/10 × 6/12 + (₩6,000,000 − ₩1,000,000) × 3/10 × 6/12 = ₩1,750,000

50 정답 ③

해설 1) 20×3년 12월 31일 장부금액 = ₩10,000,000 − [(₩10,000,000 − ₩1,000,000) × (5 + 4 + 3)/15] = ₩2,800,000
2) 20×4년 감가상각비 = (₩2,800,000 − ₩500,000) × 4/10 = ₩920,000
* 잔여내용연수 = 5년 − 3년 + 2년 = 4년

51 정답 ②

해설 1) 20×3년 말 감가상각누계액 = (₩1,000,000 − ₩50,000) × 3/5 = ₩570,000
2) 20×4년 감가상각비(₩100,000) = (₩430,000 − 잔존가치) × 1/4
→ 잔존가치 = ₩30,000

52 정답 ④

해설 1) 20×1년 말 장부금액 = ₩1,500,000(정부보조금을 차감한 순액) − [(₩1,500,000 − ₩0) × 1/5]
= ₩1,200,000
2) 20×2년 감가상각비 = (₩1,200,000 + ₩1,000,000 − ₩100,000) × 1/5 = ₩420,000

53 **정답** ②

해설 1) 20×2년 말 장부금액 = ₩620,000 − [(₩620,000 − ₩20,000) × 2/5] = ₩380,000
2) 20×3년 감가상각비 = (₩380,000 − ₩20,000) × 3/6 = ₩180,000

54 **정답** ③

해설 1) 20×2년 말 감가상각누계액 = (₩5,100 − ₩100) × 2/5 = ₩2,000
2) 20×3년 감가상각비 = (₩3,100 + ₩1,500 − ₩50) × 1/5 = ₩910

55 **정답** ④

해설 1) 20×2년 말 기계장치 장부금액 = ₩10,000 − [(₩10,000 − ₩0) × 2/5] = ₩6,000
2) 20×3년 감가상각비 = (₩6,000 + ₩3,000 − ₩0) × 5/15 = ₩3,000

56 **정답** ④

해설 1) 20×3년 12월 31일 장부금액 = ₩1,000,000 − [₩1,000,000 × 3/5] = ₩400,000
2) 20×4년 감가상각비(₩250,000) = (₩400,000 + x) × 5/15
　　→ x(자본적지출금액) = ₩350,000
　　* 20×4년 잔여 내용연수 = 5년 − 3년(경과연수) + 3년(연장기간) = 5년

57 **정답** ②

해설 1) 20×2년 말 감가상각누계액 = (₩2,000,000 − ₩200,000) × 9/15 = ₩1,080,000
2) 20×3년 감가상각비 = (₩920,000 − ₩20,000) × 1/3 = ₩300,000

58 **정답** ③

해설

20×1년 초	(차) 토지	150,000	(대) 현금		150,000
20×1.12.31.	(차) 토지	30,000	(대) 재평가잉여금		30,000
20×2.12.31.	(차) 재평가잉여금	20,000	(대) 토지		20,000
20×3.12.31.	(차) 재평가잉여금	10,000	(대) 토지		40,000
	재평가손실(당기손실)	30,000			

59 **정답** ④

해설 1) 토지의 취득원가 = ₩95,000(구입가격) + ₩16,000(즉시철거비) = ₩111,000

20×1년 초	(차) 토지	111,000	(대) 현금	111,000
20×1.12.31.	(차) 토지	9,000	(대) 재평가잉여금	9,000
20×2.12.31.	(차) 재평가잉여금	9,000	(대) 토지	35,000
	재평가손실	26,000		

60 정답 ④

해설 1) 토지 처분손익 = ₩1,150,000(처분금액) − ₩1,200,000(20×4년 초 장부금액) = ₩50,000(처분손실)

※ 재평가잉여금은 처분 시 당기손익으로 재분류하지 않는다. 재평가잉여금의 이익잉여금 대체는 손익이 발생하는 거래가 아니므로 기타포괄손익에 미치는 영향은 없다.

61 정답 ⑤

해설
20×1.1.2.	(차) 토지	500,000	(대) 현금		500,000
20×1.12.31.	(차) 재평가손실	40,000	(대) 토지		40,000
20×2.12.31.	(차) 토지	90,000	(대) 재평가이익(당기손익)		40,000
			재평가잉여금(기타포괄손익)		50,000

62 정답 ⑤

해설 1) 토지 A의 재평가회계처리

20×1.12.31	(차) 토지	100	(대) 재평가잉여금(기타포괄이익)		100
20×2.12.31	(차) 재평가잉여금	100	(대) 토지		150
	재평가손실(당기손익)	50			
20×3.12.31	(차) 재평가손실(당기손익)	30	(대) 토지		30

2) 토지 B의 재평가회계처리

20×1.12.31	(차) 재평가손실(당기손익)	300	(대) 토지		300
20×2.12.31	(차) 토지	300	(대) 재평가이익(당기손익)		300
20×3.12.31	(차) 토지	100	(대) 재평가잉여금(기타포괄이익)		100

① 20×1년 말 토지 A로부터 당기순이익은 불변한다.
② 20×2년 말 토지 A로부터 당기순이익 ₩500이 감소한다.
③ 20×2년 말 토지 B로부터 기타포괄이익은 불변한다.
④ 20×3년 말 토지 A로부터 기타포괄이익은 불변한다.

63 정답 ③

해설 1) 20×1년 말 재평가잉여금 = ₩12,600(20×1년 말 공정가치) − ₩9,000(20×1년 말 감가상각 후 장부금액) = ₩3,600

2) 20×2년 감가상각비 = (₩12,600 − ₩0) × 1/9 = ₩1,400

3) 20×2년 말 재평가 = ₩6,000(20×2년 말 공정가치) − ₩11,200(20×2년 말 감가상각 후 장부금액) = (₩5,200) ← 전기 인식한 재평가잉여금 ₩3,600을 우선 상계하며, ₩1,600은 재평가손실로 당기손실에 반영한다.

4) 20×2년도 당기순이익에 미치는 영향 = ₩1,400(감가상각비) + ₩1,600(재평가손실) = ₩3,000 감소

64 정답 ④

해설

20×1.1.1.	(차) 건물	10,000,000	(대) 현금	10,000,000
20×1.12.31.	(차) 감가상각비	1,600,000	(대) 감가상각누계액	1,600,000
	(차) 감가상각누계액	1,600,000	(대) 건물	3,000,000
	재평가손실	1,400,000		
20×2.12.31.	(차) 감가상각비	2,800,000	(대) 감가상각누계액	2,800,000
	(차) 감가상각누계액	2,800,000	(대) 건물	1,000,000
			재평가이익	1,400,000
			재평가잉여금	400,000

* 20×2년 감가상각비 = (₩7,000,000 − ₩0) × 4/10 = ₩2,800,000

65 정답 ④

해설 1) 20×1년 12월 31일 장부금액 = ₩1,000,000 − [(₩1,000,000 − ₩0) × 1/5] = ₩800,000

2) 20×2년 감가상각비 = (₩800,000 − ₩0) × 1/5 = ₩160,000

 * 원가모형에서 재평가모형으로 최초 적용하는 경우 소급적용하지 않고 전진적용한다.

3) 20×2년 말 재평가잉여금 = ₩700,000(20×2년 말 공정가치) − ₩640,000(20×2년 말 장부금액) = ₩60,000

66 정답 ③

해설 1) 20×4년 말

건물	₩5,000,000	건물	₩6,500,000
감가상각누계액	(800,000)	감가상각누계액	(1,200,000)
장부금액	₩4,200,000	공정가치	₩6,300,000

※ 비례율 = ₩6,300,000 ÷ ₩4,200,000 = 1.5배

67 정답 ②

해설

20×1.12.31.	(차) 감가상각비	500,000	(대) 감가상각누계액	500,000
	(차) 감가상각누계액	500,000	(대) 기계장치	250,000
			재평가잉여금	250,000
20×2.12.31.	(차) 감가상각비	531,250	(대) 감가상각누계액	531,250
	(차) 감가상각누계액	531,250	(대) 기계장치	849,250
	재평가잉여금	250,000		
	재평가손실	68,000		

→ 20×2년도 당기순이익에 미치는 영향 = ₩531,250 + ₩68,000 = ₩599,250 감소

68 정답 ②

해설 1) 토지

20×1년 말	(차) 재평가손실	5,000	(대) 토지	5,000
20×2년 말	(차) 토지	25,000	(대) 재평가이익	5,000
			재평가잉여금	20,000

2) 건물

20×1년 말	(차) 감가상각비	2,500	(대) 감가상각누계액	2,500
	(차) 감가상각누계액	2,500	(대) 건물	3,000
	재평가손실	500		
20×2년 초	(차) 건물	2,000	(대) 현금	2,000
20×2년 말	(차) 감가상각비	3,000	(대) 감가상각누계액	3,000
	(차) 감가상각누계액	3,000	(대) 건물	2,500
			재평가이익	500

→ 20×2년도 당기순이익 영향 = ₩5,000(토지재평가이익) − ₩3,000(감가상각비) + ₩500(건물재평가이익) = ₩2,500 증가

69 정답 ③

해설

20×1.12.31.	(차) 감가상각비	160,000	(대) 감가상각누계액	160,000
	(차) 감가상각누계액	160,000	(대) 건물	300,000
	재평가손실	140,000		
20×2.12.31.	(차) 감가상각비	125,000	(대) 감가상각누계액	125,000
	(차) 감가상각누계액	125,000	(대) 재평가이익	140,000
	건물	100,000	재평가잉여금	85,000

→ 20×2년도 당기순이익에 미치는 영향 = (₩125,000) + ₩140,000 = ₩15,000 증가

70 정답 ①

해설 1) 20×1년 감가상각비 = (₩1,500,000 − ₩100,000) × 1/5 = ₩280,000

2) 20×1년 말 재평가손실 = ₩1,220,000(감가상각 후 장부금액) − ₩1,020,000(20×1년 말 공정가치) = ₩200,000

3) 20×1년도 당기순이익에 미치는 영향 = (₩280,000) + (₩200,000) = ₩480,000 감소

4) 20×2년 감가상각비 = (₩1,020,000 + ₩300,000 − ₩120,000) × 1/6 = ₩200,000

5) 20×2년 말 재평가손익 = ₩1,350,000(20×2년 말 공정가치) − ₩1,120,000(20×2년 말 감가상각 후 장부금액) = ₩230,000(₩200,000은 재평가이익으로 당기손익으로 인식하며, ₩30,000은 재평가잉여금으로 기타포괄손익에 반영한다.)

6) 20×2년도 당기순이익에 미치는 영향 = (₩200,000) + ₩200,000 = ₩0(영향 없음)

71 정답 ④

해설 1) 20×1년 감가상각비 = (₩6,000,000 − ₩500,000) × 1/10 = ₩550,000

2) 20×1년 말 재평가 = ₩5,000,000(20×1년 말 공정가치) − ₩5,450,000(20×1년 말 감가상각 후 장부금액) = (₩450,000)재평가손실

3) 20×2년 감가상각비 = (₩5,000,000 − ₩500,000) × 1/9 = ₩500,000

4) 20×2년 말 재평가 = ₩5,500,000(20×2년 말 공정가치) − ₩4,500,000(20×2년 말 감가상각 후 장부금액) = ₩1,000,000(전기이월된 ₩450,000을 한도로 재평가이익(당기손익)을 인식하고, ₩550,000을 재평가잉여금으로 인식)

5) 20×3년 감가상각비 = (₩5,500,000 − ₩600,000) × 1/5 = ₩980,000

6) 20×3년 말 재평가 = ₩3,500,000(20×3년 말 공정가치) − ₩4,520,000(20×3년 말 감가상각 후 장부금액) = (₩1,020,000) 단, 전기이월된 재평가잉여금 ₩550,000을 우선 상계한 뒤 ₩470,000을 재평가손실로 인식한다.

7) 20×3년 당기순이익에 미치는 영향 = (₩980,000) + (₩470,000) = ₩1,450,000 감소

72 정답 ②

해설 1) 토지의 재평가회계처리

20×1.12.31.	(차) 토지	500,000	(대) 재평가잉여금	500,000
20×2.12.31.	(차) 재평가잉여금	500,000	(대) 토지	700,000
	재평가손실	200,000		

2) 기계장치의 재평가회계처리

20×1.12.31.	(차) 감가상각비	600,000	(대) 감가상각누계액	600,000
	(차) 감가상각누계액	600,000	(대) 기계장치	1,000,000
	재평가손실	400,000		
20×2.12.31.	(차) 감가상각비	500,000	(대) 감가상각누계액	500,000
	(차) 감가상각누계액	500,000	(대) 재평가이익	400,000
	기계장치	100,000	재평가잉여금	200,000

→ 20×2년도 당기순이익효과 = (₩200,000) + (₩500,000) + ₩400,000 = ₩300,000 감소

73 정답 ③

해설 1) 20×1년 1월 1일 건물의 취득원가 = $5,000 × ₩1,800 = ₩9,000,000

2) 20×1년 12월 31일 감가상각 후 장부금액 = ₩9,000,000 − (₩9,000,000 × 1/5) = ₩7,200,000

3) 20×1년 12월 31일 건물의 공정가치 = $6,000 × ₩1,500 = ₩9,000,000

4) 20×1년 말 재평가잉여금 = ₩9,000,000(공정가치) − ₩7,200,000(장부금액) = ₩1,800,000

74 정답 ②

해설 재평가잉여금 중 사용함에 따라 이익잉여금으로 대체되는 금액은 재평가 전 취득원가에 의한 감가상각비와 재평가 후 감가상각비의 차액이다.

1) 재평가 전 감가상각비 = (₩5,000 − ₩0) × 1/5 = ₩1,000

2) 재평가 후 감가상각비 = (₩7,000 − ₩0) × 1/4 = ₩1,750

3) 사용 중 대체가능한 재평가잉여금 = ₩1,750 − ₩1,000 = ₩750

감정평가사 회계학 문제집

75 정답 ⑤

해설

20×1.1.1.	(차) 건물	5,000	(대) 현금		5,000
20×1.12.31.	(차) 감가상각비	1,000	(대) 감가상각누계액		1,000
20×2.12.31.	(차) 감가상각비	1,000	(대) 감가상각누계액		1,000
	(차) 감가상각누계액	2,000	(대) 재평가잉여금		3,000
	건물	1,000			
20×3.12.31.	(차) 감가상각비	2,000	(대) 감가상각누계액		2,000
	(차) 재평가잉여금	1,000	(대) 이익잉여금		1,000
20×4.12.31.	(차) 감가상각비	2,000	(대) 감가상각누계액		2,000
	(차) 재평가잉여금	1,000	(대) 이익잉여금		1,000

1) 건물 사용 시 일부 대체가능한 재평가잉여금 = 재평가 후 감가상각비 - 재평가 전 최초원가에 근거한 감가상각비 = ₩2,000 - ₩1,000 = ₩1,000
2) 20×5년 초 건물 처분 시 대체되는 재평가잉여금(잔액) = ₩3,000 - ₩1,000(20×3년도 일부 대체) - ₩1,000(20×4년도 일부대체) = ₩1,000

76 정답 ②

해설
1) 20×5년 1월 1일 장부금액 = ₩2,500,000(정부보조금을 차감한 순액) - [(₩2,500,000 - ₩400,000) × 42개월/60개월] = ₩1,030,000
2) 유형자산처분이익 = ₩1,300,000(처분금액) - ₩1,030,000(장부금액) = ₩270,000

77 정답 ②

해설
1) 20×2년 말 장부금액 = ₩2,000,000 - [(₩2,000,000 - ₩200,000) × 5/15 + (₩2,000,000 - ₩200,000) × 4/15 × 6/12] = ₩1,160,000
2) 20×3년 감가상각비 = (₩1,160,000 - ₩0) × 1/4 = ₩290,000
3) 20×4년 1월 1일 유형자산 처분손익 = ₩1,000,000(처분금액) - ₩870,000(장부금액) = ₩130,000 처분이익

78 정답 ④

해설
1) 20×3년 1월 1일 장부금액 = ₩480,000 - [(₩480,000 - ₩0) × 2/4] = ₩240,000
2) 20×3년 감가상각비 = (₩240,000 - ₩0) × 1/3 = ₩80,000
3) 20×4년 9월 말 감가상각비 = ₩80,000 × 9/12 = ₩60,000
4) 20×4년 9월 말 장부금액 = ₩480,000 - ₩380,000(감가상각누계액) = ₩100,000
5) 유형자산 처분이익 = ₩130,000(처분가액) - ₩100,000(장부금액) = ₩30,000

79 정답 ①

해설
1) 20×8년 12월 31일 장부금액 = ₩300,000(정부보조금을 차감한 순액) - [(₩300,000 - ₩20,000) × 3/5] = ₩132,000
2) 20×9년 1월 1일 유형자산처분손익 = ₩150,000(처분가액) - ₩132,000(장부금액) = ₩18,000 이익

80 정답 ④

해설 1) 20×1년 말 장부금액 =₩1,000,000 − [(₩1,000,000 − ₩0) × 1/5] = ₩800,000
2) 20×2년 감가상각비 = (₩800,000 + ₩325,000) × 2/6(이중체감법) = ₩375,000
   → 20×2년 말 장부금액 = ₩1,125,000(20×2년 초 장부금액) − ₩375,000(20×2년 감가상각비) = ₩750,000
3) 20×3년 초 처분 시 수취한 현금 = ₩750,000 + ₩10,000(처분이익) = ₩760,000

81 정답 ④

해설 1) 20×3.1.1 장부금액 = ₩1,000,000 − [(₩1,000,000 − ₩0) × 2/4] = ₩500,000
2) 20×3년 감가상각비 = (₩500,000 + ₩500,000 − ₩100,000) × 4/10 = ₩360,000
3) 20×4.1.1 장부금액 = ₩1,000,000 − ₩360,000 = ₩640,000
4) 수령한 현금 = ₩640,000 − ₩60,000(처분손실) = ₩580,000

82 정답 ④

해설 1) 20×1년 말 장부금액 = ₩50,000 − [(₩50,000 − ₩0) × 4/10] = ₩30,000
2) 20×1년 손상차손 = ₩30,000(20×1년 말 장부금액) − ₩23,000(회수가능액) = ₩7,000
※ 회수가능액 = max[₩22,000(순공정가치), ₩23,000(사용가치)] = ₩23,000

83 정답 ②

해설 20×1년 손상차손 = ₩3,500(20×1년 말 장부금액) − ₩1,800(회수가능액) = ₩1,700
※ 회수가능액 = max[₩1,200(순공정가치), ₩1,800(사용가치)] = ₩1,800

84 정답 ⑤

해설 1) 20×2년 감가상각비 = (₩30,000 − ₩0) × 1/5 = ₩6,000
2) 20×2년 말 손상차손 = ₩18,000(20×2년 말 감가상각 후 장부금액) − ₩15,000(회수가능액) = ₩3,000
3) 20×2년 당기순이익에 미치는 영향 = ₩6,000(감가상각비) + ₩3,000(손상차손) = ₩9,000 감소

85 정답 ②

해설 1) 20×6.1.1. 일괄구입 시 취득원가
   • 건물원가 = ₩2,000,000 × (₩960,000/₩2,400,000) = ₩800,000
   • 토지원가 = ₩2,000,000 × (₩1,440,000/₩2,400,000) = ₩1,200,000
2) 20×6년 말 토지 손상차손 = ₩1,200,000(장부금액) − ₩1,150,000(회수가능액) = ₩50,000
3) 20×6년 말 건물 손상차손 = ₩700,000(기말 장부금액) − ₩670,000(회수가능액) = ₩30,000
   ※ 건물의 20×6년 말 장부금액 = ₩800,000 − [(₩800,000 − ₩100,000) × 1/7] = ₩700,000
4) 20×6년에 ㈜감평이 인식해야 할 손상차손 = ₩50,000 + ₩30,000 = ₩80,000

86 정답 ④

해설 1) 20×1년 말 회수가능액 = max[₩81,000(사용가치), ₩75,000(순공정가치)] = ₩81,000
2) 20×1년 손상차손 = ₩90,000(장부금액) − ₩81,000(회수가능액) = ₩9,000
3) 20×2년 감가상각비 = (₩81,000 − ₩0) × 1/9 = ₩9,000
4) 20×2년 말 회수가능액 = max[₩64,000(사용가치), ₩72,000(순공정가치)] = ₩72,000
→ 20×2년은 장부금액과 회수가능액이 ₩72,000으로 일치하므로 손상차손 환입은 발생하지 않으며, 20×2년 말 장부금액은 ₩72,000이 된다.

87 정답 ⑤

해설 1) 20×1년도 감가상각비 = (₩5,000,000 − ₩0) × 1/5 = ₩1,000,000
2) 20×1년 손상차손 = ₩4,000,000(장부금액) − ₩2,000,000(회수가능액) = ₩2,000,000
3) 20×2년도 감가상각비 = (₩2,000,000 − ₩0) × 1/4 = ₩500,000
4) 20×2년 손상차손 환입액 = min[₩3,000,000(손상이 발생하지 않았을 경우의 기계장치 장부금액), ₩3,500,000(회수가능액)] − ₩1,500,000(20×2년 말 장부금액) = ₩1,500,000
   * 환입한도 = ₩5,000,000 − [(₩5,000,000 − ₩0) × 2/5] = ₩3,000,000
5) 20×2년 말 기계의 장부금액 = ₩3,000,000

88 정답 ④

해설 1) 20×2년 말 손상차손 = ₩1,280,000(장부금액) − ₩770,000(회수가능액) = ₩510,000
2) 20×3년 감가상각비 = (₩770,000 − ₩200,000) × 1/3 = ₩190,000
3) 20×3년 손상차손환입 = min[₩920,000(한도), ₩780,000(회수가능액)] − ₩580,000(20×3년 말 장부금액) = ₩200,000
4) 20×3년도 당기순이익에 미치는 영향 = (₩190,000) + ₩200,000(손상차손 환입) = ₩10,000 증가

89 정답 ②

해설 1) 20×2년 말 손상차손 = ₩1,680,000(장부금액) − ₩1,400,000(회수가능액) = ₩280,000
2) 20×4년 말 손상차손 환입 인식 전 장부금액 = ₩1,400,000 − [(₩1,400,000 − ₩400,000) × 2/8] = ₩1,150,000
3) 20×4년 손상차손환입액 = min[₩1,360,000(손상이 발생하지 않았을 경우의 건물 장부금액), ₩1,500,000(회수가능액)] − ₩1,150,000(20×4년 말 감가상각 후 장부금액) = ₩210,000
   ※ 20×4년 말 손상차손환입의 한도액
   = ₩2,000,000 − [(₩2,000,000 − ₩400,000) × 4/10] = ₩1,360,000

90 정답 ④

해설 1) 20×1년 말 감가상각 후 장부금액 = ₩1,600,000 − (₩1,600,000 × 1/4) = ₩1,200,000
2) 회수가능액 = max[순공정가치(₩690,000), 사용가치(₩706,304)] = ₩706,304
   * 사용가치는 자산의 사용 및 궁극적인 처분에 따른 유입액의 현재가치이다.
   * 20×1년 말 사용가치 = ₩300,000 × 2.4018 − ₩20,000(철거비) × 0.7118 = ₩706,304
3) 20×1년 손상차손 = ₩1,200,000(장부금액) − ₩706,304(회수가능액) = ₩493,696

91 정답 ①

해설 1) 20×2년 말 감가상각 후 장부금액 = ₩50,000 − [(₩50,000 − ₩0) × 2/5] = ₩30,000

2) 20×2년 말 손상차손(A) = ₩30,000(20×2년 말 감가상각 후 장부금액) − ₩18,000(20×2년 말 회수가능액) = ₩12,000

3) 20×3년 말 감가상각 후 장부금액 = ₩18,000 − [(₩18,000 − ₩0) × 1/3] = ₩12,000

4) 20×3년 말 손상차손환입액(B) = min[₩20,000(20×3년 말 손상을 인식하지 않았을 경우의 감가상각 후 장부금액), ₩21,000(회수가능액)] − ₩12,000(20×3년 말 감가상각 후 장부금액) = ₩8,000

92 정답 ⑤

해설 ① 20×5년 말 손상 인식 전 장부금액 = ₩41,500 − [(₩41,500 − ₩1,500) × 3/10] = ₩29,500

② 20×5년 건물의 손상차손 = ₩29,500(장부금액) − ₩22,500(회수가능액) = ₩7,000

③ 20×6년 건물의 감가상각비 = (₩22,500 − ₩1,500) × 1/7 = ₩3,000

④ 20×6년 손상차손환입액 = ₩25,500(손상을 인식하지 않았을 경우의 장부금액) − ₩19,500 = ₩6,000

93 정답 ⑤

해설 1) 20×1년도 회계처리
   − 20×1년도 감가상각비 = (₩3,600 − ₩0) × 1/5 = ₩720
   − 20×1년도 손상차손 = ₩2,880(장부금액) − ₩1,600(회수가능액) = ₩1,280

2) 20×2년도 회계처리
   − 20×2년도 감가상각비 = (₩1,600 − ₩0) × 1/4 = ₩400
   − 20×2년도 손상차손환입액 = ₩2,160(환입한도) − ₩1,200(장부금액) = ₩960

94 정답 ①

해설 1) 20×1년도 말 회수가능액 = max[순공정가치, 사용가치] = ₩360,000
   − 순공정가치 = ₩370,000 − ₩10,000 = ₩360,000
   − 사용가치 = ₩80,000 × 3.9927(5기간, 8%, 연금현가계수) = ₩319,416

2) 20×2년도 감가상각비 = (₩360,000 − 0) × 1/5 = ₩72,000

3) 손상차손 환입 = ₩400,000(손상을 인식하지 않았을 경우의 감가상각 후 장부금액) − ₩288,000 = ₩112,000

4) 20×2년도 당기순이익에 미치는 영향 = (₩72,000) + (₩20,000) + ₩112,000 = ₩20,000 증가
   * 수익적 지출은 발생한 연도의 당기비용으로 인식한다.

95 정답 ⑤

해설 1) 20×2년도 감가상각비 = (₩560,000 − ₩100,000) × 1/4 = ₩115,000

2) 20×2년도 손상차손 = ₩130,000 − ₩115,000 = ₩15,000

3) 20×2년 말 차량운반구의 회수가능액 = ₩445,000(20×2년 말 감가상각 후 장부금액) − ₩15,000 (손상차손) = ₩430,000

96 **정답** ④

해설

20×1년 말	(차) 감가상각비	600,000	(대) 감가상각누계액		600,000
	(차) 감가상각누계액	600,000	(대) 차량운반구		400,000
			재평가잉여금		200,000
20×2년 말	(차) 감가상각비	700,000	(대) 감가상각누계액		700,000
	(차) 감가상각누계액	700,000	(대) 차량운반구		1,100,000
	재평가잉여금	200,000			
	재평가손실	200,000			
	(차) 손상차손	200,000	(대) 손상차손누계액		200,000

→ 20×2년도 당기순이익에 미치는 영향 = (₩700,000) + (₩200,000) + (₩200,000)
= ₩1,100,000 감소

97 **정답** ⑤

해설

20×1.12.31.	(차) 감가상각비	20,000	(대) 감가상각누계액		20,000
	(차) 감가상각누계액	20,000	(대) 기계장치		12,000
			재평가잉여금		8,000
20×2.12.31.	(차) 감가상각비	22,000	(대) 감가상각누계액		22,000
	(차) 감가상각누계액	22,000	(대) 기계장치		40,000
	재평가잉여금	8,000			
	손상차손	10,000			

1) 20×2년 당기순이익에 미치는 영향 = ₩22,000(감가상각비) + ₩10,000(손상차손)
= ₩32,000 감소
2) 20×2년 기타포괄손익에 미치는 영향 = ₩8,000(재평가잉여금) 감소

98 **정답** ④

해설
1) 20×1년 말 재평가잉여금 = ₩850,000(공정가치) − ₩800,000(장부금액) = ₩50,000
* 20×1년도는 회수가능액이 ₩900,000이므로 손상은 발생하지 않았다.
2) 20×2년 말 손상인식 전 감가상각 후 장부금액 = ₩850,000 − (₩850,000 × 1/4) = ₩637,500
→ 재평가잉여금 ₩50,000을 모두 상각하고도 손상차손이 ₩12,500 발생하였으므로 회수가능액
은 ₩637,500 − ₩62,500 = ₩575,000이다. 순공정가치는 ₩568,000으로 회수가능액보다
작기 때문에 회수가능액은 사용가치로 결정되었고 사용가치는 ₩575,000임을 알 수 있다.

99 **정답** ④

해설

20×1.1.1.	(차) 차량운반구	2,000,000	(대) 현금		2,000,000
20×1.12.31.	(차) 감가상각비	360,000	(대) 감가상각누계액		360,000
	(차) 감가상각누계액	360,000	(대) 차량운반구		200,000
			재평가잉여금		160,000
20×2.12.31.	(차) 감가상각비	400,000	(대) 감가상각누계액		400,000
	(차) 감가상각누계액	400,000	(대) 차량운반구		500,000
	재평가잉여금	100,000			

(차) 재평가잉여금　　　　　60,000　　　　(대) 손상차손누계액　　　　　200,000
　　　손상차손　　　　　　140,000
→ 20×2년 당기비용 총액 = ₩400,000(감가상각비) + ₩140,000(손상차손) = ₩540,000

100 정답▶ ④

해설▷ 1) 20×1년 말 감가상각 후 장부금액 = ₩2,000 − [(₩2,000 − ₩200) × 1/5] = ₩1,640
　　2) 20×1년 말 재평가잉여금 = ₩1,800(20×1년 말 공정가치) − ₩1,640(20×1년 말 감가상각 후 장부금액) = ₩160
　　3) 20×2년 말 감가상각 후 장부금액 = ₩1,800 − [(₩1,800 − ₩200) × 1/4] = ₩1,400
　　4) 20×2년 당기비용으로 인식할 금액 = ₩1,400 − ₩1,100(회수가능액) = ₩300(단, 전기에서 이월된 ₩160은 기타포괄손익을 우선 감소시키므로 당기손익으로 인식할 금액은 ₩140이다.)
　　→ 20×2년 당기비용 = ₩400(감가상각비) + ₩140(손상차손) = ₩540

101 정답▶ ⑤

해설▷ 특정차입금은 해당 차입금의 일시적 운용에서 생긴 투자수익을 차감한 금액을 자본화가능차입원가로 결정한다.

102 정답▶ ④

해설▷ 1) 연평균지출액 = ₩50,000 × 12/12 + ₩50,000 × 6/12 + ₩60,000 × 3/12 = ₩90,000
　　2) 특정차입금 이자비용 = ₩50,000 × 12/12 × 12% = ₩6,000
　　3) 자본화이자율 = (₩30,000 × 10% + ₩50,000 × 12%) ÷ (₩30,000 × 12/12 + ₩50,000 × 12/12) = 11.25%
　　4) 일반차입금 자본화금액 = (₩90,000 − ₩50,000) × 11.25% = ₩4,500(한도 : ₩9,000)
　　5) 자본화할 차입원가 = ₩6,000(특정차입금) + ₩4,500(일반차입금) = ₩10,500

103 정답▶ ①

해설▷ 1) 연평균지출액 = ₩600,000 × 12/12 + ₩500,000 × 6/12 = ₩850,000
　　2) 특정차입금 자본화금액 = ₩300,000 × 9/12 × 3% = ₩6,750
　　3) 자본화이자율 = (₩500,000 × 4% × 6/12 + ₩1,000,000 × 5% × 3/12) ÷ (₩500,000 × 6/12 + ₩1,000,000 × 3/12) = 4.5%
　　4) 일반차입금 자본화금액 = [₩850,000 − (₩300,000 × 9/12)] × 4.5% = ₩28,215(한도 : ₩22,500)
　　5) 20×1년 자본화할 차입원가 = ₩6,750(특정차입금) + ₩22,500(일반차입금) = ₩29,250

104 정답▶ ②

해설▷ 1) 20×1년 연평균지출액 = ₩2,000,000 × 12/12 + ₩400,000 × 6/12 = ₩2,200,000
　　2) 20×1년 특정차입금 자본화금액 = ₩2,000,000 × 6/12 × 3% = ₩30,000
　　3) 20×1년 일반차입금 자본화금액 = [₩2,200,000 − (₩2,000,000 × 6/12)] × 5% = ₩60,000
　　(한도 : ₩5,000)
　　※ 일반차입금 자본화한도(실제이자비용) = ₩100,000 × 12/12 × 5% = ₩5,000
　　4) 20×1년 자본화할 차입원가 = ₩30,000(특정차입금) + ₩5,000(일반차입금) = ₩35,000

PART 03

105 [정답] ④

[해설]
1) 20×1년도 연평균지출액 = ₩100,000 × 12/12 + ₩30,000 × 4/12 = ₩110,000
2) 특정차입금 자본화금액 = ₩30,000 × 12/12 × 9% = ₩2,700
3) 자본화이자율 = (₩5,000 + ₩3,000) ÷ (₩50,000 × 12/12 + ₩100,000 × 6/12) = 8%
4) 일반차입금 자본화금액 = (₩110,000 − ₩30,000) × 8% = ₩6,400(한도 : ₩8,000)
5) 20×1년도 자본화할 차입원가 = ₩2,700(특정차입금) + ₩6,400(일반차입금) = ₩9,100

106 [정답] ⑤

[해설]
일반차입금 자본화금액(₩400,000) = (₩6,000,000 − 특정차입금 연평균지출액) × 10%
→ 특정차입금 = ₩2,000,000
※ 일반차입금 자본화 한도액(실제이자비용) = ₩5,000,000 × 10% = ₩500,000

107 [정답] ②

[해설]
1) 연평균지출액 = ₩60,000 × 12/12 + ₩90,000 × 6/12 = ₩105,000
2) 자본화이자율 = (₩150,000 × 7% × 6/12 + ₩75,000 × 8% × 12/12) ÷ (₩150,000 × 6/12 + ₩75,000 × 12/12) = 7.5%
3) 특정차입금 자본화금액 = ₩90,000 × 6/12 × 9% = ₩4,050
4) 일반차입금 자본화금액 = [₩105,000 − (₩90,000 × 6/12)] × 7.5% = ₩4,500(한도 : ₩11,250)
5) 20×1년도 자본화할 차입원가 = ₩4,050(특정차입금) + ₩4,500(일반차입금) = ₩8,550

108 [정답] ②

[해설]
1) 20×6년 연평균지출액 = ₩50,000,000 × 12/12 + ₩100,000,000 × 6/12 = ₩100,000,000
2) 자본화이자율 = (₩2,700,000 + ₩2,000,000) ÷ (₩30,000,000 × 12/12 + ₩60,000,000 × 4/12) = 9.4%
3) 특정차입금 자본화금액 = ₩20,000,000 × 9% − (₩3,000,000 × 2% × 4/12) = ₩1,780,000
4) 일반차입금 자본화금액 = [₩100,000,000 − (₩20,000,000 − ₩3,000,000 × 4/12)] × 9.4% = ₩7,614,000(한도 : ₩4,700,000)
5) 20×6년도에 자본화할 차입원가 = ₩1,780,000(특정차입금) + ₩4,700,000(일반차입금) = ₩6,480,000

109 [정답] ③

[해설]
1) 자본화이자율 = ₩12,000(일반차입금 이자비용) ÷ ₩100,000 = 12%
2) 일반차입금 자본화금액 = (₩320,000 − ₩160,000) × 12% = ₩19,200(한도 : ₩12,000)
3) 자본화할 차입원가 = ₩18,400(특정차입금) + ₩12,000(일반차입금) = ₩30,400

110 [정답] ③

[해설]
1) 특정차입금 자본화금액 = ₩1,000,000 × 9/12 × 5% = ₩37,500
2) 자본화이자율 = (₩120,000 + ₩180,000) ÷ (₩1,500,000 + ₩1,800,000 × 10/12) = 10%
3) 연평균지출액 = ₩2,000,000 × 9/12 + ₩4,800,000 × 7/12 = ₩4,300,000

4) 일반차입금 자본화금액 = [₩4,300,000 − (₩1,000,000 × 9/12)] × 10% = ₩355,000(한도 : ₩300,000)

5) 20×1년도 자본화금액 = ₩37,500(특정차입금) + ₩300,000(일반차입금) = ₩337,500

111 정답 ⑤

해설 1) 연평균지출액 = ₩3,000,000 + ₩5,000,000 × 6/12 + ₩4,000,000 × 3/12 = ₩6,500,000
2) 특정차입금 자본화금액 = ₩4,000,000 × 8% − (₩1,000,000 × 6/12 × 5%) = ₩295,000
3) 자본화이자율 = (₩600,000 + ₩360,000) ÷ (₩6,000,000 + ₩8,000,000 × 9/12) = 8%
4) 일반차입금 자본화금액 = (₩6,500,000 − ₩3,500,000) × 8% = ₩240,000(한도 : ₩960,000)
5) 20×1년도 자본화금액 = ₩295,000(특정차입금) + ₩240,000(일반차입금) = ₩535,000

112 정답 ②

해설 1) 특정차입금 자본화금액 = ₩500,000 × 6/12 × 8% − (₩200,000 × 3/12 × 10%) = ₩15,000
2) 자본화이자율 = (₩40,000 + ₩30,000) ÷ (₩500,000 + ₩1,000,000 × 12/12) = 7%
3) 연평균지출액 = ₩300,000 × 6/12 + (₩960,000 − ₩240,000) × 3/12 + ₩1,200,000 × 1/12 = ₩430,000
4) 일반차입금 자본화금액 = (₩430,000 − ₩200,000) × 7% = ₩16,100(한도 : ₩70,000)
5) 20×1년도 자본화금액 = ₩15,000(특정차입금) + ₩16,100(일반차입금) = ₩31,100

113 정답 ④

해설 1) 20×1년도 차입원가 자본화금액 = ₩2,333,000 − ₩2,300,000(지출액) = ₩33,000
2) 20×1년 특정목적차입금 = ₩800,000 × 6/12 × 5% − (₩400,000 × 3/12 × 3%) = ₩17,000
3) 20×1년 연평균지출액 = ₩500,000 × 6/12 + ₩600,000 × 3/12 + ₩1,200,000 × 1/12 = ₩500,000
4) 20×1년 일반목적차입금 자본화금액(₩16,000) = (₩500,000 − ₩300,000) × 자본화이자율
→ 자본화이자율 = 8%

114 정답 ③

해설 1) 20×2년도 자본화금액
① 특정차입금 = ₩240,000 × 10/12 × 4% = ₩8,000
② 자본화이자율 = (₩4,800 + ₩6,000) ÷ (₩240,000 × 6/12 + ₩60,000 × 12/12) = 6%
③ 연평균지출액 = ₩600,000 × 10/12 + ₩300,000 × 10/12 + ₩120,000 × 1/12 = ₩760,000
※ 전기지출액(20×1년도 지출액 합계)은 20×2년 1월 1일의 지출액으로 본다.
④ 일반차입금 자본화금액 = (₩760,000 − ₩240,000 × 10/12) × 6% = ₩33,600(한도 : ₩10,800)
⑤ 20×2년도 자본화금액 = ₩8,000(특정차입금) + ₩10,800(일반차입금) = ₩18,800

115 정답▶ ①

해설▶ 1) 20×1년도 자본화할 차입원가(A)
1. 20×1년도 연평균지출액 = ₩300,000 × 8/12 + ₩200,000 × 3/12 = ₩250,000
2. 20×1년도 자본화할 차입원가 = ₩250,000 × 10% = ₩25,000(한도 : ₩20,000)
= ₩20,000(A)

2) 20×2년도 자본화할 차입원가(B)
1. 20×2년도 연평균지출액 = ₩500,000(20×1년도 지출액) × 6/12 + ₩100,000 × 3/12
= ₩275,000
2. 20×2년도 자본화할 차입원가 = ₩275,000 × 8% = ₩22,000(한도 : ₩24,200)
= ₩22,000(B)

CHAPTER 05 무형자산

01 정답▶ ①

해설▶ 무형자산을 최초로 인식할 때에는 원가로 측정한다.

02 정답▶ ①

해설▶ 개별 취득하는 무형자산과 사업결합으로 취득하는 무형자산은 무형자산 인식조건 중 자산에서 발생하는 미래경제적효익이 기업에 유입될 가능성이 높다는 조건을 항상 충족하는 것으로 본다.

03 정답▶ ①

해설▶ ② 새로운 지역에서 또는 새로운 계층의 고객을 대상으로 사업을 수행하는 데서 발생하는 원가는 무형자산 원가에 포함하지 않는다.
③ 내부적으로 창출한 브랜드, 제호, 출판표제 등은 무형자산으로 인식하지 아니한다.
④ 무형자산에 대한 대금지급기간이 일반적인 신용기간보다 긴 경우 무형자산의 원가는 현금가격상당액이 된다.
⑤ 새롭거나 개선된 재료, 장치, 제품, 공정, 시스템이나 용역에 대한 여러 가지 대체안을 최종 선택하는 활동은 연구활동의 예로서 해당 지출은 발생시점의 연구비로 당기비용 처리한다.

04 정답▶ ②

해설▶ 최초에 비용으로 인식한 무형항목에 대한 지출은 그 이후에 무형자산의 원가로 인식할 수 없다.

05 **정답** ⑤

해설 경영자가 의도하는 방식으로 운용될 수 있으나 아직 사용하지 않고 있는 기간에 발생한 원가는 무형자산의 장부금액에 포함하지 아니한다.

06 **정답** ④

해설 무형자산을 운용하는 직원의 교육훈련과 관련된 지출은 무형자산 원가에 포함하지 않는다.

07 **정답** ⑤

해설 ㄱ. 경영자가 의도하는 방식으로 운용될 수 있으나 아직 사용하지 않고 있는 기간에 발생한 원가는 무형자산의 장부금액에 포함하지 아니한다.
ㄷ. 최초에 비용으로 인식한 무형항목에 대한 지출은 그 이후에 무형자산의 원가로 인식할 수 없다.

08 **정답** ④

해설 최초에 비용으로 인식한 무형항목에 대한 지출은 이후에 무형자산의 원가로 인식할 수 없다.

09 **정답** ②

해설 최초에 비용으로 인식한 무형항목에 대한 지출은 그 이후에 무형자산의 원가로 인식할 수 없다.

10 **정답** ①

해설 무형자산을 사용하거나 재배치하는 데 발생하는 원가는 자산의 장부금액에 포함하지 않는다.

11 **정답** ①

해설 ②, ③, ④, ⑤는 모두 연구활동과 관련된 지출이다.

12 **정답** ①

해설 연구활동 : 새로운 지식을 얻고자 하는 활동, 연구결과나 기타지식을 최종 선택하는 활동

13 **정답** ③

해설 내용연수가 비한정인 무형자산을 유한 내용연수로 재평가하는 것은 자산의 손상을 시사하는 징후에 해당하므로 손상이 발생한 경우 손상차손을 인식한다.

14 **정답** ⑤

해설 ㄱ. 내용연수가 비한정인 무형자산은 상각하지 않고, 매년 또는 손상의 징후가 있는 경우 손상검사를 수행해야 한다.
ㄷ. 브랜드, 제호, 출판표제, 고객목록 및 이와 실질이 유사한 항목은 그것을 외부에서 창출하였는지 또는 내부적으로 창출하였는지에 관계없이 취득이나 완성 후의 지출은 무형자산의 원가로 인식하지 아니한다.

15 **정답** ⑤

해설 개별 취득하는 무형자산의 원가는 그 자산을 경영자가 의도하는 방식으로 운용될 수 있는 상태에 이를 때까지 인식하므로 무형자산을 사용하거나 재배치하는 데 발생하는 원가는 자산의 취득원가에 포함하지 아니한다.

16 **정답** ②

해설 내용연수가 비한정인 무형자산은 상각하지 아니하며, 매년 또는 손상의 징후가 있는 경우 손상검사를 수행해야 한다(손상의 징후와 관계없이 매년 손상검사를 수행한다).

17 **정답** ④

해설 내용연수가 비한정인 무형자산은 상각하지 않고, 매년 또는 무형자산의 손상을 시사하는 징후가 있을 때 손상검사를 수행한다.

18 **정답** ④

해설 ① 내용연수가 비한정인 무형자산의 비한정 내용연수를 유한 내용연수로 변경하는 것은 회계추정의 변경이다.
② 자산을 운용하는 직원의 교육훈련과 관련된 지출은 내부적으로 창출한 내용연수가 비한정인 무형자산의 원가에 포함하지 않는다.
③ 내부적으로 창출한 브랜드, 제호, 출판표제, 고객 목록과 이와 실질이 유사한 항목은 무형자산으로 인식하지 않는다.
⑤ 경제적효익이 소비될 것으로 예상되는 형태를 신뢰성 있게 결정할 수 없는 내용연수가 한정인 무형자산은 정액법을 적용하여 상각한다.

19 **정답** ①

해설 무형자산은 매각예정으로 분류되거나 제거되는 날 중 이른 날에 상각을 중지한다.

20 **정답** ①

해설 * 개발비의 원가는 무형자산의 인식기준을 충족한 이후 지출분의 합이다.
1) 20×3년 1월 1일 개발비의 원가 = ₩500,000 + ₩400,000 = ₩900,000
2) 20×3년 개발비 상각액 = (₩900,000 − ₩0) × 1/4 = ₩225,000

21 **정답** ③

해설 1) 개발비(무형자산)의 20×2년 6월 30일 취득원가 = ₩60,000
2) 20×2년 무형자산상각비 = (₩60,000 − ₩0) × 1/5 × 6/12 = ₩6,000
3) 20×2년 말 개발비 장부금액 = ₩60,000 − ₩6,000 = ₩54,000

22 **정답** ④

> **해설** 1) 20×3년 초 개발비 장부금액 = ₩50,000 + ₩100,000 = ₩150,000
>
>   * 개발비의 원가는 무형자산의 자산인식 요건을 충족한 이후 지출분의 합이다.
>
>   2) 20×3년 말 상각비 반영 후 장부금액 = ₩150,000 − (₩150,000 × 1/10) = ₩135,000
>
>   3) 20×3년 개발비 손상차손 = ₩135,000(장부금액) − ₩80,000(회수가능액) = ₩55,000

23 **정답** ④

> **해설** 1) 특허권 회계처리

20×1.1.1.	(차) 특허권	100,000	(대) 현금	100,000
20×1.12.31.	(차) 상각비	20,000	(대) 특허권	20,000
20×2.12.31.	(차) 상각비	20,000	(대) 특허권	20,000
	(차) 손상차손	25,000	(대) 특허권	25,000

> ※ 특허권의 20×1년 말 장부금액(₩80,000)보다 회수가능액(₩90,000)이 더 크므로, 특허권은 20×1년도에 손상이 발생하지 않았다.
>
>   2) 상표권은 내용연수가 비한정인 무형자산으로 상각하지 않고 매년 말 손상검사한다. 20×2년에 손상이 발생하였으므로 20×2년 상표권의 손상차손 = ₩200,000 − ₩120,000 = ₩80,000
>
>   3) 20×2년 당기비용 = ₩20,000(상각비) + ₩25,000(특허권 손상차손) + ₩80,000(상표권 손상차손) = ₩125,000

24 **정답** ③

> **해설** 1) 20×1년 12월 31일 산업재산권 장부금액 = ₩100,000 − ₩20,000(상각비) = ₩80,000
>
>   2) 20×1년 말 재평가 = ₩88,000(공정가치) − ₩80,000(장부금액) = ₩8,000(재평가잉여금)
>
>   3) 20×2년 12월 31일 장부금액 = ₩88,000 − [(₩88,000 − ₩0) × 1/4] = ₩66,000
>
>   4) 20×2년 말 재평가 = ₩52,800(공정가치) − ₩66,000(장부금액) = (₩13,200) (재평가잉여금 ₩8,000을 우선 상계하고 차액 ₩5,200을 재평가손실로 인식한다.)
>   → 재평가손실 = ₩5,200

25 **정답** ④

> **해설** 1) 20×3년도 개발비의 상각비 = (₩3,500,000 − ₩0) × 1/20 = ₩175,000
>
>   2) 20×3년 말 개발비 장부금액(1년 3개월) = ₩3,500,000 − [(₩3,500,000 − ₩0) × 1/20 + (₩3,500,000 − ₩0) × 1/20 × 3/12] = ₩3,281,250
>
>   3) 20×3년 말 개발비 손상차손 = ₩3,281,250(20×3년 말 장부금액) − ₩2,000,000(회수가능액) = ₩1,281,250
>
>   4) 20×3년도 당기순이익에 미치는 영향 = (₩175,000) + (₩1,281,250) = ₩1,456,250 감소

26 **정답** ③

> **해설** 사업결합 시 이전대가가 피취득자의 순자산 공정가치를 초과한 금액을 영업권이라고 칭한다. 영업권은 개별적으로 식별하여 인식할 수 없으며, 손상징후와 관계없이 매년 손상검사를 실시한다. 영업권은 손상의 인식은 있으나 손상차손환입은 인식하지 않는다.

27 **정답** ⑤

(해설) 1) 순자산의 공정가치 = ₩6,000(자산 공정가치) − ₩4,000(부채 공정가치) = ₩2,000
2) 영업권 = ₩3,000(이전대가) − (₩2,000 × 50%) = ₩2,000

28 **정답** ③

(해설) 염가매수차익 = ₩31,000(순자산 공정가치) − ₩30,000(이전대가) = ₩1,000

29 **정답** ①

(해설) 1) 순자산의 공정가치 = ₩40,500,000(자산공정가) − ₩7,000,000(부채공정가) = ₩33,500,000
2) 염가매수차익 = ₩33,500,000(순자산의 공정가치) − ₩30,000,000(이전대가) = ₩3,500,000

30 **정답** ③

(해설) 영업권 = ₩400,000(이전대가) − ₩320,000(순자산 공정가치) = ₩80,000
※ 순자산의 공정가치 = ₩200,000 + ₩70,000(유형자산 장부금액과 공정가치와의 차액) + ₩50,000(추가 식별된 무형자산 공정가치) = ₩320,000

31 **정답** ①

(해설) 1) 순자산의 공정가치 = ₩3,250,000(자산공정가) − ₩2,800,000(부채공정가) = ₩450,000
2) 영업권 = ₩700,000(이전대가) − ₩450,000(순자산의 공정가치) = ₩250,000

32 **정답** ②

(해설) 1) 순자산의 공정가치 = ₩24,000(기타자산) + ₩108,000(유형자산) − ₩40,000(부채) − ₩8,000(충당부채) = ₩84,000
※ 사업결합 시에는 피취득자가 우발부채를 인식하지 않았더라도 공정가치를 측정할 수 있으면 ㈜대한은 이를 충당부채로 인식한다.
2) 영업권 = ₩120,000(이전대가) − ₩84,000(순자산의 공정가치) = ₩36,000

33 **정답** ③

(해설) 1) 이전대가 = ₩1,500,000(현금지급액) + ₩150,000(토지의 공정가치) = ₩1,650,000
2) 순자산의 공정가치 = ₩3,000,000 − (₩1,500,000 + ₩100,000) = ₩1,400,000
3) 영업권 = ₩1,650,000(이전대가) − ₩1,400,000(순자산 공정가치) = ₩250,000

CHAPTER 06 투자부동산

01 **정답** ②

해설 미래에 개발 후 자가사용할 부동산은 자가사용부동산(유형자산)에 해당한다.

02 **정답** ②

해설 ㄷ : 제3자를 위하여 건설 또는 개발 중인 부동산(재고자산)

ㄹ, ㅁ : 자가사용부동산

ㅂ : 금융리스로 제공한 부동산은 리스제공자가 리스채권만 재무상태표에 계상한다.

03 **정답** ④

해설 처분예정인 자가사용부동산은 자가사용부동산에 해당한다.

04 **정답** ①

해설 직접 소유 또는 금융리스를 통해 보유하고 운용리스로 제공하고 있는 건물 – 투자부동산

05 **정답** ①

해설 부동산을 부분별로 나누어 매각할 수 없는 경우, 자가사용 부분이 경미한 경우에만 해당 부동산을 투자부동산으로 분류한다. 재화의 생산에 사용하기 위하여 보유하는 부분이 중요한 경우 자가사용부동산으로 분류한다.

06 **정답** ④

해설 ① 통상적인 영업과정에서 가까운 장래에 개발하여 판매하기 위해 취득한 부동산은 재고자산으로 분류한다.

② 토지를 자가사용할지 통상적인 영업과정에서 단기간에 판매할지를 결정하지 못한 경우 투자부동산으로 분류한다.

③ 호텔을 소유하고 직접 경영하는 경우 투숙객에게 제공하는 용역이 전체 계약에서 유의적인 비중을 차지하므로 자가사용부동산으로 분류한다.

⑤ 사무실 건물의 소유자가 그 건물을 사용하는 리스이용자에게 경미한 비중의 보안과 관리용역을 제공하는 경우 부동산 보유자는 당해 부동산을 투자부동산으로 분류한다.

07 **정답** ⑤

해설 처분예정인 자가사용부동산은 자가사용부동산으로 분류한다.

08 **정답** ④

해설 부동산 중 일부는 시세차익을 얻기 위하여 보유하고, 일부분은 재화의 생산에 사용하기 위하여 보유하고 있으나, 이를 부분별로 나누어 매각할 수 없다면, 재화의 생산에 사용하기 위하여 보유하는 부분이 경미한 경우 전체 부동산을 투자부동산으로 분류한다.

09 정답 ①

해설 지배기업 또는 다른 종속기업에게 부동산을 리스하는 경우, 이러한 부동산은 연결재무제표에 투자부동 산으로 분류하지 아니하며, 자가사용부동산으로 분류한다.

10 정답 ①

해설 소유 투자부동산은 최초 인식시점에서 원가로 측정한다. 이때 발생한 거래원가는 최초원가에 포함한다.

11 정답 ②

해설 계획된 사용수준에 도달하기 전에 발생하는 부동산의 운영 손실은 투자부동산의 원가에 포함하지 않는다.

12 정답 ④

해설 투자부동산을 개발하지 않고 처분하기로 결정하는 경우에도 투자부동산으로 분류한다. 즉, 재고자산으 로 재분류하지 않는다.

13 정답 ④

해설 공정가치로 평가하게 될 자가건설 투자부동산의 건설이나 개발이 완료되면 해당일의 공정가치와 기존 장부금액의 차액은 당기손익으로 인식한다.

14 정답 ①

해설 투자부동산 공정가치모형은 감가상각하지 않고 매년 공정가치로 평가하며, 공정가치 평가로 발생하는 평가손익은 모두 당기손익에 반영한다.
1) 투자부동산 평가이익(당기손익) = ₩1,080,000(20×1년 말 공정가치) − ₩1,050,000(20×1년 초 취득원가) = ₩30,000 이익

15 정답 ⑤

해설 20×1년도에 인식할 당기손익(20×1년도 투자부동산 평가이익)
= ₩120,000(20×1년 말 공정가치) − ₩100,000(20×1년 초 장부금액) = ₩20,000 이익

16 정답 ②

해설 20×2년도 투자부동산 평가손실 = ₩1,800,000(20×2년 말 공정가치) − ₩1,900,000(20×2년 초 장부금액) = ₩100,000 감소

17 정답 ①

해설 1) 투자부동산의 공정가치모형 적용 시 20×1년도 당기순이익(투자부동산 평가손실)
= ₩800,000(20×1년 말 공정가치) − ₩1,000,000(취득원가) = ₩200,000 감소
2) 원가모형 적용 시 20×1년도 당기순이익(감가상각비)
= (₩1,000,000 − ₩100,000) × 1/5 = ₩180,000 감소
→ 원가모형을 적용할 경우 당기순이익이 공정가치모형에 비해 ₩20,000 증가한다.

18 **정답** ①

해설 1) (A)공정가치모형 = ₩930(20×1년 말 공정가치) − ₩1,000(20×1년 초 취득원가) = ₩70 평가손실 → 20×1년도 당기순이익 ₩70 감소

2) (B)원가모형(감가상각비) = (₩1,000 − ₩0) × 1/10 = ₩100 감소

19 **정답** ③

해설 1) 유형자산 재평가모형

– 20×1년 말 재평가회계처리 = ₩9,000(20×1년 말 공정가치) − ₩8,000(20×1년 말 감가상각 후 장부금액) = ₩1,000(재평가잉여금)

– 20×2년 감가상각비 = (₩9,000 − ₩0) × 1/4 = ₩2,250

– 20×2년 말 재평가회계처리 = ₩11,000(20×2년 말 공정가치) − ₩6,750(20×2년 말 감가상각 후 장부금액) = ₩4,250 재평가잉여금

→ 20×2년 당기순이익에 미치는 영향 = ₩2,250(감가상각비) 감소

2) 투자부동산 공정가치모형

20×2년 투자부동산 평가손익 = ₩11,000(20×2년 말 공정가치) − ₩9,000(20×1년 말 공정가치) = ₩2,000 평가이익 → 20×2년 당기순이익 ₩2,000 증가

20 **정답** ③

해설 재고자산을 공정가치로 평가하는 투자부동산으로 대체하는 경우, 재고자산의 장부금액과 대체시점의 공정가치의 차액은 당기손익으로 인식한다.

21 **정답** ⑤

해설 ① 공정가치로 평가하게 될 자가건설 투자부동산의 건설이나 개발이 완료되면 해당일의 공정가치와 기존 장부금액과의 차액은 당기손익으로 인식한다.

② 투자부동산을 원가모형으로 평가하는 경우에는 투자부동산, 자가사용부동산, 재고자산 사이에 대체가 발생할 때에 대체 전 자산의 장부금액을 승계한다.

③ 자가사용부동산을 대체하는 시점까지 감가상각하고 발생한 손상차손을 인식한다.

④ 자가사용부동산을 제3자에게 운용리스로 제공하는 경우 해당 부동산을 투자부동산으로 대체한다.

22 **정답** ②

해설

20×2.7.1.	(차) 건물	2,400,000		(대) 투자부동산	2,200,000	
				투자부동산평가이익	200,000	
20×2.12.31.	(차) 감가상각비	480,000		(대) 감가상각누계액	480,000	
	(차) 감가상각누계액	480,000		(대) 재평가잉여금	580,000	
	건물	100,000				

1) 20×2년 감가상각비 = (₩2,400,000 − ₩0) × 1/2.5 × 6/12 = ₩480,000

2) 당기순이익 영향 = ₩200,000(평가이익) − ₩480,000(감가상각비) = ₩280,000 감소

23 정답 ②

해설 20×2년도 재평가모형 적용 시

20×2.12.31.	(차) 감가상각비	60,000	(대) 감가상각누계액	60,000
	(차) 감가상각누계액	60,000	(대) 건물	200,000
	재평가손실	140,000		

→ 원가모형 대비 재평가모형은 재평가손실로 인하여 당기순이익이 ₩140,000 더 감소한다.
재평가모형 적용 시 20×2년 당기순이익 = ₩750,000 − ₩140,000 = ₩610,000

24 정답 ②

해설

20×1.12.31.	(차) 투자부동산	400,000	(대) 투자부동산평가이익	400,000
20×2.4.1.	(차) 유형자산	2,600,000	(대) 투자부동산	2,400,000
			투자부동산평가이익	200,000
20×2.12.31.	(차) 감가상각비	360,000	(대) 감가상각누계액	360,000

1) 20×2년 감가상각비 = (₩2,600,000 − ₩200,000) × 1/5 × 9/12 = ₩360,000
2) 20×2년도 당기순이익에 미치는 영향 = ₩200,000 − ₩360,000 = ₩160,000 감소

25 정답 ⑤

해설

20×2.9.1.	(차) 건물(유형자산)	330,000	(대) 투자부동산	340,000
	투자부동산평가손실	10,000		
20×2.12.31.	(차) 감가상각비	11,000	(대) 감가상각누계액	11,000
	(차) 감가상각누계액	11,000	(대) 건물(유형자산)	25,000
	재평가손실	14,000		

※ 20×2년 감가상각비 = (₩330,000 − ₩0) × 1/10 × 4/12 = ₩11,000
→ 20×2년 당기순이익에 미치는 영향 = (₩10,000) + (₩11,000) + (₩14,000) = ₩35,000 감소

26 정답 ③

해설

20×1.10.1.	(차) 감가상각비	180,000	(대) 감가상각누계액	180,000
	(차) 감가상각누계액	180,000	(대) 건물	2,400,000
	투자부동산	2,300,000	재평가잉여금	80,000
20×1.12.31.	(차) 투자부동산평가손실	250,000	(대) 투자부동산	250,000

1) 20×1년 당기순이익에 미치는 영향 = (₩180,000) + (₩250,000) = ₩430,000 감소
2) 20×1년 기타포괄이익에 미치는 영향 = ₩80,000(재평가잉여금) 증가

27 정답 ②

해설

20×3.7.1.	(차) 감가상각비	45,000	(대) 감가상각누계액	45,000
	(차) 감가상각누계액	225,000	(대) 건물(유형자산)	2,000,000
	투자부동산	2,500,000	재평가잉여금	725,000
20×3.12.31.	(차) 투자부동산	500,000	(대) 투자부동산평가이익	500,000

→ 20×3년도 당기순이익에 미치는 영향 = (₩45,000) + ₩500,000(투자부동산 평가이익)
= ₩455,000 증가

28 정답 ①

해설
ㄷ : 무형자산으로 인식되기 위해서는 식별가능성, 자원에 대한 통제 및 미래경제적효익의 존재를 모두 충족하여야 한다.
ㄹ : 무형자산을 창출하기 위한 내부 프로젝트를 연구단계와 개발단계로 구분할 수 없는 경우에는 그 프로젝트에서 발생한 지출은 모두 연구단계에서 발생한 것으로 본다.

CHAPTER 07 금융자산

01 정답 ⑤

해설
1) 금융자산(₩3,000) = 매출채권(A) + ₩500(대여금) + ₩1,000(투자사채)
→ 매출채권(A) = ₩1,500
2) 금융부채(₩500) = 매입채무(B) + ₩100(차입금) + ₩200(사채)
→ 매입채무(B) = ₩200

02 정답 ⑤

해설
ㄱ. 사용제한 요구불예금은 사용제한이 결산일로부터 12개월 이내에 해제되는지의 여부에 따라 단기금융상품 또는 장기금융상품으로 구분하며 현금 및 현금성자산으로 표시하지 않는다.
ㄴ. 수입인지와 우표는 현금 및 현금성자산이 아니라 소모품 등으로 구분한다.
ㄷ. 현금 및 현금성자산은 취득일로부터 상환일까지의 기간이 3개월 이내의 것을 말한다.
ㄹ. 현금 및 현금성자산은 큰 거래비용 없이 현금전환이 용이하고 가치변동의 위험이 중요하지 않은 금융상품이므로 가치변동이 큰 상장기업의 보통주는 현금 및 현금성자산에 해당하지 않는다.
ㅁ. 재취득한 자기지분상품은 자기주식으로 자본조정에 해당한다.

03 **정답** ①

해설 현금 및 현금성자산(₩7,000) = ₩100(국내통화) + ₩3,000(외국환통화) + ₩1,000(외국환통화) + ₩200
(보통예금) + ₩400(우편환) + ₩500(양도성예금증서) + 당좌예금
→ 당좌예금 = ₩1,800
* 외국환통화는 기준환율로 환산하며, 수입인지는 현금 및 현금성자산에 해당하지 않는다.

04 **정답** ④

해설 현금 및 현금성자산(₩6,100) = ₩1,200(국내통화) + ₩1,300(외국환통화) + ₩1,200(외국환통화) +
₩1,800(보통예금) + ₩200(우편환) + ₩400(환매채)
* 양도성예금증서는 사용이 제한되어 있어 현금 및 현금성자산에 포함되지 않는다.

05 **정답** ②

해설 현금 및 현금성자산(₩30,000) = ₩500(지점전도금) + ₩3,000(우편환) + ₩400(당좌예금) +
₩500(만기가 도래한 국채 이자표) + ₩7,500(배당금지급통지표) + ₩500(양도성예금증서) + 외국환
통화(?)
→ 외국환통화(?) = ₩17,600($16)

06 **정답** ②

해설 1) 20×1년 말 재무상태표에 표시해야 하는 현금 및 현금성자산 = ₩100,000(소액현금)
+ ₩200,000(공채이자표) + ₩100,000(당좌수표) + ₩800,000(당좌예금 잔액) = ₩1,200,000
2) 은행계정조정표

수정 전 은행당좌예금 잔액	₩700,000	수정 전 회사당좌예금 잔액	₩850,000
기발행미인출수표	(₩200,000)	추심어음	₩50,000
미기입예금	₩300,000	은행수수료	(₩100,000)
수정 후 은행당좌예금 잔액	₩800,000	수정 후 회사당좌예금 잔액	₩800,000

07 **정답** ④

해설 ㄴ. 대금지급을 위해 발행한 수표 중 일부가 미인출수표로 남아 있는 것은 기발행미인출수표로 이는
은행이 반영해야 할 항목이다. 그 외 부도수표, 장부에 착오기재한 오류, 추심어음은 모두 ㈜감평이
장부에 반영해야 할 항목이다.

08 **정답** ①

해설

㈜감평의 수정 전 잔액		₩2,100	은행의 수정 전 잔액	₩4,000
은행수수료	(₩100)			
추심어음	₩1,000		기발행미인출수표	(₩1,200)
부도수표	(₩200)			
㈜감평의 수정 후 잔액		₩2,800	은행의 수정 후 잔액	₩2,800

→ ㈜감평이 가산할 금액 = ₩1,000,   ㈜감평이 차감할 금액 = ₩300

09 **정답** ④

해설

수정 전 회사잔액		₩18,000	수정 전 은행잔액(?)		₩23,700
은행수수료		(₩800)			
추심어음		₩6,000	기발행미인출수표		(₩2,000)
부도수표		(₩1,500)			
수정 후 회사잔액		₩21,700	수정 후 은행잔액		₩21,700

10 **정답** ④

해설

수정 전 회사 잔액		₩65,000	수정 전 은행 잔액		₩56,000
미통지 입금		₩2,200	미기입예금		₩4,500
은행수수료		(₩1,500)	기발행 미인출 수표		(₩5,200)
오류		₩500			
횡령의심액		(₩10,900)			
수정 후 회사 잔액		₩55,300	수정 후 은행 잔액		₩55,300

11 **정답** ②

해설 ① 당기손익 – 공정가치로 측정되는 '지분상품에 대한 특정 투자'에 대해서는 후속적인 공정가치 변동은 최초 인식시점에 기타포괄손익으로 표시하도록 선택할 수 있다.
③ 금융자산 전체나 일부의 회수를 합리적으로 예상할 수 없는 경우 해당 금융자산의 총장부금액을 직접 줄인다.
④ 기타포괄손익 – 공정가치 측정 금융자산의 기대신용손실을 조정하기 위한 기대신용손실액(손상차손)은 당기손실로 인식하고, 기대신용손실환입액(손상차손환입)도 당기손익으로 인식한다.
⑤ 금융자산을 상각후원가 측정범주에서 기타포괄손익 – 공정가치 측정 범주로 재분류하는 경우 재분류일의 공정가치로 측정하며, 재분류 전 상각후원가와 공정가치 차이에 따른 손익은 기타포괄손익으로 인식한다.

12 **정답** ⑤

해설 최초 발생시점이나 매입할 때 신용이 손상되어 있는 상각후원가 측정 금융자산의 이자수익은 최초 인식시점부터 상각후원가에 신용조정 유효이자율을 적용하여 계산한다.

13 **정답** ④

해설 금융자산과 금융부채를 재무상태표에 순액으로 표시하는 경우 공시되는 금액은 상계되는 금액을 한도로 한다. 예를 들어, 금융자산의 총액이 금융부채의 총액보다 많다면, 금융자산을 공시하는 표에는 금융자산 전체금액과 금융부채의 전체금액이 포함될 것이다. 그러나 금융부채를 공시하는 표에는 금융부채 전체 금액이 포함되는 반면, 금융부채 금액과 같은 금융자산 금액만이 포함될 것이므로 상계과정에서 손익이 발생하지 않는다.

14 정답 ②

해설 1) 20×1년도 당기순이익 영향 = ₩1,000(FVPL금융자산 평가이익) − ₩100(수수료비용) = ₩900 증가
2) 20×2년도 당기순이익 영향 = ₩11,200(20×2년 처분가액) − ₩11,000(20×2년 초 장부금액)
   = ₩200(FVPL금융자산 처분이익) 증가

15 정답 ⑤

해설 20×2년 FVPL금융자산 처분손익 = 20주 × (₩350 − ₩200) = ₩3,000 이익
※ FVPL금융자산의 경우 매 연도 말 공정가치로 평가하기 때문에 20×2년 초 장부금액은 직전
연도 말 공정가치(주당 ₩200)다.

16 정답 ⑤

해설 1) 수수료비용 = (₩100)
2) 20×1년 FVPL금융자산 처분손익 = ₩3,200(처분금액) − ₩3,000(장부금액) = ₩200 이익
3) 20×1년 FVPL금융자산 평가손익 = ₩3,600(20×1년 말 공정가치) − ₩3,000 = ₩600 이익
   → 20×1년 당기순이익에 미치는 효과 = (₩100) + ₩200 + ₩600 = ₩700 증가

17 정답 ②

해설 1) 취득 시 수수료 : (₩1,500) 당기비용
2) 6월 9일 처분손익 = 30주 × (₩900 − ₩800) = ₩3,000 처분이익
※ 주당 취득원가 = ₩40,000 ÷ 50주 = ₩800
3) 20×1년 평가손익 = 20주 × (₩700 − ₩800) = (₩2,000) 평가손실
4) 20×1년에 인식할 당기손익 = (₩1,500) + ₩3,000 + (₩2,000) = ₩500 손실

18 정답 ⑤

해설 1) 20×2년 7/1일 당기손익−공정가치측정 금융자산 처분손익 = ₩570(순매각금액) − (5주 × ₩90)
   = ₩120 처분이익
※ 순매각금액 = 5주 × ₩120 − (₩600 × 5%) = ₩570
2) 20×2년 말 당기손익−공정가치측정 금융자산 평가손익 = 5주 × (₩110 − ₩90) = ₩100 평가
   이익
3) 20×2년도 포괄손익계산서의 당기순이익 증가액 = ₩120 처분이익 + ₩100 평가이익 = ₩220

19 정답 ②

해설 1) 배당금수익(현금배당) = ₩500,000
※ 주식배당 시 회계처리는 없으나 주식수는 1,100주로 단가는 ₩6,000으로 조정된다.
2) FVPL금융자산 처분손익 = ₩3,850,000(처분금액) − (550주 × ₩6,000) = ₩550,000 이익
3) 포괄손익계산서에 미치는 영향 = ₩500,000 + ₩550,000 = ₩1,050,000

20 정답 ⑤

해설 20×2년 초 당기손익 – 공정가치 측정 금융자산 처분손익 = ₩11,000(처분금액) – ₩9,000(20×1년 말 공정가치) = 이익 ₩2,000

21 정답 ①

해설
20×1년 초	(차) FVOCI 선택 금융자산	3,750	(대) 현금	3,750
20×1년 말	(차) FVOCI 선택 금융자산	1,050	(대) FVOCI 선택 금융자산 평가이익	1,050

22 정답 ⑤

해설
20×1.12.31.	(차) FVOCI금융자산	4,000	(대) FVOCI금융자산평가이익	4,000
20×2.12.31.	(차) FVOCI금융자산평가이익	4,000	(대) FVOCI금융자산	6,000
	FVOCI금융자산평가손실	2,000		

23 정답 ④

해설
1) 20×2년 FVPL 금융자산 처분손익 = ₩51,000(처분금액) – ₩49,000(직전연도말 공정가치) = ₩2,000 이익
2) FVOCI 선택 금융자산은 처분 시 거래원가가 발생하지 않고, 처분시점의 공정가치로 처분하는 경우 당기손익을 인식하지 않는다. FVOCI 선택 금융자산은 처분 시 공정가치로 평가하여 기타포괄손익에 손익을 계상한 후 공정가치로 처분하므로 처분 시 인식할 당기손익은 없다.

24 정답 ③

해설 기타포괄손익 – 공정가치 측정 금융자산으로 분류한 지분상품은 처분 시 공정가치로 평가하여 평가손익을 기타포괄손익에 계상한 후 공정가치로 처분하므로 처분 시 인식할 당기손익은 없다.

25 정답 ⑤

해설
20×1년 초	(차) FVOCI선택 금융자산	1,020	(대) 현금	1,020
20×1년 말	(차) FVOCI선택 금융자산 평가손실	120	(대) FVOCI선택 금융자산	120
20×2년 말	(차) FVOCI선택 금융자산	300	(대) FVOCI 평가손실	120
			FVOCI 평가이익	180
20×3.2.1.	(차) FVOCI 평가이익	100	(대) FVOCI선택 금융자산	100
	(차) 현금	1,100	(대) FVOCI선택 금융자산	1,100

→ 20×3년 FVOCI 선택 금융자산은 공정가치로 처분 시 당기손익으로 계상할 처분손익은 없으므로 20×3년 당기순이익은 감소하지 않는다.

26 정답 ⑤

해설

20×1년 기중 (차) FVOCI선택 금융자산	100,500	(대) 현금	100,500
20×1년 기말 (차) FVOCI선택 금융자산	9,500	(대) FVOCI선택 금융자산 평가이익	9,500
20×2년 기말 (차) FVOCI선택 금융자산 평가이익	9,500	(대) FVOCI선택 금융자산	12,000
FVOCI선택 금융자산 평가손실	2,500		
20×3년 기중 (차) 현금	99,000	(대) FVOCI선택 금융자산	98,000
		FVOCI선택 금융자산 평가손실	1,000
(차) 수수료(당기손실)	200	(대) 현금	200

27 정답 ③

해설 20×1년 말 장부금액 = ₩90,490 × 1.1 − ₩7,000 = ₩92,539

28 정답 ⑤

해설
1) 유효이자율 = ₩8,757(20×1년 이자수익) ÷ ₩87,566(20×1년 초 장부금액) = 10%
2) 20×1년 말 장부금액 = ₩87,566 × 1.1 − ₩5,000 = ₩91,323
3) 20×2년 이자수익 = ₩91,323 × 10% = ₩9,132
4) 20×2년 말 장부금액 = ₩91,323 × 1.1 − ₩5,000 = ₩95,455
5) 20×3년 이자수익 = ₩95,455 × 10% = ₩9,545
6) 20×2년, 20×3년 이자수익의 합 = ₩9,132 + ₩9,545 = ₩18,677

29 정답 ③

해설 20×1년 말 장부금액(₩938,200) = ₩915,000 + ₩915,000 × 유효이자율 − ₩50,000
→ 유효이자율 = 8%

30 정답 ①

해설
1) 20×1년 말 장부금액 = ₩951,963 × 1.12 − ₩100,000 = ₩966,199
2) 20×2년 7월 31일까지 이자수익 = ₩966,199 × 12% × 7/12 = ₩67,634
3) 20×2년 7월 31일 회계처리

(차) 미수이자	58,333	(대) 이자수익	67,634
AC금융자산	9,301		
(차) 현금	980,000	(대) 미수이자	58,333
AC금융자산처분손실	53,833	AC금융자산	975,500

4) 20×2년도 당기순이익에 미치는 영향 = ₩67,634(이자수익) − ₩53,833(처분손실) = ₩13,801 증가

31 정답 ①

해설
1) 20×1년 말 상각후원가 = ₩45,900 × 1.07 − ₩2,500 = ₩46,613
2) 20×2년 이자수익 = ₩46,613(20×1년 말 상각후원가) × 7% = ₩3,263

32 **정답** ①

해설 1) 20×1.1.1. 금융자산 공정가치 = ₩100,000 × 0.8396 + ₩8,000 × 2.6730 = ₩105,344
2) 20×1.12.31. 상각후원가 = ₩105,344 + ₩105,344 × 6% − ₩8,000 = ₩103,665
3) FVOCI금융자산평가손실 = ₩95,000(공정가치) − ₩103,665(장부금액) ₩8,665 손실
→ 20×1년 6월 1일에 금융자산을 취득하였지만, 유효이자율법은 연단위로 적용하므로 20×1년 초에 현재가치된 금액에서 연이자율을 적용하여 20×1년 말 상각후원가를 산출한다.

33 **정답** ②

해설 1) 20×1년 12월 31일 상각후원가 = ₩110,812 × 1.12 − ₩15,000 = ₩109,109
2) 20×1년 말 기타포괄손실 = ₩95,000(공정가치) − ₩109,109(장부금액) = ₩14,109

34 **정답** ④

해설 1) 20×1년 말 상각후원가 = ₩81,046 + ₩81,046 × 10% − ₩5,000 = ₩84,151
2) 20×1년도 평가손익 = ₩86,000(공정가치) − ₩84,151(장부금액) = ₩1,849 평가이익

35 **정답** ②

해설 1) 20×1년 말 이자수익 = ₩95,434 × 15% = ₩14,315
2) 20×1년 말 상각후원가 = ₩95,434 + ₩95,434 × 15% − ₩13,000 = ₩96,749
3) FVOCI금융자산 평가손실 = ₩95,000(공정가치) − ₩96,749(장부금액) = ₩1,749
4) 20×1년 총포괄이익 = ₩14,315(이자수익) − ₩1,749(평가손실) = ₩12,566

36 **정답** ①

해설 1) 20×1년도 이자수익(=표시이자) = ₩500,000 × 10% = ₩50,000
2) 20×1년도 평가이익 = ₩510,000(20×1년 말 공정가치) − ₩475,982(20×1년 초 장부금액) = ₩34,018 평가이익
3) 20×1년도 당기순이익에 미치는 영향 = ₩50,000(이자수익) + ₩34,018(평가이익) = ₩84,018 증가

37 **정답** ⑤

해설 투자채무상품은 AC로 분류하나 FVOCI로 분류하나 처분손익(당기손익)은 동일하다.
1) 20×1년 말 AC금융자산 장부금액 = ₩896,884 × 1.08 − ₩40,000 = ₩928,635
2) 20×2년 초 AC금융자산 처분이익 = ₩940,000 − ₩928,635 = ₩11,365 증가
※ 투자채무상품을 FVOCI금융자산으로 분류하는 경우도 20×2년 당기손익은 ₩11,365 증가
3) FVPL로 분류 시 20×1년 당기순이익 = ₩40,000(이자수익) + ₩28,116(평가이익) = ₩68,116 증가

38 **정답** ④

해설 해당 사채가 AC 금융자산으로 분류되거나 FVOCI 금융자산으로 분류되거나 처분관련손익은 동일하다.
1) AC 금융자산의 20×3년 초 장부금액 = ₩951,960 + ₩14,238 + ₩15,946 = ₩982,164
2) AC 금융자산 처분손실 = ₩982,000(처분금액) − ₩982,164(장부금액) = ₩164 처분손실
→ 해당 사채가 FVOCI 금융자산으로 분류되었더라도 20×3년의 FVOCI 금융자산처분관련손실은 ₩164 계상되었을 것이다.

39 정답 ③

해설 1) A사채(FVPL금융자산)의 20×1년도 당기순이익 = ₩120,000(이자수익) + ₩87,218(20×1년 말 평가이익) = ₩207,218
2) B사채(FVOCI금융자산)의 20×1년도 당기순이익(이자수익) = ₩1,425,366 × 10% = ₩142,537
3) C사채(FVOCI금융자산)의 20×1년도 당기순이익(이자수익) = ₩500,000 × 10% = ₩50,000
4) 20×1년도 당기순이익에 미치는 영향 = ₩207,218 + ₩142,537 + ₩50,000 = ₩399,755 증가

40 정답 ③

해설 1) 20×1년 손상차손
① 20×1년 말 상각후원가 = ₩950,244 × 1.1 − ₩80,000 = ₩965,268
② 변경된 현금흐름의 현재가치(10%) = ₩1,000,000 × 0.8264 = ₩826,400
③ 손상차손 = ₩965,268 − ₩826,400 = ₩138,868
2) 20×2년 이자수익 = ₩826,400 × 10% = ₩82,640

41 정답 ③

해설 1) 20×1년 이자수익 = ₩939,240 × 12% = ₩112,709
2) 20×1년 말 상각후원가 = ₩939,240 × 1.12 − ₩100,000 = ₩951,949
3) 20×1년 말 회수가능액 = ₩700,000 × 0.7118 + ₩70,000 × 2.4018 = ₩666,386
4) 20×1년 말 손상차손 = ₩951,949 − ₩666,386 = ₩285,563
5) 20×1년도 당기순이익에 미치는 영향 = ₩112,709(이자수익) − ₩285,563(손상차손)
   = ₩172,854 감소

42 정답 ③

해설 1) 20×1년 초 상각후원가측정금융자산 장부금액 = ₩1,000 × 0.6830 + ₩80 × 3.1698 = ₩937
2) 20×1년 상각후원가측정금융자산 이자수익 = ₩937 × 10% = ₩94
3) 20×1년 말 상각후원가측정금융자산 장부금액 = ₩937 × 1.1 − ₩80 = ₩951
4) 20×1년 말 회수가능액 = ₩800 × 0.7513(3기간, 10%, 현가계수) + ₩50 × 2.4868(3기간, 10%, 연금현가계수) = ₩725
5) 20×1년 말 손상차손 = ₩951(20×1년 말 장부금액) − ₩725(20×1년 말 회수가능액) = ₩226
6) 20×1년도 포괄손익계산서의 당기순이익에 미치는 영향 = ₩94(이자수익) − ₩226(손상차손)
   = ₩132 감소

43 정답 ②

해설 ㄴ. 계약상 현금흐름의 수취와 금융자산의 매도 둘 다를 통해 목적을 이루는 사업모형하에서 금융자산을 보유하고, 금융자산의 계약 조건에 따라 특정일에 원금과 원금잔액에 대한 이자 지급만으로 구성되어 있는 현금흐름이 발생하는 금융자산은 기타포괄손익-공정가치로 측정한다.
ㄹ. 금융자산을 기타포괄손익-공정가치 측정 범주에서 당기손익-공정가치 측정 범주로 재분류하는 경우, 재분류 전에 인식한 기타포괄손익누계액은 재분류일에 당기손익으로 재분류한다.

44 정답 ③

해설 금융자산을 기타포괄손익-공정가치 측정 범주에서 상각후원가 측정 범주로 재분류하는 경우에 재분류일의 공정가치로 측정하고, 재분류 전에 인식한 기타포괄손익누계액은 자본에서 제거하고 재분류일의 금융자산의 공정가치에서 조정한다.

45 정답 ③

해설 기타포괄손익-공정가치측정금융자산을 당기손익-공정가치측정금융자산으로 재분류할 경우 계속 공정가치로 측정하고, 재분류 전에 인식한 기타포괄손익누계액은 재분류일에 재분류조정으로 자본에서 당기손익으로 재분류한다.

46 정답 ①

해설

20×9년 회수불능 시	(차) 손실충당금	325,000	(대) 매출채권	325,000
20×9년 회수 시	(차) 현금	85,000	(대) 손실충당금	85,000
20×9년 기말결산 시	(차) 손상차손	123,800	(대) 손실충당금	123,800

* 손상차손 = ₩255,800(기말손실충당금) − (₩372,000 − ₩325,000 + ₩85,000) = ₩123,800

47 정답 ②

해설

20×2.6.29.	(차) 손실충당금	100,000	(대) 매출채권	250,000
	손상차손	150,000		
20×2.8.16.	(차) 현금	70,000	(대) 손실충당금	70,000
20×2.12.31.	(차) 손상차손	15,000	(대) 손실충당금	15,000

20×2년도 손상차손 = ₩150,000 + ₩15,000 = ₩165,000

48 정답 ④

해설

손실충당금			
손상확정액	₩2,500	기초손실충당금	₩1,000
		손상처리한 매출채권 회수	200
기말손실충당금	6,200	손상차손(설정액)	7,500

49 정답 ③

해설

손실충당금			
손상확정액	₩7,000	기초손실충당금	₩5,000
		손상처리한 매출채권 회수	3,000
기말손실충당금	6,000	손상차손(설정액)	5,000

50 정답 ①

해설 1) 20×1년 초 상각후원가 = ₩1,000,000 × 3.1699 = ₩3,169,900
2) 20×1년 말 상각후원가 = ₩3,169,900 + ₩316,990 − ₩1,000,000 = ₩2,486,890
3) 20×2년 말 상각후원가 = ₩2,486,890 + ₩248,689 − ₩1,000,000 = ₩1,735,579
4) 20×2년 말 장부금액 = ₩1,735,579 − ₩300,000(손실충당금) = ₩1,435,579

51 정답 ④

해설 1) 어음만기금액 = ₩100,000 + ₩100,000 × 8% × 6/12 = ₩104,000
2) 할인액 = ₩104,000 × 10% × 3/12 = ₩2,600
3) 현금수령액 = ₩104,000(만기금액) − ₩2,600(할인액) = ₩101,400

52 정답 ③

해설 1) 어음만기금액 = ₩1,000,000 + ₩1,000,000 × 10% × 9/12 = ₩1,075,000
2) 할인액 = ₩1,075,000 × 12% × 3/12 = ₩32,250
3) 현금수령액 = ₩1,075,000(만기금액) − ₩32,250(할인액) = ₩1,042,750
4) 할인일의 어음가치 = ₩1,000,000 + ₩1,000,000 × 10% × 6/12 = ₩1,050,000
5) 매출채권처분손실 = ₩1,042,750 − ₩1,050,000 = ₩7,250 손실

53 정답 ⑤

해설 1) 어음의 만기금액 = ₩300,000 + ₩300,000 × 5% × 3/12 = ₩303,750
2) 할인액 = ₩303,750 × 8% × 2/12 = ₩4,050
3) 현금수령액 = ₩303,750 − ₩4,050 = ₩299,700
4) 할인일의 어음가치 = ₩300,000 + ₩300,000 × 5% × 1/12 = ₩301,250
5) 처분손실 = ₩299,700(현금수령액) − ₩301,250(할인일의 어음가치) = ₩1,550

54 정답 ③

해설 1) 무이자부 어음일 경우 처분손실(A) = ₩1,200,000 × 12% × 1/12 = ₩12,000
2) 이자부어음일 경우 처분손실(B)
  만기금액 = ₩1,200,000 + ₩1,200,000 × 9% × 4/12 = ₩1,236,000
  할인액 = ₩1,236,000 × 12% × 1/12 = ₩12,360
  현금수령액 = ₩1,236,000 − ₩12,360 = ₩1,223,640
  처분손실= ₩1,223,640(현금수령액) − ₩1,227,000(할인일의 어음가치) = ₩3,360

55 정답 ③

해설 1) 만기금액 = ₩5,000,000 + ₩5,000,000 × 6% × 6/12 = ₩5,150,000
2) 할인액 = ₩5,150,000(만기금액) − ₩4,995,500(현금수령액) = ₩154,500
    = ₩5,150,000 × 할인율 × 3/12 = ₩154,500
  → 할인율 = 12%

CHAPTER 08 금융부채

01 **정답** ②

> **해설** ㄱ : 차입금이 발생하므로 금융부채를 발생시키는 거래에 해당한다.
> ㄴ : 제품을 판매하기로 하고 받은 선금은 선수금으로 금융부채에 해당하지 않는다.
> ㄷ : 자기지분상품의 수량과 대가가 확정되어 있으므로 지분상품으로 회계처리한다.
> ㄹ : 보유자에게 상환을 청구할 수 있는 권리가 부여된 상환우선주는 금융부채로 회계처리한다.

PART 03

02 **정답** ⑤

> **해설** 금융부채 = ₩3,000(매입채무) + ₩10,000(장기차입금) + ₩3,300(미지급금) + ₩15,000(사채) + ₩8,000(미지급이자) = ₩39,300

03 **정답** ③

> **해설** ① 할인발행되면 이자비용은 매년 증가하고, 할증발행되면 이자비용은 매년 감소한다.
> ② 정액법에 의한 이자율은 매년 변동한다.
> ④ 사채발행차금은 사채기간에 걸쳐 유효이자율법으로 상각한다.
> ⑤ 사채발행비는 사채할인발행차금에 가산하거나 사채할증발행차금에서 차감하여 이를 유효이자율법으로 상각한다.

04 **정답** ④

> **해설** 할증발행은 표시이자율 > 시장이자율일 때 발생하며, 상각액은 매기 증가한다. 이자비용은 매기 감소하며, 사채의 장부금액도 매기 상각액만큼 감소한다.

05 **정답** ②

> **해설** 사채발행비가 존재하는 경우, 발행시점의 발행자의 유효이자율은 발행시점의 시장이자율보다 높다.

06 **정답** ③

> **해설** 1) 20×1년 초 사채의 발행금액 = ₩100,000 × 0.7118 + ₩10,000 × 2.4018 = ₩95,198
> 2) 사채의 총 이자비용 = ₩10,000 × 3년 + ₩4,802(사채할인발행차금) = ₩34,802

07 **정답** ③

> **해설** 1) 20×1년 1월 1일 발행금액 = ₩5,000,000 × 0.6806 + ₩500,000 × 3.9927 = ₩5,399,350
> 2) 20×1년 말 장부금액 = ₩5,399,350 × 1.08 − ₩500,000 = ₩5,331,298
> 3) 20×2년 이자비용 = ₩5,331,298 × 8% = ₩426,504

08 **정답** ④

> **해설** 1) 20×2년 12월 31일 장부금액 = ₩916,594 × 1.13 − ₩80,000 = ₩955,751
> 2) 20×3년 이자비용 = ₩955,751 × 13% = ₩124,248

09 정답 ③

해설 1) 20×1년 말 사채 장부금액 = ₩92,416 × 1.1 − ₩8,000 = ₩93,658
2) 20×2년 말 사채 장부금액 = ₩93,658 × 1.1 − ₩8,000 = ₩95,023
3) 20×3년 사채할인발행차금 상각액 = ₩95,023 × 10% − ₩8,000 = ₩1,502

10 정답 ②

해설 1) 20×2년 1월 1일 사채의 장부금액(₩37,889) = ₩36,962 + ₩36,962 × 9% − 표시이자
→ 표시이자금액 = ₩2,400
2) 표시이자율 = ₩2,400 ÷ ₩40,000 = 6%

11 정답 ⑤

해설 1) 20×2년 초 장부금액 = ₩43,000(20×2년 말 장부금액) − ₩3,000(사채할인발행차금 상각액)
= ₩40,000
2) 20×2년 유효이자율 = ₩6,000(20×2년 이자비용) ÷ ₩40,000(20×2년 초 장부금액) = 15%

12 정답 ②

해설 1) 20×1년도 상각액 = ₩9,473(20×2년 초 장부금액) − ₩9,241(20×1년 초 장부금액) = ₩232
2) 20×1년도 상각액(₩232) = ₩9,241 × 9% − 표시이자액
→ 표시이자액 = ₩600
→ 표시이자율 = ₩600 ÷ ₩10,000 = 6%

13 정답 ③

해설 1) 20×2년 초 장부금액 = ₩946,467(20×2년 말 장부금액) − ₩23,812(상각액) = ₩922,655
2) 20×2년도 이자비용 = ₩50,000(표시이자) + ₩23,812(상각액) = ₩73,812
3) 유효이자율 = ₩73,812 ÷ ₩922,655 = 8%

14 정답 ④

해설 1) 20×1년 1월 1일 사채의 현재가치(12%) = ₩20,000,000 × 0.7118 + ₩2,000,000 × 2.4018
= ₩19,039,600
2) 20×1년도 이자비용 = ₩19,039,600 × 12% × 6/12 = ₩1,142,376
→ 20×1년 7월 1일에 사채를 발행하였으므로 연이자비용에 6개월만 인식한다.

15 정답 ①

해설 1) 발행시점의 시장이자율로 할인한 현재가치(12%) = ₩1,000,000 × 0.7118 + ₩100,000 × 2.4018
= ₩951,980
2) 유효이자율로 할인한 현재가치(13%) = ₩1,000,000 × 0.6931 + ₩100,000 × 2.3612 = ₩929,220
3) 사채발행비 = ₩951,980 − ₩929,220 = ₩22,760

16 **정답** ⑤

해설 1) 20×1년 초 사채의 공정가치 = ₩5,000,000 × 0.7938(3기간, 8%, 현가계수) + ₩300,000 × 2.5770(3기간, 8%, 연금현가계수) = ₩4,742,100
2) 20×1년 초 사채의 발행금액 = ₩4,742,100 − ₩50,000(사채발행비) = ₩4,692,100
3) 20×1년 말 장부금액(₩4,814,389) = ₩4,692,100 × (1 + 유효이자율) − ₩300,000(표시이자) → 유효이자율 = 9%
4) 20×2년도 이자비용 = ₩4,814,389(20×2년 기초 장부금액) × 9% = ₩433,295

17 **정답** ③

해설 20×1년 말 상각후원가 = ₩440,000 × 0.9434 + ₩420,000 × 0.89 = ₩788,896(근사치)
* 20×1년 말 상각후원가는 미래 현금흐름을 발행 당시 유효이자율로 할인한 값과 동일하다.

18 **정답** ④

해설 1) 20×1년 초 발행가액 = ₩26,000 × 0.8929 + ₩24,000 × 0.7972 + ₩22,000 × 0.7118 = ₩58,008
2) 20×1년 말 장부금액 = ₩58,008 × 1.12 − ₩26,000 = ₩38,969
3) 20×2년 이자비용 = ₩38,969 × 12% = ₩4,676

19 **정답** ①

해설

구분	20×1년 말	20×2년 말	20×3년 말
현금흐름	₩345	₩330	₩315

1) 20×1년 초 금융부채 장부금액 = ₩345 × 0.9434 + ₩330 × 0.8900 + ₩315 × 0.8396 = ₩884
2) 20×1년 말 장부금액 = ₩884 × 1.06 − ₩345 = ₩592
3) 20×2년 말 장부금액 = ₩592 × 1.06 − ₩330 = ₩298
별해법 : ₩315(20×3년 말 현금흐름) × 0.9434 = ₩297

20 **정답** ④

해설 권면발행일 후 발행은 기간 경과의 이자를 포함하여 현금으로 수령한다.
1) 20×1.1.1. 사채의 현재가치(10%) = ₩1,000,000 × 0.75131 + ₩80,000 × 2.48685 = ₩950,258
2) 20×1.1.1. ~ 9.30. 유효이자 = ₩950,258 × 10% × 9/12 = ₩71,269
3) 20×1.10.1. 현금수령액 = ₩950,258 + ₩71,269 = ₩1,021,527

21 **정답** ⑤

해설 1) 20×1년 1월 1일 부채요소(발행일의 시장이자율 8%) = ₩1,000,000 × 0.7938 + ₩50,000 × 2.5771 = ₩922,655
2) 20×1년 7월 1일 사채 발행금액 = ₩922,655 + (₩922,655 × 8% − ₩50,000) × 6/12 = ₩934,561
3) 20×1년 7월 1일 증가한 ㈜관세의 부채금액
= ₩934,561(사채의 발행금액) + ₩25,000(미지급이자) = ₩959,561

22 **정답** ③

[해설] 1) 사채상환손실(₩120,000) = ₩1,070,000(현금지급액) − 상환 당시 장부금액
→ 상환시점의 사채장부금액 = ₩950,000
2) 조기상환시점의 미상각 사채할인발행차금 = ₩1,000,000(액면금액) − ₩950,000(장부금액) = ₩50,000

23 **정답** ①

[해설] 1) 사채의 발행가액 = ₩1,000,000 × 0.7938 + ₩100,000 × 2.5771 = ₩1,051,510
2) 20×1년 12월 31일 장부금액 = ₩1,051,510 + ₩1,051,510 × 8% − ₩100,000 = ₩1,035,631
3) 20×2년 1월 1일 조기상환손익 = ₩1,100,000(상환금액) − ₩1,035,631(장부금액) = ₩64,369 손실
→ 발행자는 장부금액보다 큰 금액으로 상환하였기 때문에 상환손실이 발생한다.

24 **정답** ④

[해설] 1) 20×1년 초 사채발행금액 = ₩100,000 × 0.8638 + ₩3,000 × 2.7232 = ₩94,550
2) 20×1년 말 장부금액 = ₩94,550 × 1.05 − ₩3,000 = ₩96,278
3) 20×2년 말 장부금액 = ₩96,278 × 1.05 − ₩3,000 = ₩98,092
4) 20×3년 초 사채상환손익 = ₩95,000(상환금액) < ₩98,092(장부금액) = ₩3,092 이익
* 상환기업은 장부금액보다 적은 금액으로 상환하였으므로 조기상환과정에서 이익이 발생한다.

25 **정답** ③

[해설] 1) 사채 상환 시점까지 총 상각액 = ₩270,680 − ₩200,000(2년간 표시이자) = ₩70,680
2) 20×2년 12월 31일 장부금액 = ₩885,840 + ₩70,680 = ₩956,520
3) 상환금액 = ₩956,520(장부금액) − ₩1,520(상환이익) = ₩955,000

26 **정답** ④

[해설] 1) 상환시점까지의 사채할인발행차금 상각액 = ₩191,555 − ₩160,000 = ₩31,555
2) 사채상환시점의 사채 장부금액 = ₩950,263 + ₩31,555 = ₩981,818
3) 사채상환 시 지급한 현금 = ₩981,818 + ₩8,182(사채상환손실) = ₩990,000

27 **정답** ②

[해설] 1) 20×1년 12월 31일 장부금액 = ₩875,645 × 1.1 − ₩50,000 = ₩913,210
2) 20×2년 1월 1일 사채 상환 시 장부금액 = ₩637,000 + ₩2,184 = ₩639,184
→ 상환비율 = ₩639,184 ÷ ₩913,210 = 70%
3) 20×2년 말 사채 장부금액(순액) = (₩913,210 × 1.1 − ₩50,000) × 30% = ₩286,359

28 **정답** ④

[해설] 1) 20×1년 1월 1일 발행금액 = ₩1,000,000 × 0.6209 + ₩50,000 × 3.7908 = ₩810,440
2) 20×1년 말 장부금액 = ₩810,440 × 1.1 − ₩50,000 = ₩841,484
3) 20×2년 말 장부금액 = ₩841,484 × 1.1 − ₩50,000 = ₩875,632
4) 20×3년 말 장부금액 = ₩875,632 × 1.1 − ₩50,000 = ₩913,196

5) 20×4년 초 사채B의 발행금액 = ₩1,000,000 × 0.8573(2년, 8%, 현가계수) + ₩30,000 × 1.7833(2년, 8%, 연금현가계수) = ₩910,799

6) 20×4년 1월 1일 사채상환손익 = ₩910,799(상환금액) − ₩913,196(장부금액) = ₩2,396 상환이익

29 **정답** ①

해설 1) 20×1년 7월 1일 상각후원가 = ₩965,260 + ₩965,260 × 12% × 6/12 − ₩50,000 = ₩973,176

2) 경과이자를 제외한 상환금액 = ₩970,000 − ₩50,000 = ₩920,000

3) 사채상환손익 = ₩920,000(상환금액) − ₩973,176(장부금액) = ₩53,176 상환이익

30 **정답** ③

해설 1) 20×1년 12월 31일 사채의 장부금액 = ₩1,000,000 × 0.7972 + ₩80,000 × 1.6901 = ₩932,408

2) 20×2년 4월 1일 장부금액(경과이자 포함) = ₩932,408 + ₩932,408 × 12% × 3/12 = ₩960,380

3) 사채상환손익 = ₩1,000,000(상환금액) − ₩960,380 = ₩39,620(손실) ← 단수차이

31 **정답** ④

해설 1) 20×1.1.1. 발행금액 = ₩1,000,000 × 0.7938 + ₩60,000 × 2.5771 = ₩948,426

2) 20×1.12.31. 장부금액 = ₩948,426 × 1.08 − ₩60,000 = ₩964,300

3) 20×2년 6월 30일 경과이자를 포함한 장부금액 = ₩964,300 + ₩964,300 × 8% × 6/12 = ₩1,002,872

4) 경과이자를 포함한 조기상환금액 = ₩1,002,872 + ₩32,000(상환손실) = ₩1,034,872

32 **정답** ⑤

해설 1) 20×1년 초 사채발행금액 = ₩1,000,000 × 0.7938 + ₩50,000 × 2.5771 − ₩46,998 = ₩875,657

2) 20×1년 말 장부금액 = ₩875,657 × 1.1 − ₩50,000 = ₩913,223

3) 20×2년 말 장부금액 = ₩913,223 × 1.1 − ₩50,000 = ₩954,545

4) 20×3년 4월 1일 경과이자를 포함한 장부금액 = ₩954,545 + ₩954,545 × 10% × 3/12 = ₩978,409

5) 20×3년 4월 1일 사채상환손익 = ₩570,000(상환금액) − (₩978,409 × 60%) = ₩17,045 이익

33 **정답** ③

해설 1) 20×1년 초 사채 발행금액 = ₩1,900,504 − ₩92,604(사채발행비) = ₩1,807,900

2) 유효이자율 = ₩216,948(20×1년 이자비용) ÷ ₩1,807,900(20×1년 초 장부금액) = 12%

3) 20×1년 말 장부금액 = ₩1,807,900 + ₩1,807,900 × 12% − ₩160,000 = ₩1,864,848

4) 20×2년 말 경과이자를 포함한 장부금액 = ₩1,864,848 + ₩1,864,848 × 12% = ₩2,088,630

5) 20×2년 말 사채상환이익 = ₩2,000,000(상환금액) − ₩2,088,630 = ₩88,630 이익

34 **정답** ④

해설 1) 20×1년 말 사채 장부금액 = ₩876 × 1.1 − ₩50 = ₩914

2) 20×2년 6월 30일 조기상환 시 장부금액 = ₩300(상환가액) + ₩84(사채상환이익) = ₩384

3) 20×2년 6월 30일 경과이자를 포함한 장부금액 = ₩914 + ₩914 × 10% × 6/12 = ₩960

4) 20×2년 6월 30일 조기상환비율 = ₩384 ÷ ₩960 = 40%

5) 20×2년 말 재무상태표상 사채 장부금액 = (₩914 × 1.1 − ₩50) × 60% = ₩574

35 정답 ⑤

해설 의무적으로 상환하는 조건으로 발행된 상환우선주는 금융부채에 해당한다. 배당이 지급되지 않은 경우 상환금액에 가산하여 지급하는 우선주이므로 누적적 우선주에 해당한다.

1) 20×1년 초 금융부채 장부금액 = ₩120,000 × 0.8900 + ₩3,000 × 1.8334 = ₩112,300

2) 20×1년도 이자비용 = ₩112,300 × 6% = ₩6,738

36 정답 ⑤

해설 금융부채의 공정가치 하락에 따라 ₩15,000의 손익 증가 효과가 있으나 이 중 신용위험 변동으로 발생한 ₩5,000의 손익은 기타포괄손익으로 분류한다. 즉, 당기순이익에 미치는 영향은 ₩10,000 증가이다.

(차) 당기손익−공정가치 측정 금융부채 15,000　　(대) 신용위험 변동으로 인한 평가이익　　5,000
　　　　　　　　　　　　　　　　　　　　　　　　　당기손익−공정가치 측정 금융부채 평가이익
　　　10,000

CHAPTER 09　충당부채, 우발부채

01 정답 ①

해설 미래의 예상 영업손실은 충당부채로 인식하지 아니한다.

02 정답 ⑤

해설 재무제표는 미래 시점의 예상 재무상태가 아니라 보고기간 말의 재무상태를 표시하는 것이므로, 미래 영업을 위하여 발생하게 될 원가에 대하여는 충당부채를 인식하지 아니한다. 재무상태표에 인식되는 부채는 보고기간 말에 존재하는 부채에 국한한다.

03 정답 ④

해설 ① 우발자산은 경제적효익의 유입가능성이 높아지면 주석에 공시한다.

② 손실부담계약을 체결하고 있는 경우에는 관련된 현재의무를 충당부채로 인식한다.

③ 충당부채를 현재가치로 평가하는 경우 적용될 할인율은 부채의 특유위험과 화폐의 시간가치에 대한 현행 시장의 평가를 반영한 세전 이율이다.

⑤ 화폐의 시간가치 효과가 중요한 경우에는 충당부채는 현재가치로 평가한다.

04 **정답** ②

해설 충당부채의 이행 대상은 일반 대중도 될 수 있다.

05 **정답** ①

해설 어떤 의무를 제3자와 연대하여 부담하는 경우에 이행하여야 하는 전체 의무 중에서 제3자가 이행할 것으로 예상되는 정도까지는 우발부채로 주석으로 공시한다.

06 **정답** ⑤

해설 충당부채의 법인세효과와 그 변동은 기업회계기준서 제1012호 '법인세'에 따라 회계처리하므로 충당부채는 세전 금액으로 측정한다.

07 **정답** ⑤

해설 과거에 우발부채로 처리하였더라도 이후 충당부채의 인식조건을 충족하면 재무상태표에 충당부채로 인식한다.

08 **정답** ⑤

해설 손실부담계약에서 회피 불가능한 원가는 둘 중의 작은 금액으로 측정한다.
1) 계약을 이행하기 위하여 소요되는 원가
2) 계약을 이행하지 못하였을 때 지급하여야 할 보상금 또는 위약금

09 **정답** ①

해설 충당부채로 인식되기 위해서는 과거사건으로 인한 의무가 기업의 미래행위와 독립적이어야 한다.

10 **정답** ④

해설 당초에 다른 목적으로 인식된 충당부채를 그 목적이 아닌 다른 지출에 사용할 수 없다.

11 **정답** ⑤

해설 과거에 우발부채로 처리하였더라도 미래경제적효익의 유출가능성이 높아진 경우 충당부채로 인식한다.

12 **정답** ③

해설 미래 영업에서 생길 원가는 충당부채로 인식하지 않는다.

13 **정답** ③

해설 과거에 우발부채로 처리하였더라도 미래경제적효익의 유출 가능성이 높아지고 해당 금액을 신뢰성 있게 추정할 수 있는 경우에는 재무제표에 충당부채로 인식할 수 있다.

14 **정답** ①

해설 법률에 따라 항공사의 항공기를 3년에 한 번씩 정밀하게 정비하도록 요구하는 경우는 미래행위와 독립적이지 않으므로 충당부채로 인식할 수 없다.

15 **정답** ⑤

해설 ㄱ, ㄴ : 항공사의 대수선 및 여과장치설치는 의무발생사건에 해당하지 않으므로 충당부채로 인식할 수 있는 상황에 해당하지 아니한다.

16 **정답** ②

해설 가. 20×1년 말까지 구조조정계획에 착수하지 않았으므로 충당부채를 인식하지 않는다.
나. 소송 패소가능성이 높지 않기 때문에 우발부채로 주석 공시한다.
다. 복구충당부채의 현재가치금액인 ₩140,000을 충당부채로 인식한다.
라. 보증 비용의 지출가능성이 높으므로 ₩200,000을 전액 충당부채로 인식하고, 보험사의 변제분은 별도의 자산으로 인식한다.
* 20×1년 말 재무상태표상 충당부채의 금액 = ₩140,000 + ₩200,000 = ₩340,000

17 **정답** ②

해설 충당부채 = ₩500,000(복구비용)
※ 종업원의 교육훈련비용, 예상 수리비용은 충당부채로 인식하지 않는다.

18 **정답** ②

해설 1) 충당부채 = ₩120,000(원상복구원가의 현재가치금액) + ₩350,000(제조상 결함에 대한 보증비용 전액) = ₩470,000
※ 구조조정계획은 이행에 착수하지 않았으므로 충당부채 요건을 충족하지 못하였으며, 소송은 손해발생 가능성이 높지 않으므로 우발부채로 주석공시한다. 미래의 예상 영업손실은 충당부채로 인식하지 않으며, 보증비용은 보험사에서 일부 대리변제를 하더라도 인식할 충당부채는 관련의무금액 전액이다.

19 **정답** ④

해설 (차) 미수금   150,000   (대) 충당부채   500,000
제품보증비   350,000

20 **정답** ②

해설 20×1년 말 제품보증충당부채 = (₩1,800 × 20% + ₩3,000 × 50% + ₩7,000 × 30%) × 0.9091 + (₩3,000 × 30% + ₩4,000 × 60% + ₩5,000 × 10%) × 0.8264 = ₩6,740

21 **정답** ④

해설 1) 20×2년 제품보증비 추정액 = ₩100 × 10% + ₩4,000 × 5% = ₩210
2) 20×2년 제품보증회계처리

(차) 제품보증충당부채	₩200	(대) 현금	₩300
제품보증비	₩100		
(차) 제품보증비	₩210	(대) 제품보증충당부채	₩210

3) 20×2년도 제품보증비 = ₩100 + ₩210 = ₩310
4) 20×2년도 제품보증충당부채 = ₩200(20×1년 말 잔액) − ₩200(제품수리비용 지출) + ₩210 (20×2년 말 설정액) = ₩210

22 [정답] ⑤

[해설] 1) 20×2년 말까지 충당부채 설정액 = 5,500대 × ₩20 × 3% = ₩3,300
2) 20×2년 말 보증손실충당부채(잔액) = ₩3,300 − (50대 × ₩20) = ₩2,300

23 [정답] ②

[해설] 20×3년 말 제품보증충당부채 = 1,000대 × 3% × ₩730 − ₩8,000 = ₩13,900

CHAPTER 10 자본

01 [정답] ⑤

[해설] 1) 기초자본 = ₩1,000(기초자산) − ₩620(기초부채) = ₩380
2) 기말자본 = ₩380(기초자본) + ₩500(유상증자) + ₩2,500(영업수익) − 2,320(영업비용) = ₩1,060
3) 기말자산 = ₩740(기말부채) + ₩1,060(기말자본) = ₩1,800

02 [정답] ④

[해설] 자본 증가액(₩6,000,000) = ₩500,000(유상증자) − ₩800,000(현금배당) − ₩600,000(자기주식 취득액) + ₩400,000(기타포괄손익) + 당기순이익
→ 당기순이익 = ₩6,500,000

03 [정답] ④

[해설] 1) 기초자본 = ₩11,000,000(기초자산) − ₩5,000,000(기초부채) = ₩6,000,000
2) 기말자본 = ₩15,000,000(기말자산) − ₩6,000,000(기말부채) = ₩9,000,000
3) 기말자본(₩9,000,000) = ₩6,000,000(기초자본) − ₩500,000(현금배당) + ₩100,000(토지재평가이익) + 당기순이익
→ 당기순이익 = ₩3,400,000

04 정답 ④

해설 1) 기초자본 = ₩25,865,000(기초자산) - ₩16,484,000(기초부채) = ₩9,381,000
2) 기말자본 = ₩27,285,000(기말자산) - ₩15,129,000(기말부채) = ₩12,156,000
3) 기말자본(₩12,156,000) = 9,381,000(기초자본) + ₩1,200,0000(유상증자) - ₩400,000(현금배당) + ₩100,000(기타포괄손익) + 당기순이익
→ 당기순이익 = ₩1,875,000

05 정답 ②

해설 1) 기초자본 = ₩150,000(기초자산) - ₩80,000(기초부채) = ₩70,000
2) 기말자본 = ₩175,000(기말자산) - ₩70,000(기말부채) = ₩105,000
3) 기말자본(₩105,000) = ₩70,000(기초자본) + ₩15,000(당기순이익) + ₩25,000(유상증자) + 기타포괄손익
→ 기타포괄손익 = ₩5,000 손실

06 정답 ③

해설 1) 20×1년 기초 자본총계 = ₩5,000(기초자산총계) - ₩2,500(기초부채총계) = ₩2,500
2) 20×1년 기말 자본총계 = ₩7,000(기말자본총계) - ₩3,400(기말부채총계) = ₩3,600
3) 20×1년 기말 자본총계(₩3,600) = ₩2,500(기초자본총계) + ₩300(유상증자) - ₩200(현금배당) + ₩80(기타포괄손익) + 당기순이익
→ 20×1년도 당기순이익 = ₩920

07 정답 ③

해설 20×1년 말 자본 = ₩10,000(20×1년 초 자본) - ₩600(자기주식 취득) + ₩1,000(당기순이익 발생) + ₩800(기타포괄이익 발생) = ₩11,200

08 정답 ①

해설 무액면주식은 이사회에서 자본금을 결정하며, 주식을 발행하면 자본금은 무액면주식이라도 증가한다.

09 정답 ④

해설 자본의 증가액 = 500주 × ₩15,000 - ₩500,000(직접비용) = ₩7,000,000

10 정답 ③

해설 주식발행과 직접적으로 관련된 원가는 주식발행금액에서 차감한다. 간접적으로 관련된 원가는 비용으로 회계처리한다.
주식발행초과금 = 1,000주 × (₩6,000 - ₩5,000) + 1,000주 × (₩7,000 - ₩5,000) - ₩500,000(주식발행과 직접 관련된 원가) = ₩2,500,000

11 **정답** ④

해설 주식분할, 주식배당은 자본이 불변한다.

다. 주식을 할인발행하여도 발행금액만큼의 현금이 유입되어 자본이 증가한다.

라. 자기주식을 처분하면 처분금액에 해당하는 만큼 자본이 증가한다.

마. 기타포괄손익–공정가치 측정 금융자산의 평가손실만큼 자본총계는 감소한다.

12 **정답** ③

해설 ① 자기주식을 처분한 금액만큼 자본은 증가한다.

② 지분법이익만큼 자본은 증가하며, 관계기업의 현금배당은 자본의 변동을 초래하지 않는다.

④ 기타포괄손익–공정가치 측정 금융자산의 평가이익만큼 자본은 증가한다.

⑤ 주식이 할인발행되더라도 주식의 발행금액만큼 자본은 증가한다.

13 **정답** ①

해설 ② 자기주식을 재발행하고 자기주식처분이익을 인식하는 경우 자본은 증가한다.

③ 보통주를 현금납입 받아 신주발행하는 경우 자본은 증가한다.

④ 이월결손금을 보전하기 위하여 보통주자본금을 무상감자하는 경우 자본은 불변한다.

⑤ 주주총회에서 사업확장적립금을 별도적립금으로 대체하기로 결의하는 경우 자본은 불변한다.

14 **정답** ①

해설 주식분할의 경우도 총자본은 변하지 않는다.

15 **정답** ④

해설 주식배당, 무상증자는 자본금이 증가하지만, 주식분할의 경우 자본금이 불변한다.

16 **정답** ⑤

해설 보유자가 발행자에게 특정일이나 그 후에 확정되었거나 결정 가능한 금액으로 상환해 줄 것을 청구할 수 있는 권리가 있는 우선주는 금융부채로 분류한다.

17 **정답** ⑤

해설 배당을 받을 권리가 있는 주주를 확정짓는 날인 배당기준일에는 별도의 회계처리를 기록하지 아니한다.

18 **정답** ③

해설 1) 자기주식의 평균단가 = (100주 × ₩3,000 + 200주 × ₩6,000) ÷ 300주 = ₩5,000

2) 자기주식처분이익 = 200주 × (₩5,500 − ₩5,000) = ₩100,000

19 정답 ②

해설

20×1.4.10. (차) 현금	30,000	(대) 자기주식	20,000
		자기주식처분이익	10,000
20×1.5.25. (차) 현금	10,000	(대) 자기주식	40,000
자기주식처분이익	10,000		
자기주식처분손실	20,000		

20 정답 ④

해설

20×6.10.1. (차) 현금	480,000	(대) 자기주식	440,000
		자기주식처분손실	25,000
		자기주식처분이익	15,000
20×6.10.9. (차) 현금	315,000	(대) 자기주식	350,000
자기주식처분이익	15,000		
자기주식처분손실	20,000		

* 10월 9일 처분 시 자기주식 장부금액 = 100주 × ₩1,100 + 200주 × ₩1,200 = ₩350,000

21 정답 ②

해설 자기주식은 공정가치 평가를 하지 않으며, 자기주식 취득 시 취득금액만큼 자본총계는 감소하고, 자기주식 처분 시 처분금액만큼 자본총계가 증가한다.
1) 자기주식의 취득 = 200주 × ₩4,000 = ₩800,000 감소
2) 자기주식의 매도 = 50주 × ₩5,000 + 50주 × ₩3,500 = ₩425,000 증가
3) 자본총계의 변화 = (₩800,000) + ₩425,000 = ₩375,000 감소

22 정답 ⑤

해설 1) 자기주식의 취득 = 200주 × ₩800 = ₩160,000 감소
2) 자기주식의 처분 = 50주 × ₩1,200 = ₩60,000 증가
3) 주식의 발행 = 100주 × ₩600 = ₩60,000 증가
4) 자본의 변화 = (₩160,000) + ₩60,000 + ₩60,000 + ₩48,000(당기순이익) = ₩8,000 증가

23 정답 ②

해설 1) 자기주식의 취득 = 100주 × ₩3,000 = ₩300,000 감소
2) 자기주식의 처분 = 50주 × ₩3,600 = ₩180,000 증가
3) 자기주식의 소각 = 자본총계 불변
4) 유상증자 = 50주 × ₩4,000 − ₩35,000 = ₩165,000 증가
5) 자본총액 = (₩300,000) + ₩180,000 + ₩165,000 + ₩200,000(당기순이익) + ₩130,000(기타포괄이익) = ₩375,000

24 **정답** ⑤

해설 20×1년 말 자본총계 = ₩290,000(기초자본총계) – ₩100,000(현금배당) – ₩40,000(자기주식 취득) + ₩18,000(자기주식 재발행) + ₩50,000(유상증자) = ₩218,000

25 **정답** ③

해설 20×2년 말 자본총계 = ₩48,000(기초자본) – ₩9,000(자기주식 취득) + ₩5,600(자기주식 처분) + ₩50,000(20×2년 당기순이익) = ₩94,600
※ 자기주식의 소각 및 무상증자는 자본총계가 불변한다.

26 **정답** ⑤

해설 20×1년 말 자본총계 = ₩3,000,000(20X1년 초 자본총계) + ₩1,200,000(유상증자) – ₩200,000(현금배당) – ₩220,000(자기주식의 취득) + ₩130,000(자기주식의 재발행) + ₩850,000(당기순이익) + ₩130,000(기타포괄이익) = ₩4,890,000

27 **정답** ②

해설 임의적립금, 이익준비금은 이익잉여금 내에서의 분류이므로 이입과 적립은 이익잉여금 총액에는 영향이 없다.
→ 20×2년 결산승인 반영 후 이익잉여금 = ₩300,000(기초 이익잉여금) – ₩10,000(자기주식처분손실 상각액) – ₩100,000(현금 배당액) = ₩190,000

28 **정답** ⑤

해설 차기이월미처분이익잉여금 = ₩43,000(결산승인 전 미처분이익잉여금) + ₩3,000(임의적립금 이입액) – ₩2,000(주식할인발행차금 상각액) – ₩10,000(현금배당액) = ₩34,000

29 **정답** ④

해설

구분	우선주	보통주
미지급분(20×4년)	₩150,000	
당기분(20×5년)	₩150,000	나머지(₩1,000,000 – ₩300,000 = ₩700,000)

30 **정답** ③

해설

구분	우선주(누적, 완전참가)	보통주
미지급분(20×1년)	₩50,000 × 5% = ₩2,500	
당기분(20×2년)	₩2,500	₩100,000 × 5% = ₩5,000
완전참가	₩1,000	₩2,000
합계액	₩6,000	₩7,000

※ 우선주 참가분 = (₩13,000 – ₩10,000) × (₩50,000/₩150,000) = ₩1,000

31 **정답** ④

해설

구분	우선주(비누적, 완전참가)	보통주
당기분	100주 × ₩2,000× 7% = ₩14,000	200주 × ₩3,000 × 4% = ₩24,000
완전참가	₩45,500	₩136,500
합계	₩59,500	₩160,500

※ 우선주 참가분 = (₩220,000 − ₩14,000 − ₩24,000) × (₩200,000/₩800,000) = ₩45,500

32 **정답** ⑤

해설

구분	우선주	보통주
미지급분(2년)	₩3,000,000	–
당기분	₩1,500,000	₩1,800,000
완전참가	₩400,000	₩800,000
합계	₩4,900,000	₩2,600,000

※ 우선주 참가분 = (₩7,500,000 − ₩6,300,000) × 3/9 = ₩400,000

33 **정답** ④

해설

구분	우선주	보통주
미지급분(2년)	₩10,000	–
당기분	5,000	₩7,500
참가분	6,200	9,300
합계	₩21,200	₩16,800

※ 우선주 참가분 = (₩38,000 − ₩22,500) × (₩100,000/₩250,000) = ₩6,200

34 **정답** ①

해설

구분	우선주	보통주
미지급분(2년)	₩240,000	–
당기분	₩120,000	₩120,000
완전참가	₩208,000	₩312,000
합계	₩568,000	₩432,000

- 우선주 배당금 = 2,000주 × ₩1,000 × 6% = ₩120,000
- 보통주 배당금 = 3,000주 × ₩1,000 × 4% = ₩120,000
- 완전참가에 따른 우선주 추가배당금 = ₩520,000(잔여배당금) × (₩2,000,000/₩5,000,000) = ₩208,000
- 완전참가에 따른 보통주 추가배당금 = ₩520,000(잔여배당금) × (₩3,000,000/₩5,000,000) = ₩312,000

35 **정답** ④

해설

구분	우선주	보통주
미지급(1년)	₩50	–
당기분	₩50	₩160
참가분	₩48	₩192
합계	₩148	₩352

※ 우선주에 추가배분되는 배당금 = (₩500 − ₩260) × (₩1,000/₩5,000) = ₩48

36 **정답** ④

해설 1) 누적적, 5% 부분참가적

구분	우선주	보통주
미지급(2년)	₩240,000	–
당기분	₩120,000	₩200,000
추가 참가분	₩180,000	₩340,000
합계	₩540,000	₩540,000

※ 우선주의 추가 참가분 = ₩6,000,000 × (5% − 2%) = ₩180,000

2) 비누적적, 완전참가적

구분	우선주	보통주
당기분	₩120,000	₩200,000
완전참가분	₩285,000	₩475,000
합계	₩405,000	₩675,000

※ 보통주의 완전참가분 = (₩1,080,000 − ₩320,000) × 10/16 = ₩475,000

37 **정답** ②

해설

구분	우선주	보통주
미지급(2년)	₩120,000	–
당기분	₩60,000	₩160,000
추가배당금	₩2,000,000 × 2% = ₩40,000	₩220,000
합계	₩220,000	₩380,000

CHAPTER 11	**복합금융상품**

01 정답 ⑤

해설 전환권을 행사할 가능성이 변동하는 경우에도 전환상품의 부채요소와 자본요소의 분류를 수정하지 않는다.

02 정답 ②

해설 1) 전환사채 발행시점의 부채요소 = ₩500,000 × 0.7513 + ₩40,000 × 2.4868 = ₩475,122
2) 전환권대가 = ₩500,000(발행금액) − ₩475,122(부채요소) = ₩24,878

03 정답 ⑤

해설 1) 부채요소의 공정가치 = ₩100,000 × 0.7513 + ₩5,000 × 2.4868 = ₩87,564
2) 자본요소의 공정가치 = ₩100,000(발행금액) − ₩87,564(부채요소) = ₩12,436

04 정답 ①

해설 1) 부채요소의 공정가치 = ₩109,930 × 0.75131 + ₩5,000 × 2.48685 = ₩95,026
2) 전환권가치 = ₩100,000(발행금액) − ₩95,026(부채요소) = ₩4,974

05 정답 ②

해설 1) 사채발행시점의 부채요소 = ₩1,050,000 × 0.6209 + ₩80,000 × 3.7908 = ₩955,209
2) 전환권대가 = ₩1,000,000(발행금액) − ₩955,209(부채요소) = ₩44,791

06 정답 ②

해설 상환할증금 = ₩400 + ₩400 × 1.070 + ₩400 × 1.145 = ₩1,286

07 정답 ④

해설 1) 할증금이 없는 경우 부채요소 = ₩500,000 × 0.7513 + ₩30,000 × 2.4869 = ₩450,257
2) 할증금이 없는 경우 전환권대가(A) = ₩500,000 − ₩450,257 = ₩49,743
3) 할증금이 있는 경우 부채요소 = ₩532,464 × 0.7513 + ₩30,000 × 2.4869 = ₩474,647
4) 할증금이 있는 경우 전환권대가(B) = ₩500,000 − ₩474,647 = ₩25,353

08 정답 ①

해설 1) 상환할증금 = ₩50,000 × 3.3100(보장수익률의 미래가치) = ₩165,500
2) 20×1년 1월 1일 사채의 현재가치(일반사채시장이자율 12%로 할인) = ₩1,165,500 × 0.7118 + ₩50,000 × 2.4018 = ₩949,693
3) 전환권대가 = ₩1,000,000(발행금액) − ₩949,693(부채요소) = ₩50,307

09 정답▶ ①

해설▶
1) 발행 당시 부채요소 = ₩1,000,000 × 0.7118 + ₩80,000 × 2.4018 = ₩903,944
2) 전환권대가 = ₩950,352(발행금액) − ₩903,944(부채요소) = ₩46,408
3) 20×1년 전환권조정 상각액 = ₩903,944 × 12% − ₩80,000 = ₩28,473
4) 20×1년 말 전환사채 장부금액 = ₩903,944 + ₩28,473(20×1년 상각액) = ₩932,417

10 정답▶ ④

해설▶
1) 20×1년 초 부채요소 = ₩1,064,900 × 0.75131 + ₩60,000 × 2.48685 = ₩949,281
2) 20×1년 초 전환권조정 = ₩1,064,900(만기상환금액) − ₩949,281(20×1년 초 부채요소 공정가치) = ₩115,619
3) 3년간 총이자비용 = ₩60,000 × 3년 + ₩115,619(전환권조정) = ₩295,619

11 정답▶ ①

해설▶ 상환할증금 지급조건과 상환할증금 미지급조건의 발행시점의 장부금액 차이는 상환할증금의 현재가치이다. 이자비용에 영향을 미치는 부분도 상환할증금의 현재가치에 대한 이자비용이다.
1) 상환할증금의 현재가치 = ₩2,000,000 × 10.5% × 0.7118 = ₩149,478
2) 이자비용 차이 = ₩149,478 × 12% = ₩17,938

12 정답▶ ③

해설▶
1) 전환사채 발행시점의 부채요소 = ₩300,000 × 0.7513 + ₩24,000 × 2.4868 = ₩285,073
2) 전환권대가 = ₩300,000(발행금액) − ₩285,073(부채요소) = ₩14,927
3) 20×1년 말 장부금액 = ₩285,073 + ₩285,073 × 10% − ₩24,000 = ₩289,580
4) 20×2년도 이자비용 = ₩289,580 × 10% = ₩28,958
5) 20×3년 전환권 행사로 증가한 자본(부채의 감소액과 동일) = ₩294,538 × 50% = ₩147,269
6) 20×3년 이자비용(전환권 행사 이외의 부분) = ₩294,538 × 50% × 10% = ₩14,730

13 정답▶ ⑤

해설▶
1) 20×1년 1월 1일 부채요소의 공정가치 = ₩11,000 × 0.7312 + ₩700 × 2.4437 = ₩9,754
2) 20×1년 12월 31일 부채장부금액 = ₩9,754 + ₩9,754 × 11% − ₩700 = ₩10,127
3) 20×2년 자본총계의 영향(부채감소액) = ₩10,127 × 35% = ₩3,544 증가

14 정답▶ ⑤

해설▶
1) 20×1년 1월 1일 부채요소의 공정가치 = ₩1,000,000 × 0.8638 = ₩863,800
2) 20×1년 12월 31일 부채요소 장부금액 = ₩863,800 × 1.05 = ₩906,990
3) 20×2년 12월 31일 부채요소 장부금액 = ₩906,990 × 1.05 = ₩952,340
4) 20×3년 전환청구 시 증가하는 자본(부채감소액) = ₩952,340 × 60% = ₩571,404

15 정답▶ ③

해설▶ 1) 20×1년 초 부채요소 공정가치 = ₩100,000 × 0.8638 = ₩86,380
2) 20×1년 초 전환권대가 = ₩100,000(발행금액) − ₩86,380(부채요소 공정가치) = ₩13,620
3) 20×1년 말 부채요소 장부금액 = ₩86,380 × 1.05 = ₩90,699
4) 20×2년 초 전환사채 행사 시 증가하는 주식발행초과금 = ₩90,699 × 60% − (12주 × ₩500) + ₩13,620(전환권대가) × 60% = ₩56,591
※ 전환사채 전환 시 발행되는 주식수 = ₩60,000 ÷ ₩5,000 = 12주

16 정답▶ ④

해설▶ 1) 20×6년 초 사채 장부금액 = ₩949,213 + ₩949,213 × 12% − ₩40,000 = ₩1,023,119
2) 전환사채의 전환 시 증가하는 자본 = ₩1,023,119 × 60% = ₩613,871
3) 증가하는 주식발행초과금 = ₩613,871 − (200주×₩1,000) + ₩50,787 × 60% = ₩444,343
※ 전환권대가 = ₩1,000,000(발행가액) − ₩949,213 = ₩50,787
※ 전환권 행사 시 발행되는 주식수 = ₩600,000 ÷ ₩3,000(전환가격) = 200주

17 정답▶ ④

해설▶ 1) 20×1년 초 부채의 공정가치 = ₩1,198,600 × 0.7118 + ₩50,000 × 2.4018 = ₩973,253
2) 20×1년 초 전환권대가 = ₩1,000,000(발행금액) − ₩973,253 = ₩26,747
3) 20×2년 초 부채의 장부금액 = ₩973,253 × 1.12 − ₩50,000 = ₩1,040,043
4) 20×3년 초 부채의 장부금액 = ₩1,040,043 × 1.12 − ₩50,000 = ₩1,114,849
5) 20×3년 초 증가하는 주식발행초과금 = ₩1,114,849 × 40% − (200주 × ₩1,000) + ₩26,747 × 40% = ₩256,638
※ 전환권 행사 시 발행되는 주식수 = ₩400,000 ÷ ₩2,000(전환가격) = 200주

18 정답▶ ④

해설▶ 1) 20×1년 1월 1일 전환사채 발행 당시의 부분재무상태표

부분재무상태표	
자산	부채
	전환사채　　　　　　₩100,000
	상환할증금　　　　　　5,348
	전환권조정　　　　　(11,414)
	장부금액　　　　　　₩93,934
	자본
	전환권대가　　　　　₩6,066

2) 20×2년 초 부채요소의 장부금액 = ₩93,934 + ₩3,087(전환권조정 상각액) = ₩97,021
3) 20×2년 전환사채 행사 시 증가하는 주식발행초과금
= ₩97,021 × 60% − 자본금 + 전환권대가 대체액
= ₩58,213 − (60주 × ₩500) + ₩6,066 × 60% = ₩31,853
※ 전환권 행사 시 발행되는 주식수 = ₩60,000 ÷ ₩1,000(전환가격) = 60주

19 **정답** ③

해설 1) 전환사채 발행 시 부채요소 = ₩1,097,400 × 0.75131 + ₩50,000 × 2.48685 = ₩948,830
2) 20×1년 말 전환사채 장부금액 = ₩948,830 + ₩948,830 × 10% − ₩50,000 = ₩993,713
3) 20×2년도 이자비용 = ₩993,713 × 40%(미행사비율) × 10% = ₩39,749

20 **정답** ③

해설 신주인수권부사채 발행 시의 부채요소 = ₩1,100,000 × 0.6209 + ₩70,000 × 3.7908 = ₩948,346

21 **정답** ⑤

해설 1) 신주인수권부사채 상환할증금 = ₩30,000 + ₩30,000 × 1.08 + ₩30,000 × $(1.08)^2$ = ₩97,392
2) 만기 지급금액 = ₩1,000,000(액면금액) + ₩48,696(상환할증금 중 신주인수권 미행사분) + ₩50,000
(액면이자) = ₩1,098,696

22 **정답** ②

해설 1) 신주인수권부사채 발행 당시 부채요소 = ₩1,135,000 × 0.7118 + ₩70,000 × 2.4018 = ₩976,019
2) 20×1년도 이자비용 = ₩976,019 × 12% = ₩117,122

23 **정답** ④

해설 1) 발행시점의 부채요소 = ₩1,000,000 × 0.7118 + ₩100,000 × 2.4019 = ₩951,990
2) 발행시점의 신주인수권대가 = ₩1,000,000(발행금액) − ₩951,990 = ₩48,010
3) 20×1년 말 부채요소 장부금액 = ₩951,990 × 1.12 − ₩100,000 = ₩966,229
4) 20×2년도 이자비용 = ₩966,229 × 12% = ₩115,947
5) 20×2년도 부채요소 장부금액 = ₩966,229 × 1.12 − 100,000 = ₩982,176
6) 20×3년도 이자비용 = ₩982,176 × 12% = ₩117,861
7) 20×3년도 행사 시 증가하는 주식발행초과금 = ₩400,000 − (20주 × 5,000) + ₩48,010 ×
40% = ₩319,204
※ 신주인수권 행사 시 증가하는 주식수 = ₩400,000 ÷ ₩20,000(행사가격) = 20주

24 **정답** ②

해설 1) 20×1년 초 신주인수권부사채 부채요소의 공정가치 = ₩1,100,000 × 0.7938 + ₩40,000
× 2.5770 = ₩976,260
2) 발행 시 인식할 신주인수권대가 = ₩1,000,000(발행금액) − ₩976,260(부채요소) = ₩23,740

25 **정답** ④

해설 • 신주인수권 행사로 인식해야 하는 자본변동액 = 자산증가액 + 부채감소액
1) 자산증가액 = [₩400,000(행사하는 액면금액) ÷ ₩20,000] × ₩20,000(행사가격) = ₩400,000
2) 행사하는 부분에 대한 상환할증금 현재가치 = ₩100,000(상환할증금) × 40% × 0.8573(2기간, 8%,
현가계수) = ₩34,292
3) 신주인수권 행사시점의 자본변동액 = ₩400,000 + ₩34,292 = ₩434,292 증가

26 **정답** ④

해설 1) 20×1년 초 부채요소의 공정가치 = ₩1,135 × 0.7118 + ₩50 × 2.4018 = ₩928
2) 20×1년 초 신주인수권대가 = ₩1,000(발행금액) − ₩928(부채요소의 공정가치) = ₩72
3) 20×2년 초 신주인수권 행사시 회계처리

(차) 현금	600	(대) 자본금	300
상환할증금	81	신주인수권조정	16
		주식발행초과금	365
(차) 신주인수권대가	43	(대) 주식발행초과금	43

→ 증가하는 주식발행초과금 = ₩365 + ₩43 = ₩408

27 **정답** ②

해설 1) 20×2년 초 부채금액 = ₩80,000 × 1.1 − ₩2,000 = ₩86,000
2) 20×2년 초 자본증가액(부채감소액) = ₩86,000 × 40% = ₩34,400

CHAPTER 12 고객과의 계약에서 생기는 수익

01 **정답** ①

해설 수익인식은 계약식별 → 수행의무 식별 → 거래가격 산정 → 거래가격 배분 → 수익인식의 5단계를 거친다.

02 **정답** ③

해설 ㄴ : 계약식별 → ㄹ : 수행의무 식별 → ㄱ : 거래가격 산정 → ㄷ : 거래가격을 수행의무에 배분 → ㅁ : 수익인식

03 **정답** ③

해설 재화나 용역을 이전하는 대로 고객은 효익을 동시에 얻고 소비하는 것은 수익인식의 5단계 중 수익인식에 관한 것으로 수행의무가 기간에 걸쳐 이행되는 것으로 보는 사례이다. 이는 계약식별 요건과는 무관한 내용이다.

04 **정답** ④

해설 고객과의 계약으로 식별하기 위해서는 계약에 상업적 실질이 있어야 한다.

05 정답 ②

해설 ① 고객과의 계약으로 회계처리하기 위해서는 계약에 상업적 실질이 있어야 한다. 계약에 상업적 실질이 있다는 것은 계약의 결과로 기업의 미래 현금흐름의 위험, 시기, 금액이 변동될 것으로 예상된다는 것을 의미한다. 계약의 결과로 기업의 미래 현금흐름의 위험, 시기, 금액이 변동될 것으로 예상되지 않는 경우에는 고객과의 계약으로 회계처리하지 않는다.

③ 고객과의 계약으로 회계처리하기 위해서는 이전할 재화나 용역의 지급조건을 식별할 수 있어야 한다.

④ 계약변경은 서면으로, 구두합의로, 기업의 사업 관행에서 암묵적으로 승인될 수 있다. 계약당사자들이 계약변경을 승인하지 않았다면, 계약변경의 승인을 받을 때까지는 기존 계약에 이 기준서를 계속 적용한다.

⑤ 고객과의 계약에서 식별되는 수행의무는 계약에 분명히 기재한 재화나 용역에만 한정되지 아니한다.

06 정답 ⑤

해설 고객에게 지급하는 대가가 고객에게서 받은 구별되는 재화나 용역에 대한 지급이라면, 다른 공급자에게서 구매한 경우와 같은 방법으로 회계처리한다. 다만, 고객에게 지급할 대가가 고객이 기업에 이전하는 구별되는 재화나 용역의 대가로 지급하는 것이 아니라면, 그 대가는 비용으로 회계처리하지 않고 거래가격 즉, 수익에서 차감한다.

07 정답 ③

해설 변동대가의 추정이 가능한 경우, 계약에서 가능한 결과치가 두 가지뿐일 경우에는 가능성이 가장 높은 금액이 변동대가의 적절한 추정치가 될 수 있다.

08 정답 ②

해설 ① 거래가격의 후속변동은 계약 개시시점과 같은 기준으로 계약상 수행의무에 배분한다. 따라서 계약을 개시한 후의 개별 판매가격 변동을 반영하기 위해 거래가격을 다시 배분하지 않는다. 이행된 수행의무에 배분되는 금액은 거래가격이 변동되는 기간에 수익으로 인식하거나 수익에서 차감한다.

③ 고객이 현금 외의 형태의 대가를 약속한 계약의 경우, 거래가격은 비현금대가의 공정가치로 측정하는 것을 원칙으로 한다.

④ 변동대가는 가능한 대가의 범위 중 가능성이 가장 높은 금액 또는 기댓값 방식을 적용할 수 있다.

⑤ 기업이 고객에게 대가를 지급하는 경우, 고객에게 지급할 대가가 고객에게서 받은 구별되는 재화나 용역에 대한 지급이 아니라면 그 대가는 거래가격에서 차감한다.

09 정답 ②

해설 고객이 재화나 용역의 대가를 선급하였고 그 재화나 용역의 이전 시점이 고객의 재량에 따라 결정된다면, 고객과의 계약에 유의적인 금융요소가 없으므로 화폐의 시간가치가 미치는 영향을 고려하지 않는다.

10 정답 ③

해설 변동대가(금액)는 기댓값 또는 가능성이 가장 높은 금액 중에서 기업이 받을 권리를 갖게 될 대가(금액)를 더 잘 예측할 것으로 예상하는 방법을 사용하여 추정한다.

11 정답 ⑤

해설 ① 고객과의 계약에서 식별되는 수행의무는 계약에 분명히 기재한 재화나 용역에만 한정되지 않는다.
② 고객에게 재화나 용역을 이전하는 활동만 수행의무에 포함된다.
③ 거래가격에 변동대가 추정치 중 제약받는 금액은 포함되지 않는다.
④ 거래가격은 고객에게 약속한 재화나 용역을 이전하고 그 대가로 기업이 받을 권리를 갖게 될 것으로 예상하는 금액이며, 제3자를 대신해서 회수한 금액은 제외한다.

12 정답 ⑤

해설 수익은 한 시점에 이행하는 수행의무 또는 기간에 걸쳐 이행하는 수행의무로 구분한다. 이러한 구분을 위해 먼저 통제 이전 지표에 의해 기간에 걸쳐 이행되는 수행의무인지를 판단하고, 이에 해당하지 않는다면 그 수행의무는 한 시점에 이행하는 것으로 본다.

13 정답 ②

해설 기업이 수행하여 만든 자산이 기업 자체에 대체 용도가 없고, 지금까지 수행을 완료한 부분에 대해 집행 가능한 지급청구권이 있다면 기간에 걸쳐 수익을 인식한다.

14 정답 ①

해설 ②③④⑤는 한 시점에 수행의무를 이행하는 사례에 해당한다.

15 정답 ⑤

해설 기업이 만든 자산이 기업에 대체 용도가 없으며, 지금까지 이행을 완료한 부분에 대한 지급청구권이 있어야 기간에 걸쳐 수익을 인식한다.

16 정답 ③

해설 1) 1분기 매출액 = 20개 × ₩500 = ₩10,000
2) 2분기 매출액 = 50개 × ₩400 − (20개 × ₩100) = ₩18,000

17 정답 ①

해설 반품을 받기로 하는 약속은 수행의무에 해당하지 않으므로 거래가격을 환불부채에 배분하지 아니한다.

18 정답 ⑤

해설 1) 20×1년 말 인식할 환불부채 = 5개 × ₩200 = ₩1,000
2) 20×1년 인식할 매출액 = 95개 × ₩200 = ₩19,000
3) 20×1년 인식할 이익 = 95개 × (₩200 − ₩150) = ₩4,750
4) 20×1년 말 반환제품회수권 = 5개 × ₩150 = ₩750

19 정답 ④

해설 환불부채 = 200개 × 5% × ₩300 = ₩3,000

20 **정답** ①

해설

20×1.1.1.	(차) 현금	50,000	(대) 매출	45,000
			환불부채	5,000
	(차) 매출원가	22,500	(대) 재고자산	25,000
	반환제품회수권	2,500		
20×1.1.15.	(차) 환불부채	3,000	(대) 현금	3,000
	(차) 재고자산	1,500	(대) 반환제품회수권	1,500
	(차) 현금	1,800	(대) 매출	1,800
	(차) 매출원가	1,500	(대) 재고자산	1,500

② 매출원가는 ₩24,000이다.
③ 환불부채 잔액은 ₩2,000이다.
④ 매출액은 ₩46,800이다.
⑤ 환불금액은 ₩3,000이다.

21 **정답** ①

해설
1) 매출액(현금판매가격) = ₩50,000 + ₩20,000 × 5.0757 = ₩151,514
2) 매출총이익 = ₩151,514(매출액) − ₩100,000(매출원가) = ₩51,514

22 **정답** ②

해설
1) 매출액 = ₩10,000 + ₩30,000 × 2.4868 = ₩84,604
2) 매출총이익 = ₩84,604(매출액) − ₩80,000(매출원가) = ₩4,604

23 **정답** ③

해설
1) 20×1년 초 매출액 = ₩20,000 × 1.7355 = ₩34,710
2) 20×1년 이자수익 = ₩34,710 × 10% = ₩3,471
3) 20×1년도 당기순이익에 미치는 영향 = ₩34,710(매출액) − ₩35,000(매출원가) + ₩3,471(이자수익) = ₩3,181 증가

24 **정답** ②

해설

20×1.1.1.	(차) 현금	100,000	(대) 계약부채	100,000
20×1.12.31.	(차) 이자비용	10,000	(대) 계약부채	10,000
20×2.12.31.	(차) 이자비용	11,000	(대) 계약부채	11,000
	(차) 계약부채	121,000	(대) 매출수익	121,000

25 **정답** ④

해설 판매가격보다 높은 금액으로 다시 살 수 있는 콜옵션을 보유하고 있으므로 해당 거래는 금융약정으로 본다. 해당 콜옵션이 행사되지 않고 소멸되면 소멸시점에 매출과 그에 따른 매출원가를 계상한다.
1) 20×2년도 이자비용 = ₩100,000(총이자비용) × 3개월/4개월 = ₩75,000
2) 20×2년도 매출총이익 = ₩1,100,000(매출액) − ₩500,000(매출원가) = ₩600,000
3) 20×2년도 당기순이익에 미치는 영향 = ₩600,000 − ₩75,000 = ₩525,000 증가

26 정답 ⑤

해설 풋옵션이 행사될 유인이 판매시점에 유의적으로 판단하였고 재매입가격이 원래 판매가격 및 예상시장가치보다 크므로 해당 거래는 금융약정으로 회계처리한다.

20×1.1.1.	(차) 현금	200,000	(대) 계약부채	200,000
20×1.6.30.	(차) 이자비용	10,000	(대) 계약부채	10,000
20×1.6.30.	(차) 계약부채	210,000	(대) 매출액	210,000
	(차) 매출원가	100,000	(대) 재고자산	100,000

→ 실제로 풋옵션이 행사되지 않은 채 권리가 소멸하였으므로 ㈜세무는 20×1년 6월 30일에 ₩210,000 을 매출액으로 인식한다.

27 정답 ④

해설 1) 20×1년 초 매출채권 = ₩40,000 × 2.7232 = ₩108,928
2) 20×1년 말 매출채권 장부금액 = ₩108,928 × 1.05 − ₩40,000 = ₩74,374
3) 20×2년도 이자수익 = ₩74,374 × 5% = ₩3,719
4) ㈜감평의 20×1년 12월 1일의 판매는 재구매조건부 판매로 풋옵션 행사가 유의적이라고 판단하였기 때문에 매출이 아닌 금융약정으로 인식한다.

20×1.12.1.	(차) 현금	120,000	(대) 계약부채	120,000
20×1.12.31.	(차) 이자비용	2,500	(대) 계약부채	2,500
20×2.1.31.	(차) 이자비용	2,500	(대) 계약부채	2,500
	(차) 계약부채	125,000	(대) 매출	125,000
	(차) 매출원가	50,000	(대) 재고자산	50,000

→ 재구매조건부 판매 시 ₩120,000과 ₩125,000과의 차이금액은 이자비용이 되며, 풋옵션이 행사되지 않은 채 소멸되었기 때문에 소멸된 20×2년도에 매출을 인식한다.
5) 20×2년 총수익 = ₩3,719(이자수익) + ₩125,000(매출) = ₩128,719

28 정답 ②

해설 1) 20×1년 고객 A와의 계약은 ㈜대한이 ₩120의 행사가격으로 재매입할 수 있는 콜옵션을 보유하고 있고 판매가격 ₩100 보다 행사가격이 더 크기 때문에 금융약정으로 본다. 즉, 차입거래로 보아 매출을 인식하지 않는다.
2) 반품가능판매

20×1.12.26.	(차) 현금	10,000	(대) 매출	9,000
			환불부채	1,000
	(차) 매출원가	7,200	(대) 재고자산	8,000
	반환제품회수권	800		

→ 20×1년에 인식할 수익 = ₩9,000(매출)

29 **정답** ③

해설 20×1년 10월 1일 판매가격은 ₩1,200이나 재매입가격이 ₩1,300이므로 ㈜감평은 해당 계약을 금융약정으로 회계처리한다. ₩1,200과 ₩1,300의 차이 ₩100은 6개월간 이자비용에 해당한다.

1) 상황 A : 콜옵션이 행사된 경우

20×2.3.31.	(차) 이자비용	50	(대) 계약부채	50
	(차) 계약부채	1,300	(대) 현금	1,300

→ 이자비용 ₩50으로 20×2년도 당기순이익은 ₩50 감소한다.

2) 상황 B : 콜옵션이 행사되지 않은 채 소멸된 경우

20×2.3.31.	(차) 이자비용	50	(대) 계약부채	50
	(차) 계약부채	1,300	(대) 매출	1,300
	(차) 매출원가	900	(대) 재고자산	900

→ 20×2년도 당기순이익 영향 = (₩50) + ₩1,300 − ₩900 = ₩350 증가

30 **정답** ①

해설 1) 포인트의 개별판매가격 = 100,000포인트 × ₩0.94 = ₩94,000
2) 포인트에 배부되는 거래가격 = ₩1,000,000 × (₩94,000/₩1,094,000) = ₩85,923
3) 20×1년 포인트수익 = ₩85,923 × (40,000포인트/94,000포인트) = ₩36,563
4) 20×2년 포인트수익 = ₩85,923 × (75,000포인트/96,000포인트) − ₩36,563 = ₩30,564

31 **정답** ⑤

해설 ㈜대한은 고객에게 지급하는 포인트를 별도의 수행의무로 식별하고 거래가격을 배분한다.
1) 재화 판매의 수행의무에 배분되는 거래가격 = ₩200,000 × (₩200,000/₩218,000) = ₩183,486
2) 고객충성제도에 배분되는 거래가격 = ₩200,000 × (₩18,000/₩218,000) = ₩16,514
3) 20×1년도에 인식할 수익 = ₩183,486(재화판매에 따른 수익)
4) 20×2년도에 인식할 수익(포인트 회수에 따른 수익) = ₩16,514 × (10,000포인트/18,000포인트) = ₩9,174

32 **정답** ②

해설 1) 20×1년 포인트 개별판매가격 = 500,000포인트 × ₩0.5 = ₩250,000
2) 20×1년 포인트 관련 계약부채 = ₩1,000,000 × (₩250,000/₩1,250,000) = ₩200,000
3) 20×1년 말 포인트 매출 = ₩200,000 × (180,000/450,000) = ₩80,000
4) 20×2년 말 포인트 매출 = ₩200,000 × (432,000/480,000) − ₩80,000 = ₩100,000
5) 20×2년 말 재무상태표에 보고해야 할 계약부채 = ₩200,000 − ₩80,000 − ₩100,000 = ₩20,000

33 **정답** ②

해설 3/1일에 인식할 수익은 재화판매에 배부된 거래가격이다.
재화에 대한 거래가격 = ₩20,000 × (₩20,000/₩21,800) = ₩18,349

34 정답 ②

해설
1) 20×1년 포인트 계약부채 = ₩50,000 × 1% × ₩10 = ₩5,000
2) 20×1년 인식할 포인트 관련 매출 = ₩5,000 × (500포인트/2,500포인트) = ₩1,000

35 정답 ①

해설
1) 할인권의 개별판매가격 = ₩1,500 × (30% − 10%) × 80% = ₩240
2) 제품 판매 시 배분될 계약부채(할인권) = ₩2,000 × (₩240/₩2,240) = ₩214

36 정답 ③

해설
1) ㈜관세의 수익 = ₩98,000(대가로 받은 기계장치의 공정가치) + ₩195,000(순매출액) + ₩500,000(수탁자가 판매한 매출액 전액) = ₩793,000
※ 판매 후 재매입 약정은 고객이 자산을 통제하지 못하므로 수익을 인식하지 않는다.
※ 위탁판매는 수탁자가 판매한 금액 전액을 수익으로 인식한다.

37 정답 ①

해설 순매출액 = ₩95,000 × 200매 − ₩2,500,000 = ₩16,500,000

38 정답 ①

해설
1) 20×1년 초 적송품 원가 = 10대 × ₩700 + ₩100 = ₩7,100
2) 20×1년 매출원가 = ₩7,100 × (7대/10대) = ₩4,970

39 정답 ②

해설
1) (주)대한의 수익(수수료) = ₩2,000 × 60단위 × 5% = ₩6,000
2) (주)감평의 매출원가 = [₩1,400 × 100단위 + ₩8,000(적송운임)] × 60% = ₩88,800

CHAPTER 13 건설계약

01 **정답** ⑤

해설 1) 20×1년 진행률 = ₩2,000 ÷ ₩8,000 = 25%
2) 20×1년 계약이익 = (₩10,000 − ₩8,000) × 25% = ₩500 이익
3) 20×2년 진행률 = (₩2,000 + ₩4,000) ÷ ₩10,000 = 60%
4) 20×2년 계약이익 = (₩12,000 − ₩10,000) × 60% − ₩500 = ₩700 이익

02 **정답** ③

해설 1) 20×1년도 진행률 = ₩400,000 ÷ ₩800,000 = 50%
2) 20×1년도 공사이익 = (₩1,000,000 − ₩800,000) × 50% = ₩100,000 이익
3) 20×2년은 공사가 완료되는 해로 해당 건설계약을 통해 2년간 총 ₩200,000의 이익이 발생하였으며 20×1년도에 인식한 공사이익 ₩100,000을 제외한 금액인 ₩100,000을 20×2년 공사손익으로 인식한다.

03 **정답** ③

해설 1) 20×1년 진행률 = ₩1,000,000 ÷ (₩1,000,000 + ₩3,000,000) = 25%
2) 20×1년 공사손익 = (₩5,000,000 − ₩4,000,000) × 25% = ₩250,000 이익
3) 20×2년 진행률 = ₩3,000,000(누적발생원가) ÷ (₩3,000,000 + ₩1,000,000) = 75%
4) 20×2년 공사손익 = (₩5,000,000 − ₩4,000,000) × 75% − ₩250,000(20×1년 이익)
   = ₩500,000 이익

04 **정답** ②

해설 1) 20×1년도 진행률 = ₩10,000 ÷ (₩10,000 + ₩30,000) = 25%
2) 20×1년도 용역이익 = (₩50,000 − ₩40,000) × 25% = ₩2,500 이익
3) 20×2년도 진행률 = ₩25,000 ÷ (₩25,000 + ₩25,000) = 50%
4) 20×2년도 용역손익 = (₩50,000 − ₩50,000) × 50% − ₩2,500 = ₩2,500 손실

05 **정답** ①

해설 1) 20×1년 진행률 = ₩1,500 ÷ (₩1,500 + ₩2,500) = 37.5%
2) 20×1년 계약이익 = (₩6,000 − ₩4,000) × 37.5% = ₩750 이익
3) 20×2년 진행률 = ₩2,640 ÷ (₩2,640 + ₩1,760) = 60%
4) 20×2년 계약이익 = (₩6,000 − ₩4,400) × 60% − ₩750(20×1년 이익) = ₩210 이익

06 **정답** ③

해설 1) 20×2년 누적진행률 = (₩1,200 + ₩2,300) ÷ (₩3,500 + ₩3,500) = 50%
2) 20×2년 누적공사손익 = (₩10,000 − ₩7,000) × 50% = ₩1,500

3) 20×3년 진행률 = (₩1,200 + ₩2,300 + ₩2,500) ÷ (₩6,000 + ₩2,000) = 75%

4) 20×3년 공사손익 = (₩10,000 − ₩8,000) × 75% − ₩1,500(누적손익) = ₩0

07 정답 ②

해설

구분	20×1년	20×2년	20×3년
실제발생원가	₩2,400,000	₩4,950,000	₩3,150,000
추가계약원가	5,600,000	3,150,000	–
총공사예정원가	8,000,000	10,500,000	10,500,000
진행률	30%	70%	100%
공사수익	3,000,000	5,400,000	3,600,000
공사원가	(2,400,000)	(4,950,000)	(3,150,000)
공사이익	₩600,000	₩450,000	₩450,000

1) 20×2년 말 미성공사잔액 = ₩12,000,000 × 70% = ₩8,400,000

2) 20×2년 말 진행청구액잔액 = ₩2,500,000 + ₩5,500,000 = ₩8,000,000

3) 20×2년 말 미청구공사 = ₩8,400,000(미성공사) − ₩8,000,000(진행청구액) = ₩400,000

08 정답 ④

해설 1) 20×3년 진행률 = ₩68,000 ÷ (₩68,000 + ₩17,000) = 80%

2) 20×3년 말 미성공사 = ₩120,000(계약금액) × 80% = ₩96,000

3) 20×3년 말 진행청구액 = ₩30,000 + ₩40,000 + ₩20,000 = ₩90,000

4) 20×3년 말 미청구공사 = ₩96,000(미성공사) − ₩90,000(진행청구액) = ₩6,000

09 정답 ④

해설 1) 20×1년도 진행률 = ₩432,000 ÷ ₩720,000 = 60%

  • 20×1년도 공사이익 = (₩850,000 − ₩720,000) × 60% = ₩78,000

  • 20×1년도 미성공사 = ₩850,000 × 60% = ₩510,000

  • 20×1년 말 미청구공사 = ₩510,000(미성공사) − ₩390,000(진행청구액) = ₩120,000

2) 20×2년도 진행률 = ₩580,000 ÷ ₩725,000 = 80%

  • 20×2년도 공사이익 = (₩850,000 − ₩725,000) × 80% − ₩78,000(20×1년도 공사이익)

  = ₩22,000 이익

10 정답 ②

해설 1) 20×1년도 공사원가 = ₩15,000(추정총계약원가) × 20% = ₩3,000

2) 20×2년도 공사원가 = ₩16,000(추정총계약원가) × 60% − ₩3,000 = ₩6,600

11 정답 ②

해설 1) 20×1년 발생원가 = ₩45,000(추정총계약원가) × 20% = ₩9,000

2) 20×2년 발생원가 = ₩48,000(추정총계약원가) × 60% − ₩9,000 = ₩19,800

12 **정답** ①

해설 1) 20×1년 진행률 = ₩320,000 ÷ (₩320,000 + ₩480,000) = 40%
2) 20×1년 공사이익 = (₩1,000,000 − ₩800,000) × 40% = ₩80,000
3) 20×1년 미성공사 = ₩1,000,000(계약금액) × 40% = ₩400,000
4) 미청구공사 = ₩400,000(미성공사) − ₩350,000(진행청구액) = ₩50,000

13 **정답** ③

해설 1) 20×1년 진행률 = ₩300 ÷ (₩300 + ₩700) = 30%
2) 20×1년 공사이익 = (₩1,200 − ₩1,000) × 30% = ₩60
3) 20×1년 미성공사 = ₩1,200 × 30% = ₩360
4) 20×1년 계약부채 = ₩360(미성공사) − ₩400(진행청구액) = ₩(40)

14 **정답** ⑤

해설 1) 20×1년 진행률 = ₩1,200 ÷ (₩1,200 + ₩3,600) = 25%
2) 20×1년 공사이익 = (₩6,000 − ₩4,800) × 25% = ₩300 이익
3) 20×2년도 총공사원가 예상액 = ₩5,100 + ₩2,400 = ₩7,500
   → 20×2년도의 총공사원가 예상액이 계약금액을 초과하므로 손실예상공사에 해당한다.
4) 20×2년도 공사계약손실 = ₩1,500 + ₩300(20×1년 이익) = ₩1,800
※ 20×2년도에 20×1년도의 이익을 고려하여 총손실 ₩1,500이 귀속되도록 20×2년도 공사계약
   손실을 인식한다.

15 **정답** ②

해설 1) 20×1년 진행률 = ₩20,000 ÷ ₩100,000 = 20%
2) 20×1년 공사이익 = (₩100,000 − ₩100,000) × 20% = ₩0
3) 20×2년은 손실이 예상되는 해로 총손실 ₩10,000이 귀속되도록 20×2년 공사손실을 인식한다.
   20×2년 공사손실 = (₩10,000)

16 **정답** ③

해설 진행률을 알 수 없으나 대가의 회수가능성은 높은 경우 수익은 min[회수가능액, 누적발생원가]로 측정한다.
1) 수익 = min[₩500,000(발생원가), ₩500,000(회수가능액)] = ₩500,000
2) 비용 = ₩500,000(실제 발생비용)
3) 이익 = ₩500,000 − ₩500,000 = ₩0

17 **정답** ④

해설 발주자의 도산으로 공사원가의 회수가능성이 낮은 경우로 이 경우에는 회수가능액까지만 수익으로 인
식하며 공사원가는 모두 발생 시의 비용으로 처리한다.
1) A회사의 당기 공사수익 = min[누적회수액, 누적실제발생원가] − 전기수익인식액
   = min[₩600,000, ₩700,000] − ₩400,000(전기수익인식액) = ₩200,000
2) A회사의 당기 공사원가 = 실제발생원가(₩400,000)
3) A회사의 당기 공사손실 = ₩200,000(공사수익) − ₩400,000(공사원가) = ₩200,000 손실

18 정답 ③

해설 1) 20×1년도 공사이익 = ₩120,000(공사수익) - ₩120,000(공사원가) = ₩0
2) 20×2년도 진행률 = ₩300,000 ÷ ₩500,000 = 60%
3) 20×2년도 공사이익 = (₩600,000 - ₩500,000) × 60% - ₩0 = ₩60,000

CHAPTER 14 종업원급여

01 정답 ④

해설 보험수리적위험과 투자위험을 종업원이 실질적으로 부담하는 제도는 확정기여제도이다.

02 정답 ⑤

해설 ① 확정기여제도에서 기업의 법적의무와 의제의무는 기업이 기금에 출연하기로 약정한 금액으로 한정된다.
② 확정기여제도에서는 종업원이 보험수리적위험과 투자위험을 실질적으로 부담한다.
③ 확정급여제도에서는 보험수리적가정이 필요하다.
④ 할인율은 우량회사채의 시장수익률을 참고하며, 우량회사채 시장수익률을 참고할 수 없는 경우 국채의 유통수익률을 사용한다.

03 정답 ⑤

해설 확정기여제도에서는 종업원이 투자위험을 부담하며, 확정급여제도는 기업이 투자위험을 부담한다.

04 정답 ④

해설 확정급여제도를 채택하는 경우에는 기업이 각 기간에 부담하는 채무나 비용을 측정하기 위해 보험수리적가정이 필요하다.

05 정답 ②

해설 ① 가득급여 : 종업원의 미래 계속 근무와 관계없이 퇴직급여제도에 따라 받을 권리가 있는 급여
③ 급여지급에 이용가능한 순자산 : 제도의 자산에서 약정퇴직급여의 보험수리적 현재가치를 제외한 부채를 차감한 잔액
④ 확정기여제도 : 종업원에게 지급할 퇴직급여금액이 기금에 출연하는 기여금과 그 투자수익에 의해 결정되는 퇴직급여제도
※ 확정급여제도 : 종업원에게 지급할 퇴직급여금액이 일반적으로 종업원의 임금과 근무연수에 기초하는 산정식에 의해 결정되는 퇴직급여제도
⑤ 기금적립 : 퇴직급여를 지급할 미래의무를 충족하기 위해 사용자와는 구별된 실체(기금)에 자산을 이전하는 것

06 **정답** ④

해설 기타포괄손익에 인식되는 순확정급여부채(자산)의 재측정요소는 후속 기간에 당기손익으로 재분류하지 아니하며 기타포괄손익에 인식된 금액을 자본 내에서 대체할 수 있다.

07 **정답** ⑤

해설 퇴직급여채무를 할인하기 위해 사용하는 할인율은 보고기간 말 현재 우량회사채의 시장수익률을 참조하여 결정한다. 만약 그러한 우량회사채에 대해 거래 층이 두터운 해당 통화의 시장이 없는 경우에는 보고기간 말 현재 그 통화로 표시된 국공채의 시장수익률을 사용한다. 그러한 회사채나 국공채의 통화와 만기는 퇴직급여채무의 통화 및 예상 지급 시기와 일관성이 있어야 한다.

08 **정답** ③

해설 확정급여제도에서 확정급여채무와 사외적립자산에 대한 순확정급여부채(자산)의 순이자 및 자산인식상한효과에 대한 순확정급여부채(자산)의 순이자는 당기손익으로 인식한다.

09 **정답** ④

해설 당기에 인식할 퇴직급여 = ₩760,000(당기근무원가) + ₩430,000(이자비용) − ₩350,000(이자수익)
= ₩840,000

10 **정답** ②

해설 1) 사외적립자산의 장부금액 = ₩3,000,000 + ₩150,000(이자수익) + ₩150,000(기여금 적립액)
− ₩200,000(퇴직금 지급액) = ₩3,100,000
2) 사외적립자산 재측정요소 = ₩3,200,000(20×1년 말 공정가치) − ₩3,100,000(20×1년 말 장부금액) = ₩100,000
3) 사외적립자산 실제수익 = ₩150,000(기대수익) + ₩100,000(재측정요소) = ₩250,000

11 **정답** ⑤

해설 1) 기말 확정급여채무 현재가치 = ₩500,000(기초잔액) + ₩25,000(이자비용) + ₩20,000(당기근무원가) − ₩30,000(퇴직금지급액) + ₩8,000(보험수리적손실) = ₩523,000
2) 기말 사외적립자산 공정가치 = ₩400,000(기초잔액) + ₩20,000(이자수익) − ₩30,000(퇴직금지급액) + ₩25,000(추가납입액) + ₩5,000(재측정요소) = ₩420,000
3) 순확정급여부채 = ₩523,000(확정급여채무) − ₩420,000(사외적립자산) = ₩103,000

12 **정답** ②

해설 1) 20×1년 말 확정급여채무 현재가치 = ₩1,200 + ₩60(이자비용) + ₩200(당기근무원가) = ₩1,460
2) 20×1년 말 사외적립자산 공정가치 = ₩1,000 + ₩50(이자수익) + ₩300(출연) = ₩1,350
3) 20×1년 말 순확정급여부채 = ₩1,460 − ₩1,350 = ₩110

13 **정답** ②

해설 1) 20×1년 말 확정급여채무 = ₩900,000(기초금액) − ₩90,000(퇴직금 지급) + ₩87,000(이자비용) + ₩120,000(당기근무원가) = ₩1,017,000

* 확정급여채무 이자비용 = ₩900,000 × 10% × 8/12 + ₩810,000 × 10% × 4/12 = ₩87,000

2) 20×1년 말 사외적립자산 = ₩720,000(기초금액) − ₩90,000(퇴직금 지급) + ₩60,000(기여금 납부) + ₩70,500(이자수익) = ₩760,500

* 사외적립자산 이자수익 = ₩720,000 × 10% × 8/12 + ₩630,000 × 10% × 1/12 + ₩690,000 × 10% × 3/12 = ₩70,500

3) 20×1년 말 순확정급여부채 = ₩1,017,000(확정급여채무) − ₩760,500(사외적립자산) = ₩256,500

14 **정답** ④

해설 1) 기말 확정급여채무 현재가치(₩25,000) = ₩24,000(기초잔액) + ₩1,200(이자비용) + ₩3,600(당기근무원가) − ₩2,300(퇴직금지급) − ₩1,500(보험수리적이익)

2) 기말 사외적립자산 공정가치(₩22,000) = ₩20,000(기초잔액) + ₩1,000(이자수익) + ₩4,200(기여금출연) − ₩2,300(퇴직금지급) − ₩900(재측정요소)

3) 기타포괄손익에 미치는 영향 = ₩1,500(보험수리적이익) − ₩900(재측정요소) = ₩600 증가

15 **정답** ②

해설 1) 포괄손익계산서상 당기손익 인식 퇴직급여 관련 비용(₩28,000) = ₩10,000(이자비용) − ₩9,000(이자수익) + 당기근무원가

→ 당기근무원가 = ₩27,000

2) 기말 확정급여채무의 장부금액 = ₩100,000 + ₩10,000(이자비용) + ₩27,000(당기근무원가) − ₩12,000(퇴직금 지급액) = ₩125,000

3) 20×1년도 기타포괄손익으로 인식할 확정급여채무의 재측정요소 = ₩128,000(기말 확정급여채무의 현재가치) − ₩125,000(기말 확정급여채무의 장부금액) = 재측정손실 ₩3,000

※ 채무가 ₩3,000 증가하므로 재측정손실이 ₩3,000 인식된다.

16 **정답** ④

해설 1) 20×1년 말 확정급여채무의 현재가치(₩1,200,000) = ₩1,000,000(기초잔액) + ₩100,000(이자비용) + ₩240,000(당기근무원가) − ₩100,000(퇴직금지급액) − ₩40,000(보험수리적이익)

2) 20×1년 말 사외적립자산의 공정가치(₩850,000) = ₩600,000(기초잔액) + ₩60,000(이자수익) − ₩100,000(퇴직금지급액) + ₩300,000(출연액) − ₩10,000(재측정요소)

3) 20×1년도 기타포괄이익에 미치는 영향 = ₩40,000(보험수리적이익) − ₩10,000(재측정요소) = ₩30,000 증가

17 **정답** ④

해설 1) 기말 확정급여채무의 현재가치(₩190,000) = ₩120,000(기초 확정급여채무의 현재가치) + ₩12,000(이자비용) + ₩60,000(당기 근무원가) − ₩10,000(퇴직급여 지급액) + ₩8,000(보험수리적손실)

2) 기말 사외적립자산 공정가치(₩110,000) = ₩90,000(기초 사외적립자산 공정가치) + ₩9,000(이자수익) − ₩10,000(퇴직급여 지급액) + ₩20,000(기여금 출연) + ₩1,000(재측정요소)

3) 20×1년 말 기타포괄손익누계액에 미치는 영향 = ₩8,000(보험수리적손실) 감소 + ₩1,000(재측정요소) 증가 = ₩7,000 감소

18 **정답** ⑤

해설 1) 확정급여채무의 20×1년 말 장부금액 = ₩4,500,000(기초잔액) + ₩360,000(이자비용) + ₩500,000 (당기근무원가) + ₩300,000(과거근무원가) − ₩1,000,000(퇴직금 지급액) = ₩4,660,000

2) 확정급여채무의 보험수리적손실 = ₩5,000,000(20×1년 말 현재가치) − ₩4,660,000 = ₩340,000

3) 사외적립자산의 20×1년 말 장부금액 = ₩4,200,000(기초잔액) + ₩336,000(이자수익) + ₩200,000 (기여금 납부액) − ₩1,000,000(지급액) = ₩3,736,000

4) 사외적립자산의 재측정요소 = ₩3,800,000(20×1년 말 공정가치) − ₩3,736,000 = ₩64,000

5) 당기순이익에 미치는 영향 = ₩360,000(이자비용) + ₩500,000(당기근무원가) + ₩300,000(과거근무원가) − ₩336,000(이자수익) = ₩824,000 감소

6) 기타포괄이익에 미치는 영향 = (₩340,000) + ₩64,000 = ₩276,000 감소

19 **정답** ⑤

해설 1) 기말 확정급여채무 현재가치(₩770,000) = ₩700,000(기초잔액) + ₩35,000(이자비용) + ₩73,000 (당기근무원가) − ₩68,000(퇴직금지급액) + ₩30,000(보험수리적손실)

2) 기말 사외적립자산 공정가치(₩670,000) = ₩600,000(기초잔액) + ₩30,000(이자수익) + ₩90,000 (출연) − ₩68,000(퇴직금지급액) + ₩18,000(재측정요소)

3) 당기순이익에 미치는 영향 = ₩35,000(이자비용) + ₩73,000(당기근무원가) − ₩30,000(이자수익) = ₩78,000 감소

4) 기타포괄이익에 미치는 영향 = (₩30,000) + ₩18,000 = ₩12,000 감소

20 **정답** ③

해설 1) 20×1년 말 확정급여채무의 현재가치(₩140,000) = ₩150,000(기초잔액) + ₩9,000(이자비용) + ₩50,000(당기근무원가) + ₩12,000(과거근무원가) − ₩90,000(퇴직금 지급액) + ₩9,000(보험수리적손실)

2) 20×1년 말 사외적립자산의 공정가치(₩146,000) = ₩120,000(기초잔액) + ₩7,200(이자수익) + ₩100,000(기여금 납부액) − ₩90,000(지급액) + ₩8,800(재측정요소)

3) 순확정급여자산 = ₩146,000(사외적립자산) − ₩140,000 = ₩6,000(자산인식상한 ₩5,000)
   * 자산인식상한을 초과한 ₩1,000은 재측정요소로 기타포괄손익에 반영한다.

4) 20×1년 인식할 기타포괄손익 = (₩9,000) + ₩8,800 − ₩1,000 = ₩1,200 손실

21 **정답** ⑤

해설 1) 20×2년 말 확정급여채무의 현재가치 = ₩1,200,000 + ₩84,000(이자비용) + ₩300,000(당기근무원가) − ₩150,000(퇴직금지급액) + ₩466,000(보험수리적손실) = ₩1,900,000

2) 20×2년 말 사외적립자산 공정가치 = ₩1,900,000(확정급여채무) − ₩400,000(순확정급여부채) = ₩1,500,000

3) 20×2년도 당기순이익에 미치는 영향 = (₩84,000) + (₩300,000) + ₩70,000(이자수익) = ₩314,000 감소

22 ①

[해설] 1) 20×1년 말 확정급여채무 현재가치(₩1,050,000) = ₩600,000(기초잔액) + ₩90,000(이자비용) +
₩450,000(당기근무원가) − ₩150,000(퇴직금 지급) + ₩60,000(보험수리적손실)
2) 20×1년 말 사외적립자산 공정가치(₩920,000) = ₩560,000(기초잔액) + ₩84,000(이자수익)
− ₩150,000(퇴직금 지급) + ₩400,000(출연) + ₩26,000(재측정요소)
3) 퇴직급여 = ₩90,000(이자비용) + ₩450,000(당기근무원가) − ₩84,000(이자수익) = ₩456,000
4) 기타포괄손익 = (₩60,000) + ₩26,000 = 손실 ₩34,000

23 ②

[해설] 1) 20×2년 말 확정급여채무 현재가치(₩373,000) = ₩305,000(기초잔액) + ₩30,500(이자비용) +
₩190,000(당기근무원가) − ₩150,000(퇴직금지급액) − ₩2,500(보험수리적이익)
2) 20×2년 말 사외적립자산 공정가치(₩375,000) = ₩300,000(기초잔액) + ₩48,000(이자수익) +
₩180,000(출연금액) − ₩150,000(퇴직금지급액) − ₩3,000(재측정요소)
   * 이자수익 = (₩300,000 + ₩180,000) × 10% = ₩48,000
3) 자산인식 상한효과 조정액 = ₩375,000 − ₩373,000 − ₩1,000(자산인식상한) = ₩1,000
4) 20×2년 퇴직급여 = ₩30,500(이자비용) + ₩190,000(당기근무원가) − ₩48,000(이자수익) =
₩172,500
5) 20×2년 기타포괄손익 = ₩2,500(보험수리적이익) − ₩3,000(재측정요소) − ₩1,000(자산인식상
한효과) = 손실 ₩1,500

24 ⑤

[해설] 해당 문제는 순확정급여부채로 제시를 하였기 때문에 부채를 증가시키면 +로 가산하고, 자산을 증가시
키면 −로 가감하여야 한다.
1) 20×1년 말 순확정급여부채 = ₩20,000(기초 순확정급여부채) + ₩1,200(순이자) + ₩85,000(당
기근무원가) − ₩60,000(사외적립자산) + ₩2,800(재측정요소 순액) = ₩49,000
   * 퇴직종업원에게 지급한 현금은 부채와 자산에 동일한 금액이 반대로 영향을 주기 때문에 순확정
   급여부채에 영향을 주지 않는다.
2) 퇴직급여 관련비용 = ₩1,200(순이자) + ₩85,000(당기근무원가) = ₩86,200

CHAPTER 15 주식기준보상

01 **정답** ①

〔해설〕 종업원 및 유사용역제공자에게 부여한 지분상품의 공정가치는 부여일을 기준으로 측정한다.

02 **정답** ⑤

〔해설〕 ① 현금결제형 주식기준보상거래의 경우에 제공받는 재화나 용역과 그 대가로 부담하는 부채를 부채의 공정가치로 측정하며, 부채가 결제될 때까지 매 보고기간 말과 결제일에 부채의 공정가치를 재측정한다.
② 주식결제형 주식기준보상거래로 가득된 지분상품이 추후 상실되거나 주식선택권이 행사되지 않은 경우에도 종업원에게서 제공받은 근무용역에 대해 인식한 금액을 환입하지 아니한다.
③ 부여한 지분상품의 공정가치를 신뢰성 있게 추정할 수 없어 내재가치로 측정한 경우에는 부여일부터 가득일까지 내재가치 변동을 재측정하여 당기손익으로 인식하고, 가득일 이후의 내재가치 변동을 수정한다.
④ 시장조건이 있는 지분상품을 부여한 때에는 그 시장조건이 충족되는 시점과 관계없이 가득기간에 걸쳐 거래상대방에게서 제공받는 재화나 용역을 인식한다.

03 **정답** ②

〔해설〕 1) 20×1년 주식보상비용 = 100명 × 90% × 6개 × ₩10 × 1/3 = ₩1,800
2) 20×2년 주식보상비용 = 100명 × 85% × 6개 × ₩10 × 2/3 − ₩1,800 = ₩1,600

04 **정답** ③

〔해설〕 1) 20×1년 말 보상비용 = (100명 − 30명) × 1,000개 × ₩360 × 1/3 = ₩8,400,000
2) 20×2년 말 보상비용 = (100명 − 38명) × 1,000개 × ₩360 × 2/3 − ₩8,400,000
= ₩6,480,000

05 **정답** ③

〔해설〕 1) 20×1년도 보상비용 = 200명 × 70% × 100개 × ₩5,000 × 1/4 = ₩17,500,000
2) 20×2년도 보상비용 = 200명 × 70% × 100개 × ₩5,000 × 2/4 − ₩17,500,000
= ₩17,500,000

06 **정답** ③

〔해설〕 20×2년 말 재무상태표상 주식선택권
= (70명 − 14명 − 5명) × 50개 × ₩10 × 2/3 = ₩17,000

07 **정답** ②

〔해설〕 1) 20×1년 보상비용 = (100명 − 20명) × 10개 × ₩10 × 1/4 = ₩2,000
2) 20×2년 보상비용 = (100명 − 30명) × 10개 × ₩10 × 2/4 − ₩2,000 = ₩1,500

08 **정답** ②

해설 1) 20×4년 누적 주식보상비용 = ₩1,000(부여일의 공정가치) × 1,200개 × 4/5 = ₩960,000
2) 20×5년도 주식보상비용 = ₩1,000 × 1,500개 − ₩960,000(누적보상비용) = ₩540,000

09 **정답** ④

해설 1) 20×1년도 주식보상비용 = (100명 − 8명 − 6명) × 20주 × ₩1,000 × 1/2 = ₩860,000
2) 20×2년도 주식보상비용 = (100명 − 13명 − 3명) × 20주 × ₩1,000 × 2/3 − ₩860,000
= ₩260,000

10 **정답** ⑤

해설 1) 20×3년도 보상비용 = (40명 − 8명) × 40개 × ₩300 × 1/3 = ₩128,000
2) 20×4년도 보상비용 = (40명 − 8명) × 40개 × ₩300 × 2/3 − ₩128,000 = ₩128,000
3) 20×5년도 보상비용 = (40명 − 7명) × 40개 × ₩300 × 3/3 − ₩256,000 = ₩140,000
4) 20×6년 초 50% 행사 시

| (차) 현금(행사가격) | 396,000 | (대) 자본금(액면금액) | 330,000 |
| 주식선택권(부여일의 공정가) | 198,000 | 주식발행초과금 | 264,000 |

11 **정답** ④

해설 주식선택권 행사로 인한 자본증가액(= 주식선택권 행사로 인한 현금수령액)
= 35명 × 10개 × 60% × ₩6,000(행사가격) = ₩1,260,000

12 **정답** ①

해설 1) 주식선택권 행사 시 회계처리(단위당)

| (차) 현금(행사가격) | ₩7,000 | (대) 자본금(액면금액) | ₩5,000 |
| 주식선택권(부여일의 공정가) | ₩1,000 | 주식발행초과금 | ? |

→ 주식발행초과금 = 35명 × 10개 × 60% × ₩3,000 = ₩630,000

13 **정답** ①

해설 1) 20×1년 보상비용 = (20명 − 5명) × 1,000개 × ₩600 × 1/2 = ₩4,500,000
2) 20×2년 보상비용 = (20명 − 4명) × 1,000개 × ₩500 × 2/2 − ₩4,500,000 = ₩3,500,000

14 **정답** ④

해설 1) 20×1년도 보상비용 = 100개 × ₩600 × 1/2 = ₩30,000
2) 20×2년도 보상비용 = 300개 × ₩600 × 2/2 − ₩30,000 = ₩150,000

15 **정답** ②

[해설] 주식선택권의 행사가격을 높이는 조건변경은 이를 없는 것으로 본다.
1) 20×1년 보상비용 = (100명 − 20명) × 10개 × ₩150 × 1/3 = ₩40,000
2) 20×2년 보상비용 = (100명 − 13명 − 17명) × 10개 × ₩150 × 2/3 − ₩40,000 = ₩30,000

16 **정답** ③

[해설] 1) 20×1년도 주식보상비용 = 300명 × 80% × 10개 × ₩200 × 1/4 = ₩120,000
2) 20×2년도 주식보상비용 = 300명 × 90% × 10개 × ₩200 × 2/4 − ₩120,000(20×1년도 보상비용) + 300명 × 90% × 10개 × ₩20 × 1/3 = ₩168,000

17 **정답** ④

[해설] 20×2년 말 재무상태표에 인식할 부채는 94명이 행사하는 경우 지급하게 될 주가차액보상권의 공정가치이다.
1) 20×2년 말 재무상태표에 인식할 부채 = 94명 × 50개 × ₩500 = ₩2,350,000

18 **정답** ④

[해설] 1) 20×2년 말 장기미지급비용 = ₩6,000 + ₩6,500 = ₩12,500
2) 20×3년 주식보상비용 = 70명 × 20개 × ₩15 − ₩12,500(20×2년 말 장기미지급비용) − (10명 × 20개 × ₩5) = ₩7,500
→ 20×3년에 10명이 권리를 행사하였고 권리행사자는 개당 내재가치 ₩10만큼 권리를 실현하였으나 20×3년 말에 주가차액보상권의 개당 공정가치 ₩15으로 평가하였으므로 ₩15과 ₩10의 차액인 개당 ₩5원의 금액을 주식보상비용에서 차감한다.

19 **정답** ②

[해설] 1) 20×2년 말 장기미지급비용 = (100명 − 30명) × 10개 × ₩1,260 × 2/3 = ₩588,000
2) 20×3년도 당기비용 = 73명 × 10개 × ₩1,400 × 3/3 − ₩588,000(20×2년 말 장기미지급비용) − 28명 × 10개 × (₩1,400 − ₩1,200) = ₩378,000

20 **정답** ①

[해설] 1) 20×2년 말 누적보상비용 = (100명 − 12명 − 15명) × 10개 × ₩15 × 2/3 = ₩7,300
2) 20×3년 보상비용 = 75명 × 10개 × ₩17 × 3/3 − ₩7,300(20×2년 말 누적보상비용) − (40명 × 10개 × ₩1) = ₩5,050

CHAPTER 16 리스

01 정답 ③

해설 > 리스이용자만이 중요한 변경 없이 사용할 수 있는 리스자산은 금융리스로 분류한다.
잠재적 리스이용자도 중요한 변경 없이 사용할 수 있는 범용 리스자산은 금융리스로 분류되지 않는다.

02 정답 ①

해설 > 리스제공자 입장에서 일반적으로 금융리스로 분류되려면 리스자산의 위험과 보상이 리스이용자에게 이전되어야 한다. 그러나 리스기간 종료시점에 기초자산의 소유권을 그 시점의 공정가치에 해당하는 변동지급액으로 이전하는 경우 리스자산의 위험과 보상이 리스이용자에게 이전되었다고 볼 수 없으므로 일반적으로 금융리스로 분류될 수 있는 조건에 해당하지 아니한다.

03 정답 ③

해설 > 잔존가치 보증계약에 따라 리스이용자가 지급할 것으로 예상하는 금액이 리스부채 측정치에 포함된다.

04 정답 ②

해설 > ① 리스기간이 12개월을 초과하고 기초자산이 소액이 아닌 모든 리스에 대하여 리스이용자가 자산과 부채를 인식하도록 요구한다.
③ 리스가 소액이라는 면제규정은 연식에 관계없이 새것의 가치에 기초하여 기초자산의 가치를 절대적 기준에 따라 평가한다.
④ 단기리스에 대한 리스회계처리 선택은 유형별로 적용해야 한다.
⑤ 소액 기초자산 리스에 대한 회계처리 선택은 리스별로 적용한다.

05 정답 ④

해설 > ㄴ. 리스이용자는 리스의 내재이자율을 쉽게 산정할 수 없는 경우에는 리스이용자의 증분차입이자율을 사용하여 리스료를 할인한다.

06 정답 ④

해설 > 1) 20×1년 초 리스부채 = ₩100,000 × 2.72325 = ₩272,325
2) 20×1년 초 사용권자산 = ₩272,325(리스부채) + ₩10,000(리스개설직접원가) = ₩282,325
3) 사용권자산 상각비 = (₩282,325 − ₩0) × 1/3 = ₩94,108
※ 리스기간 종료 시 리스자산을 반환하므로 리스기간과 내용연수 중 이른 기간 동안 상각한다.
4) 20×1년 리스부채 이자비용 = ₩272,325 × 5% = ₩13,616
5) 상각비와 이자비용의 합계 = ₩94,108 + ₩13,616 = ₩107,724

07 정답 ⑤

해설 > 1) 20×1년 초 리스부채 = ₩100,000 + ₩100,000 × 1.85941 = ₩285,941
2) 20×1년 초 사용권자산 = ₩285,941(리스부채) − ₩20,000(리스인센티브) + ₩5,000(리스이용자의 리스개설직접원가) + ₩30,000 × 0.86384(복구충당부채) = ₩296,856

08 **정답** ②

해설 1) 20×1년 초 리스부채 = ₩500,000 + ₩500,000 × 1.7355 + ₩300,000 × 0.7513 = ₩1,593,140
2) 20×1년 초 사용권자산 = ₩1,593,140(리스부채) + ₩30,000(리스개설직접원가) = ₩1,623,140
3) 20×1년 사용권자산 상각비 = (₩1,623,140 − ₩0) × 1/5 = ₩324,628
※ 연장선택권 행사와 동시에 소유권이 이용자에게 귀속되므로 기초자산의 내용연수에 걸쳐 상각한다.
4) 20×1년 리스부채 이자비용 = (₩1,593,140 − ₩500,000) × 10% = ₩109,314
5) 20×1년 상각비와 이자비용의 합계액 = ₩324,628 + ₩109,314 = ₩433,942

09 **정답** ①

해설 1) 20×1년 초 리스부채 = ₩743,823 × 2.4868 + ₩200,000 × 0.7513 = ₩2,000,000
2) 20×1년 말 리스부채 = ₩2,000,000 × 1.1 − ₩743,823 = ₩1,456,177

10 **정답** ③

해설 1) 리스개시일의 리스부채 = ₩1,000,000 × 2.48685 + ₩300,000 × 0.75131 = ₩2,712,243
2) 리스개시일의 사용권자산 = ₩2,712,243(리스부채) + ₩100,000(리스이용자의 리스개설직접원가)
= ₩2,812,243
3) 20×1년도 사용권자산 상각비 = (₩2,812,243 − ₩0) × 1/4(내용연수) = ₩703,061
4) 20×1년도 이자비용 = ₩2,712,243 × 10% = ₩271,224
5) 20×1년에 인식할 비용총액 = ₩703,061 + ₩271,224 = ₩974,285

11 **정답** ⑤

해설 20×1년 말 (차) 상각비   10,000   (대) 사용권자산   10,000
(차) 재평가손실   5,000   (대) 사용권자산   5,000
(차) 이자비용   6,000   (대) 현금   13,870
리스부채   7,870
→ 20×1년 말 당기순이익에 미치는 영향 = (₩10,000) + (₩5,000) + (₩6,000) = ₩21,000 감소

12 **정답** ③

해설 1) 20×1년 초 리스부채 = ₩3,000,000 × 2.5770(3기간, 8%, 연금현가계수) = ₩7,731,000
2) 20×2년 말 리스부채 = ₩3,000,000 × 0.9259 = ₩2,777,438
3) 20×2년 말 새로운 리스부채 = ₩3,500,000 × 0.9091(1기간, 10%, 현가계수) = ₩3,181,850
4) 20×2년 말 리스부채 증가액 = ₩3,181,850 − ₩2,777,438 = ₩404,412
5) 20×3년 초 사용권자산 장부금액 = ₩7,731,000 × 1/3 + ₩404,412 = ₩2,981,412
6) 20×3년도 사용권자산 감가상각비 = ₩2,981,412 × 1/2(잔여내용연수) = ₩1,490,706

13 **정답** ①

해설 20×3년 초 리스부채 = ₩70,000 × 1.7833(2년, 8%, 연금현가) = ₩124,831
※ 리스변경 시 별도계약에 해당하지 않는 경우 수정할인율로 리스부채를 재측정한다.

14 정답 ④

해설 1) 20×6년 초 리스변경 직전 리스부채 장부금액 = ₩100,000 × 4.32948(5기간, 5%, 연금현가계수)
 = ₩432,948
2) 20×6년 초 리스변경을 반영한 후 리스부채 장부금액 = ₩100,000 × 4.21236 = ₩379,112
3) 리스부채 조정액 = ₩432,948 − ₩379,112 = ₩53,836

15 정답 ⑤

해설 리스자산의 공정가치(₩500,000) = Y(연간리스료) × 2.48685 + ₩50,000 × 0.75131
 → 연간리스료(Y) = ₩185,952

16 정답 ⑤

해설 리스자산의 공정가치(₩1,000,000) = 정기리스료 × 3.3121 + ₩100,000 × 0.7350
 → 정기리스료 = ₩279,732

17 정답 ④

해설 ※ 고정리스료는 리스제공자가 결정한다. 해당 문제에서는 리스이용자인 ㈜감평의 리스개설직접원가
가 제시되어 있는데 리스료 결정에 반영되는 리스개설직접원가는 리스제공자의 리스개설직접원가이므
로 해당 부분을 잘 구분하여야 한다.
1) 기계장치 공정가(₩1,000,000) + 리스제공자의 리스개설직접원가(₩0) = 고정리스료 × 3.1699
 (4기간, 10%, 연금현가계수) + ₩400,000(매수선택권 행사가격) × 0.6830
 → 고정리스료 = ₩229,282

18 정답 ③

해설 ₩2,000,000(기계장치 공정가치) = 고정리스료 × 2.4869 + ₩400,000 × 0.7513
 → 고정리스료 = ₩683,373

19 정답 ①

해설 1) 기계설비의 취득원가(X) + ₩300,000(리스제공자의 리스개설직접원가) = ₩3,000,000(정기리스료)
 × 2.4868 + ₩7,000,000(보증잔존가치) × 0.7513 + ₩3,000,000(무보증잔존가치) × 0.7513
 → 기계설비의 취득원가(X) = ₩14,673,400
2) 리스기간 종료 시 실제 잔존가치가 ₩5,000,000인 경우의 손실금액 = ₩10,000,000(예상잔존가치)
 − [₩5,000,000 + ₩2,000,000(리스이용자로부터 회수한 금액)] = ₩3,000,000

20 정답 ⑤

해설 1) 20×1년 초 리스채권 = ₩100,000 × 2.67301 + ₩30,000 × 0.83962 = ₩292,490
2) 20×1년도 이자수익 = ₩292,490 × 6% = ₩17,549

21 정답 ②

해설 1) 20×1년 초 리스채권 = ₩2,000,000 × 3.7908 + ₩1,000,000(잔존가치) × 0.6209
        = ₩8,202,500
    2) 20×1년 말 리스채권 = ₩8,202,500 × 1.1 − ₩2,000,000 = ₩7,022,750
    3) 20×2년 말 리스채권 = ₩7,022,750 × 1.1 − ₩2,000,000 = ₩5,725,025
    4) 20×3년 초 리스채권 = ₩5,725,025 − (₩200,000 × 0.7513) = ₩5,574,765
    5) 20×3년도 이자수익 = ₩5,574,765 × 10% = ₩557,476(단수차이 고려)

22 정답 ①

해설 1) ㈜대한리스의 리스채권 = ₩500,000 × 2.4868 + ₩100,000 × 0.7513 = ₩1,318,530
        → 20×1년도 이자수익 = ₩1,318,530 × 10% = ₩131,853
    2) ㈜민국의 리스부채 = ₩500,000 × 2.4868 + ₩100,000 × 0.7513 = ₩1,318,530
        ㈜민국의 사용권자산 = ₩1,318,530 + ₩20,000(리스이용자 리스개설직접원가) = ₩1,338,530
        • 20×1년도 상각비 = (₩1,338,530 − ₩0) × 1/4 = ₩334,633
        • 20×1년도 이자비용 = ₩1,318,530 × 10% = ₩131,853
        • 20×1년도 당기순이익에 미치는 영향 = (₩334,633) + (₩131,853) = ₩466,486 감소

23 정답 ②

해설 운용리스 체결 과정에서 부담하는 리스개설직접원가는 리스자산의 장부금액에 가산하였다가 리스료수
    익을 인식하는 기간에 걸쳐 비용으로 회계처리한다.

24 정답 ②

해설 리스자산의 사용 효익이 감소하는 기간별 형태를 잘 나타내는 체계적인 방법이 없다면 리스료는 정액
    기준으로 인식한다.
    1) 리스료수익 = (₩45,000 + ₩40,000 + ₩32,000) × 1/3 = ₩39,000
    2) 감가상각비 = (₩200,000 − ₩20,000) × 1/10 = ₩18,000
    3) 리스개설직접원가 = ₩6,000 × 1/3 = ₩2,000
        → 당기순이익 변화 = ₩39,000(리스료수익) − ₩18,000(감가상각비) − ₩2,000(리스개설직접원가)
            = ₩19,000

25 정답 ⑤

해설 1) ㈜대한리스의 20×1년도 당기순이익에 미치는 영향
        1. 리스료수익(정액기준) = (₩6,000,000 + ₩8,000,000 + ₩10,000,000) × 1/3 = ₩8,000,000
        2. 감가상각비 = (₩40,000,000 − ₩0) × 1/10 = ₩4,000,000
        3. 리스개설직접원가(비용) = ₩600,000 × 1/3 = ₩200,000
        4. 20×1년도 당기순이익에 미치는 영향 = ₩8,000,000 − ₩4,000,000(감가상각비)
            − ₩200,000(리스개설직접원가) = ₩3,800,000 증가
    2) 리스이용자의 20×1년도 당기순이익에 미치는 영향
        1. 20×1년 초 리스부채 = ₩6,000,000 × 0.9259 + ₩8,000,000 × 0.8573 + ₩10,000,000
            × 0.7938 = ₩20,351,800

2. 20×1년 초 사용권자산 = ₩20,351,800(리스부채) + ₩300,000(리스이용자의 리스개설직접원가) = ₩20,651,800
3. 20×1년도 사용권자산 상각비 = (₩20,651,800 − ₩0) × 1/3 = ₩6,883,933
4. 20×1년도 리스부채 이자비용 = ₩20,351,800 × 8% = ₩1,628,144
5. 리스이용자의 20×1년도 당기순이익에 미치는 영향 = ₩6,883,933 + ₩1,628,144 = ₩8,512,077 감소

26 정답 ①

해설
1) 매출액(시장이자율) = ₩100,000 × 2.67301 + ₩30,000(보증잔존가치) × 0.83962 = ₩292,490
2) 매출원가 = ₩200,000 − (₩20,000(무보증잔존가치) × 0.83962) = ₩183,208

CHAPTER 17 법인세회계

01 정답 ⑤

해설 이연법인세 자산과 부채는 현재가치로 할인하지 아니한다.

02 정답 ⑤

해설 이연법인세자산의 장부금액은 매 보고기간 말에 검토한다. 이후 감액된 금액이 사용되기에 충분한 과세소득의 발생 가능성이 높아지는 경우 다시 환입한다.

03 정답 ⑤

해설
① 영업권을 최초로 인식할 때 가산할 일시적 차이가 발생하지만 이연법인세부채로 인한 순환문제가 발생하여 영업권을 최초로 인식할 때는 이연법인세부채를 인식하지 않는다.
② 이연법인세자산과 이연법인세부채는 현재가치로 할인하지 않는다.
③ 과거 회계기간의 당기법인세에 대하여 소급공제가 가능한 세무상결손금과 관련된 혜택은 사용되기에 충분한 과세소득이 발생할 가능성이 높은 경우 이연법인세자산으로 인식한다.
④ 이연법인세자산의 일부 또는 전부에 대한 혜택이 사용되기에 충분한 과세소득이 발생할 가능성이 더 이상 높지 않은 경우 이연법인세자산의 장부금액을 감액한다.

04 정답 ①

해설 자산의 세무기준액은 자산의 장부금액이 회수될 때 기업에 유입될 과세대상 경제적효익에 세무상 차감될 금액을 말한다.

05 **정답** ①

해설 ㄴ. 기업이 집행가능한 상계권리와 순액으로 결제할 의도가 모두 충족되는 경우 당기법인세자산과 당기법인세부채를 상계한다.
ㄹ. 이연법인세자산과 이연법인세부채는 현재가치로 할인하지 아니한다.

06 **정답** ③

해설 당기법인세자산과 부채는 기업이 인식된 금액에 대한 법적으로 집행가능한 상계권리 및 순액으로 결제하거나 자산을 실현하고 부채를 결제할 의도가 모두 충족되는 경우에 상계한다.

07 **정답** ①

해설 1) 당기법인세 = (₩240,000 + ₩20,000 + ₩40,000) × 20% = ₩60,000
2) 이연법인세자산 = ₩40,000(감가상각비 한도초과액) × 30% = ₩12,000
3) 20×1년도 법인세비용 = ₩60,000(미지급법인세) − ₩12,000(이연법인세자산) = ₩48,000

08 **정답** ①

해설 1) 당기법인세 = [₩2,000,000 + ₩100,000(접대비 한도초과액) + ₩60,000(감가상각비 한도초과액) − ₩20,000(당기손익금융자산 평가이익)] × 20% = ₩428,000
2) 이연법인세자산 = ₩60,000(감가상각비 한도초과액) × 20% = ₩12,000
3) 이연법인세부채 = ₩20,000(당기손익금융자산평가이익) × 20% = ₩4,000
4) 회계처리

(차) 이연법인세자산	12,000	(대) 미지급법인세	428,000
법인세비용	420,000	이연법인세부채	4,000

09 **정답** ③

해설 차감할 일시적 차이는 이연법인세자산으로 일시적 차이가 소멸되는 시점의 세율을 적용한다.
1) 이연법인세자산 = ₩200,000 × 40% + ₩200,000 × 35% = ₩150,000

10 **정답** ①

해설

	20×1년	×2년(25%)	×3년(25%)
법인세비용차감전순이익	₩1,000,000		
감가상각비 한도초과액	50,000	(₩30,000)	(₩20,000)
접대비한도초과액	80,000		
미수이자	(100,000)	₩100,000	
과세소득	₩1,030,000		
× 세율	20%		
납부할세액	₩206,000		

1) 이연법인세자산 = ₩50,000 × 25% = ₩12,500
이연법인세부채 = ₩100,000 × 25% = ₩25,000
이연법인세자산, 부채는 상계하여 ₩12,500(이연법인세부채)로 표시한다.

2) 회계처리

| (차) 법인세비용 | 218,500 | (대) 미지급법인세 | 206,000 |
| | | 이연법인세부채 | 12,500 |

11 정답 ④

해설 1) 당기법인세 = [₩490,000(회계이익) + ₩125,000(감가상각비한도초과액) + ₩60,000(접대비한도초과액) − ₩25,000(미수이자)] × 20% = ₩130,000
2) 이연법인세자산 = ₩125,000(감가상각비한도초과액) × 20% = ₩25,000
   이연법인세부채 = ₩25,000(미수이자) × 20% = ₩5,000
3) 법인세회계

| (차) 이연법인세자산 | 25,000 | (대) 미지급법인세 | 130,000 |
| 법인세비용 | 110,000 | 이연법인세부채 | 5,000 |

12 정답 ②

해설 1) 당기법인세 = ₩1,300,000(과세소득) × 20% = ₩260,000
2) 이연법인세자산 = ₩250,000(감가상각비 한도초과액) × 20% = ₩50,000
3) 법인세회계처리

| (차) 이연법인세자산 | 50,000 | (대) 미지급법인세 | 260,000 |
| 법인세비용 | 210,000 | | |

13 정답 ②

해설 1) 당기법인세 = (₩1,000,000 + ₩200,000) × 25% = ₩300,000
2) 이연법인세자산 = ₩200,000(차감할 일시적 차이) × 35% = ₩70,000
3) 법인세 회계처리

| (차) 이연법인세자산 | 70,000 | (대) 미지급법인세 | 300,000 |
| 법인세비용 | 230,000 | | |

14 정답 ③

해설 1) 당기법인세 = (₩2,000,000 + ₩100,000 + ₩50,000 − ₩20,000) × 25% = ₩532,500
2) 이연법인세자산 = ₩30,000 × 28% + ₩20,000 × 30% = ₩14,400
3) 이연법인세부채 = ₩20,000(당기손익금융자산 평가이익) × 28% = ₩5,600
4) 법인세 회계처리

| (차) 이연법인세자산 | 14,400 | (대) 미지급법인세 | 532,500 |
| 법인세비용 | 523,700 | 이연법인세부채 | 5,600 |

15 정답 ②

해설 1) 과세소득 = ₩700,000(회계이익) + ₩100,000(당기손익 − 공정가치측정금융자산평가손실) + ₩100,000(접대비 한도초과액) − ₩20,000(미수이자) = ₩880,000

2) 당기법인세 = ₩880,000 × 20% = ₩176,000

3) 이연법인세자산 = ₩100,000(당기손익─공정가치측정금융자산평가손실) × 18% = ₩18,000

4) 이연법인세부채 = ₩20,000(미수이자) × 18% = ₩3,600

5) 20×1년도 법인세회계처리

(차) 이연법인세자산	18,000	(대) 미지급법인세	176,000
법인세비용	161,600	이연법인세부채	3,600

16 정답 ③

해설 1) 20×2년 당기법인세 = (₩500,000 ─ ₩80,000 + ₩130,000) × 20% = ₩110,000

2) 20×2년 말 이연법인세자산 = ₩160,000 × 20% = ₩32,000

3) 20×2년 회계처리

(차) 법인세비용	126,000	(대) 미지급법인세	110,000
		이연법인세자산	16,000

17 정답 ⑤

해설

구분	20×3년	20×4년	20×5년	20×6년
감가상각비(회계)	₩96,000	₩72,000	₩48,000	₩24,000
감가상각비(세법)	₩60,000	₩60,000	₩60,000	₩60,000
한도초과액	₩36,000	₩12,000	(₩12,000)	(₩36,000)

1) 당기법인세 = [₩600,000 + ₩55,000(접대비한도초과액) + ₩36,000(감가상각비한도초과액)] × 25% = ₩172,750

2) 이연법인세자산 = ₩12,000(20×5년) × 30% + ₩24,000(20×6년) × 30% = ₩10,800

※ 20×3년 감가상각비 한도초과액 ₩36,000은 20×5년에 ₩12,000, 20×6년에 ₩24,000 소멸

3) 법인세회계처리

(차) 이연법인세자산	10,800	(대) 미지급법인세	172,750
법인세비용	161,950		

18 정답 ③

해설 1) 과세소득 = ₩500,000(회계이익) + ₩20,000(벌과금) + ₩15,000(접대비한도초과액) + ₩15,000(감가상각비한도초과액) = ₩550,000

2) 당기법인세 = ₩550,000 × 20% = ₩110,000

3) 이연법인세자산 = ₩15,000(감가상각비 한도초과액) × 20% = ₩3,000

4) 20×1년도 법인세회계

(차) 이연법인세자산	3,000	(대) 미지급법인세	110,000
법인세비용	107,000		

5) 유효법인세율 = ₩107,000(법인세비용) ÷ ₩500,000(법인세비용차감전순이익) = 21.4%

19 정답 ①

해설 1) 이연법인세자산 = ₩100,000(감가상각비 한도초과액) × 20% = ₩20,000
2) 법인세비용 회계처리
- 당기법인세 = (₩500,000 + ₩100,000) × 30% = ₩180,000
- 법인세비용 = ₩180,000 - ₩20,000(이연법인세자산) = ₩160,000

※ 자기주식처분이익과 관련된 법인세 효과는 자기주식처분이익에서 직접 차감하므로 법인세비용에는 영향을 주지 않는다.

20 정답 ③

해설 1) 20×1년 과세소득 = ₩400,000(회계이익) + ₩55,000(감가상각비 한도초과액) - ₩25,000(미수이자) + ₩10,000(접대비 한도초과액) + ₩30,000(자기주식처분이익) = ₩470,000
2) 20×1년 당기법인세 = ₩470,000 × 20% = ₩94,000
3) 20×1년 이연법인세자산 = ₩55,000(감가상각비 한도초과액) × 20% = ₩11,000
   20×1년 이연법인세부채 = ₩25,000(미수이자) × 20% = ₩5,000
4) 20×1년도 법인세 회계처리

(차) 자기주식처분이익	6,000	(대) 미지급법인세	94,000
이연법인세자산	11,000	이연법인세부채	5,000
법인세비용	82,000		

21 정답 ③

해설 1) 20×0년 말 이연법인세자산 = ₩50,000(재고자산평가감) × 20% = ₩10,000
2) 20×1년 당기법인세 = [₩1,000,000 - ₩50,000(전기 재고평가감) + ₩130,000(감가상각비)] × 20% = ₩216,000
3) 20×1년 말 이연법인세자산 = ₩130,000 × 20% = ₩26,000
4) 회계처리

(차) 이연법인세자산	16,000	(대) 미지급법인세	216,000
법인세비용	200,000		

22 정답 ③

해설 1) 과세소득 = ₩150,000(회계이익) + ₩24,000(접대비 한도초과액) + ₩10,000(감가상각비 한도초과액) = ₩184,000
2) 당기법인세 = ₩184,000 × 25% = ₩46,000
3) 20×1년 말 증가하는 이연법인세자산 = ₩10,000(감가상각비 한도초과액) × 25% = ₩2,500
   (전기 말에서 이월된 이연법인세자산 ₩7,500은 전기 일시적 차이의 소멸이 발생하지 않았으므로 제거하지 않는다. 20×1년 말 이연법인세자산 잔액 = ₩7,500 + ₩2,500 = ₩10,000이다.)
4) 회계처리

(차) 이연법인세자산	2,500	(대) 미지급법인세	46,000
법인세비용	43,500		

CHAPTER 18 주당이익

01 정답 ⑤

해설 주식배당, 주식분할, 주식병합, 무상증자는 자원의 변동 없이 주식수만 변동하는 사례에 해당한다. 기존 주주로부터의 차입금을 자본으로 전환하면 부채가 감소하므로 자원의 변동이 수반되는 유통보통주식수의 변동 사례이다.

02 정답 ⑤

해설 누적적 우선주의 경우 배당 결의 여부와 관계없이 당해 배당금을 당기순손익에서 차감한다.

03 정답 ②

해설 가중평균유통보통주식수 = 10,000주 × 1.25 × 12/12 + 5,000주 × 6/12 − 1,000주 × 3/12 = 14,750주

04 정답 ⑤

해설 가중평균유통보통주식수 = 15,000주 × 1.1 × 12/12 + 3,000주 × 1.1 × 11/12 − 1,800주 × 4/12 + 900주 × 2/12 = 19,075주

05 정답 ②

해설 기본주당순이익 = [₩40,000(당기순이익) − ₩20,000(우선주 배당금)] ÷ 250주(가중평균유통보통주식수) = ₩80

06 정답 ①

해설 1) 가중평균유통보통주식수 = ₩264,000(당기순이익) ÷ ₩200(기본주당이익) = 1,320주
 2) 가중평균유통보통주식수(1,320주) = 기초유통보통주식수 × 1.1 + 400주 × 1.1 × 6/12
  → 기초유통보통주식수 = 1,000주

07 정답 ③

해설 1) 가중평균유통보통주식수 = 10,000주 × 12/12 + 160주(전환사채 전환) × 9/12 − 250주 × 6/12 + 500주(우선주 전환) × 3/12 = 10,120주
 2) 기본주당이익 = (₩1,335,600 − 2,000주 × ₩100 × 10%) ÷ 10,120주 = ₩130

08 정답 ③

해설 1) 가중평균유통보통주식수 = 5,000주 × 1.1 × 12/12 + 1,000주 × 1.1 × 9/12 − 600주 × 1/12 = 6,275주
 2) 기본주당순이익 = ₩5,522,000 ÷ 6,275주 = ₩880

09　**정답▶** ③

（**해설▶**）　1) 가중평균유통보통주식수 = 10,000주 × 12/12 + 5,000주 × 10/12 − 1,000주 × 5/12 = 13,750주
　　2) 기본주당순이익 = (₩3,000,000 − ₩250,000) ÷ 13,750주 = ₩200

10　**정답▶** ④

（**해설▶**）　1) 가중평균유통보통주식수 = 10,000주 × 1.1 × 12/12 + 4,000주 × 1.1 × 9/12 = 14,300주
　　2) 기본주당이익 = [₩29,880,000 − (7,000주 × ₩5,000 × 20%)] ÷ 14,300주 = ₩1,600

11　**정답▶** ④

（**해설▶**）　1) 20×2년 4월 1일 공정가치 미만의 유상증자에 포함된 무상증자분
　　　　= 1,000주 × (1 − ₩1,200/₩2,000) = 400주
　　　　※ 기초 주식수에 배부될 무상증자 주식수 = 400주 × (1,400주/2,000주) = 280주
　　2) 가중평균유통보통주식수 = 1,680주 × 12/12 + 720주 × 9/12 = 2,220주
　　3) 기본주당이익 = (₩350,000 − ₩17,000) ÷ 2,220주 = ₩150

12　**정답▶** ②

（**해설▶**）　1) 가중평균유통보통주식수 = [300주 − 100주(자기주식)] × 12/12 + 50주 × 6/12 = 225주
　　2) 기본주당순이익 = ₩720,000 ÷ 225주 = ₩3,200

13　**정답▶** ①

（**해설▶**）　1) 20×1년 가중평균유통보통주식수 = 5,000주 × 1.1 × 12/12 − 300주 × 3/12 = 5,425주
　　2) 20×1년 기본주당이익(₩162) = (₩900,000 − 우선주배당금) ÷ 5,425주
　　　　→ 우선주배당금 = ₩21,150

14　**정답▶** ④

（**해설▶**）　1) 공정가치 미만의 유상증자
　　　• 유상증자 발행금액 : ₩10,000 × 2,000주 = ₩20,000,000
　　　• 공정가치 발행주식수 : ₩20,000,000 ÷ ₩20,000 = 1,000주
　　　• 무상증자 발행주식수 : 2,000주 − 1,000주 = 1,000주
　　　※ 기초주식수에 배부될 무상증자 발행분 = 1,000주 × (9,000주/10,000주) = 900주
　　2) 가중평균유통보통주식수 = 9,900주 × 12/12 + 1,100주 × 6/12 = 10,450주

15　**정답▶** ②

（**해설▶**）　1) 20×1년 7월 초 공정가치 미만으로 유상증자한 경우
　　　− 공정가치로 발행한 유상증자 주식수 = 2,000주 × (₩40,000/₩50,000) = 1,600주
　　　− 무상증자 주식수 = 2,000주 − 1,600주 = 400주
　　　※ 기초주식수에 배부될 무상증자 발행분 = 400주 × (18,400주/20,000주) = 368주
　　2) 가중평균유통보통주식수 = (18,400주 + 368주) × 12/12 + (1,600주 + 32주) × 6/12 − 1,500주
　　　× 4/12 = 19,084주

16 **정답** ④

해설 1) 20×1년 7월 초 공정가치 미만으로 유상증자한 경우
  – 공정가치로 발행한 유상증자 주식수 = 600주 × (₩400/₩600) = 400주
  – 무상증자 주식수 = 600주 – 400주 = 200주
  ※ 기초주식수에 배부될 무상증자 발행분 = 200주 × (1,600주/2,000주) = 160주
 2) 20×1년도 가중평균유통보통주식수 = (1,600주 + 160주) × 12/12 + (400주 + 40주) × 6/12
  = 1,980주

17 **정답** ④

해설 1) 4/1일의 공정가치 미만의 유상증자
  – 공정가치 발행주식수 = ₩30,000 ÷ ₩150(공정가치) = 200주
  – 무상증자요소 = 300주 – 200주 = 100주
  – 기초유통보통주식수에 배분되는 무상증자요소 = 100주 × (800주/1,000주) = 80주
 2) 가중평균유통보통주식수(1,095주) = (800주 + 80주) × 12/12 + (200주 + 20주) × 9/12 + 유상
  증자주식수 × 4/12
  → 유상증자주식수 = 150주

18 **정답** ⑤

해설 1) 10월 초 주주우선배정방식의 유상증자
  • 공정가치 발행 주식수 = (1,000주 × ₩2,000) ÷ ₩2,500 = 800주
  • 무상증자 주식수 = 1,000주 – 800주 = 200주
   – 20×1년 초 유통보통주식수에 배부되는 무상증자 주식수 = 200주 × (3,300주/3,300주 +
    900주 + 800주) = 132주
   – 7월 초 전환사채 보통주 전환주식수에 배부되는 무상증자 주식수 = 200주 × (900주/3,300주
    + 900주 + 800주) = 36주
   – 10/1일 공정가치 발행 주식수에 배부되는 무상증자 주식수 = 200주 × (800주/3,300주 +
    900주 + 800주) = 32주
 2) 20×1년 가중평균유통보통주식수 = (3,300주 + 132주) × 12/12 + (900주 + 36주) × 6/12
  + (800주 + 32주) × 3/12 = 4,108주

19 **정답** ③

해설 1) 9월 1일 공정가치로 발행되는 주식수 = (300주 × ₩40,000) ÷ ₩60,000 = 200주
 2) 9월 1일 무상증자 주식수 = 300주(발행주식수) – 200주(공정가치 주식수) = 100주
  ※ 무상증자 주식수 100주는 기초유통주식수 1,800주와 9월 1일 공정가치로 발행된 주식수 200주
   의 주식수 비율로 배분한다.
 3) 가중평균유통보통주식수 = (1,800주 + 90주) × 12/12 + (200주 + 10주) × 4/12 = 1,960주
 4) 기본주당이익 = ₩2,450,000 ÷ 1,960주 = ₩1,250

20 정답 ④

해설 1) 공정가치 미만의 유상증자
- 공정가치 발행분 = (1,000주 × ₩1,200) ÷ ₩2,000 = 600주
- 무상증자 주식수 = 1,000주 − 600주 = 400주
※ 기초 주식수에 배부될 무상증자 주식수 = 400주 × (1,000주/1,600주) = 250주
2) 가중평균유통보통주식수
= (1,000주 + 250주) × 12/12 + (600주 + 150주) × 4/12 = 1,500주
3) 기본주당이익 = [₩280,000 − (200주 × ₩1,000 × 5%)] ÷ 1,500주 = ₩180

21 정답 ①

해설 1) 4월 1일 공정가치로 발행된 주식수 = (2,000주 × ₩1,600) ÷ ₩2,000 = 1,600주
2) 4월 1일 무상증자 주식수 = 2,000주 − 1,600주 = 400주
※ 기초 주식수에 배부될 무상증자 주식수 = 400주 × (6,400주/8,000주) = 320주
3) 가중평균유통보통주식수 = (6,400주 + 320주) × 1.2 × 12/12 + (1,600주 + 80주) × 1.2 × 9/12 = 9,576주
4) 기본주당이익 = [₩1,353,360 − (5,000주 × ₩60)] ÷ 9,576주 = ₩110

22 정답 ④

해설 1) 공정가치 미만의 유상증자이므로 500주(공정가치 발행분)와 1,300주(무상증자 요소)를 분리하여 1,300주는 기초유통주식수인 12,000주와 7월 1일 공정가치발행분 500주에 안분한다.
- 기초유통주식수에 안분할 무상증자 요소 = 1,300주 × (12,000주 / 12,500주) = 1,248주
- 7월 1일 유상증자 주식에 안분할 무상증자 요소 = 1,300주 − 1,248주 = 52주
2) 가중평균유통보통주식수 = 13,248주 × 12/12 + 552주 × 6/12 − 1,800주 × 3/12 = 13,074주
3) 당기순이익 = 13,074주 × ₩900(기본주당순이익) = ₩11,766,600

23 정답 ①

해설 1) 20×1년 4월 1일 공정가치 미만의 유상증자
− 공정가치 발행 주식수 = 4,000주 × (₩5,000/₩10,000) = 2,000주
− 무상증자요소 = 4,000주 − 2,000주 = 2,000주
(해당 주식수는 기초유통보통주식수와 시가발행유상증자 주식수 2,000주의 비율대로 배분)
2) 20×1년 가중평균유통보통주식수 = (18,000주 + 1,800주) × 12/12 + (2,000주 + 200주) × 9/12 − 4,350주 × 4/12 = 20,000주
3) 20×1년도 기본주당이익 = (₩10,000,000 − 5,000주 × ₩5,000 × 10%) ÷ 20,000주 = ₩375

24 정답 ②

해설 1) 가중평균유통보통주식수 = 3,000주 × 1.15 × 12/12 + 1,000주 × 3/12 − 1,200주 × 2/12 = 3,500주
2) 기본주당이익 = ₩1,232,500 ÷ 3,500주 = ₩352
3) 희석주당이익 = [₩1,232,500 + ₩200,000(1 − 0.3)] ÷ (3,500주 + 1,000주) = ₩305

25 정답▶ ④

해설▶ 1) 20×1년 가중평균유통보통주식수 = 30,000주 × 1.1 × 12/12 + 2,000주 × 1.1 × 6/12
+ 400주(전환사채의 전환) × 3/12 = 34,200주
2) 20×1년도 기본주당이익 = (₩15,260,000 − ₩5,000,000) ÷ 34,200주 = ₩300
3) 20×1년도 희석주당이익 = [₩10,260,000 + ₩171,000 × (1 − 20%)] ÷ (34,200주 + 400주
× 9/12 + 1,600주 × 12/12) = ₩288

26 정답▶ ②

해설▶ 1) 가중평균유통보통주식수 = 8,000주 × 12/12 + 1,000주 × 3/12 = 8,250주
2) 기본주당이익 = ₩198,000 ÷ 8,250주 = ₩24
3) 희석주당이익 = [₩198,000 + ₩15,000(1 − 20%)] ÷ (8,250주 + 1,000주 × 9/12 + 1,000주
× 12/12) = ₩21

27 정답▶ ③

해설▶ 1) 가중평균유통보통주식수 = 20,000주 + 900주 × 8/12 = 20,600주
2) 기본주당이익 = [₩1,049,000 − (4,100주 × ₩1,000 × 8%)] ÷ 20,600주 = ₩35
3) 희석주당이익 = ₩1,049,000 ÷ 25,000주 = ₩42(반희석) → 희석주당이익 = ₩35

28 정답▶ ①

해설▶ 1) 기본주당이익 = (₩12,000,000 − 4,000주 × ₩500 × 8%) ÷ 10,000주 = ₩1,184
2) 희석주당이익 = ₩12,000,000 ÷ (10,000주 + 2,000주) = ₩1,000

29 정답▶ ④

해설▶ 보통주로 반드시 전환하여야 하는 전환금융상품은 계약체결시점부터 기본주당이익을 계산하기 위한 보통주식수에 포함한다.

CHAPTER 19 회계변경 및 오류수정

01 정답▶ ②

해설▶ 감가상각자산의 내용연수 또는 기대소비형태의 변경은 회계추정의 변경이다.

02 정답▶ ②

해설▶ 과거에 발생하지 않았거나 발생하였어도 중요하지 않았던 거래, 기타 사건 또는 상황에 대하여 새로운 회계정책을 적용하는 경우는 회계정책의 변경에 해당하지 않는다.

03 정답 ③

해설 직원의 출퇴근용버스와 택배회사의 배달용트럭은 그 실질이 다른 자산이기 때문에 서로 다른 방법의 감가상각방법을 사용하는 것이 허용된다. 그러므로 이는 회계정책의 변경이라고 볼 수 없다.

04 정답 ③

해설 회계정책의 변경과 회계추정의 변경을 구분하는 것이 불가능한 경우에는 이를 회계추정의 변경으로 본다.

05 정답 ⑤

해설 측정기준의 변경은 회계정책의 변경에 해당한다.

06 정답 ③

해설 재고자산의 단가결정방법 변경은 회계정책의 변경이며, 나머지는 회계추정의 변경이다.

07 정답 ②

해설 감가상각의 내용연수, 잔존가치, 감가상각방법의 변경은 회계추정의 변경으로 처리한다.

08 정답 ②

해설 ① 측정기준의 변경은 회계정책의 변경이다.
③ 과거와 실질이 다른 거래에 대해 다른 회계정책을 적용하는 것은 회계정책의 변경에 해당하지 않는다.
④ 사후에 인지된 사실을 과거 기간의 금액 수정에 이용할 수 없다.
⑤ 회계정책의 변경과 회계추정의 변경을 구분하는 것이 어려운 경우 이를 회계추정의 변경으로 본다.

09 정답 ①

해설 ② 새로운 회계정책을 과거기간에 적용하는 경우, 과거기간에 인식된 금액의 추정에 사후에 인지된 사실을 이용할 수 없다.
③ 거래 및 기타 사건에 대하여 적용할 수 있는 한국채택국제회계기준이 없는 경우, 경영진은 판단에 따라 회계정책을 적용하여 회계정보를 작성할 수 있다.
④ 과거에 발생한 거래와 실질이 다른 거래, 기타 사건 또는 상황에 대하여 다른 회계정책을 적용하는 경우에는 회계정책의 변경에 해당하지 아니한다.
⑤ 과거에 발생하지 않았던 거래, 기타 사건에 대하여 새로운 회계정책을 적용하는 경우에는 회계정책의 변경에 해당하지 아니한다.

10 정답 ③

해설 1) ㄱ, ㄹ : 회계정책의 변경에 해당하지 아니한다.
2) ㅁ : 오류수정에 해당한다.

11 정답▶ ①

해설▶ 20×2년 초 재고자산이 과대계상, 매출원가도 과대계상, 당기순이익은 과소계상된다.
20×1년에는 기말재고가 과대계상되어, 매출원가는 과소계상, 당기순이익은 과대계상된다.

12 정답▶ ④

해설▶ 1) 20×1년도의 재고자산 오류는 20×2년 말 마감 시 자동으로 조정되어 20×3년 당기순이익 및 이익잉여금에는 영향을 주지 않는다.

20×2년 기초재고 + 20×2년 매입	₩5,000 과대	20×3년 기초재고 + 20×3년 매입	₩2,000 과대
20×2년 기말재고	₩2,000 과대	20×3년 기말재고	₩3,000 과대
매출원가	₩3,000 과대	매출원가	₩1,000 과소
당기순이익	₩3,000 과소	당기순이익	₩1,000 과대

2) 20×3년 말 이익잉여금(A) = ₩100,000 − ₩3,000(20×3년 말 재고과대) = ₩97,000
3) 20×3년도 당기순이익(B) = ₩30,000 − ₩1,000 = ₩29,000

13 정답▶ ⑤

해설▶ 1) 20×1년 당기순이익 영향 = ₩500 과소
2) 20×2년 당기순이익 영향

    20×2년 기초재고   ₩500 과소
<u> − 20×2년 기말재고   ₩1,000 과소</u>
 = 20×2년 매출원가   ₩500 과대
    20×2년 당기순이익   ₩500 과소

14 정답▶ ④

해설▶ ※ 20×1년도 재고자산의 오류는 20×2년 말 마감 시 자동조정되므로 20×2년 말 이익잉여금에는 영향을 주지 않는다.
1) 20×2년 말 이익잉여금 = ₩11,500(20×1년 초 이익잉여금) + ₩3,800(20×1년 당기순이익) + ₩2,700(20×2년 당기순이익) = ₩18,000

15 정답▶ ①

해설▶

20×2년 기초재고자산   ₩50,000 과소계상
<u> − 20×2년 기말재고자산   ₩30,000 과대계상</u>
 = 20×2년 매출원가   ₩80,000 과소계상
    20×2년 당기순이익   ₩80,000 과대계상
 → 수정 후 당기순이익 = ₩200,000 − ₩80,000 = ₩120,000

16 **정답** ②

해설 1) 20×3년도 기초재고 ₩10 과소계상
　(-) 20×3년도 기말재고 ₩20 과대계상
　= 20×3년도 매출원가 ₩30 과소계상
　　20×3년도 당기순이익 ₩30 과대계상
2) 20×3년도 오류수정 후 당기순이익 = ₩250 - ₩30 = ₩220

17 **정답** ②

해설 1) 재고자산
　기초재고 ₩12,000 과소
　- 기말재고 ₩5,000 과대
　= 매출원가 ₩17,000 과소
　　당기순이익 ₩17,000 과대
2) 선급비용
　20×0년도 당기순이익 ₩4,000
　20×1년도 당기순이익 (₩4,000) + ₩3,000 = (₩1,000) 감소
3) 수정 후 법인세비용차감전순이익 = ₩500,000 - ₩17,000 - ₩1,000 = ₩482,000

18 **정답** ③

해설 20×2년 기초 재고자산 ₩300 증가
　- 20×2년 기말재고자산 ₩600 증가
　= 20×2년 매출원가 ₩300 감소
　　20×2년 당기순이익 ₩300 증가
→ 회계변경 후 20×2년 당기순이익 = ₩25,000 + ₩300 = ₩25,300

19 **정답** ①

해설 1) 20×1년의 재고자산 영향은 20×2년 말 마감 시 자동으로 조정되므로 20×3년 당기순이익에 미치는 영향은 20×2년 기말재고 및 20×3년의 기말재고이다.
　20×3년 기초재고자산 ₩200 증가
　- 20×3년 기말재고자산 ₩300 감소
　= 20×3년 매출원가 ₩500 증가
　　20×3년 당기순이익 ₩500 감소
→ 회계변경 후 당기순이익 = ₩24,000 - ₩500 = ₩23,500

20 **정답** ⑤

해설 20×2년 기초재고 ₩300 감소
　(-) 20×2년 기말재고 ₩600 증가
　= 20×2년 매출원가 ₩900 감소
　　20×2년 당기순이익 ₩900 증가
→ 변경 후 20×2년 당기순이익 = ₩2,000 + ₩900 = ₩2,900

21 정답▶ ②

해설▶ ※ 회계변경을 반영한 비교재무제표에는 20×1년 초부터 투자부동산에 대해 공정가치모형을 적용한 것으로 표시된다.

구분	20×1년	20×2년
투자부동산(순액)	₩190,000	₩185,000
감가상각비	0	0
투자부동산평가손익	(₩10,000) 평가손실	(₩5,000) 평가손실

① 20×1년도 투자부동산(순액)은 ₩190,000이다.
③ 20×1년도 투자부동산평가손실은 ₩10,000이다.
④ 20×2년도 투자부동산평가손실은 ₩5,000이다.
⑤ 20×2년도 투자부동산(순액)은 ₩185,000이다.

22 정답▶ ④

해설▶ 1) 회사의 20×1년도 비용처리금액 = ₩9,500(사채발행비) + ₩274,000 × 10% = ₩36,900
2) 올바른 20×1년도의 비용처리금액 = (₩274,000 − ₩9,500) × 12% = ₩31,740
  → 20×1년도 당기비용은 ₩5,160 과대계상
    20×1년도 당기순이익은 ₩5,160 과소계상
3) 오류를 수정한 후의 20×1년도 당기순이익 = ₩100,000 + ₩5,160 = ₩105,160

23 정답▶ ③

해설▶ 1) 재고자산 오류

	20×1년 기초재고자산	₩8,000 과소계상
−	20×1년 기말재고자산	₩3,000 과소계상
=	20×1년 매출원가	₩5,000 과소계상
	20×1년 이익	₩5,000 과대계상

2) 연구비 오류 → 비용 ₩16,000 과소계상
3) 오류 수정 후 20×1년도 법인세비용차감전순이익 = ₩500,000 − ₩5,000(재고자산 오류) − ₩16,000(연구비 과소계상) = ₩479,000

24 정답▶ ④

해설▶ 1) 기말재고자산 오류

	20×2년 기초재고	₩10,000 과대
(−)	20×2년 기말재고	₩5,000 과소
=	20×2년 매출원가	₩15,000 과대
	20×2년 당기순이익	₩15,000 과소

2) 미지급이자 오류

구분		20×1년	20×2년
비용		₩7,000 과소	₩7,000 과대
		–	₩3,000 과소
합계		₩7,000 과소	₩4,000 과대

3) 20×2년 회사의 회계처리 = ₩6,000(배당금수익)

20×2년 지분법에 따른 당기순이익 = ₩120,000(지분법이익)

→ 20×2년 당기순이익 ₩114,000 과소계상

4) 20×2년 오류수정 후 당기순이익 = ₩500,000 + ₩15,000(기말재고 오류) + ₩4,000(미지급이자 오류) + ₩114,000(지분법 회계처리 오류) = ₩633,000

CHAPTER 20 현금흐름표

01 정답 ⑤

해설 직접법을 적용하여 표시한 영업활동 현금흐름은 간접법에 의한 영업활동 현금흐름에서는 파악할 수 없는 정보를 제공하기 때문에 미래현금흐름을 추정하는 데 보다 유용한 정보를 제공한다.

02 정답 ①

해설 파생상품계약에서 식별가능한 거래에 대하여 위험회피회계를 적용하는 경우, 해당 계약과 관련된 현금흐름은 위험회피회계 적용대상에 따라 분류한다.

03 정답 ①

해설 리스이용자의 리스부채 상환에 따른 현금유출은 재무활동이다. 그 외는 모두 영업활동이다.

04 정답 ②

해설 ㄴ, ㄹ : 투자활동 / ㄷ, ㅁ : 재무활동

05 정답 ④

해설 지분상품은 현금성자산에서 제외한다. 다만, 상환일이 정해져 있고 취득일로부터 상환일까지의 기간이 단기인 우선주와 같이 실질적인 현금성자산인 경우에는 예외로 한다.

06 정답 ②

해설 리스이용자의 리스부채 상환에 따른 현금유출은 재무활동 현금흐름이다.

07 **정답** ⑤

해설 단기매매목적으로 보유하는 유가증권의 취득과 판매에 따른 현금흐름은 영업활동이다.

08 **정답** ③

해설 영업활동 현금흐름 = ₩20,000(당기순이익) + ₩4,600(감가상각비) − ₩15,000(매출채권의 증가) + ₩2,500(재고자산의 감소) + ₩10,400(매입채무의 증가) = ₩22,500

09 **정답** ①

해설 영업활동 현금흐름 = ₩2,500,000(당기순이익) + ₩100,000(무형자산 상각비) − ₩80,000(토지처분이익) + ₩150,000(당기손익인식금융자산평가손실) − ₩130,000(재고자산 증가) + ₩170,000(매출채권 감소) + ₩100,000(선급비용 감소) − ₩160,000(선수수익 감소) − ₩60,000(미지급비용 감소) = ₩2,590,000

10 **정답** ③

해설 영업활동으로 인한 현금흐름 = ₩350,000(당기순이익) + ₩50,000(감가상각비) − ₩50,000(사채상환이익) − ₩20,000(매출채권의 증가) + ₩40,000(재고자산의 감소) + ₩50,000(미지급법인세의 증가) = ₩420,000
※ 보통주의 발행 = 재무활동 현금흐름, 유형고정자산의 취득 = 투자활동 현금흐름

11 **정답** ③

해설 영업활동으로 인한 현금흐름 = ₩10,000(당기순이익) + ₩1,000(감가상각비) + ₩500(건물 처분손실) − ₩200(재고자산의 증가) − ₩100(미지급보험료 감소) = ₩11,200
※ 건물 처분손실 = ₩500(처분금액) − ₩1,000(장부금액) = ₩500

12 **정답** ②

해설 영업활동으로 인한 현금흐름액 = ₩200,000(당기순이익) + ₩150,000(건물처분손실) + ₩450,000(감가상각비) − ₩60,000(기계장치처분이익) − ₩110,000(매출채권의 증가) + ₩35,000(선급보험료 감소) + ₩120,000(매입채무 증가) = ₩785,000

13 **정답** ②

해설 영업활동 현금흐름 = ₩600(당기순이익) − ₩300(유형자산처분이익) + ₩200(감가상각비) − ₩400(매출채권 증가) + ₩200(선급비용 감소) + ₩100(매입채무 증가) = ₩400 현금유입

14 **정답** ③

해설 영업활동 순현금흐름 = ₩147,000(당기순이익) + ₩40,000(감가상각비) + ₩20,000(유형자산처분손실) − ₩5,000(미지급법인세 감소액) + ₩5,000(미지급이자 증가액) − ₩15,000(매출채권 증가액) + ₩4,000(재고자산 감소액) − ₩6,000(매입채무 감소액) = ₩190,000

15 **정답** ②

해설 영업활동순현금흐름 = ₩100,000(당기순이익) + ₩20,000(감가상각비) − ₩7,000(유형자산처분이익) + ₩8,000(사채상환손실) + ₩80,000(재고자산 감소액) − ₩50,000(매출채권 증가액) − ₩4,000(매입채무 감소액) + ₩6,000(미지급급여 증가액) = ₩153,000

※ 대손상각비는 매출채권에서 발생한 영업활동손익이므로 당기순이익에서 제거하지 않는다.

16 **정답** ①

해설 영업활동순현금흐름 = ₩500,000(당기순이익) + ₩3,500(상각후원가측정금융자산처분손실) + ₩50,000(유형자산처분손실) + ₩40,000(감가상각비) − ₩5,000(사채상환이익) + ₩30,000(매출채권 감소) − ₩17,000(재고자산 증가) + ₩13,000(매입채무 증가) − ₩2,000(당기법인세부채 감소) + ₩15,000(이연법인세부채 증가) = ₩627,500

※ 매출채권 손상차손 및 법인세비용은 영업활동손익이므로 당기순이익에서 제거하지 않으며, 유형자산(순액)의 변화는 투자활동현금흐름에 해당한다.

17 **정답** ①

해설 영업활동 현금흐름 = ₩800,000 − ₩100,000(토지처분이익) − ₩165,000(매출채권 증가) + ₩5,000(손실충당금 증가) + ₩80,000(매입채무 증가) + ₩120,000(감가상각비) = ₩740,000

18 **정답** ③

해설 영업활동 현금흐름 = ₩500(당기순이익) − ₩1,500(매출채권 증가) + ₩2,500(재고자산 감소) − ₩900(매입채무 감소) + ₩200(감가상각비) − ₩100(토지처분이익) = ₩700

19 **정답** ⑤

해설 순현금흐름 = ₩900(발생주의 순이익) + ₩200(재고자산 감소) − ₩300(미수수익 증가) + ₩100(매출채권 감소) − ₩300(미지급비용 감소) = ₩600

20 **정답** ①

해설

발생주의 당기순이익	₩25,000
미수수익 증가	(4,000)
미지급비용 감소	(2,000)
선수수익 증가	1,500
선급비용 감소	2,500
현금주의 당기순이익	₩23,000

21 **정답** ④

해설 당기순이익(?) + ₩77,000(감가상각비) + ₩38,000(매출채권 감소) − ₩15,000(재고자산 증가) − ₩8,000(매입채무 감소) − ₩2,500(미지급이자 감소) + ₩3,000(당기법인세부채 증가) − ₩1,400(이연법인세부채 감소) = ₩1,884,900(영업활동순현금유입액)

→ 당기순이익 = ₩1,793,800

22 **정답** ②

해설 * 영업에서 창출된 현금과 영업활동 순현금흐름과의 차이는 이자지급과 법인세지급액을 직접법으로 계산하여 별도로 표기함에 따른 것이다.

1) 영업에서 창출된 현금(₩100,000) = 법인세비용차감전순이익(?) + ₩1,500(감가상각비) + ₩2,700 (이자비용은 직접법으로 산출하기 위해 제거한다.) − ₩700(사채상환이익) − ₩4,800(매출채권 증가) + ₩2,500(재고자산 감소) + ₩3,500(매입채무 증가)
   → 법인세비용차감전순이익 = ₩95,300

2) 영업활동 순현금흐름 = ₩100,000(영업에서 창출된 현금) − ₩1,700(이자지급액) − ₩6,000(법인세지급액) = ₩92,300

3) 직접법 방식으로 산출한 이자지급액과 법인세지급액

이자비용	(₩2,700)	법인세비용	(₩4,000)
미지급이자 증가	1,000	미지급법인세 감소	(2,000)
이자지급액(현금)	(₩1,700)	법인세지급액(현금)	(₩6,000)

23 **정답** ③

해설

법인세비용차감전순이익	?
감가상각비	₩2,000
유형자산처분이익	(1,000)
이자비용	5,000
배당금수익	(1,500)
재고자산(순액) 증가	(3,000)
매입채무 증가	4,000
매출채권(순액) 증가	(2,500)
영업에서 창출된 현금	₩100,000

→ 법인세비용차감전순이익 = ₩97,000

24 **정답** ④

해설 20×1년 영업에서 창출된 현금 = ₩147,000(당기순이익) + ₩5,000(감가상각비) + ₩30,000(법인세비용) − ₩20,000(유형자산처분이익) + ₩25,000(이자비용) − ₩15,000(이자수익) − ₩8,000(배당금수익) + ₩15,000(매출채권 감소액) − ₩4,000(재고자산 증가액) − ₩6,000(매입채무 감소액) = ₩169,000

※ 영업에서 창출된 현금은 이자수입, 이자지급, 배당금수입, 법인세지급액을 별도로 표시하기 위하여 법인세비용, 이자비용, 이자수익, 배당금수익을 당기순이익에서 제거한다.

25 **정답** ④

해설 영업에서 창출된 현금 = ₩2,500(당기순이익) + ₩1,000(법인세비용) + ₩200(감가상각비) − ₩100(토지처분이익) + ₩600(이자비용) + ₩250(사채상환손실) − ₩1,000(매출채권의 증가) + ₩500(재고자산의 감소) + ₩800(매입채무의 증가) = ₩4,750

26 **정답** ②

해설

매출액	₩630,000
손상차손	(25,000)
매출채권(순액) 감소	22,000
판매대금으로 받은 현금수입액	₩627,000

27 **정답** ②

해설

매출액	₩860,000
손상차손	(6,000)
매출채권(순액) 증가	(38,000)
고객으로부터 현금유입액	₩816,000

※ 기초매출채권(순액) = ₩110,000(매출채권) − ₩3,000(손실충당금) = ₩107,000
※ 기말매출채권(순액) = ₩150,000(매출채권) − ₩5,000(손실충당금) = ₩145,000

28 **정답** ④

해설 1) 재고구입에 따른 현금유출액

매출원가	(?)
재고자산 증가액	(₩4,000)
매입채무 증가액	6,000
재고구입에 따른 현금유출액	(₩120,000)

→ 매출원가 = ₩122,000

2) 매출총이익 = ₩215,000(매출액) − ₩122,000(매출원가) = ₩93,000

29 **정답** ①

해설 재무상태표상 현금은 잔액을 의미하며, 매출로 인한 현금유입액과 공급자에게 지급한 현금유출액을 고려하여 20×1년 12월 31일 현금잔액을 산출한다.

1) 20×1년도 직접법으로 추정한 현금유입, 유출액

매출	₩1,800,000	매출원가	(₩1,500,000)
매출채권 손상차손	(7,000)	재고자산 증가	(20,000)
매출채권(순액) 증가	(9,000)	매입채무 증가	20,000
매출로 인한 현금유입액	₩1,784,000	공급자에 대한 현금유출액	(₩1,500,000)

2) 20×1년 12월 31일 현금잔액 = ₩300,000(기초잔액) + ₩1,784,000(현금유입액) − ₩1,500,000 (현금유출액) = ₩584,000

30 **정답** ②

해설

매출액	₩410	영업비용	(₩150)
매출채권(순액) 증가	(70)	선급영업비용 감소	15
		미지급영업비용 증가	20
(A)고객으로부터 유입된 현금흐름	₩340	(B)영업비용으로 유출된 현금흐름	(₩115)

31 정답 ①

해설

이자비용	(₩1,000,000)	급여	(₩5,000,000)
미지급이자비용 감소	(₩100,000)	미지급급여 증가	₩200,000
현금으로 지급한 이자비용	(₩1,100,000)	현금으로 지급한 급여	(₩4,800,000)

32 정답 ③

해설

이자비용	(₩100,000)
미지급이자 증가	15,000
선급이자 감소	5,000
현금으로 지급한 이자	(₩80,000)

33 정답 ③

해설

이자비용	(₩5,600)
미지급사채 증가	30
현금지급이자	(₩5,570)

※ 현금지급과 관련된 이자비용 = ₩6,000(이자비용) − ₩400(상각액) = ₩5,600

34 정답 ②

해설

이자비용	(₩27,000)
미지급이자 증가	1,400
선급이자 증가	(700)
현금이자지급액	(₩26,300)

※ 현금지급과 관련된 이자비용 = ₩30,000(이자비용) − ₩3,000(상각액) = ₩27,000

35 정답 ⑤

해설

보험료비용	(₩4,000)
임대료수익	5,000
선급보험료 감소	500
선수임대료 증가	1,000
순현금흐름	₩2,500

36 정답 ①

해설

법인세비용	(₩1,500)
당기법인세부채 증가	500
이연법인세자산 증가	(200)
이연법인세부채 증가	100
법인세 납부액	(₩1,100)

37 정답▶ ①

해설▶ 1) 건물 처분 시 회계처리

(차) 감가상각누계액	2,000	(대) 건물	5,000
현금	4,000	유형자산처분이익	1,000

2) 20×1년도 취득한 건물 = ₩10,000(기초건물) − ₩5,000(건물 처분금액) + 건물 취득금액
= ₩9,000(기말건물)
→ 20×1년도에 취득한 건물금액 = ₩4,000

3) 20×1년도 순현금유출액 = ₩4,000(현금유입액) − ₩4,000(현금유출액) = ₩0

38 정답▶ ④

해설▶ 1) 유형자산 처분

(차) 감가상각누계액	20,000	(대) 유형자산	40,000
현금	15,000		
유형자산처분손실	5,000		

※ 유형자산의 기말잔액(₩140,000) = ₩100,000(기초) − ₩40,000(처분) + 취득(₩80,000)
※ 기말 감가상각누계액(₩25,000) = ₩30,000(기초) − ₩20,000(처분) + 발생(₩15,000)

2) 유형자산 취득

(차) 유형자산	80,000	(대) 현금	80,000

3) 감가상각비 인식

(차) 감가상각비	15,000	(대) 감가상각누계액	15,000

4) 투자활동 현금흐름

투자활동으로 인한 현금유입	₩15,000
투자활동으로 인한 현금유출	(₩80,000)
투자활동 순현금흐름	(₩65,000)

CHAPTER 21 **재무제표 분석**

01 정답▶ ⑤

해설▶ ㄱ. 재고자산(유동자산)이 도난당하여 유동자산이 감소한다.
ㄴ. 차량운반구는 비유동자산이며 어음은 유동부채로 비유동자산과 유동부채가 증가한다.
ㄷ. 은행에서 자금을 차입하면 현금이라는 유동자산이 증가하고 동시에 부채가 증가한다.
ㄹ. 비유동부채인 사채를 현금으로 상환하였으므로 유동자산이 감소한다.
ㅁ. 주식 발행으로 받은 현금만큼 유동자산이 증가한다.

02 정답▶ ③

해설▶ ㄱ. 감모손실만큼 재고자산이 감소하므로 유동비율은 감소한다.
ㄴ. 유동비율 = 유동자산 / 유동부채이며, 장기부채가 유동부채가 되었기 때문에 유동부채가 증가하여
유동비율은 감소한다.

ㄷ. 유동부채와 유동자산이 동시에 감소하지만 현재 유동비율이 1보다 크므로 해당 거래의 결과 유동
   비율은 증가한다.
ㄹ. 유동자산과 유동부채는 증가하지만 기존비율이 1보다 크므로 유동비율은 감소한다.
ㅁ. 비유동자산과 비유동부채가 증가하므로 유동비율은 불변이다.

03 【정답】① ①

【해설】 1) 상품 매입 회계처리

(차) 상품(유동자산)	500	(대) 현금(유동자산)	250
		매입채무(유동부채)	250

2) 기존의 유동비율이 200%로 유동자산이 유동부채보다 크다. 해당 거래의 결과로 유동자산과 유동부
   채 모두 ₩250이 증가하나 작은 금액의 변화 폭이 더 크게 나타나므로 유동부채의 증가폭이 유동자
   산의 증가폭보다 크기 때문에 유동비율은 감소한다.
3) 당좌비율 = 당좌자산 ÷ 유동부채
   상품매입거래 후 당좌비율 = (당좌자산 − ₩250) ÷ (유동부채 + ₩250) = 감소

04 【정답】⑤

【해설】 1) 기존의 당좌비율 = ₩120,000(당좌자산) ÷ ₩240,000(유동부채) = 50%
   새로운 당좌비율(A) = 당좌자산과 유동부채가 같은 금액으로 증가하나 작은 금액의 변화폭이 더
   크게 나타나므로 새로운 당좌비율은 증가한다.
2) 기존의 유동비율 = ₩360,000(유동자산) ÷ ₩240,000(유동부채) = 150%
   새로운 유동비율(B) = 유동자산과 유동부채가 같은 금액으로 증가하나 작은 금액의 변화폭이 더
   크게 나타나므로 새로운 유동비율은 감소한다.

05 【정답】⑤

【해설】 ① (차) 상품(유동자산)　　　　₩10,000　　(대) 매입채무(유동부채)　　₩10,000

1) 유동비율 : 해당 거래는 유동자산 ₩10,000과 유동부채가 ₩10,000 증가하는 거래다. 금액은
   동액만큼 증가하나 기존의 유동비율이 200%로 유동부채의 증가폭이 유동자산에 비해 더 크다.
   그러므로 해당 거래 이후 유동비율은 감소한다.
2) 당좌비율 : 재고자산은 당좌자산에 포함되지 않고, 유동부채만 ₩10,000 증가하므로 당좌비율은
   감소한다.

② (차) 차량운반구(비유동자산)　₩13,000　　(대) 현금(유동자산)　　　　₩13,000
→ 유동자산 및 당좌자산에 해당하는 현금만 감소하였고 유동부채는 변동하지 않았으므로 유동비
   율, 당좌비율 모두 감소한다.

③ (차) 현금(유동자산)　　　　₩12,000　　(대) 매출채권(유동자산)　　　₩12,000
→ 유동자산 및 당좌자산의 변동이 없으며 유동부채도 변동하지 않아 유동비율, 당좌비율 모두 불변
   한다.

④ (차) 장기차입금(비유동부채)　₩15,000　　(대) 현금(유동자산)　　　　₩15,000
→ 유동자산 및 당좌자산에 해당하는 현금만 감소하였고, 유동부채는 변동하지 않았으므로 유동비
   율, 당좌비율 모두 감소한다.

⑤ (차) 현금(유동자산)　　　　₩30,000　　(대) 장기차입금(비유동부채)　₩30,000

→ 유동자산 및 당좌자산에 해당하는 현금만 증가하였고, 유동부채는 변동하지 않았으므로 유동비율, 당좌비율 모두 증가한다.

06 정답 ③

해설 현금상환 회계처리는 (차) 사채(비유동부채)　×××　　(대) 현금(유동자산)　　××× 이며, 회계처리의 결과 비유동부채 및 유동자산이 감소하게 된다.

1) 총자산회전율 = 매출액 / 총자산이며, 현금만큼 총자산이 감소하므로 총자산회전율은 증가한다.
2) 당좌비율 = 당좌자산 / 유동부채이며, 유동부채는 불변이지만 당좌자산은 감소하므로 당좌비율은 감소한다.

07 정답 ③

해설

유동자산	₩15,000	유동부채	₩10,000
		비유동부채	35,000
비유동자산	45,000	자기자본총계	15,000
합계	₩60,000	합계	₩60,000

1) 유동자산 = ₩10,000(유동부채) × 150% = ₩15,000
2) 부채비율 = (₩10,000 + ₩35,000) ÷ ₩15,000(자기자본) = 300%

08 정답 ①

해설 1) 대안 I의 회계처리

→ 해당 거래로 부채는 ₩25,000 감소하며, 자본은 ₩5,000 감소한다.
거래 이후 부채비율 = ₩55,000 ÷ ₩15,000 = 약 367%로 부채비율이 감소한다.

(차) 현금	25,000	(대) 토지	30,000
처분손실	5,000		
(차) 차입금	25,000	(대) 현금	25,000

09 정답 ②

해설 1) 20×1년 말 자본 = ₩3,000,000(기초자본) − ₩1,000,000(자기주식의 취득) + ₩1,000,000(당기순이익) = ₩3,000,000

2) 20×1년 말 총부채 = ₩3,000,000(기말자본) × 200%(부채비율) = ₩6,000,000

3) 자기주식 50주를 주당 ₩15,000에 처분 시 부채총계는 변화하지 않지만 자본총계는 자기주식처분에 따른 현금유입액만큼 증가하므로 ₩750,000 증가한다.

→ 20×2년 초 부채비율 200% = ₩6,000,000(부채총계) ÷ ₩3,000,000(주주지분)
해당거래 후 부채비율 = ₩6,000,000 ÷ ₩3,750,000 = 160%

4) 보통주를 유상증자하는 경우 현금수령액 ₩500,000만큼 자본총계가 증가한다. 해당 거래 이후 부채비율은 ₩6,000,000 ÷ ₩3,500,000 = 약 171%가 된다.

※ 자기주식의 소각, 주식배당, 무상증자는 자본총계를 변화시키지 않으므로 부채비율은 영향을 받지 않는다.

10 **정답** ②

[해설] ① 이자보상비율은 안전성을 분석하는 비율이다.
③ 총자산이익률은 유동성비율에 해당하지 않는다.
④ 이자보상비율은 그 비율이 높을 경우 지급능력이 양호하다고 판단할 수 있다.
⑤ 유동비율은 단기간의 지급능력을 보여주는 지표이지만 유동비율이 높은 경우 적절한 투자를 하지 못한 유동자금이 많다는 뜻이 될 수 있어 높을수록 좋다고 단정할 수 없다.

11 **정답** ③

[해설] 1) 매출원가 = ₩1,000(기초재고) + ₩8,500(매입) − ₩2,000(기말재고) = ₩7,500

구분	20×1년 초	20×1년 말
유동비율	₩3,500 ÷ ₩1,000 = 350%	₩3,000 ÷ ₩1,500 = 200%
당좌비율	(₩3,500 − 1,000) ÷ 1,000 = 250%	(₩3,000 − 2,000) ÷ ₩1,500 = 약 67%

① 20×1년 재고자산회전율 = ₩7,500 ÷ ₩1,500(평균재고) = 5회
④ 20×1년 매출총이익률 = ₩2,500(매출총이익) ÷ ₩10,000 = 25%

12 **정답** ①

[해설] 1) 주가이익비율(PER) = [₩25,000(주가) ÷ ₩10,000(주당순이익)] × 100% = 250%
2) 배당수익률 = ₩5,000(주당 배당) ÷ ₩25,000(주가) = 20%
3) 당좌비율 = 당좌자산/유동부채 = (₩2,000,000 − ₩500,000) ÷ ₩1,500,000 = 100%
4) 매출액순이익률 = (당기순이익 ÷ 매출액) × 100%
   = (₩2,500,000 ÷ ₩50,000,000) × 100% = 5%
5) 배당성향 = 주당 배당금 ÷ 주당순이익 = ₩5,000 ÷ ₩10,000 = 50%

13 **정답** ②

[해설] 1) 자기자본 = ₩500,000(매출액) ÷ 1.6회(자기자본회전율) = ₩312,500
2) 당기순이익 = ₩312,500(자기자본) × 2%(자기자본이익률) = ₩6,250

14 **정답** ⑤

[해설] 자기자본순이익률 = 매출액순이익률 × 총자산회전율 × (1 + 부채비율)
            15% = 매출액순이익률 × 0.5회 × (1 + 200%)
→ 매출액순이익률 = 10%

15 **정답** ①

[해설] 1) 유동자산 = ₩2,000(유동부채) × 250%(유동비율) = ₩5,000
2) 당좌자산 = ₩2,000(유동부채) × 100%(당좌비율) = ₩2,000
3) 재고자산 = ₩5,000(유동자산) − ₩2,000(당좌자산) = ₩3,000
4) 매출원가 = ₩3,000(재고자산) × 5회(재고자산회전율) = ₩15,000
5) 부채비율(200%) = (₩2,000 + ₩3,000) ÷ 자기자본
   → 자본 = ₩2,500

16 정답 ①

해설 1) 기초자본 = ₩10,000(기초자산) − ₩9,000(기초부채) = ₩1,000
2) 기말자본 = ₩11,000(기말자산) − ₩9,500(기말부채) = ₩1,500
3) 기말자본(₩1,500) = ₩1,000(기초자본) − ₩150(자기주식 취득) − ₩165(현금배당 결의) + ₩80
(기타포괄이익 발생) + 당기순이익(?)
→ 당기순이익(?) = ₩735
4) 총자산이익률 = ₩735(당기순이익) ÷ ₩10,500(평균자산) = 7%

17 정답 ④

해설 1) 당좌비율(100%) = ₩200(당좌자산) ÷ 유동부채
→ 유동부채 = ₩200

재무상태표			
당좌자산	₩200	유동부채	₩200
재고자산	100	비유동부채	400
비유동자산	700	자본	400

2) 기초자본 = ₩400(기말자본) − ₩160(20×1년도 당기순이익) = ₩240
3) 20×1년도 자기자본이익률 = ₩160(당기순이익) ÷ ₩320(평균자본) = 50%

CHAPTER 22 | 관계기업투자주식

01 정답 ⑤

해설 유의적인 영향력이 있다고 볼 수 있는 경우는 필수적인 기술정보를 제공하는 경우다.

02 정답 ④

해설 관계기업이 해외사업장과 관련된 누적 외환차이가 있고 기업이 유의적인 영향력을 상실하여 지분법 사용을 중단한 경우 기업은 해외사업장과 관련하여 이전에 기타포괄손익으로 인식했던 손익을 당기손익으로 재분류한다.

03 정답 ③

해설 20×1년도 지분법이익 = ₩10,000(피투자회사의 당기순이익) × 30% = ₩3,000 이익
※ 중간배당금은 배당금수익으로 인식하지 않고 관계기업투자주식 장부금액에서 차감한다.

04 **정답** ④

   해설 1) 20×1년 지분법이익 = [₩200,000 − ₩42,000(유형자산 장부금액과 공정가치의 차이분 중 감가
       상각비 실현분)] × 30% = ₩47,400
     2) 20×1년 말 관계기업투자주식 장부금액 = ₩1,000,000 + ₩47,400(지분법이익) − ₩12,000(배
       당금) = ₩1,035,400
     3) 20×2년 지분법이익 = [₩100,000 − ₩42,000(유형자산 장부금액과 공정가치의 차이분 중 감가
       상각비 실현분)] × 30% = ₩17,400
     4) 20×2년 말 관계기업투자주식 장부금액 = ₩1,035,400 + ₩17,400(지분법이익) − ₩6,000(배당금)
       = ₩1,046,800

05 **정답** ②

   해설 1) 지분법손익(A) = [₩3,000,000 − ₩400,000(재고자산 장부금액과 공정가치 차이분 실현손익)] ×
       30% = ₩780,000
     2) 20×2년 말 재무상태표에 표시할 관계기업투자주식 장부금액(B)
       = ₩6,000,000 + ₩780,000 + ₩4,000,000 × 30% − ₩800,000 × 30% = ₩7,740,000

06 **정답** ③

   해설 1) 지분법이익 = [₩200,000 − ₩100,000(재고자산의 공정가치와 장부금액의 차이실현분)] × 30%
       = ₩30,000
     2) 지분법자본변동 = ₩40,000(기타포괄이익) × 30% = ₩12,000
     3) 관계기업투자주식 = 300주 × ₩1,500 + ₩30,000(지분법이익) + ₩12,000(지분법자본변동) −
       ₩9,000(현금배당) = ₩483,000

07 **정답** ①

   해설 1) 20×1년 지분법이익 = [₩20,000 − ₩2,000(건물의 장부금액과 공정가치의 당기상각액)] × 25%
       = ₩4,500
     2) 20×1년 지분법자본변동 = (₩8,000) × 25% = (₩2,000)
     3) 20×1년 말 관계기업투자주식 = ₩50,000 − [₩10,000(배당금) × 25%] + ₩4,500(지분법이익)
       − ₩2,000(지분법자본변동) = ₩50,000

08 **정답** ④

   해설 1) 지분법이익 = [₩4,500 − (₩4,000 × 1/8)] × 30% = ₩1,200
     2) 20×1년 말 관계기업투자주식 장부금액 = ₩6,600 + ₩1,200 = ₩7,800
     ※ 무상증자는 관계기업투자주식 장부금액을 변동시키지 않는다.

09 **정답** ③

   해설 1) 20×1년 지분법이익 = [₩100,000 − (₩200,000 × 1/10)] × 20% = ₩16,000
     2) 20×1년 지분법자본변동 = ₩30,000(기타포괄이익) × 20% = ₩6,000
     3) 20×1년 말 관계기업투자주식 장부금액 = ₩300,000(20×1년 초 관계기업투자주식 장부금액)
       + ₩16,000(지분법이익) + ₩6,000(지분법자본변동) − ₩3,000(현금배당금 수령액) = ₩319,000

10 정답 ①

해설 1) 20×1년도 지분법이익 = [₩300,000(피투자회사 당기순이익) − ₩50,000(토지의 장부금액과 공정가치와의 차이) − ₩40,000(재고자산 당기판매분에 따른 장부금액과 공정가치와의 차이)] × 20% = ₩42,000

2) 20×1년 말 지분법적용투자주식 장부금액 = ₩600,000 + ₩42,000(지분법이익) − ₩20,000 (배당금) = ₩622,000

11 정답 ②

해설 1) 20×1년 말 관계기업투자주식 = ₩3,000,000 − [(₩3,000,000 + ₩1,500,000) × 30%] = ₩1,650,000

2) 20×2년 말 지분법손실 = ₩8,000,000(당기순손실) × 30% = ₩2,400,000

단, 20×1년 말 관계기업투자주식의 장부금액은 ₩1,650,000이므로 지분법손실 중 ₩1,650,000만 관계기업투자주식 장부금액에서 차감할 수 있다. 관계기업투자주식 장부금액에서 차감하지 못한 ₩750,000은 이후 지분법이익이 발생하면 해당 지분법이익에서 차감한다.

3) 20×3년 지분법이익 = ₩3,000,000 × 30% − ₩750,000 = ₩150,000

CHAPTER 23   보고기간 후 사건, 환율변동효과

01 정답 ④

해설 보고기간 후 사건은 회계기간 말과 재무제표의 이사회 발행승인일 사이의 사건을 의미한다.

02 정답 ①

해설 보고기간 말 이후에 자산의 시장가치 하락은 수정을 요하지 않는 보고기간 후 사건이다(예 주가하락).

03 정답 ④

해설 보고기간 말과 재무제표 발행승인일 사이의 투자자산 공정가치 하락은 수정을 요하지 않는 보고기간 후 사건이다. 수정을 요하는 보고기간 후 사건은 보고기간 말 이전에 이미 존재하였던 상황을 보고기간 말과 재무제표발행승인일 사이에 확인하는 경우에 해당한다.

04 정답 ①

해설 보고기간 후부터 재무제표 발행승인일 전 배당선언은 배당선언일의 부채로 인식한다.

05 **정답** ④

해설 금융기관 차입에 대한 지급보증 약정이나 생산공장의 화재 발생은 수정을 요하는 보고기간 후 사건에 해당하지 않는다.

06 **정답** ④

해설 투자자산의 공정가치 하락은 수정을 요하지 않는 보고기간 후 사건이다.

07 **정답** ③

해설 ① 보고기간 후 사건에는 수정을 요하는 보고기간 후 사건과 수정을 요하지 않는 보고기간 후 사건이 있다.

② 보고기간 말과 재무제표 발행승인일 사이에 투자자산의 공정가치가 하락하더라도, 재무제표에 투자 자산으로 인식된 금액을 수정하지 않는다.

④ 보고기간 말에 존재하였던 상황에 대한 정보를 보고기간 후에 추가로 입수한 경우는 그 정보를 반 영하여 공시 내용을 수정한다.

⑤ 경영진이 보고기간 후에, 기업을 청산하거나 경영활동을 중단할 의도를 가지고 있거나, 청산 또는 경영활동의 중단 외에 다른 현실적 대안이 없다고 판단하는 경우에는 계속기업의 기준에 따라 재무 제표를 작성할 수 없다.

08 **정답** ①

해설 보고기간 말과 재무제표 발행승인일 사이에 투자자산의 공정가치가 하락하는 사건은 수정을 요하지 않는 보고기간 후 사건이다.

09 **정답** ①

해설 화폐성 외화항목은 마감환율로 환산하고 이때 발생하는 외환차이는 당기손익으로 인식한다.

10 **정답** ④

해설 화폐성 외화항목은 마감환율로 환산하고 이때 발생하는 외환차이는 당기손익으로 인식한다. 차입금에 대한 환율상승분은 당기손실로 보고된다.

11 **정답** ③

해설 공정가치로 측정하는 비화폐성 외화항목은 공정가치 측정일의 환율로 환산한다.

12 **정답** ①

해설 1) 20×1년 12월 31일 매출채권 = \$5,000 × ₩1,060 = ₩5,300,000

※ 화폐성자산은 매 회계연도 말 마감환율로 환산한다.

2) 20×2년 1월 31일 회수한 현금 = \$5,000 × ₩1,050 = ₩5,250,000

3) 외환차손 = ₩5,250,000(수령한 현금) − ₩5,300,000(매출채권 장부금액) = (₩50,000)

13 정답 ③

해설 >

20×1.11.1.	(차) 매출채권	22,000,000	(대) 매출		22,000,000
20×1.12.1.	(차) 현금	11,500,000	(대) 매출채권		11,000,000
				외환차익	500,000
20×1.12.31.	(차) 매출채권	1,000,000	(대) 외화환산이익		1,000,000

1) 20×1.12.1. 현금수령액 = $10,000 × ₩1,150 = ₩11,500,000
2) 20×1년 말 외화환산이익 = $10,000 × (₩1,200 − ₩1,100) = ₩1,000,000
3) 20×1년도 외환차이 = ₩500,000(외환차익) + ₩1,000,000(외화환산이익) = ₩1,500,000

14 정답 ⑤

해설 > 원가모형의 토지는 공정가치로 평가하지 않는다. 외화 구입자산은 거래일의 환율로 인식한다.

20×1.10.1.	(차) 토지	10,000,000	(대) 현금		10,000,000
20×2.3.1.	(차) 현금	6,300,000	(대) 토지		5,000,000
				유형자산처분이익	1,300,000

※ 매각 시 수령한 현금 = $6,000 × ₩1,050 = ₩6,300,000

15 정답 ④

해설 >

20×1.9.1.	(차) 토지	6,000,000[*1]	(대) 현금		6,000,000
20×2.2.1.	(차) 현금	1,829,000[*2]	(대) 토지		1,800,000
				토지처분이익	29,000

*1. 토지 = $5,000 × ₩1,200 = ₩6,000,000
2. 현금 = $1,550 × ₩1,180 = ₩1,829,000

16 정답 ①

해설 > 매각예정으로 분류된 비유동자산(또는 처분자산집단)은 공정가치에서 처분부대원가를 뺀 금액과 장부금액 중 작은 금액으로 측정한다.

17 정답 ①

해설 > (1) 개인이 다음 중 어느 하나에 해당하는 경우, 그 개인이나 그 개인의 가까운 가족은 보고기업과 특수관계에 있다.

    (가) 보고기업에 지배력 또는 공동지배력이 있는 경우

    (나) 보고기업에 유의적인 영향력이 있는 경우

    (다) 보고기업 또는 그 지배기업의 주요 경영진의 일원인 경우

    개인의 가까운 가족 : 당해 기업과의 거래 관계에서 당해 개인의 영향을 받거나 당해 개인에게 영향력을 행사할 것으로 예상되는 가족으로서 다음의 경우를 포함한다.

      (1) 자녀 및 배우자(사실상 배우자 포함. 이하 같다)

      (2) 배우자의 자녀

      (3) 당해 개인이나 배우자의 피부양자

원가관리회계
정답 및 해설

원가관리회계 정답 및 해설

CHAPTER 01 **제조기업의 원가흐름**

---

01 정답 ④

해설 1) 당기총제조원가(₩650,000) = 직접재료원가 + ₩250,000(직접노무원가) + 20,000시간 × ₩6
→ 직접재료원가 = ₩280,000

2) 당기에 매입한 재료금액 = ₩280,000(직접재료원가 발생액) + ₩15,000(기말재료) − ₩10,000(기초재료) = ₩285,000

02 정답 ①

해설 1) (ㄴ) : ₩12,500(직접재료원가) + ₩12,500(직접노무원가) = ₩25,000

2) 판매가격(₩58,500) = 총원가(ㅂ) × 1.3
→ 총원가(ㅂ) = ₩45,000, 영업이익(ㅁ) = ₩45,000 × 30% = ₩13,500

3) 총원가(₩45,000) = 제조원가(ㄹ) × 1.5
→ 제조원가(ㄹ) = ₩30,000, 판매비와 관리비(ㄷ) = ₩30,000 × 50% = ₩15,000

4) 제조간접원가(ㄱ) = ₩30,000(제조원가) − ₩25,000(기초원가) = ₩5,000

03 정답 ④

해설 1) 당기총제조원가 = ₩1,400,000(당기제품제조원가) + ₩200,000(기말재공품) − ₩100,000(기초재공품) = ₩1,500,000

2) 제조간접원가 = ₩1,500,000(당기총제조원가) − ₩1,200,000(기본원가) = ₩300,000

3) 직접노무원가 = ₩1,100,000(가공원가) − ₩300,000(제조간접원가) = ₩800,000

04 정답 ⑤

해설 1) 기본원가 = ₩550(직접재료원가) + ₩600(직접노무원가) = ₩1,150

2) 제조간접원가 = ₩150(간접재료원가) + ₩300(공장감독자급여) + ₩1,000(공장감가상각비)
= ₩1,450

3) 재고불능원가(판매관리비) = ₩150(판매직급여) + ₩350(관리직급여) + ₩100(광고선전비)
= ₩600

4) 당기총제조원가 = ₩1,150(기본원가) + ₩1,450(제조간접원가) = ₩2,600

5) 당기제품제조원가 = ₩0(기초재공품원가) + ₩2,600(당기총제조원가) − ₩50(기말재공품원가)
= ₩2,550

05 **정답** ④

해설

재고자산			
기초원재료	₩300,000	기말원재료	₩400,000
원재료 매입액	1,500,000	기말재공품	400,000
기초재공품	200,000	기말제품	?
가공원가	5,000,000	매출원가(₩7,200,000/1.2)	6,000,000
기초제품	500,000		
합계	₩7,500,000	합계	₩7,500,000

→ 기말제품 = ₩700,000

06 **정답** ②

해설

재공품			
기초재공품	₩50,000	당기제품제조원가	₩1,400,000
직접재료사용액	300,000		
가공원가	1,150,000	기말재공품	100,000
합계	₩1,500,000	합계	₩1,500,000

※ 가공원가 = ₩100,000(공장건물 감가상각비) + ₩150,000(공장기계 수선유지비) + ₩400,000(공장감독자 급여) + ₩500,000(공장근로자 급여) = ₩1,150,000

07 **정답** ④

해설

재공품			
기초재공품	₩40,000	당기제품제조원가	₩140,000
직접재료원가	30,000		
직접노무원가	80,000		
제조간접원가	40,000	기말재공품	50,000

※ 직접노무원가 발생액(?) + ₩15,000(선급노무원가 감소액) + ₩20,000(미지급노무원가 증가액) = (₩45,000) 현금지급액
→ 직접노무원가 발생액 = ₩80,000

08 **정답** ④

해설
1) 직접재료원가 = ₩200(기초직접재료) + ₩500(매입액) − ₩100(기말직접재료) = ₩600
2) 직접노무원가 = 기본원가의 50%가 직접노무원가이며, 기본원가의 나머지 50%가 직접재료원가이므로 직접노무원가는 직접재료원가와 같은 ₩600이다.
3) 제조간접원가 = ₩100(공장보험료) + ₩50(공장감가비) + ₩300(기타제조간접원가) = ₩450
4) 당기제품제조원가 = ₩1,500(기초재공품) + ₩1,650(당기총제조원가) − ₩1,000(기말재공품) = ₩2,150

09 정답 ①

해설

재고자산			
기초재공품	₩60,000	기말재공품	₩30,000
직접재료원가	45,000	기말제품	60,000
직접노무원가	35,000	매출원가	?
제조간접원가	26,000		
기초제품	45,000		

매출원가 = ₩121,000

10 정답 ③

해설

재고자산			
기초직접재료	₩17,000	기말직접재료	₩13,000
당기 직접재료매입액	?	기말재공품	15,000
기초재공품	20,000	기말제품	23,000
가공원가	98,000	매출원가(₩180,000/1.2)	150,000
기초제품	18,000		

1) 당기 직접재료매입액 = ₩48,000
2) 영업이익 = ₩180,000(매출액) − ₩150,000(매출원가) − ₩10,000(판매관리비) = ₩20,000

11 정답 ②

해설

재고자산			
기초재공품	₩170,000	기말재공품	₩320,000
직접재료원가	830,000	기말제품	110,000
가공원가	2,250,000	매출원가	2,950,000
기초제품	130,000		

→ 매출총이익 = ₩3,835,000(매출액) − ₩2,950,000(매출원가) = ₩885,000

12 정답 ⑤

해설

재공품				제품			
기초재공품	30,000	당기제품제조원가		기초제품	35,000	매출원가	533,000
직접재료원가	101,000		526,000				
직접노무원가	205,000			당기제품제조원가			
제조간접원가	205,000	기말재공품	15,000		526,000	기말제품	28,000

13 정답 ②

해설

재고자산			
기초직접재료	₩20,000	기말직접재료	?
직접재료매입액	180,000	기말재공품	₩40,000
기초재공품	50,000	기말제품	100,000
가공원가	130,000	매출원가(₩400,000×75%)	300,000
기초제품	90,000		

→ 기말직접재료 = ₩30,000

14 정답 ③

해설

재고자산			
기초원재료	₩10,000	기말원재료	₩12,000
당기원재료 매입	40,000	기말재공품	60,000
기초재공품	50,000	기말제품	96,000
가공원가	138,000	매출원가	150,000
기초제품	80,000		
합계	₩318,000	합계	₩318,000

1) 직접노무원가 = ₩138,000 × 60% = ₩82,800
2) 직접재료원가 = ₩10,000(기초재료) + ₩40,000(매입) − ₩12,000(기말재료) = ₩38,000
3) 기초원가 = ₩38,000(직접재료원가) + ₩82,800(직접노무원가) = ₩120,800

15 정답 ③

해설

재고자산			
기초직접재료	₩50,000	기말직접재료	₩60,000
직접재료 매입액	500,000	기말재공품	50,000
기초재공품	80,000	기말제품	35,000
가공원가	?	매출원가	1,200,000
기초제품	55,000		
합계	₩1,345,000	합계	₩1,345,000

1) 가공원가 = ₩660,000

    → 직접노무원가 = ₩660,000 × 1/1.5 = ₩440,000
2) 직접재료원가 = ₩50,000(기초직접재료) + ₩500,000(직접재료 매입액) − ₩60,000(기말직접
재료) = ₩490,000
3) 기본원가 = ₩490,000(직접재료원가) + ₩440,000(직접노무원가) = ₩930,000

16 정답 ③

해설

재고자산(원재료 + 재공품 + 제품)			
기초직접재료	₩80,000	기말직접재료	₩60,000
직접재료 매입액	960,000	기말재공품	75,000
기초재공품	100,000	기말제품	80,000
가공원가(?)	1,050,000	매출원가(₩2,500,000 × 84%)	2,100,000
기초제품	125,000		

1) 직접재료원가 = ₩80,000 + ₩960,000 − ₩60,000 = ₩980,000
2) 제조간접원가 = ₩1,050,000(가공원가) × 1/1.4 = ₩750,000
3) 직접노무원가 = ₩750,000(제조간접원가) × 40% = ₩300,000
4) 기본원가 = ₩980,000(직접재료원가) + ₩300,000(직접노무원가) = ₩1,280,000

17 정답 ②

해설 1) 제조간접원가 = ₩50,000(생산설비 보험료) + ₩30,000(생산직관리자 급여) + ₩70,000(공장건물 감가상각비) = ₩150,000

재고자산			
기초원재료	₩40,000	기말원재료	₩60,000
원재료 매입액	?	기말재공품	100,000
기초재공품	90,000	기말제품	120,000
직접노무원가	110,000	매출원가	480,000
제조간접원가	150,000		
기초제품	80,000		

→ 원재료매입액 = ₩290,000

CHAPTER 02 **개별원가계산**

01 정답 ⑤

해설 기말재공품으로 계상할 금액은 미완성된 작업#2의 원가이다.
1) 작업#2에 배부될 제조간접원가 = ₩6,000 × (₩8,000/₩20,000) = ₩2,400
2) 기말재공품 원가(작업#2) = ₩4,000 + ₩3,000 + ₩5,000 + ₩2,400 = ₩14,400

02 정답 ③

해설 지시서 #901에 배부할 제조간접원가 = ₩1,000,000 × (320시간/2,500시간) = ₩128,000

03 **정답** ①

해설 ① 당기제품제조원가(#1, 2의 원가) = ₩8,950(#1의 원가) + ₩3,750(#2의 원가) = ₩12,700
② 당기총제조원가 = ₩10,000 + ₩1,000 + ₩4,000 = ₩15,000
③ 기초재공품원가 = #1의 기초금액 = ₩450
④ 기말재공품원가(#3의 원가) = ₩1,500(직접재료원가) + ₩250(직접노무원가) + ₩1,000(제조간접원가) = ₩2,750
    * #1의 제조간접원가 = ₩4,000 × (₩500/₩1,000) = ₩2,000
    * #2의 직접노무원가 = ₩1,000 × 25% = ₩250
⑤ 당기매출원가(지시서#1의 원가) = ₩450 + ₩6,000 + ₩500 + ₩2,000 = ₩8,950

04 **정답** ⑤

해설 1) 제조간접원가 예정배부율 = ₩30,000(제조간접원가 예산) ÷ ₩20,000(예정조업도)
    = ₩1.5(직접노무원가)
2) 기말 현재 No.25는 작업이 진행 중이므로 당기제품제조원가가 되는 것은 No.23, 24의 원가이다.
  – No.23의 원가 = ₩22,500(기초재공품) + ₩2,000(직접재료원가) + ₩6,000(직접노무원가) + ₩9,000(제조간접원가 예정배부액) = ₩39,500
  – No.24의 원가 = ₩9,000(직접재료원가) + ₩10,000(직접노무원가) + ₩15,000(제조간접원가 예정배부액) = ₩34,000
3) 당기제품제조원가 = ₩39,500 + ₩34,000 = ₩73,500

05 **정답** ④

해설 1) 제품A 제조원가 = ₩50,000(직접재료원가) + ₩43,000(직접노무원가) + ₩12,900(제조간접원가 배부액) = ₩105,900
    ① 직접재료원가 = ₩20,000(기초재고액) + ₩40,000(당기매입액) − ₩10,000(기말재고액) = ₩50,000
    ② 직접노무원가 발생액 = ₩43,000

미지급노무원가			
당기지급액	45,000	기초잔액	₩22,000
기말잔액	20,000	당기발생액	43,000

    ③ 제조간접원가 배부액 = ₩30,000 × (₩43,000/₩100,000) = ₩12,900
2) 제품B 제조원가 = ₩25,000(직접재료원가) + ₩57,000(직접노무원가) + ₩17,100(제조간접원가 배부액) = ₩99,100
    ① 직접재료원가 = ₩10,000(기초재고액) + ₩30,000(당기매입액) − ₩15,000(기말재고액) = ₩25,000
    ② 직접노무원가 발생액 = ₩57,000

미지급노무원가			
당기지급액	60,000	기초잔액	₩30,000
기말잔액	27,000	당기발생액	57,000

    ③ 제조간접원가 배부액 = ₩30,000 × (₩57,000/₩100,000) = ₩17,100

06 정답 ①

해설 원칙적으로 배부차액은 기말재공품, 기말제품, 매출원가의 세 계정에서 조정하여야 한다.

07 정답 ①

해설
1) 제조간접원가 예정배부율 = ₩360,000 ÷ 40,000시간 = ₩9(직접노무시간)
2) 당기총제조원가(₩2,500,000) = ₩1,650,000(직접재료원가) + 실제직접노무시간 × ₩11(실제임률) + 실제직접노무시간 × ₩9(제조간접원가 예정배부율)
   → 실제직접노무시간 = 42,500시간
3) 제조간접원가 예정배부액 = 42,500시간(실제조업도) × ₩9 = ₩382,500
4) 배부차이 = ₩362,500(실제발생액) < ₩382,500(예정배부액) = ₩20,000 과대배부

08 정답 ①

해설

재고자산			
기초직접재료	₩20,000	기말직접재료	₩30,000
직접재료 매입액	90,000	기말재공품	38,000
기초재공품	25,000	기말제품	32,000
직접노무원가 발생액	140,000	매출원가(₩300,000 × 80%)	240,000
제조간접원가 예정배부액	?		
기초제품	44,000		

1) 제조간접원가 예정배부액 = ₩21,000
2) 직접노무시간 = ₩140,000 ÷ ₩40 = 3,500시간
3) 제조간접원가 예정배부율 = ₩21,000(예정배부액) ÷ 3,500시간 = ₩6.0

09 정답 ③

해설

재고자산			
기초직접재료	₩5,000	기말직접재료	₩6,000
직접재료 매입액	30,000	기말재공품	12,000
기초재공품	10,000	기말제품	5,000
직접노무원가 발생액	20,000	매출원가(₩90,000 × 70%)	63,000
제조간접원가 예정배부액	?		
기초제품	7,000		

1) 제조간접원가 예정배부액 = ₩14,000
2) 20×1년 제조간접원가 예정배부율 = ₩14,000(예정배부액) ÷ 1,000시간 = ₩14

10 정답 ⑤

해설
1) 제조간접원가 예정배부액 = ₩1,500,000(실제발생액) − ₩200,000(과소배부) = ₩1,300,000
2) 예정배부액(₩1,300,000) = 실제조업도 × ₩65
   → 실제조업도 = 20,000시간
3) 예산금액 = 25,000시간(예정조업도) × ₩65(예정배부율) = ₩1,625,000

11 【정답】 ②

【해설】 1) 제조간접원가 예정배부율 = ₩192,400(예산) ÷ 3,700시간(예정조업도) = ₩52
2) 제조간접원가 예정배부액 = 450시간(실제조업도) × ₩52(예정배부율) = ₩23,400
3) 제조간접원가 실제발생액 = ₩23,400(예정배부액) − ₩1,300(과대배부) = ₩22,100

12 【정답】 ④

【해설】 1) 제조간접원가 예정배부액 = ₩22,000(실제발생) + ₩2,000(과대배부) = ₩24,000
2) 예정배부액(₩24,000) = 200시간(직접노동시간) × 제조간접원가 예정배부율
  → 제조간접원가 예정배부율 = ₩120
3) 정상조업도 = ₩30,000(제조간접원가 예산액) ÷ ₩120(예정배부율) = 250시간

13 【정답】 ⑤

【해설】 1) 전체 배부차이 = ₩6,000 ÷ 30% = ₩20,000(과대배부)
2) 제조간접원가 예정배부액 = ₩180,000(실제발생) + ₩20,000(과대배부) = ₩200,000
3) 20×1년 실제발생한 직접노무시간 = ₩200,000(예정배부액) ÷ ₩160(예정배부율) = 1,250시간

14 【정답】 ①

【해설】 1) 제조간접원가 예정배부율 = ₩40,000 ÷ 2,000시간 = ₩20(기계시간)
2) 제조간접원가 예정배부액 = 2,100시간 × ₩20 = ₩42,000
3) 제조간접원가 실제발생액 = ₩42,000(예정배부액) − ₩3,000(과대배부액) = ₩39,000

15 【정답】 ③

【해설】 1) 예정배부율 = ₩928,000(예산) ÷ 80,000시간(예정조업도) = ₩11.6(기계작업시간)
2) 제조간접원가 예정배부액(₩840,710) = 실제 기계작업시간 × ₩11.6(예정배부율)
  → 실제 기계작업시간 = 72,475시간

16 【정답】 ①

【해설】 1) 예정배부율 = ₩75,000 ÷ 7,500시간 = ₩10(직접노무시간)
2) 예정배부액 = 8,000시간 × ₩10 = ₩80,000
3) 배부차이 = ₩80,000(예정배부액) − ₩79,000(실제 발생액) = ₩1,000 과대배부
4) 배부차이 조정 전 매출원가
※ 당기총제조원가 = ₩135,000(직접재료원가 사용액) + ₩90,000 + ₩80,000 = ₩305,000
※ 당기제품제조원가 = ₩18,000(기초재공품) + ₩305,000 − ₩27,000(기말재공품) = ₩296,000
※ 매출원가 = ₩80,000(기초제품) + ₩296,000 − ₩105,000(기말제품) = ₩271,000
5) 배부차이 조정 후 매출원가 = ₩271,000 − ₩1,000(과대배부) = ₩270,000

17 【정답】 ②

【해설】 1) 예정배부액 = ₩70,000 × 200% = ₩140,000
2) 배부차이 = ₩120,000(실제제조간접원가) < ₩140,000(예정배부액) = ₩20,000 과대배부
3) 배부차이 조정 전 매출원가(제조지시서 #1) = ₩30,000(기초재공품) + ₩22,000(직접재료원가) +
  ₩30,000(직접노무원가) + ₩60,000(제조간접원가 예정배부액) = ₩142,000
4) 배부차이 조정 후 매출원가 = ₩142,000 − ₩20,000(과대배부) = ₩122,000

18 정답 ④

해설

재고자산			
기초직접재료	₩3,000	기말직접재료	₩4,000
직접재료매입액	21,000	기말재공품	45,000
기초재공품	50,000	기말제품	60,000
가공원가	?	매출원가	90,000
기초제품	70,000		

→ 가공원가 = ₩55,000

1) 직접재료원가 = ₩3,000(기초재료) + ₩21,000(매입액) − ₩4,000(기말재료) = ₩20,000
2) 기초원가 = ₩20,000(직접재료원가) ÷ 40% = ₩50,000
3) 직접노무원가 = ₩50,000(기초원가) − ₩20,000(직접재료원가) = ₩30,000
4) 제조간접원가 예정배부액 = ₩55,000(가공원가) − ₩30,000(직접노무원가) = ₩25,000
5) 제조간접원가 실제발생액 = ₩25,000 + ₩7,000(과소배부) = ₩32,000

19 정답 ⑤

해설
1) 예정배부율 = ₩2,000,000 ÷ 5,000시간 = ₩400(직접노무시간)
2) 예정배부액 = 3,500시간 × ₩400 = ₩1,400,000
3) 배부차이 = ₩1,500,000(실제발생액) − ₩1,400,000(예정배부액) = ₩100,000 과소배부
4) 배부차이 조정 후 매출원가(화물선) = ₩800,000 + ₩100,000(배부차이) = ₩900,000

20 정답 ①

해설
1) 예정배부율 = ₩600,000 ÷ 20,000시간 = ₩30(직접노무시간)
2) 예정배부액 = 18,000시간 × ₩30 = ₩540,000
3) 배부차이 = ₩650,000(실제발생액) − ₩540,000(예정배부액) = ₩110,000 과소배부
4) 포괄손익계산서에 인식할 매출총이익 = ₩400,000 − ₩110,000 = ₩290,000

21 정답 ⑤

해설
1) 직접재료원가 = ₩3,200(기초직접재료) + ₩35,000(직접재료매입액) − ₩6,200(기말직접재료) = ₩32,000
2) 직접노무원가 = ₩56,000(기초원가) − ₩32,000(직접재료원가) = ₩24,000

재고자산			
기초직접재료	₩3,200	기말직접재료	₩6,200
직접재료매입액	35,000	기말재공품	7,200
기초재공품	8,600	기말제품	8,000
직접노무원가	24,000	매출원가	65,000
제조간접원가(₩24,000 × 40%)	9,600		
기초제품	6,000		

3) 제조간접원가 배부차이 = ₩67,700(배부차이 조정 후 매출원가) − ₩65,000(배부차이 조정 전 매출원가) = ₩2,700 과소배부

4) 당기에 발생한 실제 제조간접원가 = ₩9,600(제조간접원가 예정배부액) + ₩2,700(과소배부)
= ₩12,300

22 **정답** ⑤

해설 1) 제조간접원가 예정배부율 = ₩320,000 ÷ 4,000시간 = ₩80(직접작업시간)

2) 제조간접원가 예정배부액 = 4,500시간 × ₩80 = ₩360,000

3) 배부차이 = ₩400,000(실제 제조간접원가) − ₩360,000(예정배부액) ₩40,000 과소배부

4) 배부차이 조정(LNG선) = ₩40,000 × (₩640,000/₩1,600,000) = ₩16,000

5) LNG선 제조원가 = ₩340,000 + ₩180,000 + ₩120,000 + ₩16,000(배부차이) = ₩656,000

23 **정답** ③

해설 1) 제조간접원가 예정배부율 = ₩480,000 ÷ 6,000시간 = ₩80(직접작업시간)

2) 제조간접원가 예정배부액 = 5,000시간 × ₩80 = ₩400,000

3) 배부차이 = ₩500,000(실제발생액) − ₩400,000(예정배부액) = ₩100,000 과소배부

4) 배부차이조정

   − 유람선(기말제품) = ₩100,000 × (₩720,000/₩2,000,000) = ₩36,000

   − 배부차이 조정 후 제품원가 = ₩720,000 + ₩36,000(배부차이) = ₩756,000

24 **정답** ③

해설 1) 20×1년 제조간접원가 예정배부율 = ₩32,000 ÷ 4,000시간 = ₩8

2) 제조간접원가 배부차이 = ₩16,000(예정배부액) VS ₩12,500(실제발생액) = ₩3,500 과대배부

3) 매출원가(#101)에 배부되는 배부차이 = ₩3,500 × (₩15,000/₩35,000) = ₩1,500

4) 배부차이 조정 후 매출원가 = ₩15,000(배부차이 조정 전 매출원가) − ₩1,500 = ₩13,500

5) 20×1년 매출총이익 = ₩16,000(매출액) − ₩13,500(매출원가) = ₩2,500

25 **정답** ④

해설 1) 20×1년 제조간접원가 예정배부율 = ₩80,000 ÷ 4,000시간 = ₩20(기계시간)

2) 20×1년 제조간접원가 예정배부액 = 3,800시간 × ₩20 = ₩76,000

3) 배부차이 = ₩82,000(실제발생액) − 76,000(예정배부액) = ₩6,000 과소배부

4) 배부차이 조정 전 #101원가(매출원가) = ₩27,000 + ₩25,000 + 1,400시간 × ₩20 = ₩80,000

5) 배부차이 조정 후 매출원가 = ₩80,000 + ₩6,000(과소배부) × (₩80,000/₩200,000) = ₩82,400

6) 배부차이 조정 후 매출총이익 = ₩120,000(매출액) − ₩82,400(매출원가) = ₩37,600

26 **정답** ⑤

해설 1) 매출원가 = ₩1,000,000(매출액) × 80%(매출원가율) = ₩800,000

2) 당기제품제조원가 = ₩800,000(매출원가) + ₩180,000(기말제품) = ₩980,000

3) 당기총제조원가 = ₩980,000(당기제품제조원가) + ₩120,000(기말재공품) = ₩1,100,000

4) 제조간접원가 실제발생액 = ₩1,100,000 − ₩750,000(기본원가) = ₩350,000

5) 제조간접원가 예정배부액 = ₩750,000(기본원가) × 50% = ₩375,000

6) 제조간접원가 배부차이 = ₩350,000(실제발생액) < ₩375,000(예정배부액) = ₩25,000 과대배부

27 **정답** ②

해설 1) 제조간접원가 예정배부율 = ₩1,280,000 ÷ 4,000시간 = ₩320(기계시간)
2) 제조간접원가 예정배부액 = 3,960시간 × ₩320 = ₩1,267,200
3) 배부차이 = ₩1,267,200(배부액) > ₩1,170,000(실제 발생액) = ₩97,200 과대배부

구분	단거리 우주선	중거리 우주선	장거리 우주선
제조간접원가	₩158,400	₩475,200	₩633,600

4) 매출원가에 배부될 배부차이 = ₩97,200 × (₩158,400/₩1,267,200) = ₩12,150
5) 배부차이 조정 후 매출원가 = ₩548,400 − ₩12,150(과대배부) = ₩536,250

CHAPTER **03**　**보조부문의 원가배부**

01 **정답** ④

해설 직접배부법은 보조부문 간의 용역수수관계를 고려하지 않기 때문에 적용이 간편하다.

02 **정답** ③

해설 1) 변동원가(실제공급노동시간 기준) = ₩40,000 × (500시간/1,000시간) = ₩20,000
2) 고정원가(최대공급노동시간 기준) = ₩12,000 × (500시간/1,200시간) = ₩5,000
3) 조립부문에 배부될 원가 = ₩20,000 + ₩5,000 = ₩25,000

03 **정답** ②

해설 이중배부율법은 변동원가는 실제사용량, 고정원가는 최대사용가능량에 따라 각각 다른 배부율을 적용하는 방법이다.
1) 동력부원가의 배부액(절단부)
 • 변동원가 = ₩50,000 × (300kW/500kW) = ₩30,000
 • 고정원가 = ₩100,000 × (500kW/1,000kW) = ₩50,000
2) 동력부원가의 배부액(조립부)
 • 변동원가 = ₩50,000 × (200kW/500kW) = ₩20,000
 • 고정원가 = ₩100,000 × (500kW/1,000kW) = ₩50,000

04 **정답** ④

해설 1) 단일배분율법 = ₩540,000 × (500kW/800kW) = ₩337,500
2) 이중배분율법 = ₩240,000(변동제조간접원가) × (500kW/800kW) + ₩300,000(고정제조간접원가) × (600kW/1,200kW) = ₩300,000
3) 단일배분율법과 이중배분율법의 차이 = ₩337,500 − ₩300,000 = ₩37,500

05 정답 ④

해설 P2에 배분될 보조부문원가 = ₩60,000(S1 보조부문원가) × (18기계시간/48기계시간) + ₩30,000(S2 보조부문원가) × (240kW/400kW) = ₩40,500

06 정답 ⑤

해설 절단부문에 배부될 보조부문원가 = ₩250,000(수선부문원가) × (60시간/80시간) + ₩170,000(동력부문) × (350kWh/800kWh) = ₩261,875

07 정답 ①

해설 1) 부문공통원가 배부(점유면적 기준)
= ₩10,000(S1), ₩20,000(S2), ₩30,000(P1), ₩40,000(P2)
2) P1에 배부되는 보조부문 원가
= ₩250,000(S1) × 400/800 + ₩180,000(S2) × 300/500 = ₩233,000
3) P1의 배부 후 총원가 = ₩400,000 + ₩30,000(부문공통원가 배부액) + ₩233,000(보조부문으로부터 배부받은 금액) = ₩663,000

08 정답 ③

해설 1) A부문 원가 배부 = B(₩60,000), X(₩60,000), Y(₩80,000)
2) B부문 원가 배부(₩300,000 + ₩60,000) = X(₩180,000), Y(₩180,000)
→ X부문에 배부되는 원가 = ₩60,000 + ₩180,000 = ₩240,000

09 정답 ⑤

해설 1) Y부문 원가 배부(₩200,000) : X부문(₩40,000) , A부문(₩60,000), B부문(₩100,000)
2) X부문 원가배부(₩140,000 + ₩40,000) = A부문(₩108,000), B부문(₩72,000)
→ A부문원가 합계 = ₩100,000 + ₩60,000 + ₩108,000 = ₩268,000
→ B부문원가 합계 = ₩200,000 + ₩100,000 + ₩72,000 = ₩372,000

10 정답 ①

해설 1) X부문의 원가 먼저 배분 시 → Y(₩64,000), A(₩32,000), B(₩64,000)
Y부문 원가 배분(₩200,000 + ₩64,000) = A(₩132,000) , B(₩132,000)
2) Y부문의 원가 먼저 배분 시 → X(₩80,000), A(₩60,000), B(₩60,000)
X부문 원가 배분(₩160,000 + ₩80,000) = A(₩80,000) , B(₩160,000)
3) A부문에 배부되는 보조부문원가의 차이
X부문 먼저 배부 시 A = ₩32,000 + ₩132,000 = ₩164,000
Y부문 먼저 배부 시 A = ₩60,000 + ₩80,000 = ₩140,000
보조부문원가 차이 = ₩164,000 − ₩140,000 = ₩24,000

11 정답 ⑤

해설 1) 부문공통원가의 배부(점유면적 기준) = 유지부문(₩200,000 × 10% = ₩20,000), ₩40,000(동력부문), ₩60,000(금형부문), ₩80,000(조립부문)

2) 유지부문원가의 배부
유지부문원가(₩140,000) : 동력부문(₩28,000), 금형부문(₩56,000), 조립부문(₩56,000)
※ 동력부문에 배부되는 유지부문원가 = ₩140,000 × (200/1,000) = ₩28,000
※ 금형부문에 배부되는 유지부문원가 = ₩140,000 × (400/1,000) = ₩56,000
※ 조립부문에 배부되는 유지부문원가 = ₩140,000 × (400/1,000) = ₩56,000

3) 동력부문원가의 배부(₩80,000 + ₩40,000 + ₩28,000 = ₩148,000)
동력부문원가(₩148,000) = 금형부문(₩88,800), 조립부문(₩59,200)
※ 금형부문에 배부되는 동력부문원가 = ₩148,000 × (300/500) = ₩88,800

4) 금형부문의 총원가 = ₩200,000(부문개별원가) + ₩60,000(부문공통원가) + ₩56,000(유지부문원가 배부액) + ₩88,800(동력부문원가 배부액) = ₩404,800

12 정답 ①

해설 1) 갑제품의 단위당 제조원가 = ₩12,000 ÷ 1.2 = ₩10,000

2) A부문의 원가배부(₩240,000) = ₩60,000(B), ₩120,000(C), ₩60,000(D)

3) B부문의 원가배부(₩200,000 + ₩60,000) = ₩97,500(C), ₩162,500(D)
※ C에 배부되는 B부문의 원가 = ₩260,000 × 5/8 = ₩97,500

4) C부문의 단위당 제조간접원가 = (₩120,000 + ₩97,500) ÷ 100단위 = ₩2,175

5) 갑제품의 단위당 직접노무원가 = ₩10,000 − ₩4,825(단위당 직접재료원가) − ₩2,175(단위당 제조간접원가) = ₩3,000

13 정답 ①

해설 동력부의 원가를 X, 관리부의 원가를 Y라고 하자.
X = ₩200,000 + 0.25Y
Y = ₩370,000 + 0.4X
→ 해당 식을 연립하면 X = ₩325,000, Y = ₩500,000
* 제과부에 배부되는 원가 = ₩325,000 × 0.2 + ₩500,000 × 0.4 = ₩265,000

14 정답 ③

해설 1) 수선부문의 원가를 X, 동력부문의 원가를 Y라고 하자.
X = ₩40,000 + 0.2Y
Y = ₩35,000 + 0.3X
→ 해당 식을 연립하면 X = ₩50,000, Y = ₩50,000

2) 조립부문에 집계된 부문원가 = ₩50,000 × 0.4 + ₩50,000 × 0.4 + ₩150,000 = ₩190,000

15 **정답** ①

해설 1) 보조부문 1의 원가를 X, 보조부문 2의 원가를 Y라고 하자.

X = ₩80,000 + 0.2Y

Y = ₩70,000 + 0.3X

→ 해당 식을 연립하면 X = ₩100,000, Y = ₩100,000이다.

2) 제조부문 2의 총원가 = ₩250,000 + ₩100,000 × 0.3 + ₩100,000 × 0.4 = ₩320,000

16 **정답** ③

해설 1) 수선부문의 원가를 S1, 동력부문의 원가를 S2라고 하자.

수선(S1) = ₩260,000 + 0.25S2

동력(S2) = ₩100,000 + 0.2S1

→ 해당 식을 연립하면 S1 = ₩300,000, S2 = ₩160,000

2) 조립부문에 배부될 보조부문원가 합계액 = ₩300,000 × 0.35 + ₩160,000 × 0.2 = ₩137,000

17 **정답** ④

해설 수선부문의 배부대상 원가(S1), 동력부문의 배부대상 원가(S2)라고 하자.

1) 도색부문에 배부된 금액(₩100,000) = 0.5S1 + 0.4S2

2) 조립부문에 배부된 금액(₩80,000) = 0.3S1 + 04S2

→ 해당 식을 연립하면 S1 = ₩100,000, S2 = ₩125,000

3) 동력부문의 배부대상 금액(₩125,000) = 배부 전 원가 + 0.2 × ₩100,000

→ 배부 전 원가 = ₩105,000

18 **정답** ⑤

해설 1) 상호배부법에 따른 연립방정식

S1 = ₩270,000 + 0.2S2

S2 = ₩450,000 + 0.5S1

→ 해당 식을 연립하면 S1 = ₩400,000, S2 = ₩650,000

2) P1의 총원가(₩590,000) = ₩250,000(부문발생원가) + 0.2 × ₩400,000 + 용역제공비율 × ₩650,000

→ 용역제공비율 = 40%

19 **정답** ③

해설 1) 상호배분법에 따른 연립방정식

A부문 = ₩220,000 + 0.5A

B부문 = ₩180,000 + 0.4B

→ A부문 = ₩387,500, B부문 = ₩335,000

2) C부문에 배부되는 보조부문 원가 = ₩387,500 × 40% + ₩335,000 × 25% = ₩238,750

3) C부문의 총제조간접원가 = ₩161,250 + ₩238,750(보조부문 배부액) = ₩400,000

4) 갑제품의 단위당 원가 = ₩10,000 + (₩400,000 ÷ 50단위) = ₩18,000

| CHAPTER | 04 | 활동기준원가계산 |

01 정답 ⑤

해설 제품의 다양성이 증가되면서 개별제품이나 작업에 직접 추적이 어려운 제조간접원가의 비중이 증가되었다.

02 정답 ④

해설 원가의 발생행태보다 원가를 소비하는 활동에 초점을 맞추어 원가를 집계하고, 배부하기 때문에 전통적인 원가계산보다 정확한 제품원가 정보를 제공한다.

03 정답 ④

해설 1) 활동별 원가배부율
- 구매주문활동별 배부율 = ₩160,000 ÷ 40회 = ₩4,000(주문횟수)
- 품질검사활동별 배부율 = ₩570,000 ÷ 30회 = ₩19,000(검사횟수)
- 기계가동활동별 배부율 = ₩4,000,000 ÷ 200시간 = ₩20,000(기계시간)

2) A의 단위당 제조원가 = ₩200 + ₩10 + [(15회 × ₩4,000 + 10회 × ₩19,000 + 80시간 × ₩20,000) ÷ 4,000단위] = ₩673

3) B의 단위당 제조원가 = ₩250 + ₩20 + [(25회 × ₩4,000 + 20회 × ₩19,000 + 120시간 × ₩20,000) ÷ 5,000단위] = ₩846

04 정답 ⑤

해설 1) 활동별 배부율
- 재료처리활동 배부율 = ₩6,000,000 ÷ 8,000단위 = ₩750(제품생산량)
- 선반작업활동 배부율 = ₩3,000,000 ÷ 2,000회 = ₩1,500(기계회전수)
- 연마작업활동 배부율 = ₩1,500,000 ÷ 500단위 = ₩3,000(부품수)
- 조립작업활동 배부율 = ₩1,000,000 ÷ 2,000시간 = ₩500(조립시간)

2) 제품 B의 단위당 제조원가
= ₩3,000(단위당 직접재료원가) + ₩750(재료처리활동) + [(800회 × ₩1,500 + 350단위 × ₩3,000 + 1,000시간 × ₩500) ÷ 5,000단위] = ₩4,300

05 정답 ③

해설 1) 제품 B의 제조간접원가 = ₩100,000 × (50회/100회) + ₩600,000 × (1,200시간/3,000시간) + ₩90,000 × (60검사시간/150검사시간) = ₩326,000

2) 제품 B의 단위당 제조간접원가 = ₩326,000 ÷ 2,000단위 = ₩163

06 정답 ④

해설 1) 활동별 배부율
- 제품설계활동 배부율 = ₩450,000 ÷ 100단위 = ₩4,500(부품수)
- 생산준비활동 배부율 = ₩325,000 ÷ 650회 = ₩500(준비횟수)

- 생산운영활동 배부율 = ₩637,500 ÷ 12,750시간 = ₩50(기계작업시간)
- 선적준비활동 배부율 = ₩80,000 ÷ 200회 = ₩400(선적횟수)
- 배달활동 배부율 = ₩300,000 ÷ 60,000kg = ₩5(배달제품 중량)

2) 제품 A의 단위당 제조간접원가 = [(70단위 × ₩4,500 + 286회 × ₩500 + 3,060시간 × ₩50
+ 100회 × ₩400 + 21,000kg × ₩5)] ÷ 1,000단위 = ₩756

07 정답▶ ②

해설▶ 1) 제품 A에 배부될 원가
= ₩55 × (20회/55회) + ₩84 × (10회/28회) + ₩180 × (80시간/180시간) = ₩130
2) 제품 B에 배부될 원가
= ₩55 × (35회/55회) + ₩84 × (18회/28회) + ₩180 × (100시간/180시간) = ₩189

08 정답▶ ①

해설▶ 1) 기존 방법에 따른 컨설팅에 집계한 일반관리비 = ₩270,000 × 45% = ₩121,500
2) 활동기준원가계산을 이용한 컨설팅에 집계된 일반관리비 = ₩200,000 × 35% + ₩50,000 ×
30% + ₩20,000 × 20% = ₩89,000
3) 일반관리비의 차이 = ₩121,500 − ₩89,000 = ₩32,500 감소

09 정답▶ ①

해설▶ 1) 활동별 배부율
- 조립활동 배부율 = ₩450,000 ÷ 37,500시간 = ₩12(기계시간)
- 구매주문활동 배부율 = ₩32,000 ÷ 1,000회 = ₩32(주문횟수)
- 품질검사활동 배부율 = ₩120,000 ÷ 1,600시간 = ₩75(검사시간)
2) 제품 #23의 활동기준원가
= 850시간 × ₩12 + 90회 × ₩32 + 30시간 × ₩75 = ₩15,330
3) 단위당 활동기준원가 = ₩15,330 ÷ 300단위 = ₩51.1
4) 매출총이익 = [₩90.7 − (₩15.5 + ₩12.2 + ₩51.1)] × 300단위 = ₩3,570

10 정답▶ ⑤

해설▶ 1) 활동별 원가집계
- 주문처리활동 = ₩500,000 × 60% + ₩200,000 × 50% + ₩120,000 × 70% = ₩484,000
- 고객대응활동 = ₩500,000 × 40% + ₩200,000 × 50% + ₩120,000 × 30% = ₩336,000
2) 활동별 배부율
- 주문처리활동 배부율 = ₩484,000 ÷ 1,600회 = ₩302.5(주문횟수)
- 고객대응활동 배부율 = ₩336,000 ÷ 120명 = ₩2,800(고객수)
3) 고객 갑에게 배부될 간접원가 총액 = ₩302.5 × 10회 + ₩2,800 = ₩5,825

11 정답▶ ②

해설▷ 1) 제품 A의 매출원가 = 100개 × ₩700 − ₩20,000(매출총이익) = ₩50,000
2) 제품 A의 제조원가(₩50,000) = ₩30,000(직접재료원가) + ₩10,000(직접노무원가) + 500시간 × ₩15 + 200시간 × ₩10 + 생산준비횟수 × ₩50
→ 생산준비횟수 = 10회

12 정답▶ ②

해설▷ 1) 활동별 배부율
• 재료이동활동 배부율 = ₩4,000,000 ÷ 1,000회 = ₩4,000(이동횟수)
• 성형활동 배부율 = ₩3,000,000 ÷ 15,000단위 = ₩200(제품생산량)
• 도색활동 배부율 = ₩1,500,000 ÷ 7,500시간 = ₩200(직접노동시간)
• 조립활동 배부율 = ₩1,000,000 ÷ 2,000시간 = ₩500(기계작업시간)
2) 활동원가(₩830,000) = 80회 × ₩4,000 + 1,000단위 × ₩200 + 300시간 × ₩200 + 기계작업시간 × ₩500
→ 기계작업시간 = 500시간

13 정답▶ ③

해설▷ 1) 제품 B의 단위당 제조원가(₩760) = ₩300(단위당 직접재료원가) + 단위당 가공원가
→ 단위당 가공원가 = ₩460
2) 가공원가(₩230,000) = 기계회전수 × ₩150 + 300단위 × ₩200 + 1,000시간 × ₩50
→ 기계회전수 = 800회

14 정답▶ ①

해설▷ 1) 활동별 배부율
• 생산준비활동 배부율 = ₩200,000 ÷ 1,250시간 = ₩160(생산준비시간)
• 재료처리활동 배부율 = ₩300,000 ÷ 1,000회 = ₩300(재료처리횟수)
• 기계작업활동 배부율 = ₩500,000 ÷ 50,000시간 = ₩10(기계작업시간)
• 품질관리활동 배부율 = ₩400,000 ÷ 10,000회 = ₩40(품질관리횟수)
2) 작업 #203의 제조간접원가 = 60시간 × ₩160 + 50회 × ₩300 + 4,500시간 × ₩10 + 500회 × ₩40 = ₩89,600
3) 작업 #203의 기본원가 = ₩300,000(제조원가) − ₩89,600(제조간접원가) = ₩210,400

15 정답▶ ⑤

해설▷ 1) 활동별 배부율
• 조립작업활동 배부율 = ₩500,000 ÷ 25,000시간 = ₩20(조립시간)
• 주문처리활동 배부율 = ₩75,000 ÷ 1,500회 = ₩50(주문횟수)
• 검사작업활동 배부율 = ₩30,000 ÷ 1,000시간 = ₩30(검사시간)
2) A제품의 총제조원가 = 250개 × (₩150 + ₩450) + 400시간 × ₩20 + 80회 × ₩50 + 100시간 × ₩30 = ₩165,000
3) A제품의 매출총이익 = 250개 × ₩1,000 − ₩165,000 = ₩85,000

16 **정답** ④

해설

구분	제품 A	제품 B
배치수	1,800개 ÷ 150개 = 12배치	3,000개 ÷ 200개 = 15배치
이동횟수	12배치 × 2회 = 24회	15배치 × 2회 = 30회
검사시간	24회 × 2시간 = 48시간	30회 × 1시간 = 30시간

→ 제품 A에 배부되는 활동원가 = ₩189,000 × (24회/54회) + ₩1,000,000 × (300시간/800시간)
　 + ₩234,000 × (48시간/78시간) = ₩603,000

17 **정답** ③

해설 1) 제품 A의 단위당 제조간접원가 = [₩2,000 × (600/1,000) + ₩1,500 × (300/500) + ₩1,800
　 × (400/800) + ₩2,000 × (700/1,250)] ÷ 10단위 = ₩412

2) 제품 A의 단위당 제조원가 = ₩400(단위당 직접재료원가) + ₩500(단위당 직접노무원가) + ₩412
(단위당 제조간접원가) = ₩1,312

CHAPTER 05 종합원가계산

01 **정답** ③

해설 1) 직접재료원가 완성품환산량 = 60단위 + 40단위(기말재공품) × 100% = 100단위
2) 전환원가 완성품환산량 = 60단위 + 40단위(기말재공품) × 25% = 70단위
3) 완성품환산량 단위당 원가
　 • 직접재료원가 = ₩40,000 ÷ 100단위 = ₩400
　 • 전환원가 = ₩70,000 ÷ 70단위 = ₩1,000
4) 기말재공품원가 = 40단위 × ₩400 + 10단위 × ₩1,000 = ₩26,000

02 **정답** ⑤

해설 1) 평균법의 재료원가 완성품환산량 = 800개 × 100% + 500개 × 100% = 1,300개
2) 평균법의 가공원가 완성품환산량 = 800개 × 100% + 500개 × 60% = 1,100개
3) 선입선출법의 재료원가 완성품환산량 = 200개 × 0% + 600개 × 100% + 500개 × 100% = 1,100개
4) 선입선출법의 가공원가 완성품환산량 = 200개 × 50% + 600개 × 100% + 500개 × 60% = 1,000개

03 **정답** ④

해설 1) 평균법 완성품환산량
　 • 직접재료원가 = 2,400개 + 600개(기말재공품) × 100% = 3,000개
　 • 가공원가 = 2,400개 + 600개(기말재공품) × 50% = 2,700개

2) 선입선출법 완성품환산량
- 직접재료원가 = 1,000개 × 0% + 1,400개 × 100% + 600개 × 100% = 2,000개
- 가공원가 = 1,000개 × 40% + 1,400개 × 100% + 600개 × 50% = 2,100개

04 **정답** ②

해설 1) 재료원가 완성품환산량 = 600개 × 0% + 6,000개 × 100% + 1,000개 × 100% = 7,000개
2) 가공원가 완성품환산량 = 600개 × 70% + 6,000개 × 100% + 1,000개 × 40% = 6,820개

05 **정답** ①

해설 1) 직접재료원가 A = 1,000단위 × 0% + 5,000단위 × 100% + 2,000단위 × 100% = 7,000단위
2) 직접재료원가 B = 1,000단위 × 0% + 5,000단위 × 100% + 2,000단위 × 0% = 5,000단위
3) 가공원가 = 1,000단위 × 20% + 5,000단위 × 100% + 2,000단위 × 40% = 6,000단위

06 **정답** ②

해설 1) 가공원가 완성품환산량(7,960톤) = 1,500톤 × (1 − 가공원가완성도) + 6,000톤 × 100% + 500
톤 × 80% + 1,000톤 × 50% + 500톤 × 20%
→ 가공원가완성도 = 36%

07 **정답** ②

해설 1) 직접재료원가 완성품환산량(5,000단위) = 3,500단위 + 1,500단위(기말재공품) × 100%
2) 가공원가 완성품환산량(4,400단위) = 3,500단위 + 1,500단위 × 완성도
→ 완성도 = 60%

08 **정답** ⑤

해설 1) 가중평균법과 선입선출법의 가공원가 완성품환산량 차이(21,000단위)
= 70,000단위(기초재공품) × 가공원가 기초완성도
→ 기초재공품 가공원가 완성도 = 30%

09 **정답** ③

해설 1) 재료원가 완성품환산량차이(40,000단위) = 기초재공품 × 100%
→ 기초재공품수량 = 40,000단위
2) 전환원가완성품환산량 차이(10,000단위) = 40,000단위(기초재공품) × 전환원가 기초완성도
→ 기초재공품 전환원가 완성도 = 25%

10 **정답** ①

해설 가공원가 완성품환산량 차이 = 10,000단위(기초재공품) × 20%(기초완성도) = 2,000단위

11 **정답** ⑤

해설

재공품		재료 A	재료 B	가공원가
기초재공품 400(1)(0)(0.2)	완성품 1,400			
	기초재공품 400(0)(1)(0.8)	–	400	320
	당기착수완성품 1,000	1,000	1,000	1,000
당기착수량 1,600	기말재공품 600(1)(0)(0.5)	600	–	300
합계 2,000	합계 2,000	1,600	1,400	1,620

1) 완성품환산량 단위원가
   • 재료 A = ₩512,000 ÷ 1,600단위 = ₩320
   • 재료 B = ₩259,000 ÷ 1,400단위 = ₩185
   • 가공원가 = ₩340,200 ÷ 1,620단위 = ₩210
2) 당기완성품원가 = ₩162,300(기초재공품원가) + 1,000단위 × ₩320 + 1,400단위 × ₩185 + 1,320단위 × ₩210 = ₩1,018,500

12 **정답** ③

해설
1) 가공원가 완성품환산량 = 2,500단위 × 40% + 3,500단위 × 100% + 4,000단위 × 40% = 6,100단위
2) 가공원가 완성품환산량 단위당 원가 = ₩244,000 ÷ 6,100단위 = ₩40
3) 월말재공품에 포함된 가공원가 = 4,000단위 × 40% × ₩40 = ₩64,000

13 **정답** ③

해설
1) 모든 원가의 완성품환산량 = 800단위 × 100% + 200단위(기말재공품) × 50% = 900단위
2) 완성품환산량 단위당 원가 = (₩3,000 + ₩42,000) ÷ 900단위 = ₩50
3) 기말재공품원가 = 100단위(기말재공품 완성품환산량) × ₩50 = ₩5,000

14 **정답** ③

해설
1) 전환원가 완성품환산량 = 6,000단위 × 100% + 2,000단위(기말재공품) × 40% = 6,800단위
2) 기말재공품에 포함된 전환원가(₩260,000) = (₩65,000 + 당기발생 전환원가) × (800단위/6,800단위)
→ 당기발생 전환원가 = ₩2,145,000

15 **정답** ④

해설
1) 가공원가 완성품환산량 = 1,000단위 × 60% + 3,000단위 × 100% + 1,000단위 × 40% = 4,000단위
2) 가공원가 완성품환산량 단위당 원가 = ₩1,053,000 ÷ 4,000단위 = ₩263.25
3) 기말재공품에 포함된 가공원가 = 400단위 × ₩263.25 = ₩105,300

16 **정답** ①

해설 1) 선입선출법에 따른 완성품환산량
- 직접재료원가 = 22,000단위 + 8,000단위(기말재공품) × 100% = 30,000단위
- 가공원가 = 10,000단위 × 60% + 22,000단위 + 8,000단위 × 50% = 32,000단위
2) 완성품환산량 단위당 원가(선입선출법)
- 직접재료원가 = ₩450,000(당기발생원가) ÷ 30,000단위 = ₩15
- 가공원가 = ₩576,000(당기발생원가) ÷ 32,000단위 = ₩18
3) 기말재공품원가 = 8,000단위 × ₩15 + 4,000단위 × ₩18 = ₩192,000
4) 완성품원가 = 22,000단위 × ₩15 + 28,000단위 × ₩18 + ₩242,000(기초재공품원가)
= ₩1,076,000

17 **정답** ①

해설 1) 평균법 가공원가 완성품환산량 = 17,500단위 + 7,500단위 × 20% = 19,000단위
- 평균법 완성품환산량 단위당 가공원가 = ₩18,050,000 ÷ 19,000단위 = ₩950
- 평균법 기말재공품원가 = 1,500단위 × ₩950 = ₩1,425,000
2) 선입선출법 가공원가 완성품환산량 = 5,000단위 × 60% + 12,500단위 + 7,500단위 × 20%
= 17,000단위
- 선입선출법 완성품환산량 단위당 가공원가 = ₩17,000,000 ÷ 17,000단위 = ₩1,000
- 선입선출법 기말재공품원가 = 1,500단위 × ₩1,000 = ₩1,500,000

18 **정답** ⑤

해설 ① 평균법 사용 시 가공원가 완성품환산량 = 8,000단위(완성품) × 100% + 4,000단위(기말재공품)
× 50% = 10,000단위
② 평균법 사용 시 기말재공품 원가 = ₩1,524,000 × (4,000단위/12,000단위) + ₩890,000 ×
(2,000단위/10,000단위) = ₩686,000
③ 선입선출법 사용 시 완성품원가
= ₩34,000(기초재공품원가) + ₩1,500,000 × (6,000단위/10,000단위) + ₩880,000 × (6,800
단위/8,800단위) = ₩1,614,000
④ 선입선출법 사용 시 기초재공품 원가는 모두 완성품원가에만 배부한다.
⑤ 완성품 원가는 선입선출법으로 계산한 값보다 평균법으로 계산한 값이 더 크다.
평균법 완성품원가 = ₩1,524,000 × (8,000단위/12,000단위) + ₩890,000 × (8,000단위/10,000
단위) = ₩1,728,000

19 **정답** ⑤

해설 1) 평균법의 완성품환산량 = ₩72,000(기초재공품원가 + 당기발생원가) ÷ ₩80(완성품환산량 단위당
원가) = 900단위
2) 평균법 완성품환산량(900단위) = 800단위(완성품수량) × 100% + 200단위(기말재공품) × 완성도
→ 기말재공품 완성도 = 50%
3) 선입선출법 완성품환산량 = 900단위(평균법 완성품환산량) - 50단위 = 850단위
4) 선입선출법에 의한 기말재공품 원가 = ₩59,500(당기발생원가) × (100단위/850단위) = ₩7,000

20 정답 ④

해설

		재공품 : 선입선출법			전공정원가	직접재료원가	전환원가
기초재공품	100개	당기완성품	400개				
		기초재공품	100개		–	100개	60개
		당기착수완성품	300개		300개	300개	300개
당기착수량	500개	기말재공품	200개		200개	200개	160개
합계	600개	합계	600개		500개	600개	520개

1) 전공정원가 단위당원가 = ₩40,000(전공정원가) ÷ 500개 = ₩80

   직접재료원가 단위당원가 = ₩6,000 ÷ 600개 = ₩10

   전환원가 단위당원가 = ₩26,000 ÷ 520개 = ₩50

2) 당기완성품원가 = 300개 × ₩80 + 400개 × ₩10 + 360개 × ₩50 + ₩10,000(기초재공품원가)

   = ₩56,000

21 정답 ③

해설 정상공손수량 = [1,100단위(당기착수완성품) + 300단위(기말재공품)] × 5% = 70단위

※ 기초재공품은 전기에 검사를 통과하였으므로 당기 검사를 통과한 정상품에 포함하지 않는다.

22 정답 ②

해설 정상공손수량 = [2,000단위(당기착수완성품) + 500단위(기말재공품수량)] × 5% = 125단위

23 정답 ②

해설

1) 정상공손수량 = [2,000단위(기초재공품) + 5,200단위(당기착수완성품) + 1,500단위

   (기말재공품)] × 10% = 870단위

2) 전체공손수량 = 2,000단위(기초재공품수량) + 8,000단위(당기착수량) − 7,200단위(완성품수량)

   − 1,500단위(기말재공품수량) = 1,300단위

3) 비정상공손수량 = 1,300단위(공손수량) − 870단위(정상공손수량) = 430단위

24 정답 ①

해설

1) 정상공손수량 = [1,000개(기초재공품) + 3,300개(당기착수완성품) + 700개(기말재공품)] × 5%

   = 250개

2) 비정상공손수량 = 300개(공손수량) − 250개(정상공손수량) = 50개

25 정답 ③

해설

1) 공손수량 = 2,000단위(기초재공품) + 18,000단위(당기착수량) − 14,000단위(당기완성품수량) −

   3,000단위(기말재공품수량) = 3,000단위

2) 정상공손수량 = [2,000단위(기초재공품) + 12,000단위(당기착수완성품)] × 10% = 1,400단위

3) 비정상공손수량 = 3,000단위 − 1,400단위 = 1,600단위

26 **정답 ▶** ②

해설 ▶ 1) 공손수량 = 800개(기초재공품) + 6,420개(당기착수량) − 5,680개(당기완성품수량) − 1,200개(기말
재공품) = 340개
※ 당기완성품 = 800개(기초재공품) + 4,880개(당기착수완성품) = 5,680개
2) 정상공손수량 = (800개 + 4,880개) × 5% = 284개
3) 비정상공손수량 = 340개(공손수량) − 284개(정상공손수량) = 56개

27 **정답 ▶** ①

해설 ▶ 1) 물량의 흐름

재공품			
기초재공품	60단위	당기완성품	260단위
		공손수량	20단위
당기착수량	300단위	기말재공품	80단위

2) 정상공손수량 = (60단위 + 200단위) × 5% = 13단위
3) 비정상공손 수량 = 20단위(전체 공손수량) − 13단위(정상공손수량) = 7단위

28 **정답 ▶** ②

해설 ▶ 1) 50% 시점에 검사를 수행하므로 기초재공품, 당기착수완성품, 기말재공품 모두 당기에 검사시점을
통과하였다.
→ 정상공손수량 = (500단위 + 1,300단위 + 400단위) × 10% = 220단위
2) 정상공손원가 = 220단위 × ₩2,000 + 220단위 × 50%(검사시점) × ₩500 = ₩495,000

29 **정답 ▶** ②

해설 ▶ 1) 정상공손수량 = 10,000개(당기검사합격물량) × 10% = 1,000개
2) 정상공손원가 = 1,000개 × ₩30(직접재료원가 단위당 원가) + 1,000개 × 70%(검사시점) ×
₩20(전환원가의 단위당 원가) = ₩44,000

30 **정답 ▶** ②

해설 ▶ 1) 정상공손수량 = (55,000개 + 5,000개) × 10% = 6,000개
2) 직접재료원가 완성품환산량 = 15,000개(기초재공품) × 0% + 55,000개(당기착수완성품) × 100%
+ 6,000개(정상공손수량) × 100% + 4,000개(비정상공손수량) × 100% + 5,000개(기말재공품)
× 100% = 70,000개
3) 가공원가 완성품환산량 = 15,000개(기초재공품) × 60% + 55,000개(당기착수완성품) × 100%
+ 6,000개(정상공손수량) × 20% + 4,000개(비정상공손수량) × 20% + 5,000개(기말재공품)
× 80% = 70,000개
4) 완성품환산량 단위당 원가
• 직접재료원가 = ₩140,000 ÷ 70,000개 = ₩2
• 가공원가 = ₩210,000 ÷ 70,000개 = ₩3
5) 정상공손원가 = 6,000개 × ₩2 + 6,000개 × 20% × ₩3 = ₩15,600

CHAPTER 06 결합원가계산

01 **정답** ③

해설 1) 부산물의 원가를 생산시점에 인식하므로 부산물 순실현가치를 결합원가에서 차감한다.
  ※ 부산물 순실현가치 = 250개 × (₩60 − ₩15) = ₩11,250
2) 주산물에 배부되어야 할 결합원가 = ₩135,000 − ₩11,250 = ₩123,750

02 **정답** ①

해설 1) 제품 A의 결합원가 배부액 = ₩200,000 × (₩120,000/₩500,000) = ₩48,000
2) 제품 B에 배분되는 결합원가 = ₩200,000 − ₩48,000(A) − ₩38,000(C) = ₩114,000

03 **정답** ③

해설 * 결합공정에 재공품이 존재하는 경우 배부대상 결합원가 = 완성품원가가 된다.
1) 완성품원가 = ₩200,000(재료원가) × (10,000kg/20,000kg) + ₩300,000(가공원가) × (10,000kg/
  15,000kg) = ₩300,000
2) 결합제품의 분리점 상대적판매가치
  제품 A = 16,000kg × ₩75 = ₩1,200,000, 제품 B = 4,000kg × ₩200 = ₩800,000
3) 제품 B에 배부되는 결합원가 배분액 = ₩300,000 × (₩800,000/₩2,000,000) = ₩120,000

04 **정답** ④

해설 1) 순실현가치
  제품 C = 600kg × ₩450 − ₩170,000 = ₩100,000
  제품 B = 400kg × ₩500 = ₩200,000
2) 결합원가 배부액
  제품 A = ₩1,200,000 × 1/3 = ₩400,000
  제품 B = ₩1,200,000 × 2/3 = ₩800,000
3) 총제조원가
  제품 B = ₩800,000
  제품 C = ₩400,000(결합원가 배부액) + ₩170,000(추가가공원가) = ₩570,000

05 **정답** ③

해설 1) 부산물의 평가는 순실현가치법으로 부산물의 순실현가치는 결합원가에서 차감한다.
  − 부산물의 순실현가치 = 40개 × ₩10 = ₩400
  − 당기 주산물에 배분될 결합원가 = ₩9,900 − ₩400 = ₩9,500
2) 순실현가치
  A의 순실현가치 = 9개 × ₩100 = ₩900
  B의 순실현가치 = 27개 × ₩150 − ₩450 = ₩3,600
  C의 순실현가치 = 50개 × ₩35 − ₩250 = ₩1,500

3) C에 배분될 결합원가 = ₩9,500 × (₩1,500/₩6,000) = ₩2,375
4) C의 총 제조원가 = ₩2,375 + ₩250(추가가공원가) = ₩2,625
   → 이 중 기말재고자산은 ₩2,625 × (30개/50개) = ₩1,575

06 **정답** ④

해설 1) 순실현가치
- A = 700단위 × ₩2,000 − ₩400,000 = ₩1,000,000
- B = 400단위 × ₩1,500 = ₩600,000
- C = 500단위 × ₩1,200 − ₩200,000 = ₩400,000
2) 제품 C에 배부될 결합원가 = ₩1,500,000 × (₩400,000/₩2,000,000) = ₩300,000
3) 제품 C의 단위당 제조원가 = (₩300,000 + ₩200,000) ÷ 500단위 = ₩1,000

07 **정답** ③

해설 1) 순실현가치
A제품 = 1,200kg × ₩100 = ₩120,000
B제품 = 800kg × ₩120 − ₩16,000 = ₩80,000
2) 각 제품에 대한 결합원가 배부액
A제품 = ₩40,000 × (₩120,000/₩200,000) = ₩24,000
B제품 = ₩40,000 × (₩80,000/₩200,000) = ₩16,000
3) 각 제품의 총제조원가
A제품 = ₩24,000
B제품 = ₩16,000(결합원가 배부액) + ₩16,000(추가가공원가) = ₩32,000
4) 매출원가 = ₩24,000 × (1,000kg/1,200kg) + ₩32,000 × (700kg/800kg) = ₩48,000

08 **정답** ②

해설 1) 순실현가치
A = 1,350kg × ₩100 = ₩135,000
B = 550kg × ₩320 − ₩11,000(추가가공원가) = ₩165,000
2) 결합제품 A에 배부되는 결합원가(₩13,950) = 전체결합원가 × (₩135,000/₩300,000)
   → 전체결합원가 = ₩31,000
3) 부산물의 순실현가치 = ₩31,960 − ₩31,000 = ₩960
4) 부산물의 단위당 판매가격 = ₩960 ÷ 300kg = ₩3.2

09 **정답** ⑤

해설 1) 부산품의 순실현가치 = 50단위 × ₩30 − ₩500(추가가공원가) = ₩1,000
   ※ 배부대상 결합원가 = ₩1,450 − ₩1,000 = ₩450
2) 주산품 A, B의 순실현가치
A = 100단위 × ₩60 − ₩1,000 = ₩5,000
B = 140단위 × ₩30 − ₩200 = ₩4,000
3) 주산품 A에 배부되는 결합원가 = ₩450 × (₩5,000/₩9,000) = ₩250

4) 주산품 A의 총제조원가 = ₩250(결합원가 배부액) + ₩1,000(추가가공원가) = ₩1,250

5) 주산품 A의 매출총이익 = 80단위 × ₩60 − (₩1,250 × 80단위/100단위) = ₩3,800

10 정답▶ ⑤

해설▶ 1) 결합원가 배분액

결합제품 A = ₩320,000 × (₩280,000/₩700,000) = ₩128,000

결합제품 B = ₩320,000 × (₩420,000/₩700,000) = ₩192,000

2) 결합제품 A의 매출총이익률 = (₩280,000 − ₩128,000) ÷ ₩280,000 = 54.29%

3) 결합제품 B의 매출총이익률 = (₩500,000 − ₩272,000) ÷ ₩500,000 = 45.60%

11 정답▶ ⑤

해설▶ 1) 제품 A의 매출액 = ₩70(총제조원가) ÷ (1 − 30%) = ₩100

2) 제품 A의 순실현가치 = ₩100(매출액) − ₩40(추가가공원가) = ₩60

   * 전체 결합원가 ₩120 중 제품 A가 ₩30을 배부받았으므로 전체 순실현가치 중 25%가 ₩60임을 알 수 있다.

3) 제품 A, B의 전체 순실현가치 = ₩60 ÷ 25% = ₩240

4) 제품 B의 순실현가치 = ₩240 − ₩60(A의 순실현가치) = ₩180

5) 제품 B의 매출액 = ₩180(순실현가치) + ₩60(추가가공원가) = ₩240

6) 제품 B의 총제조원가(매출원가) = ₩90(결합원가 배부액) + ₩60(추가가공원가) = ₩150

7) 제품 B의 매출총이익률 = (₩240 − ₩150) ÷ ₩240(매출액) = 37.5%

12 정답▶ ②

해설▶ ※ 배부대상 결합원가 = 1차 공정에서의 완성품원가

1) 직접재료원가 완성품환산량 = 4,000kg × 100% + 1,000kg × 100% = 5,000kg

2) 가공원가 완성품환산량 = 4,000kg × 100% + 1,000kg × 30% = 4,300kg

3) 완성품원가 = ₩250,000(재료원가) × (4,000kg/5,000kg) + ₩129,000(가공원가) × (4,000kg/4,300kg) = ₩320,000

4) 순실현가치

제품 A = 4,000단위 × ₩200 − ₩200,000 = ₩600,000

제품 B = 1,000단위 × ₩200 = ₩200,000

5) 제품 A의 총제조원가 = ₩320,000 × (₩600,000/₩800,000) + ₩200,000 = ₩440,000

6) 제품 A의 단위당 제조원가 = ₩440,000 ÷ 4,000단위 = ₩110

13 정답▶ ④

해설▶ 1) ㈜관세의 전체 매출총이익 = 400단위 × ₩450 + 200단위 × ₩250 − (400단위 × ₩150 + 200단위 × ₩100) − ₩81,000(결합원가) = ₩69,000

2) 전체 매출총이익률 = ₩69,000 ÷ ₩230,000 = 30%

3) 연산품 X에 배분될 금액 = (400단위 × ₩450) × 70% − (400단위 × ₩150) = ₩66,000

14 정답 ②

해설 1) 회사전체 균등이익 = 210개 × ₩300 + 250개 × ₩500 − ₩38,000 − ₩103,000 = ₩47,000
→ 균등이익률 = ₩47,000(매출총이익) ÷ ₩188,000(매출액) = 25%
2) A의 원가 = 210개 × ₩300 × 75% = ₩47,250
→ 결합원가 배부액 = ₩47,250 − ₩18,000(A의 추가가공원가) = ₩29,250

15 정답 ②

해설 부산물 C는 판매시점에 최초로 인식하므로 결합원가에서 차감하지 않는다.
1) 주산물 매출액 = ₩100,000 + ₩180,000 = ₩280,000
2) 주산물 매출원가 = ₩150,000 + ₩60,000 = ₩210,000
3) 매출총이익률 = (₩280,000 − ₩210,000) ÷ ₩280,000 = 25%
4) 주산물 A의 총 제조원가 = ₩100,000 × (1 − 25%) = ₩75,000

16 정답 ④

해설 1) 결합제품 A의 매출원가 = 300단위 × ₩30 × 70% = ₩6,300
2) 결합제품 A에 배부되는 결합원가 = ₩6,300 − ₩2,100(추가가공원가) = ₩4,200

17 정답 ②

해설 1) 회사전체의 매출총이익률 = (₩80,000 − ₩36,000 − ₩12,000) ÷ ₩80,000 = 40%
2) 연산품B의 총제조원가 = ₩20,000 × (1 − 40%) = ₩12,000
→ 연산품B에 배부되는 결합원가 = ₩12,000 − ₩4,000(추가가공원가) = ₩8,000

18 정답 ⑤

해설 ※ 결합공정에 재공품이 존재하는 경우에는 결합공정에서 완성된 물량만이 결합제품이 된 것이므로 완성품 원가만을 결합원가로 배분해야 한다.
1) 직접재료원가 완성품환산량 = 2,400단위 × 100% + 600단위(기말재공품) × 100% = 3,000단위
2) 전환원가 완성품환산량 = 2,400단위 × 100% + 600단위(기말재공품) × 50% = 2,700단위
3) 완성품원가 = ₩180,000(직접재료원가) × (2,400단위/3,000단위) + ₩108,000(전환원가)
× (2,400단위/2,700단위) = ₩240,000
4) 균등매출총이익률법에 의한 결합원가 배부

구분	제품 X	제품 Y	합계
매출액	₩120,000	₩320,000	₩440,000
추가가공원가	–	(₩24,000)	(₩24,000)
결합원가	(₩72,000)	(₩168,000)	(₩240,000)

* 매출총이익률 = ₩176,000 ÷ ₩440,000 = 40%
5) 제품 Y의 총제조원가 = ₩24,000 + ₩168,000 = ₩192,000
6) 제품 Y의 단위당 제조원가 = ₩192,000 ÷ 1,600단위(생산량) = ₩120

19 정답▶ ③

해설▶ 1) 제품 X의 증분이익 = ₩20 × 150단위 − ₩3,500 = (₩500) 가공 안 하는 것이 유리

2) 제품 Y의 증분이익 = ₩50 × 200단위 − ₩5,000 = ₩5,000 가공하는 것이 유리

3) 제품 Z의 증분이익 = ₩100 × 100단위 − ₩7,500 = ₩2,500 가공하는 것이 유리

4) 최대 매출총이익

매출액 = 150단위 × ₩200 + 200단위 × ₩150 + 100단위 × ₩600 = ₩120,000

매출원가 = ₩50,000(결합원가 총액) + ₩5,000(B의 추가가공원가) + ₩7,500(C의 추가가공원가)

            = ₩62,500

매출총이익 = ₩57,500

※ 결합원가는 분리점에서의 판매가치를 기준으로 배부하므로 생산량과 분리점의 단위당 판매가치를 곱한 값을 기준으로 결합원가 총액을 계산해야 한다. 분리점에서의 판매가치는 제품 X = ₩30,000, 제품 Y = ₩20,000, 제품 Z = ₩50,000이므로 제품 X에 배부된 결합원가가 ₩15,000이니 총결합원가 = ₩15,000(제품 X에 배부된 결합원가) ÷ 30% = ₩50,000이다.

20 정답▶ ④

해설▶ 1) A = (₩23 − ₩20) × 3,000단위 − ₩10,000 = (₩1,000) 가공 ×

2) B = (₩40 − ₩30) × 2,000단위 − ₩15,000 = ₩5,000 가공 ○

3) C = (₩50 − ₩40) × 2,000단위 − ₩15,000 = ₩5,000 가공 ○

21 정답▶ ②

해설▶ 1) 제품 A의 추가가공의사결정

증분수익 = 400단위 × (₩450 − ₩120) = ₩132,000

증분비용 = 추가가공원가   (₩150,000)

증분손실   = (₩18,000)

2) 제품 B의 추가가공의사결정

증분수익 = 450단위 × (₩380 − ₩150) = ₩103,500

증분비용 = 추가가공원가   (₩80,000)

증분이익   = ₩23,500

3) 제품 C의 증분수익 ₩65,000에 증분비용 ₩70,000을 차감하면 증분손실 ₩5,000이 발생한다. 추가가공 시 증분이익이 발생하는 것만 가공공정을 거치는 것이 이익을 극대화할 수 있으며, 결합원가는 매몰원가로 추가가공 의사결정에서는 고려할 필요가 없다.

CHAPTER 07　전부원가계산, 변동원가계산

01　**정답** ①

해설 변동원가계산의 제품원가 = 직접재료원가, 직접노무원가, 변동제조간접원가
※ 본사건물 감가상각비는 판매비와 관리비이며, 월정액 공장임차료는 고정제조간접원가이다.

02　**정답** ②

해설 ① 변동원가계산은 고정제조간접원가를 제품원가에 포함하지 않고 기간비용으로 처리한다.
③ 변동원가계산에 대한 설명이다.
④ 전부원가계산에 대한 설명이다.
⑤ 초변동원가계산은 직접재료원가만 재고가능원가로 처리한다.

03　**정답** ⑤

해설 한계원가 및 공헌이익과 같은 정보를 파악하기 위해서는 변동원가계산이 유용하다.

04　**정답** ⑤

해설 전부원가계산은 변동원가계산에 비해 오히려 경영자의 생산과잉을 유도할 수 있으므로 과잉생산을 방지하지 못한다.

05　**정답** ①

해설 표준은 변동원가계산, 초변동원가계산에서도 사용될 수 있다.

06　**정답** ③

해설 1) 단위당 변동제조원가 = (₩250,000 + ₩80,000 + ₩160,000) ÷ 500단위 = ₩980
2) 공헌이익 = 400단위 × ₩1,300(단위당 판매가격) − 400단위 × ₩980(단위당 변동제조원가) − ₩40,000(변동판매관리비) = ₩88,000
3) 영업이익 = ₩88,000(공헌이익) − ₩40,000(고정제조간접원가) − ₩15,000(고정판매관리비) = ₩33,000

07　**정답** ①

해설 1) 영업이익 차이(₩8,000) = 400개 × 단위당 고정제조간접원가
→ 단위당 고정제조간접원가 = ₩20
2) 총고정제조간접원가 = ₩20(단위당 고정제조간접원가) × 1,200개(생산량) = ₩24,000

08 정답 ④

해설 1) 변동원가계산과 전부원가계산의 영업이익 차이(₩62,500) = 500단위(기말재고수량) × ₩125(단위당 고정제조간접원가)
2) 당기에 발생한 고정제조간접원가 = 3,000단위(생산량) × ₩125(단위당 고정제조간접원가)
= ₩375,000

09 정답 ①

해설 1) 20×1년도 변동원가계산하의 순이익(₩4,400,000) = 3,000단위 × (₩3,600 − ₩1,800) − 고정원가총액
→ 고정원가총액 = ₩1,000,000(고정제조간접원가 = ₩600,000)
2) 단위당 고정제조간접원가 = ₩600,000 ÷ 4,000단위(생산량) = ₩150
3) 20×1년도 전부원가계산하의 순이익 = ₩4,400,000(20×1년도 변동원가계산하의 순이익) +
1,000단위 × ₩150 = ₩4,550,000

10 정답 ③

해설
변동원가계산하의 영업이익	₩100,000
+ 기말제품 고정제조간접원가(30,000단위 × ₩5)	150,000
− 기초제품 고정제조간접원가(20,000단위 × ₩6)	120,000
전부원가계산하의 영업이익	₩130,000

※ 20×3년 단위당 고정제조간접원가 = ₩300,000 ÷ 60,000단위 = ₩5
※ 20×2년 단위당 고정제조간접원가 = ₩300,000 ÷ 50,000단위 = ₩6

11 정답 ②

해설
변동원가계산에 의한 영업이익	X
+ 기말제품 고정제조간접원가(120단위 × ₩800)	₩96,000
− 기초제품 고정제조간접원가(20단위 × ₩1,000)	20,000
전부원가계산에 의한 영업이익	₩90,000

→ 변동원가계산에 의한 영업이익(X) = ₩14,000
※ 20×9년 6월 단위당 고정제조간접원가 = ₩400,000 ÷ 500단위 = ₩800
※ 20×9년 5월 단위당 고정제조간접원가 = ₩400,000 ÷ 400단위 = ₩1,000

12 정답 ④

해설 1) 20×2년 변동원가계산 영업이익 = 28,000단위 × (₩30 − ₩8 − ₩2) − ₩250,000(고정원가총액) = ₩310,000
2) 20×2년도 전부원가계산에 의한 영업이익 = ₩310,000(20×2년 변동원가계산 영업이익) +
5,000단위(기말재고) × ₩5 − 3,000단위(기초재고) × ₩6 = ₩317,000
※ 20×2년 단위당 고정제조원가 = ₩150,000 ÷ 30,000단위 = ₩5
※ 20×1년 단위당 고정제조원가 = ₩150,000 ÷ 25,000단위 = ₩6

13 정답 ⑤

해설 변동원가계산에서의 영업이익 ₩9,500

+ 기말제품 고정제조간접원가(2,000단위 × ₩5) 10,000

− 기초제품 고정제조간접원가(기초제품수량 × ₩5) 7,500

= 전부원가계산에서의 영업이익 ₩12,000

※ 기초제품 수량 = ₩7,500 ÷ ₩5 = 1,500단위

14 정답 ④

해설 변동원가계산하의 영업이익 ₩500,000

+ 기말제품 고정제조간접원가(20,000개 × ₩6) 120,000

− 기초제품 고정제조간접원가(10,000개 × ₩10) 100,000

전부원가계산하의 영업이익 ₩520,000

※ 20×3년 단위당 고정제조원가 = ₩300,000 ÷ 50,000개(생산량) = ₩6

※ 20×2년 단위당 고정제조원가 = ₩300,000 ÷ 30,000개(생산량) = ₩10

15 정답 ③

해설 변동원가계산 영업이익 X

+ 기말제품 고정제조간접원가(3,000단위×₩5) ₩15,000

− 기초제품 고정제조간접원가(1,000단위×₩5) 5,000

전부원가계산에 의한 영업이익 ₩65,000

→ 변동원가계산 영업이익(×) = ₩55,000

※ 단위당 고정제조간접원가 = ₩100,000 ÷ 20,000단위(생산량) = ₩5

16 정답 ③

해설 1) 1분기 전부원가계산 영업이익(₩7,000) = ₩5,000(1분기 변동원가계산 영업이익) + 기말재고에 포함된 고정제조간접원가

→ 기말재고에 포함된 고정제조간접원가 = ₩2,000

2) 2분기 변동원가계산에 의한 영업이익 ₩6,000

+ 기말재고에 포함된 고정제조간접원가 150단위 × 단위당 고정제조간접원가 ?

− 기초재고에 포함된 고정제조간접원가 2,000

= 2분기 전부원가계산에 의한 영업이익 ₩8,500

→ 기말재고에 포함된 고정제조간접원가 = ₩4,500(단위당 고정제조간접원가 ₩30)

3) 2분기에 발생한 고정제조간접원가 = 800단위(2분기 생산량) × ₩30(2분기 단위당 고정제조간접원가) = ₩24,000

17 정답 ①

해설 1) 영업이익 차이 = 200단위(기말재고수량) × ₩2,000 = ₩400,000

전부원가계산 영업이익이 변동원가계산 영업이익에 비해 ₩400,000 증가한다.

※ 단위당 고정제조간접원가 = ₩2,400,000 ÷ 1,200단위(생산량) = ₩2,000

18 정답 ②

해설 변동원가와 전부원가계산의 차이는 고정제조원가의 제품원가 포함여부이다.
    1) 20×6년도 기말재고자산의 차이 = 5,000단위 × ₩40(단위당 고정제조원가) = ₩200,000
    ※ 단위당 고정제조원가 = ₩1,000,000 ÷ 25,000단위(생산량) = ₩40

19 정답 ③

해설
변동원가계산에 의한 영업이익	X
+ 기말제품 고정제조간접원가(200단위 × ₩30)	₩6,000
− 기초제품 고정제조간접원가(300단위 × ₩25)	7,500
= 전부원가계산에 의한 영업이익	₩10,000

    → 변동원가계산에 의한 영업이익 = ₩11,500
    ※ 20×1년 2월 단위당 고정제조원가 = ₩30,000 ÷ 1,000단위 = ₩30
    ※ 20×1년 1월 단위당 고정제조원가 = ₩20,000 ÷ 800단위 = ₩25

20 정답 ②

해설 1) 전부원가계산에 의한 영업이익(₩100,000) = 변동원가계산영업이익 + 1,000개 × ₩25 − 1,000개 × ₩40
       → 변동원가 영업이익 = ₩115,000
    ※ 20×2년 단위당 고정제조간접원가 = ₩250,000 ÷ 10,000개 = ₩25
    ※ 20×1년 단위당 고정제조간접원가 = ₩200,000 ÷ 5,000개 = ₩40

21 정답 ⑤

해설
20×2년 변동원가계산 영업이익	?
+ 기말재고에 포함된 고정제조간접원가	1,000대 × ₩20
− 기초재고에 포함된 고정제조간접원가	2,000대 × ₩20
= 20×2년 전부원가계산 영업이익	₩910,000

    → 변동원가계산 영업이익 = ₩930,000
    ※ 20×2년 단위당 고정제조간접원가 = ₩120,000 ÷ 6,000단위 = ₩20
    ※ 20×1년 단위당 고정제조간접원가 = ₩120,000 ÷ 6,000단위 = ₩20

22 정답 ①

해설 1) 변동원가계산 영업이익(₩352,000) + 기말제품재고액의 차이 − 기초제품재고액의 차이(₩20,000)
      = 전부원가계산 영업이익(₩374,000)
      → 기말제품재고액의 차이 = ₩42,000
    2) 변동원가계산에 의한 기말제품재고액은 전부원가계산에 의한 기말제품재고액보다 ₩42,000 작으
      므로 변동원가계산에 의한 기말제품재고액은 ₩78,000 − ₩42,000 = ₩36,000이다.

23 **정답** ④

해설 1) 변동원가계산에 의한 영업이익 ₩60,000
　　+ 기말재고에 포함된 고정제조간접원가 　　25,000
　　<u>− 기초재고에 포함된 고정제조간접원가 　　　　　?</u>
　　= 전부원가계산에 의한 영업이익 　　　　₩72,000
　　→ 기초재고에 포함된 고정제조간접원가 = ₩13,000
　　2) 당기 전부원가계산에 의한 기초재고자산 = ₩64,000(변동원가계산제도에 의한 기초재고자산)
　　+ ₩13,000(기초재고에 포함된 고정제조간접원가) = ₩77,000

24 **정답** ③

해설 1) 전부원가계산을 적용하였을 때 기말제품의 단위당 제품원가(₩800)
　　= 단위당 변동제조원가 + 단위당 고정제조간접원가(₩112)
　　※ 단위당 고정제조간접원가 = ₩358,400 ÷ 3,200개 = ₩112
　　→ 단위당 변동제조원가 = ₩688
　　2) 변동원가계산을 적용하였을 때 기말제품재고액 = 300개 × ₩688 = ₩206,400

25 **정답** ②

해설 1) 전부원가계산과 변동원가 계산의 영업이익 차이(₩200,000)
　　= (생산량 − 판매량) × ₩125(단위당 고정제조간접원가)
　　→ 판매량 = 400단위

26 **정답** ④

해설 1) 변동원가계산 영업이익 　　　　　　　　　X
　　+ 기말재고 고정제조간접원가 　　　　500개 × ₩150
　　<u>− 기초재고 고정제조간접원가 　　　기초재고수량 × ₩150</u>
　　= 전부원가계산 영업이익 　　　　　　X − ₩30,000
　　→ 기초재고수량 = 700개
　　※ 단위당 고정제조간접원가 = ₩750,000 ÷ 5,000개(생산량) = ₩150

27 **정답** ④

해설 변동원가계산에 의한 영업이익과 초변동원가계산에 의한 영업이익 차이금액
= 300단위 × (₩50 + ₩60) − 100단위 × (₩50 + ₩60) = ₩22,000

28 **정답** ①

해설 1) 1분기 변동가공원가 단위당 원가 = (₩1,360,000 + ₩800,000) ÷ 8,000단위 = ₩270
　　2) 2분기 변동가공원가 단위당 원가 = (₩1,500,000 + ₩885,000) ÷ 9,000단위 = ₩265
　　3) 변동원가계산과 초변동원가계산의 영업이익 차이(₩241,750)
　　= 기말제품재고수량 × ₩265 − (2,000단위(기초제품재고수량) × ₩270)
　　→ 기말제품재고수량 = 2,950단위

CHAPTER 08 원가함수의 추정

01 정답▶ ⑤

해설▶ 1) E : 5,000개 × (₩20 + ₩10) = ₩150,000
2) A : 2,000개 × ₩20(단위당 변동원가) = ₩40,000
3) B : ₩50,000(고정원가는 생산량에 관계없이 총액이 일정하므로 5,000개일때와 동일하다.)
4) C : ₩20(단위당 변동원가는 생산량에 관계없이 일정하다.)
5) D : ₩20 + (₩50,000 ÷ 2,000개) = ₩45

02 정답▶ ①

해설▶ 1) 단위당 외주가공비 = ₩10,000 ÷ 2,000단위 = ₩5

구분	원가행태	생산량	
		1,000단위	2,000단위
외주가공비	변동원가	₩5,000	₩10,000
감가상각비	고정원가	₩2,000	₩2,000
기타제조원가	혼합원가	?	?
제조간접원가	혼합원가	₩14,000	₩23,000
고저점법을 이용하여 추정한 원가함수		제조간접원가 = ₩9 × 생산량 + ₩5,000	

2) 기타제조원가의 원가함수 = ₩4 × 생산량 + ₩3,000
(단위당 외주가공비가 ₩5이므로 전체 단위당 변동원가 ₩9 중에서 ₩5를 제외한 ₩4가 기타제조원가의 단위당 변동비가 되며, 전체 고정원가 ₩5,000 중 감가상각비 ₩2,000을 제외한 ₩3,000이 기타제조원가의 고정원가에 해당한다.)
3) 생산량이 3,000단위일 때 예상되는 기타제조원가 총액 = ₩4 × 3,000개 + ₩3,000 = ₩15,000

03 정답▶ ③

해설▶ 1) 단위당 변동원가 = $\frac{₩70,000,000 - ₩50,000,000}{2,000개 - 1,000개}$ = ₩20,000
2) 고정원가 = ₩50,000,000 - (1,000개 × ₩20,000) = ₩30,000,000
→ 원가함수 = ₩30,000,000 + ₩20,000 × x
3) 20×6년도의 총제조원가 = ₩30,000,000 × 1.2 + ₩20,000 × 0.7 × 3,000개 = ₩78,000,000

04 정답▶ ⑤

해설▶ 고저점법은 조업도의 가장 큰 단위와 가장 작은 단위를 이용해 원가함수를 추정하는 방법이다.

1) 단위당 변동원가 = $\frac{₩11,000,000 - ₩7,000,000}{150,000단위 - 50,000단위}$ = ₩40
2) 고정원가 = ₩11,000,000 - (₩40 × 150,000단위) = ₩5,000,000
3) 원가함수 = ₩5,000,000 + ₩40 × x

4) 7월 추정 영업이익 = 75,000단위 × (₩100 − ₩40 − ₩50) = ₩750,000
   ※ 단위당 고정제조간접원가 = ₩5,000,000 ÷ 100,000단위 = ₩50

05 정답▶ ④

해설▶ 1) 단위당 변동원가 = $\dfrac{₩285,000 − ₩232,000}{6,500시간 − 4,500시간}$ = ₩26.5

2) 고정원가 = ₩285,000 − (6,500시간 × ₩26.5) = ₩112,750

3) 4분기 윤활유원가 = 5,500시간 × ₩26.5 + ₩112,750 = ₩258,500

06 정답▶ ④

해설▶

구분	단위당 시간	총노무시간
10단위(1)	150시간	150시간
20단위(2)	150시간 × 90% = 135시간	270시간
40단위(4)	135시간 × 90% = 121.5시간	486시간

1) 추가로 30단위 생산에 소요되는 직접노무시간 = 486시간 − 150시간 = 336시간
2) 직접노무원가 = 336시간 × ₩1,200 = ₩403,200

07 정답▶ ③

해설▶

작업대수	직접작업시간	총시간
1대	3,000시간	3,000시간
2대	3,000시간 × 90% = 2,700시간	5,400시간
4대	2,700시간 × 90% = 2,430시간	9,720시간

제품원가 = ₩80,000(직접재료원가) × 4대 + ₩40(직접노무원가 + 변동제조간접원가) × 9,720시간
         = ₩708,800

08 정답▶ ④

해설▶ 1) 4대 생산 시 단위당 직접노무시간 = 100시간 × 80% × 80% = 64시간
2) 4대에 대한 총제조원가 = 4대 × ₩85,000 + 256시간 × ₩1,500 = ₩724,000

09 정답▶ ④

해설▶

단위	직접노무시간	누적시간
1단위	90시간	90시간
2단위	90시간 × 80% = 72시간	144시간
4단위	72시간 × 80% = 57.6시간	230.4시간

→ 4단위의 총제조원가 = ₩500(직접재료원가) × 4단위 + ₩12.5 × 230.4시간 +₩2,500(고정제조
간접원가 배부액) = ₩7,380

10 정답 ④

해설

단위	단위당 시간	총시간
1,000단위(1)	1,000시간	1,000시간
2,000단위(2)	1,000시간 × 80% = 800시간	1,600시간
4,000단위(4)	800시간 × 80% = 640시간	2,560시간

→ 주문에 대해 발생할 것으로 예상되는 변동제조원가 총액 = ₩400,000(직접재료원가) × 2
+ (2,560시간 − 1,600시간) × ₩2,000 + ₩1,920,000 × 50% = ₩3,680,000

11 정답 ③

해설

단위	단위당 시간	총시간
10단위(1)	x시간	x시간
20단위(2)	x시간 × 학습률	$1.6x$시간

→ 20단위의 총시간($1.6x$) = 2단위 × x시간 × 학습률
∴ 학습률 = 80%

12 정답 ④

해설
1) 200단위에 대한 단위당 예상원가(₩3,320) = ₩900 + ₩800 + 단위당 직접노무원가
→ 단위당 직접노무원가 = ₩1,620
2) 200단위의 단위당시간 = ₩1,620 ÷ ₩200(시간당 임률) = 8.1시간
3) 학습률 = 10시간 × 학습률 × 학습률 = 8.1시간
→ 학습률 = 90%

CHAPTER 09 원가−조업도−이익 분석(CVP분석)

01 정답 ④

해설
1) 공헌이익률 = (₩2,000 − ₩700 − ₩300) ÷ ₩2,000 = 50%
2) 손익분기점매출액 = ₩2,600,000(고정원가 총액) ÷ 50%(공헌이익률) = ₩5,200,000

02 정답 ⑤

해설
1) 20×1년은 이익도 손실도 보지 않았으므로 손익분기점이라고 할 수 있다.
※ 고정원가 = ₩1,200,000(손익분기점 매출액) × 30%(공헌이익률) = ₩360,000
2) 단위당 판매가 = ₩4.2(단위당 변동원가) ÷ 70%(변동원가율) = ₩6

3) 20×2년도 목표이익을 위한 추가고정비

= (₩6 − ₩4.2) × 300,000단위 − (₩360,000 + 추가고정비) = ₩30,000

→ 추가고정비 = ₩150,000

03 **정답** ②

해설 회사의 순이익 = 3,360개 × ₩250 × 24% − ₩84,000(고정원가) = ₩117,600

04 **정답** ③

해설 영업손실이 발생하지 않으려면 손익분기점까지 수량이 감소해도 된다.

1) 손익분기점 판매량 = ₩200,000(고정비) ÷ ₩320(단위당 공헌이익) = 625개

2) 최대 감소수량 = 1,000개 − 625개 = 375개

05 **정답** ⑤

해설 1) 총고정원가(₩90,000) = ₩120,000(손익분기점 매출액) × 공헌이익률

→ 공헌이익률 = 75%

2) 당기매출액 = ₩120,000(총변동원가) ÷ (1 − 75%) = ₩480,000

3) 영업이익 = ₩480,000(매출액) − ₩120,000(변동원가) − ₩90,000(고정원가) = ₩270,000

06 **정답** ⑤

해설 1) 단위당 공헌이익 = ₩500(단위당 판매가) − ₩300(단위당 변동원가) = ₩200

2) 목표이익을 위한 판매량 = (₩32,000 + ₩6,000) ÷ ₩200(단위당 공헌이익) = 190대

07 **정답** ④

해설 1) 고정원가 = ₩15,000,000(손익분기점 매출액) × 40%(공헌이익률) = ₩6,000,000

2) 목표이익 획득을 위한 매출액

= (₩6,000,000 + ₩2,000,000) ÷ 40%(공헌이익률) = ₩20,000,000

08 **정답** ④

해설 1) 세전목표이익 = ₩30,000 ÷ (1 − 20%) = ₩37,500

2) 단위당 공헌이익 = ₩200(단위당 판매가격) − ₩30(단위당 직접재료원가) − ₩20(단위당 직접노무원가) − ₩40(단위당 변동제조간접원가) − ₩10(단위당 변동판매비) = ₩100

3) 목표이익 달성을 위한 판매수량(Q) = (₩200,000 + ₩37,500) ÷ ₩100 = 2,375단위

09 **정답** ①

해설 1) 세전이익 = ₩12,000(세후이익) ÷ (1 − 40%) = ₩20,000

2) 세전이익(₩20,000) = 1,000개 × (P − ₩40) − ₩30,000

→ P = ₩90

10 **정답** ④

해설 20×1년 세후목표이익 달성을 위한 판매수량
= (₩1,000 − ₩600) X Q − ₩30,000(고정원가) = ₩10,000 + (₩12,500 − ₩8,000)/(1−0.25)
→ Q = 115단위

11 **정답** ⑤

해설 1) 손익분기점 매출액 = ₩90,000(고정원가) ÷ 30%(공헌이익률) = ₩300,000
2) 세전이익 = ₩42,000(세후목표이익) ÷ (1 − 30%) = ₩60,000
3) 세후목표이익 달성을 위한 매출액(S) = (₩90,000 + ₩60,000) ÷ 30% = ₩500,000
4) 안전한계 = ₩500,000(매출액) − ₩300,000(손익분기점 매출액) = ₩200,000

12 **정답** ⑤

해설 1) A제품 공헌이익률 = ₩180,000 ÷ ₩300,000 = 60%
2) B제품 공헌이익률 = ₩450,000 ÷ ₩900,000 = 50%
3) SET당 공헌이익률(매출액 비율) = 60% × 3/12 + 50% × 9/12 = 0.525
4) SET당 손익분기점매출액(S) = ₩262,500(고정원가) ÷ 0.525 = ₩500,000
5) A제품의 연간 손익분기점매출액 = ₩500,000 × 3/12 = ₩125,000

13 **정답** ②

해설 ※ 제품 A의 손익분기점 판매량이 24,000단위라면 SET수량은 24,000단위 ÷ 4(제품A의 판매량 비
중) = 6,000SET가 된다.
1) SET의 공헌이익 = ₩2,700,000 ÷ 6,000SET = ₩450
2) SET의 공헌이익(₩450) = ₩60(A) × 4 + ₩30(B) × 3 + C × 3
3) C의 공헌이익 = ₩40
→ C의 단위당 판매가격 = ₩40 + ₩60 = ₩100

14 **정답** ③

해설 1) A제품의 단위당 공헌이익 = (₩2,100,000 − ₩1,470,000) ÷ 600개 = ₩1,050
B제품의 단위당 공헌이익 = (₩2,900,000 − ₩1,740,000) ÷ 400개 = ₩2,900
2) SET당 공헌이익 = ₩1,050 × 6 + ₩2,900 × 4 = ₩17,900
3) SET당 손익분기점 판매량(Q) = ₩1,074,000(고정원가) ÷ ₩17,900 = 60SET
4) A제품의 예산판매수량 = 60SET × 6 = 360개

15 **정답** ④

해설 1) SET당 공헌이익률(매출액 비율) = 20% × (₩150,000/₩500,000) + 30% × (₩50,000/₩500,000)
+ 25% × (₩300,000/₩500,000) = 24%
2) 영업이익 = ₩700,000 × 24% − ₩156,000(고정원가 총액) = ₩12,000

16 정답 ①

해설 1) 제품 A의 공헌이익률 = ₩360,000 ÷ ₩900,000 = 40%

제품 B의 공헌이익률 = ₩1,125,000 ÷ ₩2,250,000 = 50%

제품 C의 공헌이익률 = ₩540,000 ÷ ₩1,350,000 = 40%

2) SET의 공헌이익률(매출액 비율로 가중평균)
= 40% × (900/4,500) + 50% × (2,250/4,500) + 50% × (1,350/4,500) = 0.45

3) SET의 손익분기점 매출액 = ₩810,000(고정원가) ÷ 0.45 = ₩1,800,000

4) 제품 A의 연간 손익분기점 매출액 = ₩1,800,000 × (900/4,500) = ₩360,000

17 정답 ②

해설 1) 단위당 공헌이익

A = ₩200 × 40%(공헌이익률) = ₩80

B = ₩150 × 50%(공헌이익률) = ₩75

2) 목표이익을 위한 판매량

• SET당 공헌이익 = ₩80 × 1 + ₩75 × 2 = ₩230

• 목표이익을 위한 판매량(Q) = (₩34,500 + ₩23,000) ÷ ₩230 = 250SET

3) A의 판매량 = 250SET × 1 = 250개, B의 판매량 = 250SET × 2 = 500개

4) 총매출액 = 250개 × ₩200 + 500개 × ₩150 = ₩125,000

18 정답 ⑤

해설 1) 기존 매출수량기준이 2 : 6 : 2의 비율이며, 제품 Y의 손익분기점 매출수량이 7,800단위이므로 손익분기점 SET 판매량은 7,800단위 ÷ 6 = 1,300SET가 된다.

2) 기존 매출수량기준에 따른 단위당 공헌이익 = ₩12(제품 X) × 2 + ₩15(제품 Y) × 6 + ₩8(제품 Z) × 2 = ₩130

3) 기존 매출수량기준에 따른 고정원가 = 1,300SET × ₩130(SET당 공헌이익) = ₩169,000

4) 제품 Z의 생산 중단 이후 제품 X와 Y의 SET의 공헌이익 = ₩12 × 6 + ₩15 × 4 = ₩132

5) 목표이익 달성을 위한 SET 판매량 = (₩165,000 + ₩33,000) ÷ ₩132 = 1,500SET

6) 제품 X의 매출수량 = 1,500SET × 6 = 9,000단위

19 정답 ①

해설 1) 손익분기점 판매량 = [₩1,100(단위당 판매가격) − 단위당 변동제조원가 − ₩100(단위당 변동판매관리비)] × 1,800단위 − (₩720,000 + ₩90,000) = ₩0
→ 단위당 변동제조원가 = ₩550

2) 절감해야 하는 단위당 변동제조원가 = ₩600 − ₩550 = ₩50

20 정답 ⑤

해설 1) 20×1년 판매량 = ₩80,000(매출액) ÷ ₩250(단위당 판매가) = 320단위

2) 20×2년 목표판매량(Q) = (₩20,000 + ₩22,000) ÷ ₩120(단위당 공헌이익) = 350단위

3) 증가하는 판매량 = 350단위 − 320단위 = 30단위

21 **정답** ②

   해설 20×2년도 목표이익 달성을 위한 판매량

   = (₩5,000 − ₩3,700) × Q − (₩600,000 − ₩150,000) = ₩200,000

   → Q = 500개

22 **정답** ⑤

   해설 1) 20×2년도 공헌이익률

   S(매출액) − 0.45S(변동매출원가) − 0.15S(변동판매관리비) = 0.4S

   2) 목표이익 달성을 위한 매출액(S) = [₩19,000(기존 고정원가) + ₩8,000(증가된 고정급여)

   + ₩18,000(영업이익)] ÷ 0.4(공헌이익률) = ₩112,500

23 **정답** ①

   해설 1) ㈜감평의 20×6년도 매출액(S)

   = 0.35 × S − ₩140,000(총고정원가) = ₩297,500(세전이익)

   → 매출액(S) = ₩1,250,000

   2) 손익분기점 매출액 = ₩140,000(총고정원가) ÷ 35%(공헌이익률) = ₩400,000

   3) 안전한계 = ₩1,250,000(매출액) − ₩400,000(손익분기점 매출액) = ₩850,000

   4) 안전한계율 = ₩850,000(안전한계) ÷ ₩1,250,000(매출액) = 68%

24 **정답** ②

   해설 1) ㈜관세의 20×1년 공헌이익 = ₩2,700,000(매출액) − ₩1,170,000(변동제조원가) − ₩450,000

   (변동판매비와 관리비) = ₩1,080,000

   2) ㈜관세의 20×1년 영업이익 = ₩1,080,000(공헌이익) − ₩864,000(고정원가) = ₩216,000

   3) 영업레버리지도 = 공헌이익 ÷ 영업이익 = 5배

   4) 매출액이 15% 증가하는 경우 영업이익 예상액 = ₩216,000 × (1 + 0.15 × 5배) = ₩378,000

25 **정답** ③

   해설 1) 영업레버리지도 = ₩500,000(공헌이익) ÷ ₩200,000(영업이익) = 2.5배

   2) 20×2년 예상영업이익 = ₩200,000 × (1 + 20% × 2.5배) = ₩300,000

26 **정답** ⑤

   해설 1) 공헌이익률 = ₩20,000(공헌이익) ÷ ₩50,000(매출액) = 40%

   2) 안전한계율 = (₩50,000 − ₩37,500) ÷ ₩50,000 = 25%

   * 손익분기점 매출액 = ₩15,000(고정원가) ÷ 40%(공헌이익률) = ₩37,500

   3) 영업레버리지도 = 공헌이익/영업이익 = ₩20,000 ÷ ₩5,000 = 4

   4) 판매량 10% 증가하는 경우 레버리지 효과로 영업이익은 10% × 4 = 40% 증가한다.

   → 증가하는 영업이익 = ₩5,000 × 40% = ₩2,000

27 정답 ③

해설 1) 매출액 = ₩240,000(총변동원가) ÷ 60%(변동원가율) = ₩400,000
2) 손익분기점매출액 = ₩60,000(고정원가) ÷ 0.4(공헌이익률) = ₩150,000
3) 안전한계율 = ₩250,000(안전한계) ÷ ₩400,000(매출액) = 62.5%
4) 영업레버리지도 = 공헌이익/영업이익 = ₩160,000 ÷ ₩100,000 = 1.6
5) 세후영업이익 = ₩100,000 × (1 − 20%) = ₩80,000

28 정답 ⑤

해설 1) 영업레버리지도(3) = (₩700,000 × 54%) ÷ 영업이익
→ 영업이익 = ₩126,000
→ 고정원가 = ₩378,000(공헌이익) − ₩126,000 = ₩252,000
2) 4월의 영업이익 = ₩700,000 × 1.1 × 54% − (₩252,000 + ₩30,000) = ₩133,800

29 정답 ④

해설 1) 단위당 공헌이익 = (₩282,000 − ₩147,000) ÷ 3,000단위 = ₩45
2) 기대이익 = (300단위 × ₩45 × 60% + 200단위 × ₩45 × 40%) − ₩10,000(추가 지출 광고비)
= ₩1,700

30 정답 ②

해설 1) 공헌이익률 = (₩800 − ₩500) ÷ ₩800(단위당 판매가) = 37.5%
2) 증분손익 = ₩50,000 × 37.5% − ₩15,000(증분비용) = ₩3,750 증가

31 정답 ④

해설 1) 첫 번째 구간의 고정원가 = 860단위(손익분기점 판매량) × ₩40(단위당 공헌이익) = ₩34,400
2) 두 번째 구간의 손익분기점 = (₩34,400 + ₩17,600) ÷ ₩40 = 1,300단위

32 정답 ②

해설 1) 생산량이 20,000단위 미만일 경우
= [₩5,000,000(고정원가) + ₩2,500,000(세전이익)] ÷ ₩1,000(단위당 공헌이익)
= 7,500단위(단서와 일치)
2) 생산량이 20,000단위 이상일 경우
= (₩8,000,000 + ₩2,500,000) ÷ ₩1,000 = 10,500단위(단서와 불일치)

33 정답 ⑤

해설 1) 조업도가 2,000단위라면 : ₩300,000(고정원가) ÷ ₩120 = 2,500단위 (×)
2) 조업도가 ~4,000단위라면 : ₩450,000(고정원가) ÷ ₩120 = 3,750단위 (○)
3) 조업도가 ~5,000단위라면 : ₩540,000(고정원가) ÷ ₩120 = 4,500단위 (○)
4) 최대영업이익 4,000단위 × ₩120 − ₩450,000 = ₩30,000 또는
5,000단위 × ₩120 − ₩540,000 = ₩60,000 (최대)

34 정답 ④

해설 1) 단위당 공헌이익 = ₩25(단위당 판매가격) − ₩10(단위당 변동제조원가) − ₩6(단위당 변동판매관리비) = ₩9

2) 세후현금흐름분기점 판매량(Q)
= [₩9 × Q − ₩4,000(총고정원가)] × (1 − 20%) + ₩500(감가상각비) = ₩0
→ Q = 375단위

35 정답 ②

해설 현금흐름분기점 수량 = [(₩500 − ₩200) × Q − ₩50,000] × (1 − 20%) + ₩10,000
→ Q = 125단위

CHAPTER 10 표준원가계산

01 정답 ③

해설

직접재료 실제사용량 × ₩300	실제생산량 × 수량표준 × 가격표준 2,800단위 × 2kg × ₩300
수량차이 ₩120,000 불리	

1) 직접재료 실제사용량 × ₩300 = ₩1,800,000
→ 직접재료 실제사용량 = 6,000kg

02 정답 ④

해설 1) 수량차이(₩30,000) = (실제사용량 − 2,000kg) × ₩150(표준가격)
→ 실제사용량 = 2,200kg
※ 표준수량 = 500개(실제생산량) × 4kg(단위당 표준수량) = 2,000kg

2) 월말재고 = 200kg(기초재고) + 2,400kg(매입량) − 2,200kg(사용량) = 400kg

03 정답 ③

해설 1) 가격차이(구입시점) : 구입가격(₩225,000) < 40,000kg × ₩6 = ₩15,000 유리
2) 능률차이(수량차이) : 36,000kg × ₩6 > 3,000단위 × 10kg × ₩6 = ₩36,000 불리

04 정답 ④

해설 1) 가격차이(구입시점) = ₩130,000(실제구입가격) > 2,000kg × ₩50 = ₩30,000 불리

   * 재료원가 단위당 원가 = $\dfrac{₩10,000(당월 말 제품계정에 포함된 직접재료원가)}{100단위(기말제품재고) × 2kg}$ = ₩50

2) 수량차이 = 1,900kg × ₩50 > 900단위 × 2kg × ₩50 = ₩5,000 불리

05 정답 ⑤

해설 1) 능률차이(₩4,000 유리)

실제사용량 × ₩10 ₩56,000	2,000단위 × 3kg × ₩10 ₩60,000

→ 실제사용량 = 5,600kg

2) 구입가격차이(₩12,600 불리) = 실제구입량 × (₩12 − ₩10)

→ 실제구입량 = 6,300kg

3) 기말 직접재료 = 6,300kg(구입량) − 5,600kg(사용량) = 700kg

06 정답 ④

해설 1) 직접재료 구입가격차이(₩3,000 불리) = 실제구입량 × (₩5 − ₩3)

→ 실제 구입량 = 1,500kg

2) 직접재료 능률차이(₩900 유리) = 실제사용량 × ₩3 < 800단위 × 2kg × ₩3

→ 실제 사용량 = 1,300kg

3) 기말 직접재료 재고수량 = 1,500kg(구입량) − 1,300kg(사용량) = 200kg

07 정답 ②

해설 1) 구입가격차이 = 7,500kg × (₩12 − ₩10) = ₩15,000(불리)

2) 수량차이 = (6,500kg − 6,000kg) × ₩10 = ₩5,000(불리)

08 정답 ③

해설 1) 임률차이 = ₩15,000,000(실제발생액) > (실제작업시간 × 표준임률) = ₩5,000,000(불리)

2) 능률차이 = ₩10,000,000 < (3,000개 × 10시간 × 표준임률) = ₩2,000,000(유리)

   → 표준임률 = ₩400

   → 실제작업시간 = ₩10,000,000 ÷ ₩400 = 25,000시간

09 정답 ⑤

해설 능률차이(₩60,000) = 실제시간 × ₩12(표준임률) > 25,000단위 × 2시간 × ₩12

→ 실제시간 = 55,000시간

10 정답 ③

해설 1) 직접노무원가 능률차이(₩500 불리) = (실제시간 − 100단위 × 3시간) × ₩10(표준임률)

   → 실제시간 = 350시간

2) 실제 총직접노무원가 = 350시간(실제시간) × ₩8(실제임률) = ₩2,800

11 정답 ④

해설 능률차이 = (24,000시간 × ₩19.20) > (8,600단위 × 2.75시간 × ₩19.20) = ₩6,720 불리

12 정답 ④

해설 1) 임률차이(₩20,300 유리) = ₩385,700(실제발생액) < 101,500시간 × 표준임률
→ 표준임률 = ₩4
2) 능률차이(₩14,000 유리) = 101,500시간 × ₩4 < 실제생산량 × 2시간 × ₩4
→ 실제생산량 = 52,500단위

13 정답 ④

해설 1) 임률차이(₩53,000불리) = ₩1,378,000 > 실제시간 × 표준임률
→ 실제시간 × 표준임률 = ₩1,325,000
2) 능률차이(₩50,000 유리) = 실제시간 × 표준임률 < 1,000단위 × 5.5시간 × 표준임률
→ 1,000단위 × 5.5시간 × 표준임률 = ₩1,375,000
※ 표준임률 = ₩250
3) 실제시간 = ₩1,325,000 ÷ ₩250(표준임률) = 5,300시간
4) 실제임률 = ₩1,378,000 ÷ 5,300시간 = ₩260

14 정답 ②

해설 능률차이(₩120 유리) = 100시간 × ₩5 < 실제 생산량 × 2시간 × ₩5
→ 실제 제품생산량 = 62개

15 정답 ②

해설 1) 변동제조간접원가 소비차이(₩3,000 유리) = ₩23,000(실제발생액) < 10,400시간(실제직접노무시간)
× 표준배부율
→ 표준배부율 = ₩2.5
2) 변동제조간접원가 능률차이(₩2,000 불리) = (10,400시간 − 실제생산량 × 2시간) × ₩2.5
→ 실제생산량 = 4,800개

16 정답 ④

해설 1) 변동제조간접원가 능률차이(₩8,000불리)
= (8,000시간 − 3,600단위 × 2시간) × 표준배부율
→ 표준배부율 = ₩10
2) 변동제조간접원가 소비차이
= ₩130,000(실제발생액) > 8,000시간 × ₩10 = ₩50,000(불리)

17 정답 ④

해설 1) 조업도차이(₩10,000 유리) = 고정제조간접원가 예산 < 실제생산량(1,000단위) × 표준기계작업
시간(2시간) × 표준배부율(₩10)
→ 고정제조간접원가 예산 = ₩20,000 − ₩10,000(유리한 차이) = ₩10,000
2) 표준배부율(₩10) = ₩10,000(고정제조간접원가 예산) ÷ 기준조업도
→ 기준조업도 = 1,000시간

18 정답 ③

해설 1) 고정제조간접원가 예산 = ₩12,000(실제발생액) − ₩2,000(예산차이) = ₩10,000
2) 고정제조간접원가 표준배부액 = ₩10,000 + ₩4,000(조업도차이) = ₩14,000
= 700단위 × 2시간 × 표준배부율
→ 표준배부율 = ₩10
3) 기준조업도 = ₩10,000(예산) ÷ ₩10(표준배부율) = 1,000시간

19 정답 ④

해설 1) 조업도 차이
예산 − (1,000개 × 표준배부율) = ₩500
예산 − (1,500개 × 표준배부율) = (₩500)
→ 해당 식을 연립하면 500개 × 표준배부율 = ₩1,000, 개당 표준배부율 = ₩2
2) 4월 고정제조간접원가 예산 = 1,500개 × ₩2 − ₩500(유리한 조업도차이) = ₩2,500
3) 4월 고정제조간접원가 실제발생액 = ₩2,500 + ₩300(불리한 소비차이) = ₩2,800

20 정답 ④

해설 1) 고정제조간접원가 예산 = ₩285,000(실제발생액) − ₩9,000(불리한 차이) = ₩276,000
2) 조업도차이(불리) = ₩276,000(고정제조간접원가 예산) > (1,000개 × 5시간 × 배부율)
→ 고정제조간접원가 표준배부율 = ₩46
3) 표준배부율(₩46) = ₩276,000(고정제조간접원가 예산) ÷ 기준조업도
→ 기준조업도 = 6,000시간

21 정답 ①

해설 1) 조업도차이(₩60,000) = (9,000시간 × 표준배부율) < (3,200단위 × 3시간 × 표준배부율)
→ 표준배부율 = ₩100
2) 소비차이 = ₩1,100,000(실제발생액) > (9,000시간 × ₩100) = ₩200,000 불리

22 정답 ①

해설 1) 고정제조간접원가 표준배부율 = ₩500,000(예산) ÷ 50,000시간(기준조업도) = ₩10
2) 조업도차이 = ₩500,000(예산) < 26,000단위 × 2시간 × ₩10 = ₩20,000(유리)

23 〔정답〕 ③

〔해설〕 ㄷ. 표준원가계산에서 고정제조간접원가 배부액은 실제생산량에 허용된 표준조업도에 예정배부율(표준배부율)을 곱한 금액이다.

24 〔정답〕 ③

〔해설〕 ㄱ : 표준원가계산제도는 변동원가계산에서도 적용할 수 있다.

ㄹ : 고정제조간접원가의 예산차이는 실제 고정제조간접원가 지출액과 고정예산과의 차이를 의미한다.

25 〔정답〕 ①

〔해설〕 1) 변동제조간접원가 능률차이 = (20,400시간 − 20,000시간) × ₩100 = ₩40,000 불리

2) 고정제조간접원가 조업도차이 = ₩720,000(예산) < 4,000단위 × 5시간 × ₩72

→ ₩720,000 유리

* 고정제조간접원가 표준배부율 = ₩720,000(예산) ÷ (2,000단위 × 5시간) = ₩72

26 〔정답〕 ②

〔해설〕 1) 고정제조간접원가 배부율 = ₩625,000(고정제조간접원가 예산) ÷ 1,000시간(기준조업도)
= ₩625

2) 조업도차이(₩110,000 불리) = (1,000시간 − 실제생산량에 허용된 표준시간) × ₩625

→ 실제생산량에 허용된 표준시간 = 824시간

3) 표준변동제조간접원가 배부율 = ₩540,000(변동제조간접원가 예산) ÷ 1,000시간(기준조업도)
= ₩540

4) 제조간접원가 능률차이 = (900시간 – 824시간) × ₩540 = ₩41,040 불리

27 〔정답〕 ③

〔해설〕 1) 제조간접원가 표준배부액 = 4,800시간(실제생산량에 허용된 표준직접노무시간) × ₩400(변동제조간접원가 및 고정제조간접원가 표준배부율의 합) = ₩1,920,000

2) 당기 제조간접원가 실제 발생액 = ₩1,920,000 + ₩20,000(과소배부) = ₩1,940,000

CHAPTER 11

관련원가와 의사결정

01 **정답** ③

해설 증분수익 : 특별주문 매출액(500단위 × ₩150)　　　　　₩75,000
　　　증분비용 : 특별주문 변동원가(500단위 × ₩50)　　　　(₩25,000)
　　　증분이익 :　　　　　　　　　　　　　　　　　　　₩50,000
　　　※ 변동원가 = ₩2,000,000(매출원가) × 30% + ₩500,000(판매비와 관리비) × 30% = ₩750,000
　　　※ 단위당 변동원가 = ₩750,000 ÷ 15,000개 = ₩50

02 **정답** ②

해설 증분수익 : 특별주문 매출액(1,500단위 × ₩220)　　　　₩330,000
　　　증분비용 : 특별주문 변동원가(1,500단위 × ₩160)　　　(₩240,000)
　　　증분이익 :　　　　　　　　　　　　　　　　　　　₩90,000
　　　※ 특별주문 단위당 변동원가 = ₩100(단위당 변동제조원가) + ₩30(특수장치 추가) + ₩30(제품B의
　　　　단위당 변동판매비) = ₩160

03 **정답** ②

해설 증분수익 : 특별주문 매출액(4,000대 × ₩70,000)　　　　₩280,000,000
　　　증분비용 : 특별주문 변동원가(4,000대 × ₩62,500)　　　(₩250,000,000)
　　　　　　　 기존시장 공헌이익 감소(2,000대 × ₩30,000)　　(₩60,000,000)
　　　증분손실 :　　　　　　　　　　　　　　　　　　　(₩30,000,000)
　　　※ 특별주문 단위당 변동원가 = ₩60,000(단위당 변동제조원가) + ₩2,500(특별주문 단위당 변
　　　　동판매관리비) = ₩62,500

04 **정답** ④

해설 증분수익 : 특별주문 매출액(500단위 × ₩320)　　　　₩160,000
　　　증분비용 : 특별주문 변동원가(500단위 × ₩240)　　　(₩120,000)
　　　증분이익 :　　　　　　　　　　　　　　　　　　　₩40,000
　　　※ 특별주문 단위당 변동원가 = ₩240(단위당 변동제조원가)

05 **정답** ③

해설 증분수익 : 특별주문 매출액(2,000단위 × ₩70)　　　　₩140,000
　　　증분비용 : 특별주문 변동원가(2,000단위 × ₩45)　　　(₩90,000)
　　　　　　　 특별주문 변동판관비(₩140,000 × 20%)　　　(₩28,000)
　　　증분이익 :　　　　　　　　　　　　　　　　　　　₩22,000

06 정답 ⑤

해설 증분수익 : 특별주문 매출액(800단위 × ₩300)   ₩240,000
증분비용 : 특별주문 변동원가(800단위 × ₩230)   (₩184,000)
       기존거래처 공헌이익 감소(300단위 × ₩150)   (₩45,000)
증분이익 :   ₩11,000
※ 특별주문 단위당 변동원가 = ₩220(단위당 변동제조원가) + ₩10(특별주문 단위당
   변동판매관리비) = ₩230

07 정답 ①

해설 증분수익 : 특별주문 매출액(7,000단위 × ₩500)   ₩3,500,000
증분비용 : 특별주문 변동제조원가(7,000단위 × ₩280)   (₩1,960,000)
       변동판매비와 관리비   (₩1,200,000)
       기존판매제품 공헌이익 감소(2,000단위 × ₩150)   (₩300,000)
증분이익 :   ₩40,000

08 정답 ③

해설 증분수익 : 특별주문 매출액(100단위 × P)   100P
증분비용 : 특별주문 변동원가(100단위 × ₩3,000)   (₩300,000)
       추가 배송비용   (₩10,000)
증분이익 :   ₩30,000
→ 특별주문 단위당 판매가격 = ₩3,400
※ 특별주문 단위당 변동원가 = ₩3,500(단위당 변동원가) − ₩500(절감액) = ₩3,000

09 정답 ③

해설 증분수익 : 특별주문 매출액(2,000단위 × P)   2,000P
증분비용 : 특별주문 변동원가(2,000단위 × ₩600)   (₩1,200,000)
       기존판매량 공헌이익 감소(1,000단위 × ₩400)   (₩400,000)
증분이익 :   0
→ 특별주문 제품의 단위당 최저판매가격(P) = ₩800

10 정답 ①

해설 증분수익 : 특별주문 매출액(2,500개 × ₩120)   ₩300,000
증분비용 : 특별주문 변동제조원가(2,500개 × ₩75)   (₩187,500)
       특별주문 배치 변동원가(25배치 × ₩500)   (₩12,500)
       기존고객 할인액(7,500개 × ₩10)   (₩75,000)
증분이익 :   ₩25,000
※ 배치 단위당 변동원가 = ₩75,000 ÷ 150배치 = ₩500

11 정답 ①

해설 증분수익 = 3,000대 × P

증분비용 = 3,000대 × ₩60(생산량당 변동원가) + 30묶음 × ₩1,000(묶음당 변동원가)

기회비용 = 1,000대 × ₩200 − (1,000대 × ₩60 + 20묶음 × ₩1,000) = ₩120,000

→ 계산기 1대당 최소금액 = ₩330,000 ÷ 3,000대 = ₩110

12 정답 ③

해설 증분수익 : 특별주문 매출액(2,000단위 × P)   2,000P

증분비용 : 특별주문 변동원가(2,000단위 × ₩1,000)   (₩2,000,000)

            기존고객 공헌이익 감소(1,000단위 × ₩800)   (₩800,000)

증분이익 :   0

→ 특별주문으로부터 받아야 할 단위당 최소 판매가격 = ₩1,400

※ 특별주문 단위당 변동원가 = ₩1,000(단위당 변동제조원가)

13 정답 ④

해설 증분수익 : 특별주문 매출액(1,500단위 × ₩450)   ₩675,000

증분비용 : 특별주문 변동원가(1,500단위 × ₩320)   (₩480,000)

            기존제품 공헌이익 감소분(500단위 × ₩200)   (₩100,000)

증분이익 :   ₩95,000

※ 특별주문 단위당 변동원가 = ₩300(단위당 변동원가) + ₩20(포장작업) = ₩320

14 정답 ②

해설

구분	제품 X	제품 Y
단위당 공헌이익	₩300	₩200
기계시간당 공헌이익	₩300 ÷ 2시간 = ₩150	₩200 ÷ 1시간 = ₩200

1) 현재 사용 중인 기계가동시간 = 300단위(제품 X) × 2시간 + 400단위(제품 Y) × 1시간 = 1,000시간

   ※ 제품 Z의 특별주문 수락 시 기존시장에서의 제품을 포기하여야 한다. 제품 Z에 300 기계가동시간이 필요하니 제품 X의 150단위를 포기해야 한다.

2) 총기회비용 = 150단위(제품 X) × ₩300 = ₩45,000

3) 단위당 최소판매가격 = ₩900 + (₩45,000 ÷ 200단위) = ₩1,125

15 정답 ④

해설 증분수익 : 변동제조원가 감소액(1,000단위 × ₩120)   ₩120,000

            고정제조간접원가 감소액(₩40,000 × 25%)   ₩10,000

            임대료수익   ₩30,000

증분비용 : 부품A의 구입액(1,000단위 × ₩140)   (₩140,000)

증분이익 :   ₩20,000

16 **정답** ②

해설 증분수익 : 변동제조원가 감소액   ₩800,000
연간설비 임대액   ₩70,000
증분비용 : 제품 구입액(10,000단위 × ₩85)   (₩850,000)
증분이익 :   ₩20,000

17 **정답** ①

해설 증분수익 : 변동제조원가 감소분(500단위 × ₩70)   ₩35,000
고정제조간접원가 감소분(₩50,000 × 40%)   ₩20,000
여유설비 월 임대료   X
증분비용 : A부품 외부 구입비(500단위 × ₩100)   (₩50,000)
증분이익 :   ₩10,000
※ 월 임대료(X) = ₩5,000

18 **정답** ③

해설 증분수익 : 변동제조원가 절감액(2,000단위 × ₩750)   ₩1,500,000
고정제조간접원가 절감액(₩800,000 × 20%)   ₩160,000
임대수익   ₩200,000
증분비용 : 외부구입액(2,000단위 × ₩900)   (₩1,800,000)
증분이익 :   ₩60,000

19 **정답** ③

해설 사업부 폐쇄 시
증분수익 : 사업부A 공헌이익 증가   ₩2,400
추적가능고정원가 회피가능액   ₩5,600
증분비용 : 사업부B의 공헌이익 감소   (₩9,000)
증분손실 :   (₩1,000)

20 **정답** ③

해설 증분수익 : 고정원가 절감액(₩30,000 × 40%)   ₩12,000
고정원가 절감액(₩20,000 × 60%)   ₩12,000
유휴임대수익   ₩10,000
증분비용 : X제품의 공헌이익 감소   (₩40,000)
증분손실 :   (₩6,000)

21 **정답** ②

해설 증분수익 : A제품의 공헌이익 증가(1,000단위 × ₩1.25)   ₩1,250
증분비용 : B제품의 공헌이익 감소   (₩800)
증분이익 :   ₩450

22 정답 ⑤

해설 증분수익 : 광고선전비 감소액   ₩60,000
    증분비용 : B부문 공헌이익 감소   (₩100,000)
            C부문 공헌이익 감소(₩280,000 × 20%)   (₩56,000)
    증분손실 :   (₩96,000)

23 정답 ③

해설 제약요인 단위당 공헌이익이 가장 큰 제품부터 생산한다.

구분	제품 X	제품 Y
단위당 공헌이익	₩600	₩400
기계시간	6시간	2시간
제약요인당 공헌이익	₩100	₩200

* 제품 X와 제품 Y의 수요는 무한하므로 총 400시간 동안 제품 Y만 생산하는 것이 최적이다.
→ 최대 영업이익 = 200개 × ₩400 − ₩50,000(고정원가) = ₩30,000

24 정답 ①

해설 최대 사용가능한 기계시간이 제약이 있으므로 제약요인당 공헌이익이 가장 큰 순서로 제품을 생산한다.

구분	제품 A	제품 B	제품 C
단위당 공헌이익	₩60	₩50	₩120
기계사용시간	2시간	1시간	3시간
기계시간당 공헌이익	₩30	₩50	₩40
제작순서	3순위	1순위	2순위

* 제품 B는 500단위를 모두 생산하며 그 다음으로 제품 C를 100단위 생산하고 남은 200시간 동안 제품 A를 생산한다. 제품 A는 200시간/2시간 = 100단위를 생산한다.

25 정답 ⑤

해설

구분	제품 A	제품 B	제품 C
단위당 공헌이익	₩350	₩450	₩400
설비사용시간당 공헌이익	₩70	₩45	₩50
우선순위	1순위	3순위	2순위
생산수량	2,000단위	1,400단위	2,000단위

획득할 수 있는 최대공헌이익 = 2,000단위 × ₩350 + 1,400단위 × ₩450 + 2,000단위 × ₩400
    = ₩2,130,000

26 **정답** ②

해설

구분	제품 A	제품 B	제품 C
단위당 공헌이익	₩30	₩24	₩60
단위당 특수기계 이용시간	2시간	1시간	3시간
특수기계 이용시간당 공헌이익	₩15	₩24	₩20
생산량	③ 0단위	① 3,000단위	② 2,000단위

→ ㈜세무의 최대공헌이익 = 3,000단위 × ₩24 + 2,000단위 × ₩60 = ₩192,000

27 **정답** ⑤

해설 1) 제품 A의 노무시간당 공헌이익 = ₩15(단위당 공헌이익) ÷ 1시간 = ₩15
 → 노무시간당 공헌이익이 큰 제품 A부터 생산한다.
2) 제품 B의 생산수량 = 1,000시간 ÷ 2시간 = 500단위
3) 최대 공헌이익 = 2,000단위(제품 A) × ₩15 + 500단위(제품 B) × ₩20 = ₩40,000

28 **정답** ③

해설

구분	제품 A	제품 B	제품 C
단위당 공헌이익	₩24	₩20	₩12
재료 K 사용량	3kg	5kg	2kg
재료당 공헌이익	₩8	₩4	₩6

1) 사전계약물량에서 사용되는 재료 K = 100단위 × 3kg + 100단위 × 5kg + 300단위 × 2kg
 = 1,400kg
 → 남은 1,600kg은 제품 A를 우선 제조하며(400단위 × 3kg) 나머지 400kg은 제품 C를 200단위
 생산한다.
2) 최대 공헌이익 총액 = 500단위(제품 A) × ₩24(단위당 공헌이익) + 100단위(제품 B) × ₩20
 + 500단위(제품 C) × ₩12 = ₩20,000

29 **정답** ③

해설 제약요인이 2개이므로 선형계획법에 따라 제약요인을 수식화하여 최적해를 찾아야 한다.
1) 제약요인의 수식화
 0.5X + 1Y = 1,000시간
 1.5X + 2Y = 2,400시간
 → 해당 식을 연립하면 X = 800개, Y = 600개가 최적해가 된다.

30 **정답** ③

해설 1) 제약요인이 여러 개인 경우 선형계획법으로 계산한다.
 2X + 2Y = 2,400
 2X + 3Y = 3,000
 해당 식을 연립하면 Y = 600, X = 600단위이다.
2) 연간 최대 공헌이익 = 600단위 × ₩300 + 600단위 × ₩400 = ₩420,000

CHAPTER 12 대체가격결정

01 정답 ③

해설 단위당 최소대체가격 = ₩1,800(변동제조원가) + [(2,000단위 × ₩1,200) ÷ 4,000단위]
= ₩2,400

02 정답 ④

해설 최적사내이전가격 = ₩22(변동원가) + ₩38(기회비용) = ₩60
※ 단위당 기회비용 = (2,500개 × ₩30) ÷ 2,000개 = ₩38

03 정답 ⑤

해설 단위당 사내대체가격 = ₩27(단위당 변동제조원가) + ₩17(기회비용) = ₩44
※ 단위당 기회비용 = ₩50(판매가) − ₩29(변동제조원가) − ₩4(변동판관비) = ₩17

04 정답 ③

해설 1) 기회비용(정규시장 감소에 따른 공헌이익 감소) = (₩600 − ₩300) × 150단위 = ₩45,000
※ 단위당 기회비용 = ₩45,000 ÷ 300단위 = ₩150
2) 단위당 최소 대체가격 = ₩300(변동제조원가) + ₩150(기회비용) = ₩450

05 정답 ①

해설 최소사내대체가격 = ₩2,000(변동제조원가) + ₩0(기회비용) = ₩2,000

06 정답 ③

해설 최소 대체가격 = ₩30(변동제조원가) + ₩7(운송비) + ₩24(기회비용) = ₩61
※ 단위당 기회비용 = (200단위 × ₩60) ÷ 500단위 = ₩24

07 정답 ④

해설 단위당 최소 대체가격 = 변동제조원가(₩58) + 단위당 기회원가(₩100 − ₩58 − ₩8) = ₩92

08 정답 ③

해설 최소 대체가격 = ₩40(단위당 변동원가) + ₩30(단위당 기회비용) = ₩70

09 정답 ②

해설 1) 부품 X의 단위당 변동제조원가 = ₩40(단위당 직접재료원가) + ₩35(단위당 직접노무원가)
+ ₩25(단위당 변동제조간접원가) = ₩100
2) 사내대체 시 총기회비용 = 2,000단위 × (₩150 − ₩100) = ₩100,000

※ 정규시장에서 부품 X를 8,000단위 판매하고 있으므로 유휴생산능력은 2,000단위이다. 총
  4,000단위를 사내대체하면 기존시장에서 판매하던 부품 X의 2,000단위를 포기하여야 한다.
3) 사내대체 시 단위당 기회비용 = ₩100,000(총기회비용) ÷ 4,000단위(대체수량) = ₩25
4) 부품 X의 단위당 최소대체가격 = ₩100(단위당 변동제조원가) + ₩25(단위당 기회비용) = ₩125

CHAPTER 13 종합예산

01 정답 ④

2월 판매예산			
기초제품재고량	27,000	판매량	380,000
목표생산량	378,000	기말제품재고량	25,000

02 정답 ③

판매예산(4분기)			
기초제품재고량	3,300단위	판매량	33,000단위
목표생산량	32,550단위	기말제품재고량	2,850단위

03 정답 ③

1) 1분기 재료구입량 = 3,000단위 × 2kg + 5,000단위 × 2kg × 20% − (3,000단위 × 2kg ×
   20%) = 6,800kg
2) 1분기 재료구입예산액 = 6,800kg × ₩3 = ₩20,400

04 정답 ①

원재료			
기초원재료	5,400kg	사용량	54,000kg
구입량	51,450kg	기말원재료	2,850kg

→ 재료구입액 = 51,450kg × ₩2 = ₩102,900

05 정답 ③

제품				직접재료			
기초제품	50단위	판매량	900단위	기초	100kg	사용량	465kg
생산량	930단위	기말제품	80단위	구입량	485kg	기말	120kg

※ 직접재료 사용량 = 930단위 × 0.5kg = 465kg

→ 직접재료 구입예산 = 485kg × ₩10 = ₩4,850

06 **정답** ③

해설

1) 2분기 목표생산량 = 3,000통 + 1,000통(기말제품) − 600통(기초제품) = 3,400통
2) 3분기 목표생산량 = 5,000통 + 400통 − 1,000통 = 4,400통
3) 2분기 직접재료구입량 = 3,400통 × 20kg + 4,400통 × 20kg × 10% − (3,400통 × 20kg × 10%) = 70,000kg
4) 2분기 직접재료구매예산액 = 70,000kg × ₩2 = ₩140,000

07 **정답** ①

해설

4월 판매예산			
기초제품	250단위	판매량	2,500단위
목표생산량	2,490단위	기말제품	240단위

5월 판매예산			
기초제품	240단위	판매량	2,400단위
목표생산량	2,430단위	기말제품	270단위

4월 원재료			
기초원재료(4,980kg × 5%)	249kg	원재료사용량(2,490단위 × 2kg)	4,980kg
원재료구입량	4,974kg	기말원재료(2,430단위 × 2kg × 5%)	243kg

→ 4월의 원재료 구입예산액 = 4,974kg × ₩10 = ₩49,740

08 **정답** ①

해설

상품(원가)			
기초상품(₩6,000 × 70% × 10%)	₩420	매출원가(₩6,000 × 70%)	₩4,200
매입액	4,340	기말상품(₩8,000 × 70% × 10%)	560

09 **정답** ④

해설

구분	1월	2월
예상매출액	₩120,000	₩150,000
예상매출원가	₩100,000	₩125,000

1) 1월의 재고자산매입액 = ₩100,000(1월 매출원가) + ₩125,000 × 30% − ₩25,500(기초재고) = ₩112,000
2) 20×1년도 1월에 지급할 금액 = ₩34,000(기초매입채무) + ₩112,000 × 70% = ₩112,400

10 **정답** ③

해설

월	예상 매출액	예상 매출원가
1월	₩4,000,000	₩2,800,000
2월	₩5,000,000	₩3,500,000
3월	₩6,000,000	₩4,200,000
4월	₩7,000,000	₩4,900,000

1) 재고비율 10% 유지하는 경우 3월 예상매입액
= ₩4,200,000(매출원가) + ₩4,900,000 × 10%(기말재고액) − ₩4,200,000 × 10%(기초재고액)
= ₩4,270,000

2) 재고비율 20% 유지하는 경우 3월 예상매입액
   = ₩4,200,000(매출원가) + ₩4,900,000 × 20%(기말재고액) − ₩4,200,000 × 20%(기초재고액)
   = ₩4,340,000
3) 재고비율에 따른 매입액 차이 = ₩4,340,000 − ₩4,270,000 = ₩70,000

11 정답▶ ②
해설▷ 3분기 현금유입액 = ₩120,000 × 40% × 70% + ₩80,000 × 40% × 30% + ₩80,000 × 60%
                  = ₩91,200

12 정답▶ ③
해설▷ 1) 3월 매출액의 4월 현금회수액 = ₩320,000 × 25% = ₩80,000
     2) 4월 매출액의 당월 현금회수액 = ₩400,000 × 70% × 98% = ₩274,400
     3) 4월의 현금유입액 = ₩80,000 + ₩274,400 = ₩354,400

13 정답▶ ④
해설▷ 1) 3분기 현금매출 = ₩200,000 × 40% = ₩80,000
     2) 3분기 외상매출 중 당분기 현금회수액 = ₩200,000 × 60% × 60% = ₩72,000
     3) 전분기 외상매출 중 당분기 현금회수액 = ₩250,000 × 60% × 10% + ₩300,000 × 60% ×
        30% = ₩69,000
     4) 3분기 예상 현금유입액 = ₩80,000 + ₩72,000 + ₩69,000 = ₩221,000

14 정답▶ ⑤
해설▷ 1월 말의 예상 현금유입액 = ₩5,000(11월 판매분) + ₩30,000 × 3/4 + ₩100,000(20×2년 1월
     판매예산) × 60% × 95% = ₩84,500

15 정답▶ ②
해설▷

구분	4월	5월	6월
예상 매출원가	₩1,000,000	₩3,000,000	₩2,000,000

4월 재고자산				5월 재고자산			
기초	₩250,000	매출원가	1,000,000	기초	₩750,000	매출원가	3,000,000
매입액	1,500,000	기말	750,000	매입액	2,750,000	기말	500,000

→ 5월 현금지출액 = ₩1,500,000 × 70% + ₩2,750,000 × 30% = ₩1,875,000

16 정답▶ ②
해설▷

재고자산(1월)			
기초재고자산	₩60,000	매출원가(₩600,000 × 70%)	₩420,000
매입액	391,500	기말재고자산	31,500

재고자산(2월)			
기초재고자산	₩31,500	매출원가(₩450,000 × 70%)	₩315,000
매입액	346,500	기말재고자산	63,000

1) 현금유입액 = ₩600,000 × 55% + ₩450,000 × 40% = ₩510,000
2) 현금지급액(1월 매입액) = ₩391,500
3) 현금유입액과 지급액의 차이 = ₩510,000 − ₩391,500 = ₩118,500

17 정답 ②

해설

구분	1월	2월	3월
매출원가	₩80,000	₩90,000	₩105,000

1월 재고자산				2월 재고자산			
기초재고	10,000	매출원가	80,000	기초재고	9,000	매출원가	90,000
외상매입액	79,000	기말재고	9,000	외상매입액	91,500	기말재고	10,500

→ 상품매입으로 인한 2월의 현금지출예산 = ₩91,500 × 40% + ₩79,000 × 60% = ₩84,000

18 정답 ④

해설

구분	1월	2월	3월
매출원가	₩1,850,000	₩2,100,000	₩2,350,000

재고자산(1월)				재고자산(2월)			
기초재고	₩0	매출원가	₩1,850,000	기초재고	₩840,000	매출원가	₩2,100,000
매입액	₩2,690,000	기말재고	840,000	매입액	2,200,000	기말재고	₩940,000

→ 20×1년 2월 현금지출액 = ₩2,200,000 × 50% + ₩2,690,000 × 50% × 80% = ₩2,176,000

19 정답 ③

해설
1) 4월의 현금유입액 = ₩700,000 × 80% + ₩800,000 × 20% = ₩720,000
   4월의 현금유출액 = ₩500,000 × 60% + ₩600,000 × 40% = ₩540,000
2) 4월의 현금잔액 = ₩450,000(기초잔액) + ₩720,000(유입액) − ₩540,000(매입에 따른 유출액)
   − ₩20,000(급여) − ₩10,000(임차료) = ₩600,000
   * 감가상각비는 현금이 수반되는 비용이 아니므로 차감해서는 안 된다.

CHAPTER 14 투자중심점 성과평가

01 **정답▶** ⑤

해설▶ 1) 달성하고자 하는 이익 = ₩2,000,000 × 16% = ₩320,000
2) 목표이익(₩320,000) = [15,000단위 × (P − ₩140)] − ₩490,000(고정원가)
   → P = ₩194

02 **정답▶** ①

해설▶ ROI(30%) = 영업이익(₩240,000) ÷ 총자산
   → 총자산 = ₩800,000
기존의 총자산 ₩1,000,000에서 최대 ₩200,000의 감소가 가능하다.

03 **정답▶** ②

해설▶ 1) 투자수익률 = 영업이익 ÷ 투자금액
   • A의 투자수익률 = ₩20,000,000 ÷ ₩250,000,000 = 8%
   • B의 투자수익률 = ₩22,500,000 ÷ ₩300,000,000 = 7.5%
2) 잔여이익 = 영업이익 − (투자금액 × 최저필수수익률)
   • A의 잔여이익 = ₩20,000,000 − (₩250,000,000 × 6%) = ₩5,000,000
   • B의 잔여이익 = ₩22,500,000 − (₩300,000,000 × 6%) = ₩4,500,000

04 **정답▶** ⑤

해설▶

구분	잔여이익	투자수익률
사업부 A	₩210 − (₩750 × 10%) = ₩135	₩210(영업이익) ÷ ₩750(평균영업자산) = 28%
사업부 B	₩210 − (₩840 × 10%) = ₩126	₩210 ÷ ₩840 = 25%
사업부 C	₩220 − (₩800 × 12%) = ₩124	₩220 ÷ ₩800 = 27.5%
사업부 D	₩210 − (₩800 × 10%) = ₩130	₩210 ÷ ₩800 = 26.25%

05 **정답▶** ②

해설▶ 1) 영업이익 = ₩2,500,000(평균영업용자산) × 10%(ROI) = ₩250,000
2) 잔여이익 = ₩250,000(영업이익) − ₩2,500,000(평균영업용자산) × 최저필수수익률
   → 최저필수수익률 = 9%

06 **정답▶** ④

해설▶ 1) 영업이익 = ₩10,000(평균영업자산) × 12%(투자수익률) = ₩1,200
2) 잔여이익(₩200) = ₩1,200(영업이익) − (₩10,000 × 최저요구수익률)
   → 최저요구수익률 = 10%

07 **정답** ②

해설 1) 사업부 X의 영업이익 = ₩70,000(사업부 X의 평균영업자산) × 15%(투자수익률) = ₩10,500
2) 사업부 X의 잔여이익 = ₩10,500(영업이익) − (₩70,000 × 10%) = ₩3,500
3) 사업부 Y의 잔여이익 = ₩3,500 − ₩2,500 = ₩1,000
= 영업이익 − (₩50,000 × 10%)
→ 사업부 Y의 영업이익 = ₩6,000
4) 사업부 Y의 투자수익률 = ₩6,000(영업이익) ÷ ₩50,000(사업부 Y의 평균영업자산) = 12%

08 **정답** ①

해설 1) 영업이익 = 2,000단위 × (₩550 − ₩200) − ₩400,000(고정원가) = ₩300,000
2) 잔여이익 = ₩300,000(영업이익) − (₩1,000,000 × 15%) = ₩150,000
3) 경제적 부가가치 = ₩300,000 × (1 − 40%) − (₩1,000,000 × 10%) = ₩80,000

CHAPTER 15 최신 원가관리회계

01 **정답** ⑤

해설 종업원 만족도, 이직률, 종업원 생산성 등의 지표를 사용하는 관점은 학습과 성장 관점이다.

02 **정답** ④

해설 ① 제약이론을 원가관리에 적용한 재료처리량 공헌이익(throughput contribution)은 매출액에서 직접재료원가를 차감하여 계산한다.
② 수명주기원가계산에서는 제조이전단계에서의 원가절감을 강조한다.
③ 목표원가계산은 제조이전단계에서 원가절감을 강조한다.
⑤ 품질원가계산에서는 내부실패원가와 외부실패원가를 실패원가라 하며, 예방 및 평가활동을 통해 이를 절감할 수 있다.

03 **정답** ⑤

해설 적시생산시스템은 재고관리를 중요하게 생각하며, 다른 생산시스템보다 안전재고의 수준을 낮게 설정한다.

04 **정답** ⑤

해설 예방 및 평가원가가 증가하면 내부실패원가 및 외부실패원가는 감소한다.

05 **정답** ②

해설 ㄷ: 내부실패원가, ㄹ: 외부실패원가, ㅂ: 내부실패원가

06 **정답** ③

해설 외부실패원가 : 제품보증수리활동, 고객서비스센터활동, 판매기회 상실로 인한 기회비용

07 **정답** ④

해설 외부실패원가는 고객에게 인도된 후 발생한 실패원가에 해당한다.
외부실패원가 = ₩200(보증수리) + ₩500(반품 재작업) + ₩700(품질에 따른 판매기회상실 기회비용)
= ₩1,400

08 **정답** ①

해설 1) 예방원가 = 설계엔지니어링(₩20) + 예방적 설비유지(₩30) + 납품업체 평가(₩90) + 품질교육
훈련(₩60) = ₩200
2) 평가원가 = 원재료 검사(₩40) + 재공품 검사(₩50) = ₩90

09 **정답** ④

해설 종업원 만족도, 종업원 이직률 등의 지표가 이용되는 관점은 학습과 성장관점이다.

10 **정답** ②

해설 제품수명주기 전체의 총이익 = (400단위 + 500단위 + 500단위) × ₩50(단위당 공헌이익) − ₩2,000
(연구개발 및 설계원가) − 14회 × ₩1,000(작업준비원가) − ₩45,000(3년간 마케팅 및 고객서비스
활동에서 발생하는 고정원가) = ₩9,000

11 **정답** ①

해설 제품수명주기원가계산은 단기적 의사결정 보다 장기적 의사결정에 더욱 유용하다.

12 **정답** ②

해설 카이젠원가계산은 제조단계에서의 원가절감에 초점을 맞추고 있다.

박문각
감정평가사

관세사·공무원
신은미 회계학

1차 | 문제집

제6판 인쇄 2024. 11. 20. | **제6판 발행** 2024. 11. 25. | **편저자** 신은미

발행인 박 용 | **발행처** (주)박문각출판 | **등록** 2015년 4월 29일 제2019-0000137호

주소 06654 서울시 서초구 효령로 283 서경 B/D 4층 | **팩스** (02)584-2927

전화 교재 문의 (02)6466-7202

저자와의
협의하에
인지생략

정가 50,000원
ISBN 979-11-7262-262-6